厚積薄發

以厚積薄發四字篆印一方
贈高等教育出版社

李崇淮

二〇〇七年初秋

生也有涯

学无止境

任继愈

教育部哲学社会科学研究后期资助项目

明代九边形成及演变研究

MINGDAI JIUBIAN XINGCHENG JI YANBIAN YANJIU

○ 胡 凡 著

高等教育出版社·北京

图书在版编目（ＣＩＰ）数据

明代九边形成及演变研究／胡凡著. -- 北京：高
等教育出版社，2021. 1
　　ISBN 978-7-04-053665-2

　　Ⅰ. ①明… Ⅱ. ①胡… Ⅲ. ①军事制度-研究-中国
-明代 Ⅳ. ①E294. 8

　　中国版本图书馆 CIP 数据核字（2020）第 025043 号

明代九边形成及演变研究
MINGDAI JIUBIAN XINGCHENG JI YANBIAN YANJIU

| 策划编辑 包小冰 | 责任编辑 包小冰 | 封面设计 张 志 | 版式设计 于 婕 |
| 责任校对 陈 杨 | 责任印制 存 怡 | | |

出版发行	高等教育出版社	咨询电话	400-810-0598
社　　址	北京市西城区德外大街 4 号	网　　址	http：//www.hep.edu.cn
邮政编码	100120		http：//www.hep.com.cn
印　　刷	唐山嘉德印刷有限公司	网上订购	http：//www.hepmall.com.cn
开　　本	787mm × 1092mm　1/16		http：//www.hepmall.com
印　　张	25		http：//www.hepmall.cn
字　　数	590 千字	版　　次	2021 年 1 月第 1 版
插　　页	2	印　　次	2021 年 1 月第 1 次印刷
购书热线	010-58581118	定　　价	128.00 元

物　料　号　53665-00

总　　序

　　哲学社会科学是探索人类社会和精神世界奥秘、揭示其发展规律的科学，是我们认识世界、改造世界的有力武器。哲学社会科学的发展水平，体现着一个国家和民族的思维能力、精神状态和文明素质，其研究能力和科研成果是综合国力的重要组成部分。没有繁荣发展的哲学社会科学，就没有文化的影响力和凝聚力，就没有真正强大的国家。

　　党中央高度重视哲学社会科学事业。改革开放以来，特别是党的十六大以来，党中央就繁荣发展哲学社会科学作出了一系列重大决策，党的十七大报告明确提出："繁荣发展哲学社会科学，推进学科体系、学术观点、科研方法创新，鼓励哲学社会科学界为党和人民事业发挥思想库作用，推动我国哲学社会科学优秀成果和优秀人才走向世界。"党中央在新时期对繁荣发展哲学社会科学提出的新任务、新要求，为哲学社会科学的进一步繁荣发展指明了方向，开辟了广阔前景。在全面建设小康社会的关键时期，进一步繁荣发展哲学社会科学，大力提高哲学社会科学研究质量，努力构建以马克思主义为指导，具有中国特色、中国风格、中国气派的哲学社会科学，推动社会主义文化大发展大繁荣，具有十分重大的意义。

　　高等学校哲学社会科学人才密集，力量雄厚，学科齐全，是我国哲学社会科学事业的主力军。长期以来，广大高校哲学社会科学工作者献身科学，甘于寂寞，刻苦钻研，无私奉献，开拓创新，为推进马克思主义中国化，为服务党和政府的决策，为弘扬优秀传统文化、培育民族精神，为培养社会主义合格建设者和可靠接班人作出了重要贡献。本世纪头 20 年，是我国经济社会发展的重要战略机遇期，高校哲学社会科学面临着难得的发展机遇。我们要以高度的责任感和使命感、强烈的忧患意识和宽广的世界眼光，深入学习贯彻党的十七大精神，始终坚持马克思主义在哲学社会科学的指导地位，认清形势，明确任务，振奋精神，锐意创新，为全面建设小康社会、构建社会主义和谐社会发挥思想库作用，进一步推进高校哲学社会科学全面协调可持续发展。

　　哲学社会科学研究是一项光荣而神圣的社会事业，是一种繁重而复杂的创造性劳动。精品源于艰辛，质量在于创新。高质量的学术成果离不开严谨的科学态度，离不开辛勤的劳动，离不开创新。树立严谨而不保守、活跃而不轻浮、锐意创新而不哗众取宠、追求真理而不追名逐利的良好学风，是繁荣发展高校哲学社会科学的重要保障。建设具有中国特色的哲学社会科学，必须营造有利于学者潜心学问、勇于创新的学术氛围，必须树立良好的学风。为此，自 2006 年始，教育部实施了高校哲学社会科学研究后期资助项目计划，旨在鼓励高校教师潜心学术，厚积薄发，勇于理论创新，推出精品力作。原中央政治局常委、国务院副总理李岚清同志欣然为后期资助项目题字"厚积薄发"，并篆刻同名印章一枚，国家图书馆名誉馆长任继愈先生亦为此题字"生也有涯，学无止境"，此举充分体现了他们对繁荣发展高校哲学社会科学事业的高度重视、深切勉励和由衷期望。

　　展望未来,夺取全面建设小康社会新胜利、谱写人民美好生活新篇章的宏伟目标和崇高使命,呼唤着每一位高校哲学社会科学工作者的热情和智慧。让我们坚持以马克思主义为指导,深入贯彻落实科学发展观,求真务实,与时俱进,以优异成绩开创哲学社会科学繁荣发展的新局面。

教育部社会科学司

溯流穷源，正误求真

——胡凡《明代九边形成及演变研究》序

元至正二十七年（1367），明太祖朱元璋命将北伐，元顺帝率臣属仓皇夜奔，明朝随即在南京建立。但是，谷应泰说"顺帝北出渔阳，旋舆大漠，整复故都，不失旧物，元亡而实未始亡耳"（《明史纪事本末》卷十）。残元势力成为明朝北方的巨大威胁。朱元璋及其子孙为彻底解决这一问题费尽心机。怀柔羁縻政策之外，就是武力征讨和严密防守，边政也就成为国家的首要大政。所以，《明史·兵志》说："终明之世，边防慎重。"（卷九一《兵志三》）为此，朱元璋在北边分封亲王以屏藩帝室，同时在北部坚固壁垒，严整关隘，命将守边，布列军镇。自辽东迄于甘肃，边墙逶迤，墩台相望，烽火呼应，军镇连属。自洪武至正德、嘉靖年间，北部边防形成所谓"九边"。正德、嘉靖以后，南倭北虏为患甚烈，因此举国注重兵事。在朝廷忙于选将练兵、筑墙修隘的同时，民间兴起了尚武之风，文人也热衷于谈论兵事。因此，其间出现了一批议论军政和记述边镇的著作，如许论《九边图论》（嘉靖十七年）、魏焕《皇明九边考》（见《九边图考》，嘉靖二十一年）、郑若曾《筹海图编》（嘉靖三十五年）、尹耕《两镇三关志》（嘉靖年间）、刘效祖《四镇三关志》（万历四年、六年）、郑文彬《筹边纂议》（万历十九年）、杨时宁《宣大山西三镇图说》（万历三十一年）、方孔炤《全边略记》（崇祯元年）等，迄于明亡而不止，而有关北部边防的最多。后清人修《明史》，在《兵志》中专列九边为一卷，九边差不多成了明朝北部军镇的代名词。

九边之说，来源甚远，大约在正德后期人们已将九镇并称为"九边"。第一部"九边"专著应该是嘉靖初年兵部职方主事郑晓所撰之《九边图志》，"尚书金献民属撰《九边图志》，人争传写之。"而其后许论所作《九边图论》影响更为广泛。许论"好谈兵，幼从父历边境，尽知厄塞险易，因著《九边图论》上之"。

《九边图论》初名《边论》，是许论在嘉靖十六年（1537）上奏给明世宗的一部舆地图籍。许论其时任职兵部主事，后官至兵部尚书。《明经世文编》所载许论对九边的记述是：

> 我国家驱逐胡元，混一寰宇，东至辽海，西尽酒泉，延袤万里。中间渔阳、上谷、云中、朔、代，以至上郡、北地、灵武、皋兰、河西，山川联络，列镇屯兵，带甲六十万，据大险以制诸夷，全盛极矣。初设辽东、宣府、大同、延绥四镇，继设宁夏、甘肃、蓟州三镇，专命文武大臣镇守提督之。又山西镇巡统驭偏头三关，陕西镇巡统驭固原，亦称二镇，遂为九边。

另一部影响较大的关于九边的著作当推魏焕的《皇明九边考》。任职兵部职方清吏司的魏焕，"拣集堂稿，博采边疏，询诸边将、译使，有所闻遂书之册，积久编次成书。"《皇明九边考》又称《九边图考》，刊刻于嘉靖二十一年（1542），署名"魏焕编集"。卷一《镇戍考》，则径抄许论原文：

> 我国家驱逐胡元，混一寰宇，东至辽海，西尽酒泉，延袤万里。中间渔阳、上谷、云中、朔代，以至上郡、北地、灵武、皋兰、河西，山川联络，列镇屯兵，带甲六十万，据大险以制诸夷，全盛极矣。初设辽东、宣府、大同、延绥四镇，继设宁夏、甘肃、蓟州三镇，镇守皆武职大臣，提督皆文职大臣（许论的记述为"专命文武大臣镇守提督之"）。又山西镇巡统驭偏头三关，陕西镇巡统驭固原，亦称二镇，遂为九边。

《明史》卷六十一《兵志》关于九边的记述是：

> 元人北归，屡谋兴复。永乐迁都北平，三面近塞。正统以后，敌患日多。故终明之世，边防甚重。东起鸭绿，西抵嘉峪，绵亘万里，分地守御。初设辽东、宣府、大同、延绥四镇，继设宁夏、甘肃、蓟州三镇，而太原总兵治偏头，三边制府驻固原，亦称二镇，是为九边。

　　显然，《明史》文本之源是许论的《九边图论》。但是，《明史》将"以山西镇巡统驭偏头三关"简化为"太原总兵治偏头"，以与后面"三边制府驻固原"整齐文字。"总兵治偏头"，可以理解为"总兵治所在偏头"，但也可以理解为"总兵治（理）偏头"，如此一来，就与"统驭偏头三关"原意相去甚远了。"偏头三关"指偏头关、雁门关、宁武关三关，简称"三关"。而"偏头"仅指偏头关。《明史·兵志》因而遭到诟病。
　　又检《明史·地理志》的记述，"其边陲要地称重镇者凡九"，不称"九边"，而称"九镇"，而九镇之名又与九边有所异同。
　　《明史》卷四十《地理志》载：

> 其边陲要地称重镇者凡九：曰辽东、曰蓟州、曰宣府、曰大同、曰榆林、曰宁夏、曰甘肃、曰太原、曰固原。皆分统卫所关堡，环列兵戎。纲维布置，可谓深且固矣。

　　《明史》的纂修是一个漫长的过程，其前有万斯同之《明史》、王鸿绪之《明史稿》。《明史》关于九边的记述与这些书也有渊源关系。《明史》作为官方颁布的正史，且列入"二十四史"之中，影响深远。后世朦胧囫囵，袭用其说而不予深究。前辈学者王崇武、吴晗、李洵等虽然都对明代边防问题有所涉及，但对"九边"也没有展开研究。20世纪80年代末以来，关于九边军镇的形成与演变，引起国内学界的持续关注。近年来，一些博士、硕士学位论文对九边问题又有涉及，但是对"九边"的基本定义和"九边"的形成过程仍然有不尽详细之处。因此胡凡兄认为还有对"九边"进行系统研究的必要，以厘清九边军镇的确切内涵及其形成与演变。
　　《明代九边形成及演变研究》一书认为考究明代九边军镇的建置必须从明朝初起即洪武时期开始，并提出研究的几个方法。其一，要结合都司卫所的军事防御体系进行考察。九边是一个军事的存在，卫所是明朝军队的基本建制，离开卫所无法谈军镇，也就无法谈九边。其二，要结合领敕行事的军事长官的任命及其责任来考察。都司卫所设置后，才有了朝廷对都指挥使的任命和总兵官的选派，才有军镇的最终形成。其三，要用明代当时人对军镇的称呼和习惯看法来加以验证。归根结底，"九边"一词是明朝人用来概括北方军镇的。考察明朝人怎样称呼军镇，从什么角度使用"九边"一词，才能更准确地理解"九边"的内涵。

《明代九边形成及演变研究》一书以《明实录》为基本史料依据，对实录记载的九边军镇情况进行系统、翔实的梳理，基本理清了九边军镇的建置情况。对于明人的《皇明九边考》、清修《明史》等书，以及明清以来各种史籍中关于九边形成的记载，作者也进行了全面的检讨，在认真比对考证中，发现并纠正了其中的错误。对于当今学者在九边军镇的研究中出现的问题，作者也一一指出。作者得出的结论是，洪武时期设立的是七个军镇，到永乐时期经过调整变成八镇，到正统时期，由于延绥镇的形成增加到九镇，于是形成九边。在明朝对北边的防御中，河套地区是与九边相联系的重要战略地区。河套地区行政军事设施的兴废，对九边影响甚大。作者对河套地区在九边中的战略地位及其对九边的影响也进行了深入考察，使九边的研究更具有全局性。事实证明，明朝与蒙古族各部之间的问题，以及引发的许多重大事件，如土木之变、庚戌之变和最后明蒙之间达成的隆庆和议（即俺答封贡）等，表现的是军事的征战与和解，但从根本上说它们都是明蒙之间朝贡体制之下发生的问题。解读明代北部边防，必须从明蒙朝贡体制入手。作者从朝贡体制的角度对明蒙之间的重大事件进行深入解读是抓住了根本，如此才可以更深入地理解明蒙关系的本质，也将更有利于对明朝与蒙古族关系的深入研究。因此，这本书不仅是一部关于明代九边研究的新收获，也是明蒙关系史研究的新收获，于推进史研究必将大有裨益。

胡凡兄是一位才思敏捷而又勤奋的学者，多年来不断推出大作。这部关于明代九边的著作，是他多年来对这一问题研究的总结，所谓厚积薄发，所谓慢工出细活，使我们看到了一部学术精品。胡凡兄是我的老朋友，无论天南地北，数十年相互契合无间，如今索序于予，自当奋力勇承，为贤者一呼，亦借以申莫逆之情。因不计文字之粗率，敢忝列于卷首。

是为序。

毛佩琦

2017 年 3 月 27 日北京昌平垄上

《明代九边形成及演变研究》序

看到胡凡兄《明代九边形成及演变研究》书稿，不免有眼前一亮之感。明代九边乃北方边防至重之事，明代北边之防务，自洪武至明亡，近三百年间，迄无一日之懈怠。近年学界于明代军务研究日渐关注，关于九边研究，也数见于诸刊，其中不乏颇有见地之作。但如胡凡兄如此厚重之研究成果，尚未得见。

胡凡兄的大作，题为《明代九边形成及演变研究》，这也令我回想起当初编纂《中国历史大辞典》撰写"九边"这一辞条时的情形。"九边"辞条虽仅限百余字，我们当时仍然希望能够将"九边"作一动态描述，以示其渐成之过程。

明朝自洪武、永乐时起，即为防御蒙古族而于北边设立军事重镇，此当为"九边"之缘起。然则洪武时，太祖虽有内收防御之主旨，对蒙古族仍是攻守结合的策略，大将徐达、蓝玉、冯胜辈屡次出征，而秦、晋、燕诸王，亦以北征为藩王之要职。待到永乐间，成祖更一改太祖之防务政策，以出征为主，辅以防务，故洪武、永乐两朝北方虽有军事重镇之建设，尚未成固定之局势。

太祖之设大宁，以封宁王，东连辽左，西接宣府，为巨镇。所谓"带甲八万，革车六千，所属朵颜三卫骑兵皆骁勇善战"。（《明史》卷一百十七《宁献王权》）而大宁终未成北边重镇，盖因成祖夺位后之弃大宁。成祖夺位之初，曾赴大宁以宁王为奥援，对于大宁之重并非不知，弃大宁固然有处置宁藩之意，而其用心在于辽东女真之治理，故设奴儿干都司，而于西北设哈密卫，专意出征鞑靼、瓦剌，形势与太祖时确有不同。自北京至大宁之松亭关，乃战略要地，关口可容数十万大军，大宁既弃，而松亭关遂不复设，待到明中叶以后，关隘已不存，故至刘效祖等撰《四镇三关志》，已不述松亭关之事。其后此关废圮无存，今日地质考察专家几经波折，终于荒山中找到旧关遗址，不能不令人感慨边防之兴衰。

明朝自仁宗、宣宗以后，与北方蒙古族形成对峙之局，不复命将出征，边镇之设凸显其重。正如胡凡兄于大作之中，以仁宗、宣宗、英宗三朝为九边形成完备之时段。明朝仁宗、宣宗，对于蒙古族虽不复命将出征，然挟太祖、成祖之余威，尚有天朝之气魄，待到英宗北狩蒙尘，天朝威势丧失殆尽，九边遂成为明代北边固定之防线。这种局面直到明中叶蒙古族入河套后才发生变化，京师压力增大，宣大、蓟门成为九边重中之重。

九边格局之再次变化发生在隆庆议和以后。明蒙关系从战至和，今日自北京西行，沿门头沟西山，至七座楼，沿河城一带，明代边墙敌楼多有保存完好者，观其碑刻，则有"无赤羽之警"的记载。陕西榆林地方志办李春元著《明朝榆林总兵》，著录明季延绥镇榆林籍武臣总兵官甚详，延绥因与蒙古族对峙，且民风彪悍敢战，多以战功起家。而隆庆议和后，西北渐无战事，榆林籍总兵官多将兵辽东。此亦可见明季边防变化之一斑。然其后京师西北各地行政与卫所交织，仍与内地有别，如河北之蔚县，卫、县同治，是颇为典型的明代北边军政特色之地。

如此种种，皆见于胡凡兄此著之中，于此无须再多赘述。将先后二百余年、相衔数千里的军事防线以动态描述,呈现给读者,实在需要大手笔。胡凡兄的大作,不仅将此概论甚析,而且寓明代军事制度述论于九边变化之中,写得如此生动,足见其治史之功力。

胡凡兄于明史研究涉猎甚广,从明代文化及人物传记,至此军事史之研究,硕果累累。近年来,明代军事史渐成学人关注之要点,自卫所至边防,论著颇丰,一些学人更不辞辛劳,至各地作田野考察,写成极为厚重的论著,实在令我敬佩。应胡凡兄之命作序,略陈一隅之见,实恐难免贻笑大方。

商　传

2017 年 3 月 31 日

目　　录

绪　　论

明代的九边是一个军事存在,指的是沿长城一线分布的九个军镇,每个军镇之下都设有相应的卫所,它们构成了明代防御蒙古族的北边防线。同时明代九边又不仅是一个军事存在,它广泛涉及中央王朝的边疆民族政策、民族关系、传统意识形态、正统观念等多方面,其更宏观的背景则是中国历史上农业民族与游牧民族、农牧并举民族,以及农业文化与游牧文化之间割不断、理还乱的复杂关系,对此进行研究无疑有着重要的学术价值和社会文化价值。

关于九边的形成,《明史·兵志三》序云:"初设辽东、宣府、大同、延绥四镇,继设宁夏、甘肃、蓟州三镇,而太原总兵治偏头,三边制府驻固原,亦称二镇,是为九边。"其他诸史亦多沿此说,然考诸史实,此说多有错误,今人对此有所认识,但在研究中观点不一。

自 20 世纪 80 年代末 90 年代初以来,学界兴起了明代北部边防研究的热潮,其中论及明代九边形成的较著名的学者有如下几位:余同元(苏州大学)、肖立军(天津师范大学)、范中义(中国军事科学院)、韦占彬(《石家庄学院学报》)、于默颖(内蒙古社会科学院历史研究所)、赵现海(中国社会科学院历史研究所)等。此外有许振兴关于丘浚北部边防思想的研究、王天有关于明穆宗大阅与俺答封贡的研究、余同元关于长城文化带及马市市场等的研究、肖立军关于边军构成的研究、范中义关于明代军事思想的研究、赵立人关于洪武时期北边防线及有关将领的研究、高春平关于边粮供应体制的研究、李三谋关于明代边垦的研究、梁淼泰关于九边军队数量的研究、张正明对北方边镇粮食市场的研究等。我国台湾学者有吴缉华、吴智和等论述明代北部边防、土木之变等问题,但多是关注个别军镇的探讨,而对九边形成与演变问题缺少研究。

上述关于明代九边的研究各有侧重,且有些研究相当深入,但在九边如何形成、何时形成问题上尚不够深入,意见也不统一。

应该说,在 20 世纪明代北部边防的研究中,日本学者的成果颇为丰富,但是他们多是从蒙古史和东北史的视角切入。如和田清有《东亚史研究·蒙古篇》(潘世宪译成中文于 1984 年出版,题名为《明代蒙古史论集》)、《东亚史研究·满洲篇》;清水泰次有《明代的辽东经营》(载《东亚》1935 年);萩原淳平有《明代的北边》(载《东洋史研究》1960 年)、《明代蒙古史研究》等;田村实造有《明代的九边镇》(载《石浜论丛》1958 年)、《明代的北边防卫体制》(载《明代满蒙史研究》1963 年);松本隆晴有《明代北边防卫体制的研究》,但基本上没有深入探讨明代九边军镇的形成过程。其他,谷口规矩雄有《关于明代北边防卫中的债帅》(载《明末清初的社会与文化》1996 年),以及荷见守义、新宫学的相关研究。从目前所见的材料来看,日本学者的研究起步早、分量重,但研究流于琐细。

韩国和欧美尚少有人研究明代的北部边防问题。

在明朝的历史中,北边防线关乎明朝的生死存亡,对明朝历史有着深远的影响。北边对明朝构成最大威胁的主要是蒙古族,明廷为此在北边设置了九个军事重镇进行防御,本书以六章的篇幅研究明代九边的形成与演变。

第一章为明太祖时期北边七镇的形成。从元明交替的战略形势入手,对朱元璋"固守封疆"的战略方针进行揭示,考察明太祖时期北部边防线的形成,逐一论述北边军镇的设置和北部边防军事镇戍体制的情况,说明九边军镇是在明朝开国就设立的都司卫所的基础上发展起来的,都司和卫就是军镇,并非论者所说是永乐以后因为设立了镇守总兵官才有军镇。明太祖时期形成了七个军镇:北平镇、大同镇、太原镇/山西镇、西安镇/陕西镇、辽东镇、甘肃镇、大宁镇。

第二章为明成祖时期北边由七镇向八镇的演变。朱棣为燕王时即在北边防务中发挥着极其重要的作用,他即位后对蒙古三大部采取"扶弱抑强"的制衡政策,遂使明朝的北边防线发生了重大变化:其一是大宁镇(北平行都司)和东胜卫等的内徙;其二是迁都,北平升格为帝都北京,形成明代"天子守边"的特点,对中国历史发生了深远的影响。为防御都城北面而有永平、山海镇之设,后来演变为蓟镇;在北京西北有宣府镇的设立;河套西边有宁夏镇的设立。七镇演变为八镇,即明太祖时期保留的军镇有五个:大同镇、太原镇、西安镇、辽东镇、甘肃镇,明成祖时期新增设的军镇有三个:宁夏镇、宣府镇、蓟镇。北边军镇的领导体制也发生了重大变化,那就是镇守总兵官的派驻,一改洪武晚期"塞王"守边的状况,重新确定大将防边的体制,完成了北部边防军事领导体制的转变。

第三章为明代仁宣正统时期九边形成与北边防线的内缩。明仁宗朱高炽实际在位时间仅九个月,但他经历了靖难之役,看到了永乐时期其父明成祖五出漠北,对北边防卫的重要性有深刻的认识,即位后对北边的防卫进行了一系列的调整和整顿,包括北边军镇镇守总兵官的任命、总兵官将印的颁发、对北边军镇的督察与调整,这对明朝的北部边防建设有重要意义,就此奠定了后世军镇发展的基本模式。

明宣宗即位后,虽然北边防线相对比较安静,但永乐时期明成祖弃大宁、东胜给北边防线所造成的损害已渐显露,最大的变化就是开平卫的内撤,它使明代的北部边防呈现全面内缩的态势。除了开平卫撤至独石,北边的大事件就是宣宗的三次巡边:第一次巡边是往旧大宁地段,后两次则是往宣府方向,最远至宣府西路的洗马林和万全,这在明朝历代皇帝中是难能可贵的。在北部边防的军事领导体制方面,则是大将防边的进一步制度化。

英宗正统十四年(1449)发生的土木之变是明代北部边防的第一次严重危机,但土木之变只是一个偶然事件,它是明蒙朝贡体制运作到高潮时期明蒙统治者双方决策失误所造成的偶然事件,它对明代的北边防线产生了重大影响。

随着宣德年间蒙古族进入河套,在正统前十年有延绥镇的形成,九边军镇建置完成等大事,到成化年间由余子俊迁至榆林。其他有宣德年间山西总兵驻守偏头关,成化、弘治年间陕西三边制府移驻固原,明代九边军镇遂成定制。

第四章为明代中叶蒙古族入居河套对九边的影响。明英宗时期蒙古族大规模进入河套,从此河套就成为游牧的蒙古族人攻掠汉族农业地区的前沿阵地,成为其入掠明朝北边的桥头堡,因而给明朝北边地区造成了极大的破坏,明朝人将之称为"套虏"。正是在"套虏"的袭扰之下,明朝九边压力逐年加重。成化年间,随着蒙古族各部在河套地区的日渐活跃,明朝的北部边防逐渐陷入危机之中,为了解除"套虏"对北边防线越来越大的压力,明朝内部自成化历弘治、正德数朝,不断有人提出各种建议,主要就是通过修长城来解决北部边防的危机。在这一背景下,成化时期有"搜套"之举,弘治时期明孝宗想亲征,正德时期明武宗和蒙古族有应州之战。

第五章为明世宗时期对蒙"绝贡"政策与北边危机。首先,这一章说到明朝与蒙古族朝贡体制的形成与发展,即明太祖时期朝贡体制的形成,明成祖时期明蒙朝贡体制的形成,明宣宗时期明蒙朝贡体制的发展,明英宗时期明蒙朝贡体制的高潮及土木之变后明蒙关系的变化。其次,明世宗对蒙"绝贡"政策与嘉靖年间的北边危机。明世宗时期,随着蒙古族吉囊、俺答诸部对北边防线扰掠的加剧,收复河套之事重新引起重视。嘉靖二十五年(1546),陕西三边总督曾铣上复套之议,明世宗极力支持,但当事情刚有眉目,明世宗突然变卦,在严嵩的陷害下遂有曾铣、夏言之死。自曾铣被杀之后,复套之议成为禁区,嘉靖三十年(1551)马市昙花一现,和平的大门被紧紧关闭。明廷接下来所能采取的对策,只有筑墙防边,而在蒙古族骑兵的连年攻击下,九边防线无有宁日。此间明朝虽有小规模的出边捣巢,但对于明蒙之间的形势已经不起什么大的作用。明世宗时期九边出现"北虏"的危机及"庚戌之变",其根源主要在于明世宗对蒙古族采取的"绝贡"政策,这是违背历史大势的非常有害的错误政策。它违背了农业经济与游牧经济、农业文化与游牧文化之间互相交流、互通有无、互相补充的历史规律,给明世宗时期的明蒙关系造成了直接的危害,制约了明代历史的发展。对此明世宗要负主要责任;当时的内阁统治集团也难辞其咎,最典型的代表就是严嵩;同时明朝中央政府内外弥漫的大汉族主义情绪也影响着明廷的正确决策。历史的发展要求明朝对九边的防务政策做出新的调整和选择。

第六章为"俺答封贡"、北边和平与九边的历史影响。首先,这一章说到俺答封贡与北边危机的解除。明穆宗在位虽然只有短短五年多的时间,却使明朝北边防务和明蒙关系实现了历史性的转变,这就是著名的俺答封贡。此前明朝的北边防线已陷入困境,蒙古族的入掠不止,边墙的修筑不止,明军出塞捣巢也成为经常性的报复手段,明蒙双方都在企盼着转折契机的出现。隆庆四年(1570)九月发生了把汉那吉降明事件,明蒙之间信使往返,边防督抚和阁臣之间随时沟通,督抚主持于外,阁臣运筹于内,穆宗则自始至终给以坚定的支持,终于实现了在历史上有深远意义的俺答封贡。从此明朝的北边防线压力基本解除,明蒙之间进入了"无一矢之警"的相对和平时期。其次,明朝北部边防对历史的影响。第一,北部边防对明代军事的影响:包括募兵制的出现,军事家丁制度的形成与发展,军事领导体制方面形成了镇戍制、文职统军系统和宦官监军系统,但文职统军系统和宦官监军系统都不能直接冲锋陷阵,打仗还得靠武将和士兵,久之便形成明朝边军将骄兵惰的局面。第二,北部边防对明代政治的影响:督抚制成为一种国家制度;北边督抚与兵部尚书及侍郎之间的互相迁转;影响当时政治风气的变化,如宦官专权、边军入卫给明朝社会所造成的骚扰,京边将领吃空饷、杀良冒功、谎报战功对明朝边政的败坏,内阁与边将行贿受贿造成腐败的氛围等。第三,北部边防对明代经济的影响:九边常年驻守着数十万大军,巨额军费成为政府的沉重负担;迁都北京、天子守边,加强边防,由此造成明朝民众赋役负担的沉重。第四,北部边防对明朝社会与中华文化发展的影响,重点是战争这一特殊交往方式对长城文化带的影响以及明代北部边防研究的兴盛。

结语部分对明代北部边防政策得失进行综合评价。

书后附有明代九边镇守总兵官接续表,材料均出自《明实录》。

本书的研究方法主要使用文献考察法,兼用历史比较方法。

研究明代历史的材料是十分丰富的。但是,明代北部边防研究主要涉及的是政府行为,涉及明朝与蒙古族之间的战与和,因此应以官方记载为主要依据,本书参考的首要的文献就是《明实录》。在以《明实录》为主要依据的同时,配合其他的史籍记载,如《明会典》、《明经世文编》、《纪录汇编》、《续文献通考》(王圻)、《图书编》、《大明一统志》、《武备志》,以及《明史》《明史纪事本末》《国榷》《明通鉴》《罪惟录》等。历代编纂的大型丛书如《四库全书》《续修四库全书》《四库未收书辑刊》《四库全书存目丛书》《四库禁毁书丛刊》等更是为我们提供了丰富的资料。在诸史互相参照的同时,尤其应该注重当时当事之人的记载,将其与实录所载相印证,如《国朝献征录》《四库明人文集丛刊》等,从这里可以发现许多细节的描述,有助于澄清史实。此外,明朝时人的史籍也极具参考价值,如郑晓、王世贞、瞿九思、王圻、章潢、魏焕、严从简、方孔炤等人的著作,都很有用处。再有,明代的北部边防主要就是和蒙古族的关系,战也好,和也好,全由明蒙双方的形势来决定,因此必须参照蒙古族史籍的记载,如号称当今四大蒙古族文献的《蒙古秘史》《蒙古源流》《蒙古黄金史纲》《阿勒坦汗传》,而更应该注意的是吸收当代蒙古学研究的有益成果,吸收当代明史研究的有益成果,这对于保证和提高本书的质量无疑是大有裨益的。但是关于明代的蒙古族文献多是后人的追述,不是第一手资料,因此严重影响了它的史料价值。今人著作如彭勇的《明代北边防御体制研究:以边操班军的演变为线索》《明代班军制度研究——以京操班军为中心》、肖立军的《明代中后期九边兵制研究》《明代省镇营兵制与地方秩序》、周松的《明初河套周边边政研究》,以及李新峰、赵现海、于默颖等人的博士学位论文和期刊学术论文等,都为本书提供了丰富的参考。

本书在研究过程中得到如下一些认识:明代九边在洪武时期是七个军镇,永乐时期演变为八镇,正统年间延绥镇形成后成为九镇。明代蒙古族是从宣德年间开始进入河套,正统年间大规模进入河套,成化、弘治以后河套成为蒙古族的永久居住地。土木之变是个偶然事件,它不是明朝由盛至衰的转折点。庚戌之变是由明世宗的“绝贡”政策所造成的。“俺答封贡”的实现是由明朝内部的适宜条件所促成,它是中国历史上农业民族与游牧民族融合完成的标志。

第一章 明太祖时期北边七镇的形成

明朝的北边防线是在把蒙古族建立的元朝赶回漠北之后,为防止元朝残余势力的恢复和蒙古族对长城以内的袭扰而建立的。

第一节 元明交替的战略形势与朱元璋
"固守封疆"的战略方针

在元末农民大起义中崛起的朱元璋,经过 16 年的征战,终于在公元 1368 年建立了明朝,并于同年八月攻克了元朝都城大都。元顺帝妥欢帖木儿率后妃、太子等退奔上都,元朝自此宣告结束。

明朝军队之所以能如此迅速地取得胜利,固然有其指挥正确、军队英勇善战等主观因素,但当时元朝政治腐败、中枢系统指挥失灵、内讧迭起,则是明军取胜的重要客观因素。朱元璋对于这一点十分清楚,在制定北伐战略时对此有过深入的分析。元至正二十七年(1367)十月,朱元璋准备兴师北伐,在分析元朝形势时说:"山东则有王宣父子,狗偷鼠窃,反侧不常;河南则有王保保(即扩廓帖木儿),名虽尊元,实则跋扈,擅爵专赋,上疑下叛;关陇则有李思齐、张思道彼此猜忌,势不两立,且与王保保互相嫌隙。元之将亡,其机在此。"针对这种形势,朱元璋制定的北伐战略是:"先取山东,撤其屏蔽;旋师河南,断其羽翼;拔潼关而守之,据其户槛;天下形势入我掌握,然后进兵元都,则彼势孤援绝,不战可克。既克其都,鼓行而西,云中、九原以及关陇可席卷而下。"[①]

战事的进展正如朱元璋所预料的那样,徐达和常遇春率领的明朝北伐大军一路势如破竹,于洪武元年(1368)三月略定山东,四月规取河南、进占潼关。稍事休整之后,徐达率军于闰七月从河南北上,在河西务和通州击溃元军的抵抗,于八月初二"进克元都",元顺帝则已于三天之前,半夜"开建德门,同后妃太子走上都"。[②]

明军攻下元大都以后,又经一系列征战,华北地区的山东、河南、河北均已为明军控制,于是徐达又和常遇春率军攻取山西。这时元朝内部互相征战的王保保、张思道、李思齐等部才如梦方醒,停止了多年的内讧,王保保奉元顺帝之命,率军"北出雁门,将由保安径居庸以攻北平"[③]。针对王保保的举动,徐达采取了"批亢捣虚"的战术,乘其大军出关奔袭北平,自己则率军直取太原,攻王保保之巢穴。王保保率军还救,在太原城下被徐达一举击溃,其本人仅率十

① 《明太祖实录》卷二六,吴元年十月庚申条,台湾"中央研究院"历史语言研究所 1962 年校印本,第 394~395 页。
② 谈迁:《国榷》卷三,太祖洪武元年闰七月丙寅,中华书局 1958 年版,第 368 页。
③ 张廷玉等:《明史》卷一二四《扩廓帖木儿传》,中华书局 1974 年版,第 3712 页。

八骑逃奔大同,又从大同"走甘肃"①,太原为明军占领。第二年正月,常遇春攻下大同,华云龙攻下云州,金朝兴攻取东胜州,"山西悉平"②。接着,徐达率明军开始进取陕甘地区。

元顺帝退出大都,标志着元朝统治的终结。但是,元朝的统治机构、军事建制、军队主力等并没有被消灭,元顺帝一退到上都,就开始着手组织力量,调整部署,以图恢复。当明军还在略定河北及北平周围地区时,元顺帝已命王保保由山西出塞经居庸关而规取北平,结果被徐达乘虚袭取了山西。元顺帝不甘心失败,又于洪武二年(1369)二月命其丞相也速攻通州。这时明朝大军正云集山西,北平仅有守兵千人,只因守将曹良臣有勇有谋,用虚张声势之计将也速击败。元顺帝在连遭失败后仍不甘心,他知道明朝北平空虚,便于四月间命也速率军再次进攻通州。

此时明朝大军全都集中在陕西。三月里攻克了奉元路,改为西安府,接着又攻下凤翔,李思齐逃奔临洮。正当明军再次准备大举西进时,朱元璋得知元军将再攻通州的情报,急忙"命副将军常遇春率师赴北平"③。常遇春和副将李文忠到北平后,率领"步卒八万,骑士一万,自北平取开平",取道三河,经鹿儿岭,过惠州,败故元将江文清兵于锦川,进至全宁,败元丞相也速,进攻大兴州,六月里大破元兵,"擒其丞相脱火赤,遂率兵道新开岭进攻开平。元主先已北奔,追北数百里,俘其宗王庆生及平章鼎住等斩之,凡得将士万人,车万辆,马三千匹,牛五万头。蓟北悉平。"④常遇春和李文忠从陕西战场率军千里奔袭,打破了元军对北平的威胁,并乘势攻取开平,这对明王朝有重要意义。它使北平地区的危机形势有所缓和,明朝得以调整部署,加强防务,同时保证了陕甘主战场战斗的顺利进行。但是在回军途中,副将军常遇春病逝于柳河川,明朝失去了一员纵横天下无敌手的猛将。

当明军在开平取胜时,陕西战场由于元朝降将张良臣的降而复叛,正呈胶着状态。本来徐达一路顺利,"度陇,克秦州,下伏羌、宁远,入巩昌",接着克临洮,降李思齐,分兵克兰州,"袭破元豫王于西宁",又下平凉,克延安,张思道走宁夏为王保保所执,其弟良臣"以庆阳降"⑤,如果不出现反复,陕西也就此略定。可是张良臣降而复叛,坚守庆阳,明军围攻不下。王保保为了援救庆阳,发动了两路攻势:一路由韩扎儿攻六盘山之战略要地原州、泾州,欲从背后袭击明军⑥;一路由故元总制贺宗哲攻凤翔⑦。与此同时,从开平退屯盖里泊(又作哈里泊)的元顺帝,也再次"命脱列伯、孔兴以重兵攻大同,欲图恢复"⑧。

战场上的形势对于明军来说真是到了紧要关头。元朝三路大军有一处突破,明军在陕西战场的形势就将急转直下。在此情况下,徐达暂取守势,遣右丞徐礼将兵据守驿马关要冲,遣指挥叶石真守彭原,调指挥韦正守邠州,派傅友德和薛显驻灵州以扼敌之进攻。接着,冯胜又

① 《明太祖实录》卷三七,洪武元年十二月丁卯条,台湾"中央研究院"历史语言研究所1962年校印本,第708页。
② 张廷玉等:《明史》卷一二五《徐达传》,中华书局1974年版,第3728页。
③ 谈迁:《国榷》卷三,太祖洪武二年四月丙寅条,中华书局1958年版,第388页。
④ 《明太祖实录》卷四三,洪武二年六月己卯条,台湾"中央研究院"历史语言研究所1962年校印本,第846页。
⑤ 《明太祖实录》卷四二,洪武二年五月辛丑条,台湾"中央研究院"历史语言研究所1962年校印本,第828页。
⑥ 《明太祖实录》卷四三,洪武二年七月辛亥条,台湾"中央研究院"历史语言研究所1962年校印本,第854页。
⑦ 《明太祖实录》卷四四,洪武二年八月甲子条,台湾"中央研究院"历史语言研究所1962年校印本,第858页。
⑧ 《明太祖实录》卷四四,洪武二年八月丙寅条,台湾"中央研究院"历史语言研究所1962年校印本,第859~860页。

率军西临驿马关,"去庆阳三十里而军"①。经过这番部署,明军防守最薄弱的一路稳固了,当韩扎儿再攻陷泾州时,冯胜率军乘敌疲惫时发起冲击,击走韩扎儿,还屯驿马关,明军背后之危机解除。与此同时,凤翔明军金兴旺部和知府周焕坚守十五日,元军贺宗哲部未能越凤翔一步。进攻大同的元军因明军李文忠部的增援亦被打败②,脱列伯被擒,孔兴逃至绥德为其部下所杀。"元帝知事不可为,自此不复南向矣。"③李文忠部乘胜再度进克东胜州。八月二十一日,元朝三路援兵都被击退,固守了三个月的庆阳城终于被明军攻破,张良臣父子投入井中,徐达"命指挥朱杲引出,斩之"④。陕西地区最终纳入明朝的版图。

就在这年八月,常遇春的灵柩到达南京。朱元璋派都督金事吴祯前往陕西召徐达回京,定议功赏,会葬鄂国公常遇春,明军的北伐战役至此告一段落。

当北伐大军一切进展顺利之时,朱元璋曾于洪武元年(1368)五月前往汴梁会见前敌统帅。徐达就将来攻克元都后的战略取向如何向朱元璋问计说:"元都克,而其主北走,将穷追之乎?"朱元璋回答说:"元运衰矣,行自渐灭,不烦穷兵。出塞之后,固守封疆,防其侵轶可也。"⑤《明太祖实录》卷三二则更明确地记载:"元起朔方,世祖始有中夏,乘气运之盛,理自当兴。彼气运既去,理固当衰,其成其败,俱系于天。若纵其北归,天命厌绝,彼自渐尽,不必穷兵迫之,但其出塞之后,即固守疆圉,防其侵扰耳。"从这里我们可以看出,朱元璋的战略意图就是将元朝势力驱逐出中原,然后固守封疆,并没有穷追不舍将元军彻底歼灭的构想。而要固守封疆,就要有一系列的边防建设,沿边要部署大批兵力,这就形成后来明朝防御蒙古的北边防线。

事实上明朝军队在当时要想完全消灭元军主力也是不可能的。首先,明朝军队从兴起以来一直在南方作战,因而步兵力量强。一旦进入北方的平原旷野,步兵的短处就暴露出来,倘若再深入蒙古高原,则困难就更大,这绝非一次北伐战役所能完成的任务。其次,元朝虽然已经退出中原,但其实力仍很强大。元朝之所以失败乃是由于其政治腐败,顺帝昏庸无能,"武臣坐失事机,怯于公战"⑥,由此导致其失败。但是,退出大都的元廷,"整复故都,不失旧物",它有忽答一军驻云州,王保保一军驻沈儿峪,纳哈出一军驻金山,失喇罕一军驻西凉,云南则有梁王把匝喇瓦尔密,所谓"引弓之士,不下百万众也;归附之部落,不下数千里也;资装铠仗,尚赖而用也;驼马牛羊,尚全而有也"。此时如果能有一个强有力的领袖人物出面号召,整顿军事,大举报仇,究竟鹿死谁手,实在还很难预料。所以清人云:"元亡而实未亡耳。"⑦

朱元璋对这种形势显然估计得很清楚,因而他才确定了将元顺帝逐出中原,然后"固守封疆"的战略方针。

---

① 夏燮:《明通鉴》卷二,洪武二年七月辛亥条,中华书局 1959 年版,第 226 页。
② 此时李文忠正奉调前往陕西会攻庆阳,半路经太原时知大同被围,遂自作主张前往救援,因而解除了大同的危机。
③ 夏燮:《明通鉴》卷二,洪武二年八月丙寅条,中华书局 1959 年版,第 226 页。
④ 《明太祖实录》卷四四,洪武二年八月癸未条,台湾"中央研究院"历史语言研究所 1962 年校印本,第 869 页。
⑤ 张廷玉等:《明史》卷一二五《徐达传》,中华书局 1974 年版,第 3727 页。
⑥ 谷应泰:《明史纪事本末》卷九《略定秦晋》,上海古籍出版社 1994 年版,第 37 页。
⑦ 谷应泰:《明史纪事本末》卷十《故元遗兵》,上海古籍出版社 1994 年版,第 42 页。

第二节 洪武时期的对蒙政策与北元势力的瓦解

在"固守封疆"方针的指导下,朱元璋对退居漠北的蒙古族采取了政治招抚和军事打击相配合的两手政策。[①]

一、政治招抚

政治招抚政策表现为对元朝贵族的招降,对已投降者的优待、安置,以及对蒙古贵族习俗的尊重等方面。

洪武元年(1368)十月十一日,攻克大都后刚刚两个多月,朱元璋"以元都平诏天下"。在这份诏书中他宣布:

> 一、元主父子远遁沙漠,其乃颜、蒯突等类素相仇敌,必不能容,果能审识天命,衔璧来降,待以殊礼,作宾吾家;
>
> 一、避兵人民团结(小)[山]寨,诏书到日,并听各还本业,若有负固执迷者,罪在不原;
>
> 一、残元领兵头目,已尝抗拒王师、畏罪屯聚者,有能率众来归,一体量才擢用;
>
> 一、故官及军民人等,近因大军克取之际,仓皇失措,生离父母妻子,逃遁他所,果能自拔来归,并无罪责,仍令完聚;
>
> 一、朔方百姓及蒙古、色目诸人,向因兵革,连年供给,久困弊政,自归附之后,各安生理,趁时耕作,所有羊马孳畜,从便牧养,有司常加存恤;
>
> 一、北平新附地方应有犯罪及官有逋欠,但系前代事理,并行革拨;
>
> 一、秘书监、国子监、太史院典籍,太常法服、祭器、仪卫及天文仪象、地理户口版籍、应用典故文字,已令总兵官收集,其或迷失散在军民之间者,许赴官送纳;
>
> 一、自兵革以来,南北路隔,其北平府应有南方之人,愿归乡里者听,未附州郡,总兵官明示祸福,随处招谕;
>
> 一、各处征进军士,有阵亡病故者,所在官司即与埋瘗,仍厚恤其家;
>
> 一、新附州城军民官吏,非奉朝省明文,毋得擅自科取军需,骚扰百姓,以妨农务。[②]

朱元璋向新征服的地区颁布了十条安定民心的政策,对元主、残元领兵头目、故官、避兵人民、朔方百姓及蒙古、色目等人都有规定,这对新征服地区迅速走向安定有重要意义。尤其是对蒙古族的政策,实际上是朱元璋"向上自元主,下至蒙古百姓的各阶层蒙古人伸出了招降之

---

① 陈梧桐先生将其概括为"以威服之"与"以德怀之",见陈梧桐:《朱元璋研究》,天津人民出版社 1993 年版;又见陈梧桐:《论朱元璋的民族政策》,《中南民族学院学报》(哲学社会科学版)1982 年第 1 期。时人张显清评论其观点"显然是比较符合客观实际的",见张显清:《评〈朱元璋研究〉》,《中国史研究动态》1994 年第 6 期。

② 《明太祖实录》卷三五,洪武元年十月戊寅条,台湾"中央研究院"历史语言研究所 1962 年校印本,第 632~634 页。本书凡引用《明实录》史料,用圆括号括注原文错字,用方括号括注改后的正确字,下同。

手"①。

在以后的一段时期里,朱元璋不断重申这种招抚政策,并用切实的优厚待遇吸引北逃塞外的蒙古部众,特别是对于退居漠北的元朝皇帝及其宗室,朱元璋更是频频发动招降攻势。

洪武二年(1369)十月,朱元璋写信给妥欢帖木儿。信中告诫他元运已去,群雄扰攘,我不忍生灵惨遭荼毒,"乃亲率诸将,西平湖湘汉沔,南取交广,东定吴越,八闽两江,皆入版图",而此时"君之将臣曰张、曰李、曰王三人者,不为国谋,分据秦晋,互相雠杀,民遭涂炭",我不得已乃出师北伐,"我师未至,君已弃宗社而去",为今之计,"能顺天道,归我中国故土,上策也"。你在国家富裕时尚不能削平群盗,如今远遁沙漠,以孤兵自随,"若欲效汉之匈奴、唐之突厥,出没不常,以为边患,是君之计不审也。"现在中原地区已尽为我明朝所有,"全二千城之富庶,握群雄累岁之劲兵,华夏已平,外夷咸附,壮士无所施其勇,智将无所用其谋,而君乃欲与我为敌乎?君若不思保境土以存宗祀,而欲吐余烬于寒灰,是不知天命也。"倘若我发精兵百万,直抵阴山之北,你即便逃脱也是侥幸,最好还是"改图易虑,安分顺天,以存宗祀"②。朱元璋在这里既有对元顺帝两次命也速进攻通州的指责,又有大规模发兵塞北的威胁。

洪武三年(1370)四月,就在李文忠大军即将进克开平时,朱元璋还在写信奉劝元顺帝认识天命、人心之向背,能够"奉天道,顺人事,遣使通好",而朱元璋则允许他"牧养于近塞,藉我之威,号令其部落,尚可为一邦之主,以奉其宗祀"。如果认识不到这一点,"犹欲以残兵出没,为边民患,则予大举六师,深入沙漠,君将悔之无及矣"。③朱元璋在这里向元顺帝讲述了"君舟民水"的道理,一方面向元顺帝挥出招降的橄榄枝,一方面告诉其明朝也有"大举六师,深入沙漠"的准备。

及至同年五月明军俘获了元顺帝之孙买的里八剌之后,朱元璋拒绝了中书省臣杨宪的"献俘"建议,"只令服本俗衣以朝",于是在朝见时"侍仪使引买的里八剌具本俗服行五拜礼",又朝见了东宫太子和皇后,"俱赐以中国服,乃赐第宅于龙光山,命优其廪饩,封买的里八剌为崇礼侯",给以优厚的待遇,并表示"若其欲归,当遣还沙漠"。④两天后,朱元璋颁布了《平定沙漠诏》,向天下全体臣民宣示:"今年……五月十六日……获元君之孙买的里八剌及其后妃宝册等物,知庚申君已于四月二十八日殂于应昌,大军所至,朔庭遂空,中书上言,宜以其孙及后妃献俘于太庙,朕心思之,其君之亡,系乎天运,所遗幼孙,若行献俘,实有不忍。……朕怜帝王之后,难同庶民及首乱借伪来降者,特封崇礼侯,总其眷属以及母后等同居,饮食服用,出官民上,俾存元祀,体法前王,不敢过亏。呜呼!天命靡常,惟殷是鉴,可不畏哉。"继之他又遣使诏谕元的宗室部落臣民,讲述自己命将西征,直抵土蕃;偏师北伐,遂克应昌;元君去世,太子爱猷识理达腊望风遁逃,遂俘获其孙买的里八剌至京,封以侯爵,给以厚待,"今又遣官寻访爱猷识理达腊,若能敬顺天道,审度朕心,来抚妻子,朕当效古帝王之礼,俾作宾我朝;其旧从元君仓卒逃避者,审识天命,倾心来归,不分等类,验才委任;直北宗王驸马、部落臣民,能率职来朝,朕当换给印信,还其旧职,仍居所部之地,民复旧业,羊马孳畜,从便牧养。"朱元璋特意强

①　王雄:《明洪武时期对蒙古人众的招抚和安置》,《内蒙古大学学报》(哲学社会科学版)1987年第4期。
②　《明太祖实录》卷四六,洪武二年十月是月条,台湾"中央研究院"历史语言研究所1962年校印本,第925~927页。
③　《明太祖实录》卷五一,洪武三年四月己巳条,台湾"中央研究院"历史语言研究所1962年校印本,第1005~1006页。
④　《明太祖实录》卷五三,洪武三年六月乙亥条,台湾"中央研究院"历史语言研究所1962年校印本,第1042~1043页。

调:"特以元君之子孙,流离失所,一有不虞,则朕恐失古人兴灭继绝之意,俾尔人民无所归往,故遣使遍谕朕意:朕既为天下主,华夷无间,姓氏虽异,抚字如一,尔等无或执迷,以贻后悔。其边塞鞑靼百姓,因元丧乱,征繇繁重,供亿劳苦,朕甚悯焉。诏书到日,悉安所居,无自惊扰,以废耕牧。"[1]从朱元璋对买的里八剌的处置来看,这是他从政治策略上经深思熟虑而后所做出的决定。

妥善处理买的里八剌被俘的事情,成为朱元璋招抚蒙古诸部的一个样板,当年九月在招抚辽阳等处军民时,朱元璋就以买的里八剌为例,在诏书中说:我之即皇帝位实乃天意而非人力,"今年五月十五日,左副将军李文忠、左丞赵庸率兵北至应昌,克其城,获元君之孙买的里八剌及后妃、宝册、省院诸官,知元君于四月二十八日以疾殂,太子爱猷识里达腊以数骑北奔,天运之去,昭然可知。师还过兴州,江文清等率军民三万六千余人降,至红罗山又降杨思祖之众一万六千余人,独辽蓟一隅,故臣遗老,不能见机审势,高谋远图,而乃团结孤兵,盘桓乡里,因循岁月,上不能辅君于危亡之时,下不能卫民于颠沛之日,进退狼狈,而犹徘徊徊顾望如此,欲何为耶?……兹特遣人往谕,能审知天道,率众来归,官加擢用,民复旧业,朕不食言,尔其图之。"[2]朱元璋所举的榜样事例确实收到了很好的效果,所以有洪武四年(1371)元辽阳行省平章刘益之降。

洪武三年(1370)十月,朱元璋多次写信给爱猷识里达腊,敦促他考虑"进退之宜",并告知他:《元史》已经修成,已为其父立纪、封谥,"君之子买的里八剌亦封崇礼侯,岁给禄食,及其来者与之同居无恙,但不知君之为况何如?北方诸部人民,亦果能承顺如往昔乎!"他希望爱猷识里达腊能"上顺天道,遣使一来,公私通问,庶几安心牧养于近塞,藉我之威,号令部落,尚可为一邦之主,以奉其宗祀"。如果不这样,"犹欲以残兵出没为边民患,则大举六师,深入沙漠,君之退步,又非往日可比,其审图之,毋贻后悔"[3]。朱元璋在这里采取了和对待元顺帝一样的政策。

到洪武五年(1372)十二月,朱元璋仍在给爱猷识里达腊写信,敦劝他明了"以小事大"之理,批评元初处死南宋幼主之事,特意标榜"在朕则不然。君之子至京师,今已三年,优待有加",希望爱猷识里达腊"遣使取归",并再三宣称"君家天运已去,人心已离,四海土崩瓦解",我之所以兴师讨伐乃是看到元朝"国势不振,民罹荼毒,……虽君之父子,亦不能守宗庙社稷,北遁沙漠",而我之取有天下也是天命所在,"君其察焉"。同时又致书给爱猷识里达腊的辅臣刘仲德、朱彦德,让他们规劝元主,"令取其子买的里八剌归"。[4] 又过了两年,洪武七年(1374)九月,朱元璋看到买的里八剌已经长大成人,决定送他回归漠北,"厚礼而归之,选老成宦者咸礼、袁不花帖木儿二人送其行",他再次给爱猷识里达腊写信,告诫他不要执迷不悟,以"万骑或七八千骑,欲与全中国相抗"是不知轻重,"君若不悟,不效古人之事,他日加兵于彼,祸有不可测者矣"。至于送回买的里八剌事,他说道:"昔君在应昌,所遗幼子南来,朕待以殊礼,已经五年。今闻奥鲁去全宁不远,念君流离沙漠无宁岁,后嗣未有,故特遣咸礼等护其归,庶不绝元

① 《明太祖实录》卷五三,洪武三年六月丁丑条,台湾"中央研究院"历史语言研究所1962年校印本,第1044~1048页。
② 《明太祖实录》卷五六,洪武三年九月是月条,台湾"中央研究院"历史语言研究所1962年校印本,第1099~1100页。
③ 《明太祖实录》卷五七,洪武三年十月辛巳条,台湾"中央研究院"历史语言研究所1962年校印本,第1119~1120页。
④ 《明太祖实录》卷七七,洪武五年十二月壬寅条,台湾"中央研究院"历史语言研究所1962年校印本,第1417~1418页。

之祀,君其审之。"①

从当时的历史情况看,朱元璋政治招抚的政策达到了那个时代的最高政治水平。今人评论朱元璋的这一做法及其对故元势力的和平招降活动说:"朱元璋迅速消弭了中原地区潜伏的危机,大大解除了来自北元的威胁,成功地稳定了明初的局势,为明朝的继续发展奠定了稳固的基础。"②

洪武二十年(1387),明朝军队北征辽东,降服纳哈出后,封纳哈出为海西侯,对其手下的一干人等也都给以妥善安置,也是这种招抚政策的一个具体体现。

除了对蒙古皇室及残元势力的招抚,朱元璋对投降、被俘的各级蒙古官吏以及广大蒙古族士兵和民众,也都是采取安抚和优待的政策。今人将朱元璋的这些措施概括为三点:其一,对于入明的蒙古人,不管是贵族还是平民,也不管是自动来归还是被俘而降,都待之以礼,尽量保护他们的民族感情少受伤害,以期消除其顾虑,分化争取蒙古贵族,怀柔蒙古人众;其二,对降附的蒙古人众在物质上给予较优厚的待遇,生活上给予一定的保障;其三,对归附的蒙古首领酌情授予官爵,使其仕宦有路。尽管朱元璋的招抚政策中也有很多不尽人意之处,但从总体上看它还是成功的,它使"大批蒙古人众入居中原,各得其所,缓和了当时蒙汉两族之间的尖锐矛盾,一定程度上解决了由改朝换代而引起的部分蒙古人民流离失所的问题,加快了结束割据、战乱的过程"③。

二、军事打击

军事打击的具体表现为洪武年间的数次大规模出塞作战,其主要目的在于击溃乃至摧毁残元势力借以侵扰的军事力量,确保边境安宁。

洪武二年(1369)八月十二日,徐达率军在陕西围攻庆阳艰苦鏖战,朱元璋派都督金事吴祯前往陕西召徐达回京。他在给徐达的敕书中写道:"如克庆阳,宜令右副将军、都督同知冯宗异掌总兵印,统军驻庆阳,节制各镇兵马粮饷。……巩昌、临洮、兰州诸军镇守如故,兵不足者益之。如河中四外已宁,则以都督同知康茂才所部士卒三分之,茂才率其二往镇山西,凡太原诸城悉听节制;其一增守陕西,务在处置得宜。然后大将军达、偏将军(汤)和回京定议功赏。俟朕与大将军葬鄂国公毕日,大将军当复往定守边之策。戍守诸将诰命,悉颁其家,可谕朕意。都督金事吴祯就令同宗异驻庆阳,平章李伯升同都督金事耿炳文守陕西。"④从朱元璋的敕书中我们可以看出如下几点:其一,朱元璋的整个军事部署意在敛兵保境,他没有让明军穷追元军到塞外作战的意图。其二,朱元璋召徐达、汤和回京有两个目的:一为安葬常遇春,二为定议功赏。为了不影响前方的防务部署,他命右副将军冯宗异掌总兵印,并命吴祯留在前方辅助冯宗异。其三,朱元璋在西北防御的支点有庆阳,由冯宗异和吴祯负责;陕西,由耿炳文和李伯升负责;太原,由康茂才负责。待朝廷诸事处理完毕之后,徐达当再往前线定守边之策。

由于前方战事耽搁,庆阳城直到八月廿一日才攻下,再加上元将贺宗哲袭扰,徐达到月底

---

①　《明太祖实录》卷九三,洪武七年九月丁丑条,台湾"中央研究院"历史语言研究所 1962 年校印本,第 1622~1623 页。

②　雪岩:《朱元璋对北元政策管窥》,《内蒙古社会科学》(文史哲版)1994 年第 2 期。

③　王雄:《明洪武时期对蒙古人众的招抚和安置》,《内蒙古大学学报》(哲学社会科学版)1987 年第 4 期。

④　《明太祖实录》卷四四,洪武二年八月甲戌条,台湾"中央研究院"历史语言研究所 1962 年校印本,第 865~866 页。

还未能南返,朱元璋又派金吾卫千户秦毅再往催促。① 从朱元璋一再催促徐达返京的举动中,可以看出朱元璋对陕西和北方的战事是比较放心的,他觉得陕西既然已平,天下大势已定,元朝残余势力不必再穷追猛打也会自行消亡,就像他在战前预料的那样。为了使元朝残余势力尽快放弃抵抗而投降,使自己的战略目的能早日实现,朱元璋还分别给王保保、元顺帝和丞相也速写了信,进行政治劝降。他希望王保保能"知时达变,慨然来归"②;对元顺帝进行了一番劝导之后发出警告,叫他不要学匈奴、突厥之扰汉边,不然将"发铁骑四出塞外",直抵阴山之北③;对也速先行劝诱,再进行警告,让他约束士卒,不要"扰我边陲"④。

朱元璋以为通过这些做法就可以使元朝残余势力停止对明边的袭扰,但是事情的发展并非像朱元璋希望的那样。当徐达返京之后,前敌统帅冯宗异"以关陇既平,胡虏畏服,不请于朝,辄引众还"⑤。冯宗异刚离开前方,元将王保保侦知大将率军南还,马上"纵游骑掠平凉、巩昌北鄙人畜,大为边患"⑥。接着于同年十二月"以兵袭兰州"⑦。与此同时,退居沙漠的元朝军队也盘踞在近边地带,构成对明朝的严重威胁。

北方并没有安宁。

面对这种形势,朱元璋不得不调整战略方针,大举兴师出塞作战,意图消灭元朝残余势力。

洪武年间的大规模出塞作战一共有九次之多(间有小规模的出边作战),其中前七次均是由朱元璋的功臣武将任统帅,后两次是燕王、晋王出任前敌统帅,这是由明初军权转移的形势所决定的。

洪武三年(1370)正月初三,朱元璋鉴于王保保屡为西北边患,"复命右丞相信国公徐达为征虏大将军,浙江行省平章李文忠为左副将军,都督冯胜(宗异)为右副将军,御史大夫邓愈为左副副将军,汤和为右副副将军,往征沙漠。"⑧发动了第一次出塞作战。朱元璋没有采纳诸将"直取元主"的建议,而是"分兵为二道:一令大将军自潼关出西安捣定西,以取王保保;一令左副将军出居庸入沙漠以追元主,使其彼此自救,不暇应援"。从这一部署来看,朱元璋的计划是由徐达一军向西北,消灭残元部队战斗力最强之主力,李文忠一军则向北,直取元主,徐达一路为正兵,李文忠一路为奇兵。两路大军进展均很顺利,同年四月,西路徐达军取得沈儿峪大捷,擒获元军八万余人,王保保"仅与其妻子数人从古城北遁去,至黄河,得流木以渡,遂由宁夏奔和林"。⑨北路李文忠军自开平趋应昌,趁元顺帝新丧,一举攻克应昌,"获元主嫡孙买的里八剌并后妃宫人,暨诸王省院达官士卒等,并获宋元玉玺、金宝……惟太子爱猷识里达腊与

① 《明太祖实录》卷四四,洪武二年八月是月条,台湾"中央研究院"历史语言研究所1962年校印本,第875~876页。朱元璋之所以急于召回徐达的意图不甚明了,赵立人认为是骄傲轻敌和急于求成,笔者以为不妥,这还是与朱元璋的战略意图和准备政治招降有关。见赵立人:《洪武时期北部边防政策的形成与演变》,《史学集刊》1994年第4期。

② 《明太祖实录》卷四四,洪武二年八月庚寅条,台湾"中央研究院"历史语言研究所1962年校印本,第874页。

③ 《明太祖实录》卷四六,洪武二年十月是月条,台湾"中央研究院"历史语言研究所1962年校印本,第927页。

④ 《明太祖实录》卷四七,洪武二年十一月丁未条,台湾"中央研究院"历史语言研究所1962年校印本,第932页。

⑤ 《明太祖实录》卷四七,洪武二年十二月辛巳条,台湾"中央研究院"历史语言研究所1962年校印本,第937页。

⑥ 谈迁:《国榷》卷三,洪武二年十一月甲辰,中华书局1958年版,第401页。

⑦ 《明太祖实录》卷四七,洪武二年十二月庚寅条,台湾"中央研究院"历史语言研究所1962年校印本,第943页。

⑧ 《明太祖实录》卷四八,洪武三年正月癸巳条,台湾"中央研究院"历史语言研究所1962年校印本,第947页。

⑨ 《明太祖实录》卷五一,洪武三年四月丙寅条,台湾"中央研究院"历史语言研究所1962年校印本,第1004页。

数十骑遁去。"①洪武三年明军的出塞北征,大获全胜。更重要的是元顺帝于四月二十八日病死于应昌,使残元势力失去了能为众所公认的统治者,这不能不对蒙古族的历史发展产生影响。同时,这次出塞作战的胜利使朱元璋感到非常振奋。当十一月初北征大军返回京师时,他亲自"出劳于江上",随后"以武成告于郊庙",大行封赏,以平定沙漠诏谕中外②,似乎明朝的天下从此即可宣告太平。

但事实远非如此。

当明军获胜南还后,残元势力又重新集结起来,经常对明朝北边进行袭扰和掠夺。已经投降明朝的故元军将士也不断和塞外蒙古军队相呼应,发动叛乱。在此形势下,朱元璋又于洪武五年(1372)发动了第二次北征。这年的正月,朱元璋发兵十五万,兵分三路:魏国公徐达"为征虏大将军出中路,曹国公李文忠为左副将军出东路,宋国公冯胜为征西将军出西路",北征王保保。朱元璋在出兵之前面授机宜说:"今并出三道,大将军由中路出雁门,扬言趋和林而实迟重,致其来击之,必可破也;左副将军由东路,自居庸出应昌以掩其不备,必有所获;征西将军由西路,出金兰、取甘肃以疑其兵,令虏不知所为,乃善计也。"③这次兴师出塞,明朝君臣将帅低估了残元势力,三路大军每路只有五万人,及至出塞之后,明军竟惨遭败绩。"(徐)达遣都督蓝玉击败扩廓于土剌河。扩廓与贺宗哲合兵力拒,达战不利,死者数万人。"④这一次失败明朝君臣都有责任,朱元璋对此更是铭心刻骨,因此到他晚年听到朱棣领兵深入开平数百里时,便语重心长地告诫说:"噫!吾用兵一世,指挥诸将,未尝败北,致伤军士。正欲养锐以观胡变,夫何诸将日请深入沙漠,不免疲兵于和林,此盖轻信无谋,以致伤生数万。"⑤

东路军李文忠作战也很艰苦,史载他由东道北征,出居庸,趋和林,至口温,进至胪朐河,又轻装疾驰至土剌河,再进至阿鲁浑河,敌人大军悉集。"文忠马中流矢,下马持短兵斗。指挥李荣以所乘马授文忠,而自夺敌马乘之。文忠得马,益殊死战,遂破敌,虏获万计。追奔至称海,敌兵复大集。文忠乃敛兵据险,椎牛飨士,纵所获马畜于野。敌疑有伏,稍稍引却。"⑥这场大战,两军胜负相当,明朝的宣宁侯曹良臣,指挥使周显、常荣、张耀俱战死。三路大军只有冯胜所率西路军一路顺利,进至亦集乃路,"斩获甚众,全师而还"⑦。

洪武五年(1372)的三路出塞,由于明军的轻敌和缺乏配合而招致失败。这次失败给了朱元璋一个深刻的教训,此后一段时间内,他未敢再轻易出师,仅在洪武七年(1374)有小规模的出边击敌,史载:"左副将军李文忠率师攻高州大石崖,克之,斩故元宗王朵朵失里,擒其承旨百家奴,余众败走。文忠复遣指挥唐某追击之,至毡帽山,遇故元鲁王营于山下,以兵攻之,斩鲁王及司徒答海俊、平章把剌、知院忽都,获鲁王妃蒙哥秃并金印一、玉图书一。"⑧这可以看作

---

① 《明太祖实录》卷五二,洪武三年五月辛丑条,台湾"中央研究院"历史语言研究所1962年校印本,第1021页。
② 《明太祖实录》卷五八,洪武三年十一月丙申条、丁酉条,台湾"中央研究院"历史语言研究所1962年校印本,第1126~1137页。
③ 《明太祖实录》卷七一,洪武五年正月甲戌条,台湾"中央研究院"历史语言研究所1962年校印本,第1322页。
④ 张廷玉等:《明史》卷一二五《徐达传》,中华书局1974年版,第3729页。
⑤ 《明太祖实录》卷二五三,洪武三十年五月庚寅条,台湾"中央研究院"历史语言研究所1962年校印本,第3658页。
⑥ 张廷玉等:《明史》卷一二六《李文忠传》,中华书局1974年版,第3744~3745页。
⑦ 张廷玉等:《明史》卷一二九《冯胜传》,中华书局1974年版,第3798页。
⑧ 《明太祖实录》卷九一,洪武七年七月甲子条,台湾"中央研究院"历史语言研究所1962年校印本,第1593页。

明军的第三次出塞。

王保保于洪武八年(1375)病死,北元皇帝爱猷识里达腊于洪武十一年(1378)病死。到了洪武十三年(1380)二月,朱元璋感到"故元国公脱火赤、枢密知院爱足率众万余屯和林,恐为边患,命西平侯沐英率陕西兵往讨之",第四次出征塞外。沐英在三月里率军出塞,其作战目标本来是和林,但至灵州侦得脱火赤之兵转移至亦集乃路,于是"率师渡黄河,经宁夏历贺兰山涉流沙,凡七日夜至其境,去穹庐五十里,分军为四道,至夜衔枚而进,合围之,擒脱火赤、爱足等,尽获其部曲以归。"①

洪武十四年(1381)正月,由于故元平章乃儿不花等屡为边患,朱元璋又"命魏国公徐达为征虏大将军,信国公汤和为左副将军,颍川侯傅友德为右副将军",率师出塞征讨。徐达率诸将于四月出塞,进"至北黄河,虏骑骇遁,友德选轻骑夜袭灰山,克之,获其部落人畜甚众。西平侯沐英等略公主山长寨,歼其戍卒,获全宁四部以归"。② 这是明军的第五次出塞。

洪武二十年(1387)正月,魏国公徐达、曹国公李文忠均已作古,而元朝残部纳哈出仍然拥兵割据辽东,时时对明朝造成威胁。为了消灭纳哈出的割据势力,朱元璋"命宋国公冯胜为征虏大将军,颍国公傅友德为左副将军,永昌侯蓝玉为右副将军,南雄侯赵庸、定远侯王弼为左参将,东川侯胡海、武定侯郭英为右参将,都督商皓参赞军事",率师二十万,第六次出塞作战。由于明军大兵压境,纳哈出投降,明"得所部二十余万人,牛羊马驼辎重亘百余里。还至亦迷河,复收其残卒二万余"③。至此,元朝盘踞辽东地区二十余年的纳哈出势力被明朝降服,辽东地区平定。

洪武二十年(1387)七月,朱元璋命征讨纳哈出的大军还驻大宁,"俟明年春听调北征"④,他要借此次辽东之胜进一步扩大战果,彻底消灭元朝残余势力。同年九月,朱元璋遣指挥赵隆赍诏到前方宣布新的任命,"命右副将军永昌侯蓝玉为征虏大将军,延安侯唐胜宗为左副将军,武定侯郭英为右副将军,都督佥事耿忠为左参将,都督佥事孙恪为右参将"。他在敕谕中说:"胡虏余孽,未尽殄灭,终为边患。宜因天时,率师进讨",宣布"肃清沙漠,在此一举"。⑤ 蓝玉率军在大宁休整了一冬,至洪武二十一年(1388)三月,他率军十五万由大宁进至庆州,"闻虏主脱古思帖木儿在捕鱼儿海,从间道兼程而进。"⑥明朝大军乘残元军不备,发起进攻,大获全胜。只有"虏主脱古思帖木儿与其太子天保奴、知院捏怯来、丞相失烈门等数十骑遁去","获其次子地保奴、妃子等六十四人及故太子必里秃妃并公主等五十九人,其詹事院同知脱因帖木儿将逃失马,窜伏深草间,擒之。又追获吴王朵儿只、代王达里麻、平章八阑等二千九百九

---

① 《明太祖实录》卷一三〇,洪武十三年二月壬申条、三月壬子条,台湾"中央研究院"历史语言研究所1962年校印本,第2061页、2074页。

② 《明太祖实录》卷一三七,洪武十四年四月庚午条,台湾"中央研究院"历史语言研究所1962年校印本,第2162~2163页。

③ 张廷玉等:《明史》卷一二九《冯胜传》,中华书局1974年版,第3798页。

④ 《明太祖实录》卷一八三,洪武二十年七月辛丑条,台湾"中央研究院"历史语言研究所1962年校印本,第2760页。

⑤ 《明太祖实录》卷一八五,洪武二十年九月丁未条,台湾"中央研究院"历史语言研究所1962年校印本,第2784页。

⑥ 《明太祖实录》卷一八九,洪武二十一年三月是月条,台湾"中央研究院"历史语言研究所1962年校印本,第2861页。内蒙古社科院历史所编《蒙古族通史》(民族出版社1991年版)谓捕鱼儿海为贝加尔湖(见该书第440页),笔者以为不确。日本学者和田清谓为今贝尔泊(见[日]和田清:《明代蒙古史论集》上册,潘世宪译,商务印书馆1984年版,第155页),似为得实。

十四人,军士男女七万七千三十七口,得宝玺、图书、牌面一百四十九,宣敕、照会三千三百九十道,金印一,银印三,马四万八千余匹,驼四千八百四头,牛羊一十万二千四百五十二头,车三千余辆,聚虏兵甲焚之。"①这是明军的第七次出塞。

捕鱼儿海之役的胜利是明军历次北征塞外作战中最重要的一次胜利,元主脱古思帖木儿与其太子天保奴在北逃和林的途中被也速迭儿袭杀。从此,残元势力彻底瓦解,元朝皇统断绝,明代蒙古族进入内部纷争、政局动荡的时期。

从洪武二十一年(1388)明军取胜之后,明廷又发动了几次出征塞外、继续消灭蒙古残余势力的作战,但这时的军事统帅已由燕王担任,此事容待后叙。

第三节　洪武时期北边七镇的形成

一、问题的提出

明代的北部边防是关乎明朝安危的大问题。

朱元璋在对退居漠北的残元势力和蒙古民族实行政治招抚与军事打击并行之两手政策的同时,为了防备游牧民族的南下袭扰,又按照"固守封疆"的方针,在北部边防展开了一系列的建设,用以划出一条与蒙古草原民族的分界线,力图双方各守疆界,彼此相安无事,由此而形成了明朝为防御蒙古族而设立的北边防线,其后随着明蒙形势的变化而演变为九边军镇,至晚明又成九边十三镇或十六镇,通称为"九边"。

从中国历史的整个发展形势来看,兴起于蒙古高原的游牧民族的不断南下,乃是对中原政权的最主要的威胁。从唐朝后期开始,中原政权一直不振,赵宋积弱,辽、金迭兴,而西夏则割据河套近二百年,最后由蒙古族建立的元朝实现了大一统。明朝的建立,是汉族政权的再度复兴,当把元朝统治集团赶回漠北以后,建设一条巩固的北部边防线,部署重兵以阻止草原民族的重新南下,就成为明朝统治集团的必然选择。

《明史·兵志三》载:"元人北归,屡谋兴复。永乐迁都北平,三面近塞。正统以后,敌患日多。故终明之世,边防甚重。东起鸭绿,西抵嘉峪,绵亘万里,分地守御。初设辽东、宣府、大同、延绥四镇,继设宁夏、甘肃、蓟州三镇,而太原总兵治偏头,三边制府驻固原,亦称二镇,是为九边。"②仅就这段记载的字面分析,可知明朝的北边军镇是经过四镇、七镇、九镇的演变。而在这九边防线演变的过程中,明朝的政治状况与蒙古族的恢复与发展,给予九边以极大的影响。

不过《明史·兵志三》的记述是不正确的。

范中义正确地指出:明史是"抄自刊刻于嘉靖十三年(1534)许论的《九边图论》",因此与此相关的如《皇明九边考》等史籍对此的记载也就都存在问题了。范中义的结论是:"九边是从洪武七年开始逐步建立的,形成于弘治年间,最后定制于嘉靖初年。"③韦占彬在对《明实录》

① 《明太祖实录》卷一九〇,洪武二十一年四月乙卯条,台湾"中央研究院"历史语言研究所 1962 年校印本,第 2866 页。
② 张廷玉等:《明史》卷九一《兵志三》,中华书局 1974 年版,第 2235 页。
③ 范中义:《明代九边形成的时间》,《大同高等专科学校学报》(综合版)1995 年第 4 期。

进行研究后提出:"'九边'的设置始于明成祖时期,到明孝宗弘治年间完成",并列了一个具体时间表。[①] 其他涉及九边军镇形成时间的学者还有余同元、肖立军、梁淼泰等人,不及细叙。于默颖博士在其学位论文《明蒙关系研究——以明蒙双边政策及明朝对蒙古的防御为中心》中提出:"边镇创设于洪武时期,永乐时边镇制基本形成,嘉靖时形成了九边。"[②]而赵现海博士则专门写了一篇《明代九边军镇体制研究》的学位论文[③],对九边军镇体制进行了全方位的探讨。但是两位博士在九边军镇的最初形成上观点也不一致。于默颖提出:边镇的形成首先应当从洪武时诸边的创设谈起,"洪武时期,在明军统一北方的过程中,明朝在各地废除元制,建立了新的行政和军事机构都司卫所,创设了九边中最早的一批重镇。"她认为有七镇,即北平、大宁、辽东、宣府、大同、宁夏、甘肃,特别指出:北平在洪武时期一直是防御蒙古的北方重镇,只不过是成祖即位后,北平成为明王朝的京师,"其曾经作为北边重镇的历史也就隐没在帝都的光环中而不为史籍所载"[④]。但对北平何时成镇未作明确说明,所提到的最早年代是洪武四年(1371)。赵现海则认为:"总兵镇守制度在元代已有萌芽,大将镇守制度在一定程度上即此种形式,但在洪武晚期,开始明确以总兵官作为将领任职,固定镇守一地,从而逐渐形成九边总兵镇守制度。"他特别指出:"若以建置时间排序,分别为甘肃镇、宁夏镇、宣府镇、大同镇、辽东镇、蓟州镇、延绥镇、陕西镇和山西镇。"[⑤]他所提出的甘肃建镇之年代是洪武二十五年(1392)。

说到明代北边军镇的建置,除了年代这一时间因素,还有一个重要因素就是称镇标准问题。余同元提出:"九边(镇)设置以镇守总兵官之常设为标志。"[⑥]韦占彬也持此种观点。范中义提出:"一是要有武职大臣,即总兵的镇守,一是要有文职大臣,即巡抚的提督。"因此每镇都有一个初设和最后完成的问题。[⑦] 肖立军也持这种观点,并认为"不设巡抚说明此镇还不够典型"[⑧]。赵现海也提出:"明代九边建置的标志为总兵镇守制度的建立。"[⑨]而于默颖则对上述观点进行了批驳,认为"若以巡抚设置为各镇形成的标志,就会普遍推迟各镇设立和称镇的时间";而洪武时边防基本体制是都司卫所,边镇之设始于永乐时期的观点"显然割裂了边镇的历史"。她提出"九边各镇情况各异,不应简单地以总兵官和巡抚的设置作为设镇的唯一标志。就辽东、宣府、大同、宁夏、甘肃诸镇而言,设镇应以洪武时设立都司、卫所为标志,武臣镇守或总兵官的设置则应是称镇标志",其余各镇设立称镇情形不可一概而论。[⑩]

---

① 韦占彬:《明代"九边"设置时间辨析》,《石家庄师范专科学校学报》2002年第3期。

② 于默颖:《明蒙关系研究——以明蒙双边政策及明朝对蒙古的防御为中心》,内蒙古大学博士学位论文2004年,第90页。

③ 赵现海:《明代九边军镇体制研究》,东北师范大学博士学位论文2005年,第94页。

④ 于默颖:《明蒙关系研究——以明蒙双边政策及明朝对蒙古的防御为中心》,内蒙古大学博士学位论文2004年,第28页。

⑤ 赵现海:《明代九边军镇体制研究》,东北师范大学博士学位论文2005年。

⑥ 余同元:《明代九边述论》,《安徽师大学报》(哲学社会科学版)1989年第2期。

⑦ 范中义:《明代九边形成的时间》,《大同高等专科学校学报》(综合版)1995年第4期。

⑧ 肖立军:《九边重镇与明之国运——兼析明末大起义首发于陕的原因》,《天津师大学报》(社会科学版)1994年第2期。

⑨ 赵现海:《明代九边军镇体制研究》,东北师范大学博士学位论文2005年,第29页。

⑩ 于默颖:《明蒙关系研究——以明蒙双边政策及明朝对蒙古的防御为中心》,内蒙古大学博士学位论文2004年,第90页。

笔者以为:考究明代九边军镇的建置必须从明朝初起即洪武时期开始。第一要结合都司卫所的军事防御体系进行考察;第二要结合领敕行事的军事长官的任命及其责任来考察,至于其是否称为总兵或总兵官则在其次;第三要结合明代当时人对军镇的称呼和习惯看法来验证。北部边防的安危是关乎明朝生死存亡及与残元、蒙古族关系的大问题,而斗争的另一方蒙古族又基本没有留下可供研究的资料,因此对它进行考察主要应以明朝政府的档案亦即《明实录》为基本史料依据,至于后世人们的追述记载,只能作为印证材料而不能作为立论的根基。通过对《明太祖实录》的考察,笔者以为:北边军镇的形成就是洪武初年都司和军卫的建立,都司是由卫一级军镇组成的防御体系,都司所在地就是一方军镇,同时朝廷为了加强对边防军队的掌控和领导,又有镇守总兵官的派出。为使问题明晰起见,本书下面按照时间的进程和地域的范围,逐一考察北边军镇的建立过程。

二、北平镇

明朝北边第一个建置的军镇就是后来演变为京师的北平,时间是在洪武元年(1368)九月。

1. 都司卫所防御体系的建立

根据《明太祖实录》的记载:洪武元年(1368)八月刚刚攻下元都,徐达即命指挥华云龙经理筑城事宜,新筑了西北城垣,测量了皇城,同时奉诏改大都路为北平府、设置燕山等六卫以守御北平,"于是达改飞熊卫为大兴左卫,淮安卫为大兴右卫,乐安卫为燕山左卫,济宁卫为燕山右卫,青州卫为永清左卫,徐州五所为永清右卫。……留兵三万人分隶六卫,令都督副使孙兴祖、金事华云龙守之。"①紧接着在下个月"置大都督分府于北平,以都督副使孙兴祖领府事,升指挥华云龙为分府都督金事"②。与此同时,在北平周围也进行了军事部署,分兵守雄州、霸州,"遣平章曹良臣率兵及马指挥等守通州"③。这一军事部署充分说明朱元璋对防御残元势力的重视,大都督分府的设立以及孙兴祖、华云龙的任命则说明北平地位的重要,必须置重兵守御,遂成为明朝北边军镇建置之始。

这一部署很快就发挥了作用,洪武二年(1369)二月,当徐达率军在山西鏖战之时,故元丞相也速率兵侵通州,被平章曹良臣以计击败。史载:"时大军征山西,北平守兵单寡,通州城中亦不满千人。也速将万余骑营于白河,守将平章曹良臣曰:'吾兵少,不可以战,彼众虽多,然亡国之后,屡挫之兵,可以计破。'乃密遣指挥(仵)[俸]勇等于沿河舟中各树赤帜三,亘十余里,钲鼓之声相闻。也速望之惊骇,遂引兵遁去。"④这是平章曹良臣以虚张声势之计吓跑了也速。《秘阁元龟政要》记载的参战人员稍详,其谓:"元也速侵通州,守将曹良臣、潘敬、赵兴贵、陈恭击之,败走。"⑤但是元顺帝并不甘心失败,他在同年五月再次命也速进攻通州,朱元璋感觉到问题的严重,遂从陕西战场调回常遇春和李文忠,命二人率领步卒八万、骑士一万,自北平

---

①　《明太祖实录》卷三四,洪武元年八月癸未条,台湾"中央研究院"历史语言研究所 1962 年校印本,第 619~620 页。

②　《明太祖实录》卷三五,洪武元年九月壬寅条,台湾"中央研究院"历史语言研究所 1962 年校印本,第 627 页。

③　《明太祖实录》卷三五,洪武元年十月丁酉条,台湾"中央研究院"历史语言研究所 1962 年校印本,第 638 页。

④　《明太祖实录》卷三九,洪武二年二月庚辰条,台湾"中央研究院"历史语言研究所 1962 年校印本,第 791 页。

⑤　佚名:《秘阁元龟政要》卷五,洪武二年二月,齐鲁书社 1996 年版,第 360 页。

攻取开平。实录谓:"上遣使即军中命副将军常遇春率师赴北平。先是元将也速以兵寇通州,至白河遁去。至是有报胡兵复欲入寇,故遣使驰报遇春等,令率所部兵还北平,取逎北余寇。"①这一战明军大获全胜,大军取"道三河,经鹿儿岭,过惠州,败故元将江文清兵于锦川,得士马以千计;次全宁,故元丞相也速复以兵迎战,又败之,也速遁去;进攻大兴州,……擒其丞相脱火赤,遂率兵道新开岭,进攻开平。元主先已北奔,追北数百里,俘其宗王庆生及平章鼎住等斩之,凡得将士万人、车万辆、马三千匹、牛五万头,蓟北悉平。"②《秘阁元龟政要》也记载道:"元也速复侵通州,副将军常遇春及李文忠自陕西旋师(伐)[北]伐,大破也速兵于全宁,进克上都,元主复北徙远走。"③朱元璋调回常遇春北征,反映了这样一个问题:北平军镇的驻军虽然可以应付小规模的敌人,但难以应对大规模的进攻,所以朱元璋要从陕西前线调回常遇春。

在洪武三年(1370)明军第一次北伐时,孙兴祖率其所属部队从征,战死于五郎口,《明太祖实录》在记述孙兴祖时说道:"兴祖濠州人,……迁天策卫指挥使,镇海陵,敌不敢犯其境。升骠骑大将军、大都督府副使,移镇彭城。及大将军取元都,上以北州重地,命兴祖戍守。兴祖至,纪律严肃,军民安之。"④从这段记载中我们可以得知:第一,孙兴祖作为军镇的首将,在大军征伐时他要率领所属部队从征,因此与孙兴祖同时战死的还有燕山右卫指挥平定、大兴左卫指挥庞裡等;第二,孙兴祖在明朝兴起时的军事斗争中曾镇守海陵、彭城,卓有成就;第三,孙兴祖是因为过去任镇守有功、深受信任才被委派镇守北平的,这是明军在与群雄争斗过程中军事镇戍制度的合理继承和发展。

孙兴祖战死后,明廷马上将大都督府都督金事华云龙升为都督同知兼燕府武相,继续镇守北平,同时将大都督府分府改为行都督府。⑤华云龙在北平镇守直到洪武七年(1374)六月应召赴南京而病死于途中,《明太祖实录》在追记华云龙时写道:"云龙定远人,初从上起兵……皆有功,比克淮安,命云龙守之,改淮安卫指挥使。大将军徐达率兵北伐,云龙从定中原,取元都,遂升大都督府都督金事,分府镇北平,兼北平行省参知政事,寻升大都督府都督同知。策封诸王,以云龙为燕府左相,仍兼前官。……云龙镇北平,威名甚著,建造王府,增筑北平城,其力为多。"⑥我们从这里得知:华云龙镇守北平身兼数职,大都督府都督同知、北平行省参知政事、燕府左相,并且威名甚著,卓有功绩。在此期间,大将军徐达曾于洪武四年(1371)受命往北平"操练军马、缮治城池"⑦,洪武六年(1373)受命"往山西、北平练兵防边"⑧,华云龙自然要受徐达节制,或出北边作战,或建议修筑长城,等等。这是作为地方军镇长官与中央统帅之差遣总兵官大将军之间的关系,反映的是北边军事镇戍制度的存在。

从军镇的主体都司卫所等防御体系的视角考察,燕山六卫的设立只是开始,此后还要不断

---

①　《明太祖实录》卷四一,洪武二年四月丙寅条,台湾"中央研究院"历史语言研究所1962年校印本,第816页。

②　《明太祖实录》卷四三,洪武二年六月己卯条,台湾"中央研究院"历史语言研究所1962年校印本,第846页。朱元璋调常遇春和李文忠扫荡蓟北主要是由于也速的再次谋攻通州,《明太祖实录》卷四六的十月庚午条在常遇春去世后追述道:二年"五月,元将也速兵侵通州,命遇春以所部军还北平,遂自永平揭会州,……转克开平"。

③　佚名:《秘阁元龟政要》卷五,洪武二年六月,齐鲁书社1996年版,第366页。

④　《明太祖实录》卷五二,洪武三年五月丁酉条,台湾"中央研究院"历史语言研究所1962年校印本,第1018~1019页。

⑤　《明太祖实录》卷五三,洪武三年六月壬申条,台湾"中央研究院"历史语言研究所1962年校印本,第1040页。

⑥　《明太祖实录》卷九十,洪武七年六月癸亥条,台湾"中央研究院"历史语言研究所1962年校印本,第1587~1588页。

⑦　《明太祖实录》卷六十,洪武四年正月丁亥条,台湾"中央研究院"历史语言研究所1962年校印本,第1168页。

⑧　《明太祖实录》卷七八,洪武六年正月壬子条,台湾"中央研究院"历史语言研究所1962年校印本,第1424页。

完善北平的防御体系。史载：洪武二年（1369）三月，明朝设置了密云卫①。到了八月，又设置"燕山前、后二卫"②。洪武三年（1370）正月，"置通州卫指挥使司，以安吉卫军隶之"；不久又"置永平卫"③。六月，"设陕西、北平、山西行都督府"④。八月，"改设彭城、济阳、济州三卫于北平"⑤。这三个卫的设置在实录中出现了两次，在八月改设之后，到洪武四年（1371）六月又载"置彭城、济（川）[州]、济阳三卫于北平，平山卫于山东"⑥，这显然是修实录者的误差。洪武四年七月，又"置蓟州卫指挥使司"⑦。

　　洪武三年（1370）年底，朱元璋对卫所建设作了统一规划，"升杭州、江西、燕山、青州四卫为都卫指挥使司，以徐司马、濮英等为各卫都指挥使"；接着又设置了"河南、西安、太原、武昌四都卫指挥使司"⑧。这是与布政使司平行的地方最高军事统帅机构，这一机构到洪武八年（1375）又做了统一建制，"以在外各处所设都卫并改为都指挥使司"，其中涉及北部边防的"燕山都卫为北平都指挥使司，北平卫为燕山前卫指挥使司；西安都卫为陕西都指挥使司；西安行都卫为陕西行都指挥使司；太原都卫为山西都指挥使司，置太原前卫指挥使司；大同都卫为山西行都指挥使司；定辽都卫为辽东都指挥使司，置定辽前卫指挥使司，以辽东卫为定辽后卫指挥使司"⑨，由此而确立了明代军事驻防机构的都司—卫—所系统，构成明代军事镇戍体系的基本布局。每一个都司就是一方军镇，其下辖有的卫则十几二十几个不等。以北平都司而言，到洪武九年（1376）时有十一卫，史载：朱元璋"敕燕山前、后、永清左、右、蓟州、永平、密云、彭城、济阳、济州、大兴十一卫分兵守北边关隘。时关隘之要者有四，曰古北口、曰居庸关、曰喜峰口、曰松亭关，而烽候相望者一百九十六处，徼巡将士六千三百八十四人。初俱用北军，至是始选江淮军士参之"⑩。这段史料反映两个问题：一是当时北平都司下辖十一卫，二是四个关口、一百九十六处烽燧都有将士巡边，且已南北军参用，说明这时的防御部署基本就绪。到洪武十二年（1379）时，北平都司的卫所又有变化，从朱元璋给"北平都指挥使司燕山等十八卫士卒九万六千五百余人米五万四千七百余石，（锭）[钞]五万四千七百余锭"⑪的记载来看，当时的北平都司有十八卫，士兵九万六千五百余人。此后仍有卫所增设，洪武十二年"置北平永宁卫指挥使司及古北口守御千户所"⑫，这个时期北平都司有"士卒十万五千六百余人"⑬。两年后，

①　《明太祖实录》卷四十，洪武二年三月是月条，台湾"中央研究院"历史语言研究所1962年校印本，第813页。

②　《明太祖实录》卷四四，洪武二年八月庚寅条，台湾"中央研究院"历史语言研究所1962年校印本，第874页。

③　《明太祖实录》卷四八，洪武三年正月庚子条、丁巳条，台湾"中央研究院"历史语言研究所1962年校印本，第955、959~960页。

④　《明太祖实录》卷五三，洪武三年六月壬申条，台湾"中央研究院"历史语言研究所1962年校印本，第1040页。

⑤　《明太祖实录》卷五五，洪武三年八月是月条，台湾"中央研究院"历史语言研究所1962年校印本，第1085页。

⑥　《明太祖实录》卷六六，洪武四年六月甲辰条，台湾"中央研究院"历史语言研究所1962年校印本，第1244页。

⑦　《明太祖实录》卷六七，洪武四年七月辛未条，台湾"中央研究院"历史语言研究所1962年校印本，第1259页。

⑧　《明太祖实录》卷五九，洪武三年十二月辛巳条、壬午条，台湾"中央研究院"历史语言研究所1962年校印本，第1164、1165页。

⑨　《明太祖实录》卷一〇一，洪武八年十月癸丑条，台湾"中央研究院"历史语言研究所1962年校印本，第1711~1712页。

⑩　《明太祖实录》卷一〇八，洪武九年八月戊子条，台湾"中央研究院"历史语言研究所1962年校印本，第1797页。

⑪　《明太祖实录》卷一二五，洪武十二年六月甲申条，台湾"中央研究院"历史语言研究所1962年校印本，第2002页。

⑫　《明太祖实录》卷一二六，洪武十二年九月丙辰条，台湾"中央研究院"历史语言研究所1962年校印本，第2015~2016页。

⑬　《明太祖实录》卷一二八，洪武十二年十二月辛未条，台湾"中央研究院"历史语言研究所1962年校印本，第2032页。

密云卫再次被提到"置密云卫指挥使司"①,这和洪武二年三月置密云卫的差别或许在于设置了军政管理衙门。更准确的数字是徐达连年镇守北平后,在洪武十七年(1384)"奏上北平诸卫将校士卒之数,凡十有七卫,计将士一十万五千四百七十一人"②。这和《明史》所载北平都司卫所的数字基本吻合,反映了北平都司军镇防御体系完成的情况。

2. 都指挥使

从都司防御体系的指挥官都指挥使的视角考察,北平都司都指挥使的设置情况如下。

在都司没有建立之前,明廷首先在北平设置了大都督分府,以都督副使孙兴祖领府事;洪武三年(1370)六月改为北平行都督府后,由华云龙为都督同知兼燕府武相继续镇守北平,华云龙在北平镇守直到洪武七年(1374)六月被召回京师。但是,都督同知的地位高于都指挥使,那么,在燕山都卫设立后,谁是首任都指挥使呢? 我们看《明太祖实录》的记载:洪武四年(1371)三月"中书右丞相魏国公徐达奏:山后顺宁等州之民密迩房境,虽已招集来归,未见安土乐生,恐其久而离散。已令都指挥使潘敬、左傅高显(徒)[徙]顺宁、宜兴州沿边之民,皆入北平州县屯戍,仍以其旧部将校抚绥安集之,计户万七千二百七十四,口九万三千八百七十八"③。这里的都指挥使潘敬应该就是第一任北平都司的都指挥使。何以见得? 联系本书前文所述北元丞相也速进攻通州,被守将曹良臣、潘敬、赵兴贵、陈恭击败来看,潘敬当是一直在北平地区镇守,正因为潘敬是北平都司的首长,所以徐达命他迁徙山后之民入北平乃理所当然。再证以洪武九年(1376)"调北平都指挥使潘敬为河南都指挥使"④,可以确定潘敬是首任北平都司都指挥使。

洪武时期的都指挥使是镇戍地方的重要军事首领,因此朱元璋才说:"国家设都卫,节制方面,所系甚重。当于各卫指挥中遴择智谋出众,以任都指挥之职。或二三年、五六年,从朝廷升调,不许世袭。"⑤洪武七年(1374)十一月,明廷又任命"福州卫都指挥使曹兴为燕山卫都指挥使"⑥,曹兴先曾任大同卫都指挥使,因奏事不实而被降职,后复任福州卫都指挥使,再调任燕山卫都指挥使,不过两个月又升任大都督府佥事。⑦ 洪武九年(1376)闰九月,明廷"迁河南都指挥使郭英为北平都指挥使"⑧,而潘敬则被调为河南都指挥使,洪武十一年(1378)又调为辽东都指挥使。郭英在北平都指挥使任上做得很不错,史称"时人心未定,绥靖有方"⑨,确实难得。郭英在洪武十二年(1379)十一月晋升为大都督府佥事,此后不久参加了明廷统一云南的战争,并在洪武十七年(1384)受封为武定侯,北平都指挥使一职有十余年没有任命的记载,直到洪武二十五年(1392)三月又出现北平都指挥使周兴。史载朱元璋指示朱棣说:"朔漠虽平定,而残胡散处绝塞,聚必为患。其选北平都司并护卫骑兵之精锐者六七千人或万余人,间

① 《明太祖实录》卷一三八,洪武十四年七月癸卯条,台湾"中央研究院"历史语言研究所1962年校印本,第2178页。

② 《明太祖实录》卷一六六,洪武十七年十月壬申条,台湾"中央研究院"历史语言研究所1962年校印本,第2550页。

③ 《明太祖实录》卷六二,洪武四年三月乙巳条,台湾"中央研究院"历史语言研究所1962年校印本,第1199页。

④ 《明太祖实录》卷一一〇,洪武九年十月壬戌条,台湾"中央研究院"历史语言研究所1962年校印本,第1822页。

⑤ 《明太祖实录》卷六九,洪武四年十一月甲戌条,台湾"中央研究院"历史语言研究所1962年校印本,第1291页。

⑥ 《明太祖实录》卷九四,洪武七年十一月癸酉条,台湾"中央研究院"历史语言研究所1962年校印本,第1637页。

⑦ 《明太祖实录》卷九六,洪武八年正月戊辰条,台湾"中央研究院"历史语言研究所1962年校印本,第1650页。

⑧ 《明太祖实录》卷一〇九,洪武九年闰九月戊申条,台湾"中央研究院"历史语言研究所1962年校印本,第1816~1817页。

⑨ 《明太宗实录》卷一七,永乐元年二月甲子条,台湾"中央研究院"历史语言研究所1962年校印本,第309页。

以乃儿不花等所部军士列为队伍,各裹糇粮,命北平都指挥使周兴为总兵官,远巡塞北,搜捕残胡,以绝弭边患。其乃儿不花部曲谙知地形,令为乡导,必多擒获。"经过一番准备,同年四月,"北平都指挥使周兴统兵出居庸关"[①]。周兴这次出兵的作战目标主要是鞑靼也速迭儿,明军在彻彻儿山大破其兵[②],取得了预期的胜利。洪武二十八年(1395)正月,周兴再次受命"为总兵官,同右军都督佥事宋晟、刘真往三万卫等处剿捕野人,其属卫指挥庄德、景保安、张玉、卢震等悉令从征"[③]。很明显,这次的作战目标是野人女真(又称女直)。同年二月,《明太祖实录》又载:"命北平都指挥使盛熙筑万全、怀安等城"[④],反映了这时的北平都司不止一个都指挥使。盛熙在同年十月晋升为中军都督府都督同知[⑤],此后《明太祖实录》中再未见有北平都指挥使的任命。

3. 镇守总兵官

北平都指挥使任命有缺环的现象该如何解释呢?笔者以为当与北平作为北边第一军镇的战略地位和镇守总兵官的任职有关,因此有必要对镇守总兵官再做详细考察。

北平作为军镇的第一位镇守总兵官就是徐达。

洪武四年(1371)正月,朱元璋在大封功臣之后,"命中书右丞相魏国公徐达往北平,操练军马,缮治城池"[⑥]。这是在元顺帝去世、王保保被击败的形势下在北边采取的防边措施,也是大将军徐达镇守北平之始。同年七月,朱元璋命徐达自北平往山西操练士马,并敕谕:"凡为国者贵有备,有备则无患。古人当平康之时,克诘戎兵,内以安国家,外以制四夷。况山西地近胡虏,尤不可无备,故命卿帅诸将校缮修城池,训练士卒,如调遣征进迤西等处,从便行之。其太原、蔚、朔、大同、东胜车马及新附鞑靼官军悉听节制。"[⑦]从朱元璋的敕谕中可以看出两点:一是朱元璋的北边防御是以守备为主,所谓有备无患;二是当时北边防御的重点为北平和山西,徐达有权指挥北平、山西地区的明军,且有便宜之权。徐达在洪武四年(1371)重点做了迁徙山后之民入内地的工作,年底回到京师。

洪武五年(1372)徐达率领北伐的中路军出塞,五月在岭北失利,"敛兵守塞"[⑧]。当年十一月,朱元璋"诏征虏大将军魏国公徐达、左副将军曹国公李文忠曰:'今塞上苦寒,宜令士卒还驻山西、北平近地,以息其劳,卿等还京。'"[⑨]次年正月,徐达又与李文忠受命往山西、北平练兵防边。朱元璋敕谕:"处太平之世不可忘战,略荒裔之地不如守边。朕同卿等起布衣、削群雄、定祸乱,统一中夏,勤劳累岁,至此无事,可以少休。然念向者创业之难,及思古人居安虑危之戒,终不敢自宁。山西、北平与胡地相接,犬羊之群变诈百出,仓卒有警,边地即不宁矣,卿等岂

①　《明太祖实录》卷二一七,洪武二十五年三月甲申条、四月戊午条,台湾"中央研究院"历史语言研究所1962年校印本,第3188~3189、3193页。

②　《明太祖实录》卷二二〇,洪武二十五年八月庚申条,台湾"中央研究院"历史语言研究所1962年校印本,第3223页。

③　《明太祖实录》卷二三六,洪武二十八年正月甲子条,台湾"中央研究院"历史语言研究所1962年校印本,第3446页。

④　《明太祖实录》卷二三六,洪武二十八年二月乙(己)丑条,台湾"中央研究院"历史语言研究所1962年校印本,第3457页。

⑤　《明太祖实录》卷二四二,洪武二十八年十月庚子条,台湾"中央研究院"历史语言研究所1962年校印本,第3520页。

⑥　《明太祖实录》卷六〇,洪武四年正月丁亥条,台湾"中央研究院"历史语言研究所1962年校印本,第1167~1168页。

⑦　《明太祖实录》卷六七,洪武四年七月辛亥条,台湾"中央研究院"历史语言研究所1962年校印本,第1254页。

⑧　《明太祖实录》卷七三,洪武五年五月壬子条,台湾"中央研究院"历史语言研究所1962年校印本,第1349页。

⑨　《明太祖实录》卷七六,洪武五年十一月是月条,台湾"中央研究院"历史语言研究所1962年校印本,第1407页。

能独安乎！今无事之时，正宜往彼练习军士，修葺城池，严为备守，使边境永安，百姓乐业，朝廷无西北之忧，卿等亦可忘怀高枕矣。"朱元璋再三叮嘱徐达："御边之道，固当示以威武，尤必守以待重，来则御之，去则勿追，斯为上策。若专务穷兵，朕所不取，卿等慎之。"从这里可以看到朱元璋北部边防的主导思想就是固守封疆，他命徐达等到大同、北平等地"修理城池，练兵训将，以备边陲"，"傥胡人来寇，就令统兵力征，以安中国。"①这是一种和平的防守政策，如果蒙古军不来入掠，双方就可以和平共处。

从洪武时期的实际情况来看，徐达所率领的大军是一支机动部队，它与都司卫所防御固定的汛地不同，其防御范围十分广阔。如洪武六年（1373）五月，"胡兵入寇武、朔等州，时大将军徐达驻师临清，报至，遣临江侯陈德、巩昌侯郭之［子］兴率兵往击之"②。七月，徐达对其所统帅的机动大军进一步作了部署："左副将军李文忠、济宁侯顾时、南雄侯赵庸、颍川侯傅友德、永城侯薛显、巩昌侯郭子兴、临江侯陈德、营阳侯杨璟、都督佥事蓝玉、王弼统骑兵，右副将军冯胜、右副副将军汤和同南安侯俞通源、永嘉侯朱亮祖、宜春侯黄彬、都督何文辉、平章李伯升、都督佥事张温等统步兵，分驻山西、北平等处，相机擒讨残胡。"③而徐达作为前敌统帅则往来于山西、北平之间指挥作战。徐达的防边部署得到朱元璋的批准，洪武七年（1374）三月，朱元璋"遣使赍敕谕大将军徐达、左副将军李文忠、右副将军冯胜，以所统将士分布北平、山西屯驻，其六安侯王志、南雄侯赵庸就留山西，营阳侯杨璟、汝南侯梅思祖往北平，仍以各都督府官及指挥千百户令其统领，应有军务措置得宜，然后大将军与各公侯回京"。朱元璋召徐达等人回京，但前方不能没有总兵官，于是又命"宋国公冯胜、卫国公邓愈、中山侯汤和、巩昌侯郭子兴复镇北边"④。北方无战事，时间久了，将士未免心生怠惰，朱元璋又遣使诫谕徐达和李文忠："将军总兵塞上，偏裨将校日务群饮，虏之情伪未尝知之，纵欲如此，朕何赖焉！如济宁侯顾时、六安侯王志，酣饮终日，不出会议军事，此岂为将之道？朕今夺其俸禄，冀其立功掩过，如犹不悛，当别遣将代还。都督蓝玉，昏酣悖慢尤甚，苟不自省，将绳之以法。大将军宜详察之。迁民镇修城非今所宜，况军士疲劳已甚，若又使之力役，不惟供亿艰难，亦恐胡人得乘吾隙，非计之善也。"⑤从朱元璋的诫谕中可以看到明军懈怠的状况，为了解决这个问题，洪武八年（1375）二月朱元璋下诏："大将军徐达、左副将军李文忠、右副将军冯胜率济宁侯顾时等回京，其所统军就令颍川侯傅友德、南雄侯赵庸、都督同知何文辉总领，镇北平。"⑥同年三月，徐达回到京师，为了加强北方前线的领导，朱元璋在五月派"永嘉侯朱亮祖等率师同颍川侯傅友德往北平备胡"。经过两个月的调整，七月，朱元璋再"命曹国公李文忠为征虏左副将军、济宁侯顾时为左副副将军，往山西、北平整率军马，代颍川侯傅友德、永嘉侯朱亮祖还京"⑦。李文忠这次到

① 《明太祖实录》卷七八，洪武六年正月壬子条，台湾"中央研究院"历史语言研究所1962年校印本，第1424~1425页。
② 《明太祖实录》卷八二，洪武六年五月庚申条，台湾"中央研究院"历史语言研究所1962年校印本，第1478页。
③ 《明太祖实录》卷八三，洪武六年七月丙午条，台湾"中央研究院"历史语言研究所1962年校印本，第1486页。
④ 《明太祖实录》卷八八，洪武七年三月丁卯条、四月丙辰条，台湾"中央研究院"历史语言研究所1962年校印本，第1557、1570页。
⑤ 《明太祖实录》卷九六，洪武八年正月庚辰条，台湾"中央研究院"历史语言研究所1962年校印本，第1653~1654页。
⑥ 《明太祖实录》卷九七，洪武八年二月癸丑条，台湾"中央研究院"历史语言研究所1962年校印本，第1666页。
⑦ 《明太祖实录》卷一〇〇，洪武八年五月己巳条、七月壬戌条，台湾"中央研究院"历史语言研究所1962年校印本，第1694、1700页。

北边,直到一年以后才回到京师,"上其印绶"①。

徐达从洪武八年(1375)三月回到京师后,何时被派回北平前线,史无明文。但当李文忠回到京师时,徐达已经在北边前线。史载:洪武九年(1376)六月朱元璋为故元四大王事敕谕徐达说:"六月四日早金星犯毕右股北第一星,主夷狄兵起,以分野推之,应在赵地。今故元四大王不满二百人,官军屡捕不获。前者皆云其众无马,今乃言有十五骑相从出没,不知劫夺于何人者。盖由尔诸将不乘机剿捕,致令若此。敕至,速遣智勇将士四面捕之,毋致蔓延。其大同、岢岚诸处,亦令守御官军严为备御。"②这段史料提供的准确时间是洪武九年(1376)六月初四,朱元璋就四大王屡捕不获对徐达提出批评,说明徐达此时已在北边。再有,朱元璋在九月"遣指挥金事吴英往北平,谕大将军徐达曰:'七月火星犯上将,八月金星又犯之,占云:当有奸人刺客阴谋事。凡阅兵马、习骑射,进退之间,皆当谨备。可遍谕诸将,亦当严密,虽左右将校,勿令相近。其故元阉官,尤宜防之,惟南去者可以使令。盖将者,众之死生、国之安危系焉,能戒慎之,庶可免(优)[忧]。'"③这条史料更准确地说明徐达当时是在北平。此后,由于徐达的女婿燕王朱棣之藩北平,朱元璋更是派徐达连年出镇北平。史载:洪武十四年(1381)正月徐达再为征虏大将军率师征讨乃儿不花,其间"发燕山等卫屯兵万五千一百人,修永平、界岭等三十二关"④。同年九月,北征回师,太祖"命魏国公徐达镇北平,军民悉听节制"⑤。洪武十六年(1383)正月,"命魏国公徐达出镇北平,赐钞一百五十锭"⑥。洪武十七年(1384)正月,再"命魏国公徐达出镇北平"⑦。徐达在洪武十七年十月回到京师,十八年(1385)二月去世。

徐达去世后,洪武十八年(1385)八月,朱元璋任命"宋国公冯胜为征虏大将军,偕颍国公傅友德、永昌侯蓝玉等率京卫将士往北平,会诸道兵操练沟边"⑧。这是继李文忠、徐达去世后的最佳人选,冯胜的任命反映了两个情况:一是北平镇的总兵官需要有人接任,非冯胜莫属;二是朱元璋在为征讨纳哈出进行准备,这大规模出征的军事统帅也只有冯胜能够胜任。这样,经过一年多的准备,明太祖在洪武二十年(1387)正月决定:"命宋国公冯胜为征虏大将军,颍国公傅友德为左副将军,永昌侯蓝玉为右副将军,南雄侯赵庸、定远侯王弼为左参将,东川侯胡海、武定侯郭英为右参将,前军都督商暠参赞军事,率师二十万北伐。"⑨这次出征以纳哈出的降服而告结束,明廷最终平定了辽东地区。但是由于冯胜在出征过程中的诸多失误和不法行为,洪武二十年八月,朱元璋决定"收其总兵官印,召胜还,而令永昌侯蓝玉行总兵官事"⑩。九月,朱元璋正式任命"永昌侯蓝玉为征虏大将军,延安侯唐胜宗为左副将军,武定侯郭英为右副将军,都督金事耿忠为左参将,都督金事孙恪为右参将",指示蓝玉"宜因天时,率师进讨",

①　《明太祖实录》卷一〇六,洪武九年六月辛丑条,台湾"中央研究院"历史语言研究所1962年校印本,第1773页。
②　《明太祖实录》卷一〇六,洪武九年六月己丑条,台湾"中央研究院"历史语言研究所1962年校印本,第1770~1771页。
③　《明太祖实录》卷一〇八,洪武九年九月癸亥条,台湾"中央研究院"历史语言研究所1962年校印本,第1802~1803页。
④　《明太祖实录》卷一三五,洪武十四年正月辛亥条,台湾"中央研究院"历史语言研究所1962年校印本,第2141页。
⑤　《明太祖实录》卷一三九,洪武十四年九月壬午条,台湾"中央研究院"历史语言研究所1962年校印本,第2186页。
⑥　《明太祖实录》卷一五一,洪武十六年正月戊午条,台湾"中央研究院"历史语言研究所1962年校印本,第2378页。
⑦　《明太祖实录》卷一五九,洪武十七年正月戊申条,台湾"中央研究院"历史语言研究所1962年校印本,第2455页。
⑧　《明太祖实录》卷一七四,洪武十八年八月庚戌条,台湾"中央研究院"历史语言研究所1962年校印本,第2653页。
⑨　《明太祖实录》卷一八〇,洪武二十年正月癸丑条,台湾"中央研究院"历史语言研究所1962年校印本,第2721页。
⑩　《明太祖实录》卷一八四,洪武二十年八月癸酉条,台湾"中央研究院"历史语言研究所1962年校印本,第2771页。

激励他们"奋扬威武,期必成功,肃清沙漠,在此一举"。① 蓝玉率师于洪武二十一年(1388)四月取得了捕鱼儿海之役的胜利,彻底摧毁了残元朝廷。

残元朝廷灭亡后,北平军镇的镇守总兵官一时没有任命,这段空缺反映了明朝北部边防军事指挥权的转移。一方面蒙古草原敌对势力瓦解,另一方面洪武初年分封的诸王已经长成,于是朱元璋开始让塞王在北边防御中承担重任。洪武二十三年(1390)正月,朱元璋"以故元丞相咬住、太尉乃儿不花、知院阿鲁帖木儿等将为边患,诏晋王、今上各率师往征之",这是北边军权转移的关节点,朱元璋特命"颍国公傅友德为征虏前将军,南雄侯赵庸为左副将军,怀远侯曹兴为右副将军,定远侯王弼为左参将,全宁侯孙恪为右参将,赴北平训练军马,听今上(燕王)节制。时先已遣定远侯王弼往山西练兵,因敕弼以山西兵听晋王节制。"②此后又有镇守总兵官的任命,洪武二十四年(1391)正月,"敕颍国公傅友德佩征虏将军印充总兵官,定远侯王弼充左副将军,武定侯郭英充右副将军,于邳、徐、滕、兖、济南、平山、德州、乐安及北平都司属卫,遴选精锐军士,训练以备边"③。三月,又"命齐王榑率护卫骑兵于开平近地围猎,谕之曰:'山东都司各卫骑士,皆从总兵官颍国公傅友德调发,尔毋相参。遇有战斗,可自为队,或在总兵之左,或在其右,有胆略则当先,无胆略则继后,若奏凯之时,宁使诸将言功,勿自矜伐。八月终,秋高水冷,人马入关,尔亦回京"④。这里朱元璋的用意非常明显,就是要这些久经战阵的老将指导未经历练的藩王,以培养其实际能力。

洪武二十五年(1392)三月,北平镇又出现了由都指挥使升任的总兵官周兴,数年之间在燕王的指挥下两次出边作战。此后直到朱元璋去世,燕王俨然是北部边防第一军镇北平的最高统帅,只是朱元璋在临去世之前,又为燕王派来了助手杨文。朱元璋在给杨文的敕谕中说:"朕子燕王在北平,北平中国之门户,今以尔为总兵,往北平参赞燕王,以北平都司、行都司并燕、谷、宁三府护卫选拣精锐马步军士,随燕王往开平堤备,一切号令皆出自王,尔奉而行之,大小官军悉听节制,慎毋贰心而有疑志也。"⑤这是朱元璋早年分封诸王时的构想变成历史现实的具体表现,以北平军镇而言,它只是最高军事指挥权有所变化,由洪武二十三年(1390)前的大将防边演变为藩王防边,对北平作为北边军镇的实质并无影响。

综上所述,徐达在北平练兵防边时期,北边的一应事务当由徐达主持,徐达不在时则由颍川侯傅友德镇守。洪武八年(1375)二月,朱元璋召徐达回京,"其所统军就令颍川侯傅友德、南雄侯赵庸、都督同知何文辉总领,镇北平"⑥。五月又派来永嘉侯朱亮祖,不久又由曹国公李文忠和济宁侯顾时前来代替傅友德和朱亮祖。洪武九年(1376)由临江侯陈德镇北平⑦,而在洪武七年(1374)至十二年(1379)十一月间,济宁侯顾时数次出镇北平,朱元璋称赞他说:"命

---

① 《明太祖实录》卷一八五,洪武二十年九月丁未条,台湾"中央研究院"历史语言研究所1962年校印本,第2784页。

② 《明太祖实录》卷一九九,洪武二十三年正月丁卯条,台湾"中央研究院"历史语言研究所1962年校印本,第2981~2982页。

③ 《明太祖实录》卷二〇七,洪武二十四年正月戊申条,台湾"中央研究院"历史语言研究所1962年校印本,第3083~3084页。

④ 《明太祖实录》卷二〇八,洪武二十四年三月丙辰条,台湾"中央研究院"历史语言研究所1962年校印本,第3097页。

⑤ 《明太祖实录》卷二五七,洪武三十一年五月戊午条,台湾"中央研究院"历史语言研究所1962年校印本,第3715页。

⑥ 《明太祖实录》卷九十七,洪武八年二月癸丑条,台湾"中央研究院"历史语言研究所1962年校印本,第1665~1666页。

⑦ 《明太祖实录》卷一百二十一,洪武十一年十一月壬辰条,台湾"中央研究院"历史语言研究所1962年校印本,第1963页。

尔守御北平,尔能修其职守,辑和军民,靖安边境"①,当非过誉之词。自洪武十三年(1380)朱棣以燕王的身份之藩北平之后,因他尚年轻,朱元璋从洪武十四年(1381)九月起连年命徐达出镇北平。史称"今上(指朱棣)开国北平,命达练兵镇守"②,其目的自不待言,徐达以朱棣岳父及明朝开国第一大将军的身份出镇,一则要保证北平的绝对安全,二则要让朱棣跟徐达多学些行军布阵、带兵打仗的本事,以利保障明朝北边的安全。徐达去世后,朱元璋在北边又派出了宋国公冯胜、颍国公傅友德、永昌侯蓝玉等,征纳哈出和捕鱼儿海之役,北平作为军事重镇,都是军队的集结地和出发地。洪武二十三年(1390)以后,燕王朱棣已经是名震北边的藩王,明廷北部边防的支柱,北平作为他的根据地,地位的重要自不必说,直到朱棣继统将北平改为北京,洪武年间北平作为北边第一军镇的辉煌就淹没在帝都的光环中了。

三、大同镇

明朝北边第二个建置的军镇是大同,时间是洪武二年(1369)二月。

1. 都司卫所防御体系的建立

据《明太祖实录》载:洪武二年(1369)正月,明军攻大同,元大同守将竹贞弃城走,大同遂入明朝版图。二月,"大将军徐达遣都督同知张兴祖(后复姓名为汪兴祖)将宣武、振武、昆山三卫士卒守大同"③。这是大同军镇建置之始。

明廷的军事镇戍很快就发挥了作用。洪武二年(1369)八月,妥欢帖木儿退驻盖里泊,"命脱列伯、孔兴以重兵攻大同,欲图恢复",局势十分危急。此时恰逢李文忠奉诏自北平支援庆阳,路过太原时接到了大同受敌的情报,李文忠与赵庸商议:"吾与若等受命而来,阃外之事,有利于国者,专之可也。今大同甚急,若候进止,岂不失机?"得到赵庸和诸将的支持,李文忠遂率军北上救援大同,"先遣人由间道达大同城中使知之,元将脱列伯悉锐来攻,文忠令将士秣马蓐食,闭营不出,先以两营诱敌,自寅至辰,前营报数至,文忠不为动。顷之,度其饥疲,乃分军为左右翼,身当前锋,奋击,大败之,生擒脱列伯,降其众万余,获马匹辎重甚众。缚脱列伯诣军门,文忠命解其缚,与之共食,遂进兵东胜州,至莽哥仓而还。"这一战打破了妥欢帖木儿欲图恢复的美梦,脱列伯被生擒,孔兴逃至绥德为部下所杀,"元主知事不济,无复南向矣"④。明军还将兵锋挺进至东胜州。

大同之战充分说明此地在防御蒙古族南下中的地位和作用,一旦大同失守,将会危及明廷整个陕西和山西战场,李文忠正是认识到这一问题的重要性,才在没有得到诏命的情况下自作主张,率领增援陕西的部队北上救援大同,事实证明李文忠的做法完全正确,也证明大同建镇对明朝的意义。明人对此有深刻的评论:"是时中原虽为我有,然也速拥永平大军等兵,扩廓王保保在定西,俞宝屯亦集乃,劲兵健马皆萃,且经百战精良者。庆阳未下,大同受围,元主屯盖里以系诸虏之望,实夏夷起灭之大几也。向非开平策勋上都,中山荡平庆阳,岐阳着绩云中,

①　《明太祖实录》卷一百二十七,洪武十二年十一月甲寅条,台湾"中央研究院"历史语言研究所1962年校印本,第2026~2027页。

②　《明太祖实录》卷一百七十一,洪武十八年二月己未条,台湾"中央研究院"历史语言研究所1962年校印本,第2619页。

③　《明太祖实录》卷三十九,洪武二年二月己巳条,台湾"中央研究院"历史语言研究所1962年校印本,第785页。

④　《明太祖实录》卷四十四,洪武二年八月丙寅条,台湾"中央研究院"历史语言研究所1962年校印本,第860页。

何以能集一统之业,致(大)[太]平之速哉! 但诸公循其常,岐阳达其变,尤不可不知。"①

　　从洪武二年(1369)击败元顺帝的反攻起,明廷陆续建起了大同镇的防卫体系。史载:洪武三年(1370)正月,首先"置蔚州卫指挥使司",接着"置大同左、右二卫"。② 六月,"都督同知汪兴祖与指挥常守道率兵至大同北口,与元将速哥帖木儿等战,大败其军,斩馘无筭,获王保保弟金刚奴、平章朱真等四百余人"③,这是汪兴祖等在大同镇防御中发挥的作用。八月,"置朔州卫"④。另外,随着大同镇的建立,军饷供应问题也被提上日程,山西行省向朝廷奏请:"大同粮储自陵县、长芦运至太和岭,路远费重,若令商人于大同仓入米一石,太原仓入米一石三斗者,给(准)[淮]盐一引,引二百斤,商人鬻毕,即以原给引目赴所在官司缴之,如此则转输之费省,而军储之用充矣"⑤,用开中法解决边镇的军饷供应,得到朝廷的批准。这里军饷问题由山西行省上奏,说明军镇还处于草创初期,各项制度尚未完善,军事长官还无暇顾及后勤保障。洪武四年(1371)正月,《明太祖实录》载:"升东胜卫指挥佥事程遥为巩昌卫指挥使"⑥,说明此时东胜卫已经建立,至于是否应该定在洪武四年(1371),笔者以为当往前推,定在洪武二年(1369)八月李文忠打败脱列伯和孔兴后"进兵东胜州,至莽哥仓而还"则更接近历史事实。

　　洪武五年(1372)年底,明廷修筑了大同城⑦。到洪武六年(1373)六月,朱元璋"赐山西大同都司左、右五卫及陕西、河(兰)[南]、北平等卫将士"⑧皮裘、战袄及棉鞋等御寒衣物,这里明确说到大同都司有左、右五卫。洪武七年(1374)二月,明廷又"置大同前卫"⑨,从大同镇的地位和发展趋势看,当时的大同镇处于增兵戍守的阶段,朱元璋曾对都督府臣说:"近者北平守边军士已给衣鞋,今大同等卫增兵戍守,可验数给之"⑩。这里的验数给之,朝廷一次就发放战袄、绵裤裙、棉鞋计十四万六千件。这里的十四万六千件应该是三样物资的总和,如果按士兵人数来分的话,当时大同镇的士兵当在四万八千六百人左右,接近五万人。这一时期大同镇还设置了安置蒙古族降人的羁縻卫所,如洪武七年(1374)七月"诏立察罕脑儿卫指挥使司,以塔剌海等二人为指挥佥事,以来降副枢撒里答歹为卫镇抚"⑪。洪武八年(1375)三月,"以故元国公卜颜帖木儿为察罕脑儿卫指挥佥事,其镇抚、千户、百户五十七人俱以元平章知院等官为之"。又"置官山卫指挥使司,隶大同都卫,以乃儿不花为指挥同知"。⑫

　　洪武八年(1375)十月,在把各地都卫统一改为都指挥使司时,大同都卫改为山西行都指挥使司。洪武二十五年(1392)八月,随着代王朱桂之国、大同镇屯田的展开,卫所设置又有调

　　① 佚名:《秘阁元龟政要》卷五,洪武二年八月,齐鲁书社1996年版,第371页。
　　② 《明太祖实录》卷四十八,洪武三年正月庚子条、丁巳条,台湾"中央研究院"历史语言研究所1962年校印本,第955、959页。
　　③ 《明太祖实录》卷五三,洪武三年六月丙子条,台湾"中央研究院"历史语言研究所1962年校印本,第1044页。
　　④ 《明太祖实录》卷五五,洪武三年八月丙寅条,台湾"中央研究院"历史语言研究所1962年校印本,第1077页。
　　⑤ 《明太祖实录》卷五三,洪武三年六月辛巳条,台湾"中央研究院"历史语言研究所1962年校印本,第1053页。
　　⑥ 《明太祖实录》卷六十,洪武四年正月辛亥条,台湾"中央研究院"历史语言研究所1962年校印本,第1182页。
　　⑦ 《明太祖实录》卷七七,洪武五年十二月是月条,台湾"中央研究院"历史语言研究所1962年校印本,第1419页。
　　⑧ 《明太祖实录》卷八三,洪武六年六月癸酉条,台湾"中央研究院"历史语言研究所1962年校印本,第1482页。
　　⑨ 《明太祖实录》卷八七,洪武七年二月甲子条,台湾"中央研究院"历史语言研究所1962年校印本,第1555页。
　　⑩ 《明太祖实录》卷八七,洪武七年二月癸亥条,台湾"中央研究院"历史语言研究所1962年校印本,第1555页。
　　⑪ 《明太祖实录》卷九一,洪武七年七月丁亥条,台湾"中央研究院"历史语言研究所1962年校印本,第1598页。
　　⑫ 《明太祖实录》卷九八,洪武八年三月壬戌条、戊子条,台湾"中央研究院"历史语言研究所1962年校印本,第1670、1678页。

整。史载："上以山西大同等处宜立军卫屯田守御，乃谕宋国公冯胜、颍国公傅友德等曰：'屯田守边今之良法，而寓兵于农亦古之令制，与其养兵以困民，曷若使民力耕而自卫！尔等宜往山西布政司，集有司者老谕以朕意。乃分命开国公常升、定远侯王弼、全宁侯孙恪、凤翔侯张龙、永平侯谢成、江阴侯吴高、会宁侯张温、宣宁侯曹泰、徽先伯桑敬、都督陈俊、蒋义、李胜、马鉴往平阳府，安庆侯仇正、怀远侯曹兴、安陆侯吴杰、西凉侯濮玙、都督孙彦、谢熊、袁洪、商暠、徐礼、刘德、指挥李茂之往太原等府，阅民户四丁以上者，籍其一为军，蠲其徭役，分隶各卫，赴大同等处开耕屯田。东胜立五卫，大同在城立五卫，大同迤东立六卫，卫五千六百人。仍戒其各慎乃事，毋扰于民。"看来这次置卫立屯的规模很大，算来大同镇的军卫已有十六个。同时朱元璋还下诏："致仕武官自指挥而下，俱往东胜、大同等处置卫。"[1]九月，为了代王就藩而"改大同左卫为大同中护卫"[2]。次年正月，再"置大同左护卫"[3]；二月，大同镇的卫所防御体系基本建构完成，它包括"大同后卫及东胜左、右、阳和、天城、怀安、万全左、右、宣府左、右十卫于大同之东，高山、镇朔、定边、玉林、云川、镇虏、宣德七卫于大同之西，皆筑城置兵屯守"，计有十七卫，到月底又"置大同右护卫"。[4]

2. 都指挥使

大同镇在建立之初，军事长官汪兴祖的职衔是都督同知，这在当时属于大都督府官，地位是比较高的，这一任命反映了明廷对大同战略地位重要性的认识。

洪武四年(1371)正月，明廷继洪武三年(1370)年底设置杭州、江西、燕山、青州、河南、西安、太原、武昌八个都卫指挥使司后，又设置了大同卫都指挥使司。当时汪兴祖因错受惩，被派随傅友德征蜀，故在设置大同卫都指挥使司时就"以耿忠为都指挥使"[5]。由于都指挥使统方面之劲兵，地位非常重要，为了防止地方势力坐大，朱元璋又明确规定："诸处领兵、镇守、屯戍诸将，遇境内有警，许乘机调兵剿捕，若失误致使滋蔓者罪之，余事不许专擅调遣，其改除起取，非奉制书，亦毋得辄自离职，违者论如律。"[6]这条诏令将都指挥使的军事指挥权作了限制，只许在境内有警的情况下才许调兵，"余事不许专擅调遣"，遇有调职时亦要奉制书而行，不得擅自离职。同时，诏诸处领兵、镇守、屯戍诸将，说明军事镇戍制度已现雏形。大同都司设立后，关于都司的一应事务就由都指挥使向朝廷奏请。如二月，"大同卫都指挥使耿忠言：'大同地边沙漠，元季孛罗帖木儿、扩廓帖木儿等乱兵杀掠，城郭空虚，土地荒残，累年租税不入，军士粮饷欲于山东转运，则道里险远，民力艰难。请以太原、北平、保安等处税粮，拨赴大同输纳为便。'廷议于山东所积粮储量拨一十万石，运至平定州，山西行省转致(大)[太]和岭，大同接运至本府。及以附近太原、保定诸州县税粮拨付大同，以为储偫[军储]之备。忠又请以蔚、忻、

①　《明太祖实录》卷二二〇，洪武二十五年八月丁卯条、丁丑条，台湾"中央研究院"历史语言研究所1962年校印本，第3224～3225、3228页。

②　《明太祖实录》卷二二一，洪武二十五年九月庚寅条，台湾"中央研究院"历史语言研究所1962年校印本，第3233页。

③　《明太祖实录》卷二二四，洪武二十六年正月辛未条，台湾"中央研究院"历史语言研究所1962年校印本，第3278页。

④　《明太祖实录》卷二二五，洪武二十六年二月辛巳条、乙巳条，台湾"中央研究院"历史语言研究所1962年校印本，第3295、3301页。

⑤　《明太祖实录》卷六十，洪武四年正月丁未条，汪兴祖事见卷七十，洪武四年十二月辛卯条，台湾"中央研究院"历史语言研究所1962年校印本，第1181、1301页。

⑥　《明太祖实录》卷六十，洪武四年正月己酉条，台湾"中央研究院"历史语言研究所1962年校印本，第1181～1182页。

崞三处民丁与军士协力修浚大同城堑"①；三月，"大同卫都指挥使耿忠请以山东、山西盐课折收绵布、白金赴大同易米，以备军饷"②，朝廷全部准奏。为进一步解决大同的粮饷，朱元璋在八月又命"以银易米"，给大同拨发"易米白金二十万两"③，以银易米则反映北边粮食市场的存在。

耿忠不久就因犯错被贬职到河州卫，据俞本《明兴野记》载：洪武五年（1372）"大同都指挥使耿忠奏晋府宫殿缺青绿心红，令商贾于太原纳中淮浙盐，上允之。忠贪婪人，私令家奴市青绿心红万斤，中纳淮浙盐一万余引，并无各商中纳，令家奴驰驿赴扬州关支盐引。上察之，宥忠罪，发河州卫充军，录其家资。"④耿忠去职后谁接任的呢？《明太祖实录》载：洪武六年（1373）十二月"降大同卫都指挥使曹兴为指挥佥事，以奏大同左卫指挥使薛寿不法事无状，罪当坐。上念兴勋旧，不忍加罚，降其职，使备御岢岚"⑤。这条史料反映耿忠去职后接替的人是曹兴，那么曹兴被降职后又是谁接替呢？洪武七年（1374）十一月"以延安卫指挥使许良为大同卫都指挥使"⑥。自许良任职后，关于大同都卫都指挥使的记载实录缺如，直到洪武二十二年（1389）才有史料载："以山西行都指挥使司都指挥使王约为左军都督佥事，约守边岁久，累著劳绩，故召用之。仍赐钞千锭。"⑦观此条史料，可知许良之后是王约继任大同镇都指挥使一职，而且时间可能很长，或许十几年来主要是王约在大同守边，所以才会有"守边岁久，累著劳绩"而被升职内调的情况。

王约升职后，朱元璋逐步开始实施诸王防边的战略，都指挥使之职未见新的任命。到洪武二十六年（1393）二月，"命河南都指挥佥事谢贵署山西行都指挥使司事"⑧，这是以职衔低于都指挥使的都指挥佥事暂时代理，同年五月又有新的任命，"以后军都督府都督佥事陈用为山西行都指挥使司都指挥使"⑨。从职衔来看，陈用以都督佥事实任山西行都指挥使，这是用比都指挥使司级别高一级的军官任职都指挥使，反映了大同镇的地位。

3. 镇守总兵官

大同作为防御北元残余势力的前沿阵地，在洪武时期没有单独设立镇守总兵官，是由大将军徐达坐镇北平、总镇北边的军事领导体制决定的。

如前引《明太祖实录》载：洪武四年（1371）正月"命中书右丞相魏国公徐达往北平操练军马，缮治城池"⑩。七月，朱元璋又"遣使命中书右丞相魏国公徐达自北平往山西，操练士马"，给徐达的权限是"帅诸将校，缮修城池，训练士卒，如调遣征进迤西等处，从便行之。其太原、蔚、朔、大同、东胜军马及新附鞑靼官军，悉听节制。"⑪朱元璋在敕谕中规定：太原、蔚、朔、大

①　《明太祖实录》卷六一，洪武四年二月丙辰条，台湾"中央研究院"历史语言研究所 1962 年校印本，第 1183 页。
②　《明太祖实录》卷六二，洪武四年三月癸卯条，台湾"中央研究院"历史语言研究所 1962 年校印本，第 1198 页。
③　《明太祖实录》卷七五，洪武五年八月癸巳条，台湾"中央研究院"历史语言研究所 1962 年校印本，第 1392 页。
④　俞本撰，李新峰笺证：《纪事录笺证》，中华书局 2015 年版，第 364 页。
⑤　《明太祖实录》卷八六，洪武六年十二月庚申条，台湾"中央研究院"历史语言研究所 1962 年校印本，第 1540 页。
⑥　《明太祖实录》卷九四，洪武七年十一月癸酉条，台湾"中央研究院"历史语言研究所 1962 年校印本，第 1637 页。
⑦　《明太祖实录》卷一九八，洪武二十二年十一月己丑条，台湾"中央研究院"历史语言研究所 1962 年校印本，第 2971 页。
⑧　《明太祖实录》卷二二五，洪武二十六年二月癸巳条，台湾"中央研究院"历史语言研究所 1962 年校印本，第 3298 页。
⑨　《明太祖实录》卷二二七，洪武二十六年五月丁卯条，台湾"中央研究院"历史语言研究所 1962 年校印本，第 3318 页。
⑩　《明太祖实录》卷六〇，洪武四年正月丁亥条，台湾"中央研究院"历史语言研究所 1962 年校印本，第 1168 页。
⑪　《明太祖实录》卷六七，洪武四年七月辛亥条，台湾"中央研究院"历史语言研究所 1962 年校印本，第 1254 页。

同、东胜军马及新附鞑靼官军皆要听从徐达的指挥,很明显,徐达也是大同镇的总兵官,这是在都指挥使之上执行机动作战任务的总兵官,成为后世派驻总兵官的滥觞。

洪武六年(1373)正月,朱元璋再命"魏国公徐达、曹国公李文忠等往山西、北平练兵防边",这是洪武四年(1371)军事指挥体制的继续,同时明确了防边的方针为"来则御之,去则勿追",朱元璋在祭告诸神时更清楚地说:"今又令大将军魏国公徐达、副将军曹国公李文忠先至大同、北平等处,修理城池,练兵训将,以备边陲,傥胡人来寇,就令统兵力征,以安中国。"①以此可知大同、北平乃至山西的镇守总兵官都是徐达,从以后的军事行动中也可以验证这一点。五月,"胡兵入寇武、朔等州,时大将军徐达驻师临清,报至,遣临江侯陈德、巩昌侯郭之[子]兴率兵往击之"②。这是总兵官派出手下将领到有敌情的前方打击敌人,但是由于路途遥远,当陈德赶到朔州时,"胡兵遁去",明军扑空了。为了解决这个问题,徐达对其所率领的野战大军重新做了部署,"分遣左副将军李文忠、济宁侯顾时、南雄侯赵庸、颍川侯傅友德、永城侯薛显、巩昌侯郭子兴、临江侯陈德、营阳侯杨璟、都督佥事蓝玉、王弼统骑兵,右副将军冯胜、右副副将军汤和同南安侯俞通源、永嘉侯朱亮祖、宜春侯黄彬、都督何文辉、平章李伯升、都督佥事张温等统步兵,分驻山西、北平等处,相机擒讨残胡。"徐达派遣指挥李玉向朱元璋作了汇报,朱元璋"诏可之"③。这是总兵官对前敌作战的部署,有利于大军机动御敌。而徐达也是处于机动中,先自临清率师赴北平,到北平不久又转往山西,寻找战机。这种态势反映了明代北部边防的突出特点:都司卫所是局部防御,就地作战;总兵官所率领的大军则是纵深防御,大范围、大规模野战以歼敌。这一部署很快就取得效果:八月"胡兵寇河州,夜入土门峡,千户王才战死,临江侯陈德统兵击败之"④,十一月"大将军徐达等自朔州还至代县,闻王保保兵至大同北,即与左副将军李文忠、右副将军冯胜率师往击之。至猫儿庄,遇大雪,退营雁踏堡,逻骑获故元平章邓孛罗帖木儿,诘之,言:怀柔有胡兵千骑,达即遣裨将领步骑三千掩捕之,至三角村,擒故元武平章康同金,获马八十余匹而还"⑤。

洪武七年(1374)三月,朱元璋又对前敌部署作出调整。"上遣使赍敕谕大将军徐达、左副将军李文忠、右副将军冯胜,以所统将士分布北平、山西屯驻,其六安侯王志、南雄侯赵庸就留山西,营阳侯杨璟、汝南侯梅思祖往北平,仍以各都督府官及指挥千百户令其统领,应有军务措置得宜,然后大将军与各公侯回京。"四月,又"命宋国公冯胜、卫国公邓愈、中山侯汤和、巩昌侯郭子兴复镇北边。上至龙江,亲祀山川、城隍、旗纛诸神,遣行"⑥。洪武八年(1375)五月,"诏永嘉侯朱亮祖等率师同颍川侯傅友德往北平备胡";七月,又"命曹国公李文忠为征虏左副将军,济宁侯顾时为左副副将军,往山西、北平整率军马,代颍川侯傅友德、永嘉侯朱亮祖还

① 《明太祖实录》卷七八,洪武六年正月壬子条,台湾"中央研究院"历史语言研究所1962年校印本,第1424~1425页。

② 《明太祖实录》卷八二,洪武六年五月庚申条,台湾"中央研究院"历史语言研究所1962年校印本,第1478页。

③ 《明太祖实录》卷八三,洪武六年六月戊午条、七月丙午条,台湾"中央研究院"历史语言研究所1962年校印本,第1484、1486页。

④ 《明太祖实录》卷八四,洪武六年八月丙子条,台湾"中央研究院"历史语言研究所1962年校印本,第1498页。

⑤ 《明太祖实录》卷八六,洪武六年十一月壬子条,台湾"中央研究院"历史语言研究所1962年校印本,第1526页。

⑥ 《明太祖实录》卷八八,洪武七年三月丁卯条、四月丙辰条,台湾"中央研究院"历史语言研究所1962年校印本,第1557、1570页。

京"。① 这些记载说明,洪武前期北边镇守总兵官的层面上除了徐达还有诸多的开国武将,他们交替前往北平、山西防边,均能独当一面,构成这一时期以大将军为首的总兵官群体,在防御残元势力反扑中起到了巨大的作用。

洪武二十三年(1390)以后,随着朱元璋以诸王防边的战略变化,北边塞王的地位上升,成为明廷北边防御的统帅。史载:"上以故元丞相咬住、太尉乃儿不花、知院阿鲁帖木儿等将为边患,诏晋王、今上各率师往征之",为此而配备的前敌将领是"命颍国公傅友德为征虏前将军,南雄侯赵庸为左副将军,怀远侯曹兴为右副将军,定远侯王弼为左参将,全宁侯孙恪为右参将,赴北平训练军马,听今上节制。时先已遣定远侯王弼往山西练兵,因敕弼以山西兵听晋王节制"。② 洪武二十六年(1393)二月,"上命晋王总宋国公冯胜等所统河南、山西马步军士出塞,胜及颍国公傅友德、开国公常升、定远侯王弼、全宁侯孙恪等驰驿还京,其余将校悉听晋王节制"③。开国武将出任总兵官的防边体制演变为诸王防边、武将也要受诸王节制的防边体制。

四、太原镇/山西镇

太原镇的设立是洪武二年(1369)四月和行省的建置同时展开的。

1. 都司卫所防御体系的建立

从《明史·兵志二》的记载看,山西都司只有七个卫(太原左卫、太原右卫、太原前卫、振武卫、平阳卫、镇西卫、潞州卫)和五个千户所(蒲州千户所、广昌千户所、沁州千户所、宁化千户所、雁门千户所)。具体我们还是依据《明太祖实录》进行考察。

洪武元年(1368)十二月徐达率领明军攻克太原,扩廓帖木儿走甘肃,徐达在此驻师至洪武二年(1369)三月,然后发兵取陕西。四月,明廷设"置陕西、山西二行省,以中书参政汪广洋为陕西参政,御史中丞杨宪为山西参政"④。随着行政机关的设立,军事防御体系也相继设立。洪武二年六月,首先设置了"平阳卫"。⑤ 洪武三年(1370)二月,朱元璋"以指挥曹兴才为山西行省参政,兼领太原卫事;立太原左、右卫,以同知谢得成为太原右卫指挥使,兼太原副总兵;同知陈桓为太原左卫指挥使"⑥。从这里我们看到,朱元璋同时设立了太原三卫,任命了三个指挥使,而且任命了太原副总兵。洪武四年(1371)闰三月,"置太原左、右二卫指挥使司"⑦,五月"置太原前卫指挥使司"⑧,建立了武职官署衙门。洪武五年(1372)正月设置了太原三护卫⑨。

① 《明太祖实录》卷一〇〇,洪武八年五月己巳条、七月壬戌条,台湾"中央研究院"历史语言研究所 1962 年校印本,第 1694、1700 页。

② 《明太祖实录》卷一九九,洪武二十三年正月丁卯条,台湾"中央研究院"历史语言研究所 1962 年校印本,第 2981~2982 页。

③ 《明太祖实录》卷二二五,洪武二十六年二月丁丑条,台湾"中央研究院"历史语言研究所 1962 年校印本,第 3295 页。

④ 《明太祖实录》卷四一,洪武二年四月戊辰条,台湾"中央研究院"历史语言研究所 1962 年校印本,第 816 页。

⑤ 《明太祖实录》卷四三,洪武二年六月甲子条,台湾"中央研究院"历史语言研究所 1962 年校印本,第 843 页。

⑥ 《明太祖实录》卷四九,洪武三年二月己巳条,台湾"中央研究院"历史语言研究所 1962 年校印本,第 965 页。

⑦ 《明太祖实录》卷六三,洪武四年闰三月辛酉条,台湾"中央研究院"历史语言研究所 1962 年校印本,第 1205 页。

⑧ 《明太祖实录》卷六五,洪武四年五月壬申条,台湾"中央研究院"历史语言研究所 1962 年校印本,第 1230 页。

⑨ 《明太祖实录》卷七一,洪武五年正月戊寅条,台湾"中央研究院"历史语言研究所 1962 年校印本,第 1323 页。

洪武七年（1374）十一月，"置镇西卫于岢岚州"①。洪武十一年（1378）四月，"置太原右护卫指挥使司，改太原护卫为太原中护卫，升右护卫指挥同知韦善为指挥使领之"②；十一月，"置太原左护卫指挥使司"③；这是为晋王所设的护卫。

至于振武卫、潞州卫设立时间不明。考振武卫最早是甲辰年即元至正二十四年（1364）设置的十七卫亲军指挥使司中之一，后随徐达北伐，洪武二年（1369）二月由都督同知张兴祖率军镇守大同，设置在山西的振武卫应该就是这个亲军振武卫。由于作为亲军指挥使司的振武卫留镇山西，朱元璋又于洪武四年（1371）八月"诏置振武卫亲军指挥使司"④，由是设有两个振武卫，而在洪武五年正月有"以振武、神武、凤翔、英武、宣武、广陵等十二位［卫］余军并入豹韬卫"⑤的记载，这是将新设置的亲军卫的余军并入豹韬卫；十一月又"以兴化卫并为钟山卫，天长卫并定远卫，振武卫并兴武卫，和阳卫并神策卫，通州、吴兴二卫并龙骧卫，寻复设和阳、神策二卫"⑥，这是亲军卫之间的分分合合。在山西的振武卫则一直镇守山西，洪武五年（1372）六月有"振武卫指挥佥事王常先等招集红罗山故元将阿速所部军士七千人来降"⑦的记载，就是这种情况的反映。此后，洪武九年（1376）四月，已经投降明朝并被任为官山卫指挥同知的蒙古"乃儿不花叛入沙漠，大同卫指挥使周立率大同振武等卫将士讨之，追及白寺、塔滩，获其辎重，乃儿不花遁去"⑧。洪武十五年（1382），时任振武卫指挥使的桑桂犯了错误，山西都指挥使司将处分结果报告朝廷，朱元璋为此敕山西都指挥使司曰："近振武卫指挥桑桂有犯，卿等议拟如律，允合至公。然念其勤劳累岁，初丽于法，不忍加刑，特宥之，俾复其官。诸连逮系者，符至，悉释之。惟妄称老实大王者诛之，以戒将来"⑨，这是明太祖法外加恩的举动。洪武二十四年（1391）三月，朱元璋对蔚州、振武等卫的指挥官进行调整，"以蔚州卫指挥同知陈弼为振武卫指挥同知，指挥佥事蒋兴、朔州卫指挥佥事夏成并为振武卫指挥佥事，大同右卫副千户李忠、宋义为雁门千户所副千户"⑩。凡此种种，证明山西的振武卫是山西都司中的重要属卫，肩负着镇戍地方的功能。

潞州卫在《明太祖实录》中所见不多，但可以确证它的存在。洪武二十二年（1389）二月，朱元璋"召山西平阳卫指挥佥事王材、张青、林武、邓贵至京，以潞州卫指挥佥事薛鹏、刘遂、河南宁山卫指挥佥事刘巽、李蔚、贾德俱署平阳卫事"⑪，这是朱元璋召四个平阳卫指挥佥事进京，又从潞州等卫调去了五个代理。洪武二十三年（1390）三月，"置磁州守御千户所，隶潞州

---

①　《明太祖实录》卷九四，洪武七年十一月是月条，台湾"中央研究院"历史语言研究所 1962 年校印本，第 1640 页。

②　《明太祖实录》卷一一八，洪武十一年四月是月条，台湾"中央研究院"历史语言研究所 1962 年校印本，第 1926 页。

③　《明太祖实录》卷一二一，洪武十一年十一月癸未条，台湾"中央研究院"历史语言研究所 1962 年校印本，第 1961 页。

④　以上见《明太祖实录》卷一四，甲辰年三月庚午条；卷三二，洪武元年五月癸酉条；卷三九，洪武二年二月己巳条；卷六七，洪武四年八月辛巳条，台湾"中央研究院"历史语言研究所 1962 年校印本，第 185、560、785、1262 页。

⑤　《明太祖实录》卷七一，洪武五年正月庚申条，台湾"中央研究院"历史语言研究所 1962 年校印本，第 1316 页。

⑥　《明太祖实录》卷七六，洪武五年十一月丁未条，台湾"中央研究院"历史语言研究所 1962 年校印本，第 1403 页。

⑦　《明太祖实录》卷七四，洪武五年六月己丑条，台湾"中央研究院"历史语言研究所 1962 年校印本，第 1360 页。

⑧　《明太祖实录》卷一〇五，洪武九年四月己酉条，台湾"中央研究院"历史语言研究所 1962 年校印本，第 1762 页。

⑨　《明太祖实录》卷一五〇，洪武十五年十一月庚申条，台湾"中央研究院"历史语言研究所 1962 年校印本，第 2359 页。

⑩　《明太祖实录》卷二〇八，洪武二十四年三月己亥条，台湾"中央研究院"历史语言研究所 1962 年校印本，第 3095 页。

⑪　《明太祖实录》卷一九五，洪武二十二年二月庚子条，台湾"中央研究院"历史语言研究所 1962 年校印本，第 2929 页。

卫"①,在潞州卫下又增设千户所;四月,"以平阳卫致仕指挥佥事刘德为中军都督府都督佥事,潞州卫致仕指挥佥事徐质为中都副留守,宴劳而遣之"②,对平阳卫和潞州卫两个退休的指挥佥事又有新的任命。前述洪武二十二年(1389)二月署理平阳卫事的潞州卫指挥佥事刘遂,在洪武二十八年(1395)晋升为辽东都指挥使司都指挥同知,洪武二十九年(1396)正月又被任命为陕西都指挥使,《明太祖实录》在追溯刘遂的身份时载:"遂,庐州人,父德,以军功累官潞州卫指挥佥事,洪武十三年,遂始袭职。数从信国公、永昌侯北伐有功,其女复为嗣秦王妃,故命统陕西军卫之政。"③这就表明,起码在洪武十三年(1380)时,潞州卫已经存在。以理度之,潞州卫也应该和其他几个卫一样,设立于洪武初年。

除了上述七个卫的设置,洪武六年(1373)五月,朱元璋"诏山西都卫于雁门关、太和岭并武、朔等州县山谷冲要之处凡七十有三,俱设戍兵,以防胡寇"④。这是在大同镇与太原之间设立的一条防线,用以保护山西内地以及太原的安全。洪武十一年(1378)十一月,明廷"置宁化守御千户所",这是为了防备元朝残余势力四大王而设,"于宁化镇筑城,设千户所,为捕灭之计"⑤;洪武十二年(1379)九月,"置山西广昌守御千户所"⑥;十一月,又"置雁门守御千户所"⑦;洪武二十四年(1391)八月,再"置山西汾州、平定州二守御千户所"⑧。

由此看来,山西都司的防御体系,卫级军镇在洪武年间前十年基本完成,守御千户所则在洪武二十四年(1391)前后基本完成。

2. 都指挥使

洪武三年(1370)十二月,明廷设置了八个都卫指挥使司:杭州、江西、燕山、青州、河南、西安、太原、武昌,但是太原都卫的都指挥使迟迟未见安排人选,直到洪武五年(1372)十月,才见"以晋府左傅谢成兼太原都卫都指挥使"⑨。这里的谢成是晋王的左傅,在洪武三年(1370)六月曾任"都督同知汪兴祖为晋王府武傅,兼山西行都督府同知,位居武傅谢德成之上"⑩,这表明晋王同时有两个武傅,一为汪兴祖,一为谢德成,但谢德成在《明太祖实录》中仅有这一处记载,位居汪兴祖之下,洪武四年(1371)汪兴祖阵亡后,武傅就只剩下谢德成一人;到了洪武五年(1372)十月,晋王武傅就变成了谢成,这一变化显然是修实录者的误差所致。联系到洪武三年(1370)二月"立太原左、右卫,以同知谢得成为太原右卫指挥使,兼太原副总兵"的记载,谢成、谢德成、谢得成应是同一人,他先任太原右卫指挥使兼太原副总兵,分封诸王后因任职山西,遂与汪兴祖同任晋王武傅,洪武五年(1372)十月又被任命为太原都卫都指挥使。到洪武

---

①　《明太祖实录》卷二〇〇,洪武二十三年三月戊寅条,台湾"中央研究院"历史语言研究所1962年校印本,第3004页。

②　《明太祖实录》卷二〇一,洪武二十三年闰四月癸酉条,台湾"中央研究院"历史语言研究所1962年校印本,第3013页。

③　《明太祖实录》卷二四四,洪武二十九年正月乙酉条,台湾"中央研究院"历史语言研究所1962年校印本,第3539、3540页。

④　《明太祖实录》卷八二,洪武六年五月戊申条,台湾"中央研究院"历史语言研究所1962年校印本,第1478页。

⑤　《明太祖实录》卷一二一,洪武十一年十一月庚午条,台湾"中央研究院"历史语言研究所1962年校印本,第1959页。

⑥　《明太祖实录》卷一二六,洪武十二年九月丙申条,台湾"中央研究院"历史语言研究所1962年校印本,第2014页。

⑦　《明太祖实录》卷一二七,洪武十二年十一月壬子条,台湾"中央研究院"历史语言研究所1962年校印本,第2024页。

⑧　《明太祖实录》卷二一一,洪武二十四年八月庚午条,台湾"中央研究院"历史语言研究所1962年校印本,第3136页。

⑨　《明太祖实录》卷七六,洪武五年十月辛巳条,台湾"中央研究院"历史语言研究所1962年校印本,第1399页。

⑩　《明太祖实录》卷五三,洪武三年六月庚辰条,台湾"中央研究院"历史语言研究所1962年校印本,第1051页。

六年(1373)八月,朱元璋"册晋王左傅兼太原卫都指挥使谢成女为晋王枫妃"①,谢成和朱元璋成了儿女亲家,洪武八年(1375)二月"召晋相府左傅兼太原都卫都指挥使谢成入为大都督府都督金事,左傅如故"②,洪武十二年(1379)受封永平侯。

洪武六年(1373)三月,朱元璋"命太原卫都指挥使王臻经理代县城池,仍令荥阳侯郑遇春同臻守之"。都指挥使王臻出镇代县,受命和荥阳侯郑遇春共同守御。但当时郑遇春在守朔州,于是上奏朱元璋,申明朔州地位重要,不可暂离,"上复命遇春仍守朔州"③。洪武八年正月,朱元璋"升潮州卫指挥同知俞辅为太原都卫都指挥使"④;有了这一安排,朱元璋才在同年二月召谢成"入为大都督府都督金事";而余辅在山西一直任职到洪武二十二年(1389),才被降职离开。《明太祖实录》载:"降山西都指挥使俞辅为云南都指挥金事。"⑤洪武九年(1376)三月,又有都指挥使常守道的记载,"是月,胡兵屯山西燕只斤之地,都指挥使常守道率兵击之,获达官阿剌木等及马驼牛羊凡二千八百余,其众溃去"⑥;常守道任职到十一年正月,转任"湖广都指挥使",明廷又以"凤阳行都督府金都督周能为山西都指挥使"⑦。到了十月,《明太祖实录》又载:命"山西指挥同知王约为山西都指挥使"⑧。但是这里可能有错误,因为《明太祖实录》在11年后记载:"以山西行都指挥使司都指挥使王约为左军都督金事,约守边岁久,累著劳绩,故召用之,仍赐钞千锭"⑨,这里王约变成了山西行都指挥使司都指挥使,且以守边年久而被升职、赐钞,可证前条史料应该是以王约为山西行都指挥使司都指挥使,脱了一个"行"字。洪武十三年(1380)冬,又有人从山西都司调出,"以山西都指挥使周立为陕西都指挥使"⑩。到洪武十五年(1382)正月,"升巩昌卫指挥金事吴沔为山西都指挥使"⑪。三年之后,洪武十八年(1385)年底,又"命徐州卫指挥使郭敬署山西都指挥使司事"⑫。洪武二十四年(1391),又有官员从山西调出,"调山西都指挥使周房为山东都指挥使"⑬,看来山西在洪武时期的确是出了不少人才,但此后山西都指挥使再未见有何变化。

3. 镇守总兵官

太原镇镇守总兵官的派驻始于康茂才。

洪武二年(1369)八月,朱元璋派都督金事吴祯到陕西前线诏大将军徐达回京,在前方的防御部署为:"如河中四外已宁,则以都督同知康茂才所部士卒三分之,茂才(师)[帅]其二往

---

① 《明太祖实录》卷八四,洪武六年八月戊寅条,台湾"中央研究院"历史语言研究所1962年校印本,第1499页。

② 《明太祖实录》卷九七,洪武八年二月庚子条,台湾"中央研究院"历史语言研究所1962年校印本,第1659页。

③ 《明太祖实录》卷八〇,洪武六年三月己巳条,台湾"中央研究院"历史语言研究所1962年校印本,第1456页。

④ 《明太祖实录》卷九六,洪武八年正月庚辰条,台湾"中央研究院"历史语言研究所1962年校印本,第1654页。

⑤ 《明太祖实录》卷一九七,洪武二十二年十月丙午条,台湾"中央研究院"历史语言研究所1962年校印本,第2963页。

⑥ 《明太祖实录》卷一〇五,洪武九年三月是月条,台湾"中央研究院"历史语言研究所1962年校印本,第1754页。

⑦ 《明太祖实录》卷一一七,洪武十一年正月丙戌条、辛卯条,台湾"中央研究院"历史语言研究所1962年校印本,第1908页。

⑧ 《明太祖实录》卷一二〇,洪武十一年十月癸丑条,台湾"中央研究院"历史语言研究所1962年校印本,第1955页。

⑨ 《明太祖实录》卷一九八,洪武二十二年十一月己丑条,台湾"中央研究院"历史语言研究所1962年校印本,第2971页。

⑩ 《明太祖实录》卷一三四,洪武十三年十月戊辰条,台湾"中央研究院"历史语言研究所1962年校印本,第2122页。

⑪ 《明太祖实录》卷一四一,洪武十五年正月戊戌条,台湾"中央研究院"历史语言研究所1962年校印本,第2226页。

⑫ 《明太祖实录》卷一七六,洪武十八年十二月甲辰条,台湾"中央研究院"历史语言研究所1962年校印本,第2671页。

⑬ 《明太祖实录》卷二一二,洪武二十四年九月丙午条,台湾"中央研究院"历史语言研究所1962年校印本,第3145页。

镇山西,凡太原诸城悉听节制。"①这是朱元璋明确任命康茂才作为山西的镇守,且有权节制太原诸城。《秘阁元龟政要》亦载,洪武二年(1369)七月"以康茂才镇(大)[太]原",对此的解说是:"帝遣吴祯谕徐达曰:'如河中四外已宁,则以都督康茂才所部士卒三分,茂才帅其二往镇山西,(大)[太]原诸城悉听节制,以其一增守陕西。"②这和《明太祖实录》的记载是一致的。但是康茂才很快就去世了,朱元璋为此又作出调整,在洪武三年(1370)二月命"以指挥曹兴才为山西行省参政,兼领太原卫事;立太原左、右卫,以同知谢得成为太原右卫指挥使,兼太原[卫]副总兵;同知陈桓为太原左卫指挥使"③。此条史料表明:当时太原已有三卫设立,也有了副总兵的设置。六月,朱元璋设陕西、北平、山西三个行都督府,任命"都督同知汪兴祖为晋王府武傅兼山西行都督府同知,位居武傅谢德成之上"④。汪兴祖阵亡后,谢德成从太原右卫指挥使兼太原[卫]副总兵到后来的晋王府武傅,再到"以晋府左傅谢成兼太原都卫都指挥使"⑤。

　　但是在当时,谢成毕竟只是都司的长官,对于北边全局的驾驭,还是要由徐达来掌控,因此洪武前期山西没有再派专门的镇守总兵官,而是由大将军徐达坐镇北平,总镇北边。所以洪武四年(1371)正月朱元璋"命中书右丞相魏国公徐达往北平操练军马,缮治城池"⑥。七月,朱元璋又"遣使命中书右丞相魏国公徐达自北平往山西,操练士马",给徐达的权限是"帅诸将校,缮修城池,训练士卒,如调遣征进逶迤等处,从便行之。其太原、蔚、朔、大同、东胜军马及新附鞑靼官军,悉听节制"⑦。这里的太原、蔚、朔、大同、东胜军马主要是山西和大同两镇下辖各卫的军队,注意,这里提到的东胜军马及新附鞑靼官军,表明东胜当时已入明朝版图。洪武五年(1372)北伐之后,洪武六年(1373)正月,朱元璋又命"魏国公徐达、曹国公李文忠等往山西、北平练兵防边",并且对北元势力要"来则御之,去则勿追"⑧,所以山西的镇守总兵官也是徐达,他坐镇北平,往来于山西(含大同)北平之间以备边。正月的出镇以敌情差缓而不果行,三月,朱元璋再次"命魏国公徐达为征虏大将军,曹国公李文忠为左副将军,宋国公冯胜为右副将军,卫国公邓愈为左副副将军,中山侯汤和为右副副将军,统诸将校往山西、北平等处备边",朱元璋在敕谕中解释道:正月"尝命卿等往西北为防边之计,既行,朕复思边守既定,远备劳兵,乃召卿等还。今闻胡人窥塞,有入寇之意,事不可已,故再命卿等,总率将士,往镇边陲"⑨。这些部署充分说明,徐达作为前敌总兵官,备边的范围既包括山西,也包括北平,是大范围的机动御敌。六月,徐达"分遣左副将军李文忠、济宁侯顾时、南雄侯赵庸、颍川侯傅友德、永城侯薛显、巩昌侯郭子兴、临江侯陈德、营阳侯杨璟、都督金事蓝玉、王弼统骑兵,右副将军冯胜、右副副将军汤和同南安侯俞通源、永嘉侯朱亮祖、宜春侯黄彬、都督何文辉、平章李伯升、都督金事张温等统步兵,分驻山西、北平等处,相机擒讨残胡"⑩。这是总兵官择机与入侵之敌进行大

①　《明太祖实录》卷四四,洪武二年八月甲戌条,台湾"中央研究院"历史语言研究所 1962 年校印本,第 865 页。
②　佚名:《秘阁元龟政要》卷五,洪武二年秋七月,齐鲁书社 1996 年版,第 368 页。
③　《明太祖实录》卷四九,洪武三年二月己巳条,台湾"中央研究院"历史语言研究所 1962 年校印本,第 965 页。
④　《明太祖实录》卷五三,洪武三年六月庚辰条,台湾"中央研究院"历史语言研究所 1962 年校印本,第 1051 页。
⑤　《明太祖实录》卷七六,洪武五年十月辛巳条,台湾"中央研究院"历史语言研究所 1962 年校印本,第 1399 页。
⑥　《明太祖实录》卷六〇,洪武四年正月丁亥条,台湾"中央研究院"历史语言研究所 1962 年校印本,第 1168 页。
⑦　《明太祖实录》卷六七,洪武四年七月辛亥条,台湾"中央研究院"历史语言研究所 1962 年校印本,第 1254 页。
⑧　《明太祖实录》卷七八,洪武六年正月壬子条,台湾"中央研究院"历史语言研究所 1962 年校印本,第 1424~1425 页。
⑨　《明太祖实录》卷八〇,洪武六年三月壬子条,台湾"中央研究院"历史语言研究所 1962 年校印本,第 1451~1452 页。
⑩　《明太祖实录》卷八三,洪武六年七月丙午条,台湾"中央研究院"历史语言研究所 1962 年校印本,第 1486 页。

规模野战以歼敌的战略部署。

洪武七年(1374)三月,朱元璋调整前敌作战部署,命大将军徐达、左副将军李文忠、右副将军冯胜"以所统将士分布北平、山西屯驻,其六安侯王志、南雄侯赵庸就留山西;营阳侯杨璟、汝南侯梅思祖往北平"。四月,"命宋国公冯胜、卫国公邓愈、中山侯汤和、巩昌侯郭子兴复镇北边。"①洪武八年(1375)七月,又"命曹国公李文忠为征虏左副将军,济宁侯顾时为左副副将军,往山西、北平整率军马,代颍川侯傅友德、永嘉侯朱亮祖还京"②。这反映了洪武前期北边镇守总兵官是一个群体,他们交替在山西、北平防御残元势力。

此后,洪武十七年(1384)十月李文忠去世;洪武十八年(1385)二月徐达去世;而朱元璋封藩北边的诸王逐渐成长起来。洪武二十年(1387)冯胜总兵征服纳哈出,洪武二十一年(1388)蓝玉总兵征讨脱古思帖木儿,残元朝廷皇统断绝,这就为朱元璋以诸王防边的战略转移提供了条件。随着洪武二十三年(1390)燕王和晋王的统兵出塞,明廷北边前线的统兵权转移到诸王手中,如"命颍国公傅友德为征虏前将军,南雄侯赵庸为左副将军,怀远侯曹兴为右副将军,定远侯王弼为左参将,全宁侯孙恪为右参将,赴北平训练军马,听今上节制。时先已遣定远侯王弼往山西练兵,因敕弼以山西兵听晋王节制"③,燕王和晋王是此次北征的最高指挥官。

洪武二十六年(1393)二月,朱元璋"命晋王总宋国公冯胜等所统河南、山西马步军士出塞,胜及颍国公傅友德、开国公常升、定远侯王弼、全宁侯孙恪等驰驿还京,其余将校悉听晋王节制"④。洪武二十八年(1395)正月,朱元璋"遣使敕晋王枫,发山西都指挥使司属卫马步官军二万六千六百人,往塞北筑城屯田"⑤。

晋王成为洪武末期山西镇的实际总兵官。

五、西安镇/陕西镇

西安镇的设立是洪武二年(1369)四月和行省的设置同时进行的。

1. 都司卫所防御体系的建立

洪武二年三月徐达克奉元路,改奉元路为西安府,派副将军常遇春、冯宗异等率师西进取凤翔,同时派"武德卫镇抚张野守鄠县"⑥。四月,设置陕西行省,"以中书参政汪广洋为陕西参政"⑦。行政机构的设置有助于支持军事防御体系,此后,陕西地区的防御体系逐步建立。

洪武二年四月,明军在西北前线攻下兰州,徐达命"指挥韩温守之"⑧;攻下临洮,朱元璋马

①　《明太祖实录》卷八八,洪武七年三月丁卯条、四月丙辰条,台湾"中央研究院"历史语言研究所1962年校印本,第1557、1570页。

②　《明太祖实录》卷一〇〇,洪武八年七月壬戌条,台湾"中央研究院"历史语言研究所1962年校印本,第1700页。

③　《明太祖实录》卷一九九,洪武二十三年正月丁卯条,台湾"中央研究院"历史语言研究所1962年校印本,第2981~2982页。

④　《明太祖实录》卷二二五,洪武二十六年二月丁丑条,台湾"中央研究院"历史语言研究所1962年校印本,第3295页。

⑤　《明太祖实录》卷二三六,洪武二十八年正月甲寅条,台湾"中央研究院"历史语言研究所1962年校印本,第3445页。

⑥　《明太祖实录》卷四〇,洪武二年三月庚子条、癸卯条、丙午条,台湾"中央研究院"历史语言研究所1962年校印本,第808、810页。

⑦　《明太祖实录》卷四一,洪武二年四月戊辰条,台湾"中央研究院"历史语言研究所1962年校印本,第816页。

⑧　《明太祖实录》卷四一,洪武二年四月丁丑条,台湾"中央研究院"历史语言研究所1962年校印本,第823页。

上"命立临洮卫"①；五月，"指挥朱明克延安，遂以明守之"②，这应该是延安卫建立之始，朱明后来又任绥德卫指挥，史载："绥德、葭州守将孙知院、孔荣、关二俱诣大将军徐达降，达调指挥章存道、朱明等，收集各镇官军分守之。"③朱明应是在这时转任绥德卫，所以十月明廷正式设置延安卫时，"命怀远卫指挥使许良领兵守之"④。后来延安卫又由李恪任指挥使，是以《明太祖实录》载："延安卫指挥李恪、绥德卫指挥朱明等追败故元残兵于燕山只斤，禽获五百余人，又攻阿不剌思寨，获马三百余匹。"⑤

徐达在庆阳鏖战到八月，朱元璋派都督佥事吴祯前往召徐达回京，并对西北地区的军事镇戍做出如下部署："如克庆阳，宜令右副将军都督同知冯宗异掌总兵印，统军驻庆阳，节制各镇兵马，粮饷不给，从前规措，无致伤民。巩昌、临洮、兰州诸军镇守如故，兵不足者益之。如河中四外已宁，则以都督同知康茂才所部士卒三分之，茂才帅其二往镇山西，凡太原诸城悉听节制，其一增守陕西。务在处置得宜，然后大将军达、偏将军和回京定议功赏。俟朕与大将军葬鄂国公毕日，大将军当复往定守边之策。……都督佥事吴祯就令同宗异驻庆阳，平章李伯升同都督佥事耿炳文守陕西。"⑥这段记载说明三个问题：其一，总兵官有印，所以徐达若离开前线，要由冯宗异接掌；其二，各卫就是各个军镇，巩昌、临洮、兰州均有重兵驻守，其他军卫亦应如此；其三，山西、陕西以及前线均有镇守总兵官，前线由冯宗异和吴祯守，山西由都督同知康茂才镇守，陕西由都督佥事耿炳文与平章李伯升镇守，这是两个都司级的军镇。如果这些还可以被理解成前敌临时部署的话，那么在洪武三年（1370）十一月，朱元璋赏赐陕西兰州等处守御有功将士之事，则可充分看出西北边防军事镇守的概貌，赏赐兰州将士是"因大将班师，元将王保保乘隙攻城，指挥张温奖励将士，坚壁固守，屡出挑战，大振军威，元兵力屈，又闻大军入关，彼遂歛兵遁去。以此保障关中一方以安，其功最大"；赏赐凤翔将士是因"凤翔乃秦陇襟喉之地，向因大军攻围庆阳未下之时，王保保令其将贺宗哲来攻城，穴地通道，指挥金兴旺、张龙、黄旺与旧军二千余人多方备御，出奇挫敌，致其退遁，关中晏然"；赏赐临洮将士是因"临洮城濒洮河，密迩吐蕃，与寇垒相邻，虽无兰州、凤翔攻围之急，然寇盗出入，往往近城剽掠，指挥王子明、韦正、孙德、赵脱脱帖木儿备御有方，人民安堵，屡出精锐，攻剿贼类，威振西陲"；赏赐巩昌将士是因"巩昌城在凤翔临洮之间，当固关、定西未定之时，群盗出没，人心动摇，金都督郭子兴、指挥杨广、汪灵真保、张虎都帖木儿、于光、潘贵、陈德成等屡出讨捕，转粮饷应援临洮。元兵尝驻洮河西岸，子兴等率众履冰度河，掩杀甚众，保障一方"；赏赐延安、绥德将士是因"延安、绥德地接察罕脑儿等处，元之残兵不时出没，剽掠边民，指挥朱名（又称朱明）、李恪累出兵剿捕，杀获甚多，完筑城壁，固守疆域"。⑦这里提到的兰州、凤翔、临洮、巩昌、延安、绥德都是当时明朝较早设立的卫一级军镇，在北边的军事镇戍体系中占有重要的地位，它们在都司的统领下构成了

① 《明太祖实录》卷四一，洪武二年四月甲申条，台湾"中央研究院"历史语言研究所1962年校印本，第824页。
② 《明太祖实录》卷四二，洪武二年五月丁酉条，台湾"中央研究院"历史语言研究所1962年校印本，第828页。
③ 《明太祖实录》卷四二，洪武二年五月辛酉条，台湾"中央研究院"历史语言研究所1962年校印本，第838页。
④ 《明太祖实录》卷四六，洪武二年十月乙酉条，台湾"中央研究院"历史语言研究所1962年校印本，第924页。
⑤ 《明太祖实录》卷五九，洪武三年十二月戊辰条，台湾"中央研究院"历史语言研究所1962年校印本，第1156页。
⑥ 《明太祖实录》卷四四，洪武二年八月甲戌条，台湾"中央研究院"历史语言研究所1962年校印本，第865~866页。
⑦ 《明太祖实录》卷五八，洪武三年十一月丙申条，台湾"中央研究院"历史语言研究所1962年校印本，第1126~1137页。

西北边防的防御体系。这里要说明的是:延安、绥德二卫都是在洪武二年(1369)设立的①;洪武三年(1370)正月又正式"置巩昌、平凉二卫指挥使司"②;四月,"置兰州卫"③;凤翔设卫没有具体时间,但在六月有"升守兴元、凤翔卫指挥金兴旺为大都督府都督金事,仍守兴元"④的记载,说明此时凤翔卫已经设立;至于《明太祖实录》后面提到的设延安、绥德卫当是修实录者的误差,如洪武六年(1373)正月的"置绥德卫,以宁夏卫指挥金事马鉴为指挥使"⑤即是。

除了前述兰州、凤翔、临洮、巩昌、延安、绥德、平凉等卫,较早设立的卫还有河州卫,但具体设立时间失载。据《明太祖实录》载:洪武三年(1370)五月"大将军徐达分遣左副将军邓愈招谕吐蕃,而自将取兴元",于是"左副副将军邓愈自临洮进克河州,遣人招谕吐蕃诸酋"。⑥ 这是河州纳入明朝版图的准确时间。《明史·宁正传》载:宁正,字正卿,寿州人,幼为韦德成养子,冒韦姓,后来因为守御河州有功,"玺书嘉劳,始复宁姓"。是以宁正就是韦正,他是在"洪武三年授河州卫指挥使"⑦。《明太祖实录》在洪武三年九月载"河州卫指挥韦正言:'西边军粮民间转输甚劳,而绵布及茶可以易粟,今绵布以挽运将至,乞并运茶给各卫军士,令其自相贸易,庶省西民之劳。'诏从其言。正初至河州,时城邑空虚,人骨山积,将士见之,咸欲弃去。正语之曰:'正受命同若等出镇边陲,以拒戎狄,当不避艰险,致死命以报国恩。今既至此,无故弃去,一旦戎狄寇边,其谁御之?民被其害,则吾与若等死亡无地,虽妻孥不得相保。与其死于国法,无宁死于王事乎!'于是众感激曰:'愿如公命。'正日夜抚循其民,俾各安其居,河州遂为乐土。"⑧从这里可知,此时的韦正已经是河州卫的指挥使。《明太祖实录》的记载与历史事件的实际发生之间有一个时间差,它总是晚于历史实际。据《纪事录》记载:洪武三年(1370)四月,徐达"遣左副将军邓愈率仁和、襄阳、六安、沔阳、巩昌、临洮等卫将士数万众克河州"。吐蕃宣政院使琐南领洮州、(岷)[岷]州、常阳、帖成、积石等十八族六元帅府大小头目"亲诣愈前降,愈悉纳之,具名闻。上以琐南为河州卫指挥同知,以其弟汪家奴为河州卫指挥金事"。以此可知,河州卫这时已经设立,因为指挥使就是韦正,所以邓愈有事时要与韦正集议。"河州粮乏,愈与韦正议,集琐南等,劝奖六千户军民家,输纳米麦六千石,以济(家)[军]需。"但是由于军需浩大,七月,"河州军士饥甚,夜逾城而遁者七百余人。是夜三鼓,骑士俞本谓韦正曰:'兵志不固,奈何。'正起云:'汝呼千、百户来,集旗军于门下,待吾语之。'比晓,官军列侍,正扬言:'圣天子养吾等数十年,托命边城,汝等不受暂时饥寒?吾自武安州与汝等败元游兵,擒李二左丞,曾蒙主上重赏,汝等思归,吾当独守此土,以待转运。'遂泣拜入内,将士感泣,令各百户具所逃士卒名数,遣人于临洮、结河二桥,凡见逃者,即以正语告之,闻者复回。民间讹言,官军某月某日弃城去矣,人心不安,正即遣军占荒田屯牧,民心遂安。"这里的记载和《明太祖实录》

① 《明太祖实录》卷四十二,洪武二年五月丁酉条;卷四十六,洪武二年冬十月乙酉条,台湾"中央研究院"历史语言研究所 1962 年校印本,第 828、924 页。

② 《明太祖实录》卷四八,洪武三年正月辛卯条,台湾"中央研究院"历史语言研究所 1962 年校印本,第 947 页。

③ 《明太祖实录》卷五一,洪武三年四月丁丑条,台湾"中央研究院"历史语言研究所 1962 年校印本,第 1008 页。

④ 《明太祖实录》卷五三,洪武三年六月庚辰条,台湾"中央研究院"历史语言研究所 1962 年校印本,第 1051 页。

⑤ 《明太祖实录》卷七八,洪武六年正月是月条,台湾"中央研究院"历史语言研究所 1962 年校印本,第 1434~1435 页。

⑥ 《明太祖实录》卷五二,洪武三年五月己丑条、辛亥条,台湾"中央研究院"历史语言研究所 1962 年校印本,第 1011、1027 页。

⑦ 张廷玉等:《明史》卷一三四《宁正传》,中华书局 1974 年版,第 3905 页。

⑧ 《明太祖实录》卷五六,洪武三年九月甲寅条,台湾"中央研究院"历史语言研究所 1962 年校印本,第 1098~1099 页。

的记载内容相同,只不过《明太祖实录》又经史官润色,而俞本的记载更贴近历史现实。同时俞本进一步揭示了河州卫之所以如此残破的历史原因:"大都督冯胜先于洪武二年四月克河州,以化外之地,不可守,将城楼、仓库、房屋尽行焚烧殆尽,拘虏南归。自洮河至积石关,三百余里,骸骨遍野,人烟一空。至是愈复克之,韦正守其地,军士食苦薇,采木茸之,城楼仓库、衙门、厅舍一新。"①读此更见韦正在河州卫任上忠心耿耿、艰苦经营的情景,而冯胜的胸无远略亦就此可见。

洪武三年(1370)十月,残元武靖王卜纳剌、院使马迷等率众来降,韦正与卜纳剌"以金磨酒、共饮为誓",报告朝廷,朱元璋"于河州设武靖卫,以卜纳剌为指挥同知,马迷为指挥佥事,诠注河州"。后"河北岐王阿剌乞巴亦赍金印降,遂设岐山卫于河州,以阿剌乞巴为指挥同知"②。据俞本的记载,明廷在洪武四年(1371)二月"以西安卫指挥使司改为陕西都指挥使司",并派都指挥使"濮英诣各卫及沿边卫所归并军士";洪武五年(1372),朱元璋"以韦正为陕西行都指挥使,岁俸职田共一千五百名",这里的一千五百名显系错误,《明太祖实录》在洪武七年(1374)记载的是朱元璋为功臣增加岁禄,"杭州都指挥使徐司马、西安行都指挥使韦正各千五百石"③;洪武九年(1376)十二月韦正入朝,受到朱元璋的特殊优待,并"添设河州左卫";及至洪武十一年(1378)六月,"宋国公冯胜遣人于韦正处索马,正不与。胜憾之,于上前潜曰:'韦正不以国法为重,不善治西番,致有叛。'遣中书舍人徐光祖赍御简谕正,赦其死,降为归德州守御千户。以陕西都指挥叶升代镇河州"。由此引起河州卫的变化,洪武十二年(1379)八月,"改设河州右卫为河州卫,革陕西行都指挥使司及河州府宁河县,河州左卫官军调守洮州"④。

俞本的记载和《明太祖实录》相比有诸多差异,主要在于时间和人物。《明太祖实录》载:洪武四年(1371)正月"置武靖、岐山、高昌三卫指挥使司,以卜纳剌为武靖卫指挥同知,桑加朵儿只为高昌卫指挥同知"⑤,第二天"以何琐南普为河州卫指挥同知,朵儿只、汪家奴为佥事"⑥;不久又任"故元降臣汪瓦儿间为河州卫指挥佥事"⑦;十一月,又"置必里千户所,属河州卫,以朵儿只星吉为世袭千户。必里在吐番朵甘思界,故元设必里万户府,朵儿只星吉为万户,至是来降,河州卫指挥使韦正遣送至京,故有是命"⑧。至于韦正任都指挥使,《明太祖实录》载:洪武七年(1374)七月,"诏置西安行都指挥使司于河州,升河州卫指挥(司)[使]韦正为都指挥使,总辖河州、朵甘、乌思藏三卫,升朵甘、乌思藏二卫为行都指挥使司,以朵甘卫指挥同知琐南兀即尔、管招兀即儿为都指挥同知"⑨,这和俞本记载的时间相差两年,官名亦不符,俞本说的是陕西行都指挥使,《明太祖实录》说的是置西安行都指挥使司,以韦正为都指挥使。洪

---

① 俞本撰,李新峰笺证:《纪事录笺证》,中华书局 2015 年版,第 310~318 页。

② 俞本撰,李新峰笺证:《纪事录笺证》,中华书局 2015 年版,第 322 页。

③ 《明太祖实录》卷九二,洪武七年八月乙卯条,台湾"中央研究院"历史语言研究所 1962 年校印本,第 1616 页。

④ 俞本撰,李新峰笺证:《纪事录笺证》,中华书局 2015 年版,第 404 页。

⑤ 《明太祖实录》卷六〇,洪武四年正月庚寅条,台湾"中央研究院"历史语言研究所 1962 年校印本,第 1172 页。

⑥ 《明太祖实录》卷六〇,洪武四年正月辛卯条,台湾"中央研究院"历史语言研究所 1962 年校印本,第 1173 页。

⑦ 《明太祖实录》卷六八,洪武四年九月辛亥条,台湾"中央研究院"历史语言研究所 1962 年校印本,第 1271 页。

⑧ 《明太祖实录》卷六九,洪武四年十一月丁丑条,台湾"中央研究院"历史语言研究所 1962 年校印本,第 1292 页。

⑨ 《明太祖实录》卷九一,洪武七年七月己卯条,台湾"中央研究院"历史语言研究所 1962 年校印本,第 1595 页。

武九年(1376)韦正的入朝《明太祖实录》不载,只在三月载:"河州卫都指挥使宁正守边有功,上赐玺书劳之曰:'卿守西疆今已九年,恩威远播于戎羌,号令严明于壮士,忠心昭著于朝野,朕甚嘉焉。时当初夏,特遣人往劳卿,宜慎抚边戎,晨昏毋怠。正初冒姓韦,至是命复本姓。"①而韦正的被降职,俞本载在洪武十一年(1378)六月,《明太祖实录》不载,但在洪武十二年(1379)七月载"改河州右卫指挥使司为河州军民指挥使司,革河州府",同时有"升河州卫千户宁正为宁夏卫指挥佥事"②的记述,笔者读《明太祖实录》至此,每疑韦正因何被从都指挥使直降为千户,俞本所记韦正因为受到冯胜的潜毁而被降职,解开了这个历史谜团。

　　弄清了河州卫和韦正的事情,接着探讨陕西的防御体系。洪武五年(1372)正月,明朝设置了西安三护卫③。洪武六年(1373)正月,"置西宁卫,以朵儿只失结为指挥佥事"④;四月,"置西平卫,以故元来降知院撒尔札拜为指挥佥事"⑤;五月,"置秦州守御千户所",又"置西安前卫"⑥;六月,"置华山、秦川二卫于西安城中"⑦;十月,"置西安后卫"⑧。洪武七年(1374)正月,《明太祖实录》有"长安卫指挥佥事李义收集故元张良弼麾下将校四百一十人,命分隶行伍"的记载,但在《明太祖实录》中,长安卫仅一处有记载,明代其他史书等均不见记录,事尚待考;二月,"大都督府奏:'近以西安左卫兵分隶河州卫,宜以凤翔卫兵调补左卫。'从之"。这里的西安左卫没有记载建立时间,但以理度之,既有西安前卫、后卫的设置,亦当有左卫、右卫的设置,左卫在这里已见,右卫何时建立史籍无载,但《明太祖实录》在洪武二十二年(1389)三月有"升西安右卫指挥同知王毅为陕西都指挥同知,平凉卫指挥同知李荣为都指挥佥事"⑨的记载,洪武二十三年(1390)有"陕西都指挥使聂纬以西安左、右等卫所市马七千六十匹送京师,以尝命户部运钞六十万锭往西宁、岷州、河州市易故也"⑩的记载,说明西安右卫也早已设立,只是到洪武二十六年(1393)"并西安右卫于西安中护卫",同时"改华山卫为西安左护卫","改秦川卫为西安右护卫"⑪,这是秦王的三个护卫。西安中卫在《明太祖实录》中仅一处有记载。洪武二十四年(1391)二月"置广西柳州卫中左、中右、中前三千户所,南宁卫所属武缘千户所,福建都指挥使司武平千户所,西安中卫中右千户所,及京城外十六门并置千户所,各铸印给之"⑫,说明西安中卫也是存在的,并且其下所设的千户所也有印信。洪武七年(1374)载:"置岐宁卫指挥使司,以故元平章答立麻、国公买的为指挥同知,枢密院判官古巴、平章着实

①　《明太祖实录》卷一〇五,洪武九年四月己酉条,台湾"中央研究院"历史语言研究所 1962 年校印本,第 1762 页。

②　《明太祖实录》卷一二五,洪武十二年七月庚戌条,台湾"中央研究院"历史语言研究所 1962 年校印本,第 2005 页。

③　《明太祖实录》卷七一,洪武五年正月戊寅条,台湾"中央研究院"历史语言研究所 1962 年校印本,第 1323 页。

④　《明太祖实录》卷七八,洪武六年正月己未条,台湾"中央研究院"历史语言研究所 1962 年校印本,第 1430 页。

⑤　《明太祖实录》卷八一,洪武六年四月丁亥条,台湾"中央研究院"历史语言研究所 1962 年校印本,第 1461 页。

⑥　《明太祖实录》卷八二,洪武六年五月乙丑条、是月条,台湾"中央研究院"历史语言研究所 1962 年校印本,第 1479、1480 页。

⑦　《明太祖实录》卷八三,洪武六年六月丁亥条,台湾"中央研究院"历史语言研究所 1962 年校印本,第 1484 页。

⑧　《明太祖实录》卷八五,洪武六年十月是月条,台湾"中央研究院"历史语言研究所 1962 年校印本,第 1522 页。

⑨　《明太祖实录》卷一九五,洪武二十二年三月癸巳条,台湾"中央研究院"历史语言研究所 1962 年校印本,第 2937 页。

⑩　《明太祖实录》卷二〇四,洪武二十三年九月甲寅条,台湾"中央研究院"历史语言研究所 1962 年校印本,第 3058 页。

⑪　《明太祖实录》卷二二六,洪武二十六年三月辛酉条、庚午条、甲戌条,台湾"中央研究院"历史语言研究所 1962 年校印本,第 3306、3308、3309 页。

⑫　《明太祖实录》卷二〇七,洪武二十四年二月甲子条,台湾"中央研究院"历史语言研究所 1962 年校印本,第 3089 页。

加、亦怜直为指挥金事"①;十月,"置凉州卫指挥使司,以故元知院脱林为凉州卫指挥金事"②。洪武八年(1375)十二月,明廷"置(安西)[西安]中护卫指挥使司"③。洪武九年(1376)十月,《明太祖实录》载:"置凉州卫,遣指挥金事赵祥、马异、孙麟、庄德等守之"④,这一条和前述七年十月"置凉州卫指挥使司"属同一内容,且所任命的均为指挥金事,差别在于洪武七年所任为元朝降将,此为明朝军队自己的军官;十一月,明廷"改潼关守御千户所为潼关卫指挥使司"⑤。洪武十一年(1378)三月,明廷"置庄浪分卫于碾北,命指挥金事李景守之"⑥;七月,朱元璋"命西平侯沐英率陕西属卫军士城岷州,置岷州卫镇之,又置碾北卫指挥使司"⑦。洪武十二年(1379)正月,洮州发生了十八族番首三副使汪舒朵儿、瘿嗉子、乌都儿及阿卜商等的叛乱,明廷派李文忠率军平定叛乱后,二月,在"东笼山南川,度地势筑城戍守",朱元璋"遂命置洮州卫,以指挥聂纬、陈晖、杨林、孙祯、李聚、丁能等领兵守之"。⑧

　　总括以上所述,到洪武十二年(1379)时,陕西地区已经设立二十九个左右的卫,防御体系已然建立,虽然这些卫中有的属于羁縻卫所,有的后来归入陕西行都司,但这不妨碍对陕西都司防御体系形成的判断。值得注意的还有宁夏卫,这在洪武时期是属于陕西都司的,但是宁夏卫设于何时,按《明太祖实录》的明确记载是在洪武二十六年(1393)七月,"置宁夏卫,调甘州左护卫将士守之。初,发府军前卫将士之有罪者隶甘州左护卫,既而以负罪者不可为亲王扈从,遂徙于宁夏置卫,别调兵为护卫"⑨。但是这一史料有误,前引的一些史料已经证明宁夏卫的设立早在洪武初年,如洪武六年(1373)正月"置绥德卫,以宁夏卫指挥金事马鉴为指挥使"⑩,此时宁夏卫已然设立;再往后洪武十一年(1378)耿忠被降职为宁夏卫指挥,恰好赶上宁夏地震,朱元璋为此专门诫谕耿忠:"尔以功臣子弟,前者不循轨度,谪降守边。所统者皆非习战之人,亦非忠良之士,若尔所为恩威并著,则功业可成,一或倒置,将恐变生不测。今四方宁谧,而尔所守之地其变若此,深可警惧也。当省心克己,慎守边隅,毋为憸人所惑,则无患矣"⑪;洪武十二年(1379)六月,因为遭到冯胜谗毁而被降职的宁正被升职"为宁夏卫指挥金事"⑫;诸如此类的材料还有很多,不必一一列举,这些史料证明,宁夏卫的设立一定早于洪武六年(1373)正月。那么具体是在什么时候呢?《明太祖实录》在洪武三年(1370)三月载,朱元璋"赏宁夏军士白金一万三千七百余两",但此时西北的战事尚未结束,尚不足以证明宁夏卫建立于此时。到洪武四年(1371)正月,朱元璋因为京师天寒,想到戍边军士更加艰苦,命中书省"以府库所储布帛制绵袄,运赴蔚、朔、宁夏等处,以给将士",并特意强调:"特以今天寒异于

①　《明太祖实录》卷八七,洪武七年二月丙寅条,台湾"中央研究院"历史语言研究所 1962 年校印本,第 1555~1556 页。
②　《明太祖实录》卷九三,洪武七年十月甲辰条,台湾"中央研究院"历史语言研究所 1962 年校印本,第 1627 页。
③　《明太祖实录》卷一○二,洪武八年十二月癸卯条,台湾"中央研究院"历史语言研究所 1962 年校印本,第 1725 页。
④　《明太祖实录》卷一一○,洪武九年十月戊寅条,台湾"中央研究院"历史语言研究所 1962 年校印本,第 1823 页。
⑤　《明太祖实录》卷一一○,洪武九年十一月辛卯条,台湾"中央研究院"历史语言研究所 1962 年校印本,第 1828 页。
⑥　《明太祖实录》卷一一七,洪武十一年三月庚子条,台湾"中央研究院"历史语言研究所 1962 年校印本,第 1920 页。
⑦　《明太祖实录》卷一一九,洪武十一年七月辛巳条,台湾"中央研究院"历史语言研究所 1962 年校印本,第 1938 页。
⑧　《明太祖实录》卷一二二,洪武十二年二月丙寅条,台湾"中央研究院"历史语言研究所 1962 年校印本,第 1979 页。
⑨　《明太祖实录》卷二二九,洪武二六年七月甲子条,台湾"中央研究院"历史语言研究所 1962 年校印本,第 3347 页。
⑩　《明太祖实录》卷七八,洪武六年正月是月条,台湾"中央研究院"历史语言研究所 1962 年校印本,第 1434~1435 页。
⑪　《明太祖实录》卷一一八,洪武十一年四月辛未条,台湾"中央研究院"历史语言研究所 1962 年校印本,第 1926 页。
⑫　《明太祖实录》卷一二五,洪武十二年七月庚戌条,台湾"中央研究院"历史语言研究所 1962 年校印本,第 2005 页。

常时,故命加给耳。古人一夫不获,引咎在躬,况守边将士,尤朕所深念者,其给之勿缓"。① 这额外供给宁夏等处的御寒之衣,反映了宁夏卫此时已经存在,所以朱元璋才有这一举动。另外,明代的开中盐法主要是为了解决边镇军队的粮饷,洪武四年(1371)五月,中书省奏请:"陕西灵州盐课提举司,大盐池夫八十人,小盐池夫三十九人,宜日给米二升,以为工食。及漳县、西河二处盐井,积盐已多,宜募商人于延安、庆阳、平凉、宁夏、临洮、巩昌纳米七斗,兰县四斗,灵州六斗,并于灵州给盐一引;于巩昌、临洮、兰县纳米一石五斗,漳县一石八斗,西河二石,并于漳县、西河给盐一引,仍令工部铸给铜板印目。"②这里开中运粮之地均为边防卫所,宁夏是其中之一,这也反映了宁夏卫的存在。所以笔者以为,宁夏卫的设立应该在洪武三年(1370)四月徐达打败王保保至洪武四年(1371)正月之间,最迟不过洪武四年(1371)正月。在宁夏卫设立了二十多年之后,到了洪武晚期,随着军屯的开展,明廷又在宁夏地区"置宁夏左屯、右屯、中屯三卫"③。

2. 都指挥使

西安都卫指挥使司是明廷第一批设立的都指挥使司之一,那么谁是第一任都指挥使呢?洪武六年(1373)七月,《明太祖实录》载:"长兴侯耿炳文、陕西行省参政杨思义、都指挥使濮英言:陕西城池已役军士开拓,东大城五百三十二丈,南接旧城四百三十六丈,今欲再拓北大城一千一百五十七丈七尺,而军力不足,西安之民耕获已毕,乞令助筑为便。中书省以闻,上命俟来年农隙兴筑,仍命中书考形势规制,为图以示之,使按图增筑,无令过制以劳人力。"④观此可知,这是最高镇戍长官与行政、军事首长共同就展拓西安城向朱元璋请示,这里的都指挥使是濮英。洪武三年(1370)十二月刚设立都卫指挥使司时,"以徐司马、濮英等为各卫都指挥使"⑤,但未说是哪个都卫的都指挥使。实际上十二月设立的都卫共有八个(杭州、江西、燕山、青州、河南、西安、太原、武昌),其中杭州都卫的都指挥使是徐司马⑥,江西都卫的都指挥使是宋晟⑦,燕山都卫的都指挥使是潘敬⑧,青州都卫的都指挥使是叶大旺⑨,河南都卫的都指挥使是孙世、郭英和缪道⑩,太原都卫的都指挥使是谢成⑪,西安都卫和武昌都卫的都指挥使洪武三年未见记载,直到洪武八年(1375)五月才有记载"升贵州卫指挥同知胡汝为武昌都卫都指挥

---

① 《明太祖实录》卷六〇,洪武四年正月癸卯条,台湾"中央研究院"历史语言研究所1962年校印本,第1178页。

② 《明太祖实录》卷六五,洪武四年五月甲子条,台湾"中央研究院"历史语言研究所1962年校印本,第1229页。

③ 《明太祖实录》卷二一六,洪武二十五年二月丙子条,台湾"中央研究院"历史语言研究所1962年校印本,第3183页。

④ 《明太祖实录》卷八三,洪武六年七月丙寅条,台湾"中央研究院"历史语言研究所1962年校印本,第1490页。

⑤ 《明太祖实录》卷五九,洪武三年十二月辛巳条,台湾"中央研究院"历史语言研究所1962年校印本,第1164页。

⑥ 《明太祖实录》卷二二四,洪武二十六年正月辛亥条载:徐司马"三年十一月,升杭州卫指挥使;十二月以本卫为都司,升都指挥使;九年迁河南都指挥使",台湾"中央研究院"历史语言研究所1962年校印本,第3274~3275页。

⑦ 《明太祖实录》卷六九,洪武四年十一月甲戌条载:"建宁都卫都指挥同知宋晟为江西都卫都指挥使",台湾"中央研究院"历史语言研究所1962年校印本,第1291页。

⑧ 参见前述北平镇内容。

⑨ 《明太祖实录》卷六三,洪武四年闰三月辛酉条载:"以叶大旺为青州卫都指挥使,邓哷为指挥同知",台湾"中央研究院"历史语言研究所1962年校印本,第1205页。

⑩ 《明太祖实录》卷六九,洪武四年十一月庚戌条载:"以兴武卫指挥使孙世为河南都指挥使",甲戌条载:"骁骑左卫指挥使郭英为河南都卫都指挥使,神武卫指挥使缪道为河南都卫都指挥使",台湾"中央研究院"历史语言研究所1962年校印本,第1287、1291页。

⑪ 参见前述太原镇内容。

使,以其平苗獠之功也"①。这样看来,濮英从任都指挥使起,其任职地点就是西安,他是西安都卫也是陕西都司的第一任都指挥使,这一点从《明兴野记》的记载中也可以得到验证,俞本载朱元璋在洪武四年(1371)二月"以西安卫指挥使司改为陕西都指挥使司",并派都指挥使"濮英诣各卫及沿边卫所归并军士"。②

濮英任西安都指挥使到洪武八年(1375)十月,朱元璋下旨"召西安都指挥使濮英、王铭还京,以都督佥事叶升、林济峰代之"③。在此之前,洪武八年(1375)正月,朱元璋"升绥德卫指挥佥事曹震为西安卫都指挥使"④,在召回濮英后,马上将各地都卫统一改为都指挥使司,其中"西安都卫为陕西都指挥使司"⑤,曹震任西安卫都指挥使到洪武九年(1376)八月,朱元璋决定"以陕西都指挥使曹震为大都督府都督佥事"⑥,这时陕西都指挥使由叶升独任,直到洪武十一年(1378)十月,"命龙骧卫指挥萧成为陕西都指挥使"⑦,洪武十二年(1379)正月又"命平凉卫指挥李荣署陕西都指挥使司事"⑧。在任命了曹震和李荣之后,七月,叶升被调任大都督府佥事⑨;十月,濮英重新被任命为陕西都指挥使⑩。那么濮英为什么被调离西安都指挥使的职位呢?朱元璋还专门发布了一篇诰文给叶升和林济峰:"迩来西安卫都指挥濮英等,惰事弗勤,不谋怯敌,是致归者失于抚劳,逃者终不复还。为斯官不称任,难居重位,诏令还朝,送付法司,责问难易。其西安所在,机务甚重,不可一时缺官,今特内调都府佥事叶升、林济峰前往署事,以长兵戎。"⑪朱元璋的指责从何而来呢?原来是冯胜的进谗。据俞本记载:冯胜在洪武五年(1372)十二月放弃甘州,造成极大的损失,被朱元璋贬为庶人,他在西北时曾"限陕西都指挥濮英搜其仆妾金珠",回到京师后"谮于上曰:'濮英守陕西有不法者数事。'上宣英于殿前,不究情由,降为陕西前卫指挥。不许到任,遣领西安、平凉、巩昌、临洮将士,往西海追袭朵只巴,出兰州,由大通河,直抵西宁铁佛寺"⑫。此处记载除了时间上有误差⑬,所叙史事是可信的,濮英的被调职真的很冤。所幸接替他职务的叶升没有说他的坏话,《明史》的《濮英传》载:濮英"坐军政不修,召还诘责,遣叶升代之。升更言其贤,令还卫"⑭。洪武二十年(1387),冯胜任总兵官征讨纳哈出,由于冯胜"不如法调遣,致使濮英等人马三千陷没"⑮,濮英被俘后剖腹

① 《明太祖实录》卷一〇〇,洪武八年八月甲辰条,台湾"中央研究院"历史语言研究所 1962 年校印本,第 1702~1703 页。

② 俞本撰,李新峰笺证:《纪事录笺证》,中华书局 2015 年版,第 334 页。

③ 《明太祖实录》卷一〇一,洪武八年十月丁亥条,台湾"中央研究院"历史语言研究所 1962 年校印本,第 1709 页。

④ 《明太祖实录》卷九六,洪武八年正月甲子条,台湾"中央研究院"历史语言研究所 1962 年校印本,第 1649 页。

⑤ 《明太祖实录》卷一〇一,洪武八年十月癸丑条,台湾"中央研究院"历史语言研究所 1962 年校印本,第 1711 页。

⑥ 《明太祖实录》卷一〇八,洪武九年八月乙未条,台湾"中央研究院"历史语言研究所 1962 年校印本,第 1798~1799 页。

⑦ 《明太祖实录》卷一二〇,洪武十一年十月癸丑条,台湾"中央研究院"历史语言研究所 1962 年校印本,第 1955 页。

⑧ 《明太祖实录》卷一二二,洪武十二年正月癸巳条,台湾"中央研究院"历史语言研究所 1962 年校印本,第 1973 页。

⑨ 《明太祖实录》卷一二五,洪武十二年七月甲寅条,台湾"中央研究院"历史语言研究所 1962 年校印本,第 2005 页。

⑩ 《明太祖实录》卷一二六,洪武十二年十月乙酉条,台湾"中央研究院"历史语言研究所 1962 年校印本,第 2018 页。

⑪ 明太祖《御制文集·西安卫都指挥使叶升林济峰诰》,载张德信、毛佩琦主编:《洪武御制全书》,黄山书社 1995 年版,第 46 页。

⑫ 俞本撰,李新峰笺证:《纪事录笺证》,中华书局 2015 年版,第 364 页。

⑬ 俞本将此事记在洪武五年十二月,《明太祖实录》记在洪武八年十月,有三年多的时间差。另,《秘阁元龟政要》在洪武五年三月载:"出金都督府事叶升为陕西都指挥使,镇守西安。"

⑭ 张廷玉等:《明史》卷一三三《濮英传》,中华书局 1974 年版,第 3893 页。

⑮ 《明太祖实录》卷一八四,洪武二十年八月壬子条,台湾"中央研究院"历史语言研究所 1962 年校印本,第 2765 页。

自杀。

洪武十二年(1379)十月,濮英重新任陕西都指挥使时,同时任都指挥使的还有萧成、宋晟,萧成在十一月与濮英同时晋升为大都督府佥事[1],而宋晟则在十二月不知什么原因被降职,史载:"降陕西都指挥使宋晟为凉州卫指挥使"[2]。据明人过庭训记载:宋晟是凤阳定远人,洪武四年(1371)冬"升江西都指挥使;九年调大同,授龙虎将军;十一年调陕西,所至治兵抚民,不严而肃。十二年掌凉州卫"[3]。此后他一生四镇凉州,在永乐年间受封西宁侯。再往后见诸记载的陕西都指挥使有:洪武十三年(1380)十月,"山西都指挥使周立为陕西都指挥使"[4];洪武十五年(1382)正月升"洮州军民指挥佥事聂纬为陕西都指挥使"[5];洪武十九年(1386)八月去世的前军都督府都督佥事萧琦也曾任陕西都指挥使,《明太祖实录》载:"琦,凤阳定远人。初自淮安率众来归,遂从征伐,获故元平章小住刺了葛于庆阳,执左丞应保于汉阳,擒知院和尚于四川,收魏王金印于檀帽山,以功累迁豹韬卫指挥同知,升定辽卫指挥使,复升陕西都指挥使,至是升前军都督府都督佥事,以疾卒"[6];洪武二十一年(1388)正月,"以广西驯象卫指挥佥事王德为陕西都指挥使",王德先曾任山东都指挥使,因犯事下狱,左迁驯象卫指挥佥事,"至是,上思其材,复升用之"[7]。以上诸人,以聂纬在陕西任职时间较长,后来晋升为都督,在洪武二十五年(1392)四月月鲁帖木儿叛乱时,朱元璋"命纬权为总兵,都督徐司马为左副、四川都指挥使瞿能为右副,率所部及陕西步骑征之"[8],聂纬在洪武二十六年(1393)七月以蓝玉案被杀。次年正月,朱元璋在任命李景隆出镇甘肃时,"仍令陕西都指挥王英领河州、洮州、巩昌、临洮军马,往归德金佛寺等处追捕叛羌"[9],可知此时陕西都指挥使是王英。洪武二十八年(1395)三月,朱元璋"命左军都督府都督佥事李增枝署陕西都指挥使司事,以都指挥王英副之"[10],李增枝是李文忠的次子,他来代理陕西都司的事,王英只能给他做副手,但是任命才一个月,朱元璋就"以陕西都指挥使司都指挥同知陈晖为都指挥使,王英为陕西行都指挥使司都指挥同知"[11],又提拔了一个新的都指挥使。数月之后,洪武二十九年(1396)正月,朱元璋又对陕西都指挥使作出调整,"以辽东都指挥同知刘遂为陕西都指挥使"[12]。此后直到洪武末年,陕西都指挥使的职位再没有变动。

3. 镇守总兵官

洪武二年(1369)三月,徐达到凤翔前线之前,为了有一个稳固的后方,采取了两项措施:

①　《明太祖实录》卷一二七,洪武十二年十一月己亥条,台湾"中央研究院"历史语言研究所1962年校印本,第2023页。

②　《明太祖实录》卷一二八,洪武十二年十二月癸亥条,台湾"中央研究院"历史语言研究所1962年校印本,第2031页。

③　过庭训:《本朝分省人物考》卷十六《南直隶凤阳府三·宋晟》,明天启刻本。

④　《明太祖实录》卷一三四,洪武十三年十月戊辰条,台湾"中央研究院"历史语言研究所1962年校印本,第2122页。

⑤　《明太祖实录》卷一四一,洪武十五年正月戊戌条,台湾"中央研究院"历史语言研究所1962年校印本,第2226页。

⑥　《明太祖实录》卷一七九,洪武十九年八月癸巳条,台湾"中央研究院"历史语言研究所1962年校印本,第2704页。

⑦　《明太祖实录》卷一八八,洪武二十一年正月甲午条,台湾"中央研究院"历史语言研究所1962年校印本,第2814页。

⑧　《明太祖实录》卷二一七,洪武二十五年四月戊寅条,台湾"中央研究院"历史语言研究所1962年校印本,第3195~3196页。

⑨　《明太祖实录》卷二三一,洪武二十七年正月辛酉条,台湾"中央研究院"历史语言研究所1962年校印本,第3375页。

⑩　《明太祖实录》卷二三七,洪武二十八年三月戊午条,台湾"中央研究院"历史语言研究所1962年校印本,第3464页。

⑪　《明太祖实录》卷二三八,洪武二十八年四月辛巳条,台湾"中央研究院"历史语言研究所1962年校印本,第3470页。

⑫　《明太祖实录》卷二四四,洪武二十九年正月乙酉条,台湾"中央研究院"历史语言研究所1962年校印本,第3539页。

一是"令各卫军士造咸阳桥",二是"以都督耿炳文守陕西"。① 这里的以耿炳文守陕西,就是任镇守,《秘阁元龟政要》明确记载:"三月,大将军达引师至长安,元平章王武以城降,达遂规取关西、河陇,以耿炳文镇长安。"②四月,明廷设置陕西、山西二行省,"以中书参政汪广洋为陕西参政,御史中丞杨宪为山西参政"③,而徐达"檄都督耿炳文、指挥金兴旺各运军饷五千石赴巩昌"④,反映了耿炳文应是陕西地区的最高指挥官。八月,朱元璋派都督佥事吴祯召徐达回京安葬常遇春,对山西、陕西及前线的安排是康茂才镇守太原,李伯升和耿炳文镇守陕西,令冯宗异掌总兵印,会同吴祯驻庆阳,"节制各镇兵马","巩昌、临洮、兰州诸军镇守如故,兵不足者益之"。⑤ 这段记载反映了以下几种情况:第一,巩昌、临洮、兰州都有军队镇守,这是卫一级的军镇;第二,都督同知康茂才是镇守山西太原的最高军事指挥官;第三,陕西一直由耿炳文镇守。

洪武三年(1370)六月,明廷设立"陕西、北平、山西行都督府",这是中央大都督府的派出机构,说明朱元璋对北边的重视,在陕西"命秦王府武相耿炳文兼陕西行省右丞,都督佥事郭子兴为秦王府武傅仍兼陕西行都督府佥事,……都督佥事张温兼陕西行都督府佥事",两天后又"命秦王府武相、陕西行省右丞耿炳文署行都督府事"⑥,耿炳文成为陕西地区的行政、军事一把手。洪武五年(1372)十二月,《明太祖实录》载"以秦府左相兼陕西行省右丞耿炳文署行都督府事"⑦,再次明确了耿炳文陕西镇军政首长的地位。

耿炳文也确实在承担相应的职责。洪武六年(1373)五月,朱元璋"命长兴侯耿炳文于西安、凤翔、平凉、庆阳、延安、巩昌、临洮诸府旧军内,选一万九千人充秦王府护卫军士"⑧,这是为秦王选护卫军。七月,"长兴侯耿炳文、陕西行省参政杨思义、都指挥使濮英言:'陕西城池已役军士开拓东大城五百三十二丈,南接旧城四百三十六丈,今欲再拓北大城一千一百五十七丈七尺,而军力不足,西安之民耕获已毕,乞令助筑为便。'中书省以闻,上命俟来年农隙兴筑,仍命中书考形势、规制,为图以示之,使按图增筑,无令过制,以劳人力。"⑨从其中可见,耿炳文排在首位,是领军人物。洪武八年(1375)九月,朱元璋命耿炳文督工疏浚西安府泾阳县洪渠堰,"由是泾阳、高陵等五县之田大获其利"⑩。洪武十五年(1382)八月,朱元璋"诏遣延安侯唐胜宗、长兴侯耿炳文巡视陕西城池,督军屯田"⑪,年底,"延安侯唐胜宗、长兴侯耿炳文训练陕西二十二卫校卒,凡一十万六千八百七十四人,得骁勇骑士一万九千七百九十人,习马二万

① 《明太祖实录》卷四〇,洪武二年三月辛亥条,台湾"中央研究院"历史语言研究所1962年校印本,第811页。

② 佚名:《秘阁元龟政要》卷五,洪武二年三月,齐鲁书社1996年版,第360页。

③ 《明太祖实录》卷四一,洪武二年四月戊辰条,台湾"中央研究院"历史语言研究所1962年校印本,第816页。

④ 《明太祖实录》卷四一,洪武二年四月壬申条,台湾"中央研究院"历史语言研究所1962年校印本,第817~818页。

⑤ 《明太祖实录》卷四四,洪武二年八月甲戌条,台湾"中央研究院"历史语言研究所1962年校印本,第865页。

⑥ 《明太祖实录》卷五三,洪武三年六月壬申条、庚辰条、壬午条,台湾"中央研究院"历史语言研究所1962年校印本,第1040、1051、1055页。

⑦ 《明太祖实录》卷七七,洪武五年十二月戊子条,台湾"中央研究院"历史语言研究所1962年校印本,第1412页。

⑧ 《明太祖实录》卷八二,洪武六年五月丙午条,台湾"中央研究院"历史语言研究所1962年校印本,第1477页。

⑨ 《明太祖实录》卷八三,洪武六年七月丙寅条,台湾"中央研究院"历史语言研究所1962年校印本,第1490页。

⑩ 《明太祖实录》卷一〇一,洪武八年十月丙辰条,台湾"中央研究院"历史语言研究所1962年校印本,第1714~1715页。

⑪ 《明太祖实录》卷一四七,洪武十五年八月己丑条,台湾"中央研究院"历史语言研究所1962年校印本,第2318页。

三千五百匹"①,唐胜宗显然是朝廷特遣的军官,与陕西镇的首长进行合作。洪武十八年(1385)七月,耿炳文向朝廷奏报:"简阅陕西诸卫军士,凡一十二万四千二百五十三人,马二万五千九百五十匹"②;洪武十九年(1386)十月,耿炳文再次向朝廷奏报:"训练陕西都指挥使司所属二十四卫,马步官军凡十二万七千二百三十人"③;于是朱元璋"诏长兴侯耿炳文率陕西都指挥使司、延安等二十一卫及西安护卫官军往北平听征"④,这是朱元璋调动陕西镇的军队参加征讨纳哈出之役。但是耿炳文并未参加征讨纳哈出的战役,他仍然坐镇陕西,所以在洪武二十年(1387)九月,朱元璋"命长兴侯耿炳文率陕西诸卫军士城西宁"⑤;十月,又"诏长兴侯耿炳文率陕西土军三万三千人往云南屯种听征"⑥;经过一番准备,次年二月,"长兴侯耿炳文承制,遣陕西都指挥同知马烨率西安等卫兵三万三千屯戍云南"⑦。洪武二十三年(1380)正月,朱元璋命晋王、燕王率师征讨乃儿不花时,在西北部亦作出相应的战略部署,"命长兴侯耿炳文往陕西训练军马,调遣征戍"⑧;耿炳文奉命,七个月后,向朱元璋奏报"陕西都司所属二十四卫,马步军一十二万四千九百九十一人,马八千三百七十一匹"⑨。洪武二十四年(1381)三月,朱元璋"遣魏国公徐辉祖、曹国公李景隆、凉国公蓝玉、徽先伯桑敬、都督马鉴、指挥严麟、朱铭、徐质、陈义、勋卫、徐增寿往陕西等处防边",派出这样强大阵容的功臣武将前往陕西,应该是接替耿炳文镇守陕西的,果然,三月"长兴侯耿炳文还自陕西"⑩。此后的五年里,耿炳文又数度被派往陕西,整理军卫,训练士马。洪武三十年(1397)正月,朱元璋再次任命"长兴侯耿炳文佩征西将军[印]为总兵官,武定侯郭英为副,往陕西及甘肃,选精锐步骑巡西北边,以备胡寇。上谕炳文等曰:'帝王之治天下,务安民也。今海内无虞,民固安矣!然边境之备不可废弛,尔其竭乃智虑,以副朕心。凡有寇盗,即殄灭之,俾边民乐业,则余汝嘉'。"⑪洪武晚期,经过胡蓝之狱,再加上傅友德、冯胜等人的去世,朱元璋时代的功臣、武将只剩下耿炳文和郭英,这次朱元璋把这二人全都派到陕西出任总兵和副总兵,足见朱元璋对西部地区的重视。同时,鉴于这时的诸王防边体制已经形成,朱元璋又"敕肃王楧曰:'古者兵出于农,人无寒馁,有寇则操戈以战,无事则荷耒以耕,此良法也。今春气方和,宜及时督军屯种,遇有征伐,尔其亲率精兵,与长兴侯耿炳文等进讨'⑫,这反映肃王没有经过战阵,所以朱元璋告诫他,遇有战事,要率领精兵与耿炳文一同作战,这是以老带新的战略部署。十月,又"敕长兴侯耿炳文督陕西

---

① 《明太祖实录》卷一五〇,洪武十五年十二月乙未条,台湾"中央研究院"历史语言研究所1962年校印本,第2369~2370页。

② 《明太祖实录》卷一七四,洪武十八年七月乙酉条,台湾"中央研究院"历史语言研究所1962年校印本,第2651页。

③ 《明太祖实录》卷一七九,洪武十九年十月癸卯条,台湾"中央研究院"历史语言研究所1962年校印本,第2711页。

④ 《明太祖实录》卷一七九,洪武十九年十月己卯条,台湾"中央研究院"历史语言研究所1962年校印本,第2713页。

⑤ 《明太祖实录》卷一八五,洪武二十年九月是月条,台湾"中央研究院"历史语言研究所1962年校印本,第2784页。

⑥ 《明太祖实录》卷一八六,洪武二十年十月丙寅条,台湾"中央研究院"历史语言研究所1962年校印本,第2789页。

⑦ 《明太祖实录》卷一八八,洪武二十一年二月癸丑条,台湾"中央研究院"历史语言研究所1962年校印本,第2819页。

⑧ 《明太祖实录》卷一九九,洪武二十三年正月辛未条,台湾"中央研究院"历史语言研究所1962年校印本,第2983页。

⑨ 《明太祖实录》卷二〇三,洪武二十三年八月戊子条,台湾"中央研究院"历史语言研究所1962年校印本,第3048页。

⑩ 《明太祖实录》卷二〇八,洪武二十四年三月戊子条、庚子条,台湾"中央研究院"历史语言研究所1962年校印本,第3093、3095页。

⑪ 《明太祖实录》卷二四九,洪武三十年正月丙辰条,台湾"中央研究院"历史语言研究所1962年校印本,第3605页。

⑫ 《明太祖实录》卷二四九,洪武三十年正月乙丑条,台湾"中央研究院"历史语言研究所1962年校印本,第3606页。

诸卫,操练军马,以俟调用。仍启肃、庆二王知之"①,这是诸王防边体制的具体体现。

陕西镇除了一直在这里任职的耿炳文,具有总兵官身份、有资格率领大军进行大规模野战的人还有冯胜、李文忠和沐英。

冯胜是洪武朝功臣集团中的第三号人物,由于常遇春去世早,除了徐达、李文忠就是他了。在洪武五年(1372)的三路北伐中,"冯胜为征西将军,出西路"②,由于西路没有残元军队的主力,所以冯胜大获全胜,史载:"征西将军冯胜、左副将军陈德、右副将军傅有德率师至甘肃,故元将上都驴降。初,胜等师至兰州,友德先率骁骑五千直趋西凉,遇元失剌罕之兵,战败[之];至永昌,又败元太尉朵儿只巴于忽剌罕口,大获其辎重牛马;进至扫林山,胜等师亦至,共击走胡兵,友德手射死其平章百花,追斩其党四百余人,降太尉锁纳儿加,平章管著等;至是,上都驴知大将军至,率所部吏民八百三十余户迎降,胜等抚辑其民,留官军守之,遂进(之)[至]亦集乃路,元守将卜颜帖木儿全城降;师次别笃山口,元岐王朵儿只班遁去,追获其平章长加奴等二十七人及马驼牛羊十余万;友德复引兵至瓜、沙州,又败其兵,获金银印、马、驼、牛羊二万而还。"③冯胜的胜利对徐达中路军的惨败是一种抚慰和补充,此后他作为右副将军跟随徐达在山西、北平之间防边。但有史料载洪武八年(1375),"宋国公冯胜自大同出征散不剌等地,还镇陕西"④;《明太祖实录》载冯胜在洪武九年(1376)曾"移镇西安"⑤,这说明他在洪武八年(1375)至九年(1376)曾镇守陕西地区。洪武十四年(1381)三月又"佩(帅)征[讨]将军印,节制河南"⑥,这是在徐达率军出塞期间掌控后方的安全。后来李文忠、徐达相继去世,朱元璋要发动征讨纳哈出之役,冯胜就成为首选的统兵大将,所以朱元璋命他"为征虏大将军……率师二十万北伐";收服纳哈出之后,由于冯胜在任前敌统帅时的种种不法行为,朱元璋又下诏收了他的大将军印,"以其勋旧,不加遣,命就第凤阳,奉朝请"⑦,自此冯胜开始赋闲。四年之后,朱元璋再次起用冯胜,"敕宋国公冯胜、颖国公傅友德往陕西,同凉国公蓝玉训练将士"⑧;次年三月,"命宋国公冯胜等往陕西、山西、河南简阅士马。……乃命胜往理西安四卫及华山、平凉等八卫"⑨,八月又奉命往大同经理屯田置卫事宜。洪武二十八年(1395)二月,冯胜去世。

李文忠在陕西镇守的时间不多。洪武五年(1372),西征军胜利后,朱元璋"诏冯胜、傅友德等还京师,以李文忠代将陕西边军",但是时间很短,九月又"敕李文忠备战守于朔方"⑩,离开陕西。洪武十二年(1379)二月,由于西部番族发动叛乱,朱元璋"命曹国公李文忠往河州、岷州、临洮、巩昌、梅川等处,整治城池,督理军务,边境事宜,悉从节制"⑪,李文忠和西平侯沐

① 《明太祖实录》卷二五五,洪武三十年十月辛卯条,台湾"中央研究院"历史语言研究所1962年校印本,第3684页。

② 《明太祖实录》卷七一,洪武五年正月庚午条,台湾"中央研究院"历史语言研究所1962年校印本,第1321页。

③ 《明太祖实录》卷七四,洪武五年六月戊寅条,台湾"中央研究院"历史语言研究所1962年校印本,第1358~1359页。

④ 佚名:《秘阁元龟政要》卷九,洪武八年十一月,齐鲁书社1996年版,第551页。

⑤ 《明太祖实录》卷二三六,洪武二十八年二月丁卯条冯胜传记,台湾"中央研究院"历史语言研究所1962年校印本,第3450页。

⑥ 《明太祖实录》卷一三六,洪武十四年三月辛丑条,台湾"中央研究院"历史语言研究所1962年校印本,第2154页。

⑦ 《明太祖实录》卷一八六,洪武二十年十月是月条,台湾"中央研究院"历史语言研究所1962年校印本,第2795页。

⑧ 《明太祖实录》卷二一三,洪武二十四年十月丁巳条,台湾"中央研究院"历史语言研究所1962年校印本,第3148页。

⑨ 《明太祖实录》卷二一七,洪武二十五年三月癸未条,台湾"中央研究院"历史语言研究所1962年校印本,第3187页。

⑩ 佚名:《秘阁元龟政要》卷七,洪武五年七月、九月,齐鲁书社1996年版,第479、481页。

⑪ 《明太祖实录》卷一二二,洪武十二年二月戊戌条,台湾"中央研究院"历史语言研究所1962年校印本,第1974页。

英共同行动,作战目标主要在甘肃。作战任务结束后,朱元璋在七月召回李文忠,"命提督大都督府事"①。

沐英是朱元璋的养子,洪武九年(1376)年底,朱元璋"命大都督府同知沐英驰传诣关陕,西至熙河,问民疾苦"②。洪武十年(1377)四月,由于吐蕃川藏部邀杀使者,朱元璋"命卫国公邓愈为征西将军,大都督府同知沐英为副将军,率师讨吐蕃"③,因为这次西征立功,沐英被封为西平侯④。此后由于邓愈去世,沐英开始独当一面,洪武十一年(1378)十一月,"时西番屡寇边,命西平侯沐英为征西将军,率都督佥事蓝玉、王弼,将京卫及河南、陕西、山西马步官军征之"⑤。洪武十二年(1379)正月,"洮州十八族番首三副使汪舒朵儿、瘿嗉子、乌都儿及阿卜商等叛,据纳邻七(跕)[站]之地,命征西将军沐英移兵讨之"⑥;为了加强对前方的掌控,二月,朱元璋又派李文忠前往措理军务,节制边境事宜。洪武十三年(1380)二月,由于故元国公脱火赤、枢密知院爱足率万余众屯于和林,朱元璋担心他们入掠,"命西平侯沐英率陕西兵往讨之"⑦。《秘阁元龟政要》记载得更为详细:"故元丞相乃儿不花帅师次于贺兰山,脱火赤、爱足屯和林,诏镇关中西平侯沐英发兵讨之。"沐英率军"击走乃儿不花于贺兰山,复涉流沙,破擒脱火赤、爱足,还镇关中"⑧。这里明确记载,沐英是当时的陕西镇守总兵官。

六、辽东镇

辽东镇是以辽东都司为基础形成的,时间是在洪武四年(1371)七月。

1. 都司卫所防御体系的建立

元朝的东北地区主要由辽阳行省管辖,元末大乱后,辽阳行省也陷入分裂割据之中。其时"元平章高家奴固守辽阳山寨,知院哈剌张屯驻沈阳古城,开元则有丞相也先不花之兵,而金山则有(大)[太]尉纳哈出之众"⑨。毕恭《辽东志》也载:"元丞相也速以余兵遁,栖大宁;辽阳行省丞相也先不花驻兵开原;洪保保据辽阳;王哈剌不花团结民兵于复州;刘益亦以兵屯得利赢城;高家奴聚平顶山;各置部众,多至万余人,少不下数千,互相雄长,无所统属。"⑩这些势力中以纳哈出最为强大。

洪武三年(1370),朱元璋在以主要力量打击北元势力之时,对东北地区的残元势力采取了和平招抚政策。五月,他给盘踞东北的纳哈出致书,指出"今天下已定,南极朱崖,北际燕云,一时豪杰,顺天爱民,悉来归我",希望纳哈出能仿效窦融以河西归汉之事,也能及早归附,并说此前曾"特命使者告以朕意",但是"使还,略不得其要领。岂以辽海之远,我师不能至欤!

---

①　《明太祖实录》卷一二五,洪武十二年七月丙申条、己未条,台湾"中央研究院"历史语言研究所1962年校印本,第2004、2006页。

②　《明太祖实录》卷一一〇,洪武九年十二月己卯条,台湾"中央研究院"历史语言研究所1962年校印本,第1836页。

③　《明太祖实录》卷一一一,洪武十年四月己酉条,台湾"中央研究院"历史语言研究所1962年校印本,第1851页。

④　《明太祖实录》卷一一五,洪武十年十月戊午条,台湾"中央研究院"历史语言研究所1962年校印本,第1886页。

⑤　《明太祖实录》卷一二一,洪武十一年十一月庚午条,台湾"中央研究院"历史语言研究所1962年校印本,第1960页。

⑥　《明太祖实录》卷一二二,洪武十二年正月甲申条,台湾"中央研究院"历史语言研究所1962年校印本,第1972页。

⑦　《明太祖实录》卷一三〇,洪武十三年二月壬申条,台湾"中央研究院"历史语言研究所1962年校印本,第2061页。

⑧　佚名:《秘阁元龟政要》卷十,洪武十三年二月,齐鲁书社1996年版,第588页。

⑨　《明太祖实录》卷六六,洪武四年六月壬寅条,台湾"中央研究院"历史语言研究所1962年校印本,第1242页。

⑩　毕恭:《辽东志》卷八《杂志》,明嘉靖刊本。

抑人谋不决,故首鼠两端欤!不然必以曩时来归,未尽宾主之欢,谓朕不能虚怀耶!何相忌之深也。……兹遣人再往,从违彼此,明白以告,哲人知几,毋贻后悔"[1]。朱元璋对纳哈出的争取早已开始,这次的致书又分析了纳哈出的心理,朱元璋对其晓以利害:你是以为辽东地远我明军鞭长莫及呢?还是无法抉择去就呢?还是当初我刚起兵,渡江攻克太平俘获你时没有善待你呢?其意在敦促纳哈出早作抉择。九月,朱元璋又遣使"诏谕辽阳等处官民",在宣传了明朝大军不断获胜、海外诸国皆称臣入贡之后,朱元璋发问:"独辽霫一隅故臣遗老,不能见机审势,高谋远图,而乃团结孤兵,盘桓乡里,因循岁月,上不能辅君于危亡之时,下不能卫民于颠沛之日,进退狼狈而犹徘徊顾望,如此欲何为耶?"敦促他们"知天命之有归,顺人事之当然……能审知天道,率众来归,官加擢用,民复旧业,朕不食言,尔其图之。"[2]朱元璋向辽东地区的残元势力递出了和平归附的橄榄枝。

朱元璋的和平招抚政策很快就起了作用。

洪武四年(1371)二月,"故元辽阳行省平章刘益以辽东州郡地图并藉其兵马钱粮之数,遣右丞董遵、金院杨贤奉表来降"。朱元璋非常高兴,随即设立辽东卫指挥使司,以刘益为指挥同知,命"其恪遵朕意,固保辽民,以屏卫疆圉,则尔亦有无穷之誉"[3]。这是卫级的军镇建制。但此时明朝在辽东并未站稳脚跟。五月,"故元平章洪保保、马彦翚、八丹等叛,杀辽东卫指挥同知刘益"[4]。六月,刘益的部下"故元右丞张良佐、左丞房暠"又"禽彦翚杀之,保保走纳哈出营",他们遂"将禽到逆党平章八丹、知院僧儿械送京师,及前辽阳行省、山东行枢密院银印各一,军民大小衙门铜印八十五,并各官所授前元宣敕、金牌纳上"。[5]

洪武四年(1371)七月,鉴于刘益之变以及纳哈出等未附,朱元璋又"置定辽都卫指挥使司,以马云、叶旺为都指挥使,吴泉、冯祥为同知,王德为金事,总辖辽东诸卫军马,修治城池,以镇边疆"[6]。这是朱元璋为了防备盘踞东北的故元大臣纳哈出而做出的军事部署,将辽东由卫级军镇升格为都卫级,后来又划一为都指挥使司级军镇。

在明代九边军镇中,辽东镇占有重要的地位。朱元璋曾说:"沧海之东,辽为首疆,中夏既宁,斯必戍守。"[7]但此时明军在辽东地区仅仅占据了几个军事据点,如得利赢城、金州、复州、盖州。为了能够戍守辽东地区,一方面要不断打击残元势力,扩大明军的占领区域,建立起相应的防御体系;另一方面要运送大批的粮饷和军需物资,保证前线军队的供给。辽东镇的建置就是从这两个方面展开的。

洪武五年(1372)正月,朱元璋"命靖海侯吴祯率舟师运粮辽东以给军饷"[8]。二月,"给辽东卫军士战袄,凡五千六百七十五人"[9]。这条记载反映了此时明廷在辽东地区的军队人数,

①　《明太祖实录》卷五二,洪武三年五月丁巳条,台湾"中央研究院"历史语言研究所 1962 年校印本,第 1030～1031 页。
②　《明太祖实录》卷五六,洪武三年九月是月条,台湾"中央研究院"历史语言研究所 1962 年校印本,第 1099～1100 页。
③　《明太祖实录》卷六一,洪武四年二月壬午条,台湾"中央研究院"历史语言研究所 1962 年校印本,第 1191～1193 页。
④　《明太祖实录》卷六五,洪武四年五月丙寅条,台湾"中央研究院"历史语言研究所 1962 年校印本,第 1230 页。
⑤　《明太祖实录》卷六六,洪武四年六月壬寅条,台湾"中央研究院"历史语言研究所 1962 年校印本,第 1241～1243 页。
⑥　《明太祖实录》卷六七,洪武四年七月辛亥条,台湾"中央研究院"历史语言研究所 1962 年校印本,第 1254 页。
⑦　朱元璋:《明太祖文集》卷六《劳辽东都指挥》,清文渊阁四库全书本。
⑧　《明太祖实录》卷七一,洪武五年正月甲戌条,台湾"中央研究院"历史语言研究所 1962 年校印本,第 1322 页。
⑨　《明太祖实录》卷七二,洪武五年二月癸巳条,台湾"中央研究院"历史语言研究所 1962 年校印本,第 1329 页。

这与辽东卫的军事单位是相吻合的,但对于明廷经略辽东的战略需要来讲又是很不够的。三月,朱元璋"赐辽东诸卫指挥罗衣一袭,千户以下罗各一匹",说明明朝在辽东地区的军事建置不只一个卫。五月,由于辽东地寒,士卒艰苦,朱元璋"命中书预以衣鞋三万往给之,仍以绵袄加赐将校",这是为进一步扩充队伍而作的战略物资储备。同时为了日后同纳哈出作战的需要,"命户部募商人于永平卫、鸦红桥纳米中盐,淮盐米一石五斗,浙盐米一石三斗,山东盐米二石,河涧盐米六石。时纳哈出觇伺欲挠边,故储偫以俟征讨"①。这些军粮的储备地点在永平卫,靠近辽东前线。

《明太祖实录》中的这段记载特别值得注意。洪武五年(1372)六月,朱元璋在辽东设置了金、盖、复三州后,遣使赍敕至辽东,谕都督佥事仇成曰:"兵戍辽阳已有年矣。虽曰农战交脩,其航海之运,犹连年未已。近者靖海侯吴祯率舟师,重载东往,所运甚大。昨晚忽闻纳哈出欲整兵来哨,为指挥叶旺中途阻归,因此而料彼前数年,凡时值暑天,胡人必不策马南向。今将盛暑,彼有此举,情状见矣。粮运既至,宜严为备御,庶可无虞。"②《明太祖文集》也记载了这份敕谕,大体相同,唯最后有些差别,云:"今将盛暑,彼有此举,大运既至,当火速差人星夜前去,云以备御,然后上粮,则无忧矣。"③以上记载说明四个问题:一是明廷经略辽东的部署由仇成负责。前文所说的马云、叶旺的职衔是都指挥使,而仇成的职衔是都督佥事,高于马云、叶旺,仇成应该是辽东地区的最高指挥官。关于这一点,有明人记载为证。《秘阁元龟政要》云:洪武五年(1372)六月辛卯"遣使敕谕镇守辽东都督佥事仇成,使备纳哈出哨取海运"④。这是朱元璋得到前方密报,告诫辽东镇守仇成要防备纳哈出"哨取海运"。二是明廷经略辽东的时间,显然不是从设置辽东都司才开始的。《明史·仇成传》云:"仇成,含山人。初从军充万户,……洪武三年,金大都督府事,镇辽东。久之,以屯戍无功,降永平卫指挥使。"⑤仇成的传记和《秘阁元龟政要》的记载都显示:仇成是辽东镇守,明廷经略辽东的战略部署是在洪武三年(1370)开始实施的,所以才有"兵戍辽阳已有年"之说。三是明军大量运粮到辽东的统帅是吴祯,他从洪武五年(1372)正月开始承担这一重任,同时还承担相应的军事任务。《明史·吴祯传》载:"吴祯,江国襄烈公良弟也。……(洪武三年)命为靖海将军,练军海上。其冬,封靖海侯,……仇成戍辽阳,命祯总舟师数万,由登州饷之。海道险远,经理有方,兵食无乏。完城练卒,尽收辽海未附之地,降平章高家奴等。坐事谪定辽卫指挥使,寻召还。"⑥这段记载表明,吴祯运粮的数量巨大,运粮到辽东后他又率领这些运粮军士参与了征服辽东未附之地的军事行动,如降服固守辽阳山寨的高家奴,而且战果辉煌,在九月"自辽东遗[遣]人送故元平章高家奴、知枢密院高大方、同金高希古、张海马、辽阳路总管高斌等至京"⑦。说明此时明军已经控制辽东大部分地区。十月,吴祯回到京师南京,《明太祖实录》载:"先是,祯督饷定辽,因完城练卒,尽收辽

① 《明太祖实录》卷七三,洪武五年三月戊午条、五月丁未条、戊辰条,台湾"中央研究院"历史语言研究所 1962 年校印本,第 1338、1348、1351 页。

② 《明太祖实录》卷七四,洪武五年六月辛卯条,台湾"中央研究院"历史语言研究所 1962 年校印本,第 1360 页。

③ 朱元璋:《御制文集》卷六《谕辽东备御》,张德信、毛佩琦主编:《洪武御制全书》,黄山书社 1995 年版,第 92 页。

④ 佚名:《秘阁元龟政要》卷七,洪武五年六月,齐鲁书社 1996 年版,第 475 页。

⑤ 张廷玉等:《明史》卷一三〇《仇成传》,中华书局 1974 年版,第 3827 页。

⑥ 张廷玉等:《明史》卷一三一《吴祯传》,中华书局 1974 年版,第 3840~3841 页。

⑦ 《明太祖实录》卷七六,洪武五年九月丁巳条,台湾"中央研究院"历史语言研究所 1962 年校印本,第 1395~1396 页。

东未附之地,至是乃还。"①四是纳哈出已经盯上明军大量运到辽东的粮饷,朱元璋以战略家的眼光看到了这一点,前方情报也印证了他的判断,所以他给镇守辽东的仇成发去了敕谕,告诫他"严为备御",防止纳哈出劫夺粮饷。

但是仇成辜负了朱元璋的嘱托,他显然没能做到"严为备御",因而有洪武五年(1372)十一月"纳哈出寇辽东,劫掠牛家庄,烧仓粮十万余石,军士陷没者五千余人。都督金事仇成失备御,降为永平卫指挥使"②。这是明军在辽东地区最为惨重的损失,仇成为此受到了严厉的处罚,从都督金事降为永平卫指挥使,吴祯也受到牵连,"黜靖海侯吴祯为定辽卫指挥使"③。不过这段史料也表明,纳哈出的攻击地点是牛家庄,说明仇成是在这里驻守,而马云、叶旺所辖的辽东都司驻扎在得利嬴城,联系吴祯收降后送到京师的高家奴、高大方、高希古、张海马、高斌等,表明一年多来明军在辽东地区的经略还是很有成效的,除了纳哈出,辽东的大部分地区已归入明朝控制之下,这就为辽东镇防御体系的建置奠定了基础。

上述史料还展示了明廷经略辽东的军事领导体制,它有镇守(由都督府层面的金事、同知乃至都督出任)、都指挥使、指挥使以及基层的千百户等层级结构。

从《明太祖实录》《辽东志》以及《秘阁元龟政要》的记载来看,自洪武四年(1371)起,辽东都司所辖的卫所陆续建立。

洪武六年(1373)闰十一月,"置定辽右卫于辽阳城之北,立所属千户所五,命定辽都卫指挥金事王才等,领原将山东诸卫军马屯守"④。正由于定辽右卫设在辽阳城北,所以当一年后纳哈出引兵来攻时,被"千户吴寿等击走之"⑤。

洪武八年(1375)四月,"置金州卫指挥使司,隶定辽都卫,命袁州卫指挥同知韦福、赣州卫指挥金事王胜领兵屯守"⑥。

洪武八年(1375)十月,朱元璋将在各地的都卫一律改为都指挥使司,全国共改置了16个都卫,"定辽都卫为辽东都指挥使司,置定辽前卫指挥使司,以辽东卫为定辽后卫指挥使司"⑦。

辽东都指挥使司刚刚改置完毕,就遭到了纳哈出的进攻,好在朱元璋事前曾警告辽东都司并指授作战方略:"今天寒水结,虏必乘时入寇,宜坚壁清野以待之。慎勿与战,使其进无所得,退有后虑,伏兵阻险,扼其归路,虏可坐致也。"都指挥使马云、叶旺认真执行并落实朱元璋的作战方略,严密部署,设下埋伏,当纳哈出越过盖州城而袭击金州城时,由于前锋骁将乃剌吾中箭受伤被俘,纳哈出狼狈退兵,中了埋伏,"遂大溃",明军"获其士马无算,纳哈出仅以身免"。⑧ 次年正月,朱元璋发布了"劳辽东都指挥马云叶旺"的敕谕:"沧海之东,辽为首疆,中夏既宁,斯必成守。朕功未暇,乃有盖州诸将,共意来庭,固守其地,以待朕命。于是整舟楫,特

① 《明太祖实录》卷七六,洪武五年十一月辛未条,台湾"中央研究院"历史语言研究所1962年校印本,第1406页。
② 《明太祖实录》卷七六,洪武五年十一月壬申条,台湾"中央研究院"历史语言研究所1962年校印本,第1407页。
③ 《明太祖实录》卷七七,洪武五年十二月壬寅条,台湾"中央研究院"历史语言研究所1962年校印本,第1417页。
④ 《明太祖实录》卷八六,洪武六年闰十一月癸酉条,台湾"中央研究院"历史语言研究所1962年校印本,第1532页。
⑤ 《明太祖实录》卷九四,洪武七年十一月壬戌条,台湾"中央研究院"历史语言研究所1962年校印本,第1636页。
⑥ 《明太祖实录》卷九九,洪武八年四月乙巳条,台湾"中央研究院"历史语言研究所1962年校印本,第1682页。
⑦ 《明太祖实录》卷一〇一,洪武八年十月癸丑条,台湾"中央研究院"历史语言研究所1962年校印本,第1712页。
⑧ 《明太祖实录》卷一〇二,洪武八年十二月是月条,台湾"中央研究院"历史语言研究所1962年校印本,第1727~1729页。

命尔云等帅精兵东渡,深高金、盖、辽阳,以安黎庶。北夷罔知天命,屡害生民。旧岁冬十二月,寇我金州,指挥韦富、王胜,若同士卒,战在当先,以寡敌众。辽、盖诸将,深谋扼险。惟尔辽东诸将,忠义干天,得获渠魁,不负委托,宜镇方面。于戏!练兵保民,在历代之必先,祀天地以会百神,欲人之多福。北虏无知,尚强虐善,岂宜道哉!"①这是明军的一次重大胜利,给纳哈出以沉重打击,使他以后不再敢对辽东都司的明军发起攻击。

自定辽都卫建立后,随着明军在辽东地区的推进,卫所也陆续建立起来。据《明史·地理志》记载,洪武八年(1375)十月改定辽都卫为辽东都指挥使司,"治定辽中卫,领卫二十五,州二。"②定辽中卫治所在辽阳城,是洪武十七年(1384)设置的;定辽左卫、定辽右卫"俱洪武六年十一月置";定辽前卫则是洪武八年(1375)二月置③;定辽后卫原本是辽东卫,洪武四年(1371)二月置,"八年二月改。九年十月徙治辽阳城北,寻复"④,《辽东志》载:"初名辽东卫,治得利嬴城,寻徙于此,八年改定辽后卫"⑤。东宁卫本是洪武十三年(1380)设置的东宁、南京、海洋、草河、女直五个千户所,洪武十九年(1386)七月改置为卫。以上的卫所均治于辽阳城内。

海州卫在辽为海州南海军,治临溟县,金天德初改为澄州,洪武九年(1376)置卫;盖州卫本是元盖州,于洪武九年(1376)十月废州置卫;复州卫原为复州,洪武十年(1377)革州县,洪武十四年(1381)设卫;金州卫本金州,洪武四年(1371)刘益归附时设卫;广宁卫在元为广宁府路,明朝废除了州县,于洪武二十三年(1390)五月置卫,治广宁城,后来设置的广宁中卫、广宁左卫、广宁右卫也都在广宁城内;洪武二十六年(1393)正月还设置了广宁前卫、广宁后卫,后废黜;义州卫本为元之义州,属大宁路,洪武二十年(1387)八月置卫;还有广宁后屯卫、广宁右屯卫也在义州城;前后设置的相关卫所有广宁中屯卫、广宁左屯卫、广宁右屯卫、广宁前屯卫等;沈阳卫元初为沈州,后改沈阳路,元末纳哈出据其地,入明后于洪武二十年(1387)设卫治,"领五千户所,又以城东北八十里古贵德州地设抚顺千户所"⑥。铁岭卫设置于洪武二十一年(1388)三月,其地"在今卫治东南五百里,接高丽界"的古铁岭城,洪武"二十六年四月迁于古嚣州之地,即今治也"⑦。在元开元路城内驻有三万卫、辽海卫、安乐、自在二州,三万卫洪武二十年(1387)十二月置三万卫于故城西,洪武二十一年(1388),徙卫于开元城;辽海卫设置于洪武十一年(1378)(《明史·地理志》谓设置于洪武二十三年),初治牛家庄,洪武二十六年(1393)徙治开元城。安乐、自在二州则都是永乐六年(1408)设置的。

2. 都指挥使

定辽都卫自建立伊始,就是都司一级的军事机构,为此有必要关注都指挥使的任职情况。

洪武四年(1371)七月,朱元璋任命马云、叶旺为定辽都卫都指挥使,已如前述。洪武八年(1375)打败纳哈出后,朱元璋论功行赏,因个人出力不同,辽东都指挥叶旺得上赏、马云得次

---

① 《明太祖实录》卷一〇三,洪武九年正月是月条,台湾"中央研究院"历史语言研究所1962年校印本,第1739~1740页。
② 张廷玉等:《明史》卷四一《地理二·山东·辽东都指挥使司》,中华书局1974年版,第952页。
③ 以上三卫《辽东志》谓洪武四年置,"十年升为卫"。
④ 张廷玉等:《明史》卷四一《地理二·山东·辽东都指挥使司》,中华书局1974年版,第953页。
⑤ 毕恭:《辽东志》卷一,《地理志·沿革》,明嘉靖刻本。
⑥ 毕恭:《辽东志》卷一,《地理志·沿革》,明嘉靖刻本。《明史·地理志》记载与此有不同,待考。
⑦ 张廷玉等:《明史》卷四一《地理二·山东·辽东都指挥使司》,中华书局1974年版,第956页。

赏。但到洪武十一年(1378)正月,朱元璋任命湖广都指挥使潘敬为辽东都指挥使,马云则被调为凤阳行大都督府佥事。① 此后,从洪武十一年(1378)到十六年(1383),朱元璋对辽东都司的敕谕多是给潘敬和叶旺的,要求他们加强对高丽的戒备,反映了这时朱元璋对高丽王朝的不信任心态。② 洪武十六年(1383)七月,朱元璋任命汝南侯梅思祖之子、武德卫指挥使梅义为辽东都指挥使③,这很可能是因为都司长官由于身体原因而作的更替,《明太祖实录》载潘敬在下一年六月就去世了④。从这时到洪武二十年(1387)七月梅义入朝⑤,辽东都指挥使未见再有新的任命。洪武二十二年(1389)五月,《明太祖实录》中又见"监察御史王英劾奏辽东都指挥使潘彝道经山东,擅令县官发民夫头匹递送,请治其罪。上以武臣初犯,姑宥之"⑥的记载,潘彝的行为可能是他赴任辽东途中所为,但他受任为辽东都指挥使则是确实的。当年十月,又有"召辽东都指挥使贾珍赴京"⑦之说,十二月又有"遣使敕辽东都指挥使胡旻、朱胜训练精锐马步官军各一万,听调征进"⑧。在同一年里出现了三次辽东都指挥使的记载,涉及四个人,反映了这一时期都指挥使更替的频繁。到洪武二十三年(1390)正月,朱元璋"遣使敕谕辽东都指挥胡旻、朱胜率所操马军往大宁,候总兵官调遣征进,其驼牛马非备战者,悉发大宁运粮,直抵征进所在,以给军饷"⑨,此后《明太祖实录》中再无辽东都指挥使名字的出现。

值得一提的是,作为副职在辽东任职时间最长的要数叶旺,《明太祖实录》在洪武二十一年(1388)叶旺去世后追述他的经历时写道:"旺,六安人,少隶长枪军谢再兴麾下,后从上征伐有功,授青州左卫指挥佥事。洪武初从征取辽东,以功升辽东都指挥使。八年,元将纳哈出率兵寇辽东,旺遵成算,大败其兵。凡在辽东十七年,翦荆棘、修城湟(隍)、建立官府、抚辑军民,功绩甚著,上尝嘉劳之。十九年,召拜后军都督佥事,进阶龙虎将军。甫三月,辽东有警,复命旺领都司事,总制辽东军马。"⑩看来叶旺最后也升任辽东镇的军事首长了。观洪武二十二年(1389)连续任职辽东都指挥使的人有潘彝、贾珍、胡旻、朱胜,一年之内这样频繁地更换,可以想见朱元璋在辽东都指挥使人选上是很为难的。再观洪武二十年(1387)辽东都指挥使梅义入朝,朱元璋对他很不满意,在《大诰武臣》中专有一条称"梅义交结安置人",其中说道梅义和他父亲都属于胡党,因为亲戚关系不曾治他的罪,"只贬去辽东做都指挥,着他重新立功",可

---

① 《明太祖实录》卷一一七,洪武十一年二月甲辰条、卷一一八,洪武十一年五月己亥条,台湾"中央研究院"历史语言研究所 1962 年校印本,第 1909、1931 页。

② 《明太祖实录》卷一二四,洪武十二年四月庚申条;卷一二五,洪武十二年六月甲戌条;卷一三一,洪武十三年五月丙辰条;卷一三二,洪武十三年七月甲午条、庚子条;卷一四〇,洪武十四年十二月乙丑条;卷一四五,洪武十五年五月丁巳条;卷一五一,洪武十六年正月戊午条;台湾"中央研究院"历史语言研究所 1962 年校印本,第 1991、2000～2001、2090～2091、2101～2103、2210、2274、2378 页。

③ 《明太祖实录》卷一五五,洪武十六年七月丙寅条,台湾"中央研究院"历史语言研究所 1962 年校印本,第 2421 页。

④ 《明太祖实录》卷一六二,洪武十七年六月戊辰条,台湾"中央研究院"历史语言研究所 1962 年校印本,第 2516 页。

⑤ 《明太祖实录》卷一八三,洪武二十年七月甲申条载"辽东都指挥使梅义来朝",台湾"中央研究院"历史语言研究所 1962 年校印本,第 2756 页。

⑥ 《明太祖实录》卷一九六,洪武二十二年五月乙未条,台湾"中央研究院"历史语言研究所 1962 年校印本,第 2947 页。

⑦ 《明太祖实录》卷一九七,洪武二十二年十月丙午条,台湾"中央研究院"历史语言研究所 1962 年校印本,第 2963 页。

⑧ 《明太祖实录》卷一九八,洪武二十二年十二月甲辰条,台湾"中央研究院"历史语言研究所 1962 年校印本,第 2972～2973 页。

⑨ 《明太祖实录》卷一九九,洪武二十三年正月庚寅条,台湾"中央研究院"历史语言研究所 1962 年校印本,第 2989 页。

⑩ 《明太祖实录》卷一八九,洪武二十一年三月戊寅条,台湾"中央研究院"历史语言研究所 1962 年校印本,第 2832 页。

是梅义在辽东不思进取,"该死的罪过他又敢犯,事发,又且姑容他的性命,则全家发去边远住坐",最后又提到"其同为不才都指挥潘彝、叶增,姑容还职,着他立功赎罪。若再做坏了呵,你怕饶他"。① 以此看来,此后的《明太祖实录》不再记载辽东都指挥使的名字有两种可能:一是如潘彝这样的立功赎罪之人,官修史书中不载他的名字是一种惩罚性措施;二是在辽东另有最高指挥官,辽东都司的各项事务都由这个最高指挥官负责,所以《明太祖实录》中只见有任命副职的记载,如洪武二十八年(1395)八月"以金吾前卫指挥使陈英、万全右卫指挥同知刘遂俱为辽东都指挥使司都指挥同知"②。

3. 镇守总兵官

洪武时期辽东地区最高指挥官都有哪些人担任过?

《明史·仇成传》载:仇成"镇辽东",《明史·吴祯传》载"仇成戍辽阳",《秘阁元龟政要》载"镇守辽东都督佥事仇成",这些记载表明,仇成就是当时辽东地区的最高指挥官。此后,朱元璋派往辽东地区、和仇成处于同一层级且职衔比仇成任职时高的最高指挥官有三个人:延安侯唐胜宗、靖宁侯叶升和武定侯郭英,其中重要的是唐胜宗和郭英。

延安侯唐胜宗早在洪武十二年(1379)来过辽东,《明太祖实录》载:"延安侯唐胜宗督海运还京师,上辽东城池军马田粮之数。"③类似这样的用人可以看作朱元璋的有意安排,是为以后的经略人选做准备。果然,《明太祖实录》在洪武十七年(1384)五月载:"是月,谕辽东守将唐胜宗等绝高丽",朱元璋在敕书中历数了汉、魏、隋、唐、元对高丽的征伐后指出:"今尔胜宗等出镇辽左,高丽必数有使至,其至者送来,勿令其还,以绝彼奸计。若纳其使而礼待之,岁贡如约则可,人亦不可久留辽东,或朝或归,速遣其行。"④需要重点注意的是唐胜宗这时变成了辽东守将。《明太祖实录》在同年七月又载:辽东都指挥使司送高丽所进马二千匹至京师,朱元璋随即"敕谕延安侯唐胜宗、靖宁侯叶升曰:尔等名世之臣,前者遣镇辽佐,朕尝备谕高丽必数有使至,今果然矣。……况高丽今春使至,贿赂京官甚重,内有一单云:上等人若干,中等人若干,下等人若干。以此观之,甚无礼也。设使受其赂者少有所知,岂不赧哉!今尔等知诱而能奏,田豫不得独名千古矣。辽壤东界鸭绿,北接旷塞,非多算不能以御未然,尔能算有余,则名彰矣"⑤。暂且不谈高丽问题和朱元璋对唐胜宗的赞美,要注意的是"遣镇辽佐",说明唐胜宗在当时是负责镇守辽东。从明代的军事镇戍体制来看,唐胜宗就是总兵官,所以《明太祖实录》载:"羽林右卫指挥陈义私卖官马,为法司所论,上以其有功,宥而不罪。因命兵部移文总兵官延安侯唐胜宗等及辽东都司,自今凡将士征讨辽东者,原给官马悉收入官,指挥而下试其骁勇者,人给二匹,庸常者一匹,军还,马仍入官,私卖私易罪之。"⑥朱元璋虽宽宥了陈义私卖官马之罪,但命兵部行文给辽东总兵官唐胜宗及辽东都司,再有私卖官马者要治罪,"总兵官唐胜宗及辽东都司"是朱元璋任命辽东总兵官的准确记载。《明太祖实录》在洪武十八年

①　朱元璋:《大诰武臣》,《梅义结交安置人第四》,明洪武内府抄本。

②　《明太祖实录》卷二四〇,洪武二十八年八月壬戌条,台湾"中央研究院"历史语言研究所1962年校印本,第3485页。

③　《明太祖实录》卷一二六,洪武十二年八月庚辰条,台湾"中央研究院"历史语言研究所1962年校印本,第2011页。

④　《明太祖实录》卷一六二,洪武十七年五月是月条,台湾"中央研究院"历史语言研究所1962年校印本,第2514~2515页。

⑤　《明太祖实录》卷一六三,洪武十七年七月己未条,台湾"中央研究院"历史语言研究所1962年校印本,第2530页。

⑥　《明太祖实录》卷一六六,洪武十七年十月壬申条,台湾"中央研究院"历史语言研究所1962年校印本,第2551页。

(1385)载:"敕靖宁侯叶升等脩治海、盖、复三州城池,务令高深坚固,为经久之计,俟海运船至,即以操舟军士浚筑之。"①说明靖宁侯叶升与唐胜宗确实是在同一时期镇守辽东的,他有可能是副职。

那么唐胜宗是什么时候出镇辽东的呢?《明太祖实录》中没有记载具体的时间,考《秘阁元龟政要》载洪武十五年(1382)二月"以延安侯唐胜宗、靖宁侯叶升镇守辽东","六月,以唐胜宗、叶升镇辽东,调俞通渊为定辽右卫指挥佥事"②,这里说到了以唐胜宗、叶升镇辽东的具体时间,但对照《明太祖实录》的记载则又出现了误差,不及细叙。《秘阁元龟政要》在洪武十七年(1384)六月记载了"敕镇辽东延安侯唐胜宗、靖宁侯(业)[叶]升使绝高丽"③。明人高岱的《鸿猷录》、黄光升的《昭代典则》等也记载了"绝高丽"之事,黄光升在洪武二十年(1387)正月记载道:"指挥佥事高家奴市马高丽还",这个高家奴就是当年聚保辽阳、后来投降吴祯、在洪武五年(1372)被送到京师的故元平章,现任职指挥佥事,奉命到高丽市马,回朝后向朱元璋报告:"高丽王表请不受马直",朱元璋对礼部官员说道:"朕待诸藩国以诚信,彼前听约束,许其互市,故遣人市马。今彼言不敢受直,岂其本心,盖畏势也。以势逼人,朕所不为。尔其以朕意,咨其国王知之。"同时又敕"谕延安侯唐胜宗,俟高丽马至,择其可用者以直偿之,驽弱不堪者量减其直,仍折柬与其王知之。"唐胜宗接到敕谕后,恰好高丽送到马三千四十匹,"胜宗如敕偿其直"④。这则史料说明唐胜宗从洪武十五年(1382)出任辽东总兵官,到洪武二十年(1387)仍在履任,所以朱元璋在处理高丽问题时要给这个最高指挥官下指令。及至同年九月,唐胜宗又有新的使命,朱元璋准备在洪武二十年(1387)发动对北元势力的最后攻击,于是命"永昌侯蓝玉为征虏大将军,延安侯唐胜宗为左副将军,武定侯郭英为右副将军,都督佥事耿忠为左参将,都督佥事孙恪为右参将"⑤,唐胜宗就此离开了辽东镇守的职位。《明史·唐胜宗传》载:"唐胜宗,濠人。太祖起兵,胜宗年十八,来归。……洪府三年冬封延安侯,……十五年巡视陕西,督屯田,简军士。明年镇辽东,奉敕勿通高丽。高丽使至,察其奸,表闻。赐敕褒美,比魏田豫却乌桓赂,称名臣。在镇七年,威信大著。……二十三年坐胡惟庸党诛,爵除。"⑥唐胜宗出镇辽东与前述史料是一致的,唐胜宗履职时间是洪武十六年(1383),相对来说比较准确,但说唐胜宗在镇七年,则与《明太祖实录》记载有误差。《明史·叶升传》载:"叶升,合肥人。……十二年……封靖宁侯,岁禄二千石,世指挥使。镇辽东,修海、盖、复三城。在镇六年,边备修举,外寇不敢犯。发高丽赂遗,帝屡赐敕,与唐胜宗同褒。"⑦叶升的传记可以证实他和唐胜宗同时出镇辽东,所说的在镇六年还比较接近历史事实。

《明史·郭英传》载:"郭英,巩昌侯兴弟也。……从徐达定中原,又从常遇春攻太原,……

---

① 《明太祖实录》卷一七二,洪武十八年四月丙申条,台湾"中央研究院"历史语言研究所1962年校印本,第2631~2632页。

② 佚名:《秘阁元龟政要》卷十一,洪武十五年二月、六月,齐鲁书社1996年版,第630、639页。

③ 佚名:《秘阁元龟政要》卷十七,洪武十七年六月,齐鲁书社1996年版,第671页。

④ 黄光升:《昭代典则》卷十,明万历二十八年周日校万卷楼刻本。

⑤ 《明太祖实录》卷一八五,洪武二十年九月丁未条,台湾"中央研究院"历史语言研究所1962年校印本,第2783~2784页。

⑥ 张廷玉等:《明史》卷一三一《唐胜宗传》,中华书局1974年版,第3849~3850页。

⑦ 张廷玉等:《明史》卷一三一《叶升传》,中华书局1974年版,第3855~3856页。

进克定西,讨察罕脑儿,克登宁州,斩首二千级,进河南都指挥使。……在镇绥辑流亡,申明约束,境内大治。九年移镇北平。十三年召还,进前军都督府佥事。……十七年论平云南功,封武定侯,……十八年加靖海将军,镇守辽东。二十年从大将军冯胜出金山,纳哈出降,进征虏右副将军。从蓝玉至捕鱼儿海。师还,赏赉甚厚,遣还乡。明年召入京,命典禁兵。三十年副征西将军耿炳文备边陕西。"①《明太宗实录》在郭英去世后的小传中载:"英凤阳临淮人……积功至都指挥,留镇北平。时人心未定,绥靖有方。召还,升前军都督佥事,平云南溪洞诸蛮,论功封武定侯。未几,镇辽东。同颍川侯傅友德平北(虑)[虏](给)[纳]哈出,复征虏寇于捕鱼儿海,手刃其酋蛮子太尉,席卷牛羊辎重以归。"②这两条史料都提到郭英曾经镇守辽东,《明史·郭英传》还说是在洪武十八年(1385)"加靖海将军,镇守辽东"。但是,这个时期正是唐胜宗在镇守辽东,说郭英这个时候镇守辽东不可信。根据《明太祖实录》的记载,郭英在洪武二十年(1387)冯胜为征虏大将军出征辽东纳哈出时与东川侯胡海一起被任命为右参将③,则此时他应该在北平冯胜的大军中,镇守辽东的当是唐胜宗。平定纳哈出后,在洪武二十年(1387)九月,朱元璋整编部队准备下一年进攻脱古思帖木儿时,永昌侯蓝玉任征虏大将军,延安侯唐胜宗为左副将军,武定侯郭英成为右副将军。捕鱼儿海之役后,郭英随大军还朝,洪武二十三年(1390)在山东为鲁王朱檀修坟,洪武二十四年(1391)又任右副将军,从总兵官颍国公傅友德在山东、北平训练军士,这期间郭英均未在辽东。

郭英再次来到辽东,应该是在洪武二十六年(1393)以后。《明史》载:洪武二十五年(1392)三月,朱元璋第十五子朱植改封辽王,"明年就藩广宁。以宫室未成,暂驻大凌河北,树栅为营。帝命武定侯郭英为筑城郭宫室。英,王妃父也,督工峻急。会高丽自国中至鸭绿江皆积粟,帝虑其有阴谋,而役作军士艰苦,令辍役"④。这是概括性的叙述。如果从《明太祖实录》来考察的话,朱元璋是在洪武二十七年(1394)十月"册武定侯郭英女为辽王植妃"⑤,按理来讲辽王之藩应该在他结婚之后。《明太祖实录》又载:洪武二十八年(1395)四月,朱元璋"诏停造辽王宫室",他在给武定侯郭英的敕书中讲到"辽东军务物情,来者多言其艰苦,况边境营缮,朕尝为卿言:不宜尽力以困之。今役作军士皆强悍勇力善战之人,劳苦过多,心必怀叛,故往往逃伏草野山泽间,乘间劫掠。近者高丽表奏,言多不实,朕已命有司究之。闻彼自国中至鸭绿江,凡冲要处所储军粮,每驿有一万二万石或七八万十数万石,东宁女直皆使人诱之入境,此其意必有深谋。……今辽东乏粮,军士饥困,(悦)[倘]不即发沙岭仓粮赈之,必启高丽招诱逋逃之心,非至计也。使高丽出二十万人以相惊,诸军何以应之? 今营缮造作暂宜停止,且令立营屋以居,十年之后再为之。古人有言:人劳乃易乱之源,深可念也。"⑥从这些记载看,郭英可能是在洪武二十七年(1394)到辽东督工,洪武二十八年(1395)四月朱元璋下诏暂停,接着朱元璋"诏置辽、宁、谷、庆、肃五王护卫指挥使司,命武定侯郭英会辽东都司,分调广宁、义州等卫

①　张廷玉等:《明史》卷一三〇《郭英传》,中华书局1974年版,第3821~3822页。

②　《明太宗实录》卷十七,永乐元年二月甲子条,台湾"中央研究院"历史语言研究所1962年校印本,第308~309页。

③　《明太祖实录》卷一八〇,洪武二十年正月癸丑条,台湾"中央研究院"历史语言研究所1962年校印本,第2721页。

④　张廷玉等:《明史》卷一一七《诸王传二》,中华书局1974年版,第3586页。

⑤　《明太祖实录》卷二三五,洪武二十七年十月己卯条,台湾"中央研究院"历史语言研究所1962年校印本,第3429页。

⑥　《明太祖实录》卷二三八,洪武二十八年四月辛未条,台湾"中央研究院"历史语言研究所1962年校印本,第3468~3469页。

官军置辽王广宁左、右二护卫"①。七月,《明太祖实录》载:"辽东卫镇抚张能言:'辽东三万卫所部高丽、女直归附者,常假出猎为患。'上命武定侯郭英徙其众于广宁西屯种,辽海军出调在外者悉令还卫。"②这时的郭英应该是辽东镇的最高指挥官。但郭英也并未固定在辽东镇守,洪武三十年(1397)正月,他作为长兴侯耿炳文的副手"往陕西及甘肃选精锐步骑,巡西北边以备胡寇"。③ 四月又平定了沔县吏高福兴的叛乱。

　　洪武三十一年(1398),郭英再被调回辽东。《明太祖实录》载朱元璋给朱棣的敕书中说道:"迩闻塞上烽火数警,……今秋或有虏骑南行,不寇大宁即袭开平,度其人马不下数万,岂可不为之虑? 可西凉召都指挥庄德、张文杰,开平召刘真、宋晟二都督,辽东召武定侯郭英等,会兵一处,辽王以都司及护卫马军悉数而出,北平、山西亦然。步军须十五万,布阵而待,令武定侯、刘都督、宋都督翼于左,庄德、张文杰、都指挥陈用翼于右,尔与代、辽、宁、谷五王居其中,彼此相护,首尾相救,使彼胡虏莫知端倪,则无不胜矣。"④从这里可以看到,郭英又成为辽东镇的军事长官,所以才有"辽东召武定侯郭英"之说。这是在洪武末年,朱元璋落实其诸王防边战略,让燕王朱棣作北部边防的总指挥,为此而给朱棣部署的几员大将供其调动。朱元璋在给郭英的敕书中明确指示:"今命尔为总兵,都督刘真、宋晟为之副,启辽王知之,以辽东都司并护卫各卫所步军,除守城马军及原留一百存守斥候,余皆选拣精锐统领,随辽王至开平迤北,择险要屯驻堤备,一切号令悉听燕王节制。"⑤这里明确说到郭英是辽东的总兵。再看朱元璋给朱棣的敕书:"已命杨文总北平都司、行都司等军,郭英总辽东都司并辽府护卫,悉听尔节制,尔其总率诸王,相机度势,用防边患,乂安黎民,以答上天之心,以副吾付托之意,其敬慎之勿怠。"⑥这是朱元璋临去世前作出的战略部署,郭英则是他任命的辽东总兵官。

七、甘肃镇

　　明朝北边建置的第六个军镇是甘肃,时间是在洪武十二年(1379)春。甘肃镇是以陕西行都司为基础而建立的军镇,其间几度兴废,由于历史记载的不足,致使学界在甘肃镇的建置方面多有歧异。

　　1. 都司卫所防御体系的建立

　　甘肃镇防御体系之建立,要追溯到洪武五年(1372)六月征西将军冯胜率左副将军陈德、右副将军傅有德西征。当年明军的三路北伐,徐达一路惨败,损失数万人马;李文忠一路深入蒙古高原,与敌方打了个平手;只有冯胜一路大获全胜,大败失剌罕、朵儿只巴、降元将上都驴,进至亦集乃路,西北为之肃清,于是朱元璋在同年十一月"置甘肃卫都指挥使司,庄浪卫指挥使司"。⑦ 这条史料反映的是甘肃军镇初建时即都司一级的军镇,但详细情况还不得而知,《明

---

① 《明太祖实录》卷二三八,洪武二十八年四月甲申条,台湾"中央研究院"历史语言研究所1962年校印本,第3471页。
② 《明太祖实录》卷二三九,洪武二十八年七月丁巳条,台湾"中央研究院"历史语言研究所1962年校印本,第3482页。
③ 《明太祖实录》卷二四九,洪武三十年正月丙辰条,台湾"中央研究院"历史语言研究所1962年校印本,第3605页。
④ 《明太祖实录》卷二五七,洪武三十一年四月乙酉条,台湾"中央研究院"历史语言研究所1962年校印本,第3712页。
⑤ 《明太祖实录》卷二五七,洪武三十一年五月戊午条,台湾"中央研究院"历史语言研究所1962年校印本,第3715~3716页。
⑥ 《明太祖实录》卷二五七,洪武三十一年五月乙亥条,台湾"中央研究院"历史语言研究所1962年校印本,第3717页。
⑦ 《明太祖实录》卷七六,洪武五年十一月壬子条,台湾"中央研究院"历史语言研究所1962年校印本,第1403页。

太祖实录》亦仅有这一处记载。后来在洪武九年(1376)十月载:"升甘肃卫经历沈立本为户部侍郎"①,这说明洪武九年(1376)时甘肃卫还存在,但不能确定是否都指挥使司。

洪武七年(1374)七月,朱元璋"诏置西安行都指挥使司于河州,升河州卫指挥(司)[使]韦正为都指挥使,总辖河州、朵甘、乌思藏三卫。升朵甘、乌思藏二卫为行都指挥使司,以朵甘卫指挥同知琐南兀即尔、管招兀即儿为都指挥同知",朱元璋考虑到"彼方地广民稠,不立重镇治之,何以宣布恩威? 兹命立西安行都指挥使司于河州,其朵甘、乌思藏亦升为行都指挥使司,颁授银印,仍赐各官衣物"。② 这里要注意设治地点的变化,洪武五年(1372)所设的甘肃卫都指挥使司治地在甘州(今甘肃张掖),地处甘肃的西部;洪武七年(1374)所设的西安行都指挥使司治地在河州(今甘肃临夏),地处甘肃的东部。为什么会出现这样的变化呢? 根源在于冯胜的错误。俞本在其《明兴野记》中记述道:洪武五年(1372)"十二月,冯胜惧回鹘之兵,将甘州所葺城池、营房、仓库、转运米、麦、料豆二十余万石及军需尽焚之,弃城归,并宁夏、西凉、庄浪三城之地亦弃,仅以牛、羊、马、驼令军人赶归。途中倒死者,军虽饥不敢食,仍负荷归,军人饿死载道,一无所问。上知之,追夺冯胜券诰爵禄,宥其罪,贬为庶人"③。作为明朝开国大将第三号人物的冯胜,在明廷经略西部的过程中已经不止一次犯这样的错误了,前述洪武二年(1369)五月放弃河州,"将城楼库房屋尽行焚烧殆尽,……自洮河至积石关,三百余里,骸骨遍野,人烟一空"是一例;及至朱元璋让冯胜代掌总兵印镇守前线,他擅自率领大军还朝导致前敌防线动摇又是一例;再加上这次放弃甘肃卫,三次弃地使明廷对西部的经略大受影响。所以朱元璋再次设置西安行都指挥使司时选择了河州,这还多亏了韦正在河州的苦心经营和坚守。

洪武八年(1375)十月,明廷将各处所设的都卫统一改为都指挥使司,"西安行都卫为陕西行都指挥使司"④,但是到洪武九年(1376)十二月,明廷又"罢西安行都指挥使司"⑤。到了洪武十二年(1379)正月,明廷又"复置陕西行都指挥使司于庄浪,后徙于甘州"⑥。这个问题该怎么解释? 首先从名称上看;洪武七年(1374)设于河州的是西安行都指挥使司,总辖河州、朵甘、乌思藏三卫;洪武八年(1375)十月,西安行都卫改为"陕西行都指挥使司";洪武九年(1376)年底罢废的却是"西安行都指挥使司";而洪武十二年(1379)正月复置的则是陕西行都指挥使司。这里有两种可能:一种是修实录者的错误,把名称写错了;另一种是罢废的确是西安行都指挥使司。《明会典》载:"洪武七年,升朵甘卫为西安行都指挥使司,给银印"⑦,俞汝楫《礼部志稿》也有同样的记述:"洪武七年,升朵甘卫为西安行都指挥使司,给银印"⑧,由此可以推知,洪武九年(1376)罢废的是由朵甘卫升格的西安行都指挥使司,因为此时韦正已经任邓愈征西大军的先锋,不在河州了,政随人去,所以《明史·地理志三》载:"九年十二月,行

① 《明太祖实录》卷一一〇,洪武九年十月丙辰条,台湾"中央研究院"历史语言研究所 1962 年校印本,第 1820 页。

② 《明太祖实录》卷九一,洪武七年秋七月己卯条,台湾"中央研究院"历史语言研究所 1962 年校印本,第 1595 页。

③ 俞本撰,李新峰笺证:《纪事录笺证》,中华书局 2015 年版,第 413 页。

④ 《明太祖实录》卷一〇一,洪武八年十月癸丑条,台湾"中央研究院"历史语言研究所 1962 年校印本,第 1711 页。

⑤ 《明太祖实录》卷一一〇,洪武九年秋十二月癸酉条,台湾"中央研究院"历史语言研究所 1962 年校印本,第 1832 页。

⑥ 《明太祖实录》卷一二二,洪武十二年正月甲午条,台湾"中央研究院"历史语言研究所 1962 年校印本,第 1973 ~ 1974 页。

⑦ 申时行等修:《明会典》卷一〇八《礼部》六六《朝贡四·西戎下》,上海古籍出版社 2002 年版,第 98 页。

⑧ 俞汝楫:《礼部志稿》卷三十五《朵甘斯》,清文渊阁四库全书本。

都指挥使司废,卫属陕西都指挥使司"①。而陕西行都指挥使司虽未被罢废,但没有了实在的落脚地,对此须从设置地点来考察:洪武五年(1372)所设的甘肃卫都指挥使司治地在甘州(今甘肃西部),洪武七年(1374)所设的西安行都指挥使司治地在河州(今甘肃东南部),洪武十二年(1379)正月复置的陕西行都指挥使司治地则是在庄浪卫(今甘肃中部永登县),《明史·地理志三》载:"庄浪卫,洪武五年十一月以永昌地置。十二年正月置陕西行都指挥使司于卫城。二十六年,行都司徙于甘州。"②对陕西行都司的记述是:"陕西行都指挥使司(元甘肃等处行中书省,治甘州路),洪武五年十一月置甘肃卫,二十五年罢。二十六年,陕西行都指挥使司自庄浪徙置于此。"③这说明陕西行都指挥使司的设置地最初是在西部,后来东移,复置于庄浪后直到洪武二十六年(1393)又重回甘肃西部。

关于陕西行都指挥使司的演变情况,从《明史·宁正传》中可以看出一些端倪。洪武二十九年(1396)宁正去世,《明太祖实录》载:"右军都督府左都督宁正卒。正字正卿,凤阳寿州人。少为里中韦德成养子,⋯⋯德成战没,⋯⋯以正袭职,代领其众。⋯⋯洪武三年五月,从邓愈克河州,留正镇守。"置河州卫,以宁正为指挥使。"七年改置西安行都指挥使司于河州,以正为都指挥使,进阶骠骑将军,提调朵甘、乌思藏都卫。"这里要注意一个关键词:"改置",从哪里改置的呢?联系洪武五年(1372)设置的甘肃卫都指挥使司,应该是改置甘肃卫都指挥使司为西安行都指挥使司。所以洪武八年,"改西安行都指挥使司为陕西行都指挥使司,正仍为都指挥使,进阶骠骑将军,提调朵甘、乌思藏都卫。正又招降元右丞朵儿只失结等,奏置西宁等卫。"因为宁正多有功勋,"复姓宁氏,进阶龙虎将军",一改、再改,都与宁正有直接的关系。"十二年,兼领宁夏卫事,至则修筑汉唐旧渠,令军士屯田,引河水灌田数万余顷,兵食以足",这里的洪武十二年(1379)兼领宁夏卫事是史家的委婉说法,实际是被降职后又逐渐复职。此后宁正又东征西讨,先后任职四川、云南,及至受"命为平羌将军,总陕西、四川兵"④。俞本《明兴野记》也载:"洪武五年(1372)壬子,⋯⋯上以韦正为陕西行都指挥使",将《明太祖实录》和俞本的记载联系起来,可知宁正从洪武五年(1372)起任陕西行都指挥使(亦即《明太祖实录》所说的甘肃卫都指挥使司),洪武七年(1374)改置西安行都指挥使司时也是都指挥使,洪武八年(1375)划一为陕西行都指挥使司时还是他任都指挥使,所以在洪武九年(1376)五月,卫国公邓愈、西平侯沐英等西征讨伐川藏时,"以都指挥使韦正为前锋"⑤,可以证明这一判断。后来宁正受到冯胜的谗毁而被降为千户,所以在洪武十二年(1379)有"升河州卫千户宁正为宁夏卫指挥佥事"⑥的说法。但是在陕西行都指挥使司的设与革问题上,《明太祖实录》的说法和俞本的记载是相矛盾的,《明太祖实录》谓洪武十二年(1379)正月又"复置陕西行都指挥使司于庄浪,后徙于甘州",俞本则记为十二年(1379)八月"革陕西行都指挥使司",笔者以为,俞本的记载是指革去设在河州的陕西行都指挥使司,因为宁正这时已在宁夏任指挥佥事,同时为了西

---

① 张廷玉等:《明史》卷四二《地理志三》,中华书局 1974 年版,第 1009 页
② 张廷玉等:《明史》卷四二《地理志三》,中华书局 1974 年版,第 1015 页。
③ 张廷玉等:《明史》卷四二《地理志三》,中华书局 1974 年版,第 1013 页。
④ 《明太祖实录》卷二四五,洪武二十九年四月是月条,台湾"中央研究院"历史语言研究所 1962 年校印本,第 3562~3566 页。
⑤ 俞本撰、李新峰笺证:《纪事录笺证》,中华书局 2015 年版,第 397 页。
⑥ 《明太祖实录》卷一二五,洪武十二年七月庚戌条,台湾"中央研究院"历史语言研究所 1962 年校印本,第 2005 页。

部防卫的需要，又在庄浪重新设置了陕西行都指挥使司。这里的问题就是从洪武十二年（1379）到洪武二十六年（1393），支持陕西行都指挥使司存在的史料甚少，仅在洪武十五年（1382）三月有一条史料载："置永昌卫指挥使司，隶陕西行都司"①，可推此时陕西行都指挥使司是存在的，但这只是孤证。该怎么解释呢？

　　笔者以为应以《明太祖实录》十二年（1379）"复置"陕西行都指挥使司的记载为准，因为在《明会典》记述陕西行都司为"洪武十二年添设"②，《明史·兵志二》也记载为："洪武十二年添设"。但是添设之后由于形势的变化，李文忠和沐英征讨西番大获全胜，形势相对稳定，就没有设置都指挥使司处理军务衙门，直到洪武二十六年（1393）将都司迁至甘州，才陆续完善了都司的行政机构。在没有都司衙门的十四年间，陕西行都司的职能是由陕西都司来执行的。如洪武十三（1380）四月，"都督濮英练兵西凉，袭虏故元柳城王等二十二人，民一千三百余人，并获马二千余匹，遣使以所获符印来上"；由于这次的胜利，"都督濮英复请督兵略地，开哈梅里之路，以通商旅。上赐玺书曰：'报至，知所获人畜，略地之请，听尔便宜，但将以谋为胜，慎毋忽也。所获马二千可付凉州卫'"；朱元璋对濮英开哈梅里之路以通商旅的建议给以便宜行事之权，于是"都督濮英兵至白城，获故元平章忽都帖木儿，进至赤斤站之地，获故元豳王亦怜真及其部属一千四百人，金印一"③。经过三个月的军事行动，"都督濮英兵至苦峪，获故元省哥失里王、阿者失里王之母、妻及其家属，斩部下阿哈撒答等八十余人，遂还兵肃州"④。洪武十九年（1386）正月，"陕西都指挥使司及都督濮英奏：'西宁卫旧城卑狭，不堪戍守，今度城西百二十里许，其地平衍，可以改筑。'上可其奏，命调巩昌、临洮、平凉三卫军士筑之，未几复停其役"⑤。直到次年九月，朱元璋才又"命长兴侯耿炳文率陕西诸卫军士城西宁"⑥。濮英、耿炳文在甘肃地区的活动，实际是在履行陕西行都司的职能。《秘阁元龟政要》载：洪武二十五年（1392）二月，"以都督刘真立甘肃城池，以卫西边，寻置陕西行都指挥使司"⑦。到洪武二十六年（1393）二月，"置陕西行都指挥使司所属经历、断事二司"⑧，四月，"命右军都督府都督金事宋晟、刘真同署陕西行都指挥使司事"⑨，陕西行都司真正具备了都指挥使司的职能。

　　综合上述说法，可以确认陕西行都指挥使司初建于洪武十二年（1379），完成于洪武二十五年（1392）。

　　作为甘肃镇防御体系基础的陕西行都司，它的卫所建置是与陕西镇亦即陕西都司的卫所相交织的。《明史·地理志三》所载的陕西行都指挥使司是元甘肃等处行中书省，治甘州路。"洪武五年十一月置甘肃卫，二十五年罢。二十六年，陕西行都指挥使司自庄浪徙置于此。领

---

　　①　《明太祖实录》卷一四三，洪武十五年三月丁丑条，台湾"中央研究院"历史语言研究所1962年校印本，第2259页。

　　②　申时行等修：《明会典》卷一二四《城隍》一《都司卫所》，上海古籍出版社2002年版，第251页。

　　③　《明太祖实录》卷一三一，洪武十三年四月甲申条、丁亥条、五月壬寅条，台湾"中央研究院"历史语言研究所1962年校印本，第2077、2078、2088页。

　　④　《明太祖实录》卷一三二，洪武十三年七月甲辰条，台湾"中央研究院"历史语言研究所1962年校印本，第2104页。

　　⑤　《明太祖实录》卷一七七，洪武十九年正月壬午条，台湾"中央研究院"历史语言研究所1962年校印本，第2676~2677页。

　　⑥　《明太祖实录》卷一八五，洪武二〇年九月是月条，台湾"中央研究院"历史语言研究所1962年校印本，第2784页。

　　⑦　佚名：《秘阁元龟政要》卷十五，洪武二十五年二月，齐鲁书社1996年版，第780页。

　　⑧　《明太祖实录》卷二二五，洪武二十六年二月丙戌条，台湾"中央研究院"历史语言研究所1962年校印本，第3297页。

　　⑨　《明太祖实录》卷二二七，洪武二十六年四月乙酉条，台湾"中央研究院"历史语言研究所1962年校印本，第3312页。

卫十二,守御千户所四。"①这十二卫包括:甘州左卫、甘州右卫、甘州中卫、甘州前卫、甘州后卫,右、中、前、后"四卫俱与甘州左卫同城"②,肃州卫、山丹卫、永昌卫、凉州卫、镇番卫(临河卫)、庄浪卫、西宁卫、碾伯守御千户所、沙州卫、镇夷守御千户所、古浪守御千户所、高台守御千户所。而《明史·兵志二》的记载与此略有差异,少了一个碾伯千户所。其中的西宁卫、凉州卫、庄浪卫、甘肃卫(后为甘州后卫)、山丹卫、永昌卫原属陕西都司,后划给陕西行都司,其所记的陕西行都司是在洪武十二年(1379)添设。又据《秘阁元龟政要》载:洪武二十五年(1392)二月,"以都督刘真立甘肃城池,以卫西边,寻置陕西行都指挥使司。"刘真创立"甘州城池",这里是"古张掖之地,东抵山丹,西至高台,南邻番汉,北接胡虏,广一百八十五里,袤三百五十里"。而与甘州并称为"甘肃"的肃州乃"古酒泉郡,本甘、福、禄、玉门之地,冯胜下河西,元守臣驱民出塞,随调兰州卫兵守御也。至是置卫,领前、后、左、右、中五所,军管十百户所,寻置陕西行都指挥使司"。这里的冯胜下河西说的就是洪武五年(1372)之事,可证当时确实设置了陕西行都指挥使司,但地点是在肃州城"古酒泉郡"。至刘真时所置的陕西行都指挥使司,地点是在甘州城。"它领肃州、山丹、永昌、凉州、镇夷、庄浪、西宁、河州十三卫,高台、镇夷、古浪三千户所,并领赤斤蒙古、哈密、安定、罕东、曲先、苦峪六羌胡羁縻卫所,以控制边境。"③这里说到陕西行都司领十三卫,但史料中只列了八个卫,与前述《明史》的记载多了一个卫,尚待考证。

据《明太祖实录》的记载,洪武十二年(1379)八月,朱元璋"遣使敕庄浪、凉州、碾北三卫指挥曰:'近碾北卫来报,番将朵儿只巴部下有人来降,备言朵儿只巴与阿卜商、三副使乌合之由,未审然否,然不可不为之备。吾度其人马不下数万,不久必将入寇凉州、庄浪、碾北之地,尔等宜慎防之,士马不可轻动。此时田禾已收,野无所掠,彼亦安能久居?此不过恃其众多,欲扰边境耳。彼果众多,且宜按兵固守,观其有隙而后击之。'"④这条史料说明庄浪、凉州、碾北三个卫的存在及其在与西北番族斗争中的作用。洪武十五年(1382)三月,"置永昌卫指挥使司,隶陕西行都司"。洪武二十三年(1390)九月,"置陕西山丹卫⑤;十二月,"置甘州左卫"⑥。洪武二十五年(1392)四月,朱元璋"命凉国公蓝玉核实甘州各卫军士,分置甘州中、右、中中三卫"⑦。洪武二十七年(1394)十一月,"改甘州左卫为肃州卫指挥使司,置甘州中中卫指挥使司"⑧。洪武二十八年(1395)六月,又"改甘州中中卫复为甘州左卫指挥使司。初,陕西甘州置左右中前后并中中六卫,后改左卫为肃州卫,至是以都指挥使陈晖奏,遂改中中卫为左卫"⑨。洪武三十年(1397)正月,"改陕西临河卫为镇番卫"⑩。至此,甘肃镇的都司卫所防御体系全部

① 张廷玉等:《明史》卷四二《地理志三》,中华书局 1974 年版,第 1013 页。
② 张廷玉等:《明史》卷四二《地理志三》,中华书局 1974 年版,第 1014 页。
③ 佚名:《秘阁元龟政要》卷十五,洪武二十五年二月,齐鲁书社 1996 年版,第 780 页。
④ 《明太祖实录》卷一二六,洪武十二年八月壬辰条,台湾"中央研究院"历史语言研究所 1962 年校印本,第 2013~2014 页。
⑤ 《明太祖实录》卷二〇四,洪武二十三年九月庚寅条,台湾"中央研究院"历史语言研究所 1962 年校印本,第 3051 页。
⑥ 《明太祖实录》卷二〇六,洪武二十三年十二月甲戌条,台湾"中央研究院"历史语言研究所 1962 年校印本,第 3075 页。
⑦ 《明太祖实录》卷二一七,洪武二十五年四月辛未条,台湾"中央研究院"历史语言研究所 1962 年校印本,第 3193 页。
⑧ 《明太祖实录》卷二三五,洪武二十七年十一月乙巳条,台湾"中央研究院"历史语言研究所 1962 年校印本,第 3433 页。
⑨ 《明太祖实录》卷二三九,洪武二十八年六月乙酉条,台湾"中央研究院"历史语言研究所 1962 年校印本,第 3477 页。
⑩ 《明太祖实录》卷二四九,洪武三十年正月辛酉条,台湾"中央研究院"历史语言研究所 1962 年校印本,第 3606 页。

完成。

2. 都指挥使

洪武五年（1372）设置的甘肃卫都指挥使司由谁出任都指挥使呢？

据俞本的记载，洪武五年（1372），朱元璋"以韦正为陕西行都指挥使，岁俸职田共一千五百名"，这里的一千五百名显系错误，《明太祖实录》在洪武七年（1374）记载的是朱元璋为功臣增加岁禄，"杭州都指挥使徐司马、西安行都指挥使韦正各千五百石"①；至于韦正任都指挥使则记在洪武七年（1374）七月，"诏置西安行都指挥使司于河州，升河州卫指挥（司）［使］韦正为都指挥使，总辖河州、朵甘、乌思藏三卫，升朵甘、乌思藏二卫为行都指挥使司，以朵甘卫指挥同知琐南兀即尔、管招兀即儿为都指挥同知"②，这和俞本记载的时间差了两年，官名亦不符，俞本说的是陕西行都指挥使，《明太祖实录》说的是置西安行都指挥使司，以韦正为都指挥使。洪武九年（1376）韦正入朝《明太祖实录》未载，只在四月载："河州卫都指挥使宁正守边有功，上赐玺书劳之曰：'卿守西疆今已九年，恩威远播于戎羌，号令严明于壮士，忠心昭著于朝野，朕甚嘉焉。时当初夏，特遣人往劳卿，宜慎抚边戎，晨昏毋怠。'正初冒姓韦，至是命复本姓。"③因此韦正应该是陕西行都司的第一任都指挥使。

洪武十二年（1379）复置的陕西行都指挥使司，由谁出任都指挥使呢？史无明文记载。但是有一个人物值得我们注意，他就是宋晟。宋晟，字景阳，定远人，"父朝用，兄国兴，并从渡江，皆积功至元帅。攻集庆，国兴战殁，晟嗣其职。既而朝用请老，晟方从邓愈克徽州，召还，袭父官。累进都指挥同知，历镇江西、大同、陕西。洪武十二年坐法降凉州卫指挥使"④。宋晟在洪武四年（1371）就任江西都卫的都指挥使，洪武十二年（1379）年底从陕西都指挥使降为凉州卫指挥使⑤，自此一直在甘肃地区任职，史称四镇凉州。宋晟虽然被降职，但很快又被恢复了职级，《明太祖实录》载：洪武十五年（1382）七月，朱元璋"遣留守右卫镇抚李杲往西凉，谕都督濮英及守御都指挥宋晟曰：'七月二十日晚彗星出西北，主有贼兵出入，宜警备。自今回回之地有马驼羊畜入境，止遣亲信一二人往视，切勿发兵迎之。此辈或假以贸易为词，伏贼兵于后也。慎之！慎之！'"⑥这条史料表明，当时在甘肃地区镇守的明军有两个为朱元璋所依靠的人物，一为濮英，一为宋晟，所以朱元璋对他们发出指令，要他们谨慎处理边境事务，而且称宋晟为守御都指挥，显然是都指挥使的职级。洪武十七年（1384）九月，宋晟父亲去世，《明太祖实录》载："江西都指挥使宋朝用卒，遣官致祭，给布六十匹。朝用，凉州守御都指挥使晟之父也。"⑦此时宋晟的职级是守御都指挥使。与这几条史料相比，洪武十七年（1384）五月《明太祖实录》载"命凉州卫指挥使宋晟等率师讨西番叛酋，兵至亦集乃路，擒故元海道千户也先帖木儿、国公吴伯都剌赤、平章阿来等及其部属一万八千七百余人，收其壮士九百八十人，余悉放

---

①　《明太祖实录》卷九二，洪武七年八月乙卯条，台湾"中央研究院"历史语言研究所 1962 年校印本，第 1616 页。

②　《明太祖实录》卷九一，洪武七年七月己卯条，台湾"中央研究院"历史语言研究所 1962 年校印本，第 1595 页。

③　《明太祖实录》卷一〇五，洪武九年四月乙酉条，台湾"中央研究院"历史语言研究所 1962 年校印本，第 1762 页。

④　张廷玉等：《明史》卷一五五《宋晟传》，中华书局 1974 年版，第 4245 页。

⑤　《明太祖实录》卷一二八，洪武十二年十二月癸亥条，台湾"中央研究院"历史语言研究所 1962 年校印本，第 2031 页。

⑥　《明太祖实录》卷一四六，洪武十五年七月己巳条，台湾"中央研究院"历史语言研究所 1962 年校印本，第 2292 页。

⑦　《明太祖实录》卷一六五，洪武十七年九月丙辰条，台湾"中央研究院"历史语言研究所 1962 年校印本，第 2544 页。

还"①,这里所称的凉州卫指挥使宋晟,应该是接续宋晟被降为凉州卫指挥使而说的。到了洪武十九年(1386)九月,宋晟获得晋升,从都指挥使的最高职衔晋级为都督府的最低职衔,但这是不同层级之间的转变,史载"以凉州守御都指挥使宋晟为右军都督府都督佥事"②。洪武二十三年(1390)九月,宋晟开始执掌甘肃地区的军政事务。"上以哈梅里王兀纳失里与别部互相仇杀,遣使谕都督宋晟训练凉州、甘肃等处兵马备之。"③这表明宋晟开始成为陕西行都司的重要负责人,所以洪武二十三年(1390)十二月,《明太祖实录》载:"右军都督佥事宋晟言:'甘肃、山丹、永昌等卫军储匮乏,宜令凉州盐粮于甘肃中纳为便。'上以甘肃去凉州差远,命户部定议。尚书赵勉言:'旧例,纳粟凉州,支淮浙盐,则每引米四斗;河东盐,每引米五斗;不拘资次支给。今议输粟甘肃,宜比凉州量减,淮浙盐入粟三斗,河东盐入粟四斗,仍不拘资次支给,凉州暂且罢中。'从之。"④这明显是都司长官就军镇粮饷问题向中央提出建策,户部议复后经皇帝批准实行。洪武二十六年(1393)四月,朱元璋"命右军都督府都督佥事宋晟、刘真同署陕西行都指挥使司事"⑤,陕西行都司的行政体系开始有序化。

但是宋晟和刘真(贞)作为洪武后期的武将要随时接受朝廷的调遣东征西讨,很难实现对陕西行都司的日常管理,于是在洪武二十七年(1394)四月,朱元璋"以尚宝司丞杨能为都指挥使,洮州卫指挥使陈晖、宋国公冯胜子克让为都指挥同知,俱署陕西行都指挥使司事。能,左军都督(杨)文之弟也"⑥,杨能成为新的都指挥使;同年十月,"以府军卫指挥佥事张豫为陕西行都指挥使司都指挥佥事";十一月,又"以署陕西行都指挥使司都指挥同知冯克让为都指挥使,绥德卫指挥佥事马溥为陕西行都指挥使司都指挥同知"⑦,这是又一次调整,由冯胜之子任陕西行都司的都指挥使。此时陕西行都司还有都指挥佥事张豫、都指挥佥事石玉等人。洪武二十八年(1395)三月,朱元璋又"命左军都督府都督佥事李增枝署陕西都指挥使司事,以都指挥王英副之"⑧。李增枝是李文忠的儿子,朱元璋显然是在历练这些功臣子弟,让他们取得实际工作的经验,以便担负更大的责任。一个月后,朱元璋又"以陕西都指挥使司都指挥同知陈晖为都指挥使,王英为陕西行都指挥使司都指挥同知"⑨,这里的陈晖实际是前述的"洮州卫指挥使陈晖",在洪武二十七年(1394)四月升为都指挥同知而署陕西行都指挥使司事,《明太祖实录》在此处漏了"行"字,联系后面的史料,洪武二十八年(1395)六月"改甘州中中卫复为甘州左卫指挥使司。初,陕西甘州置左、右、中、前、后并中中六卫,后改左卫为肃州卫,至是以都指挥使陈晖奏,遂改中中卫为左卫"⑩,这里的都指挥使陈晖奏改甘州中中卫为左卫,当是行都司的长官在行政,是以陈晖成为陕西行都司新任的都指挥使,都指挥同知王英与其共事。陈晖直

① 《明太祖实录》卷一六二,洪武十七年五月丙寅条,台湾"中央研究院"历史语言研究所 1962 年校印本,第 2514 页。
② 《明太祖实录》卷一七九,洪武十九年九月戊午条,台湾"中央研究院"历史语言研究所 1962 年校印本,第 2709 页。
③ 《明太祖实录》卷二〇四,洪武二十三年九月戊申条,台湾"中央研究院"历史语言研究所 1962 年校印本,第 3057 页。
④ 《明太祖实录》卷二〇六,洪武二十三年十二月辛未条,台湾"中央研究院"历史语言研究所 1962 年校印本,第 3074 页。
⑤ 《明太祖实录》卷二二七,洪武二十六年四月乙酉条,台湾"中央研究院"历史语言研究所 1962 年校印本,第 3312 页。
⑥ 《明太祖实录》卷二三二,洪武二十七年四月癸未条,台湾"中央研究院"历史语言研究所 1962 年校印本,第 3396 页。
⑦ 《明太祖实录》卷二三五,洪武二十七年十一月乙巳条,台湾"中央研究院"历史语言研究所 1962 年校印本,第 3432~3433 页。
⑧ 《明太祖实录》卷二三七,洪武二十八年三月戊午条,台湾"中央研究院"历史语言研究所 1962 年校印本,第 3464 页。
⑨ 《明太祖实录》卷二三八,洪武二十八年四月辛巳条,台湾"中央研究院"历史语言研究所 1962 年校印本,第 3470 页。
⑩ 《明太祖实录》卷二三九,洪武二十八年六月乙酉条,台湾"中央研究院"历史语言研究所 1962 年校印本,第 3477 页。

到洪武三十年(1397)还在任,向朱元璋建议:"凉州等卫十有一,屯军三万三千五百余人,屯田万六千三百余顷,凉州、西宁、永昌、肃州、庄浪累岁丰熟,以十之二输官,八分给与士卒。其甘州、山丹等六卫地寒,四月雪消方可耕种,比苗始秀而霜已降,军伍每以缺食为病,请以凉州等卫输官粮储济其不足"①,得到朱元璋的批准;六月,"陕西行都指挥使司都指挥同知王英率兵至白石沟,搜捕鞑靼,获伯颜答失等男妇五十九人及马驼牛羊而还"②。

综上所述,从洪武二十六年(1393)起,陕西行都司的职官系列基本完善,都司的各项职能得以正常运行。

3. 镇守总兵官

洪武前中期,除洪武五年(1372)冯胜西征外,在甘肃地区没有总兵官的任命。但是,洪武十一年(1378)征讨西番的军事行动有军事统帅。史载:洪武十一年(1378)十一月,"时西番屡寇边,命西平侯沐英为征西将军,率都督佥事蓝玉、王弼,将京卫及河南、陕西、山西马步官军征之"③,征西将军沐英任这次西征的统帅,他在洪武十年(1377)曾经作为征西将军邓愈的副手征讨川藏诸部,洪武十年(1377)十一月邓愈去世,朱元璋遂用沐英做征西将军。到洪武十二年(1379)正月,"洮州十八族番首三副使汪舒朵儿、瘿嗉子、乌都儿及阿卜商等叛,据纳邻七(跕)[站]之地,命征西将军沐英移兵讨之"④;为了保证对前方战事的掌控,朱元璋又在二月"命曹国公李文忠往河州、岷州、临洮、巩昌、梅川等处,整治城池,督理军务,边境事宜,悉从节制"⑤。在这次军事征讨中,明廷设置洮州卫,"以指挥聂纬、陈晖、杨林、孙祯、李聚、丁能等领兵守之"⑥,同时朱元璋敕谕李文忠和征西将军沐英:坚守洮州,"瘿嗉子不论遁于何地,必擒缚送京而后已"⑦。后来战事获胜,李文忠在七月奉调回京,"提督大都督府事"⑧;沐英在九月"击西番三副使之众,大败之,擒三副使瘿嗉子等,杀获数万人,获马二万,牛羊十余万,遂班师";十月,"征西将军沐英等至京师,槛致番寇三副使瘿嗉子等以献,命斩之。令兵部论从征将士功,定赏升职,赐文绮钱帛有差,死事者倍其赐"⑨。任征西将军的沐英是不是总兵官呢?史无明文,但从洪武时期的其他军事行动来看,大将军徐达北伐元朝是总兵官⑩,傅友德征讨云南是总兵官⑪,冯胜征讨纳哈出是总兵官⑫,以理度之,征西将军沐英的西征也应该是总兵官,只不过这种总兵官是征伐总兵官,还不同于后来的镇守总兵官,由于修史者的忽略而未明确记载罢了。

---

①　《明太祖实录》卷二四九,洪武三十年正月戊辰条,台湾"中央研究院"历史语言研究所1962年校印本,第3607~3608页。

②　《明太祖实录》卷二五三,洪武三十年六月庚寅条,台湾"中央研究院"历史语言研究所1962年校印本,第3655页。

③　《明太祖实录》卷一二一,洪武十一年十一月庚午条,台湾"中央研究院"历史语言研究所1962年校印本,第1960页。

④　《明太祖实录》卷一二二,洪武十二年正月甲申条,台湾"中央研究院"历史语言研究所1962年校印本,第1972页。

⑤　《明太祖实录》卷一二二,洪武十二年二月戊戌条,台湾"中央研究院"历史语言研究所1962年校印本,第1974页。

⑥　《明太祖实录》卷一二二,洪武十二年二月丙寅条,台湾"中央研究院"历史语言研究所1962年校印本,第1979页。

⑦　《明太祖实录》卷一二三,洪武十二年三月丁亥条,台湾"中央研究院"历史语言研究所1962年校印本,第1986页。

⑧　《明太祖实录》卷一二五,洪武十二年七月己未条,台湾"中央研究院"历史语言研究所1962年校印本,第2006页。

⑨　《明太祖实录》卷一二六,洪武十二年九月己亥条、十月己卯条,台湾"中央研究院"历史语言研究所1962年校印本,第2014、2018页。

⑩　参见《明太祖实录》卷三五,洪武元年九月戊寅条,台湾"中央研究院"历史语言研究所1962年校印本,第634页。

⑪　参见《明太祖实录》卷一六一,洪武十七年四月壬午条,台湾"中央研究院"历史语言研究所1962年校印本,第2490页。

⑫　参见《明太祖实录》卷一八四,洪武二十年八月壬申条,台湾"中央研究院"历史语言研究所1962年校印本,第2770页。

沐英在洪武十四年(1381)九月任征南右副将军,与征南将军傅友德、左副将军蓝玉征讨云南,平定以后于洪武十六年(1383)三月奉命镇守云南①,西部甘肃地区的军事行动主要由濮英和宋晟负责,已如前述。濮英在征讨纳哈出之役中阵亡,在甘肃的军事行动就主要由宋晟和刘真两人承担。到洪武二十五年(1392)二月,随着甘州城池的修筑,朱元璋作出新的任命:"上以西凉、山丹等处远在西陲,凡诸军务宜命重臣专制之。乃命都督宋晟为总兵,都督刘真副之,遣使制谕曰:其西凉山丹诸卫军马,凡有征调悉听节制"②,宋晟成为甘肃镇的总兵,第二年朱元璋又用两人代管陕西行都司事务。

洪武二十七年(1394)正月,朱元璋正式"命曹国公李景隆佩平羌将军印,往甘肃镇守。调都督宋晟、刘贞[真]率马步壮士缉捕盗马寇边"③,李景隆成为甘肃镇的第一任镇守。洪武二十八年(1395)六月"肃王楧始就国甘肃",朱元璋以"诸王防边"的战略部署在甘肃镇开始落实。在肃王就国的当月,朱元璋"敕曹国公李景隆整饬陕西属卫士马。惟陕西行都司甘州五卫及肃州、山、甘、永昌、西宁、凉州诸卫从肃王理之;庆阳、宁夏、延安、绥德诸卫从庆王理之;其余卫所除屯种外,马步军士悉令训练,以俟征调"④。

自此以后,甘肃遂成为北边重镇之一。

八、大宁镇

大宁镇是以北平行都司为基础而建立,时间在洪武二十一年(1388)七月。

1. 都司卫所防御体系的建立

大宁都司的建置是在明廷降服北元纳哈出势力之后,但明廷对大宁地区的经略早在洪武初期就已展开。洪武七年(1374)二月,"燕山卫指挥朱杲于大宁锦川县获故元达鲁花赤王歹都等三十余人及其部民三千余口,送至京师"⑤,说明这个时期大宁是北平都司防卫之地。洪武十二年(1379)六月,朱元璋"命都督金事马云统兵征大宁"⑥,并为之指授方略。到洪武十九年(1386)年底,在完成了征讨纳哈出的战略准备之后,朱元璋敕谕冯胜:"宜于大宁诸边隘分兵置卫以控制之"⑦,于是在松亭关、大宁、会州、富峪四处进行了粮饷储备。洪武二十年(1387)三月,"大将军宋国公冯胜等率师出松亭关,筑大宁、宽河、会州、富峪四城,遂提兵驻于大宁"⑧,为大宁都司卫所的建置打下了物质基础;五月,在征讨纳哈出的战略展开之际,"大将军宋国公冯胜留兵五万守大宁"⑨,然后率领大军开赴金山,这应该是执行朱元璋的战略部署,在大宁预留的镇戍和接应预备队。由于冯胜没有很好地落实朱元璋的战略意图,所以同年八月当朱元璋知晓了冯胜在征讨纳哈出之役中的诸多不法行为后,遣使赍敕批评冯胜,其中说

①　《明太祖实录》卷一五三,洪武十六年三月甲辰条,台湾"中央研究院"历史语言研究所 1962 年校印本,第 2391 页。

②　《明太祖实录》卷二一六,洪武二十五年二月癸酉条,台湾"中央研究院"历史语言研究所 1962 年校印本,第 3183 页。

③　《明太祖实录》卷二三一,洪武二十七年正月辛酉条,台湾"中央研究院"历史语言研究所 1962 年校印本,第 3375 页。

④　《明太祖实录》卷二三九,洪武二十八年六月乙丑条、丁亥条,台湾"中央研究院"历史语言研究所 1962 年校印本,第 3475、3477 页。

⑤　《明太祖实录》卷八七,洪武七年二月乙巳条,台湾"中央研究院"历史语言研究所 1962 年校印本,第 1552 页。

⑥　《明太祖实录》卷一二五,洪武十二年六月丁卯条,台湾"中央研究院"历史语言研究所 1962 年校印本,第 1999 页。

⑦　《明太祖实录》卷一七九,洪武十九年十二月是月条,台湾"中央研究院"历史语言研究所 1962 年校印本,第 2718 页。

⑧　《明太祖实录》卷一八一,洪武二十年三月辛亥条,台湾"中央研究院"历史语言研究所 1962 年校印本,第 2731 页。

⑨　《明太祖实录》卷一八二,洪武二十年五月庚午条,台湾"中央研究院"历史语言研究所 1962 年校印本,第 2741 页。

道："又不听朕命，擅发留守大宁军卒，遂遗残胡后患。凡若此者，论以国法，皆在不宥！"①从朱元璋的语气中看，冯胜擅发留守大宁军卒，很可能把留守的五万大军给调走了，打乱了朱元璋的战略部署，所以朱元璋要再次做一番调整。

洪武二十年（1387）八月，朱元璋"置大宁卫指挥使司，以将士有罪者往戍焉"②；一个月后，又"置大宁都指挥使司及大宁中、左、右三卫，会州、木榆、新城等卫悉隶之，以周兴、吴汧为都指挥使，调各卫兵二万一千七百八十余人守其城"。从这条史料中可知，大宁都司一建立，就设置了六个卫作为都司的支撑，除了调各卫兵二万多人戍守，还"诏左副将军傅友德编集新附军，且令简练精锐于大宁屯驻，以防北虏寇抄"③。洪武二十一年（1388）七月，明廷攻灭了残元朝廷脱古思帖木儿之后，又"置北平行都指挥使司于大宁"，几天后又"以故元降将阿速为大宁前卫指挥佥事，沙不丁为大宁后卫指挥佥事，仍领所部将校……阿速等时居北平，故召用之"④。洪武二十二年（1389）正月，大宁都司各城均已修筑完毕，"会宁侯张温、北平行都指挥使司都指挥使周兴奏：修拓大宁等城成，并上其规制。大宁城门五，城周三千六十丈，濠长三千一百六十丈，深一丈九尺；会州城门四，城周一千一百二十八丈，濠长一千一百八十九丈二尺，深一丈八尺；富峪城门四，城周九百丈，濠长九百八丈二尺，深一丈三尺；宽河城门四，城周八百一十二丈，濠长八百五十九丈，深一丈五尺；创盖仓廒四十七所，计五百五十间，营房计七千五百三十三间"⑤。洪武二十七年（1394）二月，朱元璋"给赐大宁诸卫及高岭诸驿军士六万七千五百人绵布二十七万四千四百匹，绵花十万一千二百斤"⑥，说明大宁都司驻守的军队起码在六万人以上，远远超过了当时正常军卫的规模。

北平行都司永乐以后改置为大宁都司。据《都司职掌》载：洪武时期北平行都司辖有"大宁左卫，大宁右卫，大宁中卫，大宁前卫，大宁后卫，会州卫，营州中护卫，兴州中护卫"⑦。《明会典》载：大宁都司"旧为北平行都司，永乐元年改设。旧有大宁左、右卫，后改延庆左、右卫；旧有大宁中卫、大宁前卫、会州卫，俱改调京卫。大宁后卫，后改宽河卫；旧有兴州中护卫，革"⑧。《明史·兵志》亦载：北平行都司（后为大宁都司）辖有"大宁左卫，大宁右卫（二卫后为营州左、右护卫，改延庆左、右卫），大宁中卫，大宁前卫，大宁后卫（后为营州中护卫，改宽河卫），会州卫（俱改调京卫，已上俱属后府），营州中护卫，兴州中护卫（革）"⑨。

北平行都司遂成为洪武时期北边建置的第七个都指挥使司，也就是大宁镇。

2. 都指挥使

在大宁都司初建时，朱元璋就命"以周兴、吴汧为都指挥使"；北平行都司建立后，洪武二十一年（1388）十月，朱元璋"以青州左卫指挥使周兴为北平行都指挥使司都指挥使，复命燕山

---

① 《明太祖实录》卷一八四，洪武二十年八月壬子条，台湾"中央研究院"历史语言研究所1962年校印本，第2765页。

② 《明太祖实录》卷一八四，洪武二十年八月辛未条，台湾"中央研究院"历史语言研究所1962年校印本，第2769页。

③ 《明太祖实录》卷一八五，洪武二十年九月癸未条，台湾"中央研究院"历史语言研究所1962年校印本，第2777页。

④ 《明太祖实录》卷一九二，洪武二十一年七月甲申条、庚寅条，台湾"中央研究院"历史语言研究所1962年校印本，第2888、2889页。

⑤ 《明太祖实录》卷一九五，洪武二十二年正月壬午条，台湾"中央研究院"历史语言研究所1962年校印本，第2924页。

⑥ 《明太祖实录》卷二〇〇，洪武二十三年二月辛酉条，台湾"中央研究院"历史语言研究所1962年校印本，第2999页。

⑦ 佚名：《诸司职掌》，上海古籍出版社2002年版，第226页。

⑧ 申时行等修：《明会典》卷一二四《城隍》一《都司卫所》，上海古籍出版社2002年版，第261页。

⑨ 张廷玉等：《明史》卷九〇《兵志二》，中华书局1974年版，第2203页。

左护卫指挥同知陈亨为都指挥使佐之"。① 周兴在洪武二十二年（1389）年底就大宁军储问题提出建策："大宁军储不给，请令商人纳粟中盐。乃命户部定议：凡于大宁输粟五斗者，给淮浙盐一引"②。洪武二十五年（1392）三月，周兴任北平都指挥使，作为总兵官统军出塞作战，而北平行都司都指挥使的人选不见《明太祖实录》记载，实际上是由周兴的副手陈亨接任。据明人李贤主编的《明一统志》载："陈亨，寿州人，勇敢善骑射。国初从征，渡江，以功累升后军都督金事，仍掌北平行都司事。后从军平内难，鏖战坝上，乘胜而南，至白沟，奋击冲阵，以疾卒，追封泾国公，谥襄敏。"③明人过庭训的《本朝分省人物考》记载得更为详细："陈亨，凤阳寿州人，生而奇伟，有大志。元季为扬州万户，时高皇帝龙飞濠梁，岁丁酉（元至正十七年，1357）仗策叩军门上谒，高皇帝奇之，选为铁甲长"，陈亨归附朱元璋后屡立奇功，攻张士诚、灭陈友谅等大战他都参加了，"洪武己酉（洪武二年，1369），调守大同，攻王保保、魏伯章，俱有功"，六年后，"乙卯（洪武八年，1375），擢燕山左卫指挥金事"，这是他在北平镇任中级指挥官，"戊辰（洪武二十一年，1388）冬，以守御边陲久效劳绩，特升骠骑将军、北平行都司指挥使"，这和《明太祖实录》中的记载相吻合，"戊寅（洪武三十一年，1398），升后军都督金事，仍掌行都司事。"④这些记载显示，从洪武二十一年到三十一年，陈亨一直在大宁任职，掌行都司事，这也是他在靖难兵起之后投奔燕王朱棣的内在根源。与明人的记载相比较，清修《明史》的《陈亨传》载："陈亨，寿州人。元末扬州万户。从太祖于濠，为铁甲长，擢千户。从大将军北征，守东昌。敌数万奄至，亨固守，出奇兵诱败之。复从徇未下诸城。洪武二年守大同。积功至燕山左卫指挥金事。数从出塞。迁北平都指挥使。及惠帝即位，擢都督金事。"⑤这里的差别在于明人记载为掌北平行都司事，而清人记载为北平都指挥使，其间差了一个"行"字，也就与历史的真相差了许多。

3. 镇守总兵官

北平行都司建立不久，朱元璋就开始在北边落实"诸王防边"的战略部署，因此燕王朱棣就成为北平地区的最高军事统帅。

洪武二十二年（1389）四月，朱元璋为了了解北平一带的军事实力，"诏兵部核实北平都指挥使司并行都司、燕山左护等卫编伍军士，凡一十三万九千八百人；山东都指挥使司并青州左护等卫军士，凡六万七千四百一十人"⑥。摸清底细后，朱元璋决定让燕王、晋王率军征讨故元残余势力丞相咬住、太尉乃儿不花、知院阿鲁帖木儿等，为此"命颍国公傅友德为征虏前将军，南雄侯赵庸为左副将军，怀远侯曹兴为右副将军，定远侯王弼为左参将，全宁侯孙恪为右参将，赴北平训练军马，听今上（燕王）节制。时先已遣定远侯王弼往山西练兵，因敕弼以山西兵听晋王节制"⑦。经过周密准备，三月，由燕王"率师出古北口，征虏前将军颍国公傅有德、左副将

---

① 《明太祖实录》卷一九四，洪武二十一年十月丙寅条，台湾"中央研究院"历史语言研究所 1962 年校印本，第 2914 页。

② 《明太祖实录》卷一九八，洪武二十二年十二月甲寅条，台湾"中央研究院"历史语言研究所 1962 年校印本，第 2975 页。

③ 李贤：《明一统志》卷七《陈亨传》，清文渊阁四库全书本。

④ 过庭训：《本朝分省人物考》卷十六，《南直隶凤阳府三·陈亨》，明天启刻本。

⑤ 张廷玉等：《明史》卷一四五《陈亨传》，中华书局 1974 年版，第 4093 页。

⑥ 《明太祖实录》卷一九六，洪武二十二年四月甲辰条，台湾"中央研究院"历史语言研究所 1962 年校印本，第 2942 页。

⑦ 《明太祖实录》卷一九九，洪武二十三年正月丁卯条，台湾"中央研究院"历史语言研究所 1962 年校印本，第 2981~2982 页。

军南雄侯赵庸、右副将军怀远侯曹兴等各以所部从"①。我们看这里的军事领导体制明显是皇帝—燕王—傅友德等诸将,这是诸王防边战略的具体体现。

降服乃儿不花之后,洪武二十四年(1391)正月,朱元璋命"颍国公傅友德佩征虏将军印充总兵官,定远侯王弼充左副将军,武定侯郭英充右副将军,于邳、徐、滕、兖、济南、平山、德州、乐安及北平都司属卫遴选精锐军士,训练以备边"②;同年九月,傅友德等回到京师,向朱元璋报告:"训练北平等都指挥使司军士凡八万二千零五十六人,马二万六千二百四十匹"③。洪武二十六年(1393)三月,诸王防边的军事领导体制终于以法令的形式加以明确:"命宋国公冯胜、颍国公傅友德等往北平等处备边,其山西属卫将校悉听晋王节制,北平属卫将校悉听今上(燕王)节制,凡军中应有机务,一奏朝廷,一启王知,永著于令。"④

在诸王防边的体制下,洪武二十五年(1392)三月,前述的北平行都司都指挥使周兴转任北平都指挥使,并被任命为总兵官,统兵出塞。朱元璋"遣使敕今上(燕王)曰:'朔漠虽平定,而残胡散处绝塞,聚必为患。其选北平都司并护卫骑兵之精锐者六七千人或万余人,间以乃儿不花等所部军士,列为队伍,各裹糇粮,命北平都指挥使周兴为总兵官,远巡塞北,搜捕残胡,以绝弭边患。其乃儿不花部曲,谙知地形,令为乡导,必多擒获'"⑤;四月,周兴统兵出居庸关;八月,周兴取得了彻彻儿山之捷⑥,这次作战目标是蒙古残部。洪武二十八年(1395)正月,周兴再任总兵官统兵出塞,史载:"敕今上(燕王)发北平二都指挥使司并辽东都指挥使司属卫精锐骑兵七千、步兵一万,命都指挥使周兴为总兵官,同右军都督佥事宋晟、刘真往三万卫等处剿捕野人,其属卫指挥庄德、景保安、张玉、卢震等悉令从征"⑦,这次的作战目标是野人女真,明军深入嫩江、松花江流域。周兴作为北平都指挥使任总兵官,自然要在燕王的掌控之下。洪武二十九年(1396),燕王直接率军出塞,史载:"今上(燕王)率诸军北至彻彻儿山,遇胡兵与战,擒其首将孛林帖木儿等数十人,追至兀良哈秃城,遇哈剌兀,复与战,败之,遂旋师"⑧,朱元璋以诸王防边的战略构想在燕王身上得到了很好的贯彻。此后,总兵官成为诸王的下属,这从洪武三十一年(1398)朱元璋的临终安排即可看出,朱元璋任命杨文做北平地区的总兵,"敕左军都督杨文曰:'兵法有言:贰心不可以事上,疑志不可以应敌,为将者不可不知是也。朕子燕王在北平,北平中国之门户,今以尔为总兵,往北平参赞燕王,以北平都司、行都司并燕、谷、宁三府护卫选拣精锐马步军士,随燕王往开平堤备。一切号令皆出自王,尔奉而行之,大小官军悉听

①　《明太祖实录》卷二〇〇,洪武二十三年三月乙丑条,台湾"中央研究院"历史语言研究所1962年校印本,第3000～3001页。

②　《明太祖实录》卷二〇七,洪武二十四年正月戊申条,台湾"中央研究院"历史语言研究所1962年校印本,第3083～3084页。

③　《明太祖实录》卷二一二,洪武二十四年九月壬寅条,台湾"中央研究院"历史语言研究所1962年校印本,第3146页。

④　《明太祖实录》卷二二六,洪武二十六年三月丙辰条,台湾"中央研究院"历史语言研究所1962年校印本,第3305页。

⑤　《明太祖实录》卷二一七,洪武二十五年三月甲申条,台湾"中央研究院"历史语言研究所1962年校印本,第3188～3189页。

⑥　参见《明太祖实录》卷二二〇,洪武二十五年八月庚申条,台湾"中央研究院"历史语言研究所1962年校印本,第3223页。

⑦　《明太祖实录》卷二三六,洪武二十八年正月甲子条,台湾"中央研究院"历史语言研究所1962年校印本,第3446页。

⑧　《明太祖实录》卷二四五,洪武二十九年三月甲子条,台湾"中央研究院"历史语言研究所1962年校印本,第3553页。

节制,慎毋贰心而有疑志也。"①

洪武晚期,燕王是镇守北边的军事统帅,是事实上的镇戍总兵官。

以上就是明代洪武时期北边军镇的建置情况,自大宁都司设立之后,明朝北边再没有新的军镇设立,说明此时北边防线基本成形,它是以辽东、大宁、北平、大同、太原、西安、甘肃七个都司级军镇为防御主体,并有若干卫级军镇(含直属都司的守御千户所)为支撑的军事防御体系。这一点从洪武晚期朱元璋对北边军镇的军需补给中可以看到。如洪武三十年(1397)正月,朱元璋下令"给赐陕西、北平、山西、辽东等七都司所属卫所及秦、晋、燕、代、肃、辽、庆、宁、谷王府护卫仪卫司军校等绵花布匹。"②洪武三十一年(1398)春,同样"给赐陕西、北平、山西、辽东等七都司所属卫所及诸王府护卫等军校冬衣布花各有差。"③这里的七都司即陕西都司(西安)、陕西行都司(甘肃)、北平都司(北平)、北平行都司(大宁)、山西都司(太原)、山西行都司(大同)和辽东都司,反映的是洪武晚期朱元璋北边军镇定型及诸王防边的落实情况。

第四节 洪武时期的北部边防建设

一、北部边防建设的措施

1. 迁徙山后之民以造成与蒙古交界的无人地带

明人严从简称:洪武二年(1369)正月,"参将傅友德及元脱列伯战于宣德,败之,诏吏民内徙。以元主虽奔,遗孽数出没,且斥堠未立,保聚为难故也。"他引用宣大人尹畊的话说:"皇祖不得已也。边土为虏巢穴者垂三百年矣,一旦空之,故得无扰。是故宋人不能有其地,则生口是俘。国初不能已其害,则吏民内徙,正一时之权也。……皇祖始则急其害而徙民,既则图其成以置镇,时宜之道存,而不得已之意见矣。"④这段议论说明了明初徙民的根本目的,主要是为了防止残元势力的掠夺和袭扰,将民众内徙,在沙漠的边缘制造一个无人区,既能防止吏民被杀掠,又能防止其中某些人作蒙古入掠的内应。《明史·食货志》载:"徐达平沙漠,徙北平山后民三万五千八百余户,散处诸府卫,籍为军者给衣粮,民给田。又以沙漠遗民三万二千八百余户屯田北平",李洵注释说:"山后,指今河北省太行山北端,军都山迤西地区。徐达徙山后民事见《明太祖实录》洪武四年六月戊申条,这次徙民共35 800户,197 027口。"关于沙漠遗民,李洵注释说:"指为明军收降的元朝势力北走后遗留下的军民。"⑤此条的出处也是《明太祖实录》洪武四年(1371)六月戊申条。这两条资料所记载的徙民户数已达35 800户,人口197 000左右。中国台湾学者徐泓撰有专文探讨明初的人口迁徙问题,在其《明洪武年间的人口迁徙》一文中,论及从塞外向内地移民时认为:"对于蒙古官兵与塞外边民的处理,最初并无一定的政策,洪武三年以后,陆续将归降的故元官吏及将士家属和塞外边民分别迁至南京、北

---

① 《明太祖实录》卷二五七,洪武三十一年五月戊午条,台湾"中央研究院"历史语言研究所1962年校印本,第3715页。

② 《明太祖实录》卷二四九,洪武三十年春正月甲戌条,台湾"中央研究院"历史语言研究所1962年校印本,第3611页。

③ 《明太祖实录》卷二百五十六,洪武三十一年正月壬申条,台湾"中央研究院"历史语言研究所1962年校印本,第3697页。

④ 严从简:《殊域周咨录》卷十六《鞑靼》,中华书局1993年版,第510~511页。

⑤ 李洵:《明史食货志校注》,中华书局1982年版,第11页。

平诸卫府州县。洪武七年正式下令：塞外夷民一律迁入内地。至此，内徙沿边蒙古归附官兵将士才成为既定政策。内徙边民一方面是为了减少蒙古入侵时边民作为内应的危险，另一方面也是出于文化上的考虑，使夷民与汉人杂居，以汉文化同化。"①徐泓经过统计后计算出：洪武元年（1368）至五年（1372）移徙的人口总数是 563 822 人，占洪武年间迁移总数的 33.3%，内中元朝遗民与塞北归降军民约为 520 410 人，占本次移徙人数的 92.3%。从现在蒙古高原的人口密度来看，每平方公里也不过 9 人，在元末明初其人口密度当会更稀，如果按现今密度的 1/3 来计算，移徙这 52 万多人，会使 17 万多平方公里的土地成为无人区，这对阻止蒙古高原上残元势力的南下，使其无法得到人员和物资上的补给，肯定会起到相当大的作用。

2. 设法解决边防驻军的供饷，由此而形成明代的边防屯田与开中法

在防御蒙古的北边防线形成后，为了供应这些军队的给养，明朝不得不从南方调运大批粮食、衣物以供军需。如洪武七年（1374）二月，仅向大同诸卫所运送的战袄及棉裤裙和鞋等就达"十四万六千"②。军粮问题则更是后方供应的沉重负担，由此而有明代的卫所屯田之制和盐法上开中法的产生。

还在洪武三年（1370）时，郑州知州苏琦就上疏陈言三事：其一为在北边"屯田积粟以示久长之规"，其二为选股肱之臣以镇守要害，其三为"垦田以实中原"。朱元璋认为有道理，命有司"参酌行之"。③ 洪武七年（1374）正月，朱元璋进一步认识到屯田问题的重要，对下属说："今重兵之镇，惟在北边。然皆坐食民之租税……兵食一出于民，所谓农夫百，养战士一，若徒疲民力以供闲卒，非长策也。古人有以兵屯田者，无事则耕，有事则战，兵得所养而民力不劳，此长治久安之道。"④在这一战略思维指导下，都督佥事王简被派往河南、王诚被派往山东、平章李伯升被派往河北，经理屯田事宜。朱元璋将其创业之初的经验进一步推广到各地的卫所，用以解决使政府颇感沉重的军队给养问题。此后，军屯渐在各卫所驻扎地区全面展开，特别是为防御蒙古而屯驻重兵的北边防线，"东自辽左，北抵宣、大，西至甘肃，……在在兴屯"，及至后来形成边防沿线"三分守城，七分屯种"⑤的常制。卫所屯田成为明代北部边防建设的重要基础。

由于屯田积粟受到农业生产周期及年成好坏的限制，朱元璋又实行了盐法上的开中法以保证边防线上的军粮供应，这就是"召商输边粟而与之盐"⑥。洪武三年（1370），山西行省官员上奏说："大同粮储，自陵县长芦运至太和岭，路远费重。若令商人于大同仓入米一石，太原仓入米一石三斗者，给淮盐一引，引二百斤。商人鬻毕，即以原给引目赴所在官司缴之。如此则转输之费省而军储之用充矣。"⑦朱元璋准奏，开始实行"召商输粮而与之盐"的开中法。洪武四年（1371）又确定了开中则例，"先后增减，则例不一，率视时缓急，米直高下，中纳者利否。

① 林金树文：《台湾学者徐泓论明初的人口移徙》，《中国史研究动态》1987 年第 6 期。
② 《明太祖实录》卷八七，洪武七年二月癸亥条，台湾"中央研究院"历史语言研究所 1962 年校印本，第 1555 页。
③ 《明太祖实录》卷五十，洪武三年三月丁酉条，台湾"中央研究院"历史语言研究所 1962 年校印本，第 977~978 页。
④ 《明太祖实录》卷八七，洪武七年正月甲戌条，台湾"中央研究院"历史语言研究所 1962 年校印本，第 1545 页。
⑤ 张廷玉等：《明史》卷七七《食货志一》，中华书局 1974 年版，第 1884 页。
⑥ 张廷玉等：《明史》卷九一《兵志三》，中华书局 1974 年版，第 2239 页。
⑦ 《明太祖实录》卷五三，洪武三年六月辛巳条，台湾"中央研究院"历史语言研究所 1962 年校印本，第 1053 页。

道远地险,则减而轻之"①。商人交粮后,政府按规定给以应支的盐引,令其转卖获利。后因转运费时费力,"富商大贾悉自出财力,募民垦田塞下"②,开中法的实行,对于保证北部边防的军粮供应起了积极作用。

3. 巡边与秋防制度的形成

朱元璋所确定的"固守封疆"的基本原则是"来则御之,去则勿追,斯为上策"③。这成为明代北部边防的基本方略。在此方略指导之下,明军在攻克元大都之后,马上就派骁骑右卫千户陈谅巡逻古北口,"获貊高部将李德明、刘答失帖木儿、谢文振、尹野间等三十九人而还"④。当北边防线基本稳定后,又进一步规定了每年春、秋定期巡边的制度,作为边防部队的一项根本任务,常年执行。洪武九年(1376)正月,朱元璋命中山侯汤和、颍川侯傅友德、金都督蓝玉、王弼等率师往延安防边,他敕谕说:"自古重边防,边境安则中国无事,四夷可以坐制。今延安地控西北,与胡虏接境,虏人聚散无常,若边防不严,即入为寇,而后逐之,则塞上之民必然受害。"为防止蒙古族入掠所造成的损害,朱元璋屡敕边将严为之备,他告诫汤和等人"至边上常存戒心,虽不见敌,常若临敌,则不致有失"⑤。特别是每年秋收时节,为防备蒙古族的入掠而定期调内地卫所官军轮班防守,由此而形成明代北部边防线特有的秋防制度。

洪武年间每年开春之时,朱元璋都要派重要将领率兵备边,对防秋更是重视。这是由牧业生产与农业生产的特点相交叉而形成的。

由于蒙古高原的地理环境和气候特点,每年春季,塞上牧草返青早,游牧的蒙古族为抓住时机让畜群及早吃上青草,必定要南下到长城沿线,由此为其进入农业区域扰掠提供机会。而每到秋季,农业民族进入收获的季节,游牧民族也正是秋高马肥之际,长城以内丰收的粮食、蔬菜瓜果以及家畜等,就成了他们掠夺的好物品。正由于这种农牧业生产相交叉的特点,使春秋二季成为蒙古族南下袭扰掠夺的好时机,也成为中原农业民族防备游牧民族袭击的紧要时期。相比较而言,春季游牧民族的入掠还差一些,因为这时的马匹经过冬季长期的消耗,体质正弱,因而战斗力不强;秋季则不同,马匹抢足了秋膘,气候也是天清气爽,正是游牧民族战斗力最强之时,再加上长城以内丰收果实的吸引,因而成为其对农业民族袭扰最多最烈、危害最大的时期。如洪武七年(1374)九月,燕山都卫指挥使朱杲、通州卫指挥佥事郑治、汝宁卫指挥佥事冯俊、密云卫指挥佥事张斌等率师出古北口防秋,"猝遇胡寇,皆力战以死",朱元璋"命所司厚恤其家,亲制文遣官临祭",他在祭文中指责"主将乖于调发,使尔猝然遇寇,众寡不敌",虽经奋身苦战,"终不能脱,遂致殒身"⑥。朱元璋亲自撰写祭文,是因为朱杲乃都指挥使一级的高级将领,且在北边多次立功,也反映了朱元璋对防秋巡边的重视,撰文致祭的目的就是为了表示一种政治姿态,激励士气。

春秋二季的防边如此重要,所以朱元璋对防边的将帅屡屡加以告诫。洪武二十八年(1395)十一月,他遣使"敕陕西行都指挥使司曰:'西凉、甘、肃、山丹屡被胡虏入寇,宜留精锐

---

① 张廷玉等:《明史》卷八十《食货志四》,中华书局1974年版,第1935页。
② 张廷玉等:《明史》卷九一《兵志三》,中华书局1974年版,第2239页。
③ 《明太祖实录》卷七八,洪武六年正月壬子条,台湾"中央研究院"历史语言研究所1962年校印本,第1425页。
④ 《明太祖实录》卷三四,洪武元年八月丙子条,台湾"中央研究院"历史语言研究所1962年校印本,第605页。
⑤ 《明太祖实录》卷一〇三,洪武九年正月是月条,台湾"中央研究院"历史语言研究所1962年校印本,第1739页。
⑥ 《明太祖实录》卷九三,洪武七年九月是月条,台湾"中央研究院"历史语言研究所1962年校印本,第1626页。

军马备之。但时于境上巡逻,不可深入其地。若春秋耕获之时,尤宜严加守备",①由此可见,春秋防边的制度,乃是在自然因素影响之下的一种人为举动,它是明代在蒙古族退居漠北以后与中原农业区域相持情况下的一种特殊产物,由于朱元璋的耳提面命,最终成为明代的一项制度化措施。从朱元璋在洪武三十年(1397)四月敕其子晋王、燕王的"备边十事"中,可以看出这一点。备边十事:一为对开平防边擒胡大小将校要"阅实明白,具籍以闻",要求二王"谨斥堠,广布置,务殚智虑,设法提防";二为选人领精骑在方圆二百里左右进行侦察;三为设十路斥堠,加强瞭望;四为二王之防军不可久驻一处,要东西南北往来,但须在斥堠以里;五为要求晋王、燕王、辽王、宁王、谷王、代王等塞王进京"别有议,非面谕不可";六为要求将从东胜至开平、大宁、广宁等地屯田的播种、长势、收获情况一岁三报;七为要求开报马匹繁殖情况;八亦是关于马匹之事;九为点视队伍数字;十仍为关于马匹之事。② 当他得知燕王、晋王统军出开平数百里时,非常震惊,"遣人赍敕往谕之",告诫他们:"古人论兵贵乎知己知彼,若能知彼,又能知己,虽不能胜亦无凶危。不知己,又不知彼,猝与敌遇,凶莫甚焉。"指出他们仅率数千匹马出开平三四百里、驻于旷塞之中的危险状况,"设使胡兵数万,昼潜夜行,隐柳藏荻,猝然相遇,彼以数万,我以数千,何以当之? 若欲纵辔驰行,其将何以全军士哉!"要求他们以后提兵远行务必"深思熟虑"。③ 在朱元璋的谆谆告诫下,春秋防边、特别是秋防制度,成为明代北边防务的重要内容,一直为明廷所遵循。

4. 边墙堡塞的修筑

在中国古代的历史条件下,农业民族为要防止游牧民族的袭击,主要有两种有效的办法:一是"清沙漠",即集结大批兵力,远出塞外作战,摧毁游牧民族的军事主力,使其产生畏惧心理,无力或不敢对中原内地发动攻掠。如两汉北击匈奴,使匈奴发生分裂,南匈奴降汉,北匈奴在东汉王朝的打击下不得不西迁;洪武时期屡次出塞也是这个目的。二是修筑长城,在长城沿线驻重兵防守,凭借高高的城墙,阻止游牧民族对中原的零星袭扰。而在中原王朝武力不够强大或经济力量不足以支持远出塞外作战时,修筑长城以阻挡游牧民族铁骑的冲突,就成为最可行的手段。在中国古代,除了秦始皇之外,修筑长城时间最长、耗费民力最巨的恐怕就是明代了。因此,今人说:"万里长城的工程量确是惊人的,仅以明朝一次所修筑的长城粗略估计一下,若以修筑长城的砖石、土方用来修筑一道厚 1 米,高 5 米的大墙,这道墙可环绕地球一周而有余。如果用来铺筑一条宽 5 米,厚 35 厘米的马路,那就能环绕地球三四周了。"④这就是明朝修筑长城的历史背景,只不过明人不言长城,而将其称为"边墙"。

明朝长城的修筑始于洪武年间。但当今学者有谓明人修长城始于洪武元年(1368),如说朱元璋采纳了朱升"高筑墙"的建议,在"正式建国号的第一年洪武元年(公元 1368 年)就派大

① 《明太祖实录》卷二四三,洪武二十八年十一月乙丑条,台湾"中央研究院"历史语言研究所 1962 年校印本,第 3528 页。

② 《明太祖实录》卷二五二,洪武三十年四月乙酉条,台湾"中央研究院"历史语言研究所 1962 年校印本,第 3638 ~ 3640 页。

③ 《明太祖实录》卷二五三,洪武三十年六月庚寅条,台湾"中央研究院"历史语言研究所 1962 年校印本,第 3655 ~ 3656 页。

④ 罗哲文:《长城》,北京出版社 1982 年版,第 1~2 页。

将军徐达修筑居庸关等处长城。洪武十四年(公元1381年),又修筑山海关等处长城。"[1]考诸史实,其言洪武元年(1368)筑长城事不确。洪武元年(1368)八月徐达攻克元都,同年九月、十月忙于扫清北京外围元朝势力,十一月开始进军山西,十二月初一克太原,然后在洪武二年(1369)三月进军陕西,直到八月底徐达都在陕西战场,然后就是奉召回南京,洪武三年(1370)又奉命进军西北与王保保作战,这是明初消灭元军主力作战最为繁重的时节,徐达根本没有这个时间来修筑长城,所以《明太祖实录》无载。即如顾祖禹所说居庸关的修筑:"明初既定元都,洪武二年,大将军达垒石为城,(即今南口城也。)以壮幽燕门户(三年,徙山后诸州之民于关内,于居庸关立守御千户所)。"[2]这里的修关时间是在洪武二年(1369),如果是在这年修关的话,其主持修建者肯定不是徐达,或许是徐达留守北平的都督孙兴祖、都府佥事华云龙,事尚待考。

从洪武四年(1371)正月开始,徐达连年在北边"操练军马,缮治城池"[3],练兵防边,其间亦有领兵出塞作战,但未见有修长城的记载。直到洪武十四年(1381)《明太祖实录》才有"征虏大将军魏国公徐达发燕山等卫屯兵万五千一百人修永平、界岭等三十二关"[4]的记载,这正是徐达受命为征虏大将军率师征讨乃儿不花之时。总体来看,洪武年间修筑长城的规模并不大,主要在于明朝后来在塞外设立有大宁、开平、东胜等都司卫所作为前沿防线,长城作为第二道防线,其战略地位尚不如塞外筑城重要。因而洪武二十年(1387)北征纳哈出,有塞外大宁等四城的修筑[5],洪武三十年(1397)有"城开平卫"[6]的举动。不过到了正统以后,由于明朝北边防线的南撤,长城成为阻挡蒙古族南下的第一道防线,地位越来越重要,于是明廷开始动用大批人力物力修筑长城,边墙之工一直延续到万历年间。

二、北部边防的军事镇戍与领导体制

清人称"明以武功定天下",说明在明王朝建立和巩固过程中,军队起着至关重要的作用,反映在北部边防上,就是军事镇戍制度的存在与演变。明初这一军事镇戍制度的基本情况是"自京师达于郡县,皆立卫所。外统之都司,内统于五军都督府,……征伐则命将充总兵官,调卫所军领之;既旋则将上所佩印,官军各回卫所"[7]。

前文已考察洪武时期北边防线以都司卫所为体系的七个军镇之建置,从当时的实际情况来看,这些军镇的武装镇戍功能可以从两个方面考察,即平时的统军驻防系统和有战事时的战时征伐系统,这是军事镇戍功能在不同层次的体现。在各都司卫所的辖区,它要负责该地区的防御、镇戍,有固定的汛地,要定期巡逻,域内有警要及时出动以执行防、镇的职责,防御重点对外,镇戍重点对内;当朝廷有征战任务时,各都司卫所兵要听调,由镇将即其长官统领,受中央

①   罗哲文:《长城》,北京出版社1982年版,第46页。又,郭厚安撰《弘治皇帝大传》亦采用其说,谓:"根据记载,洪武元年曾派大将军徐达修筑居庸关等处长城,十四年(1381年)又修筑山海关等处长城。"

②   顾祖禹:《读史方舆纪要》第一册,中华书局1955年版,第464页。

③   《明太祖实录》卷六十,洪武四年正月丁亥条,台湾"中央研究院"历史语言研究所1962年校印本,第1168页。

④   《明太祖实录》卷一三五,洪武十四年正月辛亥条,台湾"中央研究院"历史语言研究所1962年校印本,第2141页。

⑤   《明太祖实录》卷一八一,洪武二十年三月辛亥条,台湾"中央研究院"历史语言研究所1962年校印本,第2731页。

⑥   《明太祖实录》卷二四九,洪武三十年正月辛未条,台湾"中央研究院"历史语言研究所1962年校印本,第3608页。

⑦   张廷玉等:《明史》卷八九《兵志一》,中华书局1974年版,第2175页。

差遣总兵官的指挥,执行作战任务,执行边地防御屯戍任务,作战任务事毕即回,边地屯戍则有时间期限,定期轮换,以均劳逸,休整部队。如洪武四年(1371)三月,朱元璋命中书省臣:"山北口外东胜、蔚、朔、武、丰、云、应等州皆极边沙漠,宜各设千、百户,统率(十)[士]卒,收抚边民,无事则耕种,有事则出战。"①这是最基本的任务。洪武四年(1371)十二月,"延安中部县盗刘亨等作乱,延安卫千户曹隆率兵讨之,斩亨,余众溃散"②。这是对内的镇压功能。洪武五年(1372)正月,"胡兵寇汾州,大同卫指挥佥事蔡端追至葫芦口,擒获八百余人及孳畜以还"③。这是对外的防御功能。至于朝廷的征调,如洪武四年(1371)正月,"命中书右丞相魏国公徐达往北平,操练军马,缮治城池。济南卫指挥佥事盛熙领兵二千人,济宁左卫指挥房宽、厉达领兵五千人,青州卫指挥佥事周兴领兵四千人,莱州卫指挥同知胡泉领兵三千人,徐州卫指挥佥事司整、李彬领兵二千人,悉听节制。"④洪武六年(1373)正月,朱元璋又"命魏国公徐达、曹国公李文忠等往山西、北平,练兵防边"。当他们走到池河时又被召回,同年三月侦知蒙古军有窥塞之意,乃再"命魏国公徐达为征虏大将军、曹国公李文忠为左副将军、宋国公冯胜为右副将军、卫国公邓愈为左副副将军、中山侯汤和为右副副将军,统诸将校,往山西、北平等处备边"。⑤ 徐达率军在北边备御,或驻临清,或驻北平,驻山西,相机征剿入塞袭扰的蒙古军。这里可以看出朱元璋北边防御部署的端倪:它是由边方都司和军卫构成第一线的防御,但由于蒙古军骑兵作战的特殊性,又使都司军卫固定防区的军镇体系产生局限,不足以应付重大边患,所以有战时征伐系统的长期存在。前述徐达受命为前敌统帅,练兵防边,就是战时征伐系统真实而又具体的存在。洪武十八年(1385)前徐达连年出镇北边,徐达去世后,朱元璋又相继任命冯胜、蓝玉、傅友德等开国名将继续练兵防边并执行作战任务。每当大将军受命为总兵官⑥率军出征时,边方都司卫所都要听从节制,由此而形成北部边防的双重军事领导体制,平时驻防系统是由五军都督府掌控都司、都司掌控各卫和守御千户所、卫掌控千户所和百户所;战时征伐系统是由大将军挂印充总兵官,统率副将军以下及征调来的都司卫所军队,形成明廷的军事主力,执行大规模的野战任务,战区都司卫所俱听节制。这样构成的北边防御体系,是一个有前沿、有纵深的防御体系,可以有效地保卫塞内农业区的安全,充分说明明代军事防御的重点所在。

---

① 《明太祖实录》卷六二,洪武四年三月癸巳条,台湾"中央研究院"历史语言研究所1962年校印本,第1197页。

② 《明太祖实录》卷七十,洪武四年十二月是月条,台湾"中央研究院"历史语言研究所1962年校印本,第1312页。

③ 《明太祖实录》卷七一,洪武五年春正月庚戌条,台湾"中央研究院"历史语言研究所1962年校印本,第1313页。

④ 《明太祖实录》卷六十,洪武四年正月丁亥条,台湾"中央研究院"历史语言研究所1962年校印本,第1168页。

⑤ 《明太祖实录》卷七八,洪武六年春正月壬子条;卷八十,三月壬子条,台湾"中央研究院"历史语言研究所1962年校印本,第1424、1451页。

⑥ 有学者撰文论述明代的总兵制度[张士尊《明代总兵制度研究》上、下,《鞍山师范学院学报》(综合版)1997年9月、1998年9月],认为"总兵这一职务名称最早出现在洪武二年"。其实作为差遣的总兵职务从朱元璋起兵时就有,最典型的例子就是郭子兴朱元璋命任总兵增援和阳与诸将约期筑城一事;作为受命率军征讨一方的总兵官,既是差遣,又是官职,则以徐达率领大军北伐为代表,这是朱元璋明确肯定的。《明太祖实录》(卷三五)在洪武元年九月载朱元璋以元都平诏天下,两次谈到命总兵官处理各种事务。卷四六洪武二年十月癸未条有"命潭州卫指挥同知丘广为总兵官"的记载,卷八十洪武六年三月甲子条有"以广洋卫指挥使于显为总兵官"的记载,卷八七洪武七年正月甲戌条有"以靖海侯吴祯为总兵官"的记载,卷一一九洪武十一年六月己巳条有命辰州卫指挥杨仲名为总兵官的记载,卷一四八洪武十五年九月是月条有征南将军颍川侯傅友德为总兵官的记载,卷一六六洪武十七年十月壬申条有"总兵官延安侯唐胜宗"的记载,这些记载说明总兵官制度是从明朝一建立就有的制度,并非该文作者所认定的洪武二十年以后的事。

明代北部边防是一个军事的存在,无论平时的驻防系统还是战时的征伐系统,都有大量的军队控制在各级将官的手中。因此,如何由中央牢固地控制这批军队,防止前代武将专兵威胁朝廷、造成分裂、割据局面的出现,事关朱明皇朝的安危、中央集权的巩固,这成为朱元璋必须解决的问题。从洪武时期的整个形势来看,朱元璋的解决办法有得有失,很值得探讨。

从得的方面说,朱元璋较好地解决了武将专兵的问题。具体措施有如下几点:其一,统兵权和调兵权的分离,兵部和五军都督府互相牵制,其权力由皇帝控制,所谓"凡军制内外相维,武官不得辄下符征发"。其二,都司卫所的将官实行流动,而将官的选授则由兵部掌握,奏请皇帝批准,所谓"凡除授出自中旨者,必复奏然后行之"。[①] 其三,实行兵将分离。所谓"征伐则命将充总兵官,调卫所军领之;既旋则将上所佩印,官军各回卫所。盖得唐府兵遗意"[②]。这些经过后世的发展,形成明代特有的文臣统军局面,因而没有出现武将专兵的情况。

从失的方面看,朱元璋为了保证朱明皇室的一统天下,从建国初期就实行了分封体制,到洪武后期演变成塞王防边,酿成了建文时期的"靖难之变",影响到明代历史的发展。综观洪武年间的形势,笔者以为洪武二十三年(1390)是个转折点。洪武二十三年以前是由徐达、李文忠、冯胜、傅友德等"国公"奉皇帝之命往镇边陲,节制诸镇将,这属于"大将防边"之制;洪武二十三年(1390)以后则由九个"塞王"尤其是晋王和燕王担当前敌统帅,节制诸镇将,包括宋国公冯胜、颍国公傅友德在内,开始落实朱元璋以"诸王防边"的战略计划。

洪武二十三年(1390)以前功臣武将之所以能在北边防御体系中发挥主体的作用,乃是因为这时朱元璋的儿子还未成长起来。此后的情形就不同了,朱元璋的儿子多已长大成人,如秦、晋、燕诸王已就藩多年,具备了带兵打仗的能力,于是有北边军事领导体制的大转变,即"诸王防边"战略的逐步落实。史称朱元璋借鉴前人孤立之败,"于是大封诸子,建亘边陲。北平天险,为元故都,以王燕;东历渔阳、卢龙,出喜峰,包大宁,控葆塞山戎,以王宁;东渡榆关,跨辽东,西并海,被朝鲜、联开原,交市东北诸夷,以王辽;西按古北口,濒于雍河,中更上谷、云中,巩居庸,蔽雁门,以王谷若代;雁门之南,太原其都会也,表里河山,以王晋;逾河而西,历延、庆、韦、灵,又逾河北,保宁夏,倚贺兰,以王庆;兼淯、陇之险,周、秦都圻之地,牧坰之野,直走金城,以王秦;西渡河,领张掖、酒泉诸郡,西扃嘉峪,护西域诸国,以王肃;此九王者,皆塞王也。"[③]朱元璋的意图是由诸子镇守边陲,共同拱卫皇室,以实现朱明皇朝的长治久安。但是,历史的发展与他的愿望大相径庭,诸王防边的结果是导致了靖难之役的爆发,造成了皇位的更迭,演出了同室操戈的悲剧。

① 张廷玉等:《明史》卷七二《职官志一》,中华书局 1974 年版,第 1752 页。
② 张廷玉等:《明史》卷八九《兵志一》,中华书局 1974 年版,第 2175 页。
③ 何乔远:《名山藏》卷三六《分藩记·一》,上海古籍出版社 2002 年版,第 233 页。

第二章　明成祖时期北边由七镇向八镇的演变

洪武时期建立的北边防线及其一应制度,对当时北部边疆的安定起了重要作用。朱元璋为防御蒙古所确立的封王建藩以拱卫皇室的体制,其目的虽然是要形成皇帝居中、诸王防边的战略格局,以保证朱明皇朝家天下的长治久安,可事与愿违,它导致了靖难之役的爆发。同时,由于蒙古族在永乐以后的恢复与发展,也给明朝的北部边防以重大影响,遂导致永乐时期北边防线的一系列变化,如边防格局、军事领导体制等,其最大的变化就是从洪武时期北边防线的后撤,由此而对明代的北部边防产生了全局性的影响。

第一节　朱棣为燕王时在北边防务中的作用

一、朱棣受封为燕王

朱棣是朱元璋的第四子,生于元顺帝至正二十年(1360)。

朱棣出生以后刚满月不久,朱元璋就投入了保卫应天、抗击陈友谅的战斗,朱棣和他的三个哥哥都没有正式起名字。此后,经过几年的征战,朱元璋在至正二十三年(1363)的鄱阳湖大战中灭掉陈友谅,至正二十六年(1366)把小明王韩林儿沉于江中,至正二十七年(1367)九月攻灭张士诚,接着又派大将军徐达北取中原。统一全国的大局已定,朱元璋在李善长等人的劝进下,准备在至正二十八年(1368)正月登基做皇帝,这时他才给已经出生的七个儿子取了正式的名字。

至正二十七年(1367)十二月二十四日,朱元璋将给诸子命名的事情郑重地祭告太庙,把自己能有七个儿子归结为祖上之德。祝文中写道:"维子之生,父命以名,典礼所重,古今皆然。仰承先德,自举兵渡江以来,生子七人。今长子命名曰标,次曰樉、曰棡、曰棣、曰橚、曰桢、曰榑。"①这一命名不仅使朱棣和他的兄弟有了正式的名字,而且表示朱明皇朝即将诞生的一应举措都已完成,将这些龙子龙孙的名字写入宗室谱牒之后,剩下的就是次年正月吉日良辰的登基大典。

在给儿子起名字的同时,朱元璋还为后世子孙取名制定了规则。他以每个儿子作为一支,每一支各拟20字为一世,作为排列辈分的依据,每一辈以某字为命名之首,后面的一个字可以临时议定,这样每个人的名字都是两个字,按辈分顺序编入玉牒。根据朱元璋定的规则,燕王

---

① 《明太祖实录》卷二八下,吴元年十二月丙寅条,台湾"中央研究院"历史语言研究所1962年校印本,第467页。

朱棣一支后代用的 20 字为：高、瞻、祁、见、祐、厚、载、翊、常、由、慈、和、怡、伯、仲、简、静、迪、先、猷①。朱元璋希望后世子孙周而复始、永久相传，可是他后世的子孙不争气，明朝后代辈分刚刚传了一半，明思宗朱由检就在农民起义军的喊杀声中吊死于煤山。

洪武元年（1368）正月初四，朱元璋正式登基，"即皇帝位，定有天下之号曰大明，建元洪武"②。自从当了皇帝之后，朱元璋经常在想一个问题，就是如何使朱家皇朝能世代相传、长治久安。这些问题在登基之前就久已萦回在脑海中，现在更到了该解决的时候。他看到元朝从忽必烈死后（至元三十一年，1294）到元顺帝妥欢帖木儿即位（1333），40 年间换了 10 个皇帝，特别是从泰定五年（1328）到元统元年（1333）更是内乱迭起，6 年之中换了 5 个皇帝。他认为造成这些内乱的根源就是没有立太子的缘故，所以在登基之时就把太子的储位定了下来。他又看到元朝末年红巾大起义，元朝权臣拥兵自重，皇室孤立无援，各地缺少扶助皇室的藩卫，这种情况必须防止。于是他把久已谋划的分封诸子、封藩建卫以拱卫皇室的办法迅速付诸实施。

洪武二年（1369）四月十一日，朱元璋命中书省编《祖训录》，确定封建诸王国邑及官署的一应制度。洪武三年（1370）四月初三日，朱元璋将封建诸王之事祭告太庙，礼成之后在奉天门和文华殿宴请群臣，为了掩盖自己封建诸子的私心，不免要向群臣表白一番。他说："昔者元失其驭，群雄并起，四方鼎沸，民遭涂炭。朕躬率师徒以靖大难，皇天眷佑，海宇宁谧。然天下之大，必建藩屏，上卫国家，下安生民。今诸子既长，宜各有爵封，分镇诸国。朕非私其亲，乃遵古先哲王之制，为久安长治之计。"群臣领着朱明皇朝的俸禄、吃着皇帝的宴席，于是都歌功颂德："陛下封建诸王以卫宗社，天下万世之公议。"③封建帝王最大的私心就这样堂而皇之地变成天下之公。

四月初七，册封大典如期举行。朱元璋坐在奉天殿的御座上，16 岁的皇太子朱标侍立在旁，在音乐声和赞礼声中，受封的朱樉、朱棡、朱棣、朱橚、朱桢依次接受了皇帝颁发的金册、金宝（金册就是用红缘串连的两片金页，金宝就是一方金印），朱榑、朱梓、朱杞、朱檀因为年龄小没有参加典礼。朱元璋在给天下的诏书中宣布道："帝王之子，居嫡长者必正储位。其诸子当封以王爵，分茅胙土，以藩屏国家。朕今有子十人，即位之初已立长子标为皇太子，诸子之封，本待报赏功臣之后，然尊卑之分，所宜早定。乃以四月初七封第二子樉为秦王，第三子棡为晋王，第四子棣为燕王，第五子橚为吴王，第六子桢为楚王，第七子榑为齐王，第八子梓为潭王，第九子杞为赵王，第十子檀为鲁王，从孙守谦为靖江王。"在赐给秦王的册文中写道："昔君天下者，禄及有德，贵（子必王）［必及子］，此人事耳。然居位受福，国于一方，尤简在帝心。第二子樉，今命尔为秦王，分茅胙土，岂易事哉！朕起自农民，与群雄并驱，艰苦百端，志在奉天地、享神祇，张皇师旅，伐罪救民，时刻弗怠，以成大业。今尔固（其）［有］国者，当敬天地在心，不可踰礼以祀，其宗社、山川依时享之，谨兵卫，恤下民，必尽其道。于戏！勤民奉天，藩辅帝室，允执厥中，则永膺多福。体朕训言，尚其慎之！"④燕王朱棣的金册上也镌刻着大体相同的文字。

自从朱棣和他的兄弟受封为王以后，朱元璋抓紧了对他们的教育。

① 吕毖：《明朝小史》卷一《洪武纪·二十字定名》，《四库禁毁书丛刊》史部第 19 册，北京出版社 1998 年版，第 462 页。

② 《明太祖实录》卷二九，洪武元年正月乙亥条，台湾"中央研究院"历史语言研究所 1962 年校印本，第 477 页。

③ 《明太祖实录》卷五一，洪武三年四月辛酉条，台湾"中央研究院"历史语言研究所 1962 年校印本，第 999 页。

④ 《明太祖实录》卷五一，洪武三年四月乙丑条，台湾"中央研究院"历史语言研究所 1962 年校印本，第 1000~1001 页。

朱元璋是个聪明人。他虽出身于农民,但十几年的征战使他明白了一个道理,就是不论打天下还是治理天下,必须得有文韬武略。所以他不光为太子选定了老师和伴读,还在洪武元年(1368)十一月设立了大本堂,将当时能搜集到的古今图书都存放其中,并且聘请四方名儒来教习太子和诸王,这实际就是在宫廷中建起了贵族学校和图书馆。他要求太子宾客梁贞、王仪等人要首重德性,然后将帝王之道、礼乐之教、往古成败之迹、民间稼穑之事时常教给诸王子,使得他们"他日为政,自然合道"①。他又命人将古人孝行事迹和自己艰难征战的历程绘成图画,颁赐诸子阅读,让他们从中受到创业艰难的教育,免致忘本。为了教育诸子敬守祖法、习知民间疾苦,朱元璋更是煞费苦心,命人编成了《祖训录》《昭鉴录》,采录汉唐以来诸王善恶的事例,教育他的儿子,并且经常让诸子稍微忍受一些饥寒、劳苦之事,以增加他们对艰苦生活的切身感受。

朱棣自幼聪颖,十几岁时受到的宫廷教育,对他后来的成长和发展起了重要作用。

洪武七年(1374)二月十一日,朱元璋命皇太子率领诸王到阅武场祭旗纛之神。洪武八年(1375)十月,朱元璋又命皇太子带领诸王出游中都凤阳、练习武事。这次演武中都,朱棣没能参加,因为朱元璋正在为他挑选妃子,准备完婚。朱元璋为朱棣选定的燕王妃是徐达的长女,成亲的日子定在洪武九年(1376)正月二十七日。徐氏比朱棣小两岁,册立她为燕王妃对朱棣来说有着非同寻常的意义,在20多年后的靖难之役中,她成了朱棣的得力助手。为了让所有的王子都受到锻炼,朱棣婚后的二月十六日,朱元璋又命太子朱标带领秦王樉、晋王棡和燕王朱棣再次前往中都凤阳,让他们在就藩(前往受封之地)之前再看看祖宗肇兴之地,再历练一下带兵的能力。对于朱棣来说,凤阳的生活既锻炼了他带兵的能力,又使他了解了民间的各种情况,给他留下深刻的印象。当洪武十一年(1378)他的长兄回南京,秦王、晋王两个哥哥分别就藩之后,朱棣就成了大哥,他带领周王、楚王、齐王诸弟继续在凤阳操演兵马。直到就藩北平之前,他的大部分时光都是在这里度过的。

洪武十三年(1380)三月十一日,燕王朱棣正式受命之藩北平,成为第三个就藩的诸侯王。

朱元璋给予了诸侯王很大的权力,目的是让诸侯王镇守边疆,共辅皇室。按照朱元璋的设计,皇子都封为亲王,授予金册金宝,享受岁禄万石的优厚待遇,还给王府专门设置一套官署,有左右相、傅、参军等,后来又把参军改为长史。洪武九年(1376)正月,朱元璋为朱棣任命费愚为燕府左相,河南参政陈昧为右相,金都督丘广为左傅,户部郎中王务本为右傅。给王府设置的护卫甲士也很多,少者3 000人,多者至19 000人。而且在洪武二年(1369)编订的《祖训录》中规定:每个王国都有守镇兵、护卫兵,守镇兵由国家选定的指挥掌握,护卫兵要听从王的调遣。如果该国是要塞重地,遇有紧急情况,守镇兵、护卫兵都要听从王的调遣。平时朝廷调兵,要同时向诸侯王和守镇官发出御宝文书,守镇官在得到盖有皇帝御玺的文书后,还须得到诸侯王的令旨,才允许发兵。如果没有王的令旨,则不许发兵。这些规定使诸侯王掌握了相当大的军权。

朱元璋分封的目的是要保证朱姓皇朝的长治久安,使后世子孙自为枝辅,所以广磐石之安,防止功臣武将专权擅政。他后来的大杀功臣武将也是出于这一自私心理。但是分封制在

---

① 《明太祖实录》卷三五,洪武元年九月乙未条,台湾"中央研究院"历史语言研究所1962年校印本,第637页。

中国历史上实行过多次,它所引起的祸乱也是有目共睹的,历代统治者和文人学者多有总结。一当诸侯王的势力强大起来之后,必然形成尾大不掉之势,对中央皇权造成威胁,那时爆发争夺皇权的内乱和战争就不可避免。当朱元璋还在大封诸王、给以优厚的待遇和强大兵权并为此而自鸣得意的时候,已经有人看出分封所潜藏的危机,并且怀着封建士子的一腔忠君热血,向朱元璋上疏,指出了这一危险。这个人是叶伯巨。

叶伯巨是浙江宁海人,时任平遥县儒学训导,洪武九年(1376)朱元璋因星变下诏求直言,他就呈上了那份著名的《万言书》。在《万言书》中他指出当时政治"太过者有三",一为分封太侈,二为用刑太繁,三为求治太速。特别是对分封太侈这一点,他列举诸王分封及甲兵之盛;历数历史上汉晋分封之患,忠告朱元璋"分封踰制,祸患立生,援古证今,昭昭然矣"①。叶伯巨的上书揭示了历史的教训和现实的问题,也触到了朱元璋的隐私,他勃然大怒,也不顾自己曾允许臣民指摘自己过失的许诺,非要把叶伯巨抓来亲手射杀,以解心头之恨。可怜叶伯巨满怀忧国忧民之忠心,最后落得个瘐死的下场。

叶伯巨的上书并没有使朱元璋清醒,他继续加重诸王的军权,从以后历史发展的轨迹看,他是要用诸王逐渐取代功臣武将,统领全国军队。洪武十年(1377)正月,他又增加了秦、晋、燕三王府的护卫甲士。秦府原有西安护卫军士 1 451 人,又增加了羽林卫军士 2 264 人;晋府原有太原护卫军士 1 630 人,又增加了兴武等卫军士 2 251 人;燕府原有燕山护卫军士 1 364 人,又增加了金吾左等卫军士 2 263 人。②秦、晋二王在洪武十年(1377)离开京师,就藩西安和太原,所带军士的人数已经无法稽考。不过,当朱棣之藩北平时,朱元璋给赐的护卫甲士有燕山中、左二护卫侍从将士 5 770 人,赏赐的钞有 27 771 锭,③秦、晋二王给赐的军队也应大致和这差不多。诸王的之藩和带领的大批军队,再加上《皇明祖训》中对诸侯王权力的规定,预示明初军权从功臣武将手中向诸王手中转移的开始,它深刻地影响了明代历史的发展。

二、燕王受命征讨乃儿不花

洪武二十三年(1390)正月初三,燕王朱棣和他的哥哥晋王朱棡开始在明代的北边防务中承担重任。此时朱元璋"以故元丞相咬住、太尉乃儿不花、知院阿鲁帖木儿等将为边患,诏晋王、今上(即朱棣)各率师往征之"④。为此而调配的前敌将领是:颍国公傅友德为征虏前将军,南雄侯赵庸为左副将军,怀远侯曹兴为右副将军,定远侯王弼为左参将,全宁侯孙恪为右参将,并命这些将领都要听从燕王朱棣的节制,在山西者要听晋王节制。二路同出,远征沙漠,这就给燕王朱棣提供了施展才能的极好机会。

从明代的历史发展来看,这是朱元璋所采取的一项重大决策,它标志着朱元璋将北部边防的军事领导权从元勋宿将手中向诸侯王尤其是"塞王"手中转移的开始,它对洪武晚期的历史产生了重大影响,也对明代前期的历史产生了重大影响。

蒙古势力自从退出北平之后,一直是明朝北边的严重威胁。在洪武二十三年(1390)以

---

① 张廷玉等:《明史》卷一三九《叶伯巨传》,中华书局 1974 年版,第 3990 页。
② 《明太祖实录》卷一一一,洪武十年正月辛卯条,台湾"中央研究院"历史语言研究所 1962 年校印本,第 1841 页。
③ 《明太祖实录》卷一三〇,洪武十三年正月壬寅条,台湾"中央研究院"历史语言研究所 1962 年校印本,第 2067 页。
④ 《明太祖实录》卷一九九,洪武二三年正月丁卯条,台湾"中央研究院"历史语言研究所 1962 年校印本,第 2981 页。

前,明朝曾经多次出征漠北,虽然给蒙古势力以很大打击,但并没有把蒙古势力彻底消灭,朱元璋不得不经常派徐达在北平主持军务,防备蒙古。徐达在洪武十八年(1385)病故之后,北边军务由大将军冯胜主持。洪武二十年(1387)冯胜率师征讨北元纳哈出,尽降其众20万人。接替冯胜的是原左副将军蓝玉,他在洪武二十一年(1388)率师北征,在捕鱼儿海大败北元势力,元主脱古思帖木儿和太子天保奴仅以数十骑逃走,其次子地保奴及太子妃、公主以下官属、男女77 000多人都被俘获,蒙古势力受到了沉重打击。

为了保证朱棣和朱橚出师成功,朱元璋事前做了周密的准备,派人了解敌情,派降人回去瓦解敌心,准备充足的粮草,等等。他要保证这次出师必胜。

朱棣在这次率师出塞作战中,确实显示了杰出的军事和政治才能。三月初二,大军出古北口进入蒙古高原,他马上宣谕诸将:"吾与诸将军受命提兵沙漠,扫清胡虏。今虏无城郭居止,其地空旷,千里行师,必得耳目,不得其所,难以成功。"诸将对此自然表示赞同,于是朱棣即广布骑哨,侦察敌情。根据侦察到的敌情,大军直扑乃儿不花驻帐之地迤都,并且冒雪疾进,以至进到与敌只隔一个沙碛时,乃儿不花竟未觉察。临战之前,朱棣又表现了出色的政策和策略水平,在发起攻击之前,先派出降将观童前往乃儿不花大营劝降,然后指挥大军展开对敌包围,当乃儿不花想要逃跑时,终为观童劝阻,前来朱棣大营投降。朱棣所给予的礼遇使乃儿不花放了心,于是"悉收其部落及马驼牛羊而还"①。这一兵不血刃而大获全胜的捷报传入京师,朱元璋大喜过望,他对群臣说:"清沙漠者,燕王也,朕无北顾之忧矣!"②和朱棣相比,朱橚运气不佳,他同样提兵沙漠,却寸功未建,未见敌而还。

从洪武二十三年(1390)北征获胜之后,朱元璋开始放手让朱橚、朱棣担负边防重任,统军出征、率师巡边、筑城屯田、选将练兵,"塞王"在北边防务体系中逐渐占据了主导地位。史称:"帝急边防甚,且欲诸子习兵事,诸王封并塞居者皆预军务。而晋、燕二王,尤被重寄,数命将兵出塞及筑城屯田。"③

洪武二十五年(1392)三月,朱元璋对塞北残余的蒙古族感觉不放心,命朱棣"选北平都司并护卫骑兵之精锐者六七千人或万余人,间以乃儿不花等所部军士列为队伍,各裹糗粮,命北平都指挥使周兴为总兵官,远巡塞北,搜捕残敌,以弭绝边患"。④同年八月,周兴取得了彻彻儿山之捷。洪武二十六年(1393)二月,朱元璋"命晋王总宋国公冯胜等所统河南、山西马步军士出塞,胜及颍国公傅友德、开国公常升、定远侯王弼、全宁侯孙恪等驰驿还京,其余将校悉听晋王节制"⑤。三月,"命宋国公冯胜、颍国公傅友德等往北平等处备边,其山西属卫将校悉听晋王节制;北平属卫将校悉听今上节制。凡军中应有军务,一奏朝廷,一启王知,永著为令"⑥。

洪武二十九年(1396)二月,宁王朱权奏报朱元璋说:"近者骑兵巡塞,见有脱辐遗于道上,意胡兵来往,恐有寇边之患。"朱元璋认为是敌人示弱,敕命朱棣"选精卒壮马抵大宁、全宁,沿

①　《明太祖实录》卷二〇〇,洪武二三年三月癸巳条,台湾"中央研究院"历史语言研究所1962年校印本,第3005页。

②　《明太祖实录》卷二〇一,洪武二三年闰四月癸亥条,台湾"中央研究院"历史语言研究所1962年校印本,第3010页。

③　张廷玉等:《明史》卷一一六《诸王传一》,中华书局1974年版,第3562页。

④　《明太祖实录》卷二一七,洪武二五年三月甲申条,台湾"中央研究院"历史语言研究所1962年校印本,第3188~3189页。

⑤　《明太祖实录》卷二二五,洪武二六年二月丁丑条,台湾"中央研究院"历史语言研究所1962年校印本,第3295页。

⑥　《明太祖实录》卷二二六,洪武二六年三月丙辰条,台湾"中央研究院"历史语言研究所1962年校印本,第3305页。

河(潢河)南北觇视胡兵所在,随宜掩击"。① 为了保护后方,又命周世子率河南都司的精锐部队到北平塞口巡逻。朱棣率军出塞后,三月在彻彻儿山"遇敌兵,与战,擒其首领孛林帖木儿等数十人,追至兀良哈秃城,遇哈剌兀,复与战,败之,遂旋师"②。

洪武三十年(1397)四月,朱元璋以"备边十事"告诫朱樉、朱棣。几天之后,又因钦天监占天象"当有胡兵入寇",他又敕谕朱樉、朱棣马步兵配合等战守事宜。五月,朱元璋"复以天象示变,占北方当有警,敕晋王、今上及代、辽、宁、谷六王",对防边作战的步骑配合问题再作部署。当他听说朱樉、朱棣统兵出开平数百里时,马上"遣人赍敕往谕之",在敕谕中他列举自己一生征战的经验,告诫二王切不可大意轻敌,并且引洪武五年(1372)徐达兵败和林"以致伤生数万"为教训,警告他们"今尔等又入旷塞,提兵远行,设若遇敌,岂免凶危?"要求二王"听朕之训,明于事势,机无少懈,虽不能胜,彼亦不能为我边患,是良策也"。③

洪武三十一年(1398)三月,朱樉病逝之后,朱元璋北部边防的支柱仅剩朱棣,他对朱棣寄予深切的期望。特别是在他临去世之前的敕谕中,这种心情更为殷切,其敕曰:"朕观成周之时,天下治矣,周公犹告成王曰:'诘尔戎兵,安不忘危之道也。'今虽海内无事,然天象示戒,夷狄之患岂可不防,朕之诸子,汝独才智,克堪其任。秦、晋已薨,汝实为长,攘外安内,非汝而谁?……尔其总率诸王,相机度势,用防边患,又安黎民,以答上天之心,以副吾付托之意。"④

上述的历史发展表明,从洪武二十三年(1390)开始,朱元璋觉得他的儿子们已经成长起来,于是开始在北边防务中对这些"塞王"委以重任,把自己设计已久的由"诸王防边"的战略构想付诸实施。在把防边重任付托给诸子的同时,朱元璋开始铲除功臣武将的行动。洪武二十三年(1390)五月,他发动李善长之狱,罪名是李善长参与了十年前胡惟庸谋反案,结果李善长一家七十余口皆被处死,受株连的功臣武将及其后人有:吉安侯陆仲亨、延安侯唐胜宗、平凉侯费聚、南雄侯赵庸、荥阳侯郑遇春、宜春侯黄彬、河南侯陆聚、南安侯俞通源、永嘉侯朱亮祖之次子朱昱、汝南侯梅思祖(此处言梅思祖有误,他已于洪武十五年病故,见《太祖实录》洪武十五年十月壬午条)、永城侯薛显、靖宁侯叶升、卫国公邓愈之子邓镇、淮安侯华云龙之子华中、济宁侯顾时之子顾敬、临江侯陈德之子陈镛、巩昌侯郭兴之子郭振、六安侯王志之子王威、靖海侯吴祯之子吴忠、营阳侯杨景之子杨通、宣德侯金朝兴之子金镇,牵连而死者达两万多人。洪武二十六年(1393)二月,朱元璋发动了蓝玉之狱,罪名是蓝玉"谋反",结果蓝玉被族诛,受株连的功臣武将有:怀远侯曹兴、景川侯曹震、会宁侯张温、普定侯陈桓、鹤庆侯张翼、舳舻侯朱寿、东平侯韩勋、宣宁侯曹泰、沈阳侯察罕、全宁侯孙恪、西凉侯濮玙、东莞伯何荣、徽先伯桑敬,牵连而死者一万五千余人。⑤

经过胡、蓝两党大狱之后,有些未被牵连进去的功臣武将也没有被放过。洪武二十七年(1394)十一月,"颍国公傅友德赐死";十二月,定远侯王弼坐事赐死,永平侯谢成"亦坐事死";

---

① 《明太祖实录》卷二四四,洪武二九年二月辛亥条,台湾"中央研究院"历史语言研究所1962年校印本,第3549页。

② 《明太祖实录》卷二四五,洪武二九年三月甲子条,台湾"中央研究院"历史语言研究所1962年校印本,第3553页。

③ 《明太祖实录》卷二五三,洪武三〇年六月,台湾"中央研究院"历史语言研究所1962年校印本,第3658页。

④ 《明太祖实录》卷二五七,洪武三十一年五月乙亥条,台湾"中央研究院"历史语言研究所1962年校印本,第3717页。

⑤ 参见邓之诚:《中华二千年史》卷五,中华书局1983年版,第16~19页。

洪武二十八年(1395)二月,"帝召(冯)胜,赐之酒,是夕暴卒。诸子皆不得嗣。"①经过这番血腥的屠杀,"于是元功宿将相继尽矣!"②为朱元璋打天下出生入死、久经战阵的功臣武将,最后只剩下长兴侯耿炳文和武定侯郭英二人。

正是在这些开国勋臣相继被铲除的历史背景之下,朱棣在北边防务中承担起越来越重要的责任。及至他的两个兄长秦王和晋王先后于洪武二十八年(1395)三月和三十一年(1398)三月去世之后,他成了朱元璋诸子中最年长的一个,同时由于八年以来带兵作战的历练,也使他成为诸王中唯一能挑得起重担的人。

朱元璋用"诸王防边"的战略构想,在朱棣的身上得到了实现,也造成了严重的后果,那就是靖难之役,朱棣用武力从侄儿建文帝手中夺取了帝位,自己登上了皇帝的宝座。

第二节　明成祖即位后边防体制的调整

自从脱古思帖木儿被也速迭儿杀死之后,元朝皇统就此断绝,漠北的蒙古族陷入东西二部的纷争中,一时难以南下。而此时的明朝,由于发生了争夺皇位的靖难之役,对北部边防虽一时无暇顾及,但"也没有忘记对北虏的防范"③,因此朱棣即位之后,在继续执行对蒙古招抚政策的同时,立刻对北边的防御体系重新进行部署。

一、重新确定大将防边的体制

朱棣继位以后,随着明廷统治集团内部权力格局的调整,明朝的北边军镇建置也发生了重大变化,其中首要的一点就是改变军镇的领导体制,由诸王防边恢复为大将防边。从永乐时期的历史发展来看,这一转变在朱棣即位后的一年里基本完成。

为使历史脉络清晰准确,本书以《明太宗实录》为基本史料加以梳理。

洪武三十五年(建文四年,1402)六月十七日,燕王朱棣正式登基,是为永乐帝。

同年七月初二,朱棣"升福建都指挥使郑祥为右军都督佥事",初三就"命右军都督佥事郑祥充统兵官镇守云南,云南都指挥使卢旺充左副统兵,都指挥佥事欧庆充右副统兵,遇有军务,相机调遣,俟境宁谧,郑祥留掌云南都司事,卢旺、欧庆各就本职"。④ 值得注意的是这里的郑祥是统兵官,与总兵官有一字之差,是否史籍有误尚无法判定,但让他俟境宁谧留掌云南都司,说明他是以右军都督佥事出任都司级的将官。七月十五日,朱棣"制谕前军左都督李增枝,往荆州整肃兵备,抚安军民,节制荆州、襄阳、瞿塘、安陆诸卫"⑤。并且于二十二日对李增枝提出具体要求:"朕命尔于荆州镇守城池,提督军务,随事区画,务在得宜,岁终图所经地里险易及军马钱粮数目以闻";当天又"命左都督袁宇往四川、云南,整肃兵备,抚安军民,俟边境宁靖,就镇守云南",和前面的郑祥镇守云南相比,一个都督佥事,一个都督,两人不在一个级别上,

①　陈鹤:《明纪》卷六《太祖纪》,世界书局1935年版,第65页。

②　张廷玉等:《明史》卷一三二《蓝玉传》,中华书局1974年版,第3866页。

③　[日]和田清:《明代蒙古史论集》上册,潘世宪译,商务印书馆1984年版,第163页。

④　《明太宗实录》卷十上,洪武三十五年七月癸未条,乙酉条,台湾"中央研究院"历史语言研究所1962年校印本,第150、154页。

⑤　《明太宗实录》卷十下,洪武三十五年七月丙申条,台湾"中央研究院"历史语言研究所1962年校印本,第163页。

显然袁宇的地位要高于郑祥。为了协调洪武末年形成的藩王守边的领导体制，朱棣又特意"赐书岷王楩曰：'今遣都督袁宇赴云南，整肃兵备，镇抚一方，凡事可与计议而行。夫藩屏至重，贤弟宜慎出入，谨言节饮，庶诸夷有所瞻仰，而不负兄之所望'"；同一天，朱棣"命江阴侯吴高往河南、陕西二都司，整肃兵备，抚安军民，俟军民宁谧，就镇守陕西"①。

关于北平的情况，朱棣"敕谕都督陈圭等曰：'今内难既平，天下疲于兵旅，而北方凋弊尤甚。朕长子居守国中，天性淳厚，可属大事，尔等宜悉心辅导，事有利于军民者即议行之，务协至公，无怠无忽，庶副朕委托之重'"②，这里的"朕长子居守国中"说明北平是由朱高炽镇守，这是北平改称北京之初的情况，而且在靖难之役中朱高炽一直镇守北平，都督陈圭辅佐。从这些记载中看到，朱棣在七月安排了云南、荆州、陕西、北平的一应镇守事宜，居北边的有两个军镇。同时在七月二十九日还"命礼部铸征南将军、征西将军、平羌将军印"③，这应该是为以后派镇守总兵官所做的准备。

八月，朱棣对各地的镇守总兵官又作了密集的安排。

八月初一，朱棣"敕历城侯盛庸：'比以山东未定，命卿镇守淮安，今山东布政使铁铉亦已就获，诸郡悉平，是皆宗社之灵，生民之福。朕念山东军民困于兵革，转输已久，卿其息兵养民，使各得其所，粮饷续有处分。'"这表明镇守淮安的是建文降将历城侯盛庸；"命后军都督府都督同知陈用、都督金事曹远掌山西行都司事。"这说明此时在大同首先安排了都司的长官；"命左军都督府左都督刘贞镇守辽东，其都司属卫军马听其节制"④。

八月初八，朱棣"命右军都督府左都督何福佩征房前将军印充总兵官，往镇陕西宁夏等处，节制陕西都司、行都司，山西都司、行都司，河南都司官军"。这里要注意两点：一是何福佩征房前将军印，这枚印是洪武时期铸造的，傅友德曾经佩该印征蜀，洪武末年杨文曾佩此印征南，现在又由何福佩戴，后来何福长期镇守宁夏，由此而有宁夏镇的建立，这在后文详述；二是何福一人节制陕西都司、行都司，山西都司、行都司，河南都司五个都司的官军，可见其权力之大，也见朱棣对他的信任，而且何福的职权涵盖了此前对吴高的任命，吴高的职权自然就该让位于何福，只是史籍缺载罢了，此时镇守北边的仍然是三个；同时朱棣又"命右军都督同知韩观往江西等处，操练军马，整点城池，广东都司、福建行都司、湖广都司军马听其节制"⑤。都督同知韩观镇守江西，节制三个都司，权力也可谓不小。

八月十一日，朱棣为了让西平侯沐晟重新出镇云南，鉴于岷王朱楩与西平侯沐晟关系不好，特意提前给岷王朱楩写信进行调解，曰："尝闻皇考之训：'朕年二十四五尚未有子，时沐英甫八岁，因兵受厄，父母不得复会，朕抚育之，恩同其父，后乃命复本姓，因其军功封为西平侯，俾控御诸夷，十余年间，朕无西南之忧者，以英在也。'言犹在耳，后英殁，特追封为黔宁王，盖不次之恩也。既以子春嗣侯爵，春卒，弟晟继之。历观群臣受皇考恩，未有如沐氏者矣。今晟所为卤莽，间信小人，干犯吾弟，固不可容。但念乃父佐命开疆之力，不忍罪之，特召至京，已惩戒之,其下小人,亦不轻宥。兄又思云南重地,昔倚任其父而蛮夷率服,故仍遣晟往,欲其安边抚夷,必如乃父存日,庶几不负皇考之恩。若其不能改过,负德隳功,他日以国法正之未晚。吾弟亦宜念黔宁之亲,及其安边之功,晟虽有罪,置之度外可也。"①在发出了给岷王朱楩的信后,十三日朱棣就"命西平侯沐晟镇守云南,云南都司属卫听其节制"。他在给沐晟的敕谕中说道:"昔我皇考太祖高皇帝当扰攘之时,年二十余尚未有子。尔父英才八岁,父母俱殁于兵,茕茕来依,皇考皇妣怜之,抚育为子。既有朕兄弟,皇考以沐氏不可无后,命复本姓,承其宗祀,屡从征伐,积有功劳,封西平侯。云南既定,出镇十有余年,朝廷无西南之忧,所以累增产业,冀延子孙,永保富贵。尔父卒,追封黔宁王,以尔兄春嗣侯爵。春卒,无子,命尔嗣之。历观群臣受恩深厚,未有过尔父子者也。间者尔为小人所惑,干犯岷王,朕念皇考皇妣教育尔父之恩,及尔父佐命开疆之功,不忍寘尔于法,姑宥不问,仍令镇守云南。尔当深思皇考皇妣再造之大德,迪尔父之行,以图厥终,尔其念哉!"②从这两封书信中看到,朱棣在重新确立以大将防边的体制时,还要调解与洪武时期诸王防边体制所产生的矛盾,但是大将镇守的体制则是必定要推行的。

除了镇守总兵官一级的任命,朱棣对都司级的长官也进行了调整。八月十一日,"升四川行都司都指挥同知程达为前军都督佥事,仍命掌四川行都司事,镇守城池,整肃兵备。建昌等卫指挥使汪让为湖广都指挥使,唐琮为江西都指挥使,徐谅为四川都指挥使,徐鉴为四川(徐)[行]都司都指挥使,火旺为河南都指挥使,调河南都指挥使葛进掌宁夏卫事"③。这条史料主要应该注意"调河南都指挥使葛进掌宁夏卫事",这与宁夏镇的形成有关。八月十九日,"赐镇守陕西都督王英钞二百锭"④,这说明在西北地区虽有何福节制五个都司,但在各个都司所在地仍有具体的掌权者执行职能,这是不同层级的关系。

九月,朱棣对已任命的镇守江西的韩观进行了调整,"命右军都督同知韩观佩征南将军印,充总兵官,往广西整肃兵备,镇守城池,而节制广西、广东二都司。赐敕谕观曰:'广西蛮民易叛难服,杀之愈多而愈不治。太祖高皇帝灼见其情,故以德抚之,至必不得已而后用兵,所以蛮民悦服,边境晏然。今朕嗣位,谨遵成宪,卿往镇之,宜务德为本,毋专务杀戮,庶副朕法祖柔远之意。'"⑤韩观在洪武末年就出任过广西都指挥使,现在让他任广西镇守总兵官,可谓合适的人选,而且朱棣把新铸的征南将军印交给韩观佩戴,可见对他的重视。

十月,朱棣除了对已任命的镇守总兵官发踪指示,新任命的镇守总兵官只有一人,即"命镇远侯顾成镇贵州"⑥,同时"升中军都督佥事宋晟为后军左都督"⑦。十一月朱棣没有任命新的镇守总兵官,十二月,朱棣"命成安侯郭亮镇守永平山海,操练军马,抚安军民"⑧。这样,到洪武三十五年(1402)年底,在朱棣所设置的镇守总兵官体系中,北边镇守总兵官有三位,即何

①　《明太宗实录》卷一一,洪武三十五年八月壬戌条,台湾"中央研究院"历史语言研究所 1962 年校印本,第 179~180 页。

②　《明太宗实录》卷一一,洪武三十五年八月甲子条,台湾"中央研究院"历史语言研究所 1962 年校印本,第 182 页。

③　《明太宗实录》卷一一,洪武三十五年八月壬戌条,台湾"中央研究院"历史语言研究所 1962 年校印本,第 181 页。

④　《明太宗实录》卷一一,洪武三十五年八月庚午条,台湾"中央研究院"历史语言研究所 1962 年校印本,第 188 页。

⑤　《明太宗实录》卷一二下,洪武三十五年九月乙未条,台湾"中央研究院"历史语言研究所 1962 年校印本,第 216 页。

⑥　《明太宗实录》卷一三,洪武三十五年十月丙寅条,台湾"中央研究院"历史语言研究所 1962 年校印本,第 238 页。

⑦　《明太宗实录》卷一三,洪武三十五年十月己卯条,台湾"中央研究院"历史语言研究所 1962 年校印本,第 247 页。

⑧　《明太宗实录》卷一五,洪武三十五年十二月丁卯条,台湾"中央研究院"历史语言研究所 1962 年校印本,第 280 页。

福、刘贞、郭亮,如果再把镇守北平的世子朱高炽算上,北边总兵官共有四位。

永乐元年(1403)正月,朱棣对镇守总兵官又有新的调整和任命。正月十五,"命保定侯孟善镇辽东,节制辽东都司所属军卫"①,左都督刘贞被召回,又派去了保定侯孟善;四天以后,正月十九"命后军左都督宋晟佩平羌将军印,充总兵镇甘肃"②,洪武三十五年(1402)十月朱棣刚把宋晟晋升为后军左都督,现在对宋晟委以重任,佩戴新铸的平羌将军印镇守甘肃,从这里可以窥见朱棣的用人策略。由此,北边又增加了两位镇守总兵官,达到六位。

永乐元年(1403)二月朱棣没有任命新总兵官,但在二十七日"命郡王高煦率兵往开平操备",在朱高煦临出发之前朱棣又再三叮咛,不必细叙。同时朱棣又以书谕长子世子朱高炽说:"闻虏欲犯边,今命高煦将兵驻开平御之。尔镇守北京,于事宜用心经理,将士起行之际,赐宴及钞,仍遣人督运粮饷,随军而行,不可缓也。"③朱高煦这次率兵北上,为后来宣府镇的建立创造了条件,此事后叙,朱高炽"镇守北京"则反映了北平虽然刚改称北京,即即将成为都城,但仍为北边第一重镇,而且由世子镇守,规格比北边其他军镇要高的历史特点。

永乐元年(1403)三月初三,朱棣"命江阴侯吴高镇守山西大同,防御胡寇,节制山西行都司诸卫"④。这是在吴高的职务被何福取代后又对吴高做出的新安排,由此北边的镇守总兵官又增加了一位。两天之后,又有"山西行都指挥使司都指挥使房昭言:'大同诸卫军士屯田者众,守城者(小)[少],虑寇猝至,无一备御,宜各存守城军八百。'从之,赐昭钞百锭"⑤,这条史料展示了大同军事领导体制的层级架构,吴高是镇守总兵官,房昭是都指挥使,其下还应该有都指挥层级、指挥使层级、千户、百户等各级武将,明朝的各个军镇都是这一指挥体系。三月任命的总兵官还有两位,十一日朱棣"命(江平)[平江]伯陈瑄及前军都督佥事宣信俱充总兵官,各帅舟师海运粮饷,瑄往辽东,信往北京"⑥。这是洪武时期海运补给辽东、北平粮饷的继续。

永乐元年(1403)四月朱棣任命的总兵官只有一位,由于江西总兵官韩观被调往两广,朱棣又"命襄城伯李浚充总兵官,锦衣卫指挥陈敬为副总兵,往江西操练军民,镇守城池,节制江西都司并护卫官军"⑦。五月朱棣没有任命新总兵官。

永乐元年(1403)六月二十二日,朱棣"命武安侯郑亨充总兵官,武城侯王聪充左副总兵、安平侯李远充右副总兵,率师驻宣府备御"⑧。宣府就此成为北边军事重镇之一。

至此,明廷对全国各地的军事镇戍部署基本完成。从朱棣派出的镇守总兵官来看,有云南、荆州、陕西、北平、淮安、辽东、宁夏、江西、广西、贵州、永平山海、甘肃、大同、宣府,再加上两位海运总兵官,一共是十六位,此后虽有调整,但大体格局已定。其中北边镇守总兵官有辽东、永平山海、北平、宣府、大同、宁夏、甘肃,反映了北边防线在明朝军事镇戍体制中的重要地位。此后随着北平升格为北京,北平就不再列入九边重镇了,但是由于都城的北迁,使得北京在整

---

① 《明太宗实录》卷一六,永乐元年正月癸巳条,台湾"中央研究院"历史语言研究所 1962 年校印本,第 294 页。

② 《明太宗实录》卷一六,永乐元年正月丁酉条,台湾"中央研究院"历史语言研究所 1962 年校印本,第 296 页。

③ 《明太宗实录》卷一七,永乐元年二月甲戌条,台湾"中央研究院"历史语言研究所 1962 年校印本,第 314 页。

④ 《明太宗实录》卷一八,永乐元年三月庚辰条,台湾"中央研究院"历史语言研究所 1962 年校印本,第 319 页。

⑤ 《明太宗实录》卷一八,永乐元年三月壬午条,台湾"中央研究院"历史语言研究所 1962 年校印本,第 320~321 页。

⑥ 《明太宗实录》卷一八,永乐元年三月戊子条,台湾"中央研究院"历史语言研究所 1962 年校印本,第 327 页。

⑦ 《明太宗实录》卷一九,永乐元年四月甲戌条,台湾"中央研究院"历史语言研究所 1962 年校印本,第 351 页。

⑧ 《明太宗实录》卷二一,永乐元年六月戊辰条,台湾"中央研究院"历史语言研究所 1962 年校印本,第 391 页。

个明代都是九边军镇最重要的一个,所以才有边防甚重的局面出现。

二、宁王徙封与边防都司卫所的内迁调整

朱棣在改变其父朱元璋用"塞王"防边的体制方面,除了前述派大将镇守北边军镇,与此同时进行的就是将有威胁的塞王向内地徙封,或者削夺塞王的兵权。如谷王朱橞改封长沙,辽王朱植不复原封,其中对宁王朱权的徙封及大宁都司的内撤最具有代表性,而对明朝北部边防的影响也最大。

宁王朱权是太祖朱元璋第十七子,洪武二十六年(1393)就藩大宁。大宁在明代初期的北边防务体系中占有重要地位。它位于喜峰口外,为古会州之地,明末清初的遗民学者顾炎武采辑时人之论道:"大宁居遵化之北一百里,沿山海以逮独石,一墙之外皆其地也。独石、山海离京皆七百里,与大宁正相等。国初建谷、宁、辽三王,与代、朔势若连雏,以屏藩东北,为计深矣。"[1]在洪武时期所建立的北边防御体系中,大宁"东连辽左,西接宣府,为巨镇。带甲八万,革车六千,所属朵颜三卫骑兵皆骁勇善战"[2]。为了使大宁成为北部边防体系的中坚,朱元璋在征讨纳哈出时,命大将军宋国公冯胜率军出松亭关,修筑了大宁、宽河、会州、富峪四城[3]。同年九月,就在大宁设置了都指挥使司及一应卫所[4]。洪武二十二年(1389),兀良哈三部投降明朝,朱元璋又在大宁路北境兀良哈三部之境"置泰宁、朵颜、福余三卫指挥使司,俾其头目各自领其众,以为声援"[5]。这样设置起来的大宁都司,与东边的辽东都司、西边的开平卫声势联络,成为明代北部边防的第一道防线。

宁王朱权在洪武末年数次会同诸塞王领兵出塞,以善谋著称。当朱棣起兵"靖难"之后,建文帝顾虑这些塞王与朱棣联合,下诏召就藩广宁的辽王朱植和就藩大宁的宁王朱权还京,"植渡海归朝,改封荆州"[6]。宁王朱权抗旨不回,最后被朱棣劫入燕军,时常为朱棣起草各种檄文,朱棣和他约定:事成当中分天下。等到朱棣即了皇帝位,却把宁王朱权改封到南昌。据《明太宗实录》载:徙封宁王于南昌是因为"大宁兵戈之后,民物凋耗"[7];《明史》称:"天下既定,徙宁王南昌,徙行都司于保定,遂尽割大宁地界三卫,以偿前劳。"[8]朱棣一方面将宁王徙封南昌,一方面将设在大宁的北平行都司迁往保定,而这一切,都是为了报答兀良哈三卫对其靖难之役的支持。正是由于大宁都司的内徙,才给明朝北部边防造成了致命的影响。据《明太宗实录》载:朱棣将北平行都指挥使司改为大宁都指挥使司,"隶后军都督府,设保定左、右、中、前、后五卫,俱隶大宁都司。调营州左屯卫于顺义,右屯卫于蓟州,中屯卫于平峪,前屯卫于香河,后屯卫于三河,卫设左、右、中、前、后五所,仍隶大宁都司"[9]。大宁都司内迁到保定之

①　蔡鼎:《旧大宁》,顾炎武:《天下郡国利病书》原编第三册《北直下》,《四部丛刊》本第 19 册。
②　张廷玉等:《明史》卷一一七《诸王二》,中华书局 1974 年版,第 3591 页。
③　《明太祖实录》卷一八一,洪武二十年三月辛亥条,台湾"中央研究院"历史语言研究所 1962 年校印本,第 2731 页。
④　《明太祖实录》卷一八五,洪武二十年九月癸未条,台湾"中央研究院"历史语言研究所 1962 年校印本,第 2777 页。
⑤　张廷玉等:《明史》卷三二八《朵颜三卫传》,中华书局 1974 年版,第 8504 页。
⑥　张廷玉等:《明史》卷一一七《诸王二》,中华书局 1974 年版,第 3587 页。
⑦　《明太宗实录》卷十七,永乐元年二月己未条,台湾"中央研究院"历史语言研究所 1962 年校印本,第 306 页。
⑧　张廷玉等:《明史》卷三二八《朵颜三卫传》,中华书局 1974 年版,第 8504 页。
⑨　《明太宗实录》卷十八,永乐元年三月壬午条,台湾"中央研究院"历史语言研究所 1962 年校印本,第 320 页。

后,朱棣未再在大宁之地重新设防,观其即位之后到永乐元年(1403)在北边所布置的镇守总兵官,辽东有刘贞、宣府有郑亨、大同有吴高、甘肃有宋晟、宁夏有何福、山海永平有郭亮,后来丘福败没之后,郭亮又备御开平,这里唯独没有大宁。如果按照朱元璋的设计,大宁是绝不会不设镇守总兵官的。由是可知,明代各种史籍所载朱棣将大宁之地割给三卫,绝非无稽之谈。尽管古往今来多有人为朱棣弃大宁作辩护,但是由于大宁不再设防而造成明朝北边防线声势隔绝,最后不得不南撤,这确是历史事实。因此,今人毛佩琦在其《永乐皇帝大传》中对此评论说:"不管怎样,朱棣无法逃脱丢弃大宁的责任。……如果不是有意放弃大宁,在内徙宁王之后完全可以保留原大宁都司卫所以戍守之,大宁都司迁于北京城南之保定,其卫所亦散置于北京周围而于原大宁之地却完全不设防,显然是故意放弃大宁。"[1] 这一分析深中肯綮,放弃大宁,等于在辽东和开平这条防线上打开了一个大大的缺口,蒙古军可以在这里自由出入,它使朱元璋所设计的北边防线出现断裂而致动摇。

在大宁都司内迁的同时,东胜州也作了内撤。"复设东胜中、前、后三千户所于怀仁等处。"[2] 东胜卫是朱元璋设在河套地区东北角的重要卫所,在整个明代的北部边防中,它是唯一可以整个控制河套地区的卫,其地在唐朝张仁愿所筑之东受降城之东。《明史》叙述东胜卫的沿革说:"东胜卫(元东胜州,属大同路。)洪武四年正月,州废,置卫。二十五年八月分置东胜左、右、中、前、后五卫,属行都司。二十六年二月罢中、前、后三卫。永乐元年二月徙左卫于北直卢龙县,右卫于北直遵化县,直隶后军都督府。三月置东胜中、前、后三千户所于怀仁等处守御,而卫城遂虚。正统三年九月复置,后仍废。……西距行都司五百里。领千户所五:失宝赤千户所,五花城千户所,干鲁忽奴千户所,燕只千户所,瓮吉剌千户所,俱洪武四年正月置。"[3] 这是朱棣将北边防线内撤的又一举动。其将洪武后期东胜还存留的两个卫全部迁入内地,永乐元年(1403)三月迁设的中、前、后三所所在地怀仁县,地在大同"府城西南七十里,本秦云中县地,……元复为怀仁县,属大同路,本朝因之"[4]。关于东胜卫的战略地位,明人魏焕曾说:"国朝扫除夷虏,恢复中原,复申命致讨以靖边宇,一时虏酋远遁穷荒,仅存喘息。于是设东胜城于三(受)降城之东,与三降城并,东联开平、独石、大宁、开元,西联贺兰山、甘肃北山,通为一边,地势直则近而易守。"[5] 日本学者田村实造指出:东胜实际上起着将东边的辽东和西边的甘肃联系起来的联结点的作用[6]。现在朱棣刚即位,就将北边防线上的两个重要都司卫所撤向内地,从战略格局的角度看,这使北边防线出现了两个大缺口,一是在辽东与开平之间,一是在大同与宁夏、甘肃之间,由此而使开平孤势孤援绝,处于岌岌可危的境地。

其实在大宁都司和东胜卫的内迁之前,山西行都司的军卫首先作了内撤。史载:洪武三十五年(1402)九月,朱棣"命都督陈用、孙岳、陈贤移山西行都司所属诸卫官军于北平之地设卫,移屯种云川卫于雄县,玉林卫于定州,高山卫于保定府,东胜左卫于永平府,东胜右卫于遵化县,镇朔卫于蓟州,镇房卫于涿州,定边卫于通州,其天城、阳和、宣府前三卫仍复原处"。次日

---

① 毛佩琦:《永乐皇帝大传》,辽宁教育出版社1994年版,第411~412页。
② 《明太宗实录》卷十八,永乐元年三月壬午条,台湾"中央研究院"历史语言研究所1962年校印本,第320页。
③ 张廷玉等:《明史》卷四一《地理志二》,中华书局1974年版,第973~974页。
④ 李贤主编:《大明一统志》卷二一《大同府》,明天顺内府刻本。
⑤ 魏焕:《皇明九边考》卷一《镇戍通考》,国立北平图书馆善本丛书第一集,1936年。
⑥ 《明代の北边防衛体制》,[日]田村实造编:《明代满蒙史研究》,京都大学文学部昭和38年版,第80~81页。

又"改大同中护卫为定州卫"①。

在卫所调整方面,由于都司的移徙、王府的迁调和护卫的裁革,变化很大。洪武三十五年(1402)十月,朱棣"命兵部复设大宁、营州、兴州三卫,凡各卫官军先调辽东等处及在京并有坐事谪戍边者,皆令复原卫屯田"②。十一月,"复安东中屯卫、大同、沈阳二屯卫,俱隶北平都司";"改宣府护卫为长沙护卫,仍隶谷王府,以宣府所余官军设宣府左、右二卫,左卫于保定屯守,右卫于定州屯守;改广宁三护卫为广宁左、右、中三卫,隶辽东都司"。③ 十二月,"改广宁中、左、右三卫仍为中、左、右、前、后五屯卫,设宁夏左、右、中、前四屯卫"④。永乐元年(1403)二月,改"营州左护卫为隆庆左卫,右护卫为隆庆右卫,中护卫宽河卫","改宁夏右卫为庆阳卫"。⑤ 八月,兵部提出:"海州、定辽二卫,洪武中各调三所官军往设广宁二护卫,今已改为广宁左、右卫,其原调官军亦宜各复本卫,况州正当边境冲要,守备尤重。上命以海州卫原调官军还之,余仍留广宁。"同时"复甘州前、后卫,威虏卫,镇夷千户所"。⑥ 九月,"设大同左、右二卫"⑦,同样的大同左、右卫到永乐七年(1409)五月又有记载:"改大同左、右护卫为大同左、右二卫"⑧,这是怎么回事?《明史·地理志》给出了解释:"大同左卫,(洪武)三十五年罢,永乐元年九月复置,七年徙治镇朔卫城。大同右卫,洪武三十五年罢,永乐元年九月复置,七年徙治定边卫城。"⑨解开了这个谜团。类似的调整很多,有裁有增。增设的如永乐三年(1405)二月"改大宁前卫、济州卫、天策卫为汉府三护卫,改设赵府三护卫,以彭城卫为常山中护卫,永清左卫为常山左护卫,永清右卫为常山右护卫,置经历司经历一员,设常山郡牧千户所,隶赵府"⑩;最多的一次增设是在永乐七年(1409)六月,"设北京宣化、清平、居庸、榆林、镇安、怀来、宣城、宁远、威远、德胜等卫"⑪,一次就增设了十个卫。裁而复设的有开平卫,永乐四年(1406)二月,"复设开平卫,命兵部以有罪当戍边者实之"⑫。这表明开平卫也曾经被裁撤,到永乐四年(1406)又加以恢复。在改变归属体制方面则有永乐元年(1403)二月。"以燕山左、燕山右、燕山前、大兴左、济州、济阳、真定、遵化、通州、蓟州、密云中、密云后、永平、山海、万全左、万全右、宣府前、怀安、开平、开平中、兴州左屯、兴州右屯、兴州中屯、兴州前屯、兴州后屯、隆庆、东胜左、东胜右、镇朔、涿鹿、定边、玉林、云川、高山、义勇左、右、中、前、后、神武左、右、中、前、后、

---

① 《明太宗实录》卷一二下,洪武三十五年九月乙巳条、丙午条,台湾"中央研究院"历史语言研究所1962年校印本,第223、224页。

② 《明太宗实录》卷一三,洪武三十五年十月戊寅条,台湾"中央研究院"历史语言研究所1962年校印本,第247页。

③ 《明太宗实录》卷一四,洪武三十五年十一月丁亥条、乙未条,台湾"中央研究院"历史语言研究所1962年校印本,第255、260页。

④ 《明太宗实录》卷一五,洪武三十五年十二月癸亥条,台湾"中央研究院"历史语言研究所1962年校印本,第279页。

⑤ 《明太宗实录》卷一七,永乐元年二月丁卯条、辛未条,台湾"中央研究院"历史语言研究所1962年校印本,第311、313页。

⑥ 《明太宗实录》卷二二,永乐元年八月戊午条、庚午条,台湾"中央研究院"历史语言研究所1962年校印本,第410、414页。

⑦ 《明太宗实录》卷二三,永乐元年九月丁亥条,台湾"中央研究院"历史语言研究所1962年校印本,第420页。

⑧ 《明太宗实录》卷九二,永乐七年五月己亥条,台湾"中央研究院"历史语言研究所1962年校印本,第1225页。

⑨ 张廷玉等:《明史》卷四一《地理志二》,中华书局1974年版,第971页。

⑩ 《明太宗实录》卷三九,永乐三年二月庚午条,台湾"中央研究院"历史语言研究所1962年校印本,第650页。

⑪ 《明太宗实录》卷九三,永乐七年六月丁未条,台湾"中央研究院"历史语言研究所1962年校印本,第1230页。

⑫ 《明太宗实录》卷五一,永乐四年二月壬申条,台湾"中央研究院"历史语言研究所1962年校印本,第763页。

武成左、右、中、前、后、忠义左、右、中、前、后、武功中、卢龙、镇房、武清、抚宁、天津右、宁山六十一卫、梁成、兴和、常山三守御千户所俱隶北京留守行后军都督府。"①

以上卫所的调整都属于微调,并未影响都司卫所的防御体系。

第三节 永乐时期各个军镇的演变

洪武时期北边第一军镇北平由于朱棣即位而发生变化,它升格为北京,而其作为北边重镇的地位也就为帝都的光环所掩盖。

一、大同镇

大同镇在明代九边军镇中处于重要的战略位置,它是明蒙斗争和交流的枢纽与前沿阵地。

洪武二年(1369)大同军镇建立之后,到洪武二十六年(1393)时,相应卫所防御体系建构完成,它包括"大同后卫及东胜左、右,阳和,天城,怀安,万全左、右,宣府左、右十卫于大同之东,高山、镇朔、定边、玉林、云川、镇房、宣德七卫于大同之西,皆筑城置兵屯守"②,共计十七个卫。但在洪武前期没有单独设立镇守总兵官,而是由大将军徐达坐镇北平,洪武后期则由晋王朱棡担负防边重任。

朱棣在即位后将诸王防边的体制改为大将防边体制,于洪武三十五年(1402)八月"命后军都督府都督同知陈用、都督佥事曹远掌山西行都司事"③。到永乐元年(1403)三月,正式任命"江阴侯吴高镇守山西大同,防御胡寇,节制山西行都司诸卫"④,吴高成为大同镇的第一任镇守总兵官。吴高在任一直到永乐十二年(1414)闰九月,其间履职情况如下:永乐四年(1406)八月,朱棣"以甘肃、宁夏、山西皆近边,可畜马,敕守将西宁侯宋晟、左都督何福、江阴侯吴高等相择牧地,计议以闻。复谕之曰:'朕欲马蕃息,思有二策:一欲略如朔漠牧养之法,择水草之地,其外有险阻,只用数人守之而足,纵马其中,顺适其性,至冬寒草枯,则聚而饲之;一欲散与军民牧养,设监牧统领之。二策孰善,宜精思条画以闻,朕将择之。'"这是朱棣就养马问题向三个总兵官咨询对策,吴高是其中之一。几天后,朱棣又"敕镇守大同江阴侯吴高等曰:钦天监言星象有兵,今秋气渐肃,草实既坚,正胡虏马肥弓劲之时,尔等受边寄,宜申严号令,训饬将士,慎固堤备,不可怠忽"⑤。这是朱棣就秋防问题作出指示。永乐七年(1409)闰四月,朱棣"敕镇守大同江阴侯吴高曰:'抚夷之道,须要以信义。今北虏欲遣使修好,朕推诚抚纳,加以恩意,尔但严斥堠,固强圉,巡逻不须远出,使之不疑耳。所奏欲(徒)[徙]前大同左、右二护卫于定边、镇朔备御,可即行之。'"这是朱棣在派郭骥出使本雅失里后以为明蒙之间会实现和平,所以才如此说。过了几天,朱棣又"敕镇守大同江阴侯吴高,选属卫步军八百、骑士

① 《明太宗实录》卷十七,永乐元年二月辛亥条,台湾"中央研究院"历史语言研究所1962年校印本,第302~303页。
② 《明太祖实录》卷二二五,洪武二十六年二月辛巳条,台湾"中央研究院"历史语言研究所1962年校印本,第3295页。
③ 《明太宗实录》卷十一,洪武三十五年八月壬子条,台湾"中央研究院"历史语言研究所1962年校印本,第175页。
④ 《明太宗实录》卷十八,永乐元年三月庚辰条,台湾"中央研究院"历史语言研究所1962年校印本,第319页。
⑤ 《明太宗实录》卷五八,永乐四年八月丁酉条,乙巳条,台湾"中央研究院"历史语言研究所1962年校印本,第847、850页。

二百,往兴和、开平操备,别委将士运大同粮料二万四千石,贮兴和、开平。"①这是朱棣就巡边和粮饷问题对吴高作出的指示。当郭骥被杀、丘福兵败、朱棣准备亲征后,永乐七年(1409)年底,"命镇守大同江阴侯吴高督运山西粮三万石、豆三万石赴万全,备边储。"②这是朱棣为筹集北征的粮饷而对吴高发布的命令。朱棣在亲征的过程中,永乐八年(1410)二月,"命镇守大同江阴侯吴高提督操练山西、大同、天城、阳和等处军马,整理城池,节制山西都司、行都司及太原三护卫官军"③,这是朱棣在北征之前做出的后方部署,由吴高掌控山西两个都司;三月,"敕镇守大同江阴侯吴高曰:'军士随征者苟有畏避及强劫人财,皆斩以狗'"④。永乐九年(1411)三月,吴高向朱棣建议:"山西行都司属卫军士,今或全卫、或十之七八屯种,故操练者少,请留其半操练,以备不虞";朱棣为此指示兵部说:"守备固不可单弱,若兵食不足亦难与守,宜视其地险夷,制多寡之数。阳和留什之四,天城、朔州留什之三,蔚州留什之二,余悉令屯种,且耕且守,以为定制。"⑤吴高的建议和朱棣的决策,使明廷在守城和屯田士兵的比例方面找到了平衡。四月,朱棣"敕镇守大同江阴侯吴高曰:'近得谍报,虏寇失捏干谋袭大同,其众约五千,能战者不过三千,虽贼少,然不可忽,况今春已寇宁夏,虏志必骄,秋高马壮,来寇无疑。尔思患预防,凡战守之计,万全无失,乃称朕任使'"⑥,朱棣获得了蒙古将要入掠的情报,通告吴高做好防御准备。永乐十一年(1413)四月,朱棣从南京回到北京,"敕镇守大同江阴侯吴高,以武安侯郑亨原领军士并选马队一千,令才干指挥赴北京"⑦,向吴高征调部队。六月,朱棣"敕镇守大同(山)[江]阴侯吴高曰:'前虏寇掠失八都驿马得志,闻将复来,此或是虚声,然不可不预防之'"⑧,这是对防边的指示。七月,朱棣"敕镇守大同江阴侯吴高曰:'边境不可一日无备,于农隙而不图,猝遇寇至,何以济事? 其令诸处修筑烟墩,高五丈,必坚如铁石,庶几寇至可以无患'"⑨,要求吴高修筑烟墩以加强防御,吴高认真执行了朱棣的指示,到十月,"山西缘边烟墩成",《明太宗实录》追溯:"先是,从江阴侯吴高请,于缘边修筑烟墩。至是,东路自天城卫至榆林口,直抵西朔州卫暖会口,西路自忙牛岭直抵东胜路,至黄河西对岸灰沟村,烟墩皆成。高五丈有奇,四围城高一丈,外开濠堑、吊桥,门道上置水柜,暖月盛水,寒月积冰。墩置官军三十一人守瞭,以绳梯上下,皆上所规画也。"⑩这条史料说明,沿边修筑烟墩的建议是吴高提出的,而烟墩的具体规划是由朱棣确定的,这是明朝北边的预警系统,对北部边防的安危有重要意义。预警烟墩修成后,朱棣又"敕大同备御江阴侯吴高及都督谭青、马聚曰:'边备战守,皆须得人,如或寇至,江阴侯吴高守城,谭青、马聚出战,若不可战,则坚壁清野以守'"⑪,对战守事宜作出

---

①　《明太宗实录》卷九一,永乐七年闰四月丁巳条、己巳条,台湾"中央研究院"历史语言研究所 1962 年校印本,第 1196、1198 页。

②　《明太宗实录》卷九九,永乐七年十二月甲辰条,台湾"中央研究院"历史语言研究所 1962 年校印本,第 1295 页。

③　《明太宗实录》卷一〇一,永乐八年二月癸亥条,台湾"中央研究院"历史语言研究所 1962 年校印本,第 1321 页。

④　《明太宗实录》卷一〇二,永乐八年三月壬申条,台湾"中央研究院"历史语言研究所 1962 年校印本,第 1325 页。

⑤　《明太宗实录》卷一一四,永乐九年三月乙酉条,台湾"中央研究院"历史语言研究所 1962 年校印本,第 1459 页。

⑥　《明太宗实录》卷一一五,永乐九年四月庚申条,台湾"中央研究院"历史语言研究所 1962 年校印本,第 1469~1470 页。

⑦　《明太宗实录》卷一三九,永乐十一年四月甲寅条,台湾"中央研究院"历史语言研究所 1962 年校印本,第 1673 页。

⑧　《明太宗实录》卷一四〇,永乐十一年六月辛亥条,台湾"中央研究院"历史语言研究所 1962 年校印本,第 1687 页。

⑨　《明太宗实录》卷一四一,永乐十一年七月甲辰条,台湾"中央研究院"历史语言研究所 1962 年校印本,第 1695 页。

⑩　《明太宗实录》卷一四四,永乐十一年十月己酉条,台湾"中央研究院"历史语言研究所 1962 年校印本,第 1709 页。

⑪　《明太宗实录》卷一四五,永乐十一年十一月乙酉条,台湾"中央研究院"历史语言研究所 1962 年校印本,第 1715 页。

规划。从上述史料中可以得出结论:吴高作为第一任大同镇守总兵官,从永乐元年(1403)三月起直到永乐十二年(1414)闰九月被召回北京,任职十二年半之久,回到京城后,"江阴侯吴高以罪免"①。

永乐十二年(1414)闰九月,朱棣"召镇守大同江阴侯吴高还",马上就"命都督朱荣充总兵官,镇守大同,节制山西都司、行都司备御军马"。②朱荣上任后,永乐十三年(1415)三月建议:"大同右卫及定边卫城池,当边境冲要,其忙牛岭、兔毛河、赤山、榆杨口、东胜诸处城垣低薄,无濠堑,宜急修筑之。"③这一定是新任总兵官对所辖地域的防卫情况作了考察之后提出的建议,朱棣迅速批准。但是朱荣和下属山西行都指挥使司都指挥使李谦的关系没有处理好,于是李谦参了朱荣一本,《明太宗实录》载:"山西行都司都指挥李谦言:'大同极边之地,胡寇出没不时,近欲调骑士巡逻,而总兵官都督朱(营)[荣]不许。'上曰:'谦言是也。'遂敕责荣,令赴京自陈。"④这是永乐十五年(1417)十二月的事,朱荣当然得遵命赴京自陈,是否受到惩罚没有记载,但大同总兵官的人选作了更换。

永乐十六年(1418)三月,朱棣"命前军都督佥事刘鉴充总兵官,于大同操练山西都司及行都司军马以备边"⑤。永乐十八年(1420)七月,刘鉴就大同镇的粮饷问题提出建议:"镇守大同总兵官都督刘鉴言:'大同左、右等卫仓粮支给将尽,宜募商开中盐粮,以备边用。'下行在户部议,尚书夏原吉等议:'河东盐每引米三斗五升,淮浙盐每引米肆斗,俱令于大同输纳,不次支给。'从之。"⑥这条史料表明:第一,刘鉴作为边防总兵官就粮饷不足向朝廷建议募商开中盐粮;第二,朝廷要由户部进行廷议,提出可行措施;第三,这些建策最后经皇帝批准实行。永乐十九年(1421)六月,刘鉴又和李谦发生了矛盾,《明太宗实录》载:"初,山西行都司都指挥同知李谦奏:'大同右卫赤山儿、猫儿庄、鸡儿崖俱系极边,胡虏所窥之地,宜设军备御。'从之。而总兵官都督刘鉴与谦不合,勒军还。至是,上闻之,遣敕切责(青)鉴,军乃复行。"⑦总兵官和都指挥使的不和影响了明代大同镇的边防建设,但不知不和的根源在哪里,这个问题值得探究。永乐二十一年(1423)八月,《明太宗实录》载:"大同总兵官都督刘鉴奏:怀仁县立城堡以防虏,今已缮完,宜拨安东中屯卫军一千屯守。从之。"⑧这是完善边防布局的举措。

刘鉴任大同镇总兵官一直到永乐时期结束。

二、太原镇与西安镇

太原作为山西都司的所在地,由于地理位置和洪武时期对残元势力的打击,到朱棣即位后,北边形势较为缓和,朱棣一直没有派驻镇守总兵官,而是由镇守宁夏的何福负责统辖。洪

①　《明太宗实录》卷一五七,永乐十二年十月丙申条,台湾"中央研究院"历史语言研究所 1962 年校印本,第 1799 页。

②　《明太宗实录》卷一五六,永乐十二年闰九月甲子条、丁卯条,台湾"中央研究院"历史语言研究所 1962 年校印本,第 1796 页。

③　《明太宗实录》卷一六二,永乐十三年三月己酉条,台湾"中央研究院"历史语言研究所 1962 年校印本,第 1839 页。

④　《明太宗实录》卷一九五,永乐十五年十二月乙酉条,台湾"中央研究院"历史语言研究所 1962 年校印本,第 2048 页。

⑤　《明太宗实录》卷一九八,永乐十六年三月甲寅条,台湾"中央研究院"历史语言研究所 1962 年校印本,第 2069 页。

⑥　《明太宗实录》卷二二七,永乐十八年七月庚寅条,台湾"中央研究院"历史语言研究所 1962 年校印本,第 2221 页。

⑦　《明太宗实录》卷二三八,永乐十九年六月辛亥条,台湾"中央研究院"历史语言研究所 1962 年校印本,第 2277～2278 页。

⑧　《明太宗实录》卷二六二,永乐二十一年八月丁巳条,台湾"中央研究院"历史语言研究所 1962 年校印本,第 2394 页。

武三十五年(1402)八月朱棣"命右军都督府左都督何福佩征虏前将军印,充总兵官往镇陕西、宁夏等处,节制陕西都司、行都司、山西都司、行都司、河南都司官军"①。这里何福节制的五个都司中就包括山西都司和行都司在内。

何福坐镇宁夏,管控山西都司、行都司有些太远,影响效率,因此永乐元年(1403)三月,朱棣又"命江阴侯吴高镇守山西大同,防御胡寇,节制山西行都司诸卫"②,从何福管辖的五个都司中分出了山西行都司归吴高掌控。此后不久,山西都司也归入吴高的掌控之下,史载:永乐二年(1404)十月,朱棣"敕镇守大同江阴侯吴高曰:'鞑靼率多来归者,虑有诈谋,古云:'受降如受敌',其悉调山西都司、行都司并太原三护卫骑士赴大同操备"③。吴高在永乐五年(1407)向朱棣提出了一项建议,得到朱棣的首肯,他"敕镇守大同江阴侯吴高曰:'尔奏沿边草盛,欲焚之,最当。第虑旁近未知,或生疑怪,且巡徼军马,仓卒难避,屯堡房舍,将有所损,须预报之使备"④。这应该是明代北边烧荒之始。永乐八年(1410)二月,朱棣准备北征本雅失里,为了稳定后方,"命镇守大同江阴侯吴高提督操练山西、大同、天城、阳和等处军马,整理城池,节制山西都司、行都司及太原三护卫官军"⑤。由此,吴高掌控了山西全境的两个都司,他是大同镇和山西镇的总兵官。自此以后,新接任的大同总兵官都负责管辖山西都司。如永乐十二年(1414)闰九月,朱棣"命都督朱荣充总兵官镇守大同,节制山西都司、行都司备御军马"⑥。永乐十六年(1418)三月,朱棣"命前军都督金事刘鉴充总兵官,于大同操练山西都司及行都司军马以备边"⑦。当时北边形势差缓,所以由大同总兵官掌控两个都司。

西安作为陕西都司所在地,朱棣在洪武三十五年(1402)七月曾"命江阴侯吴高往河南、陕西二都司整肃兵备,抚安军民。俟军民宁谧,就镇守陕西"⑧。但到八月又命右军都督府左都督何福佩征虏前将军印,充总兵官往镇陕西、宁夏等处,且节制五个都司、行都司,这时吴高当是离开陕西了,直到永乐元年(1403)三月受命出镇大同。何福虽然镇守的地区是陕西、宁夏,但他主要是在宁夏镇守,由此而使宁夏地位上升,《明太宗实录》称何福为"宁夏总兵官",但是不可否认陕西镇也在何福的掌控之下。如洪武三十五年(1402)十二月,"宁夏总兵官左都督何福言:'陕西都司、行都司军士,精锐者下屯。疲软者操备,非防边捍敌之道。宜简阅而易置之,庶可适用。且宁夏各卫马军不善骑射者,一概全支月粮,宜简阅,依步兵半给。'悉从之"⑨。永乐元年(1403)三月,"宁夏总兵官左都督何福奏请:调河南都指挥高山领骑千五百赴宁夏听用,陕西都指挥李智来领马、李庸提督(也)屯种,守宁夏都指挥吴杰往守绥德。从之"⑩;八月,明廷决定设置陕西庆阳、环县、灵祐马驿,这是"从宁夏总兵官左都督何福言也"⑪。永乐四年

① 《明太宗实录》卷十一,洪武三十五年八月己未条,台湾"中央研究院"历史语言研究所 1962 年校印本,第 178 页。
② 《明太宗实录》卷十八,永乐元年三月庚辰条,台湾"中央研究院"历史语言研究所 1962 年校印本,第 319 页。
③ 《明太宗实录》卷三五,永乐二年十月庚午条,台湾"中央研究院"历史语言研究所 1962 年校印本,第 607 页。
④ 《明太宗实录》卷七四,永乐五年十二月癸巳条,台湾"中央研究院"历史语言研究所 1962 年校印本,第 1024 页。
⑤ 《明太宗实录》卷一〇一,永乐八年二月癸亥条,台湾"中央研究院"历史语言研究所 1962 年校印本,第 1321 页。
⑥ 《明太宗实录》卷一五六,永乐十二年闰九月丁卯条,台湾"中央研究院"历史语言研究所 1962 年校印本,第 1796 页。
⑦ 《明太宗实录》卷一九八,永乐十六年三月甲寅条,台湾"中央研究院"历史语言研究所 1962 年校印本,第 2069 页。
⑧ 《明太宗实录》卷十下,洪武三十五年七月癸卯条,台湾"中央研究院"历史语言研究所 1962 年校印本,第 169 页。
⑨ 《明太宗实录》卷十五,洪武三十五年十二月丁卯条,台湾"中央研究院"历史语言研究所 1962 年校印本,第 281 页。
⑩ 《明太宗实录》卷十八,永乐元年三月壬午条,台湾"中央研究院"历史语言研究所 1962 年校印本,第 320 页。
⑪ 《明太宗实录》卷二二,永乐元年八月癸酉条,台湾"中央研究院"历史语言研究所 1962 年校印本,第 415 页。

（1406）五月，"宁夏总兵官左都督何福奏：'陕西神木县在绥德卫之外七百余里，盖极边冲要之地，虏之所常窥伺者。洪武中，每岁河冻，调绥德卫官军一千往戍，后设东胜卫，又在神木之外，遂罢神木戍兵。今东胜卫率调永平、遵化，神木虽如旧戍守，然兵少不足以制寇。且县治在平地，四山高峻，寇至，凭高射城中，难为捍卫。县城东山有古城颇险峻，且城隍坚完，请移县治于彼，益兵戍守为便。'上从其言，命于绥德卫再调一千户所往戍守"①。这些记载，正是何福任陕西都司总兵官的反映，他的建议包括屯田、交通、镇戍防御等事项，尤其是东胜卫的迁调对陕西镇的影响非常重大，说明何福是个很负责任的总兵官。

在何福出任五个都司的总兵官时，陕西镇还有镇守都督王英，《明太宗实录》在洪武三十五年（1402）八月有"赐镇守陕西都督王英钞二百锭"②的记载。王英也是个很负责任的镇守，《明太宗实录》载："掌陕西都司事右军都督佥事王英，劾奏都指挥葛进受贿，纵军士不下屯，命法司追鞫之。"③永乐三年（1405）六月，王英去世，《明太宗实录》对他有简要的介绍，"右军都督佥事王英卒。英，庐州合肥人，洪武间由卫士立战功，累升后军都督佥事，上（命）[即]位，调右军，命掌陕西都司事。英在陕西，安静不扰，勤于训练，至是以疾卒，赐葬祭如例。"④这些史料使我们能够描述当时陕西镇的指挥结构，何福任总兵官，是最高指挥官，其下是都司的掌印官，他们的职衔可以是都督层级的都督佥事，也可以是都指挥使层面的官员，前述王英的职衔就是都督佥事。永乐十年（1412）十月，朱棣又"升陕西行都司都指挥使张远为右军都督佥事，仍掌陕西行都司事"⑤，说明张远在任都指挥使时就是陕西都司的掌印官，所以才有他晋升为都督佥事后"仍掌陕西行都司事"。后来张远因为盗官物而被贬谪到边卫，永乐十二年（1414）四月，朱棣又"升陕西都指挥使胡原为右军都督佥事"⑥；永乐十三年（1415）四月，监察御史邓鉴等"劾奏陕西掌都司事都督佥事胡原，非法拷讯窃盗费祥等七人至死，并举其他罪。上曰：'御史言是，朕尝敕戒武臣循法度，毋作愆非，而原所为皆悖，但所犯在敕未下之先，可姑宥之，再犯不恕。'"⑦这里的胡原明确说明是"掌都司事"；永乐十五年（1417）十月，朱棣"敕掌陕西都司都督佥事胡原曰：'边境屯戍，所以防御寇暴，所务甚重。如绥德极边之地，尤宜加意防慎，尔乃尽撤守备官军营干他事，倘虏乘虚而入，何以制之？宜善计度，毋蹈失机之祸'"⑧，这是朱棣就绥德的防卫问题对掌都司事的胡原提出批评。胡原任陕西都司掌印直到仁宣时期。

永乐五年（1407）七月，朱棣"命驸马都尉宋琥佩平羌将军印，充总兵官镇甘肃，节制陕西都司及行都司"⑨，陕西都司由甘肃总兵官负责统辖。后来何福任甘肃总兵官，到永乐八年（1410）宋琥再任甘肃总兵官，朱棣"命都督（费）费瓛、都指挥胡原、陈怀率陕西都司马步军五

---

① 《明太宗实录》卷五四，永乐四年五月丙辰条，台湾"中央研究院"历史语言研究所 1962 年校印本，第 810 页。

② 《明太宗实录》卷十一，洪武三十五年八月庚午条，台湾"中央研究院"历史语言研究所 1962 年校印本，第 188 页。

③ 《明太宗实录》卷三六，永乐二年十一月丙辰条，台湾"中央研究院"历史语言研究所 1962 年校印本，第 627 页。

④ 《明太宗实录》卷四三，永乐三年六月乙丑条，台湾"中央研究院"历史语言研究所 1962 年校印本，第 681 页。

⑤ 《明太宗实录》卷一三三，永乐十年十月丙子条，台湾"中央研究院"历史语言研究所 1962 年校印本，第 1633 页。

⑥ 《明太宗实录》卷一五〇，永乐十二年四月甲辰条，台湾"中央研究院"历史语言研究所 1962 年校印本，第 1745 页。

⑦ 《明太宗实录》卷一六三，永乐十三年四月乙[己]丑条，台湾"中央研究院"历史语言研究所 1962 年校印本，第 1847 页。

⑧ 《明太宗实录》卷一九三，永乐十五年十月丙申条，台湾"中央研究院"历史语言研究所 1962 年校印本，第 2036～2037 页。

⑨ 《明太宗实录》卷六九，永乐五年七月丁卯条，台湾"中央研究院"历史语言研究所 1962 年校印本，第 975 页。

千,河南都司三千,山西都司二千在甘肃操备者,听(摠)[总]兵官、驸马都尉西宁侯宋琥节制"①。到永乐十一年(1413)正月,朱棣"召甘肃总兵官、驸马都尉、西宁侯宋琥还,命丰城侯李彬佩征虏前将军印,充总兵官镇守甘肃,节制陕西行都司各卫所官军"②,这里李彬所统辖的只是陕西行都司各卫所官军,没有包括陕西都司。两年后,永乐十三年(1415)正月,朱棣"命武职大臣出镇,丰城侯李彬往陕西"③,任命专门的武职镇守。李彬镇守陕西到永乐十四年(1416)八月,朱棣又"召镇守陕西丰城侯李彬还京"④,此后镇守陕西的人选史籍缺乏记载。

三、辽东镇

辽东作为九边首疆,在永乐初期就受到重视。朱棣即位的八月初一,"命左军都督府左都督刘贞镇守辽东,其都司属卫军马听其节制"⑤。刘贞刚到任不久,辽东就有战事发生。史载辽东都指挥司奏"九月戊子(初八),虏寇犯开原,至北门外,备御都指挥吴立遣指挥庄济率军拒之,贼退。癸巳(十三日),谍报贼营城外五里,济领军袭之,贼以众迎敌,指挥张恂、李冕弃军而走,贼乘势直前,济督军与战,杀伤相等。卫镇抚张能、千户陈良等九人死之,济被重创,督战益力,贼败去"。朱棣接到都司的奏报后,"敕镇守辽东左都督刘贞曰:'古之驭夷狄者,严兵守境,使不得为寇。若其入寇,驱之则已。今既不能严备,使遂至城下,驱而去之足矣,何必追袭! 既以兵袭之,则当力战,而张恂、李冕乃弃军先走,致伤吾将士,其张恂、李冕即斩以徇,将士死伤者优恤其家。仍督缘边诸将,严兵守备,寇来则驱之,慎勿与战也。'"⑥从这条史料看,战斗的规模并不大,只是由于明军的两个指挥临阵逃跑,才导致明军战死九人,朱棣的指示一是将张恂、李冕斩以徇,用以严明军纪,同时抚恤死伤者;二是"严兵守备,寇来则驱之",不要轻易作战。十一月初二,朱棣又对刘贞发出指示:"敕镇守辽东左都督刘贞曰:'向虏未入寇之时,屡敕尔等严守备,勿轻忽。今闻虏入境劫掠,此不用朕命故也。其即收集各屯人畜于近城暂住,严固边备,审度事机,可发军则发,不可即止,务在万全,慎毋轻率,前过深可为戒矣。'"十日,再次"敕镇守辽东左都督刘贞曰:'开原骑士一千,止留三百守备,余七百令还辽东,与金、复、海、盖四卫骑士同操,养威畜锐以俟。若虏轻剽深入,有可乘之机,即出奇突战,非欲侥利,盖欲出彼不测而摧沮之,使不敢复入,然后边境可宁,屯田军士得安于耕作。若无机可乘,则严固守备,毋开边隙。'"从这里可见,朱棣的防边思想还是严守备、勿轻战,若战则要出奇制胜,使其不敢复入,然后才可求得边方的安宁。十一月还有一条史料涉及辽东镇和刘贞,"上谓兵部尚书刘俊曰:'建文时军官、总小旗以罪罢职役者,罪多失当,其皆复之。洪武中罢职役者,令从边将立功,俟有功亦复之。'时镇远侯顾成镇贵州,都督韩观镇广西,刘贞镇辽东,何福镇宁夏,凡各处官旗立功者,随所近分隶焉。"⑦这是对洪武时期、建文时期因各种原因被罢黜

①　《明太宗实录》卷一一一,永乐八年十二月己酉条,台湾"中央研究院"历史语言研究所1962年校印本,第1420页。

②　《明太宗实录》卷一三六,永乐十一年正月辛丑条,台湾"中央研究院"历史语言研究所1962年校印本,第1658页。

③　《明太宗实录》卷一六〇,永乐十三年正月丙寅条,台湾"中央研究院"历史语言研究所1962年校印本,第1821页。

④　《明太宗实录》卷一七九,永乐十四年八月乙丑条,台湾"中央研究院"历史语言研究所1962年校印本,第1950页。

⑤　《明太宗实录》卷十一,洪武三十五年八月壬子条,台湾"中央研究院"历史语言研究所1962年校印本,第175页。

⑥　《明太宗实录》卷十三,洪武三十五年十月甲子条,台湾"中央研究院"历史语言研究所1962年校印本,第236~237页。

⑦　《明太宗实录》卷十四,洪武三十五年十一月辛巳条、己丑条、癸巳条,台湾"中央研究院"历史语言研究所1962年校印本,第249、256、259页。

职役者给以出路,而朱棣命其就近分隶所列的四个军镇,反映了当时军镇建置的布局尚未完善的情况。

次年,在永乐元年(1403)正月十五,朱棣任命"保定侯孟善镇辽东,节制辽东都司所属军卫"①。保定侯孟善接替刘贞任职,后来刘贞在永乐元年(1403)去世②。但是《明太宗实录》在二月仍有一条关于他的记载:"镇守辽东左都督刘贞奏:'虏寇攻懿路寨三昼夜,破寨栅,官军与战颇不利,既而寇引去。'上曰:'前闻虏声言欲侵宁夏,今乃寇辽东,此正欲牵制我以掩不备。'因敕边将,谨守疆场,虏至则相机行事,既退不可穷追。仍责贞曰:'屡谕尔制寇之方,尔竟忽之,比有可乘之机而逗遛不进,遂至失利,已往之事悔无及矣。今当屯种之时,备御之方,切宜加意,昼夜无怠。如遇寇至,相机应之,务出万全。盖事不可执一,如冬裘夏葛,必适时宜。'敕宁夏总兵官左都督何福曰:'得辽东守将左都督刘贞奏,云虏攻破懿路寨,官军失利。朕前闻虏寇声言欲攻宁夏,今乃剽掠辽东,此其谲诈,声东掠西之术也。辽东已有备,宁夏尤宜防慎,夙夜无忽。如遇虏冲突,慎勿轻战,若有机可乘,亦不宜失,务在审度,必出万全。'"③这应该是在刘贞和孟善职务交替之际出现的问题,仍由刘贞上奏朝廷。这条史料反映了如下问题:(1)蒙古军攻破懿路寨,明军失利,但损失情况不明,攻懿路寨的是蒙古哪一部?鞑靼亦或兀良哈?事尚待考;(2)朱棣事先得到情报是"虏声言欲侵宁夏",结果却在辽东发起攻击,朱棣总结出了蒙古军的声东击西之术,并要求边将对此加以提防;(3)要求边将严固防守,虽然是"慎勿轻战",但亦不可放过可乘之机,"务在审度,必出万全",由此可见当时北部边防的复杂局势。

孟善履职后,永乐元年(1403)五月,"镇守辽东保定侯孟善奏:'太仆寺少卿祝孟献往朝鲜市马千匹,已至辽东,未有处分。'上命尽以给辽东军士之戍边者"④,这是就朝鲜买马问题的请示。六月,朱棣"敕镇守辽东保定侯孟善曰:'尔奏天鼓鸣,考占书,所鸣之方有兵,天戒如此,不可不慎,其深警省毋怠'"⑤,这是孟善就天象问题与朱棣的交流,反映了明朝统治者对天变的畏惧。十二月,朱棣就防边事宜对孟善提出严厉批评,"敕责镇守辽东保定侯孟善曰:'朕命尔往镇东鄙,所宜招怀远人,靖安边境,以称付托之重。尔遣百户傅三汉出塞窃马,以致丧没,内失可用之人,外失信于夷狄。辽东肥沃之地,一年耕有收,足数年之用,数年有收,海运可省,尔不尽心提督屯种之务。军士皮裘必先时关给,庶几得用,尔及今方以为言,有司展转文移,岂浃旬可得?及皮裘运至,而天气向暖,苦寒之地,下人何堪?为帅如此,国亦何赖?顾念旧勋,姑贷尔罪,自今亦深思改过,爱惜将士,抚绥外夷,每事尽心悉虑,毋怠!毋忽!'"⑥这段史料反映了如下问题:第一,孟善派人出塞盗马,结果盗马人被杀,这是严重的失误,他理应受到斥责;第二,他没有尽心尽力搞好屯田,朱棣对此加以批评;第三,他没有及时申领军人的皮裘,受到朱棣批评。朱棣一面对孟善的错误进行批评,一面教育他爱惜将士、抚绥外夷要"每事尽心悉虑",方能不负朝廷重托。永乐三年(1405)三月,朱棣就辽东马市问题指示兵部让孟善作出安

---

①　《明太宗实录》卷十六,永乐元年春正月癸巳条,台湾"中央研究院"历史语言研究所 1962 年校印本,第 294 页。

②　凌迪知:《万姓统谱》卷六〇《刘贞》,清文渊阁四库全书本,第 1038 页。

③　《明太宗实录》卷十七,永乐二年二月己未条,台湾"中央研究院"历史语言研究所 1962 年校印本,第 307~308 页。

④　《明太宗实录》卷二〇下,永乐元年五月丙申条,台湾"中央研究院"历史语言研究所 1962 年校印本,第 372 页。

⑤　《明太宗实录》卷二一,永乐元年七月戊子条,台湾"中央研究院"历史语言研究所 1962 年校印本,第 397 页。

⑥　《明太宗实录》卷二六,永乐元年十二月甲申条,台湾"中央研究院"历史语言研究所 1962 年校印本,第 480~481 页。

排，"上谓兵部臣曰：'福余卫指挥使喃不花等奏：其部属欲来货马，计两月始达京师，今天气向热，虏人畏夏，可遣人往辽东谕保定侯孟善，令就广宁、开原择水草便处立市，俟马至，官给其直，即遣归。'"①这是辽东马市的开始。永乐四年（1406）二月，朱棣"敕镇守辽东保定侯孟善及辽东都指挥高得等曰：'钦天监奏：今天象有兵，占在边境。尔（者）[等]切宜慎防，凡有御宝文书及诸司文移，必须详审，毋为奸伪所欺，其诸边务，尤须用心。'"②这又是因天象变化而对边防进行指示。八月，朱棣又对孟善进行了严厉批评，"以辽东镇守保定侯孟善所为非法，降敕切责之曰：'将之御寇，犹犬之防盗，犬与盗狎，将何用焉？况复坏朝廷之法乎！姑贷尔罪，如不改过，悔将无及。'"③朱棣的比喻虽不甚恰当，但反映的问题应该是孟善和边外的蒙古之间有些暧昧的关系，正所谓"犬与盗狎，将何用焉？"永乐五年（1407）二月，朱棣就边外各族的朝贡事宜对孟善发出指示："敕镇守辽东保定侯孟善曰：'缘边鞑靼、女直、野人来朝及互市者，悉听其便，但禁戢士卒勿扰之。'"④这是一种务为安静的治边方针。十二月，朝鲜国王李芳远向明廷贡马三千匹，马到辽东之后，朱棣"敕保定侯孟善遣送北京苑马[寺]，命户部运绢布一万五千匹往辽东酬之"。⑤ 永乐六年（1408）三月，朱棣又就边外各族朝贡事宜对孟善发出指示："敕辽东镇守保定侯孟善曰：'阴阳家言：今岁海多暴风，自今鞑靼、女直、野人朝贡者，皆令遵陆路来。'"⑥反映出过去边外各族朝贡多有走海路入京的，该年因阴阳家的预测而改走陆路。

孟善在辽东镇守总兵官任上履职七年多，永乐七年（1409）四月，朱棣"召镇守辽东保定侯孟善还北京"⑦。永乐十年（1412）六月孟善去世，《明太宗实录》在叙述他的生平时说：孟善是"山东海丰县人，仕元为山东枢密院同金，国初归附"，因靖难功累升右军都督府都督同知，封保定侯，"永乐元年出镇辽东，远夷款附者绥辑备至，七年夏，驿召还北京。上见其须发皓白，恻然悯之，即日赐告家居，至是卒，遣官赐祭，追封滕国公，谥忠勇"⑧。

孟善离职之后，朱棣没有马上委任下一任辽东总兵官，所以朱棣在此期间都是给辽东都司发出指示。永乐七年（1409）十二月，"敕辽东都司都指挥储钦等曰：'近有人自虏中回，言虏人有居金山，与辽东切近者，宜严饬各卫所，固守城池，毋以边隅晏安而（志）[忘]武备。'⑨"金山是当年纳哈出所居之地，现在又有新的蒙古人迁居该地，朱棣提醒边将不要放松警惕。永乐八年（1410）正月，他又"敕辽东都指挥储钦、巫凯：于原调官军内选步军五千，令能干指挥领还，备寇及防护屯田，其余官军令赴北京随征，朝鲜所进马令次第前来"⑩。这是朱棣准备第一次北征在集结部队时，对辽东屯田防护问题作出的安排。第一次北征结束后，朱棣又派出了辽东镇守总兵官刘荣，亦即刘江。据明史载："刘荣，宿迁人。初冒父名江。……永乐八年

① 《明太宗实录》卷四〇，永乐三年三月癸卯条，台湾"中央研究院"历史语言研究所1962年校印本，第663页。
② 《明太宗实录》卷五一，永乐四年二月甲申条，台湾"中央研究院"历史语言研究所1962年校印本，第767~768页。
③ 《明太宗实录》卷五八，永乐四年八月庚子条，台湾"中央研究院"历史语言研究所1962年校印本，第848页。
④ 《明太宗实录》卷六四，永乐五年二月乙丑条，台湾"中央研究院"历史语言研究所1962年校印本，第910页。
⑤ 《明太宗实录》卷七四，永乐五年十二月甲申条，台湾"中央研究院"历史语言研究所1962年校印本，第1023页。
⑥ 《明太宗实录》卷七七，永乐六年三月己巳条，台湾"中央研究院"历史语言研究所1962年校印本，第1049页。
⑦ 《明太宗实录》卷九〇，永乐七年四月丁亥条，台湾"中央研究院"历史语言研究所1962年校印本，第1188~1189页。
⑧ 《明太宗实录》卷一二九，永乐十年六月甲戌条，台湾"中央研究院"历史语言研究所1962年校印本，第1602~1603页。
⑨ 《明太宗实录》卷九九，永乐七年十二月丙辰条，台湾"中央研究院"历史语言研究所1962年校印本，第1299页。
⑩ 《明太宗实录》卷一〇〇，永乐八年正月己酉条，台湾"中央研究院"历史语言研究所1962年校印本，第1304页。

从北征,……师还为殿,即军中进左都督,遣镇辽东。敌阑入杀官军。帝怒,命斩江,既而宥之。九年复镇辽东。十二年再从北征,……复充总兵官,镇辽东。"①

关于刘江惹怒朱棣事,据《明太宗实录》载:永乐九年(1411)三月十七日,"宥中军都督刘江死罪。江镇守辽东,不谨斥堠,致贼入寨杀官军。上怒,遣人斩江首,既而宥之,使勉图后效。"同年三月二十八日又载:"命中军右都督刘江仍镇守辽东,节制辽东都司官军,遇有声息,相机调遣。"②这两条记载传达了这样的信息:刘江出任辽东总兵官已有一段时间,所谓"江镇守辽东,不谨斥堠,致贼入寨杀官军",肯定是发生在永乐九年(1411)三月之前,因为这个失误朱棣"遣人斩江首",只是后来朱棣又改变了主意,宥其死以观后效。那么刘江是什么时候任职辽东总兵官的呢? 史籍缺载,但在永乐八年(1410)朱棣北征本雅失里和阿鲁台时,刘江"充游击将军,督前哨"③,回军时刘江奉命"率师殿后"④,时间是永乐八年(1410)六月二十六日。朱棣在七月十七日回到北京,第二天大宴群臣,很可能在这之后不久就派刘江出任辽东镇守总兵官,根据蒙古族在秋冬之际战斗力最强的特点,蒙古军"入寨杀官军"之事应该在永乐八年(1410)的九至十一月,因为再晚就是隆冬时节,不便进行军事行动了。等这件事上报到朝廷,经过文移辗转,才在次年三月记入《明太宗实录》。当朱棣放弃了杀刘江的念头,到三月下旬又把他派往辽东任镇守总兵官,于是有三月二十八日的记载。

刘江再任辽东总兵官,永乐十年(1412)六月,朱棣"敕镇守辽东都督刘江等曰:'戎独无信,自古而然,今阿鲁台遣人进贡,外似美意,其心盖不可测,尔无恃修好,辄怠边备。'"⑤提醒刘江不要麻痹。九月,朱棣"敕镇守辽东都督刘江等曰:'近指挥孙观保自瓦剌还,言瓦剌军马望东南行,欲袭阿鲁台,未审然否。边上当严固守备,不可怠忽。'"⑥这也是发出预警信息。永乐十一年(1413)二月,朱棣"敕镇守辽东都督刘江等曰:'前尝令边将于诸屯择一屯多有水草处,深作壕堑,开井积冰,凡邻近各屯行李、刍粮、孳畜,皆置于内,有警则诸屯相与协力拒守。尔独不遵,尔别有良策否? 即有缓急,不致误事否? 宜深计之,毋贻后悔!'"⑦这是朱棣对刘江不遵规划进行质问。九月,朱棣"敕镇守辽东都督刘江等曰:'立边防以严内外,先王之制,不可不谨。自(念)[今]非有御宝文书不许出塞,虽传朕言而无御宝文书者,皆不许。其境内商旅及公干有验者,听。'"⑧朱棣发出严边禁的指令。

永乐十二年(1414)二月,朱棣第二次北征,刘江与朱荣并为前锋,北征结束后,九月二十四日,刘江又回到辽东镇守总兵官的职位上⑨。永乐十三年(1415)八月,朱棣"敕辽东总兵官都督刘江曰:'朕命尔备御一隅,诸事皆须措置停当,若关防不密,仓卒寇至,不免有失。今天寒土冻,边境空旷,寇无处不可入。若春月冰解,亦宜谨慎,勿谓泥水沮洳,寇不能来。盖彼之

①　张廷玉等:《明史》卷一五五《刘荣传》,中华书局 1974 年版,第 4250~4251 页。
②　《明太宗实录》卷一一四,永乐九年三月丁丑条、戊子条,台湾"中央研究院"历史语言研究所 1962 年校印本,第 1455~1456、1460 页。
③　《明太宗实录》卷一○二,永乐八年三月戊辰条,台湾"中央研究院"历史语言研究所 1962 年校印本,第 1323 页。
④　《明太宗实录》卷一○五,永乐八年六月辛酉条,台湾"中央研究院"历史语言研究所 1962 年校印本,第 1364 页。
⑤　《明太宗实录》卷一二九,永乐十年六月丁丑条,台湾"中央研究院"历史语言研究所 1962 年校印本,第 1604 页。
⑥　《明太宗实录》卷一三二,永乐十年九月己亥条,台湾"中央研究院"历史语言研究所 1962 年校印本,第 1626 页。
⑦　《明太宗实录》卷一三七,永乐十一年二月己未条,台湾"中央研究院"历史语言研究所 1962 年校印本,第 1665 页。
⑧　《明太宗实录》卷一四三,永乐十一年九月丙申条,台湾"中央研究院"历史语言研究所 1962 年校印本,第 1706 页。
⑨　《明太宗实录》卷一五五,永乐十二年九月甲午条,台湾"中央研究院"历史语言研究所 1962 年校印本,第 1791 页。

来,皆有(乡道)[向导],少不堤防,则堕其计矣。慎之!慎之!'"①这是要求刘江平时加强部署,增强警戒。十二月,朱棣发布命令:"敕辽东总兵官都督刘江及辽东都司:选女直官军及舍人、余丁,不限名数,以明年春赴北京操练。"②这条史料说明当时辽东镇有不少内迁的女真人,他们也是明朝辽东军队的组成部分,所以朱棣要对他们加以训练。永乐十四年(1416)五月,由于有倭寇在沿海活动,朱棣对刘江发出预警信息,"直隶金山卫奏:有倭船三十余艘、倭寇约三千余在海往来,敕辽东总兵官都督(柳)[刘]江及各都司缘海卫所,令(护)[谨]备及相机剿捕。"③永乐十五年(1417)九月,朱棣又"敕辽东总兵官都督刘江及辽东都指挥使司曰:'有自房中还者,言房岁凶乏食,欲肆掠各屯堡,其来必自(太)[大]凌河,或广宁、义州,宜令各卫慎固防守,毋为所袭。'"④朝廷得到情报后对边防及时发出警告,要求边镇"各卫慎固防守","辽东总兵官都督刘江奏:'今岁兀良哈之地旱,泰宁卫指挥锁南等以马千匹来易米。前此易米者,其数不多,止用马驮,今泰宁一卫用车三百辆运米,虑朵颜、福余诸卫皆来,则无以给之。况辽东极边,无他有司供给,守备官军数多,每年安乐、自在二州寄住鞑官,俸粮岁用浩大。而旧定马价甚高,上上马一匹米十五石、绢三匹,下者米八石、绢一匹,如悉依旧例,则边储空匮。宜令所司更议马直,撙节粮储,递增布绢,中半市之,庶外夷蒙博施之恩,而边储无不给之患。'上曰:'江所言是。'命兵部定议行之。"⑤这条史料说明:兀良哈蒙古地区发生了旱情,泰宁卫以马千匹来易米,数量巨大,达三百车,刘江顾虑如果朵颜、福余再来,辽东边储就不足供应,他提请朝廷"更议马直、撙节粮储、递增布绢",得到朱棣首肯,命兵部廷议。十一月,兵部议定之后,朱棣"敕辽东总兵官都督刘江曰:'尔奏欲更议马直,已见体国之心,况今年辽东薄收,正宜樽节以舒用。今更定其价:上上马每匹米五石,绢、布各五匹;上马米四石,绢、布各四匹;中马米三石,绢、布各三匹;下马米二石,绢、布各二匹;驹米一石,布二匹;其他有可以实边储者,尚悉心计虑,以副朕倚托之重。'"朝廷采纳了刘江的建议,对马价作了下调,这对缓解边储危机有重要作用。同时由于饥荒的压力,边防的压力也增加了,朱棣为此"敕辽东总兵官都督刘江曰:'近指挥朵儿只还自兀良哈,言房寇至边,昼则潜伏,夜则出入烟墩下,守者皆不觉。果如此言,为将不严之过。然房多诈,此言未可信。今宜密遣三五百人匿道旁,俟寇入擒之,然后治守者之罪,庶其有警'"⑥,对如何防边提出指导。永乐十六年(1418)六月,朱棣就倭寇的活动对刘江发出警报:"敕辽东总兵官都督刘江曰:'今倭寇为首者已被擒,其遗孽未获者,尚出没不常。尔可相机剿捕,若兵势多寡不敌,则固守城池,慎勿轻战。'"⑦刘江接到警报后进行了一番巡视部署,然后向朱棣奏报:"近因巡视各岛,贼人出没之处,至金州卫金线岛西北望海堝上,其地特高,可望老鹳觜、金线、马雄诸岛,其旁可存千余兵守备。询诸土人云,洪武初都督耿

① 《明太宗实录》卷一六七,永乐十三年八月戊辰条,台湾"中央研究院"历史语言研究所 1962 年校印本,第 1863 页。

② 《明太宗实录》卷一七一,永乐十三年十二月辛卯条,台湾"中央研究院"历史语言研究所 1962 年校印本,第 1907 页。

③ 《明太宗实录》卷一七六,永乐十四年五月丁巳条,台湾"中央研究院"历史语言研究所 1962 年校印本,第 1928 页。

④ 《明太宗实录》卷一九二,永乐十五年九月癸亥条,台湾"中央研究院"历史语言研究所 1962 年校印本,第 2027 页。

⑤ 《明太宗实录》卷一九三,永乐十五年十月丁未条,台湾"中央研究院"历史语言研究所 1962 年校印本,第 2037 ~ 2038 页。

⑥ 《明太宗实录》卷一九四,永乐十五年十一月乙卯条、辛未条,台湾"中央研究院"历史语言研究所 1962 年校印本,第 2039、2040 ~ 2041 页。

⑦ 《明太宗实录》卷二〇一,永乐十六年六月辛丑条,台湾"中央研究院"历史语言研究所 1962 年校印本,第 2090 页。

忠亦尝于此筑堡备倭,离金州城七十余里,凡有寇至,必先过此,实为滨海襟喉之地,已用石垒堡筑城,置陞墩瞭望。"①这一番部署,为明初著名的望海埚大捷奠定了基础。永乐十七年(1419)四月,朱棣又就倭寇情况进行预警:"敕辽东总兵官都督刘江曰:'今朝鲜报倭寇饥困已极,欲寇边,宜令缘海诸卫严谨备之,如有机可乘,即尽力剿捕,无遗民患。'"②正是在朱棣的一再提醒之下,刘江在前方作了精心部署,终于在永乐十七年(1419)六月取得了望海埚大捷。史载:"辽东总兵官中军左都督刘江以捕倭(捷)[捷]闻。江尝请于金州卫金线岛西北望海埚上筑城(筑城)堡、立烟墩、瞭望倭寇。一日瞭者言:东海洋内王家山岛夜举火,江以寇聚其间,亟遣马步军赴埚上,下堡备之。翌日倭舡三十一艘泊马雄岛,众登岸,径奔望[海]埚,江亲督诸将,伏兵堡外山下,伺贼既围堡,举炮发伏,都指挥钱真等领马队要其归路,都指挥徐刚等领步队逆战,寇众大败,奔入樱桃园空堡中,军围杀之。自辰至酉,擒戮尽绝,生获百十三人,斩首千余级。"③这是中国古代历史上沿海御倭的一次重大胜利,朱棣对此非常重视,令刘江尽速上报将士之功以便升赏,于是在九月十日,"辽东总兵官都督刘江被召至,封奉天翊卫宣力武臣特进荣禄大夫柱国(光)[广]宁伯,食禄千(百二)[二百]石,子孙世袭。"刘江最初叫刘荣,"其父名江,隶燕山左护卫兵籍,有疾,荣代役,因冒父名,至是始复其初名云",刘江因功封伯,并恢复了本名刘荣。九月二十二日,朱棣"录辽东捕戮倭寇功,赏广宁伯刘荣等以下二百九十四人钞币有差"。④ 次年三月,朱棣又指示刘荣:"敕辽东总兵官广宁伯刘荣:剿杀倭寇之时,都指挥并领队官旗曾经力战者,就彼各升一级;退缩者不升,务合至公,升毕具名来闻。"⑤朱棣的赏功非常及时,这对鼓舞部队的士气很有价值。刘荣受封以后,于永乐十七年(1419)十一月再次回辽东出任总兵官,《明太宗实录》载:"命广宁伯刘荣充总兵官,仍镇辽东。陛辞,上谕之曰:'尔起自行伍,从朕靖内难,剿胡寇,多效劳绩,既守辽东,脩饬边备,慎固封守,俾朕无东顾之忧,可谓劳矣。自昔人臣勤于前者或怠于后,善于始者或不能保终,尔其戒之。朕惟不忘尔初,尔益勉图厥终。'荣顿首曰:'陛下天地之德,臣敢昧大训。'"⑥朱棣在这里告诫刘荣,不要居功自傲,还要努力做好边备。但是刘荣回到辽东后不过半年就去世了,时在永乐十八年(1420)四月,《明太宗实录》载:"广宁伯刘荣卒。……荣果毅善战,所向无敌,由百户累升至中军右都督。永乐八年,从上北征,破本雅失里之众于静虏镇,即军中升左都督。十二年从征瓦剌,率所部与马哈木战,下马持短兵突入其阵,杀获独多,师还受厚赏。命守辽东,训练士马,守备甚严。十七年夏,瞭望倭寇将至,率马步兵,置左右翼为伏,先以弱兵诱之,寇长驱而前,伏起夹击,自辰达酉,寇不能支,趋匿空堡中,荣合兵围数匝,尽覆之。僵尸相藉,斩首千余级,俘其余众送京师。封广宁伯,至是卒,追封奉天靖难推诚宣力武臣、特进荣禄大夫、柱国、广宁侯,(谦)[谥]忠武,(营)[荣]为将,驭士卒有纪律,明恩信,于诸夷款塞者,绥辑备至,既卒,人咸

① 《明太宗实录》卷二〇三,永乐十六年八月癸未条,台湾"中央研究院"历史语言研究所1962年校印本,第2099页。

② 《明太宗实录》卷二一一,永乐十七年四月丙戌条,台湾"中央研究院"历史语言研究所1962年校印本,第2133页。

③ 《明太宗实录》卷二一三,永乐十七年六月戊子条,台湾"中央研究院"历史语言研究所1962年校印本,第2143页。

④ 《明太宗实录》卷二一六,永乐十七年九月壬子条、甲子条,台湾"中央研究院"历史语言研究所1962年校印本,第2155、2160页。

⑤ 《明太宗实录》卷二二三,永乐十八年三月甲午条,台湾"中央研究院"历史语言研究所1962年校印本,第2201页。

⑥ 《明太宗实录》卷二一八,永乐十七年十一月癸卯条,台湾"中央研究院"历史语言研究所1962年校印本,第2166页。

思之。"①

　　刘荣去世后，朱棣马上在永乐十八年（1420）五月作出新的安排，"命左军左都督朱荣充总兵官，往辽东整饬兵事，严固备御"②。一年以后，朱棣为了筹划北征，"敕辽东总兵官都督朱荣及辽东都指挥巫凯、刘青，于所属卫分并鞑靼、女直（丽）寄住安乐、自在州官军内，选精锐五千，以七月率至北京。敕山东都指挥王真率领官军三千，以八月朔至北京"③。朱荣在七月到北京后，朱棣就亲巡北边作出部署："敕都督朱荣等领前锋，缉捕北虏声息；安远侯柳升等领中军马步队及大营围子手并神机营；宁阳侯陈懋等领御前精骑；永顺伯薛斌、恭顺伯吴克忠等领鞑靼马队；武安侯郑亨等领左哨；阳武侯薛禄等领右哨；英国公张辅等领左掖；成山侯王通等领右掖。"④后来这次北征没有成行，朱棣又"敕辽东总兵官都督（宋）〔朱〕荣、山东都指挥王真、河南都指挥张祯、山西都指挥朱铭等，率所领军马还卫，俟明年二月至北京"⑤。回到辽东后，朱荣鉴于边储不足，提议开中盐粮，朱棣命户部廷议，"尚书夏原吉等定议：淮浙盐每引米五斗，于广宁仓输纳，不次支给"⑥。永乐二十年（1422）正月，朱荣因守边不严而受到弹劾，"礼部尚书兼都察院事吕震奏劾总兵官都督朱荣，镇守辽东不谨斥堠，致虏乘间犯边，杀伤军民，劫夺孳畜，荣及辽东都司官并广宁备御都指挥王真、周兴等俱合付法司治之"。朱棣命先把朱荣等人的罪过记录下来，让他们"立功以赎"⑦。在其后的北征中，朱荣再次担任前锋，三月二十四日，朱棣"敕前锋都督朱荣等，令驻兵雕鹗，俟大军至乃行，仍敕将士严备御"⑧。四月，明军在蒙古高原辗转寻敌，十三日，朱棣"敕前锋都督朱荣等，旦暮勤哨了，寇或设伏于险，不可不慎"⑨。这次北征的目标本是寻找阿鲁台作战，但阿鲁台远远避开了明廷军锋，朱棣无奈最后拿兀良哈三卫泄愤，对三卫驻地进行了一番扫荡。九月，朱荣受封为"奉天翊卫宣力武臣、特进荣禄大夫、柱国、武进伯，食禄千二百石，子孙世世承袭"⑩。年底，在第三次北征完成之后，朱棣再"命武进伯朱荣充总兵官，镇守辽东"⑪。这次回到辽东镇守总兵官职位上后，朱荣任职直到永乐时期结束，其间不乏领兵跟随朱棣北征等，本书不再细叙。

四、甘肃镇

　　甘肃是西北的军事重镇，朱棣即位后，在永乐元年（1403）正月派出"后军左都督宋晟佩平羌将军印，充总兵〔官〕镇甘肃"⑫。

---

① 《明太宗实录》卷二二四，永乐十八年四月戊午条，台湾"中央研究院"历史语言研究所1962年校印本，第2207页。
② 《明太宗实录》卷二二五，永乐十八年五月壬午条，台湾"中央研究院"历史语言研究所1962年校印本，第2212页。
③ 《明太宗实录》卷二三八，永乐十九年六月庚申条，台湾"中央研究院"历史语言研究所1962年校印本，第2279页。
④ 《明太宗实录》卷二三九，永乐十九年七月己巳条，台湾"中央研究院"历史语言研究所1962年校印本，第2282页。
⑤ 《明太宗实录》卷二四〇，永乐十九年八月癸巳条，台湾"中央研究院"历史语言研究所1962年校印本，第2285页。
⑥ 《明太宗实录》卷二四一，永乐十九年九月乙丑条，台湾"中央研究院"历史语言研究所1962年校印本，第2289页。
⑦ 《明太宗实录》卷二四五，永乐二十年正月壬午条，台湾"中央研究院"历史语言研究所1962年校印本，第2304～2305页。
⑧ 《明太宗实录》卷二四七，永乐二十年三月辛巳条，台湾"中央研究院"历史语言研究所1962年校印本，第2314页。
⑨ 《明太宗实录》卷二四八，永乐二十年四月己亥条，台湾"中央研究院"历史语言研究所1962年校印本，第2318页。
⑩ 《明太宗实录》卷二五一，永乐二十年九月辛未条，台湾"中央研究院"历史语言研究所1962年校印本，第2350页。
⑪ 《明太宗实录》卷二五四上，永乐二十年十二月辛卯条，台湾"中央研究院"历史语言研究所1962年校印本，第2359页。
⑫ 《明太宗实录》卷十六，永乐元年正月丁酉条，台湾"中央研究院"历史语言研究所1962年校印本，第296页。

永乐元年（1403）四月，朱棣"敕宁夏总兵官左都督何福、甘肃总兵官左都督宋晟：'今钦天监言：月犯氐宿东北星，其占，主将有忧；又言：金星出昴北，主北军胜，而我军在南，[卿]等守边，动静之间，常加警省，不可轻率。'"①这是就天象发出预警。十月，朱棣"敕甘肃总兵官左都督宋晟曰：'知哈密安克帖木儿遣人贡马，尔已差人送京，其头目所贡者，可选善马送来，余皆以给军士，然须分别等第以闻，庶可计直给赏。盖厚往薄来，柔远人之道，凡进贡回回有马欲卖者，听于陕西从便交易，须约束军民，勿侵扰之。'"② 这是朱棣就与哈密和西域回回的马匹交易作出指示。十一月，"甘肃总兵官左都督宋晟奏：鞑靼察罕帖木儿来归，言虏党伯客帖木儿欲寇甘肃、宁夏。"这是宋晟就边防情报给朝廷的奏报，朱棣得报后，"即日封晟所奏，付宁夏总兵左都督何福，令严固守备"③，这反映了他对边防的重视，得到情报后迅速作出安排。永乐二年（1404）五月，宋晟就屯田与防边事宜向朱棣请示："甘肃总兵官左都督宋晟言：甘肃镇番卫与胡寇接境，原调庄浪千户所军九百备御，今屯田之外止存五百八十，不足调用。"朱棣为此作出调整，"命以巩昌卫所带管中左所军益之"。④ 七月，朱棣接到情报，对宋晟发出指令："敕甘肃总兵官左都督宋晟曰：'近兀良哈有人来，言虏酋也孙台、阿鲁台、马儿哈咱各怀异见，去年大败瓦剌，今春瓦剌亦败鬼力赤。又云鬼力赤部落比移向北行。胡人谲诈，未可遽信。以朕度之，彼或觇知武城侯军出，故遣游说以怠我军，若我军轻信而骄，即堕其计，尔宜比常加慎。昔隋长孙晟毒水上流以败突厥，宋刘锜亦毒颍水以败兀术，此皆前代名将所为。尔可官给米麹，令诸屯多酿酒，如探知虏寇将至，即置毒酒中，河井亦然，而退以避之。彼饥渴之际，人马受毒，可不战而毙也。兵家之事，以权取胜，此而或济，不犹愈于杀人以逞乎！其斟酌行之，尔若别有奇略，则不必尔也。'"⑤从朱棣的指令中可以了解一些蒙古内部的情况，也可以看到明廷防边御敌的一些谋略和构想。十月，有御史向朱棣进言，说宋晟擅窃威权，朱棣对侍臣说："任人不专则不能成功，况大将受边寄，岂尽拘文法？今当明与晟言，使之释疑。"于是给宋晟发出敕书说："前者御史言卿专擅，此言官欲举其职而未谙事理。夫为将不专则功不立，朕既付卿以阃外之寄，事有便宜，即行之而后以闻。自古明君任将，率用此道，而忠臣事君，亦惟在成国家之大事，岂拘细故。况朕知卿有素，而委以重任，彼虽有言，不能间也。卿勿以置意，但尽心边务，终始一致，以副朕怀。"从这份敕书中可以看出朱棣的用人之道，为了表示对宋晟的信任之专，第二天他就批准了宋晟处死指挥金事王良的奏请，"甘肃总兵官左都督宋晟奏：甘州中卫指挥金事王良失误军机，律应死，命斩之军中以徇"⑥。在月底又赐钞万锭，以供宋晟招抚远人之用。年底，"甘肃总兵官左都督宋晟以急乏边储，请不为常例，无分官民，令于甘肃卫仓中纳淮浙盐粮，庶边储易充"⑦，朱棣也马上批准。

永乐三年（1405）二月，朱棣依据情报向宋晟发出预警，"敕甘肃总兵官左都督宋晟曰：'回回倒兀言：撒马儿罕回回与别失八里沙迷查干王，假道率兵东向，彼必未敢肆志如此，然边备常

① 《明太宗实录》卷十九，永乐元年四月乙丑条，台湾"中央研究院"历史语言研究所1962年校印本，第345页。
② 《明太宗实录》卷二四，永乐元年十月甲子条，台湾"中央研究院"历史语言研究所1962年校印本，第443～444页。
③ 《明太宗实录》卷二五，永乐元年十一月癸巳条，台湾"中央研究院"历史语言研究所1962年校印本，第455页。
④ 《明太宗实录》卷三一，永乐二年五月丙辰条，台湾"中央研究院"历史语言研究所1962年校印本，第560～561页。
⑤ 《明太宗实录》卷三三，永乐二年七月辛酉条，台湾"中央研究院"历史语言研究所1962年校印本，第579～580页。
⑥ 《明太宗实录》卷三五，永乐二年十月壬申条、癸酉条，台湾"中央研究院"历史语言研究所1962年校印本，第611页。
⑦ 《明太宗实录》卷三七，永乐二年十二月癸未条，台湾"中央研究院"历史语言研究所1962年校印本，第634页。

不可忘。昔唐太宗兵力方盛，而突厥径至渭桥，此可鉴也。宜练士马，谨斥堠，计粮储，预为之
备。'"①要宋晟为突发事件做好准备。六月，由于归附的蒙古人所得资产多少不一，朱棣"敕甘
肃总兵官左都督宋晟曰：'前归附鞑官阿卜都罕等八人、鞑民十九人，令尔给与畜产，官牛十、
羊五十，民牛六、羊二十。比闻其中有未给受者，皆有愧恨之辞。夫归附同而朝廷待之不同，使
愧恨，亦非抚纳降附之道。可便如例悉给。'"②这反映了明廷对归附蒙古人的安置政策。在这
种安置政策的感召下，七月初九，"鞑靼平章把都帖木儿、伦都儿灰自塔滩率部属伍千余人诣
甘肃归附"，这在宋晟履职期间是一项重大成绩，宋晟"留其家属于甘肃，遣人送把都帖木儿等
至京，上宴劳之，赐袭衣等物"。不仅如此，第二天，朱棣"命把都帖木儿为右军都督佥事，赐姓
名吴允成；伦都儿灰为后军都督佥事，赐姓名柴秉诚；保住为陕西行都司都指挥佥事，赐姓名杨
效诚；余为指挥、千、百户、镇抚，后赐冠带、袭衣、文绮、表里、白金、钞有差"。几天后，朱棣"遣
右军都督佥事吴允成、后军都督佥事柴秉诚并其部属都指挥、指挥、千、百户等居凉州，赐赉甚
厚。谕兵部：令榜谕缘边将士毋有侵扰。赐敕嘉奖总兵官左都督宋晟招怀之功，并赐之钞币，
仍命晟给与允诚等牛羊孳牧，都督牛二十、羊一百五十，都指挥牛十四、羊七十只，指挥牛十二、
羊六十，千、百户、卫、所镇抚牛十、羊五十，其随来军民每户牛六、羊二十，家属给衣、鞋、布、钞
有差，且令晟加意抚绥，候允诚等居处既定，选其中壮勇或二百、三百、五百，参以官军三倍，于
塞外侦逻，非但耀威，亦以招徕未附者"。③朱棣这种招徕政策很快发挥了作用，八月又有蒙古
人前来归附，朱棣为此再次指示宋晟："敕甘肃总兵官左都督宋晟曰：'比闻鞑官伯客帖木儿率
众来归，可遣人慰抚，道之入境。然须密察其实意，若有诈谋，易为制驭。语云：受降如受敌，不
可不慎。'"④从政治谋略的视角看，朱棣的指示是有道理的。由于宋晟履职期间的这些招徕之
功，十一月，朱棣作出表彰："遣都督徐膺绪、礼部左侍郎赵翔，持节赍诰券，诣甘肃封总兵官、
平羌将军、后军左都督宋晟为推诚辅运宣忠效力武臣、特进荣禄大夫、柱国、西宁侯，后军都督
府左都督如故。食禄千一百石，子孙世袭，杂犯死罪，本身免二死。"⑤宋晟达到了他人生的顶
点，受封为西宁侯。

永乐三年（1405）十二月，西宁侯宋晟奏报朝廷："哈蜜归附头目买住、察罕不花等二百七
十八户居苦峪里，告饥，乞以预备仓粟赈济"，朝廷批准；又奏"欲遣人通问迤北鬼力赤及马儿
哈咱等，以宣示朝廷（送）礼待（遣）［远］人之意"，朝廷也批准，并"给织金文绮、彩绢四十匹以
资其用"；吴高、何福奏报朝廷：蒙古军明春要袭扰宁夏和大同，朝廷一方面命二镇"严兵待
之"，"又敕甘肃总兵官西宁侯宋晟曰：'虏虽云不至甘肃，然同类有在甘肃，其间岂无与之同心
者，且声东向西，兵家之常，不可不备。'"⑥可见朱棣对宋晟的倚重。永乐四年（1406）正月，宋
晟向朝廷奏报了哈密忠顺王脱脱被逐之事。二月，朱棣就边警"敕甘肃总兵官西宁侯宋晟曰：

①　《明太宗实录》卷三九，永乐三年二月庚寅条，台湾"中央研究院"历史语言研究所1962年校印本，第658~659页。

②　《明太宗实录》卷四三，永乐三年六月乙丑条，台湾"中央研究院"历史语言研究所1962年校印本，第681页。

③　《明太宗实录》卷四四，永乐三年七月壬寅条、癸卯条、己酉条，台湾"中央研究院"历史语言研究所1962年校印本，
第691、692、694~695页。

④　《明太宗实录》卷四五，永乐三年八月癸未条，台湾"中央研究院"历史语言研究所1962年校印本，第705~706页。

⑤　《明太宗实录》卷四八，永乐三年十一月甲午条，台湾"中央研究院"历史语言研究所1962年校印本，第730页。

⑥　《明太宗实录》卷四九，永乐三年十二月癸酉条、乙亥条、辛巳条，台湾"中央研究院"历史语言研究所1962年校印
本，第739、740、741页。

'比闻鬼力赤、阿鲁台、也孙台等率众东南行,折而北,既复南行,如此一进一退,或者欲来剽掠,宜训练士马,坚固城池以俟,无为虏所乘。'"①闰七月,"甘肃总兵官西宁侯宋晟奏:亦集乃旧城隘小,请发卒增广之;及召商人于亦集乃中纳盐粟,以实边储;又请给屯军农具,及授忠顺王部下头目官"。对于增筑亦集乃旧城及中纳盐粟事,朝廷因为困难太大没有批准,其余两项"命工部如所奏给屯军农具,兵部量授忠顺王头目官",满足了宋晟的要求。朱棣对宋晟尽心边事的作为非常满意,说道:"晟虽老,其尽心边事,昼夜不懈,于怀绥远人,爱恤士卒,得边将之道。使守边者皆然,朕复何忧!"②还在凤阳赐给宋晟第宅、田园、池塘、山场等。宋晟奏请入朝觐见,朱棣不准,"敕晟曰:'今西北边务一以委卿,岂可暂离,宜专心计理,以副倚托,非有召命毋辄来。'又谕之曰:'屡遣使往迤北者皆不返,今秋气渐肃,草实亦坚,正胡虏马肥弓劲之时,且近日天象屡见,尔宜遣兵侦虏动静,严为守备,不可少有怠忽。'"③看来朱棣真是把宋晟倚为干城,生怕他一旦离开甘肃会有什么不利于边防的事情发生。八月,朱棣就西北养马事向宋晟、何福、吴高等人征求意见,九月对马政做出规划,同时敕宋晟等曰:"马政重事,其加意精思,有可行者,悉宜条奏,毋有所隐"④。八月,朱棣还就西北地区互市安排"敕甘肃总兵官西宁侯宋晟曰:'西北番国及诸部落之人有来互市者,多则遣十余人、少则二三人入朝,朕亲抚谕之,使其归国宣布恩命。'"⑤九月,"朵颜卫来朝鞑官都指挥哈儿兀歹言:'北虏鬼赤力欲率众南来钞边。'上曰:'虏虽未必来,然有备无患。'遂敕宁夏总兵官左都督何福、甘肃总兵官西宁侯宋晟及开平、兴和守将,各严兵备。"⑥十月,有百户赵贤等从兀良哈察罕达鲁花之地回到朝廷,告诉朱棣:"虏酋也孙台为部下所杀,马儿哈咱往归瓦剌,阿鲁台往居海剌儿河之地。"朱棣对此将信将疑,于是"敕甘肃总兵官西宁侯宋晟、宁夏总兵官左都督何福及开平、兴(河)〔和〕、大同守将,各励兵士,谨侦伺,毋堕虏计"。⑦ 十一月,有鞑靼头目答丹等来归附,宋晟遣人将答丹送至京师,朱棣命其为指挥,并赐给袭衣、钞币等。由于从答丹口中了解了蒙古族的情况,朱棣遂"敕宁夏总兵官左都督何福、宣府备御武安侯郑亨等曰:'近西宁侯宋晟送至归附鞑靼答丹等,言虏寇欲南行,尔等宜谨守边城,严兵以防其侵掠。'又敕福曰:'答丹言:有鞑官苦木帖木儿者,率家属百余口来宁夏归附,来则抚绥之,处置必得其宜。又须察其诚伪,未可轻信。'并录答丹所言付福观之"。⑧ 永乐五年(1407)二月,宋晟又奏请朱棣批准两件事:其一,"调指挥方贤掌西宁卫,孙原掌永昌卫,陈英掌山丹卫",这是对卫的指挥官进行调整,朱棣批准;其二,"请以步军易马军",这一条朱棣没有批,因为朱棣是军事家,深谙马军和步军在战争中的不同作用,他告诫宋晟说:"如步军俱壮勇、能驰骤则可,不然与寇相遇,步追之不及,乘马而追又非所能,更审思,取便利行之。"⑨其实宋晟也是久经战阵,但为何提出"以步军易马军",有什

① 《明太宗实录》卷五一,永乐四年二月丙子条,台湾"中央研究院"历史语言研究所1962年校印本,第765页。

② 《明太宗实录》卷五七,永乐四年闰七月丁卯条,台湾"中央研究院"历史语言研究所1962年校印本,第836~837页。

③ 《明太宗实录》卷五七,永乐四年闰七月乙卯条,台湾"中央研究院"历史语言研究所1962年校印本,第841~842页。

④ 《明太宗实录》卷五九,永乐四年九月壬戌条,台湾"中央研究院"历史语言研究所1962年校印本,第857页。

⑤ 《明太宗实录》卷五八,永乐四年八月壬子条,台湾"中央研究院"历史语言研究所1962年校印本,第853页。

⑥ 《明太宗实录》卷五九,永乐四年九月癸未条,台湾"中央研究院"历史语言研究所1962年校印本,第863页。

⑦ 《明太宗实录》卷六〇,永乐四年十月乙卯条,台湾"中央研究院"历史语言研究所1962年校印本,第879~880页。

⑧ 《明太宗实录》卷六一,永乐四年十一月辛未条、甲申条,台湾"中央研究院"历史语言研究所1962年校印本,第883、886~887页。

⑨ 《明太宗实录》卷六四,永乐五年二月己丑条,台湾"中央研究院"历史语言研究所1962年校印本,第909~910页。

么战略意图,尚无法考证。三月,鞑靼使者僧人耳亦赤、也儿吉、你儿灰等返回蒙古,朱棣"命赏彩币赐鞑靼太师右丞相马儿哈咱及头目脱火赤等",同时令何福在其经过边城时"宜厚待而遣之,令人护送出境","密谕福及宋晟曰:'耳亦赤乃鬼力赤之师,或言此必鬼力赤所遣,盖鬼力赤欲西向与瓦剌战,将(徒)[徙]其家属近南,而畏备边官军袭之,故遣来以缓官军之出;或言鬼力赤欲归附而未决,故先遣来,窥觇朝廷之意;又有言虏将后至,剽掠边境者。卿等更当审计备之。'"①这些记载反映了当时蒙古族内部的一些情况和明蒙关系的情况,很有价值。四月,朱棣就泄露边情之事向宋晟发出指令:"敕甘肃总兵官西宁侯宋晟曰:'朝廷禁约下人私通外夷,不为不严,比年回回来经商者,凉州诸处军士多潜送出境,又有留居别失八里、哈剌火州等处泄漏边务者,此边将之不严也。已别遣监察御史核治,自今宜严禁约。'盖因哈剌火州等处使者来言其事,故戒饬之。"②这里反映了甘肃与西域的经济交流情况。五月,朱棣又"敕甘肃总兵官西宁侯宋晟曰:'近闻回回多买中国人妻妾子女出境,律买卖者皆处死,宜严加禁约之,(世)[莫]因循也。'"③这里反映的是西北地区人口买卖的情况以及明朝法律对人口买卖的禁令;由于在归附人员的安置方面有些问题,朱棣再敕宋晟:"闻来归鞑靼赤纳本是沙州卫指挥使买住所部,今赤纳为都指挥佥事,官居买住之上,亦是边帅不审实以闻之过。夫高下失伦,人不得其分,则心不平。今已升买住为都指挥同知,赐诰命冠带。自今凡来归者,应授官职,宜审定高下等第以闻,或失其当,咎有所归。"④买住是沙州卫指挥使,赤纳本是买住部下,但入明朝贡后,赤纳获官都指挥佥事,比买住官职高,朱棣怕买住对此不满,于是给买住升职为都指挥同知,并赐诰命冠带以安其心,同时告诫宋晟以后再有这种情况,"宜审定高下等第以闻",朱棣的这一做法反映了他高超的治术。七月初一,《明太宗实录》记载了宋晟奏报的最后一件事:"甘肃总兵官西宁侯宋晟奏:哈密头目陆十等作乱,忠顺王脱脱已杀之,恐有他变,遣人请兵为守备。"这是宋晟关于哈密问题的奏请,朱棣接奏报后做出布署,"敕晟以兵五百或一千,选才能之将率领赴之,且令熟计,使相更代。"考虑到哈密与蒙古的关系,"又敕晟曰:'安克帖木儿妻子往依鬼力赤,恐诱虏入侵哈密,不可不备。且令会计所(追)[遣]军士行粮,仍戒饬之,无为虏困。'"七月初二,"西宁侯宋晟卒"⑤。

永乐五年(1407)七月初二,西宁侯宋晟去世,十六日,朱棣"命驸马都尉宋琥佩平羌将军印充总兵官,镇甘肃,节制陕西都司及行都司"⑥。宋琥是宋晟的长子,洪武三十五年(1402)十二月"尚皇第三女安成公主"⑦,成为驸马都尉。永乐五年(1407)六月宋晟生病,朱棣马上"遣驸马都尉宋琥省其父西宁侯晟疾",同时令其赍敕"谕晟曰:'卿久在边,劳身焦思,招怀抚辑,使朕无西顾之忧,朕甚赖之。近闻得痪疾,妨起处,朕心惓惓,特遣琥侍疾。卿宜强饮食,进医药,用副倚注之重。琥年少,智识未充,宜遂教以边务,然大事须自处置,不可忽也。'"⑧这条史

① 《明太宗实录》卷六五,永乐五年三月甲戌条,台湾"中央研究院"历史语言研究所 1962 年校印本,第 921 页。
② 《明太宗实录》卷六六,永乐五年四月戊戌条,台湾"中央研究院"历史语言研究所 1962 年校印本,第 929 页。
③ 《明太宗实录》卷六七,永乐五年五月甲寅条,台湾"中央研究院"历史语言研究所 1962 年校印本,第 935 页。
④ 《明太宗实录》卷六七,永乐五年五月壬申条,台湾"中央研究院"历史语言研究所 1962 年校印本,第 939~940 页。
⑤ 《明太宗实录》卷六九,永乐五年七月壬子条、癸丑条,台湾"中央研究院"历史语言研究所 1962 年校印本,第 965 页。
⑥ 《明太宗实录》卷六九,永乐五年七月丁卯条,台湾"中央研究院"历史语言研究所 1962 年校印本,第 975 页。
⑦ 《明太宗实录》卷十五,洪武三十五年十二月庚戌条,台湾"中央研究院"历史语言研究所 1962 年校印本,第 269 页。
⑧ 《明太宗实录》卷六八,永乐五年六月壬寅条,台湾"中央研究院"历史语言研究所 1962 年校印本,第 961~962 页。

料反映了朱棣派宋琥侍疾的目的,一方面是侍疾,另一方面是让宋晟对其子"教以边务",以便作出后续的安排。事实也确是如此,宋晟一去世,朱棣马上就让宋琥接任了甘肃总兵官一职。

但是宋琥毕竟还年轻,朱棣恐怕对他很不放心,所以刚过了半个月,永乐五年(1407)八月初四,朱棣又"敕宁夏总兵官右军都督府左都督何福往镇(曰)甘肃"①,用老将何福代替了年少而"智识未充"的宋琥(当然,朱棣也可能是为了让宋琥为其父守制而做出这样的安排),这说明朱棣对甘肃镇守总兵官人选的重视。

永乐五年(1407)八月何福履职甘肃总兵官后,十月,朱棣就蒙古事宜"敕甘肃总兵官左都督何福曰:'鞑靼子耳力自迤(比)[北]来,具言鬼力赤事,今遣此人同百户(旱)[早]花等赍书与鬼力赤,问其不报之故,因觇虏情,可遣人护送出境。'"护送前往鬼力赤处的使臣;到月末,又"敕甘肃总兵官左都督何福曰:'自今忠顺王脱脱遣人馈尔礼物,宜悉受之。盖其为人朴愚无智识,尔握兵边境,彼所畏也,礼馈见却,则生猜疑,不若开心抚纳,庶得其情。'"②这是从安抚哈密忠顺王的角度对何福作出的指示。十一月,何福就边务事向朱棣提出了诸多建议:调凤阳留守左卫指挥使苏楷赴宁夏中卫,掌卫事;西安后卫指挥刘弘赴甘州右卫;宁夏百户葛复赴西宁卫;宁夏卫副千户赵礼、宁夏左屯卫百户石宽赴凉州卫领骑士;调宁夏右屯卫镇抚李真理刑;边地田多,请令军士下余丁屯种;请运凉州旧粮至甘肃,俟下年运庄浪、巩昌新粮至凉州;请甘肃盐场听商人于黄河迤南籴粮中纳。朱棣全部批准。同时就两项边情发出指令:"敕甘肃总兵官左都督何福曰:'近得降虏朵儿只言,北虏备挤马[奶]乾粮,期冰冻时南寇东胜,亦欲寇甘肃、哈密,尔须坚壁清野以待。若来,慎毋轻出兵击之,虑有诈也。戒慎!戒慎!'"又"敕福曰:'前命西宁侯宋晟选都指挥领骑士一千,同卖马回回由甘肃取道出哈密之北,觇虏动静。晟任用非人,致谋泄露,卒无成功。所遣都指挥刘广犹在沙漠逡巡视命,可令即还,毋致为虏所得。'"③这两条指令一是要何福坚壁清野勿轻战,二是要他召回都指挥刘广所领一千骑士。十二月,朱棣就哈密要否增设"把总官一员以理政务"事宜向何福问计,要他"审熟计,具可否以闻"④。

永乐六年(1408)正月初七,朱棣"敕甘肃总兵官左都督何福等曰:'近兴和守将言:瞭见胡骑五十余往来塞外,宜练士马、谨斥堠,昼夜堤防。仍密察把都帖木儿及伦都儿灰所部人心如何,若可用,则选壮勇者五六十人或百人,往迤北觇虏声息如何,未亲附,切不可遣。'"这是朱棣让何福弄清永乐三年(1405)来归附的蒙古把都帖木儿、伦都儿灰所部对明廷的忠诚度,看其是否可用。十五日,明廷鸿胪寺丞刘帖木儿不花等"使迤西还",谈到蒙古遣人迎立本雅失里的情况,朱棣为此派"遣太监王安等往别失八里","潜察所向如何",同时"敕总兵官都督何福等,遣人往哈密等处买马,以觇本雅失里动静。令所遣者必与安声势相接,迤西诸卫所则发兵护送"。这是蒙古本雅失里新立时明廷为摸清情况而采取的两项措施。二十日,朱棣"敕甘肃总兵官左都督何福曰:尔奏甘[州]五卫番汉官军杂居,难于防制,俟春暖分定地方,使各相

① 《明太宗实录》卷七〇,永乐五年八月乙酉条,台湾"中央研究院"历史语言研究所 1962 年校印本,第 981 页。

② 《明太宗实录》卷七二,永乐五年十月壬辰条、丁未条,台湾"中央研究院"历史语言研究所 1962 年校印本,第 1003~1004、1011 页。

③ 《明太宗实录》卷七三,永乐五年十一月戊辰条、丙子条,台湾"中央研究院"历史语言研究所 1962 年校印本,第1020、1021~1022 页。

④ 《明太宗实录》卷七四,永乐五年十二月甲午条,台湾"中央研究院"历史语言研究所 1962 年校印本,第 1026 页。

聚处,已准行。所奏凉州卫带管土兵五百余人,关赏赐不支月粮,虽有军民未得实用,欲收入(五政)[正伍],更酌量之,可行即行"①。何福从便于管理角度提出将杂居的番汉官军加以区分,获得批准,同时他想将土兵收入正伍,朱棣命他"更酌量之,可行即行",给他充分的自主权。二月,有广宁卫士卒从蒙古地区返回,称蒙古军欲南掠,朱棣马上命"武城侯王聪、同安侯火真率北京、永平、蓟州、山海、真定诸卫骑兵,于宣(武)府等处备御",同时"敕总兵左都督何福等悉严边备";接着何福又奏请:"凉州诸卫土军多私出外境市马,请按其罪。甘肃马驿递军卒,请如(例)宁夏例,户给附近田二十亩"②,朱棣对此全部批准。三月十二日,朱棣了解到本雅失里已继蒙古汗位的情况,便对本雅失里发起和平攻势,派鸿胪寺丞刘帖木儿不花再使本雅失里处,在给本雅失里的信中,朱棣以太祖保全元氏子孙为例奉劝本雅失里认真考虑去就,他说:"我皇考太祖高皇帝于元氏子孙存恤保全,尤所加厚,有来归者,皆令北还。如遣妥古思帖木儿[即洪武三年俘获的买的礼八剌]还,后为可汗,统率其众,承其宗祀,此南北之人所共知也!"他希望本雅失里也能"幡然来归,加以封爵,厚以赐赍,俾于近塞,择善地以居",并赐其织金文绮衣二袭、彩币四端,为保证刘帖木儿不花的安全,朱棣"敕总兵官左都督何福,令遣人护送刘帖木儿不花等出边,就密探虏中事以闻。"第二天,朱棣又就马价问题给何福发出指令:"敕甘肃总兵官何福曰:'凡回回、鞑靼来鬻马者,若三五百匹,止令鬻于甘州、凉州;如及千匹,则听于黄河迤西兰州、宁夏等处交易,勿令过河。凡来进马者,令人带乘马一匹,路费马一匹,俟至京师,余马准例给价。'"此前何福曾给朱棣上奏,想要从京师"选鞑官之材能者"到边防率领所调鞑靼官军。朱棣对此产生疑问,认为鞑官不谙地理、不悉人情,一旦领兵出境,"将不知军,军不知将,不相亲附,而于号令或有乖违,则功不成",这一点何福作为一员老将不会不知道,但他为什么这么奏请呢?"得非有人谓尔总蕃汉兵久,虑势重致诼,为此言乎!"朱棣以政治家的敏锐觉察到这一点,他告诉何福:"尔老将,为朕素知,故推诚委任,所言辄听。有未听者,必相与尽心商度其事之可否,何尝有一毫致疑?且尔皇考旧臣,有疑不信,于鞑官又可耶?自今诸事,但竭诚致力,尽其材识,可行即行,慎勿复有顾虑。"③五月,何福就防边事宜提前向朱棣奏请:"秋高壮,虑虏钞边,俟七八月间遣鞑官柴铁住等率骑兵巡逻山(役)[后],且侦虏声息。"朱棣回复道:"此策良是,但待王安等还,报本雅失里所向,却遣兵行。"接着又命何福:"今后有急务,先行后奏,待奏而行,恐缓事机。"④这里说明朱棣对何福是充分信任的。六月,由于钦天监奏:天象,当有外夷侵边。朱棣为此向沿边将领发出预警:"敕赵王高燧(镇守北京)、甘肃总兵官左都督何福、镇守宁夏宁阳侯陈懋、广西总兵官都督同知韩观、守交阯都督佥事吕毅、镇守大同江阴侯吴高等:各训饬兵马,谨守边境。"同时又为禁止丝绸制品出境事敕何福曰:"旧(彩)禁纻彩绫罗与外夷交易,比闻军民裁制衣服,与回回易马,贪利犯法。尔更申明其令,犯而罪之,不若使之不犯为善。"三天后,太监王安上奏:"本雅失里自别失八里从地道北行,不

---

① 《明太宗实录》卷七五,永乐六年正月丙辰条、甲子条、己巳条,台湾"中央研究院"历史语言研究所1962年校印本,第1029、1030~1031、1032页。

② 《明太宗实录》卷七六,永乐六年二月癸未条、戊子条,台湾"中央研究院"历史语言研究所1962年校印本,第1035~1036页。

③ 《明太宗实录》卷七七,永乐六年三月辛酉条、壬戌条、丙寅条,台湾"中央研究院"历史语言研究所1962年校印本,第1043~1044、1046~1047、1048页。

④ 《明太宗实录》卷七九,永乐六年五月乙亥条,台湾"中央研究院"历史语言研究所1962年校印本,第1064页。

经哈密,令其所部鞑靼十八人在哈密窥探边事,忠顺王羁之以俟命。"这是哈密忠顺王忠于明廷的行为,朱棣"敕忠顺王遣人送至总兵官都督何福所,令福俟至,询其实,即赐赍遣之。遂召安还。"①八月,何福又就边务奏请:"往者遣人出边,给与军器,及还,多有弃置者。今后宜令所入关隘阅视其数,少者悉令补偿。"这是何福尽心边务的表现,接着他又奏请"以布于边境易马",朱棣非常赞赏,"敕福曰:'马政自古所重,马蕃息,亦可以制远夷。尔宜用心,仍选马之壮伟高大、骨相奇骏者,别择谨信之人,以时牧养,不与常马相杂,庶几良马日蕃。'"②何福对马政非常用心,十月向朱棣申请用西平侯家所畜善马加以蕃息,朱棣为此劝他:"太祖高皇帝时,勋戚贵臣之家皆令畜马,盖相与共享富贵之意。朕遵承惟谨,尔此举虽出为国,然非朝廷优待勋戚之道,其止勿言。"③十二月,何福就用人事宜向朱棣请示,要调河南都指挥佥事吕均在陕西行都司,又言及西宁、肃州二卫官多庸才,请另选老成、谙练军务的指挥前来掌印理事,朱棣全部批准,命兵部进行选择,同时给何福便宜之权,"敕福曰:'人之才能,试用而后见,非可以言貌求也。军中诸将,尔必素知,有可用(必)者,即先调用,而以名闻。"两天后,何福又奏请多事:"官马送北京者,请俟草茂之时,由宁夏、绥德前去;甘州至肃州马驿(近)[递]运所及铺舍,宜复置镇夷千户所,多设驿铺;宜革河南都司所贮明甲,请送给戍卒;(干)[斡]儿朵之地水草便利,宜令土军百户领军选马孳牧"④,于此可以看到何福对边务的用心,这些都得到朱棣的批准。

永乐七年(1409)正月,何福请示多件事:(一)请设永昌苑,置官给印,专牧孳生马;(二)令都指挥刘广等,出塞巡逻亦集乃等处;(三)请调睢阳卫佥事王谦、潼关卫指挥佥事郭定任永昌卫,绥德卫指挥佥事许达任甘州右卫,宁夏前卫指挥同知刘通任甘州中卫;朱棣悉"从之"⑤。正月十五日,朱棣"命凉州都督佥事吴允诚等率骑士会都指挥刘广等,往亦集乃觇虏情实。敕甘肃总兵官何福、镇守宁夏宁阳伯陈懋等,出兵为吴答兰等声援。时虏人多来归者,言本雅失里新立,众情不附故也。"⑥这是朱棣为了解蒙古情况而派出的武装侦察队,四月,吴允诚等俘获完者帖木儿等归,朱棣赐敕嘉奖、升官、给以各种赏赐,同时"仍命征虏前将军左都督何福宴劳之"。接着,朱棣"遣都指挥金塔卜歹、给事中郭骥赍书往虏中,谕本雅失里……'可汗诚能上顺天心,下察人事,使命来往,相与和好,朕主中国,可汗主朔漠,彼此永远相安于无事,岂不美哉!'"同时送给本雅失里"彩币六表里",放回完者帖木儿等,又赐其臣阿鲁台、马儿哈咱、脱火赤、哈失帖木儿等彩币各四表里,表现了十二分的和平诚意,"赐甘肃总兵官左都督何福钞三万贯,米二百石,助其往还款接之费"。⑦为了营造和平的氛围,闰四月,朱棣再"敕甘肃总兵官左都督何福曰:'近遣使与本雅失里通好,彼或遣人来报,或来卖马,恐边人擒以为

① 《明太宗实录》卷八○,永乐六年六月丙申条、己亥条,台湾"中央研究院"历史语言研究所1962年校印本,第1072、1073页。

② 《明太宗实录》卷八二,永乐六年八月己丑条,台湾"中央研究院"历史语言研究所1962年校印本,第1103页。

③ 《明太宗实录》卷八四,永乐六年十月丁酉条,台湾"中央研究院"历史语言研究所1962年校印本,第1124页。

④ 《明太宗实录》卷八六,永乐六年十二月庚寅条、壬辰条,台湾"中央研究院"历史语言研究所1962年校印本,第1141、1142页。

⑤ 《明太宗实录》卷八七,永乐七年正月辛亥条、壬子条,台湾"中央研究院"历史语言研究所1962年校印本,第1153页。

⑥ 《明太宗实录》卷八七,永乐七年正月戊午条,台湾"中央研究院"历史语言研究所1962年校印本,第1154~1155页。

⑦ 《明太宗实录》卷九○,永乐七年四月癸酉条、丁丑条,台湾"中央研究院"历史语言研究所1962年校印本,第1185、1186~1187页。

功,将致其惊疑,宜预约束之。"①但是朱棣的一番和平举措最终没有能变成现实,六月,本雅失里杀害明朝使臣郭骥,和平相处的希望破灭,朱棣为此"敕甘肃总兵官左都督何福曰:'前命给事中郭骥等往使本雅失里,骥为所杀,从行者亡归,言本雅失里、阿鲁台俱为瓦剌所败,余数骑奔窜胪朐河,欲收溃散之众入寇。此虏(复)[负]朕恩,戕杀使臣,又欲扰边,罪不可贷。今欲命将领骑兵出塞剿之,尔宜整饬士马以待,如虏来寇掠,则不必驰报,即率将士击之,不来则谨守边备。'"②七月,朱棣派出以淇国公丘福为总兵官的十万大军讨伐本雅失里,结果丘福由于轻敌而在八月全军覆没。但是蒙古内部肯定有许多人对本雅失里的戕杀使臣不满,因此七月十七日,何福向朱棣奏报:鞑靼脱脱卜花王、把秃王、都督伯克帖木儿、都(督)[指]挥哈剌你敦、国公赛因帖木儿、司徒撒儿桃、赛罕、知院都秃、阿鲁、把撒儿等各率所部来归,今止于亦集乃;朱棣马上派出"右春坊右庶子兼翰林院侍讲杨荣赍敕谕福曰:'脱脱卜花等既来而止于亦集乃,迟回日久,或至生变。尔可与杨荣计度,从长行事。其哈剌你(敢)[敦]、伯克帖木儿初与把都帖木儿同来,已而叛去,今者复来,必心未安,故徘徊近塞,欲进未果。朕于远人,来即抚之,未尝尤其前过,可遣把都帖木儿及将校数人往亦集乃,以朕意谕之,或与俱来,或令居亦集乃,招抚归附之众,用安边陲。尔等须斟酌权宜,处之务在得当。'"③杨荣是朱棣的得力谋臣,派他前往甘肃与何福共同处理蒙古归附之人,可谓恰当的人选。实际上在给朱棣发出奏报的同时,何福已经派出部队到亦集乃接纳降人,于是有"把秃、伯克帖木儿、哈剌你敦、阿鲁、把撒儿、撒儿桃、朵栾帖木儿等来归,至甘肃",而脱脱不花、都秃等仍然叛去,朱棣得报后"敕福给把秃、伯克帖木儿等牛羊、米布诸物并宴劳之,遣(人)[入]朝",又指示何福说:"朕以致诚待人,来者不拒,去者不追。其脱脱不花,都秃等先遣来纳款,土知、完者不花等亦令其去,不必拘留,所赐物俱勿追。"④由于何福在处理蒙古归附人方面的出色表现,九月初一,朱棣命行在左军都督金事何浚等持节,封甘肃总兵官、右军都督府左都督何福为宁远侯,并赐敕褒奖,赐冠服、玉带,彩币十五表里,钞一万锭,米二百石,羊百羫,"又谕福曰:'鞑靼伯克帖木儿等部属至甘肃,且勿给田土,令俱来北京扈从,渐渐移之南行,散处于便宜畜牧之处。(益进)[盖近]者脱脱不花之事可鉴也,宜善筹之,事有当行者,即先行之而后奏闻。'"九月初六,朱棣就丘福战败之事再次告诫何福、陈懋等说:"虏新附,鞑靼闻之,恐或有异志;又虑虏或乘胜侵边;当谨斥堠、严侦伺,周察人情,以防不虞。"九月十五日,再次指示何福:"选练陕西行都司马步官军一万,候有敕即率领至京,其都督吴允诚、柴秉诚及诸来归鞑官所部,但能战者,皆令训励以俟。"⑤朱棣在为讨伐本雅失里做准备。十月初五,为增加作战人员,朱棣"敕甘肃总兵官宁远侯何福曰:'军官有犯,除谋反、大逆及重罪不赦,其杂犯死罪及宥死充军并徒、流、杖罪者,俱令充为事官,听候随征。'"十月初九,朱棣再次"敕甘肃总兵官宁远侯何福曰:'朕以边寄付尔,常命尔凡有便宜先行后奏,毋俟报可。卿先朝老成,朕所委托,勿怀多虑。盖边务至重,若必俟奏报,恐失事机。'"重申给予何福的便宜行事之权。就在这个月,何福将归附的鞑靼蒙古头目

①　《明太宗实录》卷九一,永乐七年闰四月丁巳条,台湾"中央研究院"历史语言研究所1962年校印本,第1195～1196页。

②　《明太宗实录》卷九三,永乐七年六月丁卯条,台湾"中央研究院"历史语言研究所1962年校印本,第1239页。

③　《明太宗实录》卷九四,永乐七年七月丁亥条,台湾"中央研究院"历史语言研究所1962年校印本,第1248页。

④　《明太宗实录》卷九五,永乐七年八月壬寅条,台湾"中央研究院"历史语言研究所1962年校印本,第1256～1257页。

⑤　《明太宗实录》卷九六,永乐七年九月庚午条、乙亥条、甲申条,台湾"中央研究院"历史语言研究所1962年校印本,第1267～1268、1270、1273页。

把秃等二十七人送到北京,朱棣给予妥善安置,"以把秃为北京留守行后军都督佥事,伯克帖木儿、哈剌你敦皆为右军都督佥事,演只不花、撒儿桃皆为陕西行都司都指挥佥事。赐姓名,把秃为赵忠美;伯克帖木儿为宋一诚;哈剌你敦为张隆善;演不花为王懋忠;撒儿桃为刘允信;其余皆赐姓名,以为指挥、千百户、卫所镇抚,赐衣服、金织文绮、彩缯、牛羊、米有差"。^① 十一月初二,当时何福领兵驻亦集乃之地,朱棣敕令其"还甘州"。二十五日,又命何福领军于万金暂驻,候从北征,并且"敕福曰:'古之为大将者,皆周(支)[知]偏裨及士卒,故能如心之使臂,臂之使指,措之于用,无所不宜。尔尽心边寄,甚副朕望,今尔既来,甘肃之守必有可付托者,尔所统诸将中,有才智可任者,举一二人来闻,朕将任之。'"^②朱棣要何福就北征后甘肃地区的镇守人选提出建议,充分反映了朱棣对何福的信任。

永乐八年(1410)三月,何福跟随朱棣北征,在大军的战斗序列中,"清远侯王友督中军,安远伯柳升副之;宁远侯何福督左哨;武安侯郑亨督右哨;宁阳侯陈懋督左掖,都督曹得、都指挥胡原副之;广恩伯刘才督右掖,都督马荣、朱荣副之"^③。但是何福在北征过程中不知出了什么问题,于八月二十一日自杀。《明太宗实录》留下来一小段记载:"上以福旧人,委以心腹,命镇西陲。福虽有才略,宠禄既极,气志日骄,及从征沙漠,数违节度,群臣有言其罪者。上曲意容之,福怏怏有怨言。至是,都察院覆奏之,福惧,自经死。"^④让后人对此充满了疑惑。

在何福还没自杀之前,永乐八年(1410)七月初二,朱棣就"遣使赍制谕,命驸马都尉西宁侯宋琥佩征虏前将军印,充总兵官镇甘肃。敕谕琥曰:'昔尔父镇甘肃,抚辑有方,军民安业。尔其体朕之心,蹈父之行,恪勤夙夜。毋恃贵戚骄傲以凌人,怠慢以废事,务宣朝廷德意,使边境宴安,人心悦服,则予汝嘉!钦哉,'"^⑤甘肃镇迎来了新任镇守总兵官宋琥。

永乐八年(1410)十月,刚履职不久的甘肃总兵官驸马都尉西宁侯宋琥"奏调都指挥丁刚镇凉州,王贵镇肃州,史昭守镇番"^⑥,朱棣批准。十二月十七日,朱棣"命都督费瓛、都指挥胡原、陈怀率陕西都司马步军五千、河南都司三千、山西都司二千在甘肃操备者,听(摠)[总]兵官驸马都尉西宁侯宋琥节制"。这一命令的背景是当时的甘肃镇发生了一场大规模的蒙古归降人的叛乱,这些都是增调来的兵力,应该有一个统一指挥。五天以后,宋琥由于边务处理不当,朱棣发谕旨,"敕甘肃总兵官西宁侯宋琥曰:'尔前奏曲先卫头目有久居沙州、(令)[今]至甘肃者,既至则当即送朝廷,乃留之不遣,何也? 礼,臣子无外交,虽为边将,非有警急及受命权宜行事,宜谨守常法,不宜轻易遣人出境。盖尔年少,涉事未广,致有此失。闲暇宜学问,亲贤人智士,以知古名将及国朝老成如中山王数人行事而取法之,必无失矣。昔中山王守北京,十余年未尝轻遣一人出塞外,当时边围无事,中山王亦安享富贵,令名无穷。尔能遵朕训,则边境

① 《明太宗实录》卷九七,永乐七年十月癸卯条、丁未条,是月条,台湾"中央研究院"历史语言研究所1962年校印本,第1281~1282、1287页。

② 《明太宗实录》卷九八,永乐七年十一月癸巳条,台湾"中央研究院"历史语言研究所1962年校印本,第1292页。

③ 《明太宗实录》卷一〇二,永乐八年三月丁卯条,台湾"中央研究院"历史语言研究所1962年校印本,第1323页。

④ 《明太宗实录》卷一〇七,永乐八年八月乙卯条,台湾"中央研究院"历史语言研究所1962年校印本,第1386页。

⑤ 《明太宗实录》卷一〇六,永乐八年七月丁卯条,台湾"中央研究院"历史语言研究所1962年校印本,第1367页。

⑥ 《明太宗实录》卷一〇九,永乐八年十月己亥条,台湾"中央研究院"历史语言研究所1962年校印本,第1405页。

可安,尔之富贵亦永远矣。'"①有曲先卫的头目久居于沙州,后来到了甘肃,按理宋琥应该尽快将这些人送往朝廷,以便中央及时了解边地情况,但宋琥留之不遣,朱棣对其进行了批评教育,这和前文叙述的朱棣对何福的信任形成反差。永乐九年(1411)正月,朱棣就宁夏边情"敕甘肃总兵官驸马都尉西宁侯宋琥曰:'得报,鞑贼失捏干剽掠黄河东岸,宁夏都指挥王俶无谋轻敌,为贼所陷。尔受任总边务,非王俶比,尤宜昼夜谨慎堤备,时刻不可怠忽。'"②朱棣用"王俶无谋轻敌,为贼所陷"的事例告诫宋琥,务必谨慎堤备,不可怠忽,可见他对宋琥还是不太放心。九月,朱棣就边务问题指示宋琥:"土鞑官军比因人言鼓惑,惊惧逃叛,盖非得已。今既复回,罪亦可恕。尔宜善加抚绥,待之如前,若复有无籍之徒造言鼓惑者,必深罪之,以警后来。如其忘恩背德,无故怀疑叛去者,即发兵擒捕之。"③这条史料反映的问题要追溯到永乐八年(1410),当何福跟随朱棣北征"督左哨"时,甘陕地区发生了土鞑的叛乱。史载:"陕西凉州卫鞑官千户虎保、张孛罗台,鞑军伍马沙等及永昌卫鞑[鞑]千户亦令真巴、土鞑军老的罕等叛,杀虏人口,掠夺马畜,屯据驿路。陕西行都司都指挥李智率军捕之,贼盗猖獗,欲攻永昌、凉州城。事闻,皇太子命后军都督佥事费瓛往讨之,又命刑部尚书刘观赞其军事。"推诬虎保等叛乱的原因,是"有诈言朝廷欲移置别卫者,虎保等惧,遂叛"。而此前何福安置的新附鞑官伯颜帖木儿等诸部落也一同跟着反叛,并胁迫都督吴允诚所部与他们共同叛乱。吴允诚当时正扈从朱棣北征,他的儿子管者拒绝跟随叛乱,当这些叛乱者离去后,"管者谋于其母,率所部逐之,至红岸山,获五马儿、沙米剌、伯颜帖木儿等三十人,都指挥李智及凉州卫指挥李旺等亦获哈剌张等五十四人,悉下凉州狱"。后来李智等与叛乱者"战炭山口不利,贼欲攻凉州,劫取其党,遂即狱中皆斩之"。④ 朱棣了解到这些情况后,在同年十二月"遣行人余昊赍敕往凉州,赐都督吴允诚妻彩币等物。初,允诚从征沙漠,虎保等追胁允诚所部同叛,允诚妻与其子管者及所部都指挥保住、卜颜不花等不从,遂率众擒获叛者。至是,赐敕谕之曰:'比鞑寇以兵胁尔为叛,尔夫及子从朕征讨,而尔能守节励志,与子管者谋执叛者戮之,以妇人而秉丈夫之节,忠以报国,智以脱患,朕甚嘉(为)[焉]。今赐尔彩币十表里,米百石,钞四千贯,羊百羫,用示褒嘉。'升其子管者为指挥佥事,其所部都指挥保住等各赐彩币八表里,米八十石。"⑤后来甘肃地区阔脱赤的叛逃,吴允诚及时率兵追捕,因而在永乐十年(1412)正月受到朱棣的嘉奖,"封右军左都督吴允诚为恭顺伯,赐敕谕曰:'尔之忠诚而弗渝,昨岁从朕北征,益克效力。妻子亦能秉心忠孝,不惑憸邪,非尔德(刑)[行]于家,何以致是?比阔脱赤等叛亡,尔率先追捕,斩获有功,虽古名将何过哉!今特封尔为恭顺伯,赐诰命、冠服、钞、彩币,岁禄米一千二百石,服兹荣命,益懋忠勤。钦哉!'"⑥二月,朱棣又"敕甘肃总兵官驸马都尉西宁侯宋琥曰:'阔脱赤等逃叛,都督吴允诚首能率众追捕,忠诚可嘉,今已进封为恭顺伯,其都(督)指挥保住等俱升一级,各赐彩币,可依等第给之。其诸降虏及新附者,尔与丰城侯李彬熟计,悉送京师,须设法堤备,

---

① 《明太宗实录》卷一一一,永乐八年十二月己酉条、甲寅条,台湾"中央研究院"历史语言研究所1962年校印本,第1420、1422~1423页。

② 《明太宗实录》卷一一二,永乐九年正月庚辰条,台湾"中央研究院"历史语言研究所1962年校印本,第1432页。

③ 《明太宗实录》卷一一九,永乐九年九月戊辰条,台湾"中央研究院"历史语言研究所1962年校印本,第1504~1505页。

④ 《明太宗实录》卷一○二,永乐八年三月辛未条,台湾"中央研究院"历史语言研究所1962年校印本,第1324~1325页。

⑤ 《明太宗实录》卷一一一,永乐八年十二月庚子条,台湾"中央研究院"历史语言研究所1962年校印本,第1417页。

⑥ 《明太宗实录》卷一二四,永乐十年正月戊子条,台湾"中央研究院"历史语言研究所1962年校印本,第1555页。

毋致逃窜。'"①朱棣一边安排宋琥对吴允诚的部下依等级给赏,另一边让宋琥与丰城侯李彬商量如何将新降附的蒙古人送往京师,说明朱棣已将丰城侯李彬派往甘肃。

正是在这一背景下,永乐十年(1412)三月初三,朱棣"命丰城侯李彬充总兵官,率兵讨甘肃叛寇捌耳思、朵罗歹等,恭顺伯吴允诚、都指挥刘广、史昭、满都悉听节制"②。李彬奉命率军征讨甘肃叛寇捌耳思、朵罗歹等,也包括永乐八年(1410)三月叛乱的虎保、张宇罗台、马沙、亦令真巴、老的罕等以及阔脱赤等人,他们有的被擒获,有的还没被擒获,因此明廷必须派征讨总兵官专事讨伐,所以才任命李彬,由此也造成了甘肃地区一时有两个总兵官的存在:镇守总兵官宋琥,征讨总兵官李彬,调归李彬指挥的战将则是"恭顺伯吴允诚、都指挥刘广、史昭、满都"。李彬经过两个月的征战,取得了胜利,俘获了许多叛乱者,朱棣"(赐)[敕]甘肃总兵官丰城侯李彬:所获叛贼阔脱赤人口,就给原获官军,马驼令军卫孜养"。③ 对俘获的人口和马驼作出处置。七月,朱棣再对甘肃的反叛问题进行处置:"敕甘肃总兵官西宁侯宋琥及丰城侯李彬曰:'甘肃土鞑军民终怀反侧,宜(从)[徙]入兰县就粮。已敕总兵官安远侯柳升,领宁夏骑士二千,屯凉州、镇番以备。尔须预其约会行事。西宁卫土官指挥李英所管番民,调其精壮者发野马川防寇。汉、赵二府马暂移甘州白城山牧放,事毕复旧。'"④朱棣为控制这些降附的蒙古族而做出布控,八月史昭与朱棣的对话昭示了这一点。史载:"陕西行都司都指挥史昭言:'前凉州、永昌土鞑军民老的罕等叛逃,圣恩宽大,宥其罪愆,招使复业。然狼子野心,不知感德,且负前愧,终必携贰。今及二年,农事不修,惟务整饬鞍马,结聚偷窃,良善苦之。今稍移屯长城山口,料其复叛,非远伊迩,虽已密为之备,然不早赐区处,未免后艰。'"朱棣就此"赐敕谕昭曰:'所奏鞑寇事情,朕固测其必叛,已敕西宁侯宋琥、丰城侯李彬严防之,徙入兰县就粮。又敕安远侯柳升于凉州、镇番防备,并令西宁卫土官指挥李英调精壮土军赴野马川备之。尔宜与西宁侯、丰城侯协心并力关防,盖军(士)贵在有备也。'"朱棣虽然做好了对老的罕等人的防范,但明军内部出了问题,"上闻甘肃总兵官西宁侯宋琥与丰城侯李彬不协,赐敕谕琥等曰:'尔等俱以重臣膺受边寄,正宜同心协谋,以成国事。何得互有猜疑,行事之际,各怀私见,论议纷纷,久而不定。自今宜改心易虑,务在和协,庶克成功。不然,或误边事,罚有所归。'"三天后,明廷接到了老的罕等叛逃的情报,"甘肃总兵官驸马都尉西宁伯宋琥、丰城侯李彬言:'永昌、凉州土鞑军民老的罕等逃叛,自长城山口出向野马川。都指挥满都、何铭等领兵追及之,铭战死,贼死伤多,老的罕等以众遁,禽获叛贼弩答儿、伯颜等男女九百余人。又调西宁卫土官指挥李英率兵追捕,战于讨来川,斩首三百余级,生擒六十余人,时夜雪贼遁,复追蹑,尽获之。'敕彬等,凡番兵所获人口就以与之,其弩答儿、伯颜等械送京师。"⑤朱棣的布控发挥了作用,明廷很快就平定了叛乱,但是老的罕逃掉了。十一月初一,宋琥向朱棣奏报:"叛寇老的罕等走依赤斤蒙古卫指挥塔力尼,亟遣人索之,塔力尼匿不发,此贼凶悖,不除,将为边患。"为了更好地解决这个问题,朱棣派出右春坊右庶子兼翰林院侍讲杨荣"往陕西,同丰城侯李彬诣甘

① 《明太宗实录》卷一二五,永乐十年二月乙丑条,台湾"中央研究院"历史语言研究所 1962 年校印本,第 1567～1568 页。

② 《明太宗实录》卷一二六,永乐十年三月丁亥条,台湾"中央研究院"历史语言研究所 1962 年校印本,第 1575 页。

③ 《明太宗实录》卷一二八,永乐十年五月乙未条,台湾"中央研究院"历史语言研究所 1962 年校印本,第 1593 页。

④ 《明太宗实录》卷一三○,永乐十年七月壬寅条,台湾"中央研究院"历史语言研究所 1962 年校印本,第 1610～1611 页。

⑤ 《明太宗实录》卷一三一,永乐十年八月庚午条、丁丑条、庚辰条,台湾"中央研究院"历史语言研究所 1962 年校印本,第 1619、1620、1621 页。

肃经略之"。同时指示宋琥:"西宁卫指挥李英能效劳剿戮叛寇,其升为都指挥金事,余将士有功者,各升一级,并给赐赉。有功劳异等者,别具来闻,当加优赏。"①朱棣赏罚分明,处置果断。杨荣奉命到达甘肃,与李彬商议如何处理老的罕一事,李彬认为:老的罕固然该杀,"但军行道路险恶,难于馈运";杨荣也认为"隆冬非用兵之时,且有罪不过数人,官军所至,不免滥及无辜",不主张发兵。但是李彬还有些犹豫,杨荣请求回朝与朱棣商议后再定。及至杨荣回京向朱棣汇报"未可进兵之故",朱棣遂敕李彬"止兵勿进"。同时"遣人赍敕谕塔力尼曰:'尔等归顺朝廷以来,绝无瑕衅,今乃容纳叛贼老的罕等,甚非计也。盖朕待此贼素厚,竟负恩而叛。负恩之人,何可与居? 尔勿贪末利,自贻伊戚。譬如人身本无疾病,乃灼艾加针,以成疮瘢。尔宜审之,如能擒老的罕等送来,当行赏(赍)[赉],不然,发兵讨叛,非赤斤之利。'"②从这一事件的处理过程来看,当初向朱棣奏报老的罕走依塔力尼的是宋琥,朱棣派杨荣到甘肃商议进止的是李彬,这说明在两个总兵官中,朱棣的天平已经向李彬倾斜。果然,在永乐十一年(1413)正月,朱棣"召甘肃总兵官驸马都尉西宁侯宋琥还,命丰城侯李彬佩征房前将军印充总兵官,镇守甘肃,节制陕西行都司各卫所官军"③。对甘肃总兵官进行了新的调整,而宋琥则被派去"修皇陵殿"④了。

永乐十一年(1413)正月,丰城侯李彬履职甘肃总兵官后,二月,朱棣命他"令恭顺伯吴允诚、都指挥脱欢台,于所部选官军、舍人、余丁率诣北京"⑤。七月,朱棣就朝贡事宜"敕甘肃总兵官丰城侯李彬曰:'回回、鞑靼来朝贡(所)者,[所]贡之如有良马,可官市之,遣人送赴北京,价值俟其至京给之。'"十天后再"敕甘肃总兵官丰城侯李彬曰:'别失八里王马哈麻敬事朝廷,遣使来贡,如至,可善待之,其市易者听自便。盖远人慕义而来,当加厚抚纳,庶见朝廷怀柔之意。'"⑥对西北地区的朝贡贸易作出指示。十一月,朱棣"敕甘肃总兵官丰城侯李彬:凡山西、河南、陕西调至备御步军,令还原卫"⑦。永乐十二年(1414)正月,朱棣准备第二次北征,"召甘肃总兵官丰城侯李彬从征"⑧;在二月组织的战斗序列中,安远侯柳升领大营,武安侯郑亨领中军,宁阳侯陈懋领左哨,"丰城侯李彬领右哨,遂安伯陈英、都督费瓛、胡原副之"⑨,成山侯王通领左掖,都督谭青领右掖,都督刘江、朱荣等为前锋。六月,李彬参加忽兰忽失温之战;七月,奉命"率两京及直隶卫所各都司官军,驻兴和休息二十日归"⑩。回京后,李彬没有再被派回甘肃,而在永乐十三年(1415)正月奉命出镇陕西⑪。永乐十五年(1417)二月,朱棣"命丰城侯李

①　《明太宗实录》卷一三四,永乐十年十一月壬午条,甲申条,台湾"中央研究院"历史语言研究所 1962 年校印本,第1635、1636 页。

②　《明太宗实录》卷一三五,永乐十年十二月戊寅条,台湾"中央研究院"历史语言研究所 1962 年校印本,第 1650～1651 页。

③　《明太宗实录》卷一三六,永乐十一年正月辛丑条,台湾"中央研究院"历史语言研究所 1962 年校印本,第 1658 页。

④　《明太宗实录》卷一三八,永乐十一年三月乙未条,台湾"中央研究院"历史语言研究所 1962 年校印本,第 1671 页。

⑤　《明太宗实录》卷一三七,永乐十一年二月己卯条,台湾"中央研究院"历史语言研究所 1962 年校印本,第 1669 页。

⑥　《明太宗实录》卷一四一,永乐十一年七月丁酉条,丙午条,台湾"中央研究院"历史语言研究所 1962 年校印本,第1694、1696 页。

⑦　《明太宗实录》卷一四五,永乐十一年十一月甲申条,台湾"中央研究院"历史语言研究所 1962 年校印本,第 1715 页。

⑧　《明太宗实录》卷一四七,永乐十二年正月乙酉条,台湾"中央研究院"历史语言研究所 1962 年校印本,第 1726 页。

⑨　《明太宗实录》卷一四八,永乐十二年二月庚戌条,台湾"中央研究院"历史语言研究所 1962 年校印本,第 1732 页。

⑩　《明太宗实录》卷一五三,永乐十二年七月辛卯条,台湾"中央研究院"历史语言研究所 1962 年校印本,第 1772 页。

⑪　《明太宗实录》卷一六〇,永乐十三年正月丙寅条,台湾"中央研究院"历史语言研究所 1962 年校印本,第 1821 页。

彬佩征夷将军印,充总兵官往镇交阯"①。

永乐十二年(1414)六月的忽兰忽失温之战,都督费瓛也参加了,并且担任李彬的副手。战后的九月,朱棣"命都督费瓛、刘江俱充总兵官,瓛镇守甘肃,陕西、河南、山西调到备御官军听其节制"②。刘江则去镇守辽东。

永乐十二年(1414)十月,朱棣"敕甘肃总兵官都督费瓛曰:'甘肃凉州缘边诸卫所,骑士常令操备,于步卒中选其半,精壮者守御,余皆下屯。'"③就卫所骑兵和步兵做出区分。永乐十三年(1415)五月,费瓛就肃州粮饷问题建言:"肃州临边,兵多粮少,脱有调发,猝难措置。请以陕西临洮、巩昌二郡税粮,每岁发旁近丁民转运备用。"④粮饷供应事关边防的安危、军心的稳固,朱棣当然支持费瓛的建策。九月,费瓛受到都察院官员的弹劾,史载:"行在都察院左副都御史李庆劾奏都督费瓛,前在甘肃受辄靼马驼牛羊,事觉,皇上问之,不以实对,重为欺罔。都督梁福,贪淫暴酷,肆无忌惮,请悉正其罪,以警将来。"⑤朱棣并没有对费瓛进行处置,而是下令把弹劾的奏章誊录好,发给费瓛让他自己看,令其自我反省。永乐十四年(1416)三月,朱棣"敕甘肃总兵官都督费瓛严边备"⑥。永乐十五年(1417)十月,朱棣了解到阿鲁台在与瓦剌的交战中大败,便"敕甘肃总兵官都督费瓛曰:'今虏中有来归者,加意抚绥。'"⑦这是争取蒙古辄靼部人心的一项举措。鉴于边防一段时间的安宁,为了防止边备废弛,朱棣派出成山侯王通往陕西整顿军务,赐其敕书说:"脩边,国之重务,其军政不可不肃。昔太祖高皇帝数命公侯重臣清理,所以当时军政脩举。今西北边备尤为急务,而各卫所比年军政弛慢,官多具员,卒多缺伍,缓急何以制之?今命尔往陕西及潼关等处,阅视军实,务俾队伍整齐,甲兵坚利,备御严固,庶几国家[有]足兵之美。尔其勉尽厥心,用副委任。"并对镇守宁夏的宁阳侯陈懋和镇守甘肃的都督费瓛"皆遣敕谕之"。⑧ 永乐十六年(1418)八月,陕西行都司都指挥使丁刚向朱棣建言:"总兵官都督费瓛率马步军一万往甘肃备御,每岁一易,交代参差,宜分为三班,更番往来。"这是一项关于班军分班戍边的建议,可以更好地均平劳逸,休整部队,朱棣不但批准,而且敕都督费瓛在其率班军来上班时,"就于本卫仓量带米实边,庶公私兼利"。⑨ 这是很有见地的指令,班军上班时自己带米,既使上班官军自己有粮食吃,又减轻了边粮运输的负担,所以朱棣称其"公私兼利"。永乐十五年(1417)四月,恭顺伯吴允诚去世了,十六年(1418)二月其长子吴克忠袭封恭顺伯,到永乐十七年(1419)四月,他的另一个儿子、时任凉州卫指挥使的吴管者自陈愿进京随侍,并且保举都指挥保住等七十四人,这些人均为平定老的罕叛乱的立功者,朱棣批准了吴管者的请求,"敕甘肃总兵官都督费瓛遣送其家属赴北京"⑩。后来吴管者也受封为广义伯。永乐十八年(1420)闰正月,"甘肃总兵官都督费瓛奏:凉州有遗弃闲田,宜令军士耕种,

① 《明太宗实录》卷一八五,永乐十五年二月丁卯条,台湾"中央研究院"历史语言研究所 1962 年校印本,第 1983 页。
② 《明太宗实录》卷一五五,永乐十二年九月甲午条,台湾"中央研究院"历史语言研究所 1962 年校印本,第 1791 页。
③ 《明太宗实录》卷一五七,永乐十二年十月戊戌条,台湾"中央研究院"历史语言研究所 1962 年校印本,第 1800 页。
④ 《明太宗实录》卷一六四,永乐十三年五月辛亥条,台湾"中央研究院"历史语言研究所 1962 年校印本,第 1850 页。
⑤ 《明太宗实录》卷一六八,永乐十三年九月辛酉条,台湾"中央研究院"历史语言研究所 1962 年校印本,第 1878 页。
⑥ 《明太宗实录》卷一七五,永乐十四年四月丁卯条,台湾"中央研究院"历史语言研究所 1962 年校印本,第 1919 页。
⑦ 《明太宗实录》卷一九三,永乐十五年十月丁未条,台湾"中央研究院"历史语言研究所 1962 年校印本,第 2037 页。
⑧ 《明太宗实录》卷二〇〇,永乐十六年五月丙辰条,台湾"中央研究院"历史语言研究所 1962 年校印本,第 2083 页。
⑨ 《明太宗实录》卷二〇三,永乐十六年八月戊子条,台湾"中央研究院"历史语言研究所 1962 年校印本,第 2099 页。
⑩ 《明太宗实录》卷二一一,永乐十七年四月戊戌条,台湾"中央研究院"历史语言研究所 1962 年校印本,第 2134 页。

以备储积"①,这是一项增加边防粮储的建议,朱棣批准。二月,朱棣"敕甘肃总兵官都督费瓛曰:'今后陕西行都司所属军余人等,有犯笞杖徒流迁(徒)[徙]罪者,就发本地极边处瞭守烟墩,其为事官以下犯死罪者,送京师。'"②

费瓛任镇守甘肃总兵官一直到永乐时期结束,在仁宗即位后仍在镇。

第四节　永乐时期新军镇的增设

一、宁夏镇

宁夏在洪武时期只是属于陕西都司的一个卫,地位也不比其他军镇重要。至于设卫的时间,《明太祖实录》记为洪武二十六年(1393)七月"置宁夏卫,调甘州左护卫将士守之。初,发府军前卫将士之有罪者隶甘州左护卫,既而以负罪者不可为亲王扈从,遂徙于宁夏置卫,别调兵为护卫"③。但是这个记载有误。因为在此以前,《明太祖实录》中多处有宁夏卫的记载。最早反映宁夏有明军驻防的资料是洪武三年(1370)三月朱元璋"赏宁夏军士白金一万三千七百余两"④,这使我们有理由认为此时宁夏已经设卫。后来在洪武六年(1373)正月,"置绥德卫,以宁夏卫指挥佥事马鉴为指挥使"⑤。这是最早明确提到宁夏已经设卫的史料。如果做一推断的话,笔者以为宁夏设卫的时间应是在洪武二年(1369)八月至九月间,其时徐达攻下庆阳,以都督佥事陈德驻守,同时又"以指挥孙某与指挥余思明、朱祐等同守平凉,命都督副使顾时将骑兵略靖宁州,以[何]文辉守潼关,继又以指挥韦正守临洮"⑥。然后徐达还师南京。更能说明问题的史料是洪武十一年(1378)四月,宁夏发生地震,东部城垣崩塌了一段,朱元璋为此敕谕宁夏卫指挥耿忠说:"今都司奏至,言宁夏地震,颓城坏屋,灾亦甚矣。尔以功臣子弟,前者不循轨度,谪降守边,所统者皆非习战之人,亦非忠良之士,若尔所为恩威并著,则功业可成,一或倒置,将恐变生不测。今四方宁(谧)[谧],而尔所守之地其变若此,深可警惧也。当省心克己,慎守边隅,毋为憸人所惑,则无患矣。"⑦耿忠原任大同卫都指挥使,因为犯了错误,被朱元璋降级安排到宁夏,又赶上地震,所以朱元璋才这样说他。洪武十二年(1379)八月,"以秦州卫指挥佥事赵隆为宁夏卫指挥佥事"⑧的史料也足以证明宁夏卫存在的事实。

宁夏从一个普通的卫级军镇上升为有总兵官驻扎的都司一级的军镇,是在洪武三十五年(1402)八月初八朱棣对何福的任命,此后宁夏镇形成。《明太宗实录》载:朱棣"命右军都督府左都督何福佩征虏前将军印,充总兵官往镇陕西、宁夏等处,节制陕西都司、行都司、山西都司、

①　《明太宗实录》卷二二一,永乐十八年闰正月戊寅条,台湾"中央研究院"历史语言研究所1962年校印本,第2189页。
②　《明太宗实录》卷二二二,永乐十八年二月己未条,台湾"中央研究院"历史语言研究所1962年校印本,第2194~2195页。
③　《明太祖实录》卷二二九,洪武二十六年七月甲子条,台湾"中央研究院"历史语言研究所1962年校印本,第3347页。
④　《明太祖实录》卷五十,洪武三年三月壬子条,台湾"中央研究院"历史语言研究所1962年校印本,第983页。
⑤　《明太祖实录》卷七八,洪武六年正月是月条,台湾"中央研究院"历史语言研究所1962年校印本,第1434~1435页。
⑥　《明太祖实录》卷四五,洪武二年九月壬辰条,台湾"中央研究院"历史语言研究所1962年校印本,第877页。
⑦　《明太祖实录》卷一一八,洪武十一年四月辛未条,台湾"中央研究院"历史语言研究所1962年校印本,第1926页。
⑧　《明太祖实录》卷一二六,洪武十二年八月甲申条,台湾"中央研究院"历史语言研究所1962年校印本,第2012页。

行都司、河南都司官军"①。何福节制五个都司,常驻宁夏,遂使宁夏地位上升,成为后来九边重镇之一。朱棣在任命何福为总兵官的同时,又"调河南都指挥使葛进掌宁夏卫事"②,以都司级的都指挥使掌一个卫的事务,同样说明宁夏作为军镇地位的上升。

洪武三十五年(1402)八月初八,朱棣任命何福镇守宁夏,十九日,"敕宁夏总兵官左都督何福曰:'钦天监言火星犯上将,尔为将,御边宜慎之。毋忽!'"③这反映了朱棣对西部边防的重视,天象一有变化,马上做出反应。何福在宁夏总兵官任上恪尽职守。十月,何福向朱棣奏请:"所调马步官军在边者,五月一更,以息之",这是为使戍边官军能均平劳逸而定的办法;"屯田鞑军内,选骁勇者免征其租,令操习听调",这是加强战备的重要措施;"河州多产马,购其良者以广边防",这是加强边防的重要措施;"把隘军士,宜给皮裘狐帽御寒",这是为守关军人争取御寒衣物。朱棣全部批准,并向何福发出指示说:"所筹边务,悉当朕意。今冬寒,正虏寇出没之时,尤宜严谨边备。回回有来市马者听,须立官市于城外,定其价,官与收买,为长久之法。仍严出境之禁。凡诸事务,悉宜慎察。"④这里一是要加强边备,二是要为与回回的马市立规矩,说明明代边防的基本状况。十一月,何福就边务进行请示:"比虏袭凉州,掠近城三十里,守将都指挥丁斌畏怯不进。时舍人王荣差使在凉州,见寇已去,辄督兵穷追,致官军失利。斌失机,荣擅命,皆当明正其罪。"凉州当时在何福管辖的范围之内,所以何福有权对二人提出处置意见,朱棣马上"命法司治斌、荣罪"。何福又奏:"边警不时,而堪战之马少,无以应猝远。"朱棣当即"命河南都司于属卫选千五百匹给之"。⑤ 十二月,西北边地有些蒙古人降而复叛,何福"请举兵讨之",朱棣没有批准,他教育何福说:"夷虏谲诈,不可凭恃,自古则然。但今朝廷大体,当以诚心待之。《春秋》驭夷之道:'来者不拒,去者不追。'盖(被)〔彼〕之来既无益于我,则其去也亦何足置意! 况其同类颇众,其间必有相与为亲戚者,今若以兵讨叛,其未叛者亦将置疑。不若姑听其去,但严兵备、固疆圉、养威观衅,顺天行事。如造次轻举,后悔无及。"这是很有政策水平的谋略,反映了朱棣的边防思想。几天后,何福又就边务问题提出建议:"陕西都司、行都司军士,精锐者下屯,疲软者操备,非防边捍敌之道,宜简阅而易置之,庶可适用。且宁夏各卫马军不善骑射者,一概全支月粮,宜简阅,依步兵半给。"⑥从何福上述奏请的各项事情来看,他真是在尽心尽力地筹划边务,朱棣对此看得很明白,因此对何福的奏请一概批准。

永乐元年(1403)正月,朱棣将从辽东逃回的宁夏士兵许善才送回宁夏,并向何福发出指示:"今辽东送至宁夏小卒许善才者,其人尝为虏寇所掠,久而纵其南回。善才言:'虏先欲掠大同、宁夏,后不果,已北行矣。'今遣善才还宁夏,至可备询之。其所言虏北行者,或诈而欲绥我边防,不可不深虑。"⑦四月,因天象有变,朱棣"敕宁夏总兵官左都督何福、甘肃总兵官左都

① 《明太宗实录》卷十一,洪武三十五年八月己未条,台湾"中央研究院"历史语言研究所1962年校印本,第178页。

② 《明太宗实录》卷十一,洪武三十五年八月壬戌条,台湾"中央研究院"历史语言研究所1962年校印本,第181页。

③ 《明太宗实录》卷十一,洪武三十五年八月庚午条,台湾"中央研究院"历史语言研究所1962年校印本,第187~188页。

④ 《明太宗实录》卷十三,洪武三十五年十月壬申条,台湾"中央研究院"历史语言研究所1962年校印本,第242~243页。

⑤ 《明太宗实录》卷十四,洪武三十五年十一月庚子条,台湾"中央研究院"历史语言研究所1962年校印本,第261页。

⑥ 《明太宗实录》卷十五,洪武三十五年十二月辛酉条、丁卯条,台湾"中央研究院"历史语言研究所1962年校印本,第278、281页。

⑦ 《明太宗实录》卷十六,永乐元年正月丙申条,台湾"中央研究院"历史语言研究所1962年校印本,第295~296页。

督宋晟：'今钦天监言：月犯氏宿东北星，其占主将有忧。又言：金星出昴北，主北军胜，而我军在南，卿等守边，动静之间，常加警省，不可轻率。'"①反映了边防安危在明朝统治者心目中的地位。十月，有人在朱棣面前谗毁何福，朱棣为此"敕宁夏总兵官左都督何福曰：'朕委尔镇守一方，凡大小事务，计度合宜即行之，勿以小人之言有疑惑意。朕推心任尔，尔不能自任，何以成事？'"②这反映了朱棣的明察和对边将的信任。十一月，甘肃总兵官宋晟奏报鞑靼伯客帖木儿欲寇甘肃、宁夏，朱棣"即日封晟所奏，付宁夏总兵左都督何福，令严固守备"③。闰十一月，朱棣就边报"敕宁夏总兵官左都督何福曰：'得报，知鞑寇伦都儿灰等于不老山屯住，欲侵宁夏。尔其励士马、严斥堠以备之，毋或少怠。'"再次要求何福严固守备。十天后，何福向朱棣奏报侦查到的敌情："塔滩鞑贼龙秃鲁灰等见在不老山，其众议欲寇宁夏，惟贼帅鬼的哥以资粮不给，不从。"朱棣接报后对敌情进行了分析，认为这个情报未必可信，蒙古"龙秃鲁灰必心计可行，然后发言。且胡地非有耕种，不过钞掠取食，岂如中国之人必裹粮然后启行，其以资粮不给辞者，鬼的哥恐泄其事机，故外托此为说，内实阴谋袭我不备"，并推测蒙古军此时"若不出枪杆、野狐二岭及云州之地，必向山西大同"，遂命马上"书敕往谕北京行都督府并山西都司、行都司，令简士卒、严哨瞭、固守备，不可怠忽"。朱棣写好敕书尚未发出之际，山西都司奏报"鞑贼五十余人劫掠灰沟村、黄甫川之地"的消息就到了，朱棣命在敕书末尾再附上申诫之令："(虑)[虏]寇至，但坚壁固守，彼寇掠无得，计劳食乏，又惧我军断其归路，必自遁去。切不可轻追，恐人马俱困，堕其计中，不可不慎。"④这是一条很典型的史料，一方面它表明明朝在北部边防的高度戒备，另一方面它反映了明朝"坚壁固守"的防边思想，使蒙古军寇掠无所得，自然退去，其退去时又不可轻追，以免"堕其计中"，这是一种以静制动、以逸待劳的防边方针。

永乐二年（1404）二月，何福向朱棣建议："河州等处永乐元年官所易(恭)[茶]马多，请给军士"⑤，得到朱棣批准。八月，朱棣得到情报："鬼力赤率众各赍三月粮，挤乳马二匹，骟马二匹，持斧锯为开山伐木之用，言与瓦剌战罢，即旋兵南来。"朱棣据此向宣府副总兵武城侯王聪、同安侯火真及宁夏总兵官左都督何福等发出警报："斧锯或为破寨之用，又赍粮颇多，南来之言或然。其严兵备之，来则击之，虏或先以数骑来诱，切勿穷追，恐堕其计。"接着对屯军的防卫作出安排，"又敕福曰：'宁夏多屯所，虏(卒)[猝]至，恐各屯先受掠。可于四五屯内择一屯有水草者，四围浚濠，广丈五尺，深如广之半，筑土城约高二丈，开八门以便出入，旁近四五屯辎重粮草皆集于此，无警则各居本屯耕牧，有警则驱牛羊从八门入土城，固守以待援兵，则寇无所掠，此特守屯一事，朕遥计如此，其攻取战守之策，在尔深筹之。'"⑥从朱棣对何福的指示中，可以看到朱棣在北边防御上是要建立一种耕战结合的体制，有屯田军，有野战军，屯田军就如前文所描绘的那样，敌来就收保于土城，敌去则继续生产，野战军则相机以御敌，这也成为以后明代北部边防的常态。十月，由于何福在边防招徕有功，朱棣赐敕奖谕："赐宁夏总兵官左都

①　《明太宗实录》卷十九，永乐元年四月乙丑条，台湾"中央研究院"历史语言研究所 1962 年校印本，第 345 页。

②　《明太宗实录》卷二四，永乐元年十月丙辰条，台湾"中央研究院"历史语言研究所 1962 年校印本，第 438~439 页。

③　《明太宗实录》卷二五，永乐元年十一月癸巳条，台湾"中央研究院"历史语言研究所 1962 年校印本，第 455 页。

④　《明太宗实录》卷二五，永乐元年闰十一月丁巳条，丁卯条，台湾"中央研究院"历史语言研究所 1962 年校印本，第 463、470~471 页。

⑤　《明太宗实录》卷二八，永乐二年二月甲午条，台湾"中央研究院"历史语言研究所 1962 年校印本，第 512 页。

⑥　《明太宗实录》卷三三，永乐二年八月丙申条，台湾"中央研究院"历史语言研究所 1962 年校印本，第 592~593 页。

督何福敕曰：'为将之道，贵能抚辑招徕，以靖边圉。比命尔镇守西陲，尔能宣布朕命，招抚远人，使其格心向化，边境宁谧，朕用尔嘉。今往来者日多，恐尔资用不给，特赐钞万锭，至可领也。'"①看来朱棣对何福在宁夏的作为很满意，所以又是表扬，又是赐钞。永乐三年（1405）正月，何福就指挥人选进行奏请，"宁夏总兵官左都督何福，请调泗州卫指挥佥事张麟赴河州卫，巩昌卫指挥佥事后瑛赴洮州卫，宁夏卫指挥佥事董聚赴宁夏前卫管马"②，朱棣批准。六月，"宁夏总兵官左都督何福奏：灵州鞑靼（宣）[宜]埰集为兵，以足边备"，这是要征发灵州的归附蒙古人为军，朱棣命其"斟酌人情，可行则行"。③ 七月，朱棣将安置甘肃镇归附的蒙古把都帖木儿事通告何福，"敕宁夏总兵官左都督何福曰：'近鞑官把都帖木儿等归附，其部属五千余人、驼马二万余匹皆留甘肃，把都帖木儿等赐之姓名，优与爵赏，令率其部属于凉州居住，给与牛羊孳牧。今以所给牛羊之例付尔观之，自今尔处有归附者，给与如例。'"④朱棣指示何福，今后有蒙古归附人，都按把都帖木儿的标准进行安置，成为明代边疆安置降附者的"例"。十二月，朱棣又就边报向何福发出预警："近伯客帖木儿弟歹必都驴来言：虏寇议舍甘肃，来春径掠宁夏、大同，其言虽[未]可信，然宜严兵待之，所谓有备则无患也。"⑤永乐四年（1406）正月，朱棣"敕宁夏总兵官左都督何福，领所部军马赴灵州操备"。⑥ 以上都是对边防警备的部署。五月，何福向朱棣奏报："陕西神木县在绥德卫之外七百余里，盖极边冲要之地，虏之所常窥伺者。洪武中，每岁河冻，调绥德卫官军一千往戍。后设东胜卫，又在神木之外，遂罢神木戍兵。今东胜卫率调永平、遵化，神木虽如旧戍守，然兵少不足以制寇。且县治在平地，四山高峻，寇至，凭高射城中，难为捍卫。县城东山有古城，颇险峻，且城隍坚完，请移县治于彼，益兵戍守为便。"绥德卫和神木县均属陕西都司，正在何福的管辖范围之内，因此何福上言"移县治，增戍兵"，朱棣采纳了何福的建议，"命于绥德卫再调一千户所往戍守"。⑦ 其实，这是朱棣撤回东胜卫给明代北部边防造成的直接影响，但朱棣并未醒悟。六月，朱棣给何福布置任务："漠北脱归人郭大都等至京，言虏俟冬欲南来圆山孳牧。尔宜严固边防，待九月尽，令郭大都为乡道，遣精骑出塞觇之。"⑧朱棣根据郭大都提供的情报，准备在九月底派何福出塞侦查蒙古情况。八月，朱棣就如何养马以及选择牧地事向何福及宋晟、吴高等征求意见，前已叙述。九月，设置了"陕西、甘肃二苑马寺"⑨。十一月，由于何福在宁夏总兵官任上"多为小人所忌"，朱棣怕有人伤害何福，"特敕戒之曰：'朕委尔守边，尔能恪遵朝命，无所顾忌。然闻小人多有不便尔者，宜谨关防，虽居处出入之际，皆须谨之。或有遗尔饮食，亦不可不谨。盖小人之心，险不可测也。'"朱棣以最高统治者皇帝的身份对何福发出这样的警告，其中必有许多隐情，大概朱棣亦不便明说。两天后，朱棣接到了何福关于牧马地点的考察报告，"按视陕西所属平凉等府堪牧

① 《明太宗实录》卷三五，永乐二年十月丙申条，台湾"中央研究院"历史语言研究所1962年校印本，第616页。
② 《明太宗实录》卷三八，永乐三年正月乙巳条，台湾"中央研究院"历史语言研究所1962年校印本，第640~641页。
③ 《明太宗实录》卷四三，永乐三年六月乙丑条，台湾"中央研究院"历史语言研究所1962年校印本，第681页。
④ 《明太宗实录》卷四四，永乐三年七月己酉条，台湾"中央研究院"历史语言研究所1962年校印本，第695页。
⑤ 《明太宗实录》卷四九，永乐三年十二月辛巳条，台湾"中央研究院"历史语言研究所1962年校印本，第741页。
⑥ 《明太宗实录》卷五〇，永乐四年正月己亥条，台湾"中央研究院"历史语言研究所1962年校印本，第748页。
⑦ 《明太宗实录》卷五四，永乐四年五月丙辰条，台湾"中央研究院"历史语言研究所1962年校印本，第810页。
⑧ 《明太宗实录》卷五五，永乐四年六月戊辰条，台湾"中央研究院"历史语言研究所1962年校印本，第815页。
⑨ 《明太宗实录》卷五九，永乐四年九月壬戌条，台湾"中央研究院"历史语言研究所1962年校印本，第856页。

马之地十有八处,宁夏之察罕脑儿、铁柱泉;平凉府之麻务川子,策底川,红城川;固原里白崖,双井;巩昌府之庙山,长小城,芦子沟;凤翔府之小寨,雪白里;陇州之咸宜;西安府之桑家庄,终南里,利翟里;并图上其(他)[地],命吏部各立苑名,设官理之。"可以看出,这应该是何福实地踏勘后提出的奏报。又过了两天,朱棣就边情敕谕何福和郑亨:"近西宁侯宋晟送至归附鞑靼答丹等,言虏寇欲南行,尔等宜谨守边城,严兵以防其侵掠。"并且专门再敕何福说:"答丹言:有鞑官苦木帖木儿者,率家属百余口来宁夏归附,来则抚绥之,处置必得其宜,又须察其诚伪,未可轻信。"同时誊录了"答丹所言,付福观之"。①

永乐五年(1407)四月,朱棣就军务的保密事宜"敕宁夏总官左都督何福曰:'尔等边境军务,宜一切谨密,使人不得窥测,(无)庶无败事。比内使林清以他事至边,清无知,擅[问]率兵马之数,尔缄不密,遽与之。以此劝之,边备虚实,鲜不泄漏,自今慎之!慎之!凡内官内史往来,无敕旨者皆勿听信。'"②这是林清擅自问讯兵马之事为朱棣知道,于是告诫何福谨慎保密,即使内官,没有敕旨也不要听信。八月,何福被调任镇守甘肃镇③。

永乐六年(1408)三月,朱棣"命宁阳伯陈懋以[备]御官军镇守宁夏"④,这是第二任镇守宁夏的总兵官。十二月,居于甘肃的吴允诚之子吴答兰、柴秉诚之子柴别力哥等自请率精骑巡逻漠北,以报效朝廷,朱棣令何福"选其所部壮勇者,与汉军相兼,以都指挥、指挥有智力者率与俱往";居于宁夏的"都指挥柴苦木帖木儿、马朵尔只、指挥柴铁柱、千户梁答哈、百户吴汝真卜等亦有是请",朱棣"命镇守宁夏宁阳伯陈懋选宁夏右卫旧鞑官壮勇者二百人与俱,令都指挥柴苦木帖木儿、马朵尔只、柴铁柱总之,俱给鞍马、兵器、糗粮"。这些人为什么在这时有此举动呢?原来是漠北草原发生了变故,"时鬼力赤为众所戕,北虏迎立本雅失里,有不相附而奔溃者,故吴答兰等请出塞自效"⑤,从这里可以了解到蒙古族内部汗位更替的情况,也可看到归附的蒙古族效忠朝廷的举动。经过一番准备,永乐七年(1409)正月,朱棣"命凉州都督佥事吴允诚等率骑士,会都指挥刘广等,往亦集乃觇虏情实"。为了防止有闪失,朱棣又"敕甘肃总兵官何福、镇守宁夏宁阳伯陈懋等出兵,为吴答兰等声援"。⑥ 在这次军事行动后,二月,镇守宁夏宁阳伯陈懋向朱棣报告:"都指挥柴苦木帖木儿于塔滩山后获虏寇十一人及其马驼。上命懋厚赍之";第二天,朱棣"赐镇守宁夏宁阳伯陈懋钞二万贯,牛五十只,羊百羫,米百石,助其供具往来之费"。⑦ 这是朱棣看到了行动的成果,赐给陈懋的行动经费。六月,随着蒙古草原内部矛盾的发展,"伪国公阿滩卜花、朵来等率所部来归",陈懋向朱棣作了报告,朱棣"敕懋善抚之,毋扰之,宜禁戢小人,毋出入其中,侵其资畜。一应之人,非朝廷差使,不许出塞"。第二天,朱棣就"遣使往宁夏,赐迤北来归伪国公阿滩卜花衣一袭,金织文绮十表里,牛三十,羊

---

① 《明太宗实录》卷六一,永乐四年十一月庚辰条、壬午条、甲申条,台湾"中央研究院"历史语言研究所1962年校印本,第884~885、886~887页。

② 《明太宗实录》卷六六,永乐五年四月甲午条,台湾"中央研究院"历史语言研究所1962年校印本,第927页。

③ 《明太宗实录》卷七〇,永乐五年八月乙酉条,台湾"中央研究院"历史语言研究所1962年校印本,第981页。

④ 《明太宗实录》卷七七,永乐六年三月癸丑条,台湾"中央研究院"历史语言研究所1962年校印本,第1041页。

⑤ 《明太宗实录》卷八六,永乐六年十二月癸巳条,台湾"中央研究院"历史语言研究所1962年校印本,第1142~1143页。

⑥ 《明太宗实录》卷八七,永乐七年正月戊午条,台湾"中央研究院"历史语言研究所1962年校印本,第1154~1155页。

⑦ 《明太宗实录》卷八八,永乐七年二月戊戌条,己亥条,台湾"中央研究院"历史语言研究所1962年校印本,第1174、1175页。

二百,米三十石;朵来衣一袭,金织文绮六表里,牛二十,羊一百,米十五石;所部头目各赐彩币、牛、羊、米有差;军民男女皆给钞布衣服。仍敕宁阳伯陈懋厚宴劳之"。① 从这里看到朱棣对漠北来归附者的重视,安置的周到。七月,朱棣为与归附的蒙古人易马事给陈懋发出指示:"敕镇守宁夏宁阳伯陈懋:官帑有绮、帛、布、钞,可与新附鞑靼易马,良马勿吝直,次者亦约量增直易之。"这是提高马价、让归附的蒙古人获得好处的政策;到七月下旬,蒙古草原前来归附的部落持续增多,陈懋向朱棣奏报:"伪丞相昝卜、王亦儿忽秃、典住哥,平章都连脱儿赤,司徒秃鲁塔失,国公卜答失里,同知朵儿只、速可,同佥阿束等各率所部来归,至宁夏,众三万,牛羊驼马十余万",朱棣接到奏报后,"遣使赍敕劳之,赐昝卜金织袭衣及金织文绮十表里;其亦儿忽秃等赐衣服、金织文绮有差。敕宁阳伯陈懋厚宴劳之,仍给昝卜等牛羊米如赐阿滩卜花例。加赐酒五千瓶,羊三百羫,军民户给米千石,牛十只,羊二十五只,其家属给绵布、绵花有差"。② 从这些史料中可以看出,陈懋在招徕远人方面做得也很不错。由于丘福的败没,朱棣向北边总兵官发出预警,也包括宁阳伯陈懋,命他们"谨斥堠、严侦伺,周察人情,以防不虞"③。十月,陈懋率兵出巡,"至下梧桐之地,遇鞑官知院秃赤与弟司徒、知院伯颜不花率家属来归",陈懋派人把他们送至北京,朱棣"赐秃赤等袭衣、钞币,命为都指挥等官,俾还居宁夏"。两天后,朱棣"命镇守宁夏宁阳伯陈懋宴劳新附鞑靼太尉阿的、阿剌撒儿等,给与牛羊、布米等物"。④ 十一月初一,已经降附的"鞑靼平章都连等叛去",陈懋得报后立刻"率将士追至黑山,擒都连等,尽收所部人口及(陀)[驼]马牛羊四万余",把这些叛逃的人又追了回来,朱棣命陈懋送"都连及驼马赴京"⑤。十二月,鉴于陈懋在镇守宁夏总兵官任上的优秀表现,朱棣"遣使持节,封宁阳伯陈懋为宁阳侯",就像此前封西宁侯宋晟、宁远侯何福一样,陈懋达到了他人生的高峰。朱棣在给陈懋的敕谕中说:"昔朕遭内难,艰危迫身,尔父亨首帅义师,从朕征战,功未竟而先没。尔时随父兵间,亦效劳绩,事定,论尔父子之劳,特授伯爵。比者命守边陲,又能殚心奋力,招徕远人,剿戮叛逆,使边境靖宁,朕用嘉之。兹特进封尔为奉天靖难推诚宣力武臣、特进光禄大夫、柱国、宁阳侯,食禄千三百石,子孙世袭。其益励忠勤,永光荣命,钦哉!"同时赐陈懋冠服、玉带、文绮、彩帛各十五匹,钞三万贯,米二百石,羊百羫,并命陈懋将上个月所追获的"都连牛羊,分给将士之有功者"。⑥

永乐八年(1410)正月初四,朱棣"召镇守宁夏宁阳侯陈懋随征漠北"⑦。在这次北征的战斗序列中,"宁阳侯陈懋督左掖,都督曹得、都指挥胡原副之"⑧。在陈懋跟随朱棣北征期间,宁夏的军务应该是由都指挥使王俶负责,因为王俶在永乐三年(1405)就晋升为都指挥使"守宁

---

① 《明太宗实录》卷九三,永乐七年六月丁巳条,戊午条,台湾"中央研究院"历史语言研究所1962年校印本,第1235、1236页。

② 《明太宗实录》卷九四,永乐七年七月乙酉条、乙未条,台湾"中央研究院"历史语言研究所1962年校印本,第1247、1250~1251页。

③ 《明太宗实录》卷九六,永乐七年九月乙亥条,台湾"中央研究院"历史语言研究所1962年校印本,第1270页。

④ 《明太宗实录》卷九七,永乐七年十月辛丑条,台湾"中央研究院"历史语言研究所1962年校印本,第1281页。

⑤ 《明太宗实录》卷九八,永乐七年十一月己巳条,台湾"中央研究院"历史语言研究所1962年校印本,第1289页。

⑥ 《明太宗实录》卷九九,永乐七年十二月壬子条,台湾"中央研究院"历史语言研究所1962年校印本,第1296~1297页。

⑦ 《明太宗实录》卷一〇〇,永乐八年正月辛未条,台湾"中央研究院"历史语言研究所1962年校印本,第1303页。

⑧ 《明太宗实录》卷一〇二,永乐八年三月丁卯条,台湾"中央研究院"历史语言研究所1962年校印本,第1323页。

夏"①，朱棣在北征回程的七月又专敕命他镇守宁夏，"敕宁夏备御都指挥王俊曰：'朕闻尔在边，守法奉公，抚绥有道，兹特命尔镇守宁夏，宜严固城池，谨慎堤备，遇寇相机剿捕，不可怠忽。'"②但是王俊镇守宁夏不是任总兵官，可以把他看作临时代理，总兵官跟随皇帝出征了，让都指挥使临时负责一下，这也是行政上的通例。十一月，朱棣率领北征大军回到北京，十二月中，给王俊发去敕书说："闻虏欲寇近边，须严备之。寇若入境，慎勿轻战，必计度事宜，毋堕其诡计。有来归者，审实即送京师。"③看来朱棣对王俊并不放心，怕他轻敌中计，所以专敕告诫。但是事情往往就出在薄弱环节，次年正月，朱棣发给宋琥敕谕中道："得报，鞑贼失捏干剽掠黄河东岸，宁夏都指挥王俊无谋轻敌，为贼所陷。尔受任总边务，非王俊比，尤宜昼夜谨慎堤备，时刻不可怠忽。"④朱棣以王俊轻敌的实例教育宋琥，"谨慎堤备，不可怠忽"。

永乐九年(1411)正月，朱棣对镇守宁夏总兵官人选作出新的安排，"命安远(伯)[侯]柳升佩平羌将军印，充(摠)[总]兵官，领陕西、河南、山西所调备御军马镇守宁夏"⑤。据笔者的考察，朱棣发布对柳升的任命是在正月十六，给宋琥发出"王俊无谋轻敌，为贼所陷"的敕书是在十九日，我们有理由认为：正是由于王俊的陷没，使得镇守宁夏总兵官的人选必须尽快安排，而朱棣选择了安远侯柳升。

永乐九年(1411)六月，履职半年的宁夏总兵官柳升向朱棣上奏："欲于近边每千户所筑一总堡，聚人畜刍粮，以备不虞。"朱棣接报后指示柳升："一所之军四散屯种，相去辽远，岂能相及？朕尝命守将，于五六屯或四五屯内，择取一屯利便之处聚守，正欲使屯堡相近，得以相援。不必分别卫所，可只循此法行之。"⑥这是永乐二年(1404)时朱棣指示何福对宁夏屯守作出的布置，他要柳升照此办法实行。七月，柳升奏报："灵州都指挥冯答兰帖木儿等逃叛，陕西都指挥孙霖、王仪等领军捕之，指挥王辅、仇智至大坝、破石山，遇叛贼百户孛罗等四百余人，官军进剿，贼败走，溺死者三百余人，余悉奔溃，获马驼牛二百一十五。指挥高亮追至河北，斩贼首二十五级，获男妇九十一，马三十。"⑦柳升向朱棣报告追讨叛逃者的战果。永乐十年(1412)正月，原任宁夏中护卫小旗的蒙古人察罕歹，同都指挥毛哈剌等，逃居塔山，在永乐九年(1411)年底率其党羽到红山站及察罕脑儿之地，"杀掠居民"，柳升得报后派出官军讨伐，"生擒察罕歹等七人，杀锁只耳灰等十九人，尽获其马骡辎重，余皆散之"⑧。这又是一次平叛的战斗。七月上旬，宁夏总兵官安远侯柳升向朱棣奏请："修筑察罕脑儿旧城，河冻之时拨军巡逻。"朱棣答复说："修城之策固善，未知城成之后，守者当用几人？人少则难于守备，多则难于馈饷。朕意此城不过关一二逃卒，若寇猝至，不能御之，反以资之，如何？尔更熟议。如果便利，即听修筑。"对于柳升的建议，朱棣从更高的层面提出城守与粮饷问题，他似乎并不赞成修城，但边防

① 《明太宗实录》卷四一，永乐三年四月庚午条，台湾"中央研究院"历史语言研究所1962年校印本，第669页。
② 《明太宗实录》卷一○六，永乐八年七月壬申条，台湾"中央研究院"历史语言研究所1962年校印本，第1368~1369页。
③ 《明太宗实录》卷一一一，永乐八年十二月戊午条，台湾"中央研究院"历史语言研究所1962年校印本，第1425页。
④ 《明太宗实录》卷一一二，永乐九年正月庚辰条，台湾"中央研究院"历史语言研究所1962年校印本，第1432页。
⑤ 《明太宗实录》卷一一二，永乐九年正月丁丑条，台湾"中央研究院"历史语言研究所1962年校印本，第1432页。柳升在北征后已晋升为安远侯，此处称伯不确。
⑥ 《明太宗实录》卷一一六，永乐九年六月乙巳条，台湾"中央研究院"历史语言研究所1962年校印本，第1478页。
⑦ 《明太宗实录》卷一一七，永乐九年七月丁亥条，台湾"中央研究院"历史语言研究所1962年校印本，第1492页。
⑧ 《明太宗实录》卷一二四，永乐十年正月丙子条，台湾"中央研究院"历史语言研究所1962年校印本，第1559页。

总兵官的提议他没有直接驳回,而是提出问题后让其再深入研讨,"如果便利,即听修筑"。下旬,朱棣指令柳升:"闻叛虏毛[哈]剌等今(今)在断头山,虏穷寇无食,或来扰边,宜严备御,使寇进无所得,退则相机追捕,须审度之。"①看来察罕歹被擒杀后,朱棣一直在关注毛哈剌的动向,一有情报,马上向边镇发出预警。永乐十年(1412)年底,朱棣"敕宁夏总兵官安远侯柳升曰:'今天寒,军士久劳于外,尔即率领还京。陕西、大同调来者,令还各卫。'"朱棣召柳升回京,柳升履职时所率领的部队是陕西、河南、山西所调的备御军马,现在让陕西、山西大同军马各回各卫,他所率领回京的就只是河南都司的军马。为了在柳升回京后宁夏防卫不致出现问题,朱棣又"升陕西都指挥同知张麟为都指挥使,镇守宁夏,命都指挥使孙霖副之"②。这又是让都指挥使负责镇守,它和前述王俶镇守宁夏是同一性质的任命,所不同的是给张麟又配备了一个副手,都指挥使孙霖。

永乐十二年(1414)闰九月,《明太宗实录》中又有对宁夏总兵官宁阳侯陈懋的记载。史载:朱棣"敕宁夏总兵官宁阳侯陈懋曰:近瓦剌人至,言马哈木欲掠甘肃,虏虽已穷蹙,然不可无备"③。陈懋在四年半后再度回到宁夏总兵官任上,其时宁夏总兵官已空缺了一年零八个月,由张麟以都指挥使镇守。《明太宗实录》没有载陈懋再度出任宁夏总兵官的时间,据对永乐十二年(1414)历史的考察,笔者以为应该在永乐十二年(1414)九月。朱棣在十二年(1414)二月亲征瓦剌,在其战斗序列中,安远侯柳升领大营,武安侯郑亨领中军,宁阳侯陈懋领左哨,丰城侯李彬领右哨,成山侯王通领左掖,都督谭青领右掖,都督刘江、朱荣等为前锋;忽兰忽失温之战后,朱棣于八月初一回到北京,八月十六日举行了赏功大会;九月十三日,命成安侯郭亮、兴安伯徐亨往平开备御;九月二十四日命都督费瓛镇守甘肃、刘江镇守辽东;陈懋应该也是在此期间奉命出任镇守宁夏总兵官,所以才有此后闰九月的记载。

永乐十三年(1415)十一月,朱棣"敕镇守宁夏宁阳侯陈懋及缘边诸将曰:'今天寒地冻,正虏骑剽窃之时,宜严兵以备。'"④这应该是例行的备边预警。十二月,朱棣得到了漠北的情报,又敕谕镇守宁夏宁阳侯陈懋以及陕西、开平、大同、辽东诸将:"瓦剌使者言:'瓦剌马哈木等虑阿鲁台与中国和好,将为己害,拟七月率众至(于)[斡]难河北,(侯)[俟]冬袭阿鲁台。'斯言虽未可信,然吾边境须有备,盖虏多谲[诈],惟有备,斯无患矣。大抵御寇之道,勿与轻战,但坚壁清野,最上计也。"⑤这段话反映的还是朱棣的防边思想:有备无患,坚壁清野。永乐十四年(1416)六月,朱棣得到了瓦剌马哈木死去的消息,再给陈懋发去敕谕:"敕镇守宁夏宁阳侯陈懋曰:'瓦剌归附人言,马哈木已死,其众溃散,故停北征。然我不可轻信此说,辄怠边备,慎之! 慎之!'"⑥这还是要求陈懋谨严边备。永乐十六年(1418)五月,朱棣在派成山侯王通往陕

---

① 《明太宗实录》卷一三〇,永乐十年七月辛卯条、丁未条,台湾"中央研究院"历史语言研究所 1962 年校印本,第 1608、1612 页。

② 《明太宗实录》卷一三五,永乐十年十二月丙寅条、癸酉条,台湾"中央研究院"历史语言研究所 1962 年校印本,第 1646、1649 页。

③ 《明太宗实录》卷一五六,永乐十二年闰九月壬戌条,台湾"中央研究院"历史语言研究所 1962 年校印本,第 1795 页。

④ 《明太宗实录》卷一七〇,永乐十三年十一月癸卯条,台湾"中央研究院"历史语言研究所 1962 年校印本,第 1896 页。

⑤ 《明太宗实录》卷一七一,永乐十三年十二月戊辰条,台湾"中央研究院"历史语言研究所 1962 年校印本,第 1903～1904 页。

⑥ 《明太宗实录》卷一七七,永乐十四年六月丁卯条,台湾"中央研究院"历史语言研究所 1962 年校印本,第 1931～1932 页。

西巡视边备时,也给镇守宁夏的陈懋和镇守甘肃的费瓛发去了敕谕①。永乐十九年(1421)六月,朱棣准备再次巡边,在给开平备御成安侯郭亮发出敕谕后,"敕镇守宁夏宁阳侯陈懋曰:'近有报阿鲁台欲寇边,其严备之,城池、屯(壁)〔堡〕、关隘之处,并须完固。'"②七月,朱棣组建了巡边部队,其战斗序列是:都督朱荣等领前锋,"安远侯柳升等领中军马步队及大营围子手并神机营,宁阳侯陈懋等领御前精骑,永顺伯薛斌、恭顺伯吴克忠等领鞑靼马队,武安侯郑亨等领左哨,阳武侯薛禄等领右哨,英国公张辅等领左掖,成山侯王通等领右掖"③。后来这次北巡没有成行,朱棣"敕镇守宁夏宁阳侯陈懋,选步骑六千五百,以明年春率领至北京"④。看来陈懋是回宁夏镇守了。永乐二十年(1422)的北征战斗序列不明,但从朱棣的驻防营阵看,"大营居中,营外分驻五军,建左哨,右哨,左掖,右掖以总之,步卒居内,骑卒居外,神机营在骑卒之外,神机营外有长围,各周二十里"⑤,与以往一样仍是五军之制,或许陈懋仍然领御前精骑。这次北征作战目标本是阿鲁台,但阿鲁台远远避开了朱棣的军锋,朱棣寻敌不见,最后拿兀良哈三卫出气,在六月对屈裂儿河的兀良哈部进行了扫荡,于九月回到北京。永乐二十一年(1423)正月,朱棣再"敕宁阳侯陈懋、武进伯朱荣及都督柴永正、都指挥冯答兰、指挥吴管者等赴北京"⑥。敕宁阳侯陈懋赴北京,说明在永乐二十年(1422)的岁末陈懋也回到了宁夏,因为朱棣在永乐二十年(1422)十二月有"命武进伯朱荣充总兵官,镇守辽东"⑦的命令,这次同时命令陈懋和朱荣赴京,按理陈懋也是回到了宁夏,经过闰十二月一个多月的修整,再次奉诏赴京。永乐二十一年(1423)的北征迁延到七月下旬才出发,这次的战斗序列是"安远侯柳升,遂安伯陈英领中军;武安侯郑亨,保安侯孟瑛领左哨;阳武侯薛禄,新宁伯谭忠领右哨;左掖命英国公张辅、安平伯李安领之;右掖命成山侯王通、兴安伯徐亨领之;命宁阳侯陈懋等居前锋"⑧。这次北征的作战目标仍是阿鲁台,明朝大军在蒙古草原寻敌不果,好在十月上旬有鞑靼王子也先土干来归,朱棣也就此收兵。永乐二十二年(1424)的北征,陈懋仍为前锋,朱棣则于七月十七日病逝于榆木川。

从以上对镇守宁夏总兵官的梳理中看到,永乐时期宁夏镇共有四任总兵官履职,即何福、陈懋、柳升、陈懋,其中陈懋两度出任宁夏总兵官。其间由于总兵官跟随朱棣北征,有两次由都指挥使临时镇守,但他们未担任总兵官。

二、宣府镇

宣府之成为北边军事重镇,乃是朱棣用亲王防边的结果。

洪武时期的宣府只是一个普通的卫级军镇,设置于洪武二十六年(1393)二月,史载:"置大同后卫及东胜左、右、阳和、天城、怀安、万全左、右、宣府左、右十卫于大同之东,高山、镇朔、

① 《明太宗实录》卷二○○,永乐十六年五月丙辰条,台湾"中央研究院"历史语言研究所 1962 年校印本,第 2083 页。
② 《明太宗实录》卷二三八,永乐十九年六月戊午条,台湾"中央研究院"历史语言研究所 1962 年校印本,第 2278 页。
③ 《明太宗实录》卷二三九,永乐十九年七月己巳条,台湾"中央研究院"历史语言研究所 1962 年校印本,第 2282 页。
④ 《明太宗实录》卷二四○,永乐十九年八月丙辰条,台湾"中央研究院"历史语言研究所 1962 年校印本,第 2286 页。
⑤ 《明太宗实录》卷二四九,永乐二○年五月癸酉条,台湾"中央研究院"历史语言研究所 1962 年校印本,第 2324 页。
⑥ 《明太宗实录》卷二五五,永乐二十一年正月戊戌条,台湾"中央研究院"历史语言研究所 1962 年校印本,第 2366 页。
⑦ 《明太宗实录》卷二五四上,永乐二○年十二月辛卯条,台湾"中央研究院"历史语言研究所 1962 年校印本,第 2359 页。
⑧ 《明太宗实录》卷二六一,永乐二十一年七月戊戌条,台湾"中央研究院"历史语言研究所 1962 年校印本,第 2388 页。

定边、玉林、云川、镇虏、宣德七卫于大同之西,皆筑城置兵屯守。"①这里的东西方位有些问题,但这不妨碍我们关注的焦点是宣府左、右卫的建立。三月,朱元璋"遣使谕北平、山西二都指挥使司,发属卫步骑,人赍三月粮,往驻宣府听调"②,宣府开始成为军事集结地。一年以后,宣府始有城池,朱元璋"发山西军士筑东胜城,北平军士筑宣府城"③。五月,朱元璋"命兵部遣官至北平布政使司,议置驿传:自大宁至广宁东路四百八十五里,置十驿;中路北平至开平七百六十五里,置十四驿;西路至开平六百三十里,置十三驿;土木至宣府一百里,置二驿"④。宣府始有驿递。洪武二十八年(1395)四月,随着朱元璋用诸王防边战略部署的落实,开始给诸"塞王"设置护卫,"诏置辽、宁、谷、庆、肃五王护卫指挥使司。命武定侯郭英会辽东都司,分调广宁义州等卫官军,置辽王广宁左、右二护卫;北平都司调大宁左、右二卫为宁王营州左、右二护卫;宣府左、右二卫为谷王宣府左、右二护卫,改兴州中护卫为宣府中护卫;陕西都司调庆阳卫为庆王宁夏左护卫,改宁夏卫为右护卫;调甘州在城官军,置肃王甘州右护卫,凡有差遣,从王调用"⑤。这些护卫军队就成为诸王的私人卫队。

朱棣即位后,洪武三十五年(1402)九月,在将山西行都司所属诸卫内撤的过程中,"其天城、阳和、宣府前三卫仍复原处"⑥。随着朱棣对诸王防边体制的改造,谷王朱橞从宣府移藩长沙,朱棣命"改宣府护卫为长沙护卫,仍隶谷王府,以宣府所余官军设宣府左、右二卫,左卫于保定屯守,右卫于定州屯守"⑦。以此看来,原来的宣府三护卫经过一番调整,只有宣府前卫仍在原地。

永乐元年(1403)二月,边报蒙古族欲寇边,朱棣"命郡王高煦率兵往开平操备"。为确保万无一失,他对朱高煦悉心叮咛,嘱咐说:"尔军起行,惟声言往大宁。既出关,然后北行,未至开平四十里,即下营。先遣精骑往侦动静,勿令虏觉,如虏不知我军出塞,领众深入,则多用火器。遇夜,令壮士劫其营,亦可获功。若与战,则令武安侯郑亨居中,安平侯李远居左,武城侯王聪居右,尔将精骑一二千往来策应。寇败,获其人勿轻杀。寇遁,毋利其牛马而穷追之。若(虑)[虏]有实意来降,误以为寇边而击之,则沮后来者之心,此须详审。然受降之时,尤须防其变诈,古云:'受降如受敌',制敌之策,大概如此。"从这番话中可以深刻地感受到朱棣对北边安危的关切。除了叮嘱朱高煦,朱棣又写信给世子朱高炽说:"闻虏欲犯边,今命高煦将兵驻开平御之。尔镇守北京,于事宜用心经理,将士起行之际,赐宴及钞,仍遣人督运粮饷,随军而行,不可缓也。"⑧由此可见朱棣虑事之缜密。

但是当朱高煦出发后,天象、人事各方面的信息令朱棣很不安。四月,他给朱高煦发出警报:"防虏之行,盖揆之人事,不得不举而仰观天象,尤当知警。占书:金星出昴北,北军胜;出

① 《明太祖实录》卷二二五,洪武二十六年二月辛巳条,台湾"中央研究院"历史语言研究所 1962 年校印本,第 3295 页。
② 《明太祖实录》卷二二六,洪武二十六年三月丁巳条,台湾"中央研究院"历史语言研究所 1962 年校印本,第 3305 页。
③ 《明太祖实录》卷二三二,洪武二十七年三月甲辰条,台湾"中央研究院"历史语言研究所 1962 年校印本,第 3387 页。
④ 《明太祖实录》卷二三三,洪武二十七年六月乙酉条,台湾"中央研究院"历史语言研究所 1962 年校印本,第 3404 页。
⑤ 《明太祖实录》卷二三八,洪武二十八年四月甲申条,台湾"中央研究院"历史语言研究所 1962 年校印本,第 3471 页。
⑥ 《明太宗实录》卷一二下,洪武三十五年九月乙巳条,台湾"中央研究院"历史语言研究所 1962 年校印本,第 223 页。
⑦ 《明太宗实录》卷一四,洪武三十五年十一月乙未条,台湾"中央研究院"历史语言研究所 1962 年校印本,第 260 页。
⑧ 《明太宗实录》卷一七,永乐元年二月甲戌条,台湾"中央研究院"历史语言研究所 1962 年校印本,第 313~314 页。

昂南,南军胜。今钦天监奏:金星出昂北,而我军在南,宜益加慎,不可忽略。"①"遣书谕"朱高煦的同时,朱棣也给宁夏总兵官左都督何福、甘肃总兵官左都督宋晟发去了警报。五月,天象再次有变,"昼,太白见巳位,钦天监奏:'火星犯垒壁阵西端四星,古法:将军为乱,宫中兵起。'上以书谕(群)[郡]王高煦:率将士回宣府,督诸将分兵屯田,且耕且守,以谨天戒。"②通过观测天象的变化而决定政治行动,是明代历史的一大特点。当时天象的变化令朱棣担心,于是他改变初衷,果断地下令取消朱高煦率兵往开平操备的行动计划,让他率将士回宣府。

永乐元年(1403)六月二十二日,朱棣"命武安侯郑亨充总兵官,武城侯王聪充左副总兵,安平侯李远充右副总兵,率师驻宣府备御"。为了使朱高煦明了天象人事的个中利害,朱棣第二天特地"书谕郡王高煦曰:'闻尔兵行,初至清河,从者为雷震死。过居庸,汝幕中釜鸣。皆不祥之征,不可不谨,即率骑兵三百人还北京,余令武安侯郑亨、武城侯王聪、安平侯李远总之,就驻宣府。'"③这次驻扎使宣府成就了北边军事重镇的地位。九月,宣府副总兵安平侯李远上奏:"山西缘边胡寇出没不常,且冬寒冰坚,适其南向之时,宜令都指挥房昭、指挥同知董忠率军备御。"朱棣指示说:"天气凝寒,士卒新至者弗胜,姑止勿遣,但令守边将士严加瞭备,如寇至即坚壁清野,寇当自退。"④这反映了朱棣一贯的防边思想。永乐二年(1404)正月,朱棣"命宣府备御武城侯王聪、同安侯火真率骑兵千人、马千五百匹,巡逻迤北"⑤。这是执行自洪武以来形成的巡边制度的情况。七月初四,朱棣从归附的鞑靼民里不花处了解蒙古将入掠,遂"敕宣府备御武城侯王聪、同安侯火真,整饬所领将士,严固备御"。到了七月下旬,又"敕宣府备御武城侯王聪、同安侯火真,率将士于开平巡逻。且谕之曰:'或言房南来,或言北行,皆未可信,但常加防慎,密遣人觇伺声息,相机而行,务出万全,不可怠忽。'"八月下旬,朱棣再命"宣府备御武城侯王聪、同安侯火真率骑士二千五百巡哨迤北";又根据情报"敕宣府副总兵武城侯王聪、同安侯火真及宁夏总兵官左都督何福等曰:'使臣自哈密还,言鬼力赤率众各赍三月粮,挤乳马二匹,骟马二匹,持斧锯为开山伐木之用,言与瓦剌战罢,即旋兵南来。朕意斧锯或为破寨之用,又赍粮颇多,南来之言或然。其严兵备之,来则击之,房或先以数骑来诱,切勿穷追,恐堕其计。'"⑥这些记载反映了宣府副总兵在北边防御中所起的作用。但是这里我们有个疑问:巡边都由副总兵率军,总兵官在干什么呢? 十二月初三有资料载:"宣府总兵官武安侯郑亨等奏:修筑宣府诸处屯堡成。"原来朱棣在此前曾敕谕宣府总兵官郑亨,命他"于宣府、万全、怀安诸处,简军马、坚垒壁、谨烽堠、慎防御之务,每数堡择一堡为高城深濠,城多置门,其中开井积水,以聚数堡之人马、辎重、粮饷,昼夜瞭望。寇至,夜则举火,昼则举炮为信,以军士坚守之,附近屯堡军亦皆移入其中。亨等经营规画,至是始备云"⑦,这一时期郑亨是在建设宣府镇的墩台城堡等防御体系,用了一年半将其完成。

---

①　《明太宗实录》卷一九,永乐元年四月戊午条,台湾"中央研究院"历史语言研究所1962年校印本,第341~342页。

②　《明太宗实录》卷二〇上,永乐元年五月癸未条,台湾"中央研究院"历史语言研究所1962年校印本,第360页。

③　《明太宗实录》卷二一,永乐元年六月戊辰条、己巳条,台湾"中央研究院"历史语言研究所1962年校印本,第391页。

④　《明太宗实录》卷二三,永乐元年九月己丑条,台湾"中央研究院"历史语言研究所1962年校印本,第421页。

⑤　《明太宗实录》卷二七,永乐二年正月辛亥条,台湾"中央研究院"历史语言研究所1962年校印本,第494页。

⑥　《明太宗实录》卷三三,永乐二年七月癸卯条、辛酉条、八月庚寅、丙申条,台湾"中央研究院"历史语言研究所1962年校印本,第575、580、589、592~593页。

⑦　《明太宗实录》卷三七,永乐二年十二月庚午条,台湾"中央研究院"历史语言研究所1962年校印本,第631页。

完成宣府镇的防御体系建设后，永乐三年（1405）二月，朱棣"召宣府总兵官武安侯郑亨还京"，在召回郑亨不久"敕武城侯王聪、同安侯火真率骑兵三千人哨瞭迤北"①。五月，朱棣又"命武安侯郑亨领山西骑兵一千，北京步卒三千，于宣府、兴和等处巡备"②。十一月，再"敕武安侯郑亨统率北京步骑三千，并永平立功官军，于（先）[宣]府操备，节制宣府、万全、怀安、隆庆、兴和诸卫"③。永乐四年（1406）二月，朱棣又发出指令："敕武城侯王聪、同安侯火真，率将士往兴和，同武安侯郑（享）[亨]备御。如虏侵边，郑亨守城，王聪、火真领兵出击。"④十一月，朱棣根据得到的情报，"敕宁夏总兵官左都督何福、宣府备御武安侯郑亨等曰：'近西宁侯宋晟送至归附鞑靼答丹等，言虏寇欲南行。尔等宜谨守边城，严兵以防其侵掠。'"⑤永乐六年（1408）五月，通政司参议贺银受到左都御史陈瑛的弹劾，说他："奏对诬罔，当诛。"好在朱棣没有杀贺银，而是"免银官，命于宣府听武安侯郑亨差遣"。⑥十月，朱棣"敕宣府备御武城侯王聪、同安侯火真，率领军士还北京"⑦。永乐七年（1409）五月，朱棣在昌平营建陵墓以安葬徐皇后，"命礼部尚书赵羾以明地理者廖均卿等择地，得吉于昌平县东黄土山，车驾临视，遂封其山为天寿山。是日，遣武安侯郑亨祭告兴（二）[工]，命武义伯王通董役事"⑧。七月，朱棣派丘福为征虏大将军、总兵官北征本雅失里，很快就"命武安侯郑亨往开平备御"⑨。八月，丘福因轻敌而败北，朱棣又"召开平备御武安侯郑亨还"⑩，并且在九月"命武安侯郑亨率师巡边"。⑪从上述资料中可知，郑亨在被召回后不久，又率师回到宣府，且节制宣府、万全、怀安、隆庆、兴和诸卫，实际上应该还是任宣府总兵官，由于军情的需要一度往开平备御。所以《明史·郑亨传》载：郑亨"永乐元年充总兵官，帅武成侯王聪、安平侯李远备宣府。亨至边，度宣府、万全、怀来形便，每数堡相距，中择一堡可容数堡士马者，为高城深池，浚井蓄水，谨瞭望。寇至，夜举火，昼鸣炮，并力坚守，规画周详，后莫能易。三年二月召还，旋遣之镇。七年秋，备边开平。明年，帝北征，命亨督运。出塞，将右哨，追败本雅失里。大军与阿鲁台遇。亨帅众先，大破之。论功为诸将冠。其冬仍出镇宣府。十二年复从北征，领中军"⑫。

永乐八年（1410）二月，朱棣准备亲征本雅失里，命"武安侯郑亨往万全督馈运"，同时命英国公张辅"提督操练宣府、万全、兴和等处军马，整治城池、屯堡、烟墩，仍听赵王调遣"。⑬这应该是朱棣为了在北征时有个稳固的后方，特意从交趾调回张辅，命他掌控宣府地区的防卫，听赵王朱高燧调遣则是朱棣以亲王坐镇北京的反映。三月，整编了战斗序列："命清远侯王友督

①　《明太宗实录》卷三九，永乐三年二月丁卯条、甲申条，台湾"中央研究院"历史语言研究所1962年校印本，第649、657页。

②　《明太宗实录》卷四二，永乐三年五月壬寅条，台湾"中央研究院"历史语言研究所1962年校印本，第675页。

③　《明太宗实录》卷四八，永乐三年十一月辛丑条，台湾"中央研究院"历史语言研究所1962年校印本，第732页。

④　《明太宗实录》卷五一，永乐四年二月丙子条，台湾"中央研究院"历史语言研究所1962年校印本，第765页。

⑤　《明太宗实录》卷六一，永乐四年十一月甲申条，台湾"中央研究院"历史语言研究所1962年校印本，第886页。

⑥　《明太宗实录》卷七九，永乐六年五月辛酉条，台湾"中央研究院"历史语言研究所1962年校印本，第1063页。

⑦　《明太宗实录》卷八四，永乐六年十月己亥条，台湾"中央研究院"历史语言研究所1962年校印本，第1124页。

⑧　《明太宗实录》卷九二，永乐七年五月己卯条，台湾"中央研究院"历史语言研究所1962年校印本，第1202页。

⑨　《明太宗实录》卷九四，永乐七年七月庚寅条，台湾"中央研究院"历史语言研究所1962年校印本，第1249页。

⑩　《明太宗实录》卷九五，永乐七年八月辛酉条，台湾"中央研究院"历史语言研究所1962年校印本，第1263页。

⑪　《明太宗实录》卷九六，永乐七年九月丙子条，台湾"中央研究院"历史语言研究所1962年校印本，第1271页。

⑫　张廷玉等：《明史》卷一四六《郑亨传》，中华书局1974年版，第4102页。

⑬　《明太宗实录》卷一○一，永乐八年二月甲子条，台湾"中央研究院"历史语言研究所1962年校印本，第1322页。

中军,安远伯柳升副之;宁远侯何福督左哨;武安侯郑亨督右哨;宁阳侯陈懋督左掖,都督曹得、都指挥胡原副之;广恩伯刘才督右掖,都督马荣、朱荣副之”;“命都督刘江等充游击将军督前哨”;后方则“命忻城伯赵彝守宣府,仍听英国公张辅调遣”。①《明史·赵彝传》称他“永乐八年镇宣府”②,就是指武安侯郑亨跟随朱棣北征期间由他来驻守宣府。赵彝和张辅应该是承担的任务和负责的层次不同,张辅比赵彝的责任更大。永乐八年(1410)八月,朱棣第一次亲征得胜,回到北京赏赐功臣,“赏征北(摠)[总]兵官武安侯郑亨银二百五十两,彩币十二表里,钞六百锭;安远伯柳升银二百两,彩币十表里,钞六百锭;余皆如格赏之”③。这条史料说明,在北征的过程中,除了朱棣是最高指挥,其次就是武安侯郑亨了,所以《明太宗实录》中说他是“征北总兵官”,这应该是根据作战需要和诸将能力,将郑亨从督右哨的职位上做了调整。在经过三个月的修整之后,十一月,朱棣重新“命武安侯郑亨充总兵官,率领北京各卫所军马往宣府操补”④。经过北征之后,郑亨又回到了宣府总兵官任上。

永乐十年(1412)二月,朱棣“敕宣府总兵官武安侯郑亨等曰:‘比闻黄羊、野马俱望西行,或是(走)失捏干、阿鲁台之众向西行,则宁夏、山西不可无备,尔等更须严兵勿怠。’”⑤这是边报黄羊、野马的走向,朱棣为此发出预警。九月初,朱棣指示郑亨:“将士久劳于外,今秋谷已收,边备亦具,可率师还京。”半个月后,北京行后军都督府向朱棣奏报:“宣府、兴和等处城垣屯堡坍塌”,朱棣得报后,“遂[敕]宣府总兵官武安侯郑亨曰:‘前敕尔领军还北京,如已还,可别选兵五百,仍去巡视各处关隘、屯堡,凡冲要处有坍塌者,即叠石甃砌,或以土筑,务在坚固。冬寒已近,宜早用工。’”⑥由此可以看到,明代的北边,不但要防备蒙古入掠,还要与自然灾变做各种各样的斗争,城垣屯堡因年久风化而造成的损耗,也给明代九边带来诸多问题。十月,“宣府总兵官武安侯郑亨等,请调大同前卫带管东胜卫中左所、中前所,阳和卫带管东胜卫前前所,俱于大同左卫增益守备”⑦,这是总兵官奏请调整卫所的守卫地点,朱棣马上批准。十二月,朱棣就边报向郑亨发出指令:“敕宣府总兵官武安侯郑亨等曰:‘今使臣自北还,言阿鲁台移近开平,遣人来贡,房性无常,不可不备。宜遣人自山海至居庸,自黑峪车坊至大同各处,严守关隘。若洗[马]林、鱼台岭地平无险阻处,尤宜加意。洪武中边备严谨,而胡寇乃儿不花仅三百人,径至永平,杀守将双刀刘。比年边将号令不严,军士纵弛,而房已有众二万余,必须谨防而预备之。’”⑧从这条史料中可见,朱棣是心系北边的安危,一有动静,马上就发出警报;另外,史料中所载阿鲁台已“有众二万余”,反映了鞑靼部落的力量在逐渐恢复中。

从永乐十一年(1413)起,《明太宗实录》中再未记载郑亨在任宣府总兵官的情况,四月朱棣从南京回到北京后,有史料载:“敕镇守大同江阴侯吴高,以武安侯郑(享)[亨]原领军士并

①　《明太宗实录》卷一〇二,永乐八年三月丁卯条、戊辰条、壬申条,台湾“中央研究院”历史语言研究所1962年校印本,第1323、1325页。

②　张廷玉等:《明史》卷一四六《赵彝传》,中华书局1974年版,第4105页。

③　《明太宗实录》卷一〇七,永乐八年八月乙未条,台湾“中央研究院”历史语言研究所1962年校印本,第1381页。

④　《明太宗实录》卷一一〇,永乐八年十一月乙丑条,台湾“中央研究院”历史语言研究所1962年校印本,第1409页。

⑤　《明太宗实录》卷一二五,永乐十年二月癸亥条,台湾“中央研究院”历史语言研究所1962年校印本,第1567页。

⑥　《明太宗实录》卷一三二,永乐十年九月戊子条、甲辰条,台湾“中央研究院”历史语言研究所1962年校印本,第1623、1626页。

⑦　《明太宗实录》卷一三三,永乐十年十月戊午条,台湾“中央研究院”历史语言研究所1962年校印本,第1629页。

⑧　《明太宗实录》卷一三五,永乐十年十二月癸亥条,台湾“中央研究院”历史语言研究所1962年校印本,第1646页。

选马队一千,令才干指挥赴北京。"①这说明郑亨此时已不在宣府任职。那么宣府有没有总兵官了呢? 史无明文。赵现海在其著作中提到"章安佩镇朔将军印,充宣府总兵官,实为宣府正式建镇之始"②,其史料依据是《宣府镇志》的记载。

这是否符合历史事实呢? 章安是总兵官么? 佩镇朔将军印了么? 我们还是从第一手资料来考察。

据《明太宗实录》记载:章安是寿州人,"父旺,元季为元帅守安丰,率众归附,卒于大同百户,安袭职"。在洪武二十三年(1390)朱棣率军征讨乃儿不花的战斗中,章安因功升为燕山左卫千户,他为人有智略,在靖难之役中积有劳绩,"永乐元年升北平都指挥使,守真定,复守居庸关。三年(定)[守]宣府,缮筑城堡,完固兵备,升后军都督佥事,仍守宣府,总督怀安、万全诸卫军饷"③。从这简略的记述中看,章安确实一直在宣府地区任职。《明太宗实录》载:永乐七年(1409)十月,"命都指挥章安、齐安往开平,副成安侯郭亮备御"④。这是成安侯郭亮被派守开平后给他配备了两个副手,章安即其一,职衔是都指挥使。永乐八年(1410)三月,在朱棣第一次北征时,"命都指挥章安等充轻车将军同尚书吴中督馈运赴平(湖)[胡]城"⑤,此时章安职衔仍是都指挥使。五月,朱棣在漠北,"敕成安侯郭亮督馈运赴应昌,……敕尚书吴中、都指挥章安督馈运赴禽胡山"⑥。在北征期间,章安一直在督运粮饷。永乐十一年(1413)八月,朱棣"命开平备御都指挥章安于威虏、闵安、环州、隰宁诸驿建立城堡,各以军二百守御"⑦,这是将驿站都建起城堡,各驻军二百,有利于防卫。同年十月,章安获得了晋升,"升开平备御都指挥章安为后军都督府佥事,总理宣府、怀来、万全诸卫军务"⑧。注意这里的"总理"二字,赵现海就此说"所谓'总理',实即'总兵',只是措辞不同而已",笔者以为不确,总理和总兵应该还是有区别的,不能等同于总兵。永乐十二年(1414)二月,在朱棣第二次北征的战斗序列中,"安远侯柳升领大营,都督马旺、陈翼、程宽、金玉副之;武安侯郑亨领中军,兴安伯徐亨、都督马英、章安副之;宁阳侯陈懋领左哨,襄城伯李隆、都督朱崇副之;丰城侯李彬领右哨,遂安伯陈英、都督费瓛、胡原副之;成山侯王通领左掖,保定侯孟英、都督曹得副之;都督谭青领右掖,新宁伯谭忠、都督马聚副之。都督刘江、朱荣等为前锋"⑨。这里称章安为"都督",应该是一种习惯叫法,是概称。永乐十五年(1417)五月朱棣从南京回到北京后,开始大规模营建北京,"命行在都察院左副都御史李庆兼督营造,先命成山侯王通、兴安伯徐亨、都督薛禄、金玉、章安、谭广各督一事"⑩。这里所称的都督也如前述,是概称,因为《明太宗实录》在此后仍称章安职衔是都督佥事。如永乐十六年(1418)八月,朱棣"敕后军都督佥事章安、兵部尚书赵羾曰:'今调

① 《明太宗实录》卷一三九,永乐十一年四月甲寅条,台湾"中央研究院"历史语言研究所1962年校印本,第1673页。
② 赵现海:《明代九边长城军镇史》上册,社会科学文献出版社2012年版,第296~297页。
③ 《明太宗实录》卷二五〇,永乐二〇年八月乙未条,台湾"中央研究院"历史语言研究所1962年校印本,第2339页。
④ 《明太宗实录》卷九七,永乐七年十月丁巳条,台湾"中央研究院"历史语言研究所1962年校印本,第1284页。
⑤ 《明太宗实录》卷一〇二,永乐八年三月辛巳条,台湾"中央研究院"历史语言研究所1962年校印本,第1329页。
⑥ 《明太宗实录》卷一〇四,永乐八年五月丁亥条,台湾"中央研究院"历史语言研究所1962年校印本,第1352页。
⑦ 《明太宗实录》卷一四二,永乐十一年八月壬戌条,台湾"中央研究院"历史语言研究所1962年校印本,第1698页。
⑧ 《明太宗实录》卷一四四,永乐十一年十月癸丑条,台湾"中央研究院"历史语言研究所1962年校印本,第1710页。
⑨ 《明太宗实录》卷一四八,永乐十二年二月庚戌条,台湾"中央研究院"历史语言研究所1962年校印本,第1732页。
⑩ 《明太宗实录》卷一八八,永乐十五年五月戊子条,台湾"中央研究院"历史语言研究所1962年校印本,第2003页。

沈阳右卫及原调河南三护卫军赴保安、宣府、永宁、美峪各卫所入伍,且令种田治生,勿遽役之。'"①这里明确指示的是后军都督佥事章安。永乐十七年(1419)二月,朱棣又"敕宣府备御都督佥事章安等,视兴和以外于当立烟墩之处即立,不可稽缓"②。永乐十八年(1420)二月,史载:"守居庸关隆庆卫指挥袁纳言:'车坊东北自荆子村至狼山西十七处,旧皆隆庆三卫军守瞭,今都督佥事章安以其军备御兴和,而以怀来、永宁二卫拨军代守,迂远弗便。'上命怀来、永宁相参守瞭,仍令都督佥事章安总督。"③这条史料说的是都督佥事章安率军去兴和备御,自荆子村至狼山西十七处就缺军守瞭,而由怀来、永宁二卫拨军代守,袁纳以为不便,朱棣命怀来、永宁二卫相参守瞭而由章安总督。永乐十九年(1421)七月,朱棣准备巡边,要征调部队,遂"敕后军都督佥事章安:于口北各卫所选步骑一万,赴宣府听调"④。后未成行,八月又"敕后军都督佥事章安:罢遣所领官军还各卫,俟明年二月赴宣府"⑤。永乐二十年(1422)八月,章安在朱棣第三次北征时仍然负责督运粮饷,在大军回军途中,他与右军都督佥事张远"俱卒于道"⑥。

从以上关于章安事迹的梳理,可得出如下结论:(1)朱棣没有任命过章安为宣府总兵官,只是在永乐十一年(1413)十月升任后军都督府佥事,"总理宣府、怀来、万全诸卫军务",这个性质和前文叙述的宁夏镇在朱棣北征期间总兵官跟随出征而由都指挥使王俶、张麟代理是一个意思。(2)章安没有佩镇朔将军印,《明太宗实录》无载,敕书就更是无从说起,虽然嘉靖《宣府镇志》记载了,但时间不对,职衔不对,和《明太宗实录》相比,按语也自然站不住脚。

那么如何看待章安在宣府的职位呢?笔者以为可以把永乐十六年(1418)以后的章安视为宣府镇的实际负责人,即备御,如永乐十七年(1419)二月"敕宣府备御都督佥事章安等",永乐十八年(1420)二月的"都督佥事章安以其军备御兴和",而以怀来、永宁二卫相参守瞭的事仍由章安总督。

章安去世后,永乐二十一年(1423)八月,朱棣又"升湖广都指挥佥事王玉为后军都督佥事,羽林前卫指挥使张义为陕西行都司都指挥佥事,命玉镇守宣府,义镇守怀来。面(议)[谕]玉等,竭心尽力,抚辑军士,固守城池,以副委任"⑦。王玉升任的后军都督佥事就是章安去世时所任的职位,朱棣命王玉镇守宣府、张义镇守怀来,还要面谕,可见对宣府地位的重视。王玉在镇守宣府的职位上到永乐二十二年八月,仁宗即位后,"征镇守大同前军都督佥事刘鉴、镇守宣府后军都督佥事王玉还,仍命都指挥使王礼镇守宣府"⑧。这是要对镇守宣府总兵官作出重新安排,而王礼的镇守宣府,也仍然是暂时代理,等候新任总兵官的到来。

三、蓟镇的形成

关于明代九边蓟镇何时形成的问题,古今研究者观点不一,有永乐二年至成化八年说、洪

---

① 《明太宗实录》卷二〇三,永乐十六年八月辛卯条,台湾"中央研究院"历史语言研究所 1962 年校印本,第 2099 页。
② 《明太宗实录》卷二〇九,永乐十七年二月乙酉条,台湾"中央研究院"历史语言研究所 1962 年校印本,第 2123 页。
③ 《明太宗实录》卷二二二,永乐十八年二月戊午条,台湾"中央研究院"历史语言研究所 1962 年校印本,第 2194 页。
④ 《明太宗实录》卷二三九,永乐十九年七月己丑条,台湾"中央研究院"历史语言研究所 1962 年校印本,第 2281 页。
⑤ 《明太宗实录》卷二四〇,永乐十九年八月庚子条,台湾"中央研究院"历史语言研究所 1962 年校印本,第 2285 页。
⑥ 《明太宗实录》卷二五〇,永乐二〇年八月乙未条,台湾"中央研究院"历史语言研究所 1962 年校印本,第 2339 页。
⑦ 《明太宗实录》卷二六二,永乐二十一年八月壬子条,台湾"中央研究院"历史语言研究所 1962 年校印本,第 2393 页。
⑧ 《明仁宗实录》卷一下,永乐二十二年八月戊午条,台湾"中央研究院"历史语言研究所 1962 年校印本,第 24 页。

武初至永乐元年说、宣德十年说、嘉靖二十九年称重镇说、宣德三年说、仁宗时期说等。笔者认为：蓟镇形成于洪武三十五（建文四年，1402）年十二月朱棣派成安侯郭亮镇守永平、山海；永乐二十二年（1424）八月，朱高炽刚即位就命襄城伯李隆镇山海，九月又命遂安伯陈英充总兵官往山海、永平，巡视关隘，整肃兵备；此后蓟镇总兵官有都督佥事陈敬、都督同知王彧、应城伯孙杰、都督佥事宗胜、都指挥佥事胡铺、都指挥佥事马荣、修武伯沈煜等人，接替清楚。容待本书后叙。下面就依据明朝实录的记载对蓟镇的形成做一详细考察。

洪武时期的《明太祖实录》没有关于蓟镇的记载。洪武时期的北平镇即北平都司，永乐以后升格为京师，没有史料记载称北平镇变成后来的蓟州镇，北平行都司变成大宁都司后迁于保定，都司并未撤销。

朱棣即位后，《明太宗实录》在洪武三十五年（1402）十二月有"命成安侯郭亮镇守永平、山海，操练军马，抚安军民"①的记载。郭亮在洪武年间就是永平守将，靖难兵起后归降朱棣，仍受命镇守永平，屡败辽东军马，在朱棣即位当年的九月受封成安侯，镇守永平、山海，可以说是非常恰当的人选。同时郭亮以侯爵的身份出镇，也说明朱棣对这一带战略地位的重视。那么郭亮的管辖区域包不包括蓟州呢？这是毫无疑问的。《明太宗实录》载：永乐元年（1403）十月，由于在虹螺山和毡帽山等地有蒙古军潜伏、出没，对明廷造成威胁，朱棣命令郭亮"可于山海、永平、遵化、密云、蓟州调壮士三千，先选人哨探巢穴所在，然后统（兵）[军]前进，却分轻兵出其后，两军夹攻，一举可灭"②，这就表明，作为镇守永平、山海的军事长官，郭亮有权管辖蓟州。郭亮镇守永平、山海到永乐七年（1409）九月，又被朱棣调到开平备御③，在开平一直驻守到永乐二十一年（1423）去世。郭亮到开平备御后，《明太宗实录》在永乐十二年八月又出现了都指挥陈景先的记载，朱棣"命镇守蓟州都指挥陈景先督军民修筑遵化城及缘边关隘之倾颓者"④；永乐十八年（1420）三月，"行在兵部言：各处镇守官缺。于是命都指挥桑高往蓟州，李昌往山海，吴颢往真定，胡贵往宿州，王杰往扬州，徐甫往永平"⑤；永乐二十年（1422）十二月，"敕镇守蓟州都指挥陈景先等曰：比得报，鞑贼人马今驻断头山，宜令各关口昼夜严备。如遇贼即相机剿捕，然须慎之，不慎而或失机，论死不赦。蓟州、山海等卫官军可调遣参用"⑥；永乐二十一年（1423）七月，"镇守蓟州山海等处都指挥佥事陈景先言：近山水泛涨，冲激城垣，山海、义院等关口九百五十余丈，遵化、喜峰口水关并潘家等关口四百八十余丈，蓟州、马兰等关口三百八十余丈，俱系边境要冲，宜令附近官军并力修筑。皇太子令隆平侯张信等督修"⑦

在明代前期，侯爵以及都督一级身份的军官出任镇守就是总兵官。关于这一点，将朱棣在即位后所任命的总兵官做一排比便见分晓：洪武三十五年（1402）七月，最早是由右军都督佥事郑祥充统兵官镇守云南，同年八月"命西平侯沐晟镇守云南，云南都司属卫听其节制"；又"命左军都督府左都督刘贞镇守辽东，其都司属卫军马听其节制"，到永乐元年（1403）正月，又

①　《明太宗实录》卷一五，洪武三十五年十二月丁卯条，台湾"中央研究院"历史语言研究所 1962 年校印本，第 280 页。

②　《明太宗实录》卷二四，永乐元年十月乙卯条，台湾"中央研究院"历史语言研究所 1962 年校印本，第 437 页。

③　张廷玉等：《明史》卷六《成祖本纪二》，中华书局 1974 年版，第 87 页。

④　《明太宗实录》卷一五四，永乐十二年八月乙卯条，台湾"中央研究院"历史语言研究所 1962 年校印本，第 1777 页。

⑤　《明太宗实录》卷二二三，永乐十八年三月甲申条，台湾"中央研究院"历史语言研究所 1962 年校印本，第 2199 页。

⑥　《明太宗实录》卷二五四上，永乐二○年十二月庚戌条，台湾"中央研究院"历史语言研究所 1962 年校印本，第 2360 页。

⑦　《明太宗实录》卷二六一，永乐二十一年七月壬寅条，台湾"中央研究院"历史语言研究所 1962 年校印本，第 2389 页。

"命保定侯孟善镇辽东,节制辽东都司所属军卫"。同样在洪武三十五年(1402)八月,"命右军都督府左都督何福佩征房前将军印,充总兵官往镇陕西、宁夏等处,节制陕西都司、行都司,山西都司、行都司,河南都司官军";同年九月,"命右军都督同知韩观佩征南将军印,充总兵官,往广西整肃兵备、镇守城池,而节制广西、广东二都司";永乐元年(1403)正月,"命后军左都督宋晟佩平羌将军印,充总兵镇甘肃";三月,"命江阴侯吴高镇守山西大同,防御胡寇,节制山西行都司诸卫";六月,"命武安侯郑亨充总兵官,武城侯王聪充左副总兵,安平侯李远充右副总兵,率师驻宣府备御"。① 在朱棣任命的这些人中,有的是镇守,有的是总兵官,其实质都是一样的,所以笔者认为:镇守就是总兵官。陈景先的官职是都指挥佥事,职责是镇守蓟州、山海,属于守备;二人的区别在于军衔不同,受命权限也不同,因此郭亮以侯爵的地位出任镇守,就标志着蓟州作为军镇的形成。永乐七年(1409)九月郭亮被调往开平,是由于丘福的十万明军被蒙古军消灭后,朱棣决心北征,因而派郭亮去巩固前沿阵地,以后随着朱棣的"五出三犁",郭亮也就在开平一直备御到最后。

永乐二十二年(1424)八月,仁宗朱高炽刚即位,马上"命武安侯郑亨等四人俱充总兵官,亨镇守大同,保定侯孟瑛镇交址,襄城伯李隆镇山海,武进伯朱(营)(荣)镇辽东"②。九月,由于襄城伯李隆同驸马都尉宋琥、沐忻被派往南京守备,朱高炽又"命遂安伯陈英充总兵官往山海、永平巡视关隘,整肃兵备"③,而此时的陈景先仍旧是镇守蓟州山海等处的都指挥佥事。那么李隆镇守山海,其职权范围如何呢?据明人的记载:李隆在朱棣时曾被任命为南京守备,未及赴任而朱高炽即位,"重北边守备,暂辍公南京命,总兵镇山海,凡东北边关皆节制"④。朱高炽能刚即位就派出襄城伯李隆镇山海,接着让遂安伯陈英接替李隆,说明蓟州作为军镇的地位已经很牢固,这既是继承其父朱棣之制的做法,也是朱高炽对蓟镇重要地位认识的表现,更和他在靖难期间及永乐初年镇守北平的经历有直接关系。仁宗时期,还有两条史料反映了蓟镇作为九边重镇之一的地位:一是永乐二十二年(1424)十二月,朱高炽敕大同总兵官武安侯郑亨、掌山西行都司都督李谦加强边防、谨慎瞭望,同时"敕辽东、甘肃、宁夏、山海永平、宣府、(关)[开]平总兵及备御镇守官亦如之"⑤,这一类的记载以后在实录中屡屡出现;二是洪熙元年(1425)三月,有监察御史严继先等"劾奏山海永平等处总兵官遂安伯陈英、镇守官都指挥陈景先等,守边无备,致房入(苏川)[蓟州]北山寇掠,又匿不以闻,请寘于法。命都察院封继先奏章示之,俾图自效,以赎前过"⑥。这里反映了蓟镇就是九边重镇之一,既有作为军镇最高统帅的总兵官遂安伯陈英,又有作为卫级军镇首长的镇守官都指挥陈景先,且史料中记载的卫级军镇长官有多位,正好说明九边各军镇都是由卫级军镇组成的防御体系的情况。

通过以上的考察,我们已经清楚蓟镇的形成。那么,蓟镇为什么会在这个时候形成呢? 笔

---

① 以上资料见《明太宗实录》卷一一至二一,洪武三十五年八月至永乐元年六月,台湾"中央研究院"历史语言研究所1962年校印本。

② 《明仁宗实录》卷一下,永乐二十二年八月乙未条,台湾"中央研究院"历史语言研究所1962年校印本,第24页。

③ 《明仁宗实录》卷二下,永乐二十二年九月戊子条,台湾"中央研究院"历史语言研究所1962年校印本,第67页。

④ 王直:《襄城伯李公隆墓志铭》,《四库全书存目丛书》史部第100册,齐鲁书社1997年版,第290页。

⑤ 《明仁宗实录》卷六下,洪熙元年正月乙未条,台湾"中央研究院"历史语言研究所1962年校印本,第224页。

⑥ 《明仁宗实录》卷八下,洪熙元年三月丙申条,台湾"中央研究院"历史语言研究所1962年校印本,第268页。

者以为主要原因有两点:一是和靖难之役有关;二是和朱棣即位后对北边防卫的设计有关。

首先来看靖难之役。朱棣起兵后,攻下通州就想挥师南下,主将张玉对他说:"蓟州外接大宁,多骑士,不取恐为后患。"[①]正是在张玉的建议下,朱棣一路攻下蓟州、遵化、出居庸关克怀来,永平守将指挥陈旭、赵彝、郭亮也以城降,遂使北平免除了后顾之忧。其后郭亮受命守卫永平,永平作为防卫北平的门户发挥了重要的作用,史载:"永平地接山海关,障隔辽东,既降,北平益无患,成祖遂南败耿炳文于真定。既而辽东镇将江阴侯吴高、都督杨文等围永平,亮拒守甚固。援师至,内外合击,高退走。未几,高中谗罢,杨文代将,复率众来攻。亮及刘江合击,大败之。累进都督佥事。成祖即位,以守城功封成安侯"[②]。笔者以为,永平、蓟州在靖难之役中外接大宁、障隔辽东的战略地位,是使朱棣在刚即位不久就命成安侯郭亮出镇永平的直接原因,也是蓟镇形成的直接原因。

其次再看朱棣对北边防卫的设计。洪武三十五年(1402)七月朱棣即位后,迅速对北边防线进行了重新部署,八月初一即向九边首疆派出总兵官,"命左军都督府左都督刘贞镇守辽东,其都司属卫军马听其节制"[③],永乐元年(1403)正月又"命保定侯孟善镇辽东,节制辽东都司所属军卫"[④],由孟善来接替刘贞。在派出刘贞的同时,又向陕西、宁夏派出总兵官,"命右军都督府左都督何福佩征虏前将军印,充总兵官往镇陕西宁夏等处,节制陕西都司、行都司、山西都司、行都司、河南都司官军"[⑤],以何福一人节制五都司,可见朱棣对西北边防的重视,遂有宁夏镇的形成。洪武三十五年(1402)十二月,朱棣"命成安侯郭亮镇守永平山海,操练军马,抚安军民"[⑥],这是朱棣向九边派出的第三个总兵官。在蓟镇设置了总兵官以后,朱棣才在永乐元年(1403)三月把大宁都司撤至保定;永乐元年(1403)正月,朱棣"命后军左都督宋晟佩平羌将军印,充总兵[官]镇甘肃"[⑦],是向九边派出的第四个总兵官;同年三月,朱棣"命江阴侯吴高镇守山西大同,防御胡寇,节制山西行都司诸卫"[⑧],这是向九边派出的第五个总兵官。在永乐元年(1403)二月时,朱棣曾"命郡王高煦率兵往开平操备",随行大将有武安侯郑亨、安平侯李远、武城侯王聪,而由世子镇守北京,为此他特地给朱高炽写信说:"闻虏欲犯边,今命高煦将兵驻开平御之,尔镇守北京,于事宜用心经理,将士起行之际,赐宴及钞,仍遣人督运粮饷随军而行,不可缓也。"[⑨]可是朱高煦在行军途中有诸多不祥之兆,令朱棣非常不放心,所以于六月命朱高煦率三百骑兵回北京,所领部队"令武安侯郑亨、武城侯王聪、安平侯李远总之,就驻宣府"[⑩],于是有九边重镇宣府的形成,武安侯郑亨就成为宣府镇的总兵官。由此看来,蓟镇的形成又是朱棣整个九边镇守制度中的一环,虽然当时还只有八个军镇(前述六个加上山西和陕西,再加上正统初叶形成的延绥,形成后来的九边军镇),但在永平、山海建镇以防卫北京,

---

① 张廷玉等:《明史》卷一四二《马宣》,中华书局1974年版,第4038页。
② 张廷玉等:《明史》卷一四六《郭亮》,中华书局1974年版,第4104页。
③ 《明太宗实录》卷十一,洪武三十五年八月壬子条,台湾"中央研究院"历史语言研究所1962年校印本,第175页。
④ 《明太宗实录》卷十六,永乐元年正月癸巳条,台湾"中央研究院"历史语言研究所1962年校印本,第294页。
⑤ 《明太宗实录》卷十一,洪武三十五年八月己未条,台湾"中央研究院"历史语言研究所1962年校印本,第178页。
⑥ 《明太宗实录》卷十五,洪武三十五年十二月丁卯条,台湾"中央研究院"历史语言研究所1962年校印本,第280页。
⑦ 《明太宗实录》卷十六,永乐元年正月丁酉条,台湾"中央研究院"历史语言研究所1962年校印本,第296页。
⑧ 《明太宗实录》卷十八,永乐元年三月庚辰条,台湾"中央研究院"历史语言研究所1962年校印本,第319页。
⑨ 《明太宗实录》卷十七,永乐元年二月甲戌条,台湾"中央研究院"历史语言研究所1962年校印本,第314页。
⑩ 《明太宗实录》卷二一,永乐元年六月己巳条,台湾"中央研究院"历史语言研究所1962年校印本,第391页。

可以看做朱棣早有预计的事情,这可以称为蓟镇形成的必然原因。

　　上面考察了朱棣即位以来北边军镇建置演变的情况,涉及辽东、北平、大宁、大同、山西、陕西、甘肃七个都司级的军镇,其中继承洪武时期的有五个军镇:辽东、大同、山西、陕西、甘肃,新增设的有三个军镇:宁夏、永平山海、宣府。继承洪武时期的五个军镇再加上永乐时期新升格的三个军镇,永乐时期北边军镇实为八镇。

第三章 明代仁宣正统时期九边形成
与北边防线的内缩

仁宣时期和正统初年,明朝北部边防进入相对安宁的时期。由于蒙古族受到成祖五出漠北的威慑,而且鞑靼和瓦剌的斗争尚未见分晓,一时间也顾不上整军南下,因而明朝北部边境基本无事。虽然有小部落也曾陆续袭扰明边,但不足以造成边防的危机,仅明朝的边防部队或其巡边之军即可应付。但此时明成祖放弃大宁、东胜以及兴和之不复,其对北边防务所造成的损害已渐显露,而宣宗时期开平卫的内撤、英宗正统十四年(1449)的土木之变,则是这一损害的最直接的体现。

第一节 明仁宗时期北边军镇的变化

明仁宗在位时间很短,不足十个月。但他经历了靖难之役,看到了永乐时期明成祖五出漠北,因此对北边防卫还是非常重视的。

一、北边军镇镇守总兵官的任命

永乐二十二年(1424)八月十五,朱高炽即皇帝位。十六日,安排五军都督府的人选,"命英国公张辅掌中军都督府,阳武侯薛禄掌左军都督府,安远侯柳升掌右军都督[府],宁阳侯陈懋掌前军都督府,成山侯王通掌后军都督府,安平伯李安掌四川都指挥使司,中军都督府都督金事任礼掌广西都指挥使司,改前军都督金事马英于后军都督府",接着"征镇守大同前军都督金事刘鉴、镇守宣府后军都督金事王玉还,仍命都指挥使王礼镇守宣府"。① 朱高炽要对北边军镇总兵官的人选重新进行安排。

八月十七日,朱高炽任命了四个镇守总兵官,"命武安侯郑亨等四人俱充总兵官,亨镇守大同;保定侯孟瑛镇交阯;襄城伯李隆镇山海;武进伯朱(营)[荣]镇辽东。"这四个总兵官中,北边军镇占了三个:大同、山海(应该含永平)、辽东。二十日,"升中军都督府都督金事谭广为本府左都督,命镇守宣府等处"。这是朱高炽在北边任命的第四个总兵官。谭广受命后,马上就守边事宜提出建议:"广奏请以其所领骑兵五千,分界都指挥崔聚、武兴、指挥董兴、张政、唐铭、阮真六人,每三人领一千,更番随往宣府备御,三月一更。"②朱高炽批准了他的建议。两天后,"升锦衣卫指挥金事林观、刘俨俱为陕西都司都指挥金事,观掌绥德卫,俨掌延安卫"③,这

---

① 《明仁宗实录》卷一下,永乐二十二年八月戊午条,台湾"中央研究院"历史语言研究所1962年校印本,第24页。
② 《明仁宗实录》卷一下,永乐二十二年八月壬戌条,台湾"中央研究院"历史语言研究所1962年校印本,第29页。
③ 《明仁宗实录》卷一下,永乐二十二年八月甲子条,台湾"中央研究院"历史语言研究所1962年校印本,第30页。

条史料值得注意,它表明朱高炽即位之时,延绥镇尚不存在,延安卫、绥德卫是两个卫级军镇。

永乐二十二年(1424)九月初三,朱高炽"命后军都督府同知梁铭、都指挥使陈怀镇守宁夏"。这是他在北边任命的第五个总兵官,梁铭陛辞时,朱高炽特地叮嘱他:"宁夏西北重镇,其军艰窘已甚。尔为首将,务抚绥之。且尔既有常禄,宜惇廉洁之行,果若服食所需不能继,当以告朕,慎无贪暴生事,以困军民。"《明仁宗实录》对此加以解说道:"盖铭以贪贿致败,故申饬之。"①过了三天,朱高炽又"命镇守宁夏右军都督金事胡原、都指挥使张麟仍俱掌陕西都司事。"②这则史料反映了明代军镇的层级结构,镇守总兵官是最高指挥官,即朱高炽叮嘱梁铭说的"尔为首将",其下一级是都司掌印官一层,再下一级是卫级、所级以及基层千户、百户和众多的士兵,等等。另外从朱高炽的叮嘱和《明仁宗实录》的解说来看,梁铭是个贪暴的军官,但是朱高炽为什么非要用一个贪暴的军官任镇守总兵官呢?而且在年底还将其封为伯爵:"封镇守宁夏后军都督同知梁铭为保定伯,食禄千五百石,子孙世袭。"《明仁宗实录》就此事特意说明:"铭尝从上居守北平,多效劳绩,上念之不忘,故有是命。"由此我们知道了梁铭在靖难之役中曾经是朱高炽的重要依靠,所以朱高炽才对他加以重用并加封伯爵。在加封梁铭的同时,朱高炽也没有忘记和梁铭一起镇守的陈怀:"升镇守宁夏都指挥使陈怀为右军都督同知,仍镇宁夏;开平备御都指挥金事唐铭为都指挥使,仍备御开平。"③

九月中旬,朱高炽将八月任命的总兵官襄城伯李隆调往南京守备,"命遂安伯陈英充总兵官,往山海永平巡视关隘,整肃兵备。"④十月初七,朱高炽向各地镇守总兵官发出指示:"敕各处镇守官及都指挥司:尔等职守甚重,凡进香朝贺,镇守官勿擅离,听差所属四品以上官来;各都司指挥掌印者亦勿擅离,听差佐贰官来;如已起程在途,亦即回还。"⑤这是要求镇守总兵官和都司掌印官认真履行职责,不可擅离职守。十月下旬,"命左军都督府金事冀杰镇守开平"⑥,这是明廷最北边的前沿卫级军镇,冀杰也相当于总兵官,这样一来明朝的北边就有了六个总兵官。

前面我们陈述了朱高炽任命的六个总兵官的情况,但未见朱高炽对甘肃总兵官的任命,实际上甘肃总兵官费瓛从永乐十二年(1414)履职以来,到永乐末年一直在任。朱高炽即位后,没有将费瓛召回,费瓛就仍然在任。所以《明仁宗实录》在九月载:"甘肃总兵官都督费瓛奏:'安定、曲先、赤斤、密落等处有贼千余人,于必立出江、黄羊川杀伤朝使内官乔来喜等,劫夺彩币、马骡等物。'遂遣敕,一道令瓛等差的当头目,赍谕赤斤蒙古卫;三道令都指挥李英同指挥康寿谕罕东、曲先、安定三卫;着落挨查前项劫贼,果是何簇分部落之人,或禽拿解来,或明白指实奏来,庶罪有所归。其谕蒙古等卫敕曰:'比朝廷差内官乔(表)[来]喜等,同乌思藏等[处]贡使,赍敕及彩币等物,往乌思藏、尼八剌等处公干,至必立出江、黄羊川遇安定、曲先、赤斤、密落等处贼徒五千余人截路,杀伤使臣,劫夺彩币、马、骡、牛等物,罪不可容。即欲调军剿捕,恐

————————

①　《明仁宗实录》卷二上,永乐二十二年九月乙亥条,台湾"中央研究院"历史语言研究所1962年校印本,第41页。

②　《明仁宗实录》卷二上,永乐二十二年九月戊寅条,台湾"中央研究院"历史语言研究所1962年校印本,第46页。

③　《明仁宗实录》卷五下,永乐二十二年十二月己巳条,台湾"中央研究院"历史语言研究所1962年校印本,第192页。

④　《明仁宗实录》卷二下,永乐二十二年九月戊子条,台湾"中央研究院"历史语言研究所1962年校印本,第67页。

⑤　《明仁宗实录》卷三上,永乐二十二年十月戊申条,台湾"中央研究院"历史语言研究所1962年校印本,第91~92页。

⑥　《明仁宗实录》卷三下,永乐二十二年十月癸丑[亥]条,台湾"中央研究院"历史语言研究所1962年校印本,第125页。

伤及良善,尔等须挨查前项贼徒,是何簇分部落之人,或禽拿解来,或明白指实具奏,庶罪有所归。'"①这里记载费瓛是甘肃总兵官,就明廷遣往乌思藏、尼八剌(尼泊尔)等处使臣被劫事件奏报,朱高炽发出四道敕谕,一道令费瓛派人送往赤斤蒙古卫,三道令都指挥李英同指挥康寿往谕罕东、曲先、安定三卫,命令这些卫核查劫路之人。这是明廷对周边羁縻卫所行使指挥权。此后费瓛一直以甘肃总兵官的身份履职甘肃镇。这样洪熙时期的北边军镇就有七个,洪武时期的山西镇和陕西镇由于地理位置离边防前线稍远,边防形势差缓,所以无论是永乐时期还是仁宗即位之初,都没向这里派遣镇守总兵官,而只是以都司掌印官来负责军务,但这不等于它们不是军镇。

任命上述七个军镇的镇守总兵官之后,朱高炽每给一个军镇的总兵官发出指令,都同时给其他军镇总兵官也发一份,显示其对北边军镇一体重视的特点。如永乐二十二年(1424)十一月朱高炽"敕大同总兵官武安侯郑亨曰:'近阿鲁台遣使来朝进马,今差指挥赵回来的等,同来使赍敕,宥其前过,令通好如故。然此寇谲诈,或乘国有天丧,边境无备,复来侵扰,盖未可测。宜整搠军马,严加堤备,仍令各隘口及烟墩昼夜用心瞭望,谨慎!谨慎!毋致疏虞"。明廷一方面优待阿鲁台的使臣,推进和平的朝贡体制,另一方面不放松警惕,做到有备无患。应该说,这是明廷深谙游牧民族的特点而采取的有效措施,也显示了明代北部边防的和平防御的特征。在给武安侯郑亨发出敕谕后,朱高炽又"敕宁夏、甘肃、辽东、宣府、山海永平、开平总兵官及备御官亦如之"。②

鉴于大同总兵官武安侯郑亨年事已高,朱高炽从人才储备的角度选派"都督金事沈清为参将,副武安侯郑亨镇守大同"③。但是仅仅过了两个月,就出现了矛盾。洪熙元年(1425)正月,朱高炽"敕大同参将都督金事沈青及掌山西行都司都督金事李谦曰:'朝廷谓尔等才智,托以边事,正宜同心协力,绥抚士卒,勤于操练,昼夜以警备为心,(度)[庶]称委任。今略不闻边备如何设施,城(也)[池]如何修(荒)[葺],军士如何操习,粮储如何蓄积,但闻各持私意,搜罗[过]失,互相(许)[讦]奏,若此所为,何以称朝廷之付托?朕比念武安侯年老,故命清为参将副之,一应事务,清当与武安侯(许)[计]议停当乃行,清安敢专擅行之?李谦职掌都司,应有军政须听总兵官武安侯发放,是非可否,自有公论,谦安敢与之相抗?自古贤将皆务协和,以成国事。尔等不此视效,乃私相忿争,(泉)[果]贤乎?非贤乎?宜深思前过,改悔从善,否则罚加尔身,虽悔无及。'"④从这里可以看出:都督金事沈清为大同参将,都督金事李谦掌山西行都司事,两人都是总兵官武安侯郑亨的下属,从层级结构的视角讲,下级应该服从上级领导,但这二人显然不听从郑亨的指挥,而且互相攻击,以至于惊动皇帝发敕谕进行批评和调解,反映了大同镇内部的矛盾情况。十几天后,朱高炽又给武安侯郑亨发出敕谕:"敕大同总兵官武安侯郑亨、参将都督沈清及掌山西行都司都督李谦等曰:'钦天监言天象有警,朕恒以边事为虑,盖房情谲诈,或弱而见强,或[强]而见弱,或出或没,或东或西,不可测度。为边将者须深思熟

① 《明仁宗实录》卷二下,永乐二十二年九月庚子条,台湾"中央研究院"历史语言研究所1962年校印本,第83页。

② 《明仁宗实录》卷四上,永乐二十二年十一月甲戌条,台湾"中央研究院"历史语言研究所1962年校印本,第133~134页。

③ 《明仁宗实录》卷四上,永乐二十二年十一月癸未条,台湾"中央研究院"历史语言研究所1962年校印本,第142页。

④ 《明仁宗实录》卷六上,洪熙元年正月甲申条,台湾"中央研究院"历史语言研究所1962年校印本,第208页。

虑,昼夜关防。今自冬及春,其声(述)[迹]无闻,不可遽谓安静无事,万一兽奔豕突,当思有以御之。宜整搠军马,令各城池屯堡收拾坚固,各关隘用心守把,各烟墩仔细瞭望,顷刻不可怠忽。慎之! 慎之! 重慎之! 今农务将兴,又不可妨误屯种。'"从这份敕谕中显示出朱高炽对北边防务的关注,以及他对春播的重视,同时"敕辽东、甘肃、宁夏、山海永平、宣府、(关)[开]平总兵及备御镇守官亦如之"。① 这是北边防卫一体化的具体表现。

二、镇守总兵官将印的颁发

洪熙元年(1425)二月,朱高炽"颁制谕及将军印于边将"。

据《明仁宗实录》载:洪熙元年(1425)二月辛丑朔,选择这一天可能因为这是二月初一。"颁制谕及将军印于边将:云南总兵官、太傅、黔国公沐晟佩征南将军印;大同总兵镇远侯顾兴祖佩征蛮将军印;辽东总兵官进伯朱荣佩房前将军印;宣府总兵官、都督费瓛佩平羌将军印;交阯参将保定伯梁铭、都督陈怀佩征西将军印;有旧授制谕者封缴回。"②原文有几处读不通的地方,如大同总兵明明是武安侯郑亨,怎么成了顾兴祖? 宣府总兵官怎么成了费瓛而且佩平羌将军印? 交阯参将又怎么会佩征西将军印? 凡此种种,皆是誊抄的错误,只是于此尤甚。

以校勘记的材料补充后是这样:"颁制谕及将军印于边将:云南总兵官、太傅、黔国公沐晟佩征南将军印;大同总兵[官、武安侯郑亨佩征南将军印;广西总兵官]、镇远侯顾兴祖佩征蛮将军印;辽东总兵官[武]进伯朱荣佩[征]房前将军印;宣府总兵官、都督[谭广佩镇朔将军印;甘肃总兵官、都督]费瓛佩平羌将军印;交阯参将、[荣昌伯陈智、都督方政佩征夷副将军印;宁夏参将]、保定伯梁铭、都督陈怀佩征西将军印;有旧授制谕者封[识]缴回。"③经过补充后的记载基本比较清楚,这次颁发制谕和将印的有云南、大同、广西、辽东、宣府、甘肃、交阯、宁夏八个军镇,其中云南、广西、交阯三个军镇在南方,大同、辽东、宣府、甘肃、宁夏五个军镇在北方。但是这里有一个问题就是征南将军印有两枚,一枚是给沐晟,另一枚是给郑亨,问题在于郑亨怎么能佩征南将军印? 这是《明仁宗实录》在誊抄过程中出现的错误,需要认真校勘。

颁发将印的第二天,朱高炽"敕大同总兵官武安侯郑亨、参将都督沈清及宣府总兵官都督谭广曰:'(云)[去]冬以来,虏寇动静无闻,朝廷之遣使亦久不回,未审此寇今在何处。盖虏多谲诈,卿等宜思患预防。往者天象有警,已敕堤备,今长安岭守关指挥奏:鞑贼人马约五十余人直抵隰宁驿劫掠,不审是何部落。辽东武进伯朱荣亦奏:(元)[兀]良哈鞑靼欲来卖马。又哈密近遣人进硫黄,从前不闻哈密产此物,先帝时亦不曾有进。缘此数端,皆须计虑。虏中既有硫黄,则制造火器不患无人,猝遇战斗,亦须有备。大同宣府一带空旷,虏熟经之路,宜整搠军马,昼夜严切堤备,令各城、地、屯、堡收拾坚固,各关隘口(口)用心守把,各烟墩仔细瞭望,毋顷刻怠忽。古云:有备无患,其慎之! 慎之! 庶副朕委任之重。'"接着,朱高炽"仍敕宁夏,甘肃,辽东,山海,永平,开平诸将,一体严备"。④ 这段史料反映的是朱高炽对北边防卫的良苦用心,也反映出朝廷对边情的了解,朝廷遣使久不回是一,天象有警是二,"鞑贼"劫掠隰宁驿是

---

①　《明仁宗实录》卷六下,洪熙元年正月乙未条,台湾"中央研究院"历史语言研究所 1962 年校印本,第 223~224 页。

②　《明仁宗实录》卷七上,洪熙元年二月辛丑条,台湾"中央研究院"历史语言研究所 1962 年校印本,第 228~229 页。

③　据《明仁宗实录校勘记》卷七上辛丑朔补充,台湾"中央研究院"历史语言研究所 1962 年校印本,第 111~112 页。

④　《明仁宗实录》卷七上,洪熙元年二月壬寅条,台湾"中央研究院"历史语言研究所 1962 年校印本,第 230~231 页。

三,哈密进硫黄是四,因大同、宣府直接面对蒙古高原,所以首先敕谕郑亨和谭广,然后再敕谕宁夏、甘肃、辽东、山海永平、开平诸将。

除了颁发将印,明廷又新铸印两枚:一为二月初四,"命礼部铸征虏大将军印"①,征虏大将军印在洪武时期就有,但只颁发给过李景隆,史载:洪武三十年(1397)七月,太祖"敕曹国公李景隆曰:'古人安不忘危,治不忘乱。今天下平定已久,恐兵事懈弛,缓急罔济。近天象有警,尤不可不虑。特命尔佩征虏大将军印,往河南训练将士,大小官军悉听节制。兵法云:用之在乎机,显之在乎权,汝其慎哉!'"②而有过征虏大将军名号的则有徐达、冯胜、蓝玉等人,但所佩的都是总兵官印。永乐时期,成祖在永乐七年(1409)派丘福北征本雅失里时,曾"命福佩征虏大将军印,充总兵官"③。此时朱高炽又重新铸造了这枚印,但在仁宣时期未见有什么用途。二为二月二十四日,"命礼部铸镇朔大将军印"④,这枚印洪武、永乐时期都没有,是朱高炽新增的,那么这枚印颁给谁了呢?《明仁宗实录》载:洪熙元年(1425)三月二十日,"制谕太子太保阳武侯薛禄,佩镇[朔]大将军印,(统)[充]总兵官,率[官]军自(门)[开]平至大同缘边往来巡哨,遇有虏寇,相(几)[机]剿捕"⑤原来阳武侯薛禄自朱高炽即位以来,一直率兵在开平、宣府一带巡边,朱高炽在永乐二十二年(1424)十一月曾"敕口外备御太子太保阳武侯薛禄:'今钦天监言天象有兵,卿宜仔细审察备御。自三河抵宝邸、直落一带,闻有强贼出没劫掠,宜差的当官军巡察,遇无名目可疑之人,即擒拿解来,仍须禁约官军,不得因而生事,扰害良民。'"⑥薛禄在朱高炽即位后不久就带兵巡边,十一月时他已经在外一段时间。次年二月下旬,阳武侯薛禄向朱高炽奏报:"军至赤城等处,追赶鞑贼,杀死百余人,生擒千余人,余贼奔溃。"朱高炽担心被打败的蒙古军再来报复,遂向沿边发出预警:"敕大同总兵官武安侯郑亨,参将都督金事沈清及掌山西行都司事都督金事李谦等,令督各烟墩昼夜瞭望,各城池屯堡严加守备,十分防慎,不可怠忽。"同时"敕宁夏、甘肃、宣府、山海永平、开平总兵及备御官亦如之"。⑦ 第二天,在铸镇朔大将军印的当天,《明仁宗实录》载:"口外总兵官、太子太保阳武侯薛禄遣指挥宋忠等献所俘虏寇,赐忠等袭衣。"⑧次日,二月二十五日,朱高炽向薛禄发出嘉奖令,"遣敕褒谕总兵官、[太子]太保阳武侯薛禄及左都督吴诚,都督同知高文、程忠,都(督)指挥金事宫得、马兴等曰:得奏,知虏入边境,卿等躬率将士奋(驱)[勇]追之,擒(使边将)捕斩馘,虏遂大败,狼狈奔溃,可为能副委托之重。使边将皆然,何患不除?何功不立?朕甚嘉悦,特遣太监杨英、鸿胪卿杨善以酒千瓶、羊百羫往劳,官军至京,论[功]行赏。"⑨可见阳武侯薛禄及其所率领的巡边部队战斗力很强,同时也说明,明廷当时乘其方兴之势,将其边防的触角深入到蒙古高原腹地。正因为薛禄巡边立了战功,所以朱高炽在三月将镇朔大将军印颁给了薛

---

① 《明仁宗实录》卷七上,洪熙元年二月甲辰条,台湾"中央研究院"历史语言研究所 1962 年校印本,第 231 页。
② 《明太祖实录》卷二五四,洪武三十年八月甲午条,台湾"中央研究院"历史语言研究所 1962 年校印本,第 3670 页。
③ 张廷玉等:《明史》卷一四五《丘福传》,中华书局 1974 年版,第 4088 页。
④ 《明仁宗实录》卷七下,洪熙元年二月甲子条,台湾"中央研究院"历史语言研究所 1962 年校印本,第 241 页。
⑤ 《明仁宗实录》卷八下,洪熙元年三月庚寅条,台湾"中央研究院"历史语言研究所 1962 年校印本,第 260~261 页。
⑥ 《明仁宗实录》卷五上,永乐二十二年十一月辛丑条,台湾"中央研究院"历史语言研究所 1962 年校印本,第 156 页。
⑦ 《明仁宗实录》卷七下,洪熙元年二月癸亥条,台湾"中央研究院"历史语言研究所 1962 年校印本,第 240~241 页。
⑧ 《明仁宗实录》卷七下,洪熙元年二月甲子条,台湾"中央研究院"历史语言研究所 1962 年校印本,第 243 页。
⑨ 《明仁宗实录》卷七下,洪熙元年二月乙丑条,台湾"中央研究院"历史语言研究所 1962 年校印本,第 243 页。

禄,又给沿边总兵官发出敕谕:"敕镇守大同武安侯郑亨:'常年堤防虏寇皆以秋冬,及春夏则懈。虏贼谲诈,或窥伺无备(未)[来]袭,不可不虑。宜严督将士,整搠军马,坚固城池屯堡,用心堤备,及督各隘口烟墩,十分仔细瞭望守把,不可怠忽。敕各处总兵、备御及镇守官亦如之。"①朱高炽在给总兵官颁发了将印之后,对他们的要求更加严格了,不但要严肃秋防,春防也不能懈怠,说明在朱高炽的头脑中,北部边防这根弦绷得还是很紧的。在给郑亨发出敕谕的第二天,朱高炽又"敕口外总兵官、太子太保阳武侯薛禄,往来开平、大(国)[同]缘边一带巡哨,遇有虏寇,即飞报邻境总兵[官]及镇守官,令相策应。如邻境有急,尔亦速须应援,务在同心协力,以宁边方"。同时也"敕宣府、大同、开平等处总兵镇守官亦如之"。② 明廷在北边的大同、宣府、开平设有固定的镇守总兵官,负责各自的防区,而阳武侯薛禄则是一支游兵,往来于大同、宣府、开平一带巡逻,相机御敌,与上述三个总兵官要密切配合,以保护边境的安全,这是一种积极的防御态势。

要之,北边军镇将印的颁发,是一种管理方式的变化,并不表明有将印的镇将所在地才是军镇,没有将印的镇将所在地就不是军镇。

三、明仁宗对北边军镇的督察与调整

自二月和三月颁发了将印之后,朱高炽对北边防卫更加用心。三月二十二日,"敕镇守河州都指挥刘昭及河州、必里、洮州、西宁、罕东、凉州诸卫:'比岁边人勤劳艰苦,朕夙夜在念,图存恤之。其洪熙二年各番簇该纳差发马俱且停止,俟洪熙六年如旧征收。尔等其加意抚绥,毋或扰害,以副朕忧闵边人之心。钦哉!'"③朱高炽准备停征五年西北边民的差发马,是减轻边民负担的重要举措。三月二十五日,"敕辽东总兵官武进伯朱荣:'今钦天监奏天象,应东夷有兵,卿等须昼夜用心,整搠军马,严固守备,不可须臾忽怠。'"同时"敕山海永平等处总兵官遂安伯陈英等亦如之"。因天象有警而令边将严固守备。接着朱高炽又对大同军镇的参将人选进行了调整,由于沈清与武安侯郑亨、都督李谦不合,朱高炽于是"召镇守大同后军都督佥事沈清还,命都指挥使曹俭为参将,(左)[佐]武安侯郑亨镇大同"。④ 这是解决大同镇高层领导集团内部矛盾的重要举措,将都督佥事沈清调走,任命了级别低一层的都指挥使曹俭作参将来辅佐郑亨。三月二十六日,朱高炽"敕口外总兵官、太子太保阳武侯薛禄:'所奏山后延烧虽是野火,然不可辄有懈怠之意。盖虏寇谲诈,未可测度,况近日数有天象,其占皆(调)[谓]边警,须昼夜用心,关防哨瞭,各关隘及守烟墩军士务要精壮,毋以老弱有疾之人抵数误事。边上一应事务,宜竭心尽力,以副委任。'"⑤这是督促阳武侯薛禄对边外的野火不要麻痹,且因天象示警,务要尽心边务。

四月初一,辽东总兵官武进伯朱荣奏报:"广宁前屯卫剌梨山百户鲍麟,私遣军士还家,致为达贼所虏。"朱高炽命巡按御史到辽东加以审核,对鲍麟处以军法,并为此批评朱荣道:"夫

① 《明仁宗实录》卷八下,洪熙元年三月庚寅条,台湾"中央研究院"历史语言研究所 1962 年校印本,第 261 页。
② 《明仁宗实录》卷八下,洪熙元年三月辛卯条,台湾"中央研究院"历史语言研究所 1962 年校印本,第 263 页。
③ 《明仁宗实录》卷八下,洪熙元年三月壬辰条,台湾"中央研究院"历史语言研究所 1962 年校印本,第 264~265 页。
④ 《明仁宗实录》卷八下,洪熙元年三月乙未条,台湾"中央研究院"历史语言研究所 1962 年校印本,第 267 页。
⑤ 《明仁宗实录》卷八下,洪熙元年三月丙申条,台湾"中央研究院"历史语言研究所 1962 年校印本,第 267~268 页。

将者,士卒之表。为将能廉公勤慎,纪律正,号令肃,斯下人有所禀承,无敢纵恣。总兵又诸(诸)[将]之表,能慎诸已,谁敢不慎! 朕即位以来,夙夜惓惓,以边务为心,屡敕总帅严督将士,用心哨瞭堤备。而将士略不尊承,察其所自,皆由总兵之人不体付托之重,恬然自逸,未尝一出巡视关隘,壮士健卒拥卫左右,饥寒穷苦无资之人则令备瞭望守关口,上下相师成风,军务都不留意,是以寇奄至而不觉,人被掳而不知。其指挥千百[户]固难逃罪,总兵之人亦复何颜? 卿先朝老臣,朕所倚任,但有功必赏,有罪必罚,祖宗至公之典,须相与共守。自今宜加惊省,严号令、明纪律、远(斤)[斥]堠、慎守备,躬勤率下,毋蹈前失,庶副朕委任之重。近阳武侯薛禄等率兵巡边,杀获虏寇,将士咸论功行赏。蓟州虏寇入境,劫掠人民,其总兵官遂安伯陈英及都指挥陈景先等并停俸禄,并谕卿知之。"①朱高炽就鲍麟事件对总兵官的诫饬,反映了明代前期边务逐渐的松懈,朱高炽确属明察,很明白问题出在下面,但根子在上面,所以他要求朱荣"宜加惊省,严号令、明纪律、远斥堠、慎守备,躬勤率下,毋蹈前失",并以阳武侯薛禄的功勋加以激励,以遂安伯陈英和都指挥陈景先的失误作为教训。

同一天,朱高炽也对遂安伯陈英及都指挥陈景先加以批评:"敕责山海永平等处总兵官遂安伯陈英及都指挥陈景先:'朕以尔等材智可用,命镇守边陲,防御虏寇,保障军民。又屡敕尔严督将士,谨慎防备,昼夜用心哨瞭,不可怠忽。今知尔等略不念朝廷付托之重,恬然自逸,未尝一出巡视关隘,壮士健卒留卫左右,饥寒穷苦无资之人令守烟(墩)[墩]关口,致蓟州境内寇至而汝不觉,边人被杀掳而汝不知。今御史交奏尔罪,请付法司。朕姑曲贷,但敕停尔之禄。夫朝廷至公之典,有功必赏,有罪必罚,决无所私。近阳武侯薛禄等杀获鞑贼,有功将士咸加官赏,辽东广宁前屯卫百户鲍麟,私后[役]军人,致为贼所掳,已论军法处死,其总兵官朱荣亦遭敕切责。所以未付尔于法者,盖期尔革前过、勉后效,尔宜警省,严号令、明纪律、远斥堠、慎守备,躬勤率下,以副朝廷委托之重。若复蹈前失,国典具在,朕不尔私。'"除此之外,朱高炽同时还"赐敕遍戒边将",对沿边的镇守总兵官进行了一次普遍的督察和教育。继之,朱高炽还给甘肃总兵官都督费瓛发出了敕谕,先前费瓛曾经奏报:"送虏中归附人家小五十二口赴京",又奏报有妇女二十七口暂留甘肃,等候她们的亲戚来到后一并起送。朱高炽怕事久生变,"敕谕瓛曰:'所存留妇女,不问有无亲戚在后,即尽数差人送来。尔名臣子孙,为国重臣,先帝谓尔练习军政,付[以]边寄。朕承先志,付托尤专。不意尔比来溺于宴安而懦弱不振,低眉俛首,受制于人,大丈夫所为,固若是乎? 宜痛自惩艾,(旧)[奋]志卓立,勉图后效,庶副朕责望之重。'盖上闻军中谓事瓛不能专,悉听中官指使云。"②明代宦官对边政的干预在此时已经显现,费瓛因诸事"悉听中官指使"而受到朱高炽的批评,但是朱高炽不能撤回宦官,也没有这方面的意识,以至于发展到后来形成宦官严重干扰九边军政的局面。

四月初三,有人在朱高炽面前说"边将守备不严",朱高炽对此非常重视,马上"敕各处总兵官及镇守官曰:'朝廷以边务至重,慎选材能为总兵,以遏戎虏,安边民,而屡遣敕书,戒其严谨防备,用心哨瞭,不可懈怠。近闻边将多有忽略,恬然家居,优游逸乐,未尝一出阅视军士,整点守备,壮士健卒,留置左右,饥寒老疾贫难之人,则令把关隘、守烟(墩)[墩],盖有寇奄至而不觉,人被虏而不知者。膺受边寄,怠忽如斯,脱有不虞,谁任其罪? 朝(建)[廷]至公之典,有

---

① 《明仁宗实录》卷九上,洪熙元年四月庚子条,台湾"中央研究院"历史语言研究所 1962 年校印本,第 273~274 页。
② 《明仁宗实录》卷九上,洪熙元年四月庚子条,台湾"中央研究院"历史语言研究所 1962 年校印本,第 274~276 页。

功必赏,有罪必罚,儞等宜加警省,严号令、明纪律、远斥堠、慎守备,躬勤率下,以副国家委托之重,赏罚之典,朕不尔私。'"①从三月下旬到四月上旬,同样的诚饬话语,朱高炽反复叮咛,可谓耳提面命,反映他对北边防卫的深切关注。

四月下旬,朱高炽又对北边军镇进行了调整。原来在去年十一月时,大同总兵官武安侯郑亨曾经向朱高炽奏请:"边城孤旷,守兵不足,乞仍以前所调高山、玉林、镇虏、云川四卫兵之在保定、定州、涿州、(维)[雄]县者,相兼屯守。"这是要求调回永乐初年从山西调入内地的四个卫,朱高炽批准了,但考虑到时已入冬,"命所司俟春暖遣行"②。四月二十五日,武安侯郑亨又奏请催促调高山等四卫官军到大同屯守,朱高炽见状给郑亨发去敕谕说:"去冬尔奏此事,已敕该府、兵部准行。但以严寒,姑待开春调遣。卿等因循,不及时催督,延至于今,方以为言。今屯者种已入土,若督使动移,则所种尽弃。况各卫相距大同亦远,纵(贯)[督]之急行,到彼亦及夏中,农时已过,何以措力?徒使军士彼此失业,审若可缓,即姑缓之,此盖卿等忽略之过。然尔职务军旅,此治文书者之忽略也。今于文职内,简有才识者一人,遣来专理军机文书,凡有文移与之计议,可行即行,有稽缓错缪,则罪在彼,非卿等之过。若军机调遣,则卿等专之,彼不得预,庶几各任其(贵)[责]。"③去年冬天郑亨奏请调动四卫军士已获批准,但由于开春以后没有及时催督,等到郑亨再次要求调动时,四卫军士已在原驻地播种完毕,如再调动他们前往大同,会使已经播种的农田荒废,影响军人的生计,朱高炽认为这是由治文书者之忽略所造成,于是决定从文职官员中选择"有才识者一人,遣来专理军机文书",但不得干预军机调遣等事。第二天,他把这一措施推行到北边各镇,"敕各处总兵官:'军中机务,贵在谨密而不稽滞。比武安侯郑亨处稽缓一事,所误非小。盖治文书者之失于捡点,已度卿等亦不克此失。况闻诸将多用卒伍之人治文书,未及施行,已(满)[漏]泄传播,于事非宜。今于文职内简重厚有才识者,各遣一人来,专理文书。惟文书尔与之计议而行,文书有漏泄稽误,责在彼。若军机调度一切之事,彼无预焉。'"④明廷向九边军镇派去了专理军机文书的机要人员。四月底,朱高炽遂"命郎中李子潭等,分往总兵官(杨)[阳]武侯薛(六)[禄]等处,专理军机文书。皆赐敕谕之曰:'朕命将御边,其军务之殷,重在严谨,而文墨所寄,尤重得人。今以尔等重厚达于文理,特命往各总兵官处,凡其军中机密文书,从总兵官同尔整理,必谨慎严密,不可泄漏。其总兵官调度军马,发号施令等事,尔一切不得干预。总兵官宜以礼待尔,尔亦宜循守礼法,不可轻慢,庶几协和相济,以成国事。钦哉!'"⑤明廷北边军镇从此有了文职机要人员,这对保障信息的通畅有重要意义。

洪熙元年(1425)五月初六,朱高炽去世。他虽然在位不足十个月,但对明代北边军镇建设贡献很大,他使明代北边军镇进入有序化,向北边派出了七个军镇的镇守总兵官,颁发了六枚军镇的将印,以后各镇总兵官的接替在明代的实录中均有清楚的记载,并且向北边各军镇派驻了文职机要人员,就此奠定了后世军镇发展的基本模式。

---

①　《明仁宗实录》卷九上,洪熙元年四月壬寅条,台湾"中央研究院"历史语言研究所1962年校印本,第279页。

②　《明仁宗实录》卷四上,永乐二十二年十一月辛巳条,台湾"中央研究院"历史语言研究所1962年校印本,第139~140页。

③　《明仁宗实录》卷九下,洪熙元年四月甲子条,台湾"中央研究院"历史语言研究所1962年校印本,第297~298页。

④　《明仁宗实录》卷九下,洪熙元年四月乙丑条,台湾"中央研究院"历史语言研究所1962年校印本,第298~299页。

⑤　《明仁宗实录》卷九下,洪熙元年四月戊辰条,台湾"中央研究院"历史语言研究所1962年校印本,第301页。

第二节 宣宗、英宗时期九边军镇建置的完成

一、辽东镇

辽东镇经过洪武、永乐以至洪熙时期的发展,镇守总兵官的任命已经进入有序的常态化。

朱瞻基即位之初,永乐、洪熙时期任命的总兵官武进伯朱荣依旧在任,他向朱瞻基奏报:"近虏寇入境,调都指挥唐琦率兵追击至骆驼(领)[岭],斩虏首七级,获其羊马六十五。"接着又奏称:"朵颜卫达官指挥哈剌哈孙等不来朝贡,或有贰心,请遣都指挥唐琦等率兵侦之,果若怀贰,即乘其不备执之。"朱瞻基批评了此建议:"古者驭夷,来不拒,去不追。今虽不朝贡,亦未敢扰边,遽加以兵,非怀柔之道。遂敕荣曰:'驭夷宜宽,用兵宜审,况虏多诈,未可轻忽,敕至,但整搠部伍,谨慎提备,其来不来不足计也。'"①看来,朱瞻基的头脑是清楚的,能够掌控全局。但是朱荣很快就去世了,同年七月底,"武进伯朱荣卒",《明宣宗实录》在叙述他的生平时说:"荣,山东兖州府沂州人。洪武中选充军卫骠骑舍人,升总旗;从征云南有功,升百户,进大宁前卫副千户;太宗皇帝靖难,以功累升至左军都督府都督佥事;永乐四年征交趾,升右都督;八年从车驾征北虏,至靖虏镇进左都督;后屡从征迤北剿戮胡寇,以功封奉天翊卫宣力武臣、特进荣禄大夫、柱国、武进伯,食禄一千二百石,子孙世袭;二十二年从征至龙虎冈,还,奉命佩征虏前将军印镇守辽东,至是卒。讣闻,遣官赐祭,赙赠有加,追封武进侯,谥忠靖,子冕袭伯爵。"②

朱荣去世,辽东总兵官出现了空缺,洪熙元年(1425)闰七月,朱瞻基"升辽东都指挥使巫凯为左军都督府都督佥事,命(令)佩征虏前将军印,充总兵官镇守辽东",他在给巫凯的敕谕中说道:"尔以忠实之资,刚毅之才,祗事我皇祖太宗皇帝,克效劳勤,积有年岁。朕统御天下,惟皇祖之大法是遵,惟皇祖之旧人是任。兹特升尔为左军都督府都督佥事,总兵镇守辽东,宜益尽乃心,必公必正,抚辑军士,慎守边圉,整肃[部]伍,严谨斥堠,夙夜无怠,庶副朝廷之委任。钦哉!"③巫凯原掌辽东都司,他的升任使都司掌印也出现了空缺,于是朱瞻基又"升辽东都司都指挥使王真为左军都督府都督佥事,仍掌辽东都司事"④。

巫凯在辽东总兵任上履职十三年之久,到正统三年(1438)年底去世。宣德元年(1426)二月巫凯奏请朱瞻基:"比镇守居庸关都督沈清言:'凡自虏中脱归之人,虑有奸诈,请寄在京各卫,移文原处,令其官旗亲属赴京认领。'今辽东各卫所有被胡寇虏去得脱归者,老幼残病五十余人,先因天寒皆令回卫,依亲暂处。今当送京,路远艰于往来,恐致失所,必如清之所言,不惟沮人慕归之心,且动摇其亲属。乞自今有被虏脱归之人,除有马及少壮者令送京,其无事情老幼疾病男妇,请令径送原卫,付其官旗亲邻为便。从之。"⑤这个沈清就是前述在武安侯郑亨手

---

① 《明宣宗实录》卷四,洪熙元年七月辛卯条,台湾"中央研究院"历史语言研究所 1962 年校印本,第 112 页。

② 《明宣宗实录》卷四,洪熙元年七月丁酉条,台湾"中央研究院"历史语言研究所 1962 年校印本,第 123~124 页。

③ 《明宣宗实录》卷六,洪熙元年闰七月壬戌条,台湾"中央研究院"历史语言研究所 1962 年校印本,第 170~171 页。

④ 《明宣宗实录》卷十一,洪熙元年十一月甲寅条,台湾"中央研究院"历史语言研究所 1962 年校印本,第 304 页。

⑤ 《明宣宗实录》卷十四,宣德元年二月辛巳条,台湾"中央研究院"历史语言研究所 1962 年校印本,第 384 页。

下任职的沈清,现在负责镇守居庸关,他的建议目的是防备逃回之人做蒙古军的奸细。巫凯根据辽东镇的实际情况,指出如果按照沈清的说法,"不惟沮人慕归之心,且动摇其亲属",徒给逃回之人及其亲属增加很多不必要的负担,他建议只将那些有马者和年轻力壮者送京审查,那些"无事情老幼疾病男妇,请令径送原卫,付其官旗亲邻为便",得到朱瞻基批准。三月,朝廷任命都指挥佥事周敬掌辽东金州卫事,这一任命是在巫凯的建议下进行的。"时总兵官都督佥事巫凯奏:'金州地临大海,倭寇不时出没,而缺官守御。'上命行在兵部尚书张本会英国公张辅,选指挥老成可任边寄者。辅等言:'敬可用。'遂命驰驿往掌卫事。"①七月,"总兵官都督巫凯奏:'各处召商中纳盐粮,辽东广宁卫淮浙盐每引米五斗,大同、宣府三斗,故客商少趋广宁,请从轻减,止纳米三斗五升,仍乞不拘资次支给。'从之。"②这是就开中盐粮问题提出建议,事关辽东镇的粮饷供应与边防的稳定。宣德二年(1427)三月,巫凯又上奏:"自山海关外辽东所属凡二十四驿,其十八驿俱在极边,洪武中以谪戍(等)[者]递送,今四十余年,逃亡者多,凡外夷朝贡使臣及公差往来,于各卫队伍中摘军协助递送;及秋冬,又调内地马步官军,分隶诸驿,防御胡寇兼运粮积草,以备军储。今朝廷调青州中护卫官军及其(诸)[家]属于辽东诸卫,臣等计议,请以所调军及于(傍)[旁]近卫所调军协助,各以官领之,分置诸驿,以充递送,就给(傍)[旁]近地耕种,如例征子粒,及时积草,如此可免运粮人力之半,又可免摘队伍军,秋冬防御,止增马队,庶几两便。"③巫凯就辽东驿递及防御问题提出建策,使明廷既能保证驿递的畅通,又不至于影响边地的防御,而且可以解决部分军储问题,巫凯作为总兵官是很称职的。数年之后,巫凯奏报:"朝鲜国擅征建州卫,请诘问之。"原来,在此之前朝鲜国王曾向明廷奏称"毛怜、建州之人诈为忽剌温野人装束,凡四百余骑,犯朝鲜边境,劫杀军民",建州、毛怜二卫也向明廷奏报:"忽剌温野人头目木答兀等掠朝鲜人口,遇朝廷所差内官,已追还之",但是朝鲜国王坚持说是"建州所为,故加以兵",为此明廷派出使臣,"赍敕谕朝鲜国王李祹及忽剌温野人头目木答兀等、建州、毛怜二卫官曰:'天之于物,必使各遂其生。帝王于人,亦欲使各得其分。今尔等皆受朝命,而乖争侵犯,为之不已,岂是享福之道?朕为天下主,所宜矜恤,敕至,宜解怨释仇,改过迁善,各还所掠,并守封疆,安其素分,庶上天降康,福禄悠久。'"明廷的处理方式显示,明朝对于朝鲜和建州女真采取的是劝和的方针。及至巫凯再次奏报这件事,朱瞻基说道:"远夷争竞,是非未明,岂可偏听,遽有行遣?宜待使还议之",只是命令巫凯"谨边备而已"④。这一方面反映了辽东镇在当时东北亚区域战略地位的重要,另一方面反映了明廷对藩属的和平经营的政策,绝无以大自居、欺负藩属的情况。宣德十年(1435)正月初二,朱瞻基在临去世前对辽东镇的边防发出指示:"敕辽东总兵官都督佥事巫凯及掌辽东都司都督佥事王真、镇守太监王彦、阮尧民、门副、杨宣等:'凡采捕、造船、运粮等事,悉皆停止;凡带去物件,悉于辽东官库内寄收;其差去内外官员人等,俱令回京;官军人等,各回卫所着役。尔等宜用心抚恤军士,严加操练,备御边疆,以副朝廷委任之重。'"⑤明代的辽东镇有总兵官、都司掌印官、镇

①　《明宣宗实录》卷十四,宣德元年三月丙午条,台湾"中央研究院"历史语言研究所 1962 年校印本,第 405 页。
②　《明宣宗实录》卷十九,宣德元年七月辛丑条,台湾"中央研究院"历史语言研究所 1962 年校印本,第 501 页。
③　《明宣宗实录》卷二六,宣德二年三月丁未条,台湾"中央研究院"历史语言研究所 1962 年校印本,第 685~686 页。
④　《明宣宗实录》卷一○三,宣德八年六月癸未条,台湾"中央研究院"历史语言研究所 1962 年校印本,第 2293~2294 页。
⑤　《明宣宗实录》卷一一五,宣德十年正月甲戌条,台湾"中央研究院"历史语言研究所 1962 年校印本,第 2597~2598 页。

守太监,朱瞻基去世前将在辽东进行的各种活动都停止了,其中包括经略奴儿干都司的事。朱祁镇即位之初,巫凯仍任辽东总兵官,但在宣德十年(1435)七月,明廷又"命中军都督佥事曹义充副总兵,同都指挥佥事王钦、徐政、孙安、冀亮领官军二千,往辽东操备,听总兵官巫凯等调遣"①。副总兵的任命使总兵官和副总兵之间产生了矛盾,十一月,行在刑科给事中陈枢奉敕前往辽东办事,回来后上言九事,其中最后一条说道:"总兵官巫凯、副总兵曹义,各事偏徇,不务协和,致使下人难于奉行。乞敕各官,同心协虑,以理边务",就是这种情况的反映。朱祁镇看到这个报告后说道:"巫凯、曹义偏徇不和,何以成功?"他一面"令该部计议以闻",一面"降敕切责之"②。

正统三年(1438)十二月,巫凯去世,明廷遂"命辽东副总兵、中军都督佥事曹义佩征虏前将军印,充总兵官镇守辽东"③。曹义在辽东总兵官任上十九年,在天顺元年(1457)二月受封为丰润伯,食禄千三百石;两个副总兵焦礼受封为东宁伯,施聚受封为怀柔伯,"俱子孙世袭,以其久备边方,著有劳绩也"④。曹义受封后,朝廷念其守边年久,特命召回,以海宁伯董兴接任辽东总兵官。

曹义在辽东总兵官任上是尽职尽责的。正统四年(1439)八月,朱祁镇"敕辽东总兵官都督佥事曹义等曰:'今辽东境外女直野人诸卫,多指进贡为名,往往赴京营私,且当农务之时,劳扰军民供送。今因其使臣回卫,已遣敕谕之:如系边报,不拘时月,听其来朝;其余进贡袭职等事,许其一年一朝或三年一朝,不必频数;其有市易生理,听于辽东开原交易,不必来京。如仍数遣使,尔等询察,即令退回,脱有违碍,仍奏定夺。庶几不扰军民,亦不失远人归向之意。'"⑤在朝贡体制下,辽东境外的女真人由于入贡太频繁,明廷怕影响农时及劳扰军民,要求曹义依据朝命对女真人的朝贡加以节制。十二月,"辽东总兵官都督佥事曹义、巡抚左副都御史李浚劾奏都指挥使裴俊、都指挥同知夏通、都指挥佥事胡源等守备不严,致兀良哈达子猎我近郊,火延烧木榨一千余丈,又掠去军人,乞皆置诸法。上命姑记俊等罪,罚俸三月。"⑥曹义对御敌不力的军官进行弹劾。正统五年(1440)二月,明廷"命监察御史李纯巡抚辽东,提督屯种",李纯的任职是曹义向朝廷推荐的,史载:"总兵官都督曹义等奏保纯性资纯谨、骁勇有力、且善骑射,自正统三年巡按辽东,素为军士信服,宜任边方,故有是命。"⑦同年九月,行在礼部尚书胡濙上奏:"比者辽东总兵官都督佥事曹义言:'海西哥吉河、黑龙江等处野人女直苦纳亦里、加纳等,皆生拗番夷,兹者输忱慕化,欲赴京朝贡。'盖由皇上化被万方之所致也,请敕镇守太监及总兵等官,如遇海西、黑龙江等处夷人赴京朝贡,务令谙晓夷情官员伴送,加意抚恤,以悦其心,更在密切关防,毋令生衅。"⑧这是曹义经略黑龙江流域女真人的积极成果,是明廷朝贡体制下与黑龙江流域双边交流的表现。正统六年(1441)十一月,明廷将辽东备边都指挥同

---

① 《明英宗实录》卷七,宣德十年七月甲午条,台湾"中央研究院"历史语言研究所1962年校印本,第143页。

② 《明英宗实录》卷十一,宣德十年十一月庚午条,台湾"中央研究院"历史语言研究所1962年校印本,第202~203页。

③ 《明英宗实录》卷四九,正统三年十二月丙子条,台湾"中央研究院"历史语言研究所1962年校印本,第953页。

④ 《明英宗实录》卷二七五,天顺元年二月甲辰条,台湾"中央研究院"历史语言研究所1962年校印本,第5843页。

⑤ 《明英宗实录》卷五八,正统四年八月乙未条,台湾"中央研究院"历史语言研究所1962年校印本,第1117~1118页。

⑥ 《明英宗实录》卷六二,正统四年十二月丙戌条,台湾"中央研究院"历史语言研究所1962年校印本,第1184页。

⑦ 《明英宗实录》卷六四,正统五年二月辛丑条,台湾"中央研究院"历史语言研究所1962年校印本,第1234~1235页。

⑧ 《明英宗实录》卷七一,正统五年九月戊午条,台湾"中央研究院"历史语言研究所1962年校印本,第1382页。

知焦礼、施聚俱升为都指挥使,这一晋升是"从总兵官都督佥事曹义奏请"①,是很能争得人心的举措。正统八年(1443)三月,曹义上奏:"永乐间开原城设立安乐、自在二州,每州额除官吏四员名,专令抚安三万、辽海二卫归降达官人等。其东宁卫归降达官人等,原无衙门官员管属,乞并自在州达官人等于安乐州管属,其自在州官吏徙于辽东都司,在城设立衙门,抚安东宁卫并附近海州、沈阳中等卫归降达官人等,庶为两便。"曹义就辽东地区归降的女真人管理问题提出建策,将设在开原城的安乐、自在二州合并管理,将自在州的官吏迁到辽阳设立衙门,管理东宁卫及其附近的海州、沈阳中等卫归降的女真人,这是一个两便之策,朱祁镇将奏章下到吏部廷议,吏部又交给左副都御史李浚复审,"乞如义言"②,朱祁镇批准。正统十年(1445)二月,曹义获晋升,"升中军都督佥事曹义为都督同知,仍充总兵官镇守辽东"③。正统十二年(1447)四月,因为在与兀良哈蒙古的战斗中立功,明廷"升提督辽东军务左副都御史王翱为右都御史,总兵官都督同知曹义为右都督,参将都指挥同知胡源、刘端俱为都指挥使,右佥都御史李纯为右副都御史,都督佥事焦礼、施聚为都督同知,仍赐翱、义白金各五十两,彩币四表里;源等白金三十两,彩币二表里"④,这是一次大规模的晋升。正统十四年(1449)四月,由于在同蒙古军的战斗中再次立功,明廷又"升提督辽东军务右都御史王翱为左都御史,总兵官右都督曹义为左都督,左、右参将都指挥使胡源、刘端俱为都督佥事,守备都督同知焦礼、施聚俱为右都督,右副都御史李纯为左副都御史,提督、总兵、参将职务如故,仍赐(敕)[敕]褒之"⑤,这又是一次大规模的晋升。曹义在辽东总兵官任上也并非一帆风顺,也有失事受罚的时候。正统十四年(1449)的土木之变后,兵部向景帝朱祁钰奏报:"辽东提督军务左都御史王翱、总兵官都督曹义、镇守太监亦失哈等奏报:'达贼三万余人入境,攻破驿、堡、屯、庄八十处,虏去官员、军旗男妇一万三千二百八十余口,马六千余匹,牛羊二万余只,盔甲二千余副',义等失机之罪虽在赦前,亦难容恕。帝曰:'守边为急,且免其死,翱、义俱罚俸半年。'"⑥朱祁镇复位后,天顺元年(1457)曹义被封为丰润伯,"时义尚在辽东镇守,特命召还,而以海宁伯董兴代之"⑦。曹义在天顺四年(1460)正月去世,"追封丰润侯,谥庄武。义号令严明,廉介有守,辽东人至今思之。"⑧在《明英宗实录》中能有这样的评价,说明曹义在辽东总兵官任上做的还是很不错的。

海宁伯董兴在辽东总兵官任上履职四年。天顺五年(1461)七月,明廷"敕成山伯王琮佩征虏前将军印、充总兵官,镇守辽东"⑨。王琮在辽东总兵官任上履职不到三年,天顺八年(1464)三月,宪宗朱见深即位后,对北边总兵官进行了大调整:"召甘肃总兵官宣城伯卫颖、辽东总兵官成山伯王琮、宣府总兵官海宁伯董兴、延(缓)[绥]总兵官都督同知张钦、蓟州等处总

---

①　《明英宗实录》卷八五,正统六年十一月癸卯条,台湾"中央研究院"历史语言研究所 1962 年校印本,第 1705 页。

②　《明英宗实录》卷一〇二,正统八年三月甲戌条,台湾"中央研究院"历史语言研究所 1962 年校印本,第 2063 页。

③　《明英宗实录》卷一二六,正统十年二月辛酉条,台湾"中央研究院"历史语言研究所 1962 年校印本,第 2520 页。

④　《明英宗实录》卷一五二,正统十二年四月乙未条,台湾"中央研究院"历史语言研究所 1962 年校印本,第 2973~2974 页。

⑤　《明英宗实录》卷一七七,正统十四年四月戊午条,台湾"中央研究院"历史语言研究所 1962 年校印本,第 3413 页。

⑥　《明英宗实录》卷一八三《废帝郕戾王附录第一》,正统十四年九月乙酉条,台湾"中央研究院"历史语言研究所 1962 年校印本,第 3566 页。

⑦　《明英宗实录》卷二七五,天顺元年二月甲辰条,台湾"中央研究院"历史语言研究所 1962 年校印本,第 5843 页。

⑧　《明英宗实录》卷三一一,天顺四年正月庚子条,台湾"中央研究院"历史语言研究所 1962 年校印本,第 6533 页。

⑨　《明英宗实录》卷三三〇,天顺五年七月庚戌条,台湾"中央研究院"历史语言研究所 1962 年校印本,第 6791 页。

兵官都指挥佥事马荣、分守大同副总兵都督同知盛广、巡抚辽东右佥都御史胡本惠、巡抚延(缓)[绥]右佥都御史徐瑄、巡抚宣府左佥都御史李匡还京。从兵部会多官议给事中金绅建言:择重臣以备边患事,以颖等九人在边年久,声誉无闻故也。"同时"复都督佥事郭登定襄伯,命佩平羌将军印,充总兵官镇守甘肃;命武安侯郑宏佩征虏前将军印,充总兵官镇守辽东;都督同知颜彪佩镇朔将军印,(光)[充]总兵官镇守宣府;都指挥同知张杰升署右军都督佥事,佩靖虏副将军印,充总兵官镇守延(缓)[绥];修武伯沈煜充总兵官,镇守蓟州永平山海;都指挥佥事李英充右参将,分守大同西路。"①这是新皇帝对北边总兵官的调整。

二、蓟镇

宣宗朱瞻基即位后,蓟镇的军镇地位没有变化,遂安伯陈英和都指挥陈景先照旧在这里负责防务,而且这两人是明确的上下级关系。如《明宣宗实录》载,洪熙元年(1425)闰七月,"镇守永平山海总兵官遂安伯陈英言:山海诸处关口时有警报,请以缘边山海等十六卫旧拨神机营官军暂留守备,别选近卫官军更代赴京操练。从之"②,陈英能够对十六个卫的神机营官军的部署提出建策,正说明他是军镇的长官,是负责一方防务的前敌统帅。九月,"镇守山海等处总兵官遂安伯陈英奏:永平董家口等处是临边要地,调兴州左屯卫指挥同知黄胜领兵巡逻,胜畏难不遵调遣,请治其罪。上曰:为指挥不受总帅节制,若千百不受(亦不受)指挥节制,指挥心如何?此不可不治,命行在都察[院]治之如律。"③这是皇帝明确说总兵官遂安伯陈英是"总帅",也就是独当一面的军镇最高指挥官,怎么能把他说成只是备御性质,不具备节制蓟州、永平诸地的权力呢?为了加强蓟镇地区的边防,宣德元年(1426)七月,朱瞻基"命都督山云、都御史王彰自山海、永平、蓟州抵居庸关,凡诸关隘有未完固者,督总兵官遂安伯陈英、都督陈景先及诸镇守官并在近军卫、有司修理,务悉坚完,遇有军民利病亦具实以闻"④。由朝廷派出大员对边防状况进行考察,这是对陈英及其部下的检验,也可以看出当时蓟镇防区(或者其中一路)的大致范围。

宣德元年(1426)八月,朱瞻基在平定朱高煦之叛时,将总兵官遂安伯陈英召赴北京,让他把边务交陈景先提督,平定朱高煦之叛后的十月,"命遂安伯陈英充总兵官,仍往山海永平,镇守城池,操练军马,遇有声息,相机行事,所领官军悉听节制"⑤。这是陈英在跟随征讨朱高煦之后重新回到总兵官任上,但是由于陈英离职期间蓟镇的边务是由陈景先提督,遂使陈景先的地位上升,于是这二人之间不免产生矛盾。十二月,行在兵部尚书张本向朱瞻基奏报:"总兵官遂安伯陈英言:'奉制谕总兵镇守山海等处,所领官军悉听节制。'今都督佥事陈景先擅自分管桃林、喜峰诸口,若有警急,径达朝廷,英不预知。缘前蓟州黄崖口失机,英已受责,纪罪停禄。今景先不受约束,专擅妄行,傥有疏虞,咎将谁执?景先自恣,请罪之。"但是朱瞻基并未责罚陈景先,原因何在?"盖是时英在山海,景先在蓟州,景先以为:自喜峰口迤西至灰峪口,

---

① 《明宪宗实录》卷三,天顺八年三月壬申条,台湾"中央研究院"历史语言研究所1962年校印本,第83页。

② 《明宣宗实录》卷五,洪熙元年闰七月甲辰条,台湾"中央研究院"历史语言研究所1962年校印本,第135页。

③ 《明宣宗实录》卷九,洪熙元年九月丙午条,台湾"中央研究院"历史语言研究所1962年校印本,第227页。

④ 《明宣宗实录》卷十九,宣德元年七月癸丑条,台湾"中央研究院"历史语言研究所1962年校印本,第510页。

⑤ 《明宣宗实录》卷二二,宣德元年十月辛酉条,台湾"中央研究院"历史语言研究所1962年校印本,第571页。

去山海甚远,猝有警急,待报英而后奏,则迁回稽缓,故欲径达,而英恶其专,遂有是言。"①朱瞻基了解了陈景先和陈英之间的实际情况,所以未曾怪罪陈景先而但令仍旧。此后每当陈英被召回北京,就由陈景先总理蓟州、永平、山海的军务,但陈景先的职衔并没有变化。

宣德三年(1428)十月,史载:"命阳武侯薛禄充总兵官,遂安伯陈英为左参将,武进伯朱冕为右参将,率领官军镇守蓟州、永平、山海等处,操练军马并提督各关隘口,谨慎堤备,遇有贼寇,相机剿捕,所领官军,悉听节制。"朱瞻基为什么在这个时候又派阳武侯薛禄任总兵官,而让陈英任左参将呢?其实这是八月、九月朱瞻基第一次率师巡边时的战斗编制,朱瞻基以三千精兵加上火器的优势打败了兀良哈万余人,可谓明廷意外的一次胜利,回京以后他担心兀良哈再来报复,因此就将出征时的战斗编制留驻蓟镇,阳武侯薛禄正是巡边时明朝的军事长官,而陈英在成祖北征时一直是中军副将,这次当也是作为阳武侯薛禄的助手,所以才有这一部署,这从朱瞻基给薛禄的敕书中也可以得到证实:"尔等出塞杀虏,备历辛勤,固当休息。但虑残寇怀忿,复来侵扰,今且留尔等镇守蓟州、遵化以备之,须昼夜用心哨瞭,各城堡关隘必严固防守,不可怠忽。""命都督金事陈景先复守蓟州、永平等处。"②由此看来,宣德三年(1428)阳武侯薛禄的出任总兵官,其实是和蓟州正式称军镇没有关系③,他只是明廷的一个临时举措,所以同年十二月,薛禄被召回北京休整,第二年又充总兵官护送粮饷赴开平,并且还佩镇朔大将军印④。过了不到两年,明廷又于宣德五年(1430)五月"命都督金事陈敬充总兵官,率领官军于蓟州、永平、山海等处备御"⑤,陈英则在宣德七年(1432)正月去世。

陈敬任蓟镇总兵官直到宣德十年(1435)七月,在任期间亦有相关的边防建策,有的建议还受到皇帝的批评。如宣德五年(1430)闰十二月,"镇守山海等处都督金事陈敬奏:腹里烟墩用民夫守瞭乃洪武间所设,昨皆放遣归农,请如旧制为便"。朱瞻基对此很不满意,向兵部尚书张本说:"旧时未置兵守,故用民。今朕已有处分,敬敢妄言,其移文责之!"⑥他也有建议为朝廷采纳,或部分采纳。如宣德九年(1434)正月,"镇守蓟州等处都督金事陈敬奏:近调镇朔,卢龙,抚宁,东胜,兴州左、右、前等卫军士,于东店、林南二处建仓,缘各卫路当冲要,若悉调去,恐猝有警急,乏人使令,乞以先在通州修仓官军七百八十三人发回用工。从之"⑦,这是涉及防边和修仓库如何兼顾用人的问题,朝廷采纳了他的建议。又如宣德十年(1435)四月,"镇守永平山海总兵官都督金事陈敬奏:臣整理戎事,缘无印信,难于关防奸诡。欲照辽东、大同总兵官例,关给印信。行在礼部言:永平山海非辽东、大同边境之比,请但给与关防为宜。从之"⑧,朱祁镇刚即位不久,陈敬想援引辽东、大同的例子,请求朝廷发给印信,但没有得到批准,只给了他关防。到宣德十年(1435)七月,陈敬有病,明廷派都督同知王彧接替了他,《明英宗实录》

① 《明宣宗实录》卷二三,宣德元年十二月庚午条,台湾"中央研究院"历史语言研究所1962年校印本,第609~610页。

② 《明宣宗实录》卷四七,宣德三年十月甲申条,台湾"中央研究院"历史语言研究所1962年校印本,第1153~1154页。

③ 赵现海在其博士学位论文《明代九边军镇体制研究》中称:"宣德三年(1428),令薛禄充总兵官,镇守蓟州、永平、山海等处,蓟州镇遂正式建立。"(赵现海:《明代九边军镇体制研究》东北师范大学博士学位论文2005年,第109页)

④ 《明宣宗实录》卷五五,宣德四年六月庚辰条,台湾"中央研究院"历史语言研究所1962年校印本,第1320页。

⑤ 《明宣宗实录》卷六六,宣德五年五月戊申条,台湾"中央研究院"历史语言研究所1962年校印本,第1554页。

⑥ 《明宣宗实录》卷七四,宣德五年闰十二月壬寅条,台湾"中央研究院"历史语言研究所1962年校印本,第1722~1723页。

⑦ 《明宣宗实录》卷一〇八,宣德九年正月甲午条,台湾"中央研究院"历史语言研究所1962年校印本,第2411页。

⑧ 《明英宗实录》卷四,宣德十年四月壬子条,台湾"中央研究院"历史语言研究所1962年校印本,第86页。

载:"少傅兵部尚书兼大学士杨士奇等言:镇守永平等处总兵官陈敬有疾,整理文书参议沈升才弱,今访得都督同知王彧才略过人,可充总兵官守备,监察御史王宪才识老成,宜升按察司副使以代敬、升回京。从之。"①这里可以得到两点认识:(1)王彧继陈敬之后出任蓟镇总兵官,而且从成安侯郭亮以来,襄城伯李隆、遂安伯陈英、都督金事陈敬直到都督同知王彧,蓟镇总兵官的任免均有明确记载,所以把蓟镇形成的年代定在宣德十年(1435)王彧出任总兵官②,于理无据,与事实不符;(2)和王彧同时被替换的还有整理文书的参议沈升,以监察御史王宪升按察司副使以代之,这是明代由文臣参与军机的继续。

王彧在蓟镇总兵官职位上履职十年,《明英宗实录》对此有明确记载。如宣德十年(1435)八月,"蓟州等处总兵官都督同知王彧奏:擦崖子百户孟山、东胜左卫指挥张琳不行严督军士瞭守,以致达贼至关,杀伤军人,请治罪。上以山、琳罪不可恕,俱罚俸半年,令于本关架炮,其死者妻孥俱给与米布"③,这是对失职的军官进行的处置。正统六年(1441)五月,京畿地区发生蝗灾,英宗为此"敕谕镇远侯顾兴祖、安乡伯张安、都督同知王彧、通政司右参议张隆、镇守密云都指挥陈亨、镇守居庸关署都指挥金事事指挥同知李璟、镇守通州都指挥刘斌、大宁都司都指挥张锐等曰:'今顺天府及蓟州、遵化等处蝗蝻为灾,所食禾麦有至尽者,尔等坐享厚禄,受命在彼,目睹民患,恬不留意!敕至,即不妨本职,往督军卫、有司,广积军民人丁,急早扑捕尽绝,毋得践伤禾麦。朝廷惓惓恤民,尔等宜深体朕心,廉洁公勤,抚恤军民,使不困于饥渴,庶得尽力。如官吏头目有贪酷害人及懒惰慢事者,重则具奏处置,轻则量情责罚。尔其勉之。'"④这段史料既反映了明廷在蓟镇地区镇戍体制的层级结构,又反映了明代遇有自然灾害时,动用各地政府、驻军的力量进行抗灾的情况,所谓"养兵千日,用兵一时",除了打仗,所指的是这种情况。正统七年(1442)九月,"永平等处总兵官都督同知王彧等奏:'兀良哈三卫往往假以牧放射猎为名,犯我边境,今后遇有近边者,欲便剿杀。'上敕彧等曰:'三卫头目亦有尊朝命不为非者,岂容一概剿杀!况田猎乃其衣食所关,卿等其念之。'"王彧的建议显然有失水准,还是朱祁镇的头脑比较清楚,对边将的教育也很有针对性。与此同时,明廷为了加强边防,又为镇守总兵官派出了助手,"命都指挥金事纪广充右参将,协助永宁伯谭广镇守宣府;都指挥同知胡源充左参将,仍与太监杨宣守备开原;都指挥刘端充右参将,协助总兵官曹义镇守辽东;都指挥金事王荣充右参将,协助总兵官史昭镇守宁夏;都指挥同知宗胜充右参将,协助总兵官王彧镇守蓟州永平山海等处;都督金事杨洪充左参将,守备独石永宁等处"⑤,这里的宣府、辽东、宁夏、蓟州永平山海,正是九边的四个军事重镇。到正统九年(1444)八月,明廷"命应城伯孙杰充总兵官镇守蓟州永平山海等处",同时"召镇守永平等处总兵官都督同知王彧还京,以其年老故也"。⑥王彧在正统十二年(1447)九月去世。

应城伯孙杰在蓟镇总兵官职位上履职五年,然后由都督金事宗胜接替,这期间蓟镇的情况

---

① 《明英宗实录》卷七,宣德十年七月丁丑条,台湾"中央研究院"历史语言研究所1962年校印本,第133页。

② 韦占彬称:"蓟州设镇时间应为宣德十年(1435)",见韦占彬:《明代九边设置时间辨析》,《石家庄师范专科学校学报》2002年第3期。

③ 《明英宗实录》卷八,宣德十年八月己未条,台湾"中央研究院"历史语言研究所1962年校印本,第162页。

④ 《明英宗实录》卷七九,正统六年五月庚戌条,台湾"中央研究院"历史语言研究所1962年校印本,第1565~1566页。

⑤ 《明英宗实录》卷九六,正统七年九月丁卯条,台湾"中央研究院"历史语言研究所1962年校印本,第1927~1928页。

⑥ 《明英宗实录》卷一二〇,正统九年八月丁巳条,台湾"中央研究院"历史语言研究所1962年校印本,第2425页。

发生了很大变化。其中最大的变化就是户部郎中邹来学被升为通政司右参议,督理永平山海等处粮草,土木之变后又升为巡抚佥都御史并参赞应城伯孙杰等处军务,仍理粮草①。正统十四年(1449)九月,孙杰被免职,"兵部奏:镇守山海永平总兵官应城伯孙杰素无将略,不恤人难,士卒嗟怨,军政废弛,命文武大臣选人代之。佥谓都指挥同知宗胜见充参将,在彼年久,善抚士卒,宜加升擢。遂命升胜为后军都督府都督佥事,代杰镇守。"②这是因为孙杰不能胜任总兵官,明廷将参将宗胜提为都督佥事出任蓟镇总兵官。值得注意的是,在宗胜任总兵官期间邹来学权力和地位的变化,十月,明廷"命巡抚永平等处右佥都御史邹来学以永平府并密云、遵化县所贮籴粮官银准作官军月粮,每两准粮四石,其不愿者仍关本色",这是邹来学督理粮草的职责所在;在用人方面,"升永平卫指挥佥事胡镛为都指挥佥事,充左参将,协同总兵官都督佥事宗胜镇守地方。从巡抚佥都御史邹来学荐也",这是巡抚官掌握荐举用人权的标志,而且举荐的是总兵官的助手;当北京保卫战即将打响之际,明廷"敕巡抚永平等处右佥都御史邹来学、参将胡镛率兵二万入援";北京保卫战胜利之后,明廷又"敕蓟州等处总兵官宗胜、右佥都御史邹来学、都指挥佥事胡镛:将所选精军五千付来学与镛率领,来京追袭达贼,其余军马胜领回本处操守"。③这是巡抚拥有统兵权的标志,而且在率军追击敌兵时,巡抚排在参将之前,显然是统军的将领,其地位已经高过参将。到景泰二年(1451)正月,朱祁钰又"敕右佥都御史邹来学曰:即今房寇未靖,守御之方莫要于谨关隘;军民疲困,安治之道莫先于勤抚绥。朕以尔素廉勤有为,久在边方,人心信服,兹命尔提督修守山海关至天寿山一带关隘,整理大小屯堡,仍兼提督顺天、永平二府地方一应卫所,操练军马,修理城池,禁防盗贼,革去奸弊,遇有房寇,督同总兵镇守等官相机战守,凡事俱听尔便宜处置。钦哉!"④这一敕书很重要,它清楚表明,朱祁钰赋予巡抚邹来学的权力既包括军政,也包括民政、治安等权力,特别是"遇有房寇,督同总兵镇守等官相机战守,凡事俱听尔便宜处置"一语,说明巡抚的职权逐渐超过总兵,可为明代文臣统军的一个关节点。除了巡抚邹来学,这期间的另一个变化是镇守宦官的出现,景泰二年(1451)七月,"镇守永平山海等处少监郁永奏:鞑贼百数十人来犯关隘,官军以火器击却之"⑤。至此,蓟镇除了设总兵官,又设巡抚官和镇守内臣(当然镇守内臣的派出要更早),表明在正统、景泰时期,明代的九边军镇形成了三驾马车式的权力结构,其中巡抚和内臣的权力逐渐超过镇守总兵官,形成后来的文臣统军之制。

宗胜任蓟镇总兵官一直到天顺三年(1459),这年正月的《明英宗实录》载:"敕镇守蓟州永平等处太监郁永:尔奏总兵官都督佥事宗胜中风疾,即保左参将都指挥佥事胡镛代之,且予夺之权出自朝廷,非臣下当预,尔但欲示恩于人,不顾专擅之罪? 其宗胜之病倘瘥,置之何地? 若

---

① 《明英宗实录》卷一五八,正统十二年九月乙卯条;卷一五九,正统十二年十月己巳条;卷一八一,正统十四年八月戊辰条;台湾"中央研究院"历史语言研究所1962年校印本,第3084、3096、3515页。

② 《明英宗实录》卷一八三《废帝郕戾王附录第一》,正统十四年九月丙午条,台湾"中央研究院"历史语言研究所1962年校印本,第3607~3608页。

③ 《明英宗实录》卷一八四,正统十四年十月戊午条、己未条、庚申条、癸酉条,台湾"中央研究院"历史语言研究所1962年校印本,第3630、3632、3633、3651~3652页。

④ 《明英宗实录》卷二○○《废帝郕戾王附录第十八》,景泰二年春正月丙午条,台湾"中央研究院"历史语言研究所1962年校印本,第4246页。

⑤ 《明英宗实录》卷二○六《废帝郕戾王附录第二十四》,景泰二年七月壬戌条,台湾"中央研究院"历史语言研究所1962年校印本,第4430页。

从所奏遽代之,是使朝廷恩薄于臣下也。无知妄为,莫甚于此! 论尔之罪,本难容恕,但念尔守边年久,姑从宽贷,今后宜自改过,毋得仍蹈前非,如违必重罪不宥!"①这里既透露了宗胜患病的情况,又透露了明代皇权专制控制宦官的信息。果然,到了三月,明廷"敕左参将都指挥佥事胡镛充总兵官,镇守蓟州永平等处。时总兵官都督宗胜久病,故命镛代之,且命太监郁永同镛推选都指挥使一人可代镛分守者以闻"②。宗胜病不胜任,由他的助手接替了他的职务,四月又任命"都指挥佥事王整充左参将协同镇守蓟州永平等处"③,再一次完成了总兵官的交替。可是刚过两年,天顺五年(1461)三月,明廷又"命蓟州永平等处右参将马荣充总兵官,镇守地方,以总兵官胡镛久病不能任事也"④。天顺八年(1464)正月,朱祁镇去世,三月,宪宗朱见深又对各地的镇守总兵官进行了重新调整:"复都督佥事郭登定襄伯,命佩平羌将军印,充总兵官镇守甘肃;命武安侯郑宏佩征虏前将军印,充总兵官镇守辽东;都督同知颜彪佩镇朔将军印,充总兵官镇守宣府;都指挥同知张杰升署右军都督佥事,佩靖虏副将军印,充总兵官镇守延绥;修武伯沈煜充总兵官,镇守蓟州永平山海;都指挥佥事李英充右参将,分守大同西路。"⑤

通过以上的考究,我们可以对蓟镇的形成与演变有个完整的认识,蓟镇总兵官的设置从洪武三十五年(1402)成安侯郭亮开始,以后历任总兵官的接替清楚明确,所以我们把蓟镇的形成确定在这时,至于郭亮后来的备御开平,那是特殊时期的特殊情况,并不表明蓟镇被撤销了,朱高炽一即位就派出襄城伯李隆足以说明这一点。退一步说,也应该以朱高炽任命襄城伯李隆镇守山海为标志,会割裂历史发展的连续性。至于正统时期巡抚官的设置、宦官的出镇,那是军镇权力结构的变化调整,是明廷独创的用文臣控制武将的重要内涵。

三、宣府镇

宣府镇从永乐元年(1403)建立后,镇守总兵官的接替基本没有中断。朱高炽即位后,在安排北边军镇总兵官时,"升中军都督府都督佥事谭广为本府左都督,命镇守宣府等处"。谭广受命后,就守边事宜提出建议,"请以其所领骑兵五千,分界都指挥崔聚、武兴、指挥董兴、张政、唐铭、阮真六人,每三人领一千,更番随往宣府备御,三月一更"⑥,得到批准。

朱瞻基即位后,谭广仍然是宣府镇守总兵官,而且一直在任二十年,直到正统九年(1444)才离任。谭广在任期间,对宣府镇的建设有很大贡献。如宣德六年(1431)七月,行在兵部上奏宣宗:"总兵官都督谭广言:'宣府诸驿皆军卫给马,军务奏报日繁,而马不足,且驿中铺陈、什物、行粮、廪给亦多未具,请增设马驴及措置铺陈等物。'"兵部经过廷议决定:"口外丰峪驿至开平五驿,止通一路,以环州等驿摆站军土递送,宜量给马驴;若丰峪至云州四驿,属隆庆卫军递送,宜分所有马驴给之;岔道、榆林等驿欲增设马驴,请行太仆寺,于寄养官驴及余剩马内给之;摆站旗军,就万全、山西二都司附近卫所量拨;铺陈、行粮、廪给行山西布政司量给为

① 《明英宗实录》卷二九九,天顺三年正月丙戌条,台湾"中央研究院"历史语言研究所1962年校印本,第6347~6348页。
② 《明英宗实录》卷三〇一,天顺三年三月己丑条,台湾"中央研究院"历史语言研究所1962年校印本,第6386页。
③ 《明英宗实录》卷三〇二,天顺三年四月壬子条,台湾"中央研究院"历史语言研究所1962年校印本,第6395页。
④ 《明英宗实录》卷三二六,天顺五年三月丙寅条,台湾"中央研究院"历史语言研究所1962年校印本,第6733页。
⑤ 《明宪宗实录》卷三,天顺八年三月壬申条,台湾"中央研究院"历史语言研究所1962年校印本,第83~84页。
⑥ 《明仁宗实录》卷一下,永乐二二年八月壬戌条,台湾"中央研究院"历史语言研究所1962年校印本,第29页。

便。"①这是兵部根据谭广的要求议定了解决办法上奏给朱瞻基,朱瞻基准奏。七月下旬,总兵官谭广奏报:"比者副总兵都督佥事方政言:'故龙门县及李家庄地当要冲,宜于故龙门县立一卫,李家庄堡立一千户所,修筑城池并烟墩一十五座,分军屯守。'命覆勘之,政所言实便利,上从之。"朱瞻基批准了谭广所奏报的方政的建议,两天后便"敕总兵官都督谭广:以农隙筑故龙门县及李家庄城堡,设立烟墩。其力作及防护官军于万全都司及山西行都司调用;设龙门卫于龙门县,以山西护卫官军调在大同、宣府者各一千往守之;设龙门守御千户所于李家庄,以山西护卫官军在宁化千户所者五百七十五人、在代州振武卫者内发五百人往守之。"②宣德九年(1434)十一月,谭广在宣府兴建了一座佛寺、一座道观,并向朝廷提出了度僧、道的请求,史载:"行在礼部尚书胡濙言:'总兵官都督谭广于宣府建弥陀寺、朝玄观,请度官军之家幼童为僧、道。臣切见洪武中,不许军、匠、灶、站违碍之人出家,今广所言非旧制。'"礼部尚书胡濙不赞成谭广的做法,事情报到朱瞻基那里,朱瞻基说道:"宣府边地,官军家属正当勤耕稼、精武艺,固封守以攘外夷,为僧、道何益?昔南唐特曹彬攻城急,城中尽召诸僧,令与军民皆诵佛救护,竟不免败亡,此事足为明戒。况祖宗旧制,其可违乎!若寺观已完,欲僧道守之,则于他郡邑分与之。"③朱瞻基也不赞成谭广的做法,但考虑了一个从别的郡邑分调僧道来守护寺观的办法。正统元年(1436)十一月,朱祁镇即位后,"升福建泉州府知府蔡锡为山东按察司副使,往宣府总兵官都督谭广处参理军机文书"④,这是为谭广派来了文书官。正统六年(1441)十一月,宣府镇在北边防御中打了胜仗,总兵官谭广奏报:"十月二十四日,左参将都督佥事黄真等率兵巡哨至伯颜山,遇虏骑百余,击走之,获其马八匹。明日至闵安山,复与兀良哈三百余骑遇,都指挥朱谦、文弘广等率众又败之,生擒二人,获马四匹,贼溃,官军从之至莽来泉,贼遂越山沟遁去。"由于这次的胜利,朱瞻基"升真为都督同知,谦都指挥使,弘广都指挥同知",几天后又"封左都督谭广为永宁伯,仍充总兵官镇守宣府"。⑤ 正统七年(1442)年底,朱祁镇"敕宣府大同等处总兵官永宁伯谭广等曰:'近得都督佥事王祯奏,今冬累次瞭见延安西北直抵宁夏境外,烟火昼夜不绝,此必兀良哈三卫达贼纠合远出,谋为劫掠。贼情谲诈难测,尔等其各整搠军马,谨慎瞭备,遇贼近边,相机截杀,仍飞报邻近守将互相策应,务在同心协力,以图成功。'"⑥这一敕谕反映了蒙古族进入河套后对明代北边造成的威胁,也反映了延绥镇的形成过程,而王祯正是延绥镇的第一任总兵官。正统八年(1443)四月,谭广因为年过八旬,向朝廷请求退休,"镇守右监丞赵琮等奏:'广驭下有方,年虽老而筋力未衰,乞留视事。'上曰:'边将宜用老成人,况又镇守官,保留其仍总理边务。'"⑦

直到正统九年(1444)八月,明廷才"命武定侯郭玹佩镇朔将军印,充总兵官镇守宣府",在

①　《明宣宗实录》卷八一,宣德六年七月壬午条,台湾"中央研究院"历史语言研究所1962年校印本,第1882~1883页。

②　《明宣宗实录》卷八一,宣德六年七月乙酉条、丁亥条,台湾"中央研究院"历史语言研究所1962年校印本,第1885~1886、1886~1887页。

③　《明宣宗实录》卷一一四,宣德九年十一月癸卯条,台湾"中央研究院"历史语言研究所1962年校印本,第2575~2576页。

④　《明英宗实录》卷二四,正统元年十一月庚戌条,台湾"中央研究院"历史语言研究所1962年校印本,第483页。

⑤　《明英宗实录》卷八五,正统六年十一月乙未条、癸卯条,台湾"中央研究院"历史语言研究所1962年校印本,第1697、1704~1705页。

⑥　《明英宗实录》卷九九,正统七年十二月甲辰条,台湾"中央研究院"历史语言研究所1962年校印本,第1997页。

⑦　《明英宗实录》卷一〇三,正统八年四月戊戌条,台湾"中央研究院"历史语言研究所1962年校印本,第2083~2084页。

给郭玹的敕书中写道:"宣府密迩京师,逼临胡虏,最为要地,今特以付尔,宜体朕心,持廉秉公,正身率下,选拔智勇,兼用群策,抚军士、广屯田,务俾军威振举,边鄙肃清,庶不负委任之重。"可见明廷对宣府地区的重视。在派出郭玹后,明廷召回了谭广,朱祁镇特意敕谕谭广:"卿久在边陲,克效劳绩,比闻年老,不忍重烦以事,卿宜亟来,用副朕优待老臣之意。"①回京后两个月,谭广去世,终年八十二岁。《明英宗实录》对谭广的评价是:"广长身有膂力,奋迹戎伍,至总兵,大小百余战,未尝败。所统神机马队精壮,人称为谭家马,其镇宣府凡二十年,善抚士卒,及去,人咸慕之。"②这个评价是很高的。

武定侯郭玹在宣府总兵官任上履职三年。正统十年(1445)四月,郭玹奏报:"臣所部操备官军下班者,例不给口粮,今沿边新河等口宜加修理,暂拨下班官军一千九百余名往彼供役,口粮仍宜给之,俟工成住支为便。"③这是为下班后仍在供役的军士争取口粮。七月,郭玹又奏报:"西洋河堡地临极边,最为要害,今止有官军二百五人哨守。其天城卫原设长胜堡,地属大同总兵官朱冕,无人哨守。"这是反映边防的疏漏。朱祁镇赶紧发布命令:"总兵等官不从公整饬边备,却各取利便,互相推调,兵部即移文与副都御史罗亨信及巡按御史,令郭玹、朱冕等各委公正都指挥一人体勘地势,从长计议,或要害处立堡,拨军共守;或定界分守,遇贼彼此策应。敢有推调,重罪不宥。"④明廷及时进行了调整。正统十一年(1446)正月,朱祁镇又发布命令:"敕大同总兵官武进伯朱冕、宣府总兵官武定侯郭玹等:西洋河口直通外境,极为冲要,宜照洪武、永乐旧制,以河为界,各严饬官军,协同守备,若有疏虞及遇警不即答应,俱重罪不宥。"⑤就西洋河的防守问题再次对边将加以督促。正统十二年(1447)七月,武定侯郭玹去世。

郭玹去世后,宣府总兵官出缺,朱祁镇在正统十二年(1447)八月重新命将:"命总督独石等处守备、左都督杨洪佩镇朔将军印,充总兵官镇守宣府,都指挥佥事赵玫、署都指挥佥事杨俊总督独石、永宁等处守备。"⑥原来杨洪是在独石任守备总督,现在他升任宣府总兵官,独石守备就由赵玫、杨俊接替。杨洪在宣府总兵官任上履职两年多。正统十三年(1448)正月,杨洪上奏:"河南都司各卫所原调操备马步官军三千余人,止属都指挥佥事王营管束,宜令弘农卫指挥佥事梅凯为之协助,遇警分遣出御。"⑦这是就边班官军的协调指挥问题提出的建议,朱祁镇批准。十月,他又上奏:"蔚州卫城周环八里,其垣、堞、楼、橹雄丽壮健,旧为边城之冠。近年以来边庭多警,官军调遣岁无虚月,遂致颓坏。今本卫指挥佥事赵瑜颇有才干,见在宣府操备,乞量升职事,俾回本卫督军修理,庶边城壮固,易于守据。"这是就边防蔚州卫城堡的维修提出建议,朱祁镇采纳了他的建议,"命瑜署指挥使事"。⑧正统十四年(1449)八月土木之变后,杨洪晋升为昌平伯⑨。九月,杨洪上奏:他"于土木拾所遗军器,得盔三千八百余顶、甲一百二

① 《明英宗实录》卷一二〇,正统九年八月庚戌条,台湾"中央研究院"历史语言研究所1962年校印本,第2420页。
② 《明英宗实录》卷一二二,正统九年十月甲子条,台湾"中央研究院"历史语言研究所1962年校印本,第2451~2452页。
③ 《明英宗实录》卷一二八,正统十年四月己未条,台湾"中央研究院"历史语言研究所1962年校印本,第2557页。
④ 《明英宗实录》卷一三一,正统十年七月甲戌条,台湾"中央研究院"历史语言研究所1962年校印本,第2600页。
⑤ 《明英宗实录》卷一三七,正统十一年正月壬申条,台湾"中央研究院"历史语言研究所1962年校印本,第2717~2718页。
⑥ 《明英宗实录》卷一五七,正统十二年八月壬辰条,台湾"中央研究院"历史语言研究所1962年校印本,第3053页。
⑦ 《明英宗实录》卷一六二,正统十三年正月庚寅条,台湾"中央研究院"历史语言研究所1962年校印本,第3141页。
⑧ 《明英宗实录》卷一七一,正统十三年十月乙卯条,台湾"中央研究院"历史语言研究所1962年校印本,第3289页。
⑨ 《明英宗实录》卷一八一,正统十四年八月辛未条,台湾"中央研究院"历史语言研究所1962年校印本,第3525页。

十余领、圆牌二百九十余面、神铳二万二千余把、神箭四十四万枝、碨八百个,量给宣府、万全、怀安、蔚州等卫马步官军领用外,余下神铳一万六千、神箭十八万二千、大碨二百六十,发万全都司官库收贮。"这是打扫土木之变的战场遗留物品,可见军资数量之大,但是朱祁钰对杨洪的做法很不满意,说道:"如何不奏辄擅分派各卫? 论罪难容,但防边为急,且不问。"两天后,朱祁钰又给杨洪发出敕谕:"皇太后命朕即皇帝位,以安天下,尊大兄皇帝为太上皇帝。奈何虏寇往往使人假作大兄皇帝,到各边境胁要开关入城,或召总兵镇守官出见,尔等恐堕其奸计,故特驰报尔等,今后凡再有如前项诈伪到尔处,不许听信。"①这是防备蒙古军胁持英宗破坏明朝的边防而采取的措施。正统十四年(1449)十一月,杨洪晋升为昌平侯,不再任宣府总兵官。

正统十四年(1449)十一月,明廷"升右都督朱谦为左都督、佩镇朔将军印、充总兵官,都督同知纪广充左参将,都督佥事杨俊充右参将,俱镇守宣府"②。这一次明廷不但任命了总兵官,还任命了左、右参将。朱谦履职后,景泰元年(1450)九月因立功而获晋升,"以宣府城外杀贼功,升左都督朱谦为抚宁伯,都督同知纪广为右都督。其都指挥聂胜等四千七百四十八人,当先者一千三百四十八人,被伤九十三人,生擒为首四人,人升一级;阵亡五十六人,升二级,俱给赏;为从齐力三千二百四十二人,俱给赏。"③但是朱谦在任时间很短,只有两年多。他于景泰二年(1451)二月去世,《明英宗实录》对他的评价是:"谦在边颇久,然勇而寡谋,为时所少云。"④

朱谦去世后,景泰二年(1451)三月,明廷"命宣府左参将、右都督纪广佩镇朔将军印,充副总兵,都指挥使杨能升都督佥事,充左参将,镇守宣府"⑤。明廷没有直接将纪广任命为总兵官,而是让他以副总兵的头衔镇守宣府,之所以如此,大概是因为昌平侯杨洪当时还在,到了九月,杨洪也去世了,于是十月明廷正式"命宣府副总兵右都督纪广充总兵官,仍佩镇朔将军印,镇守宣府地方"⑥。但是纪广在宣府总兵官任上履职仅一年多,景泰四年(1453)正月,他就因病去世了。在纪广生病时,朱祁钰曾"命择医术精者往疗之",在他去世后,《明英宗实录》对他的评价是:"广有胆略,临阵未尝畏慑。"纪广一去世,明廷马上"升都督佥事过兴为右都督,充总兵官,佩镇朔将军印,镇守宣府"。⑦

过兴在宣府总兵官任上履职四年,在其任职的第二个月曾经奏请朝廷:"预出赏功勘合,宣府等处五千道,独石各城五千道,令提督巡抚、协赞文职官收掌,遇警出战,转付统兵将官,其

<hr>

① 《明英宗实录》卷一八三,正统十四年九月庚寅条、壬辰条,台湾"中央研究院"历史语言研究所 1962 年校印本,第3573、3574 页。

② 《明英宗实录》卷一八五,正统十四年十一月甲午条,台湾"中央研究院"历史语言研究所 1962 年校印本,第 3694 页。

③ 《明英宗实录》卷一九六《废帝郕戾王附录卷十四》,景泰元年九月丁未条,台湾"中央研究院"历史语言研究所 1962 年校印本,第 4151 页。

④ 《明英宗实录》卷二〇一《废帝郕戾王附录第十九》,景泰二年二月丁酉条,台湾"中央研究院"历史语言研究所 1962 年校印本,第 4312 页。

⑤ 《明英宗实录》卷二〇二《废帝郕戾王附录第二十》,景泰二年三月辛丑条,台湾"中央研究院"历史语言研究所 1962 年校印本,第 4319 页。

⑥ 《明英宗实录》卷二〇九《废帝郕戾王附录第二七》,景泰二年十月壬辰条,台湾"中央研究院"历史语言研究所 1962 年校印本,第 4509 页。

⑦ 《明英宗实录》卷二二五《废帝郕戾王附录第四三》,景泰四年正月甲子条、丙寅条、戊辰条,台湾"中央研究院"历史语言研究所 1962 年校印本,第 4893、4896、4898 页。

奋勇获功者,验实给与,退缩不前者斩首号令。如是则赏罚明信,事功可成。"朱祁钰觉得很好,于是"诏兵部即行之"①。这是为了鼓励士兵勇敢作战,及时赏功而采取的举措,且平时是由"提督巡抚、协赞文职官收掌",到出战时才发给总兵官。

天顺元年(1457)正月,朱祁镇复位。二月,"命魏国公徐承宗守备南京;西宁侯宋诚镇守甘肃;左都督杨能镇守宣府。召平江侯陈豫、都督金事雷通、右都督过兴、都督金事杨信还京"②。宣府总兵官又换成了左都督杨能。

杨能在宣府总兵官任上履职四年九个月。在天顺元年(1457)七月,因为打了胜仗,晋升为武强伯③。天顺四年(1460)十一月,《明英宗实录》叙述他的事迹说:"能,昌平侯洪之从子,沉毅善骑射,累树边绩,升至后军都督同知,镇守宣府。景泰五年召还,充神机营总兵官。天顺初,升左都督仍命出守宣府。时辄贼入寇,能身先士卒,奋勇督战,大捷,进爵武强伯,至是卒。"④

杨能去世后,天顺四年(1460)闰十一月,朱祁镇"升都督金事陈友为都督同知,佩镇朔将军印,充总兵官镇守宣府"⑤。陈友任宣府总兵官两年,到天顺六年(1462)十月,朱祁镇又"复右都督董兴爵为海宁伯,佩镇朔将军印,充总兵官镇守宣府"⑥。过了一年多,天顺八年(1464)正月朱祁镇去世,朱见深即位后,在三月召回了甘肃、辽东、宣府、延绥、蓟州等处的总兵官,另外"复都督金事郭登定襄伯,命佩平羌将军印,充总兵官镇守甘肃;命武安侯郑宏佩征房前将军印,充总兵官镇守辽东;都督同知颜彪佩镇朔将军印,(光)[充]总兵官镇守宣府;都指挥同知张杰升署右军都督金事,佩靖房副将军印,充总兵官镇守延(缓)[绥];修武伯沈煜充总兵官,镇守蓟州永平山海。"⑦

四、大同镇

永乐二十二年(1424)八月,朱高炽即位不久,就任命了四个总兵官:"武安侯郑亨等四人俱充总兵官,亨镇守大同;保定侯孟瑛镇交阯;襄城伯李隆镇山海;武进伯朱(营)[荣]镇辽东。"⑧洪熙元年(1425)六月,朱瞻基刚即位,"镇守大同总兵官武安侯上去年屯田子粒数",这显然是郑亨自履任总兵官以来督理屯田的成果,朱瞻基高兴地对户部尚书夏元吉说:"边军屯田,可省转输之劳。卿等宜遣人核实,所积果多,当如例赏之。"⑨宣德元年(1426)十月,在经过一番调整之后,朱瞻基"仍命武安侯郑亨镇守大同"⑩。郑亨在大同镇守直到宣德九年(1434)

① 《明英宗实录》卷二二六《废帝郕戾王附录第四四》,景泰四年二月庚寅条,台湾"中央研究院"历史语言研究所1962年校印本,第4927页。

② 《明英宗实录》卷二七五,天顺元年二月甲辰条,台湾"中央研究院"历史语言研究所1962年校印本,第5843页。

③ 《明英宗实录》卷二八〇,天顺元年七月戊子条,台湾"中央研究院"历史语言研究所1962年校印本,第6022页。

④ 《明英宗实录》卷三二一,天顺四年十一月壬寅条,台湾"中央研究院"历史语言研究所1962年校印本,第6673~6674页。

⑤ 《明英宗实录》卷三二二,天顺四年闰十一月癸丑条,台湾"中央研究院"历史语言研究所1962年校印本,第6679页。

⑥ 《明英宗实录》卷三四五,天顺六年十月癸亥条,台湾"中央研究院"历史语言研究所1962年校印本,第6972页。

⑦ 《明宪宗实录》卷三,天顺八年三月壬申条,台湾"中央研究院"历史语言研究所1962年校印本,第83页。

⑧ 《明仁宗实录》卷一下,永乐二二年八月乙[己]未条,台湾"中央研究院"历史语言研究所1962年校印本,第24页。

⑨ 《明宣宗实录》卷二,洪熙元年六月戊午条,台湾"中央研究院"历史语言研究所1962年校印本,第44~45页。

⑩ 《明宣宗实录》卷二二,宣德元年十月是月条,台湾"中央研究院"历史语言研究所1962年校印本,第591页。

二月去世,《明宣宗实录》在叙述其生平时说道:"亨,直隶庐州府合肥县人……从太宗皇帝靖内难,屡立战功,升中军都督府左都督,封武安侯……八年从征北虏,追败本雅失里,又败阿鲁台之众。自是连岁总兵镇天城、阳和等处,又镇大同,境内晏然。仁宗皇帝嗣位,命佩征西将军印仍镇大同,赐赉甚厚。宣德元年召还,掌北京行后军都督府事,未几又命镇守大同。亨严肃重厚,执守甚固,善抚士卒,而人不敢干以私。至是卒,追封潭国公,谥忠毅。"由于郑亨去世,大同总兵官一时没有合适人选,于是朱瞻基"敕大同参将都指挥使曹俭曰:'总兵官武安侯郑亨既没,原领制谕符验及征西前将军印、夜巡铜牌、城门锁钥令尔掌管,一切事务听尔提督,须存心公正,廉洁无私,抚辑军民,整饬边备,以副委任。'"①曹俭代理了一年零两个月的职务,曾在宣德十年(1435)二月上奏朝廷:"大同分地,东自烂柴沟,西至崖头墩,迂直险易,几踰千里。垣墙沟堑,日益坍塌,万一虏骑冲突,无以蔽拒,乞加修筑。"②这是关于修筑长城防御体系的建议,得到朝廷批准。

宣德十年(1435)四月,明廷重新任命大同总兵官:"命行在左军都督府都督同知方政佩征西前将军印,充总兵官;升大同参将都指挥使曹俭为都督佥事,充左副总兵;山西行都司都指挥使罗文为都督佥事,充右副总兵;赐以制敕,镇守大同,所统官军悉听节制。"③这一次明廷也是将总兵官,左、右副总兵都配置齐备。方政在大同总兵官任上履职不到两年,在宣德十年(1435)六月,有蒙古军千余人"入大同境肆掠,官军死者十五人,伤者百余人"。太子太保、成国公朱勇以及给事中王永和等"论镇守总兵官方政误事失机",朱祁镇考虑方政"临边未久,特宥之",后来方政上奏,指陈"所部都指挥邓瑛等畏缩观望,遂诏逮瑛等赴京"。几天后方政又上奏:"左副总兵都督曹俭领兵巡捕,杀死鞑贼数十人,获其弓箭袋等物",英宗看出了这个奏报的破绽,遂敕谕方政说:"朕度此事,卿等但据曹俭言耳。岂有杀虏数十,而不获一马者乎?今后报捷,务验其实,不可轻信,切宜戒之。"④正统二年(1437)正月,朱祁镇将方政晋升为右都督,并敕谕方政道:"朕嗣承大统,笃念旧臣,以尔练达老成,智勇兼备,特命镇守大同。尔能体朕之心,抚恤军士,绥怀远人,今特升尔为左军都督府右都督,仍充总兵官镇守大同。尔其益懋忠勤,以副委任。"⑤二月,由于对方政另有任用,朱祁镇"命丰城侯李贤佩征西前将军印,充总兵官,代都督方政镇守大同,仍敕贤:俟政巡哨回,即交印还京"⑥。

到了正统二年(1437)七月,明廷对大同总兵官又作出调整:"命行在右军左都督陈怀佩征西前将军印,充总兵官镇守大同。"原来,尚书魏源曾上奏,认为"总兵官方政号令不行,心无定见,又与参将陈斌不和,恐坏事机,宜令武进伯朱冕代之"。朱祁镇将魏源的建议交由廷议,廷议结果认为:"冕掌神机营事,不宜迁调",推荐了都督同知沈清,但是英宗不同意,于是"乃以

———————————

① 《明宣宗实录》卷一〇八,宣德九年二月乙丑条、壬申条,台湾"中央研究院"历史语言研究所 1962 年校印本,第2427~2428、2430~2431 页。

② 《明英宗实录》卷二,宣德十年二月庚申条,台湾"中央研究院"历史语言研究所 1962 年校印本,第 56~57 页。

③ 《明英宗实录》卷四,宣德十年四月辛酉条,台湾"中央研究院"历史语言研究所 1962 年校印本,第 88 页。

④ 《明英宗实录》卷六,宣德十年六月癸卯条、戊申条,台湾"中央研究院"历史语言研究所 1962 年校印本,第 118、119~120 页。

⑤ 《明英宗实录》卷二六,正统二年正月丙申条,台湾"中央研究院"历史语言研究所 1962 年校印本,第 516~517 页。

⑥ 《明英宗实录》卷二七,正统二年二月戊辰条,台湾"中央研究院"历史语言研究所 1962 年校印本,第 535 页。

命怀"①。

陈怀在大同总兵官任上履职两年,到正统四年(1439)二月,朱祁镇又"命武进伯朱冕充总兵官,都指挥同知石亨充参将,镇守大同",在给朱冕的敕书中写道:"大同为西北要冲,瓦剌使臣往来悉经此地,然虏情谲诈,须宿兵聚粮,以备不虞。其粮草已令户部设法处置,特念总兵官都督陈怀年老,虽边务素所谙习,而驱驰效力为艰。已敕怀将征西前将军印付尔收掌,听其还京,尔至彼,凡百机务与石亨商确而行,务在同心协和,不许偏执己见。尔等尤宜夙夜尽心,恪恭乃职,抚恤军民,以安边境,庶副朕之委任。"②朱冕在大同总兵官任上履职十年多,在正统六年(1441)时生病,朱祁镇"遣医驰视之"③,从京师派医生为其治病。正统七年(1442)正月,朱祁镇"敕大同总兵官武进伯朱冕、参将都指挥同知石亨:'往者瓦剌遣使来朝,多不满五人。今脱脱不花、也先所遣使臣,动以千计,此外又有交易之人。朕虑边境道路、军民供给劳费,已令都指挥陈友等赍敕往谕瓦剌,令自今差遣使臣多不许过三百人,庶几彼此两便。此后如来者尚多,尔等止遵定数,容其入关,余令先回,或令于猫儿庄俟候使臣同回,从彼自便,故预敕尔知之。'"④这是朱祁镇就朝贡体制下瓦剌使臣的人数进行限制,并将这个限制数额通知朱冕,让他照此执行。但是明朝显然没有限制住瓦剌朝贡入京的人数,到正统十三年(1448)瓦剌朝贡入京人数已达三千多人,且由于沟通不畅而引发了矛盾,导致正统十四年(1449)八月的土木之变,而朱冕则在七月上旬与瓦剌的战斗中战死。史载:"大同总督军务西宁侯宋瑛、总兵官武进伯朱冕、左参将都督石亨等与虏寇战于阳和后口,时太监郭敬监军,诸将悉为所制,师无纪律,全军覆败。瑛、冕俱死,敬伏草中得免,亨奔还大同城。"⑤

朱冕战死之后,八月初一朱祁镇亲征到大同,初二遂"命广宁伯刘安充总兵官,都督金事郭登充参将,镇守大同。降失机参将石亨为事官,俾募兵自效"。随后朱祁镇东返,于土木堡兵败被蒙古军俘获。郕王朱祁钰摄政后,在八月底复"令镇守大同广宁伯刘安仍充总兵官,佩征西前将军印,都督金事郭登为都督同知,充副总兵,都督金事方善、张通充左右参将,大同后卫指挥使姚贵为署都指挥金事管行都司事,都指挥金事张淮为都指挥同知仍旧管事"。⑥

郕王即位为景帝后,大同总兵官广宁伯刘安被下狱,朱祁钰乃于九月十五日"命大同副总兵都督同知郭登佩征西前将军印,充总兵官仍镇守大同"⑦。郭登在危难之际受命镇守大同,整顿败军,严加防守,因此在正统十四年十一月,景帝"升缘边总兵等官都督同知郭登为右都督,都督金事纪广、方善、张斌、王祯、张泰俱为都督同知,署都督金事王斌为都督金事,都指挥使杜忠、丁信俱署都督金事事,都指挥同知王荣为都指挥使,指挥金事萧敬为指挥同知署都指

① 《明英宗实录》卷三二,正统二年七月辛卯条,台湾"中央研究院"历史语言研究所 1962 年校印本,第 626 页。

② 《明英宗实录》卷五一,正统四年二月壬子条,台湾"中央研究院"历史语言研究所 1962 年校印本,第 974~975 页。

③ 《明英宗实录》卷七七,正统六年三月辛丑条,台湾"中央研究院"历史语言研究所 1962 年校印本,第 1517 页。

④ 《明英宗实录》卷八八,正统七年正月戊寅条,台湾"中央研究院"历史语言研究所 1962 年校印本,第 1764~1765 页。

⑤ 《明英宗实录》卷一八〇,正统十四年七月癸巳条,台湾"中央研究院"历史语言研究所 1962 年校印本,第 3490 页。

⑥ 《明英宗实录》卷一八一,正统十四年八月己酉条、丁丑条,台湾"中央研究院"历史语言研究所 1962 年校印本,第 3495、3535 页。

⑦ 《明英宗实录》卷一八三《废帝郕戾王附录第一》,正统十四年九月壬辰条,台湾"中央研究院"历史语言研究所 1962 年校印本,第 3574 页。

挥同知事,以在边有劳故也"①。郭登整顿防务大见成效后,便积极组织对蒙古军入掠的反击,在景泰元年(1450)闰正月终于取得栲栳山之捷,因此而受封为定襄伯。史载:"大同总兵官右都督郭登奏:'达贼从顺圣川入寇,驻于沙窝。臣等督官军与敌,斩首十一级,生擒哈刺等三名。贼众溃散,我军奋勇追至栲栳山复战,又斩首五级,夺所掳男女百十六人,马九十八匹,牛骡驴六百二十一头,马鞍七十五,盔甲、弓箭、腰刀、铜铁器皿四百有余。'诏封登为定襄伯,其余有功官军升赏有差。"②

郭登在大同总兵官任上履职四年,景泰四年(1453)八月因病回京,朱祁钰"实授署都督同知郭震为都督同知,充总兵官,佩征西前将军印,镇守大同。署都督佥事颜彪为都督佥事,充右参将协同镇守"③。郭震在职三年半,朱祁镇复位后,于天顺元年(1457)二月"命右都督李文佩征西前将军印,充总兵官镇守大同。都指挥张雕充左参将,分守东路;李显充右参将,分守西路;召太监裴当、都督同知郭震、都督佥事颜彪还京"④。李文在大同总兵官任上履职不到四年,因在大同威远等地的杀敌立功而被封为"高阳伯"⑤。

天顺四年(1460)闰十一月,朱祁镇命彰武伯杨信"佩征西前将军印,充总兵官,同太监王春镇守大同。召太监陈瑄、高阳伯李文还京"⑥。杨信在大同总兵官任上履职五年半,成化二年(1466)五月,明廷拟议大举搜套,廷议认为杨信可以出任前敌统帅,于是朱见深下令"召大同总兵官彰武伯杨信还京",同时"命修武伯沈煜佩征西前将军印,充总兵官镇守大同地方。调宣府副总兵都督佥事张瑀为大同副总兵官"⑦。

五、延绥镇

《明史》谓:"元人北归,屡谋兴复。永乐迁都北平,三面近塞。正统以后,敌患日多。故终明之世,边防甚重。东起鸭绿,西抵嘉峪,绵亘万里,分地守御。初设辽东、宣府、大同、延绥四镇,继设宁夏、甘肃、蓟州三镇,而太原总兵治偏头,三边制府驻固原,亦称二镇,是为九边。"⑧

然而考诸史实,则这一记载多有错误。其一,初设之谓,具体时间段不明,按今人理解,明初当指的是洪武时期,再往后延长一下,也只应到永乐时期,绝不应到宣德以后,更不应到正统年间。其二,初设、继设所云之军镇不符合明初的实际情况。如初设之四镇:辽东、宣府、大同、延绥,其中延绥镇不属于初设之列,即宣府镇也是永乐时期才设立的;继设之三镇:宁夏、甘肃、蓟州,甘肃乃初设即有之军镇,将其作为继设实属错误;而于洪武年间的大宁镇则只字未提。

对于上述问题,今人已经多所纠正。但具体到延绥镇的形成时间,诸家观点仍多不同。

---

① 《明英宗实录》卷一八五《废帝郕戾王附录第三》,正统十四年十一月乙酉条,台湾"中央研究院"历史语言研究所1962年校印本,第3678页。

② 《明英宗实录》卷一八八《废帝郕戾王附录第六》,景泰元年闰正月庚午条,台湾"中央研究院"历史语言研究所1962年校印本,第3851~3852页。

③ 《明英宗实录》卷二三二《废帝郕戾王附录第五十》,景泰四年八月庚戌条,台湾"中央研究院"历史语言研究所1962年校印本,第5083页。

④ 《明英宗实录》卷二七五,天顺元年二月辛亥条,台湾"中央研究院"历史语言研究所1962年校印本,第5850页。

⑤ 《明英宗实录》卷二八〇,天顺元年七月戊子条,台湾"中央研究院"历史语言研究所1962年校印本,第6022页。

⑥ 《明英宗实录》卷三二二,天顺四年闰十一月乙巳条,台湾"中央研究院"历史语言研究所1962年校印本,第6675页。

⑦ 《明宪宗实录》卷三〇,成化二年五月辛卯条,台湾"中央研究院"历史语言研究所1962年校印本,第602~604页。

⑧ 张廷玉等:《明史》卷九一《兵志三》,中华书局1974年版,第2235页。

如韦占彬认为:洪武后期东胜设卫,延安、绥德无事。永乐、宣德时期,随着东胜卫的内徙,延安、绥德一带的重要性有所增强。到正统年间,延安、绥德一带已屡有边患,明王朝开始以都督镇守其地。到景泰年间延绥仍边患不断,尤其天顺初鞑靼部崛起,出入河套,直接威胁到陕北的安全,所以,"天顺二年,明王朝封镇守延绥都督同知杨信为彰武伯,'命充总兵官,佩征虏副将军印,镇守延绥等处地方'。这是延绥总兵官设置之始,此后相沿不变,成为常设官职。所以,延绥设镇时间应为天顺二年(1458年)。成化九年(1472年①),在巡抚延绥都御史余子俊的建议下,移镇榆林,故也称榆林镇。"②

于默颖论道:有学者以延绥镇"总兵设于洪熙元年以前,巡抚定设于景泰元年",主张其最后形成于景泰元年(1450),也有人认为延绥设镇时间为天顺二年(1458),以杨信充延绥总兵官为标志。她提出:"延绥设镇不晚于永乐,至正统初都督王祯镇守其地,延绥即开始称镇。"③

赵现海支持韦占彬的说法:正统二年(1437)诏书中已出现延绥一词,统一的军事地域与制度单位色彩愈加浓厚。正统八年(1443),已经开始划分宁夏与延绥地界,延绥镇守制度遂具有独立镇守地域,军镇雏形逐渐呈现。天顺二年(1458)设总兵官,"延绥镇遂正式建立"④。

以上诸家各持一说,那么延绥镇究竟形成于何时呢?笔者以为应该形成于明英宗正统前十年的时候,兹述其详。

延绥乃延安、绥德之合称。明初洪武时期,延绥地区相对比较安定,这里仅有卫一级的军镇。但这些卫级军镇是从明朝一夺得西北地区就开始建置的。如延安卫的建立是在洪武二年(1369)五月,其时徐达率师出萧关、下平凉,"指挥朱明克延安,遂以明守之"⑤。同年十月,"置延安卫,命怀远卫指挥使许良领兵守之"⑥。至于绥德卫的建立,史书的记载和历史事实则有一定的差距。以理度之,绥德卫的建立应该和延安卫相差无几,如洪武二年(1369)五月,元朝"绥德、葭州守将孙知院、孔荣、关二俱诣大将军徐达降,达调指挥章存道、朱明等收集各镇官军分守之"⑦,这应该看作绥德立卫之始。洪武三年(1370)三月,朱元璋"赏延安、绥德及潼关军士白金"⑧,说明这时的延安、绥德均有军队戍守。更能证明绥德立卫的材料是同年七月,"故元参政脱火赤等自忙忽滩来归,诏赐冠服,置忙忽军民千户所,隶绥德卫,以脱火赤为副千户,仍赐袭衣靴袜银椀诸物及其从人衣服有差"⑨。十月,朱元璋给元太子爱猷识里达腊写信,其中谈到他写信的缘由说:"近绥德卫擒送平章彻里帖木儿,问之为君旧用之人,特令赍书致意。"⑩十一月的《明太祖实录》更明确记载:"延安卫指挥李恪、绥德卫指挥朱明等追败故元残

---

① 应为1473年。——编者注
② 韦占彬:《明代九边设置时间辨析》,《石家庄师范专科学校学报》2002年第3期。
③ 于默颖:《明蒙关系研究——以明蒙双边政策及明朝对蒙古的防御为中心》,内蒙古大学博士学位论文2004年,第103页。
④ 赵现海:《明代九边军镇体制研究》,东北师范大学博士学位论文2005年,第116~120页。
⑤ 《明太祖实录》卷四二,洪武二年五月丁酉条,台湾"中央研究院"历史语言研究所1962年校印本,第828页。
⑥ 《明太祖实录》卷四六,洪武二年十月乙酉条,台湾"中央研究院"历史语言研究所1962年校印本,第924页。
⑦ 《明太祖实录》卷四二,洪武二年五月辛酉条,台湾"中央研究院"历史语言研究所1962年校印本,第838页。
⑧ 《明太祖实录》卷五〇,洪武三年三月戊申条,台湾"中央研究院"历史语言研究所1962年校印本,第980页。
⑨ 《明太祖实录》卷五四,洪武三年七月丙申条,台湾"中央研究院"历史语言研究所1962年校印本,第1061页。
⑩ 《明太祖实录》卷五七,洪武三年十月辛巳条,台湾"中央研究院"历史语言研究所1962年校印本,第1119页。

兵于燕山只斤,禽获五百余人。又攻阿不剌思寨,获马三百余匹"①。以上史料清楚表明,延安卫、绥德卫的设立就是在洪武二年(1369),而此后洪武六年(1373)正月《明太祖实录》所载的"置绥德卫,以宁夏卫指挥佥事马鉴为指挥使"②则不足为据了。由于洪武时期明朝处于兴起的强势地位,蒙古族远遁河外,延绥地区以及宁夏地区相对无事,因此朱元璋在这里只设立了卫级军镇,说明其地位还不足与当时七个都司级的军镇相并列③。

永乐宣德时期,蒙古族由于受到洪武、永乐两朝的军事打击,一时无力南下,明朝北边相对平稳。但是,在这种相对平稳的形势下,由于朱棣北部边防政策之失误而给以后的北部边防埋下了诸多隐患。这些失误集中表现在两个方面:一是大宁都司的内迁,二是东胜卫的内徙。北边防线上这两个重要的都司和卫级军镇撤向内地,从战略格局的角度看,使北边防线出现了两个大缺口,一是在辽东与开平之间,二是在大同与宁夏、甘肃之间,由此而使开平卫势孤援绝,处于岌岌可危的境地。顺便说一句,永乐时期除了将大宁都司和东胜卫内迁,还将山西行都司的一些卫级军镇也作了内撤,这里就不多叙述了。

宣德后期和正统初年,蒙古族由于内部的斗争及成祖五征漠北的威慑,无暇整军南下,因而明朝的北部边防仍然相对安静,即便有些小部落陆续袭扰明边,但不足以造成边防的危机,仅明朝的边防部队或其巡边之军即可应付。但此时成祖弃大宁、东胜对北边防务所造成的损害已渐显露,其最直接的后果就是:开平成了孤立地深入蒙古高原的一座孤岛,三面受敌,后方补给非常困难,于是不得不在宣德五年(1430)撤至独石。这是明朝北边最后一个前沿阵地的后撤,它使明代的北部边防呈现了全面内缩的态势。

以上考察了宣德以前明朝北部边防的演变,却未论及延绥镇的形成,这种情况充分说明:宣德以前的延绥地区确实相对安宁,仅以延安、绥德等卫级军镇即足以应付边境局面,是所谓:"国初,敌遁河外,居漠北,延绥无事。"④但是,随着明朝北边防线的全面内缩,三十余年不敢南下牧马的蒙古族逐渐开始进入河套并不断袭扰明边,由此而使延安、绥德等卫所的地位变得越来越重要,因而有延绥镇的形成。

延绥镇的形成和两个军官有直接的关系,一是王永,二是王祯,而以王祯更显重要。

王永最初任延安卫、后调绥德卫任指挥使,因有孝行受到朝廷表彰,曾调任岷州卫,因在绥德卫有人望又于宣德四年(1429)八月被调回绥德卫⑤。五年后他升任"陕西都指挥佥事,仍于延安、绥德巡督"⑥,这里需要注意两点:一是王永升任都指挥佥事,二是他仍于延安、绥德巡督。王永从职级上进入了都司一级军衔的底层,从职责上可以巡督延安和绥德两个卫,这与过去只任绥德卫指挥使是不一样的,反映延绥地区开始联为一个整体。王永从宣德九年(1434)三月升任都指挥佥事直到正统二年(1437)九月由都指挥同知王祯代替,在职三年半,其间朝廷开始派遣文官前来整饬边备,如宣德十年(1435)十月,"升行在河南道监察御史郭智为行在

①　《明太祖实录》卷五九,洪武三年十一月戊辰条,台湾"中央研究院"历史语言研究所 1962 年校印本,第 1156 页。

②　《明太祖实录》卷七八,洪武六年正月是月条,台湾"中央研究院"历史语言研究所 1962 年校印本,第 1434~1435 页。

③　洪武时期的七都司级军镇即陕西都司(西安)、陕西行都司(甘肃)、北平都司(北平)、北平行都司(大宁)、山西都司(太原)、山西行都司(大同)和辽东都司辽东。

④　章潢:《图书编》卷四六《河套叙》,上海古籍出版社 1992 年版,第 14 页。

⑤　《明宣宗实录》卷五七,宣德四年八月癸未条,台湾"中央研究院"历史语言研究所 1962 年校印本,第 1352 页。

⑥　《明宣宗实录》卷一〇九,宣德九年三月庚寅条,台湾"中央研究院"历史语言研究所 1962 年校印本,第 2447 页。

都察院右佥都御史,命往绥德、延安,同守备都指挥佥事王永整饬边备,俱降敕谕之"①。郭智(郭知)于正统元年(1436)正月被召回北京,同年十一月明廷派监察御史章聪"督边备于延安、绥德"②。这期间明廷也曾派遣"甘肃总兵官太保宁阳侯陈懋守备延安、绥德"③,但职责、职权均不明,难以说明问题,实际上主要负责边务的还是王永。值得注意的是,《明英宗实录》在提到王永时多用"守备""提督"等字样,并以"都指挥"来称呼王永,及至最后称王永为"镇守",而实际上王永的职级是"都指挥佥事",这使我们有理由认为:在王永任职期间,明朝已经把延绥地区当作都司一级的军镇看待了。能够证明这一点的材料如正统二年(1437)五月,"守备延安、绥德监察御史章聪奏请:'每岁八月,以各卫操备官军选三千六百人,分三队,令都指挥或指挥领之,一自府谷抵榆林庄,一自榆林庄抵大兔鹘,一自大兔鹘抵保安塞门,往来巡哨,寇至则合兵追剿。仍以都指挥王永提督如故。'从之。"④同年五月,朱祁镇敕镇守陕西右副都御史陈镒曰:"安边在得人,而尤贵谋略。今将帅多玩愒不事事,而卿夙夜在公,朕甚嘉之。特命卿往宁夏,抵延安、绥德,遍历边徼,其大小政务,同总兵官史昭及都指挥王永从宜区画,务致允当。卿所奏设墩堡及委官巡督方略,其再相度可否,可即行之,毋俟再奏。"⑤正统二年(1437)八月,"行在兵部奏:'泰宁卫都督拙赤奏:顺宁王脱欢遣部属剿杀阿台,其言未可轻信。宜严督辽东、宣府、大同、宁夏、甘肃、延安绥德等处总兵官用心哨备。'上命遣人驰驿报之。"⑥王永既被称为"都指挥",又与辽东、宣府、大同、宁夏、甘肃总兵官相提并论且负有相同的职责,正说明延绥作为都司一级军镇的地位已经形成。最能说明问题的是王永和王祯交接之时,《明英宗实录》载:"命镇守延安绥德都指挥佥事王永回陕西都司署事,敕都指挥同知王祯代永镇守。"⑦

如果说王永和王祯交接之际,延绥还刚刚被作为都司级的军镇看待的话,那么在王祯任职期间,延绥则已经完成都司级军镇的一应建置,成为可以和其他军镇并列的九边重镇之一。

王祯是西安人,曾任职于延安卫,接替王永时他的职级是都指挥同知,比王永高一级。他到任后仅过了三个多月,就因御边有功而晋升为都指挥使⑧,这是都司一级的最高职级。王祯在延绥地区任职从正统二年(1437)九月直到天顺元年(1457)三月被召回,长达二十年,他的职级也不断晋升,继正统三年(1438)正月升为都指挥使后,正统六年(1441)二月升为右军都督佥事,后来因为战事失利及私占官军而被降职,但不久到正统九年(1444)九月,朱祁镇复"升镇守延安绥德都指挥佥事王祯为都督佥事,仍旧镇守"⑨。土木之变后的十一月,王祯升为

① 《明英宗实录》卷一〇,宣德十年十月丁未条,台湾"中央研究院"历史语言研究所1962年校印本,第191~192页。
② 《明英宗实录》卷二四,正统元年十一月丁未条,台湾"中央研究院"历史语言研究所1962年校印本,第481页。
③ 《明英宗实录》卷一三,正统元年正月庚午条,台湾"中央研究院"历史语言研究所1962年校印本,第229页。
④ 《明英宗实录》卷三〇,正统二年五月癸巳条,台湾"中央研究院"历史语言研究所1962年校印本,第595~596页。
⑤ 《明英宗实录》卷三〇,正统二年五月乙卯条,台湾"中央研究院"历史语言研究所1962年校印本,第605~606页。
⑥ 《明英宗实录》卷三三,正统二年八月戊辰条,台湾"中央研究院"历史语言研究所1962年校印本,第641页。
⑦ 《明英宗实录》卷三四,正统二年九月癸丑条,台湾"中央研究院"历史语言研究所1962年校印本,第669~670页。
⑧ 《明英宗实录》卷三八,正统三年正月辛亥条,台湾"中央研究院"历史语言研究所1962年校印本,第744页。
⑨ 《明英宗实录》卷一二一,正统九年九月丁亥条,台湾"中央研究院"历史语言研究所1962年校印本,第2436页。王祯升职事见《明英宗实录》卷七六,正统六年二月乙亥条,台湾"中央研究院"历史语言研究所1962年校印本,第1487页;降职事见《明英宗实录》卷一一三,正统九年二月壬辰条,台湾"中央研究院"历史语言研究所1962年校印本,第2273页。

都督同知①。一年多后的景泰二年（1451）二月，王祯又升为右都督，协赞军务右佥都御史马恭也被升为右副都御史，"各赐银十两，彩币二表里。敕之曰：'得尔等奏，二次率领官军于打狼山追杀贼寇，生擒四名，斩首三级，夺所虏人口头畜，并获其马匹盔甲等物，余贼败遁。今特升尔祯为右都督，尔恭为右副都御史，仍各颁赐彩币。尔恭仍将杀贼有功并射伤官军从公开奏，毋容下人作弊妄报。'"②此时的王祯已是官居一品，一直到天顺元年（1457）三月被杨信取代，史载："召镇守延安绥德都督王祯还京，敕都督佥事杨信代祯镇守，张钦副之。"③值得注意的是：第一，王永在延绥任职时的职衔称谓是从备御到守备到提督，而王祯从一接任起直到离任其职责始终是镇守，反映了从正统二年（1437）起延绥地区已经被作为都司一级的军镇对待，其地位和九边其他军镇相等；第二，接替王祯的杨信职衔是都督佥事，比王祯的都督职衔低了两级，但是仅过了半年，朱祁镇即"升镇守延安绥德都督佥事杨信为都督同知"④，又过了不到半年的时间，朱祁镇"封都督同知杨信为彰武伯，命充总兵官，佩征虏副将军印，镇守延绥等处地方。命都督同知张钦充右参将，仍守西路"⑤。杨信虽然在不到一年里就晋级、封伯、佩印充总兵官，但职责仍是镇守延绥，这和王祯的职责没有什么不同。因此，关于延绥镇的形成，如果说王祯任职时期延绥地区还不是军镇，只有到杨信有了总兵官头衔才能称镇，笔者以为那是割断了历史，有违事实，因此难以服人。

　　以上是从王祯的职级方面进行的考察，下面再看军镇建置及运行的情况。实际上从正统元年（1436），明廷就已将延安、绥德合为一体并与九边其他军镇同等对待了。同年十二月，兵部尚书王骥和右侍郎邝埜因迟议边情之故被下狱，"公、侯、伯、五府、六部、太师英国公张辅等上备边议，谓甘肃、延绥、大同、宣府各边俱有镇守、总兵等官"⑥，正说明了这种情况。王祯任镇守以后，同年十一月，朱祁镇敕镇守延安绥德都指挥同知王祯等曰："大同总兵官都督陈怀奏：瞭见鞑贼约三千骑自东而西，意者兀良哈三卫贼徒，欲往延绥一路劫掠。又指挥岳谦使残房阿台、朵儿只伯处，还言此贼探知甘肃有备，亦欲来延绥、宁夏一路侵扰。卿等其整饬军马，昼夜戒严，贼至多方剿杀，毋或怠误。"⑦这是皇帝直接给王祯下的命令，反映的是王祯已然是独立战区的军事首长，在战时征伐体系中要独当一面的。年底，王祯上奏："延安、绥德、庆阳皆极临边境，人不通医，市无善药，官军病者多致伤生。乞敕陕西布政司关给药品及于属县拨医随军，候边境宁日乃止。"⑧这说明一是王祯的管辖范围起码有三个卫，二是明朝已经有随军医生，表现了其战时军事征伐体系的一个侧面。正统六年（1441）八月，王祯上奏："先年奏请召商中盐，止于绥德高家堡、榆林庄近处上纳，以致边远仓分无储，而近处则又陈腐虚耗。乞将今年坐拨高家堡、榆林庄之粮，斟酌转拨边寨粮少仓分，庶得远有储蓄，近不腐耗。命行在户部

①　《明英宗实录》卷一八五，正统十四年十一月乙酉条，台湾"中央研究院"历史语言研究所1962年校印本，第3678页。
②　《明英宗实录》卷二〇一，景泰二年二月庚午条，台湾"中央研究院"历史语言研究所1962年校印本，第4271页。
③　《明英宗实录》卷二七六，天顺元年三月乙亥条，台湾"中央研究院"历史语言研究所1962年校印本，第5877页。
④　《明英宗实录》卷二八二，天顺元年九月戊寅条，台湾"中央研究院"历史语言研究所1962年校印本，第6061页。
⑤　《明英宗实录》卷二八七，天顺二年二月乙巳条，台湾"中央研究院"历史语言研究所1962年校印本，第6150～6151页。
⑥　《明英宗实录》卷二五，正统元年十二月丁丑条，台湾"中央研究院"历史语言研究所1962年校印本，第499页。
⑦　《明英宗实录》卷三六，正统二年十一月辛丑条，台湾"中央研究院"历史语言研究所1962年校印本，第703～704页。
⑧　《明英宗实录》卷三七，正统二年十二月己卯条，台湾"中央研究院"历史语言研究所1962年校印本，第723页。

议行之。"①这是就辖区内部队的粮饷提出建策。正统七年(1442)正月,镇守陕西都督同知郑铭上奏:"臣与右副都御史陈镒先奉敕同镇守陕西,凡事从公计议而行。既而镒奉敕:遇冬往延安、绥德等处提督边备,至春暖黄河冻解方还陕西。后命右佥都御史王翱代镒镇守,亦复如之。切惟陕西地方广阔,所属府州卫所多临边境,每有军机重务,遣人赍文会议,往复日久,诚恐误事。臣窃以为:延安、绥德惟备边一事,已有都督佥事王祯统领军马,又有副使陈斌协赞军务,自今乞命陈镒、王翱止遵先敕,同臣镇守。其延安、绥德等处凡军机事务,悉听陈斌、王祯协同整理,庶得事体归一。上从其言,仍令兵部移文示翱等知之。"②这段史料的意义在于,它明确了延绥镇和陕西镇之间的权限划分,如果说以前的延绥军机事务还要受陕西镇守的辖制,那么从现在起,延绥等处的军机事务就都由陈斌和王祯协同处理,正说明延绥独立军镇地位的确立。正统八年(1443)九月王祯又奏请朝廷,"乞与宁夏分画地界,于花马、定边二营之中,各认分守,有警不致推调。兵部请命参赞军务佥都御史卢睿等躬临其地,如奏处置。"③这是与宁夏镇划分各自防区的地界以明确职责,明廷委派佥都御史卢睿前往处理。正统九年(1444)十月,朱祁镇"命大同总兵官武进伯朱冕、宁夏总兵官都督同知黄真、镇守延安绥德都督佥事王祯、守备偏头关都指挥马贵巡视塞外"。《明英宗实录》追溯事情的缘由载:"先是,真奏:乞于天暖草青之时,会大同、延绥、偏头关边将,各率轻骑出境巡历,起自东胜黄河,西抵百眼井,按视贼来径路,豫知地利所在,遇儆乘便,易于追剿。兵部下其事于冕等议,冕言:大同距宁夏颇远,难以合兵。大同与偏头关近,臣与马贵各整军马出境,会于东胜。宁夏与延绥近,宜令黄真与王祯各整军马出境,会于百眼井。从之。"④朱祁镇命令大同、宁夏、延绥、偏头关四个军镇的首领率军出巡塞外,是边境军事征伐体系运行的一个例证,更是延绥已经成为明代九边军事重镇之一的一个例证。

通过以上分析,我们认为:明代延绥镇的形成应该是在正统初叶,亦即正统元年(1436)至正统十年(1445)。我们所注重的是九边军镇的实质,即军事镇戍与征伐体系的形成与运作,它主要以都司一级的镇守一职之常设为标志。其实在史籍中,镇守、总兵官意义是相同的,明人称:"总镇一方者曰镇守",其中"挂印专制者曰总兵"⑤。这里总镇一方是镇守和总兵官的共同职责,挂印专制则更具战时体制的特点,两者的区别只在于前敌统帅权力的大小,如是否可以先斩后奏及战场上可以处置的军官的级别等,因此不能说镇守的设置不算称镇而只有总兵官的设置才算称镇。实际上,镇守与总兵官的意义是等同的,如正统六年(1441)五月,延绥地区因为打了胜仗,军官晋升了一大批,"赏延安、绥德等处杀贼有功官军一千八百四十三人。总兵官银十两,彩段二表里;冲锋破敌都指挥各银四两,彩段一表里;指挥各银三两,彩段一表里;千百户等官各银二两,绢二匹;旗军人等各银二两,布二匹;齐力当先指挥各银二两,绢一匹;千百户等官各银一两,绢一匹;旗军人等各银一两,布一匹;官旗士卒阵亡者加赏一倍,仍敕有司赐祭;被伤者加赏半倍"⑥。此时的延绥由王祯任镇守,并无总兵官的设置,因此这里所说

① 《明英宗实录》卷八二,正统六年八月戊辰条,台湾"中央研究院"历史语言研究所1962年校印本,第1635页。
② 《明英宗实录》卷八八,正统七年正月庚辰条,台湾"中央研究院"历史语言研究所1962年校印本,第1766~1767页。
③ 《明英宗实录》卷一〇八,正统八年九月辛未条,台湾"中央研究院"历史语言研究所1962年校印本,第2191页。
④ 《明英宗实录》卷一二二,正统九年十月丙午条,台湾"中央研究院"历史语言研究所1962年校印本,第2443页。
⑤ 魏焕:《皇明九边考》卷一《镇戍通考》,国立北平图书馆善本丛书第一集,1936年。
⑥ 《明英宗实录》卷七九,正统六年五月丁巳条,台湾"中央研究院"历史语言研究所1962年校印本,第1574~1575页。

的总兵官应该就是指镇守而言，也就是说，镇守相当于总兵官，有了都司一级镇守的设置，相应的军镇也就此形成。

以上考察了正统初叶延绥镇的形成，那么，为什么延绥镇会在这个时候而不是别的时间形成呢？这主要是由明蒙双方的形势变化所决定的。

延绥镇地处河套，它作为军镇的形成是蒙古族重新南下进入河套的直接结果。明初洪武时期，将北部边防线向长城以外推进有四五百里，并且对残元势力执行招抚与打击并行的政策，蒙古族的力量处于分化瓦解与重新组合之中，因而一时无力大举南下。永乐时期瓦剌与明朝关系相对稳定，朱棣重点打击鞑靼，蒙古族一时也难以南下。在此期间，河套地区相对宁静。在正统以前的明朝人眼里，河套并未被看得十分重要，他们将河套看作人烟稀少的荒漠之地，虽然已归入明朝的统辖之下，但并没有想到从巩固边防的角度进行开发，因而史家论述道："河套，古朔方郡，唐张仁愿筑三受降城处也。地在黄河南，自宁夏至偏头关，延袤二千里，饶水草，外为东胜卫。东胜而外，土平衍，敌来，一骑不能隐，明初守之，后以旷绝内徙。"①

其实，在朱棣刚继位不久，河套地区就有蒙古族潜入活动。当时掌后军都督府的云阳伯陈旭奏报："延安府府谷县灰沟村黄甫川虽延安属地，然相离五百余里，猝有缓急，应援不及。比者虏入其地杀人畜，山西巡边将士相去仅十五里，乃曰非吾境内，拥兵不救，请治以罪。"②朱棣为此而切责大同守将吴高。由于东胜卫的内撤给河套内的延安和绥德的防御带来了压力，宁夏总兵官左都督何福奏报："陕西神木县在绥德卫之外七百余里，盖极边冲要之地，虏之所常窥伺者。洪武中，每岁河冻，调绥德卫官军一千往戍。后设东胜卫，又在神木之外，遂罢神木戍兵。今东胜卫率调永平、遵化，神木虽如旧戍守，然兵少不足以制虏。且县治在平地，四山高峻，寇至凭高射城中，难为捍卫。县城东山有古城，颇险峻，且城隍坚完，请移县治于彼，益兵戍守为便。"③朱棣批准何福的请求并从绥德卫增调一个千户所前往神木戍守，但他没有考虑到内徙东胜卫的失策。宣德中叶，镇守山西都督佥事李谦奏报：偏头关戍守人少，"向因虏贼犯境，已增官军一千人"，"今境外屡报声息，请循大同边卫事例，添拨神铳手于灰沟村三堡防守，庶警急易于策应"。④ 到宣德七年（1432）九月，李谦又奏报："偏头关沿边诸处近有虏寇出没，防守不足"⑤，要求将支援大同的士兵调回。正统元年（1436）十一月，"敕大同宣府等处总兵等官都督方政等曰：'近得延安绥德守备官奏：达贼二千余人入寇神木县，我师奋勇追剿出境。朕以此贼迫于饥寒，虑必复来侵（优）[扰]，卿等其皆饬兵严备，相机行事，朕不中制'。"⑥从以上史料记载可以看到，从永乐到宣德，河套地区一直有蒙古族进行活动，只不过可能是规模不大，冬入春出而已。到正统二年（1437）三月，备御榆林庄陕西都指挥王永奏报："累年黄河冻消，将西安等卫发来备冬官军放回。今闻达贼在河套，逼近府谷等处，恐探知无备，窃来犯边，乞暂留守哨。"⑦这里反映的问题是自正统以来，蒙古族在河套已经不是冬入春出而是常年留

---

① 张廷玉等：《明史》卷三二七《鞑靼传》，中华书局1974年版，第8473页。
② 《明太宗实录》卷二六，永乐元年十二月甲午条，台湾"中央研究院"历史语言研究所1962年校印本，第485页。
③ 《明太宗实录》卷五四，永乐四年五月丙辰条，台湾"中央研究院"历史语言研究所1962年校印本，第810页。
④ 《明宣宗实录》卷七三，宣德五年十二月甲午条，台湾"中央研究院"历史语言研究所1962年校印本，第1716~1717页。
⑤ 《明宣宗实录》卷九五，宣德七年九月辛巳条，台湾"中央研究院"历史语言研究所1962年校印本，第2159页。
⑥ 《明英宗实录》卷二四，正统元年十一月丙午条，台湾"中央研究院"历史语言研究所1962年校印本，第478页。
⑦ 《明英宗实录》卷二八，正统二年三月癸巳条，台湾"中央研究院"历史语言研究所1962年校印本，第555页。

居,由此使明朝的延绥地区边防压力加大。而此时明朝在这一地区的边防很不成体系,这从正统元年(1436)九月宁夏总兵官都督同知史昭的奏报中可见一斑:"宁夏城池屯堡营墩俱在黄河之外,备御西北一带,其河道迤东至察罕脑儿直抵绥德,沙漠旷远,并无守备。拟于来春相地于花马池筑立哨马营,增筑烟墩,直抵哈剌兀速马营。"①可见正统元年(1436)延绥、宁夏一带守备设施、防御体系均不完备的情况,在此情况下,明朝迅速加强边防、设置军镇、完善战时征伐体系就是很自然的事。史载:"先是,东胜设卫守在河外,榆林治绥德。后东胜内迁,失险,捐米脂、鱼河地几三百里。正统间,镇守都督王祯始筑榆林城,建缘边营堡二十四,岁调延安、绥德、庆阳三卫军分戍。"②这正反映了正统初叶延绥镇形成的历史过程。

前文分析了延绥镇形成的历史原因,那么,今人在延绥镇之形成以至九边之形成的问题上何以会有各种不同的观点呢? 笔者以为原因有如下几点:

首先,关于如何判定称镇标准的问题。余同元最早提出:"九边(镇)设置以镇守总兵官之常设为标志。"③韦占彬持此种观点。范中义提出:"一是要有武职大臣,即总兵的镇守,一是要有文职大臣,即巡抚的提督。"因此每镇都有一个初设和最后完成的问题。④ 肖立军持这种观点,并认为"不设巡抚说明此镇还不够典型"⑤。赵现海也提出:"明代九边建置的标志为总兵镇守制度的建立。"⑥而于默颖则对上述观点进行了批驳,认为"若以巡抚设置为各镇形成的标志,就会普遍推迟各镇设立和称镇的时间",这"显然割裂了边镇的历史"。她提出:"九边各镇情况各异,不应简单地以总兵官和巡抚的设置作为设镇的唯一标志。就辽东、宣府、大同、宁夏、甘肃诸镇而言,设镇应以洪武时设立都司、卫所为标志,武臣镇守或总兵官的设置则应是称镇标志",其余各镇设立称镇情形不可一概而论,"延绥应以镇守武臣的设立为称镇标志"⑦。以上诸家观点可以概括为总兵官设立说、初设—完成说、设镇—称镇不可一概而论说。然则,初设—完成说拉大了军镇建设的时间段,于默颖的批评是很有道理的;总兵官设立说割裂了都司作为军镇的历史过程;设镇—称镇不可一概而论说注意到了上述观点的缺陷,但只是分别做了论述,未提出可供参照的标准。

笔者以为:考究明代九边军镇的建置,第一要结合都司卫所的军事防御体系进行考察。洪武时期的都司和卫就是军镇,只不过级别不同,负责的防区大小有别,所则因其单位太小而称不上军镇。当时的军镇职能有二:一是平时的军政管理;二是战时的军事征伐。这其中包含了日常军事镇戍和遇警随时出征两种职能,是一种临战体制。第二要结合领敕行事的军事长官的任命及其责任来考察,至于其是否称为总兵或总兵官则在其次。洪武永乐时期的都司卫所长官,包括朱棣派往北边军镇的总兵官如何福、吴高等,平时要管理军政事务,防区内有警要率

---

① 《明英宗实录》卷二二,正统元年九月乙巳条,台湾"中央研究院"历史语言研究所 1962 年校印本,第 436 页。

② 张廷玉等:《明史》卷九一《兵志三》,中华书局 1974 年版,第 2237 页。

③ 余同元:《明代九边述论》,《安徽师大学报》(哲学社会科学版)1989 年第 2 期。

④ 范中义:《明代九边形成的时间》,《大同高等专科学校学报》(综合版)1995 年第 4 期。

⑤ 肖立军:《九边重镇与明之国运——兼析明末大起义首发于陕的原因》,《天津师大学报》(社会科学版)1994 年第 2 期。

⑥ 赵现海:《明代九边军镇体制研究》,东北师范大学博士学位论文 2005 年,第 29 页。

⑦ 于默颖:《明蒙关系研究——以明蒙双边政策及明朝对蒙古的防御为中心》,内蒙古大学博士学位论文 2004 年,第 90 页。

军出征,朝廷有征调要统军听从朝廷指挥,以后也同样如此。第三要结合明代当时人对军镇的称呼和习惯看法来验证,而作为九边的军镇,应该具有相当于都司一级的职能,如管辖数个卫、长官有相应的职级和职权、有相应的防区等。据此,明代九边军镇的形成是一个历史的过程,是一个军事布防体系,它的形成就是洪武初年及以后续有变化的都司和军卫的建立,都司是由卫一级军镇组成的防御体系,都司所在地就是一方军镇。至于很多人以为标志的镇守总兵官的设置,那是洪武时期大将防边体制的一个新变化,九边总兵官的派遣使得明朝北边军事防务两种职能发生了分化:都司卫所的平时军政管理职能主要由掌印的军官来执行,镇守总兵官则着重执行大将统兵镇戍边境及战时军事征伐职能。随着九边形势的变化,这种战时征伐职能的作用越到后来越明显。因此,笔者的观点可以概括为两点:一是要有都司一级的军事防御体系的建立;二是要有战时军事征伐体系即日常军事镇戍和遇警随时出征两种职能的完成。至于军镇长官的军衔,可以是都督、都督同知、都督佥事,也可以是都指挥使或者都指挥同知、都指挥佥事,可以挂总兵官印,也可以不挂总兵官印,不可一概而论。

其次,关于史料依据的问题。这里有两种情况:一是有些研究者多依据《明史》《皇明九边考》《四镇三关志》《图书编》等材料为基础,看似纵横捭阖,细读起来难免使人有隔靴搔痒之感。因为这类史料多为后人追记,其与史实尚有诸多差距,以《明史》而言,其记述明代北部边防每多疏误,所以只能作为印证材料而不能作为立论的根基,决定的是应以明朝政府的档案亦即《明实录》为基本史料依据;二是有些研究者也做到了依据《明实录》来立论,但是对《明实录》材料的搜集和爬梳尚有欠缺,经常是选择了后面某一点类似结论的材料而忽略了历史发展过程中诸多有价值的史料,因而在分析和论述时总会出现各种错误和疏漏,这里决定的是要穷搜极讨,排比分析,以寻求事物演变的蛛丝马迹,才能更接近历史的真实。

六、宁夏镇

明仁宗即位后,在永乐二十二年(1424)九月"命后军都督府同知梁铭、都指挥使陈怀镇守宁夏"[1]已于前述。这时的梁铭是以参将的身份镇守宁夏,因其贪婪的本性不改,受到御史的弹劾而下狱,于是在宣德元年(1426)七月,朱瞻基遂"命右军都督同知陈怀佩征西将军印镇守宁夏,陕西都指挥使张麟往佐之"[2]。八月,朱瞻基宽宥了梁铭的罪过,史称"御史论铭应罚役降爵,上念铭旧勋,宥之,复其爵而罢其参将之任"[3]。

宣德元年(1426)十月,朱瞻基在亲征朱高煦之后,安定了内部,于是"命太保宁阳侯陈懋佩征西将军印,充总兵官,都督同知陈怀充参将,镇守宁夏"[4]。原来的梁铭和陈怀都是以参将而镇守宁夏,现在又恢复了总兵官镇守的旧制。陈懋任宁夏总兵官到宣德六年(1431)四月,其间曾与其他总兵官一起提出烧荒的建议,并在宣德四年(1429)九月实施。史载:"遣将出塞烧荒。先是每于冬初,命将率兵出塞烧草,名烧荒,盖防虏南向,且耀兵也。至是,守大同武安侯郑亨、守宣府都督谭广、守宁夏宁阳侯陈懋等各遣人奏:'宜及时发兵出塞。'上曰:'烧荒固

---

① 《明仁宗实录》卷二上,永乐二十二年九月乙亥条,台湾"中央研究院"历史语言研究所1962年校印本,第41页。

② 《明宣宗实录》卷一九,宣德元年七月壬子条,台湾"中央研究院"历史语言研究所1962年校印本,第509页。

③ 《明宣宗实录》卷二〇,宣德元年八月甲子条,台湾"中央研究院"历史语言研究所1962年校印本,第525页。

④ 《明宣宗实录》卷二二,宣德元年十月乙酉条,台湾"中央研究院"历史语言研究所1962年校印本,第589页。

常例,师行不可不谨。'遂敕诸将肃部伍,严号令,毋或怠忽,为虏所窥。"①烧荒是明代北部边防的一项例行事务,从这里的记载来看,它显然不是在宣德四年(1429)才开始的,如文中所说的"先是"、朱瞻基所说的"烧荒固常例",说明它早已实行,其具体的起始年代当可追溯到永乐初年。宣德六年(1431)四月,陈懋奉召回京②。

宣德七年(1432)三月,朱瞻基"命守西宁都督佥事史昭佩征西将军印,充总兵官镇宁夏"。在给史昭的敕书中说道:"尔练达老成,公勤廉正,朕心所嘉。兹命往镇宁夏,整饬城池,操练军马,凡事审度可否而行。须昼夜尽心守备,俾边境宁谧,军士得所,庶副朝廷委任。"③史昭在宁夏总兵官任上十一年多,在明英宗即位后,于宣德十年(1435)二月晋升为都督同知④。正统二年(1437)正月,"升宁夏总兵官都督同知史昭为右都督,赏白金五十两、彩币四表里;参将都督佥事丁信、参赞军务右佥都御史郭智俱赏白金三十两、彩币二表里;以获虏寇功也"⑤。可见史昭在宁夏还是著有劳绩的。

正统八年(1443)九月,朱祁镇将年事已高的史昭召回京师,"命都督同知黄真佩征西将军印,充总兵官代史昭镇守宁夏。命都指挥使朱谦充宣府右参将,代真守备万全左卫等处"⑥。第二年,史昭去世。黄真在宁夏总兵官任上六年,在正统九年(1444)他做错事,朱祁镇"宥宁夏总兵官都督同知黄真等罪"。起因是原来"总兵官都督史昭以宁夏等卫阙铜铳,请以军屯样田子粒市铜造之",朱祁镇不批准。及至黄真接任总兵官后,没有报请朝廷批准就铸造了九百多件铜铳,于是"参赞军务佥都御史卢睿劾其专擅,请罪之",朱祁镇后来还是宽恕了黄真,说道:"真等姑置不问,铳已铸者令其收用,若再蹈前失,必罪不宥。"⑦这件事反映了明廷对新式武器的掌控非常严格,不许边镇自己铸造,害怕这种技术流传出去,威胁统治,这也是中国自明清以来火器制作技术长期停滞不前的一个主要原因。正统九年(1444)十月,朱祁镇"命大同总兵官武进伯朱冕、宁夏总兵官都督同知黄真、镇守延安绥德都督佥事王祯、守备偏头关都指挥马贵巡视塞外。先是真奏:'乞于天暖草青之时,会大同、延绥、偏头关边将,各率轻骑出境巡历,起自东胜黄河,西抵百眼井,按视贼来径路,豫知地利所在,遇做乘便,易于追剿。'兵部下其事于冕等议,冕言:'大同距宁夏颇远,难以合兵,大同与偏头关近,臣与马贵各整军马出境,会于东胜;宁夏与延绥近,宜令黄真与王祯各整军马出境,会于百眼井。'从之"⑧。这个巡边的建议是黄真提出的,这里的"镇守延安绥德都督佥事王祯"反映的是延绥镇形成的情况,"守备偏头关都指挥马贵"则反映的是山西镇的情况,是后来"山西总兵驻偏头"的早期情况。

正统十三年(1448)九月,"升宁夏守备都指挥同知张泰为右军都督府都督佥事,佩征西将军印,充总兵官镇守宁夏。召宁夏总兵官都督同知黄真还京,以真年老有疾也"⑨。正统十四

---

① 《明宣宗实录》卷五八,宣德四年九月辛亥条,台湾"中央研究院"历史语言研究所1962年校印本,第1377页。

② 《明宣宗实录》卷七八,宣德六年四月癸丑条,台湾"中央研究院"历史语言研究所1962年校印本,第1811页。

③ 《明宣宗实录》卷八八,宣德七年三月庚午条,台湾"中央研究院"历史语言研究所1962年校印本,第2029页。

④ 《明英宗实录》卷二,宣德十年二月戊午条,台湾"中央研究院"历史语言研究所1962年校印本,第54页。

⑤ 《明英宗实录》卷二六,正统二年正月乙未条,台湾"中央研究院"历史语言研究所1962年校印本,第516页。

⑥ 《明英宗实录》卷一〇八,正统八年九月乙亥条,台湾"中央研究院"历史语言研究所1962年校印本,第2192页。

⑦ 《明英宗实录》卷一一四,正统九年三月庚午条,台湾"中央研究院"历史语言研究所1962年校印本,第2306~2307页。

⑧ 《明英宗实录》卷一二二,正统九年十月丙午条,台湾"中央研究院"历史语言研究所1962年校印本,第2443页。

⑨ 《明英宗实录》卷一七〇,正统十三年九月丁亥条,台湾"中央研究院"历史语言研究所1962年校印本,第3274页。

年（1449）土木之变后，十一月，张泰晋升为"都督同知"，几天后，张泰就军中战车的改造提出建议，明廷原来规定的战车式样是"每车用马七匹，军士十数人，缦轮笼毂，兵仗之制甚备"，但是这种车只适合于"平原旷野列营遏敌"，宁夏地区"多屯田町畦，沟渠不利驾使"，因此张泰提出"宜易小车，其制用马一匹驾辕，中藏兵器，遇险阻以人力抬挽，外足以抗敌锋，内足以聚奇兵"，他特别强调这种战车"每试用，众辄称利"。① 这是前方将士因地制宜的好办法，朱祁钰对此加以批准。张泰在宁夏总兵官任上九年，到天顺元年（1457）八月，"命都督佥事张义镇守宁夏"②。天顺二年（1458）九月，又有史载："命都督佥事张义佩征西将军印，充总兵官镇守宁夏。以宁夏总兵官张泰得疾，不能理事也。"③将这两条史料联系起来看，天顺元年（1457）八月张义镇守宁夏，应该是属于暂时代理的性质，其时张泰可能刚刚生病，暂由张义代守，到了天顺二年（1458）九月，张泰病情未好，所以朱祁镇正式任命张义为总兵官镇守宁夏。

到了天顺四年（1460）五月，张义履职宁夏总兵官不到两年就去世了，朱祁镇"命都督同知翁信佩征西将军印，充总兵官镇守宁夏"④。一年半以后，朱祁镇又"复命致仕都督同知张泰佩征西将军印，充总兵官镇守宁夏，召都督同知翁信还京"⑤。此前张泰因病致仕，现在当是病愈，又重新出任宁夏总兵官。张泰又履职四年，到成化元年（1465），张泰因为年老请求致仕，朝廷批准，遂"命延绥总兵官都督佥事李杲佩征西将军印，充总兵官镇守宁夏"⑥。

七、甘肃镇

永乐十二年（1414）九月，朱棣命都督佥事费瓛出任镇守甘肃总兵官。朱高炽即位后，费瓛仍然在任，已于前述。

朱瞻基即位后，于洪熙元年（1425）十月"升后军都督府都督佥事费瓛为右军都督府左都督"，他在给费瓛的敕书中说："卿皇祖旧臣，效劳守边十有余年，恭勤不懈，简在朕心。今特升尔（右）为［右］军都督府左都督，仍镇守甘肃。尔其益笃忠勤，善抚士卒，严固边防，以副朕委任之重。钦哉！"⑦此时正是费瓛任甘肃总兵官的第十一年。宣德元年（1426）七月，"镇守甘肃左都督费瓛来朝"⑧，至于为什么这个时候来朝，史无明文，但是朱瞻基在八月"封右军都督府左都督费瓛为奉天翊卫宣力武臣、特进荣禄大夫、柱国、崇信伯，食禄一千一百石，子孙世袭指挥使，赐诰券冠服，追封其三代及妻"⑨，费瓛随后参加了朱瞻基平朱高煦的亲征，想来这是朱瞻基为平朱高煦而做的准备，征调有作战经验的将领入京。亲征朱高煦之后，十月，朱瞻基又"命崇信伯费瓛佩平羌将军印，充总兵官镇守甘肃。其陕西行都司属卫官军，陕西都司调到备御官军及守河州都督佥事刘昭、守西宁都督佥事史昭、右军左都督李英悉听节制"⑩。费瓛又

---

① 《明英宗实录》卷一八五，正统十四年十一月壬辰条，台湾"中央研究院"历史语言研究所1962年校印本，第3691页。

② 《明英宗实录》卷二八一，天顺元年八月壬子条，台湾"中央研究院"历史语言研究所1962年校印本，第6041页。

③ 《明英宗实录》卷二九五，天顺二年九月己酉条，台湾"中央研究院"历史语言研究所1962年校印本，第6296页。

④ 《明英宗实录》卷三一五，天顺四年五月丙申条，台湾"中央研究院"历史语言研究所1962年校印本，第6591页。

⑤ 《明英宗实录》卷三三四，天顺五年十一月丙午条，台湾"中央研究院"历史语言研究所1962年校印本，第6839页。

⑥ 《明宪宗实录》卷一八，成化元年六月戊寅条、己卯条，台湾"中央研究院"历史语言研究所1962年校印本，第371页。

⑦ 《明宣宗实录》卷十，洪熙元年十月丙寅条，台湾"中央研究院"历史语言研究所1962年校印本，第259页。

⑧ 《明宣宗实录》卷一九，宣德元年七月壬辰条，台湾"中央研究院"历史语言研究所1962年校印本，第493页。

⑨ 《明宣宗实录》卷二〇，宣德元年八月丁卯条，台湾"中央研究院"历史语言研究所1962年校印本，第527页。

⑩ 《明宣宗实录》卷二二，宣德元年十月辛未条，台湾"中央研究院"历史语言研究所1962年校印本，第577~578页。

重新回到甘肃镇守总兵官的任上。宣德三年（1428）正月，费瓛生病，二月去世，《明宣宗实录》在叙述费瓛生平时说道："瓛，凤阳定远人。祖愚，洪武初为燕府左相，后革相府，授燕山中护卫指挥使。愚卒，瓛父肃袭职。肃卒，瓛袭。从太宗皇帝靖内难，升都指挥同知，镇守山海；永乐五年召还，升后军都督府都督金事；六年，命充副总兵巡海备倭；七年，率兵捕湖广叛寇；八年，充总兵官镇守宁夏甘肃等处，讨叛房亦令真巴等，平之；十年，奉命甘肃备御。仁宗皇帝嗣位，命充总兵官，佩平羌将军印镇甘肃。寻升右军都督府左都督，宣德元年七月入朝，上念其久劳，封崇信伯，赐诰券，子孙世袭，复镇甘肃。瓛为人和易，能抚士卒，在边几二十年，境内宁静。"①费瓛真是明代前期的守边名将，国之干城。

宣德三年（1428）六月，朱瞻基"命掌陕西行都司事、右军都督府都督金事刘广佩平羌将军印，充总兵官镇守甘肃。命守凉州陕西行都司都指挥使吴升归掌行都司事"②。这条史料说明，刘广原是陕西行都司的掌印官，现在升任总兵官，为此要调守凉州的陕西行都司都指挥使吴升再来掌行都司事，这是层级的不同。宣德六年（1431）十二月，刘广奏报："沙州卫都督困即来遣人来告饥，且惧罕东、西番乘虚侵之，乞城其地以以为固。"朱瞻基考虑过后答复："'彼居沙州，畜牧可以自给，若能睦邻保境，岂有外虞？今不务此，乃欲劳费中国乎！'遂敕广等，令抚其使人以归，且谕以边境士马众多，今年秋成亦薄，仅足自给，所欲筑城，待年丰议之。"③宣德七年（1432）四月，刘广又奏报："初，鞑靼脱脱不花等二十余户既降复叛，今在铁门关西，请发军掩捕"，朱瞻基看后敕谕兵部尚书许廓说："虏人难驯，其性则然。朕以宽待之，来者不拒，去者不追。今以二十余家，辄欲兴兵捕之，所得几何？徒自劳费。保境安人，要为上策。尔移文令广慎固封守，勿轻出兵。"④这些都是明朝和平自守边防政策的体现。英宗朱祁镇即位后，刘广仍任甘肃总兵官，但在宣德十年（1435）六月，他因防边不利而被降职，史载：朱祁镇"命太保宁阳侯陈懋佩平羌将军印，充总兵官。降总兵官都督同知刘广充左副总兵，副总兵都督金事李安充右副总兵，兵部试右侍郎徐晞参赞军务，同镇守甘肃"⑤。被降职后的刘广，在正统元年（1436）三月又受到弹劾，"行在兵部尚书王骥同公、侯、驸马、伯、五府、六部、都察院等官劾奏：甘肃镇守总兵官太保宁阳侯陈懋失机误事，以致达贼入镇番等处杀伤官军，抢掠孳畜；副总兵刘广耻活懋下，凡事推避，军政多被沮败。虏犯凉州，懋属广援之，广引避不进击；副总兵李安与虏战，广又不助之；比虏自遁去，乃冒取所遗老弱，为指挥马亮、昌英及子杰等功，受升赏；李安亦不能协心同事，虽有杀贼微功，不足赎罪；右侍郎徐晞，职专参赞，既不能匡济，又不具实以闻；太监王贵、少监林寿，俱偏执己见，沮坏事机，请治其罪。"朱祁镇宽宥了王贵，对李安记罪，将陈懋、林寿取回京，对徐晞释而不问，削去马亮、昌英等的升赏，以刘广"父子纵贼怀奸，其械赴京治之"⑥，于是刘广被逮入京，下狱治罪。《明英宗实录》在正统十三年（1448）刘广去世时对此加以记述："署都督金事刘广卒。广，甘州中卫指挥同知，累以战功至右军都督同知，奉敕充总兵官，佩平羌将军印镇守甘肃。正统初有罪，谪戍辽东。逾三年召还，升指挥金事守

---

① 《明宣宗实录》卷三六，宣德三年二月乙丑条，台湾"中央研究院"历史语言研究所 1962 年校印本，第 903 页。

② 《明宣宗实录》卷四四，宣德三年六月戊子条，台湾"中央研究院"历史语言研究所 1962 年校印本，第 1078 页。

③ 《明宣宗实录》卷八五，宣德六年十二月乙卯条，台湾"中央研究院"历史语言研究所 1962 年校印本，第 1975~1976 页。

④ 《明宣宗实录》卷八九，宣德七年四月癸卯条，台湾"中央研究院"历史语言研究所 1962 年校印本，第 2044 页。

⑤ 《明英宗实录》卷六，宣德十年六月辛丑条，台湾"中央研究院"历史语言研究所 1962 年校印本，第 116 页。

⑥ 《明英宗实录》卷一五，正统元年三月甲申条，台湾"中央研究院"历史语言研究所 1962 年校印本，第 289~290 页。

备肃州。正统十年升右军署都督佥事,充副总兵镇守凉州,至是卒。"①刘广是第一个被降职下狱谪戍的总兵官。

宣德十年(1435)六月,陈懋接任甘肃总兵官,但他履职仅有半年,就因失机误事而在正统元年(1436)正月被召回,史载:英宗"召甘肃总兵官太保宁阳侯陈懋、守备延安绥德行在都察院右佥事御史郭知还京",几天后又"命行在中军左都督任礼佩平羌将军印,充左副总兵;行在左军都督同知赵安充右副总兵,仍镇守甘肃。升右军都督佥事李安为都督同知,同与行在兵部右侍郎徐晞镇守凉州,安有征剿胡寇功,故升任之"。②英宗让中军左都督任礼佩了平羌将军印,但是给他的使职是左副总兵,与右副总兵赵安共同镇守甘肃。从正统元年(1436)五月英宗给任礼的敕书中,可以了解到当时的一些情况,英宗"敕甘肃左副总兵都督任礼等曰:'去冬胡寇遁去,朕已计其必来,及来降胡妇言状,朕计此贼诱我出师耳,屡敕尔等戒严,而尔等略不加意,辄领兵东行,贼果自西来寇肃州,皆尔见小利而忘大计致此,虽悔何及? 曩贼奔遁之时,灭之反掌耳。而奸人刘广故意逡巡,纵之出境,广既失计,复敢欺诳,于法不可容,已执其父子下狱,舆论称快。尔等与广同事,不察其奸而从其议,是至东出无功,而肃州大创。贼既得志而去,复来必矣,此贼不除,则士卒之苦,转运之劳,将何时而息耶! 尔等宜夙夜竭忠,以励士心,以饬边备,俾贼来无所得,去有追袭之惧,庶称委任。'"③蒙古阿鲁台遗部阿台和朵儿只伯骚扰甘肃明边,用声东击西的办法抢掠了肃州,刘广因御敌不力而被下狱,任礼因到边未久而听从了刘广的建议,为此受到朱祁镇的批评。为了剿灭阿台和朵儿只伯,英宗进行了一番部署,先是派"平虏将军蒋贵率兵巡边"④,到正统二年(1437)十月,"命中军左都督任礼佩平羌将军印,充总兵官;左军右都督蒋贵充左副总兵;左军都督同知赵安充右副总兵;兵部左侍郎柴车、右佥都御史曹翼、罗亨信俱参赞军务;率领军马剿捕虏寇阿台、朵儿只伯等。仍命行在兵部尚书王骥、太监王贵监督之,而以都督李安、侍郎徐晞等居守甘肃。并敕宁夏总兵官都督史昭、监察御史郭智,选军付参将丁信统领,以俟调遣。且敕骥曰:'命卿监督诸军,剪除残寇,凡百机务,悉听便宜处置。有功者赏,不用命者诛,事得专制,然后奏闻。'又曰:'凡陕西卫所官军老疾亡故者,许其子孙于军前袭代,应比试者亦如之。'"⑤在王骥的监督和诸将的努力下,明廷达到了预期的战略目的,正统三年(1438)四月王骥向英宗奏报:"臣同总兵官都督任礼、蒋贵击败胡虏朵儿只伯于石城,残房食尽,窜于兀鲁乃地依阿台。贵将轻骑二千五百人出镇夷,间道兼行三日夜及之,虏众迎拒,指挥毛哈剌奋入其阵,诸将率麾下乘之,执其伪左丞脱罗及部属百人,斩首三百有奇,逐杀八十余里,获金银牌六面、玺印二颗、马骡驼牛四百有余,兵甲衣裘称是,阿台与朵儿只伯以数骑遁。是日,礼兵至梧桐林,执伪枢密、同知、院判、佥院等官十五人。明日,[俱]至亦集乃地,执伪万户二人,云:朵儿只伯窜野狐心,礼令为乡道,将二千骑追袭五百余里,至黑泉而还。伪平章阿的干招其余党来降。右副总兵都督赵安等出昌宁,至刁力沟,执伪右丞都达鲁花赤等三十人及马驼械器。盖兵出沙漠千有余里,东西夹击,虏众几尽,边境

① 《明英宗实录》卷一六四,正统十三年三月癸丑条,台湾"中央研究院"历史语言研究所 1962 年校印本,第 3189 页。
② 《明英宗实录》卷一三,正统元年正月庚午条、甲午条,台湾"中央研究院"历史语言研究所 1962 年校印本,第 229、243~244 页。
③ 《明英宗实录》卷一七,正统元年五月癸酉条,台湾"中央研究院"历史语言研究所 1962 年校印本,第 331~332 页。
④ 《明英宗实录》卷二二,正统元年九月丁酉条,台湾"中央研究院"历史语言研究所 1962 年校印本,第 428 页。
⑤ 《明英宗实录》卷三五,正统二年十月甲子条,台湾"中央研究院"历史语言研究所 1962 年校印本,第 678~679 页。

用宁,谨遣署都指挥金事马亮、指挥金事马能奏捷。"英宗接着就大行封赏,"封左都督任礼为宁远伯,右都督蒋贵为定西伯,俱食禄一千二百石;都督同知赵安为会川伯,食禄一千石;行在兵部尚书王骥兼大理寺卿,二俸兼支;行在兵部左侍郎柴车、行在都察院右金都御史曹翼、罗亨信俱升俸一级;仍命司礼监官赍银币往赏劳之,礼、贵、安、骥各银八十两,彩币八表里;车、翼、亨信各银四十两,彩币四表里;余有功官军俱给赏有差。"[①]王骥的奏疏比较详细地描述了打败阿台、朵儿只伯的情况,蒋贵、任礼、赵安各有斩获,所以三个人均被封伯。阿台和朵儿只伯在瓦剌和明军数年来的打击下,本就势孤力弱,苟延残喘,经此一战,更是雪上加霜,终于在正统三年(1438)八九月间为瓦剌所立的脱脱不花王杀死[②],明廷终于祛除了西北的一块心病,但是换来的是瓦剌的迅速强大,给明廷造成了更大的威胁,此是后话。

剿灭阿台之后,正统四年(1439)正月,明廷"命左副总兵定西伯蒋贵佩平羌将军印,充总兵官镇守甘肃。会川伯赵安充副总兵镇守凉州。都指挥使朱通副赵安行事,兵部左侍郎柴车、都察院右金都御史曹翼参赞军务,各赐敕谕之"[③]。蒋贵履职两年,朝廷调其出任征讨麓川总兵官,于是在正统五年(1440)十二月"命宁远伯任礼佩平羌将军印,充总兵官镇守甘肃,代定西伯蒋贵还京"[④]。任礼再次履任甘肃总兵官,在任九年,到土木之变后的正统十四年(1449)十一月,朱祁钰"命凉州副总兵都督金事王敬佩平羌将军印,充总兵官镇守甘肃。代宁远伯任礼还京,以礼年老乞代故也。"[⑤]

王敬在甘肃总兵官任上三年多,到景泰四年(1453)二月,明廷又"命署都督金事雷通实授都督金事,佩平羌将军印,充总兵官镇守甘肃。"[⑥]前任总兵官王敬则在三月去世。雷通任职甘肃总兵官到天顺元年(1457)二月,英宗复位后,又命"西宁侯宋诚镇守甘肃"[⑦],雷通则被召回京师。到了天顺元年(1457)十二月,英宗又"命宣城伯卫颖佩平羌将军印,充总兵官镇守甘肃"[⑧]。卫颖在甘肃总兵官任上不到七年,天顺八年(1464)三月朱见深即位,召回了九个"在边年久,声誉无闻"的将官和巡抚,其中首先就是卫颖,同时"复都督金事郭登定襄伯,命佩平羌将军印,充总兵官镇守甘肃"[⑨]。

八、山西镇

山西镇自洪武初叶形成后,永乐时期一直由大同总兵官负责节制,已于前述。朱高炽即位

---

① 《明英宗实录》卷四一,正统三年四月乙卯条、丙寅条,台湾"中央研究院"历史语言研究所1962年校印本,第790~791、800页。

② 《明英宗实录》卷四六,正统三年九月丁未条,台湾"中央研究院"历史语言研究所1962年校印本,第899页。

③ 《明英宗实录》卷五〇,正统四年正月癸卯条,台湾"中央研究院"历史语言研究所1962年校印本,第967页。

④ 《明英宗实录》卷七四,正统五年十二月辛未条,台湾"中央研究院"历史语言研究所1962年校印本,第1432页。

⑤ 《明英宗实录》卷一八五《废帝郕戾王附录第三》,正统十四年十一月丁亥条,台湾"中央研究院"历史语言研究所1962年校印本,第3679~3680页。

⑥ 《明英宗实录》卷二二六《废帝郕戾王附录第四四》,景泰四年二月丁未条,台湾"中央研究院"历史语言研究所1962年校印本,第4938页。

⑦ 《明英宗实录》卷二七五,天顺元年二月甲辰条,台湾"中央研究院"历史语言研究所1962年校印本,第5843页。

⑧ 《明英宗实录》卷二八五,天顺元年十二月辛丑条,台湾"中央研究院"历史语言研究所1962年校印本,第6103~6104页。

⑨ 《明宪宗实录》卷三,天顺八年三月壬申条,台湾"中央研究院"历史语言研究所1962年校印本,第83页。

后，在洪熙元年（1425）三月，"调掌山西行都司都督佥事李谦掌山西都司事"①，在此后一年半里，李谦任山西都司的掌印官。宣宗即位后，在宣德元年（1426）十月，"命都督佥事李（谨）［谦］镇守山西，抚恤军民，操练军马，修理城池，若寇窃发，即调军剿捕，其余不得擅自科扰"②，李谦升任为山西镇守。

李谦作为山西镇守，从宣德元年（1426）开始，直到正统五年（1440）受到六科十三道御史的弹劾，正统六年（1441）赋闲，如果再加上执掌山西都司的时间，他在任上达十七年之久。为使问题明晰起见，本书按照他的履职时间作一缕述。

李谦刚从大同调任山西不久，"掌山西都司事都督佥事李谦奏：'武安侯郑亨镇守大同，调去本司官军一万三千，计彼所有四万四千三百四人，兵力有余。本司地连东胜，虏寇亦尝侵犯，而兵力�’弱，请于大同取回五千人操守为便。'上敕武安侯：'止留精兵五千，余悉发还。'"十天后，郑亨接到朱瞻基的指令，他不愿意从自己的防区调出这些部队，于是"镇守大同总兵官武安侯郑亨等奏：'昨奉敕：山西都司备御官军一万三千人内留精壮马步五千人镇大同，余遣还操练。今虏寇屯沙窝迤南，虑为边患，欲姑留之，以备不虞。'上从之，谕兵部臣曰：'但后无警即皆遣还'"。③李谦原来任职山西都司，后来调任山西行都司，成为武安侯郑亨的下属，现在调回山西都司，执掌一方，和郑亨同样是军镇的首脑，所以他提出要将本司戍守大同的一万三千人调回，为的是加强本地区的防御力量。宣德元年（1426）七月，"行在兵部奏：'比者掌山西都司都督李谦言：偏头关临边重地，正当要冲，堑狭城低，宜稍开拓；缘边烟墩亦有低下或大阔远者，瞭望不及，烟火不通，亦当量移，使远近相等，声息相闻，易为守备。'上曰：'朕以边务委谦，但欲守备完固，凡所设施，听自择便。'"④这是李谦对偏头关以及沿边防务的上奏，朱瞻基给他充分的自主权，"听自择便"。

李谦出任山西镇守以后，宣德二年（1427）二月史载："镇守山西都督佥事李谦奏：'太原三卫守城军士仅千余人，其间多有老弱，请以山西都司官军之在大同备御者四千人暂还山西，以防不测。'从之。"前次李谦要求往回调兵没有调成，这一次怎么就批准了呢？"盖谦尝得下人告晋王密事，既以闻于朝，至是又请为备，故有是奏。"⑤这条史料说明，一个地区的镇守总兵官不但有对外的防御功能，也有对内的防范功能，对藩王的防范就是其中的一项重要内容。九月，朱瞻基就边情发出警报，"敕镇守山西都督李谦及都司、布政司、按察司曰：'近有人自虏中回，言鞑寇蜂屯饮马河，简阅壮夫健马，似图南侵。'又得武安侯奏：'大同西北夜屡有火。'此寇谲诈，情伪未可知，须预为之备。可练士马、固城堡、谨烽燧、远斥堠，寇至，坚壁清野，勿与之战，使彼无所得。朕将亲率六师按边，得之必剿灭乃已，其悉心以副委任。钦哉！"⑥对边将的要求是"练士马、固城堡、谨烽燧、远斥堠"，"坚壁清野，勿与之战"，这是明廷在北边和平防御战略的具体表现。

①　《明仁宗实录》卷八上，洪熙元年三月丙戌条，台湾"中央研究院"历史语言研究所1962年校印本，第256页。
②　《明宣宗实录》卷二二，宣德元年十月甲子条，台湾"中央研究院"历史语言研究所1962年校印本，第572~573页。
③　《明宣宗实录》卷九，洪熙元年九月壬子条、辛酉条，台湾"中央研究院"历史语言研究所1962年校印本，第236~237、254~255页。
④　《明宣宗实录》卷一九，宣德元年七月戊午条，台湾"中央研究院"历史语言研究所1962年校印本，第513~514页。
⑤　《明宣宗实录》卷二五，宣德二年二月甲子条，台湾"中央研究院"历史语言研究所1962年校印本，第653~654页。
⑥　《明宣宗实录》卷三一，宣德二年九月丙申条，台湾"中央研究院"历史语言研究所1962年校印本，第802页。

宣德四年(1429)八月,明廷"增筑山西偏头关烟墩二十六所",这是根据镇守都督李谦所奏而进行的,关于所需的人工和粮饷,"命于山西平阳等卫所新清出军士内取三千人,并各卫所军余相兼用工,行粮于附近有司支给"。① 从前引史料来看,李谦在宣德元年(1426)七月提出的建议,经过三年多的筹备,到宣德四年(1429)开始实施。十一月,朱瞻基就阿鲁台朝贡和防边事宜对李谦发出指示,"敕镇守山西都督李谦及山西都司曰:'和宁王阿鲁台遣使朝贡,从大同入境,今已至京。度其人马必来缘边屯驻,宜严守备,亦不许生事启衅。近者,鞑寇百五十余人犯古北口东砖垛子口,守关百户以铳击之,杀贼五人,贼即遁去;而探之开平浩岭驿无备,径由西冲山口突入,射伤官军。将士失机者已治其罪,比闻崖头等墩举火放炮,恐即此贼,宜亲历缘边关隘,督视官军,整齐部伍,昼夜堤备,庶几无患。'并敕各处边将俱严御"②。这里反映的一是明廷和蒙古朝贡关系的状况,二是蒙古小部落对明廷北边卫所经常的偷袭状况。

宣德五年(1430)十二月,"镇守山西都督佥事李谦言:'偏头关隘口止有官军五百人守备,及灰沟村、黄甫川、楼子寨三堡,每处亦止有官军五百余人,暴因虏贼犯境,已增官军一千人,冰冻之时于黄河兼守,冰解回卫。今境外屡报声息,请循大同边卫事例,添拨神铳手于灰沟村三堡防守,庶警急易于策应,待冰解回原卫所。'从之,命行在工部别造手把铳给之"③。截至宣德五年(1435)年底,山西镇的边情不很紧张,偏头关隘口只有五百多名士兵守备,就是紧邻黄河的灰沟村、黄甫川、楼子寨三堡,每处也只有五百多名士兵,后来因为蒙古军的入掠,才增加到一千人,和大同镇的四万四千多人相比,这里的防御力量确实很薄弱,这是和明朝前期蒙古势力的不振相适应的。后来随着形势的变化,到宣德六年(1431)年底,"镇守山西都督佥事李谦奏:'山西所属缘边关隘、烟墩、城堡相离阔远,今西缘黄河累有警报,残虏多来归附,而守备不足。'遂敕总兵官武安侯郑亨,以原调潞州等卫所官军一千人还山西操备"④。这是蒙古族逐渐进入河套地区,山西地区边防压力开始加大的表现。

宣德七年(1432)二月,明朝设立了保德州守御千户所。保德州东接大同、雁门等关,西通陕西榆林、延绥等处,最为紧急冲要,"时镇守山西都督佥事李谦奏:'保德州治逼临黄河,正当边境要冲,每至河冻,则驱缘河居民依山入堡,其远有百余里者,民甚苦之。州旧有城,堕坏已久,若修筑置军屯守,则边备可固,居民亦免迁移。'上从之,命行在工部以时修筑,仍谕行在兵部设守御千户所,属山西都司,以镇西、振武、雁门三卫带管山西护卫官军八百五十余人实之。"⑤这条史料让我们了解到山西镇前方的备边情形,百姓在春夏秋时节耕种农田,入冬河冻后则"依山入堡"躲避蒙古军的袭扰,明廷的边备就是为了保护边地民众能有一个安定的生产和生活环境,由此看来李谦的建议确实是从保护民众的视角出发的。在此背景下,七月,"镇守山西都督佥事李谦言:'偏头关外地临黄河,皆边境冲要之处,草木茂盛,或有寇盗往来,难于瞭望,请如大同、宣府例,至冬初发兵烧荒'",这是要仿照大同、宣府的烧荒办法,使入境抢掠的蒙古军没有牧草可供战马食用,以削弱其战斗力。除此之外,李谦还就大同镇守军征调驻

---

① 《明宣宗实录》卷五七,宣德四年八月己卯条,台湾"中央研究院"历史语言研究所 1962 年校印本,第 1350 页。
② 《明宣宗实录》卷五九,宣德四年十一月戊辰条,台湾"中央研究院"历史语言研究所 1962 年校印本,第 1421 页。
③ 《明宣宗实录》卷七三,宣德五年十二月甲午条,台湾"中央研究院"历史语言研究所 1962 年校印本,第 1716~1717 页。
④ 《明宣宗实录》卷八五,宣德六年十二月乙未条,台湾"中央研究院"历史语言研究所 1962 年校印本,第 1960 页。
⑤ 《明宣宗实录》卷八七,宣德七年二月甲寅条,台湾"中央研究院"历史语言研究所 1962 年校印本,第 2011 页。

守问题与武安侯郑亨进行争执,"镇守山西都督佥事李谦奏:'山西都司先拨官军三千,从总兵官武安侯郑亨于大同备御,本司所存止二千,而偏头关沿边诸处近有虏寇出没,防守不足,乞敕亨遣还千人,以备调用。'上命亨以五百人还之。"①武安侯郑亨也不想减少手中的戍边兵力,十二月,"大同总兵官武安侯郑亨奏:'奉敕:山西官军之戍大同者,遣还守偏头关。窃惟大同逼近虏境,且地宽广,欲严守备,必籍重兵。初调官军万三千人,已陆续取回,所存惟二千余人,今复遣还山西,乞于腹里调二卫于大同,相兼屯守。'事下行在兵部议,兵部言:'山西行都司所辖十二卫,军士二万余人,皆土军,比因管军官徇私放遣,故守备不足,今欲于腹里调拨,此不可从。'上是之,敕都督李谦:'来春仍调五百人往大同备御,若河冻缺军守瞭,则具奏于山西都司属卫调用。'"②大同与山西地域相连,从李谦履职以来,这样的争执在史籍中频繁出现,反映了两个军镇之间的配合与矛盾的状况。

宣德八年(1443)五月,"镇守山西都督佥事李谦奏:'陕西府谷、神木二县有逋逃军民百余家,有十丁、二十丁者,聚于边境野人沟等处,俱挟兵器,依阻山林,潜出境外,恐诱虑寇犯边。'上谓行在户部曰:'安土重迁,人情之常,此皆军卫有司虐之,故不得已至此。'遂遣官赍敕,贷其罪,俾回原伍、复旧业,若怙终不回,必发兵擒捕。仍命所司,若回则善加抚恤。"③应该说李谦的政治嗅觉是敏锐的,这些携带兵器聚集于边境的军民,安抚好了可以成为良民百姓,安抚不好就会成为不安定的因素,朱瞻基正是看到了问题的症结所在,所以遣官赍敕进行招抚,并要求有司善加抚恤。

朱祁镇即位后,宣德十年(1435)二月,对边防将领进行了升职,李谦晋升为都督同知,几天后,他此前给朝廷的奏报为史籍记载下来:"镇守山西都督佥事李谦奏:'边储空乏,而平阳诸府该纳秋税又多愆期,以致官军俸米未给者二十七月,欲将山西布政司官库所收布帛,准折镇西诸卫官军未给俸粮,并严限欠粮郡县官吏,催征输纳。'从之。"④明代的北部边防中粮饷问题是最大的问题,它关系北边前线的稳定、后方社会的安定等一系列问题。四月,李谦又获晋升:"升行在后军都督同知李谦为右都督,都指挥佥事马贵、昌英为都指挥同知,指挥佥事周敬为指挥同知,以谦等率众捕虏有功故也。"⑤

正统元年(1436)三月,李谦因为贪婪不法事受到御史的弹劾,但英宗还是宽宥了他,史载:"宥镇守山西都督李谦罪。时巡按山西监察御史陈璇奏谦贪婪不法等事,请治其罪。上以谦在边境亦曾效力,姑记其罪,俾图自新,若再犯不宥。遂令都指挥马贵协同守备。"⑥英宗虽然宽宥了李谦,但同时任命了协同守备的都指挥马贵。马贵原来是李谦的下属,宣德七年(1432)因为立功,朱瞻基"实授山西都司署都指挥佥事马贵为都指挥佥事,赏彩币表里一,钞一千贯。时虏寇犯境,都督李谦遣贵率官军击之,贵生擒寇四人,夺马二十七匹,谦以闻,故有

① 《明宣宗实录》卷九五,宣德七年九月丁巳条、辛巳条,台湾"中央研究院"历史语言研究所1962年校印本,第2143、2159页。

② 《明宣宗实录》卷九七,宣德七年十二月壬辰条,台湾"中央研究院"历史语言研究所1962年校印本,第2187页。

③ 《明宣宗实录》卷一〇二,宣德八年五月庚申条,台湾"中央研究院"历史语言研究所1962年校印本,第2280页。

④ 《明英宗实录》卷二,宣德十年二月戊午条、乙丑条,台湾"中央研究院"历史语言研究所1962年校印本,第54、58页。

⑤ 《明英宗实录》卷四,宣德十年四月戊辰条,台湾"中央研究院"历史语言研究所1962年校印本,第96页。

⑥ 《明英宗实录》卷十五,正统元年三月庚辰条,台湾"中央研究院"历史语言研究所1962年校印本,第285页。

是命。从贵有功者升赏有差"①。现在由都指挥同知马贵协同守备,一方面是晋升马贵的职位,另一方面显然在为李谦之后进行安排。正统元年(1436)十一月,"镇守山西都督李谦奏:'达贼三百余骑窃入灰沟营南行,随遣指挥李庸率兵败之,斩首三级,获马二十匹;都指挥马贵率兵继至,复战,贼众遂溃,获其马匹械器。'"②正统二年(1437)正月,李谦因军功再次晋升:"以偏头关获虏寇功,升镇守山西右都督李谦为左都督;山西都指挥同知马贵为都指挥使;太原右卫指挥金事李庸为指挥同知;仍赏谦钞三千贯,纻丝四表里;贵钞二千贯、纻丝三表里;庸钞一千贯,纻丝二表里。"③

正统二年(1437)四月,已是镇守山西左都督的李谦奏报:"今黄河冰消,已分布官军于各隘堡巡哨,仍委都指挥金事冀亮率官军于水泉营、都指挥使马贵等率官军于广宁等营操备,如本处及大同地方有警,即相机策应。臣欲于每年二月终回山西镇守,候九月中仍至偏头关提督。"④自从李谦履职以来,偏头关的地理位置越来越重要,宣德年间李谦提出增筑烟墩,增兵戍守,并为此与大同总兵官郑亨不断争执,现在又提出自己每年二月底回山西镇守,九月中到偏头关提督,这一建议为朱祁镇批准,遂开后来"太原总兵驻偏头"的先声。五月,李谦又奏报:"太原府河曲县西薄黄河而无城垣,民皆散处,每冬寒河冻,达寇数侵,难于防御。乞俟秋成后城之,使民春耕于野,冬居于城,庶寇至可以无患。"⑤身为边防军镇的首脑,李谦真是为民着想,朱祁镇自然批准。

正统三年(1438)三月,李谦就防御设施提出建议:"镇守山西左都督李谦等奏:'黄河西岸沟涧路多,达贼来往,虽有守备官军,俱在河东,瞭望不见,宜于河西高阜要地守瞭,庶不误事。'上从之,命增黄河西岸烟墩五处。"⑥明廷将山西预警设施延伸到了黄河西岸,但是北部边防的疏漏也就此显现,即没有人考虑怎样掌控河套地区,怎样按照唐朝所设三受降城的路线经营北部边防,这就使明代中叶后蒙古族进入河套地区无法避免。此后随着蒙古族在河套地区活动的增多,山西及偏头关地区的防卫也在不断加强。正统五年(1440)正月,李谦又就偏头关的防御问题提出建议:"镇守山西左都督李谦奏:'各卫所调至偏头关守备官军九千一百余人,旧分二班,每岁遣一班回原卫所取衣装。近者军士言:在边艰苦,欲如大同事例,半岁一班,庶几去家不久,赀费不竭。臣惟偏头关营堡墩隘数多,若如大同事例,御冬止存其半,有警恐误事机。以臣计之,每岁定与限期,一班二月初遣回,五月终赴边;一班六月初遣回,九月终赴边;如此则冬月二班俱在边,非惟劳逸相均,亦且防御无缺。'"⑦这里反映的是偏头关防边班军轮班的情况,看来大同镇是半年一班,往来轮换,李谦为了在冬季防边最紧要的时候有足够的兵力,将两班的轮换全都安排在了二月至九月,这是他根据偏头关的实际情况所作的调整。另外,偏头关的守军达九千一百余人,而在宣德五年(1430)时,这里守军只有五百余人,十年之间偏头关的守军增加了十七倍,这突出地说明蒙古族在河套地区活动给明朝北部边防所造成

①　《明宣宗实录》卷九三,宣德七年七月己未条,台湾"中央研究院"历史语言研究所1962年校印本,第2110页。
②　《明英宗实录》卷二四,正统元年十一月庚戌条,台湾"中央研究院"历史语言研究所1962年校印本,第482~483页。
③　《明英宗实录》卷二六,正统二年正月癸卯条,台湾"中央研究院"历史语言研究所1962年校印本,第520页。
④　《明英宗实录》卷二九,正统二年四月丁卯条,台湾"中央研究院"历史语言研究所1962年校印本,第577页。
⑤　《明英宗实录》卷三〇,正统二年五月壬寅条,台湾"中央研究院"历史语言研究所1962年校印本,第598页。
⑥　《明英宗实录》卷四〇,正统三年三月庚子条,台湾"中央研究院"历史语言研究所1962年校印本,第776页。
⑦　《明英宗实录》卷六三,正统五年正月乙丑条,台湾"中央研究院"历史语言研究所1962年校印本,第1208页。

的压力。五月,朱祁镇"敕镇守山西都督李谦及协同守备偏头关都指挥马贵曰:比得太原左卫指挥同知陈胜奏:'偏头关地势险阻易守,今操备官军数多,人民馈饷惟艰,欲量减军士以省转输。'已遣监察御史覆视,亦如前奏。今兵部议:'宜于近关卫所见操官军内,简选精锐者五千人,更番操备,余复原卫所屯守,遇河冻,仍于镇西卫增五百人,俟河开仍令回卫。'朕即位以来,惟欲军民各得其所,况边饷艰难,须虑久远之计。敕至,尔等会同按察司所委堂上官,存其精锐,汰其冗滥,计议停当,奏来处置,不可偏执己见,以妨边备。尤不可假公营私以为己利,而不恤饷馈之难,自取罪愆。'"① 从朱祁镇的敕谕中看到,九千多人聚集在偏头关地区,使得明廷的后勤供应压力大增,为了解决供饷艰难的问题,明廷让李谦考虑减少人员的各种措施。

正统五年(1440)四月,李谦受到了言官的弹劾。"巡按直隶监察御史吴昌衍奏:'镇守山西偏头关都督李谦擅更成规,增设军士,贪暴无厌,贼至弗援,致杀死指挥汪海,官军无罪为其杖死者数人。又受指挥李衡银马、玉带,保其协同镇守,衡恃其威,大肆贪婪。'"此章一出,引起"六科十三道交章劾之",但是朱祁镇还是宽宥了李谦,"上以谦累恶不悛,法本难恕,第守边方,姑不问,命都察院录状示谦,俾自陈情实"。而向李谦行贿的指挥李衡则被押入京师下狱,经法司审判后判其绞刑,"上宥其死,降指挥金事,调甘肃边卫守备"。② 看来李谦受贿之事属实,朱祁镇虽然宽宥了他,但是"命巡按御史追取所受赃物入官",让他退赃,同年八月,在退赃的压力下,李谦"以窘迫诉,且乞以俸禄米钞抵还",他请求用俸禄来抵还受贿的赃物,最后英宗决定"免追镇守山西左都督李谦所受赃物。"③

正统六年(1441)五月,李谦离开了山西。英宗"宥镇守偏头关左都督李谦罪。谦以贪暴下行在都察院,论当斩,至是,亦以谦狱宥之,但令不视事"④,李谦由是赋闲。正统九年(1444)七月,"镇守山西后军左都督致仕李谦卒,讣闻,遣官致祭,命有司营葬"⑤。《明英宗实录》没有介绍他的生平。

李谦去世后,山西一度没有设镇守官。关于这一点,下面的史料可以证明:正统十四年(1449)五月,"吏科给事中包良佐言:'吏治得失者,民生休戚之所系。今吏部虽有考课之典,而黜陟必待九年,是其法未严也;御史虽有访察之例,而巡历不过一年,是其责未专也;是以在外有司多未得人,乞慎选才德、素有清誉大臣一人前去考察,廉勤者存之,老疾罢软者黜之,贪墨害民明有实迹者依律究问、重加贬斥。或考察者徇私任情,并治以罪。'又言:'福建司府县官,平日酷虐下民,贪黩无厌,以致盗贼窃发,蔓延各境,生灵被其荼毒,闾里为之空虚,上厪皇上命将出师,下劳黎庶转输供亿,推厥所由,无可逃罪。今贼众渐已殄灭,宜将各官明正典刑,示戒天下。'"包良佐在这里提出了吏治的腐败和严加考察的问题,同时重点指出:福建的邓茂七起事就是由于司府县官平日酷虐百姓、贪黩无厌所造成的。英宗接到奏疏后将其下廷臣讨论,"吏部尚书王直等言:'陕西等六处有镇守巡抚官者,就令考察;山西等八处无巡抚镇守官者,宜从巡按监察御史会同布、按二司考察;其福建三司、卫、府、县官员情罪深重,宜从所言,逮

---

① 《明英宗实录》卷六七,正统五年五月甲辰条,台湾"中央研究院"历史语言研究所 1962 年校印本,第 1282~1283 页。

② 《明英宗实录》卷六六,正统五年四月癸巳条,台湾"中央研究院"历史语言研究所 1962 年校印本,第 1275~1276 页。

③ 《明英宗实录》卷七〇,正统五年八月丙子条,台湾"中央研究院"历史语言研究所 1962 年校印本,第 1353 页。

④ 《明英宗实录》卷七九,正统六年五月甲寅条,台湾"中央研究院"历史语言研究所 1962 年校印本,第 1572 页。

⑤ 《明英宗实录》卷一一八,正统九年七月丙子条,台湾"中央研究院"历史语言研究所 1962 年校印本,第 2392 页。

置诸法。'上悉从之"①,这里不讨论整顿吏治的问题,需要关注的是吏部尚书王直所说"陕西等六处有镇守巡抚官","山西等八处无巡抚镇守官",这说明在李谦赋闲之后,山西镇在八年中没有派镇守官。

虽然山西镇在八年中没有派镇守官,但是作为山西镇前沿阵地的偏头关还是有人镇守的,这个人就是都指挥使马贵。如正统六年(1441)闰十一月,"巡抚大同、宣府右佥都御史罗亨信言:'偏头关备御官军四千五百,俱隶都指挥使马贵统领,恐一人不能独办,乞命文臣一员协同其事。'奏下兵部,谓其部分不远,不必专命文臣,宜令山西按察司岁委副使或佥事一员,协责守备。从之"②。这里我们看到了明廷裁减守军人数的成果,从九千一百人减少到四千五百人,且都由都指挥使马贵一人统领,他是这里的最高指挥官。正统九年(1444)十月,朱祁镇"命大同总兵官武进伯朱冕、宁夏总兵官都督同知黄真、镇守延安绥德都督佥事王祯、守备偏头关都指挥马贵巡视塞外"③。马贵以都指挥使衔与三个总兵官共同巡视塞外,它反映的是山西镇作为军镇的地位,马贵以都指挥使衔而履行总兵官的职责。马贵在偏头关镇守到正统十二年(1447)十一月,明廷"命都指挥使杜忠守备山西偏头关,时都指挥使马贵卒,兵部会官举忠代之也"④。

杜忠在偏头关镇守了不到两年就发生了土木之变。在土木之变前的七月,"守备偏头关都指挥使杜忠奏:'瓦剌虏寇欲来犯边,其势甚众。'上命兵部即移文山西都司,令将偏头关下班官军催促,限七月以里到关防守,仍令忠将两班官军如法操练备贼"⑤。看来明朝的边关守将对瓦剌准备入掠是有预感的。土木之变发生后,郕王监国时,"巡按山西监察御史左鼎言:'达贼入寇,自朔州、雁门沿路炮火直至山西城下,百姓惊疑逃散。'兵部议:推举骁勇武臣一员前去镇守其地。从之"⑥。这一建议为朝廷采纳,于是在九月初四"令守备居庸关地方都督佥事孙安往山西镇守"⑦,空缺了八年的山西镇守由都督佥事孙安再次担任。

孙安在山西镇守职位上只有三个月,正统十四年(1449)十二月,景帝"命都指挥同知翁信镇守山西及提督守备雁门关,代都督佥事孙安还京"⑧。翁信的职衔是都指挥同知,明廷显然还没有对山西镇守的地位给以足够的重视,且他提督守备的是雁门关,说明此时明廷对山西镇、雁门关、偏头关还没有形成统一的指挥体系。相比较而言,镇守偏头关的杜忠的职衔已是署都督佥事,景泰元年(1450)三月,"达贼自朔州你河堡入寇,守备偏头关(置)[署]都督佥事杜忠率轻骑三千要击之,兵至土塞及荞麦州,凡三遇贼,生擒三人,斩百十余级,复所掠人一千八百有奇。忠遣正千户张瑛奏捷至,升忠为都督同知,赐白金二十两,文绮二表里;瑛升指挥佥

① 《明英宗实录》卷一七八,正统十四年五月辛丑条,台湾"中央研究院"历史语言研究所 1962 年校印本,第 3443~3444 页。

② 《明英宗实录》卷八六,正统六年闰十一月丙子条,台湾"中央研究院"历史语言研究所 1962 年校印本,第 1725 页。

③ 《明英宗实录》卷一二二,正统九年十月丙午条,台湾"中央研究院"历史语言研究所 1962 年校印本,第 2443 页。

④ 《明英宗实录》卷一六〇,正统十二年十一月乙巳条,台湾"中央研究院"历史语言研究所 1962 年校印本,第 3117 页。

⑤ 《明英宗实录》卷一八〇,正统十四年七月己卯条,台湾"中央研究院"历史语言研究所 1962 年校印本,第 3479 页。

⑥ 《明英宗实录》卷一八一,正统十四年八月乙亥条,台湾"中央研究院"历史语言研究所 1962 年校印本,第 3531 页。

⑦ 《明英宗实录》卷一八二,正统十四年九月辛巳条,台湾"中央研究院"历史语言研究所 1962 年校印本,第 3540 页。

⑧ 《明英宗实录》卷一八六《废帝郕戾王附录第四》,正统十四年十二月癸亥条,台湾"中央研究院"历史语言研究所 1962 年校印本,第 3743 页。

事,有功官军指挥使陈瑄等九十三人俱升一级,其余(级)[给]赏有差。"①此战过后,杜忠晋升为都督同知,职衔明显高于翁信。

景泰元年(1450)五月,朱祁钰"命署都指挥同知王良实授都指挥同知、署都督佥事事镇守山西,巡抚右副都御史朱鉴、都指挥同知翁信镇守雁门关"②。王良是以都指挥同知而署都督佥事镇守山西。应该说,由于有大同镇在北边作为屏蔽,山西镇的边情确实不很紧张。如七月,"镇守山西署都督佥事王良等奏:'前者虏寇深入,攻围忻、代等州、镇西等卫,直至太原城北,虽已退去,然各卫官军精壮者俱调边关操守,所存惟老弱残疾,何以应敌? 今下班都指挥张瑛所领五千七百七十余人,续调备冬指挥竹班所领四千人,俱放回休息,俟候依期赴边。然胡虏充斥,道路梗塞,未必能往。乞将瑛所领在各卫者,暂留各卫护守城池;在太原者及旺所领者,俱留太原操守,遇警调用,以图成功。'事下兵部覆奏,从之"。这说明,明廷的精壮士兵大部分都集中防守大同沿边地区,山西相对来讲还属于内地。十几天后,"巡抚山西右副都御史朱鉴奏:'(镇)[振]武卫并雁门关地临边境,精壮官军俱分番大同操备,虏寇侵犯,无以制御。乞将下班官军指挥何清等千二百人留卫守关。'事下兵部,移文大同总兵官郭登议。登等言:'大同地方敌境相连,自洪武、永乐以来,承平之日,尚调各卫人马以备不虞,况今贼势猖獗,移巢近侧,觊觎京师! 其代、岢岚等处虽曾有贼侵犯,终系腹里,比入辄出,岂非惧我大同抄其归路而不敢久留乎! 且各卫操备官军俱分两班,一班在边,大同得以防御虏寇;一班在家,本处得以保障人民,两无所失,乞仍更番备御为便。'从之"③。从这番讨论中可以看到,当时的山西还不是防御蒙古的前沿阵地,所以山西镇守的职衔也仅为署都督佥事,这是与当时的形势相适应的。

朱祁镇复位后,天顺元年(1457)二月,"命都指挥佥事袁胜协同都督杜忠守备偏头关,都指挥使孙旺理本都司事"④。一年多以后,"召守备偏头关右都督杜忠还京,敕都指挥袁胜代之"⑤。袁胜履职也就一年多,在天顺三年(1459)十月被召回京师,因为他是石亨的亲属和党羽,被调往"贵州都司带俸差操"⑥。十一月,明廷"命山西都指挥同知张怀守备代州及雁门关,都指挥同知王全守备偏头关"⑦。到天顺末年,山西镇的两个关一直由这两个都指挥同知镇守。

九、陕西镇

永乐后期,陕西镇没有再派镇守。朱高炽即位后,"命镇守宁夏右军都督佥事胡原、都指

---

① 《明英宗实录》卷一九〇《废帝郕戾王附录第八》,景泰元年三月己酉条,台湾"中央研究院"历史语言研究所1962年校印本,第3900页。

② 《明英宗实录》卷一九二《废帝郕戾王附录第十》,景泰元年五月丁卯条,台湾"中央研究院"历史语言研究所1962年校印本,第4019页。

③ 《明英宗实录》卷一九四《废帝郕戾王附录第十二》,景泰元年七月甲寅条、乙丑条,台湾"中央研究院"历史语言研究所1962年校印本,第4085～4086、4094～4095页。

④ 《明英宗实录》卷二七五,天顺元年二月戊申条,台湾"中央研究院"历史语言研究所1962年校印本,第5848页。

⑤ 《明英宗实录》卷二九一,天顺二年五月癸巳条,台湾"中央研究院"历史语言研究所1962年校印本,第6211页。

⑥ 《明英宗实录》卷三〇八,天顺三年十月癸丑条;卷三一〇,天顺三年十二月己巳条,台湾"中央研究院"历史语言研究所1962年校印本,第6481、6518页。

⑦ 《明英宗实录》卷三〇九,天顺三年十一月辛丑条,台湾"中央研究院"历史语言研究所1962年校印本,第6501页。

挥使张麟仍俱掌陕西都司事"①。永乐二十二年(1424)十二月,"掌陕西都司都督金事李文奏:'甘肃、宁夏极边,虏寇出没不时,请简壮勇(上)[士]往易其骑兵之老弱者,以备不虞'"②,这当是延续了永乐后期的状况,宣德年间也是如此,没有什么新的变化。

明英宗即位后,杨士奇向英宗提出建议:因江西、湖广、河南、山东岁荒民饥,"宜择文、武大臣各一员分遣镇守"③,于是向这四个省份派出了镇守官。循着这个思路,三月,英宗又"升行在兵部武库司郎中徐晞为本部试右侍郎,浙江按察司副使陈镒为行在都察院右副都御史,行在山西道监察御史罗亨信为行在都察院右金都御史,复都指挥陈忠、荣贵职,升府军前卫指挥朱通、魏荣俱为[都]指挥金事,俱赐以敕书,命晞与通往临洮、巩昌、洮州、岷州;镒与都督同知郑铭镇守陕西;亨信与荣往平凉、庄浪、河州、西宁;忠与贵往宁夏;各提督所属卫所官军、土军操练"④。这里要注意已升为行在都察院右副都御史的陈镒和都督同知郑铭,他们的职责是镇守陕西,明廷在此时同时派出了文、武两个镇守。

都督同知郑铭镇守陕西达十年之久,到正统九年(1444)九月,英宗"命兴安伯徐亨镇守陕西,监察御史马恭协赞宁夏军务,俱赐敕谕之",同时"召镇守陕西都督同知郑铭还京,以其年老也"⑤。在郑铭履职的十年之间,他所处理的事务涉及当时陕西镇的方方面面。如宣德十年(1435)十一月,"镇守陕西都督同知郑铭言:'先奉敕于陕西各王府及军民之家借马助边。即今民力烦劳,难以并取,切见隆德县地方草场,楚府及黔国公家牧放马匹尚多,宜从借给。'从之"。几天后,"镇守陕西都督同知郑铭奏:'西安府所属州县送纳永昌、甘州等卫税粮,至凉州为达贼剽掠俱尽,宜令所司覆视蠲除。'事下行在户部覆奏,从之"⑥。这里一是因民力烦劳而改向贵族借马助边,二是蠲除被蒙古军劫掠的税粮,都涉及减轻民众负担的问题。正统元年(1436)八月,"镇守陕西都督同知郑铭等奏:'宁夏中卫与左屯等卫,俱在黄河迆北接瞭,今左屯等卫军士冬衣,有家室者人布四匹,而中卫止赏三匹,事例不一,请如例赏布四匹。'事下行在户部覆奏,从之"⑦。这是就戍边士兵利益均衡问题而向朝廷提出的建议,得到朱祁镇批准。八月,"镇守陕西都督同知郑铭奏:'巩昌府迭烈孙巡检司在黄河东岸,回回、达达、土番杂居,恐诱胡贼来寇边境,宜即巡检司修筑营堡,增添官军,以备不虞。'上命急为缮理"⑧,这是要求朝廷在迭烈孙巡检司加强边备。虽然朱祁镇命令"急为缮理",但是各个机关显然执行不力,十二月,郑铭为此再次上奏:"'巩昌府迭烈孙巡检司地方密迩沙漠,止赖黄河为之限隔,每遇河冰冻合,辄调官军往戍,岁复一岁,秖为烦劳。乞将巡检司改设一卫,拓其城垣,修其墩隘,分兵屯守,庶几兵政有备,边境永安。'上命行在兵部会议行之。"郑铭的思路越来越明晰,前次他只提出"修筑营堡,增添官军"的建议,这次则提出"改设一卫,拓其城垣,修其墩隘,分兵屯

① 《明仁宗实录》卷二上,永乐二十二年九月戊寅条,台湾"中央研究院"历史语言研究所1962年校印本,第46页。

② 《明仁宗实录》卷五下,永乐二十二年十二月庚午条,台湾"中央研究院"历史语言研究所1962年校印本,第193页。

③ 《明英宗实录》卷一,宣德十年正月庚子条,台湾"中央研究院"历史语言研究所1962年校印本,第33页。

④ 《明英宗实录》卷三,宣德十年三月辛巳条,台湾"中央研究院"历史语言研究所1962年校印本,第67~68页。

⑤ 《明英宗实录》卷一二一,正统九年九月己丑条、辛卯条,台湾"中央研究院"历史语言研究所1962年校印本,第2437、2438页。

⑥ 《明英宗实录》卷十一,宣德十年十一月戊辰条、乙亥条,台湾"中央研究院"历史语言研究所1962年校印本,第201、206页。

⑦ 《明英宗实录》卷十五,正统元年三月甲申条,台湾"中央研究院"历史语言研究所1962年校印本,第290页。

⑧ 《明英宗实录》卷二一,正统元年八月甲戌条,台湾"中央研究院"历史语言研究所1962年校印本,第410页。

守",建策更加具体而切合实际。在这次的奏报中,郑铭还提出了一个涉及明代募兵制度起源的问题。"镇守陕西都督同知郑铭等奏:'陕西地界与东胜及察罕脑一带沙漠相接,胡寇侵扰,殆无宁岁。洮、岷等卫,亦临绝塞,所控番簇,叛服不常,各卫官军,恒被调遣,止余羸弱居民。比者庄浪有警,虽有守备官军,临敌不能捍御。况瓦剌脱欢人马,比之诸胡特盛,其使臣有在甘、宁等处久住,习知中国虚实,脱使亡归本土,必然泄我事情,导之入寇。访得各卫军丁及民间,多有骁勇精锐通武艺之人,乞命廷臣前来慎选及募自愿立功者,量加赏赉,给廪蠲役,严督训练,有警易为调用。'"这是涉及明廷防边兵源的大问题,朱祁镇接报后很快给以答复:"敕镇守陕西都督同知郑铭等曰:'得奏,欲将军余及民间选取精壮能武艺者操习待用,已从卿言,但当顺人之情,不可强其所不欲也。卿尚体予至怀。'"①这一建议实即明代募兵制度的滥觞,朱祁镇既然批准,招募则立即开始。到正统二年(1437)六月,半年里,"镇守陕西都督同知郑铭募军余、民壮愿自效者四千二百人,分隶操练,人给布二匹,月粮四斗。时有榜例,令召募故也"②。《明史》载:"正统二年,始募所在军余、民壮愿自效者,陕西得四千二百人。人给布二匹,月粮四斗。"③募兵制的出现对明朝有着重要的意义。正统二年(1437)十二月,郑铭就靖虏卫的迁移问题向朝廷奏报:"靖虏卫新城西枕黄河,被水冲激,去河仅丈许;又地多沙碱,不堪耕牧。其南不百里有旧会州城,地势宽平,耕牧俱利,请俟来春修筑徙居,庶可经久。"④朱祁镇同意了,第二年四月,郑铭又上奏:"陕西靖虏卫置临极边,创筑城垣,修理官舍、楼铺,俱役军士,其月粮有妻子者例给六斗,无妻子者四斗五升,食用不给,逋亡者多。臣恐稽缓工程,且妨守边,已会同陕西三司官议,如宁夏、延绥边军粮例,每月米布兼支一石。"⑤这是提高士兵待遇的建议,英宗同样批准。正统三年(1438)十月,"镇守陕西都督同知郑铭奏:'西安三卫路当冲要,外夷使客络绎往来,日逐供赡取给于军,乞将城下空闲地二十顷令三卫军余耕种,子粒置仓收贮,以备支待。'事下行在户部覆奏,从之。"⑥在朝贡体制下,周边朝贡的使臣进入明朝后,日常食用都由朝廷供给,让军余耕种二十顷空闲地,用其收获物补充对使臣的供给,这是一个很好的办法,得到朱祁镇批准。正统五年(1440)四月,朱祁镇"敕镇守陕西都督同知郑铭、右副都御史陈镒等曰:'得奏,言河州番民领占等先因避罪逃居结河里,招集人众,立他力管簇,占耕田地,不报籍纳粮;又藏匿逃亡,累劫军民及往来商旅。岷州卫指挥叶青等往彼体实,受赂而还。尔等欲调官军擒捕领占之众,并治叶青等罪。'朕念番性生拗,所犯亦在革前,若遽加之以兵,不免累及无辜。尔等宜从长计议,遣人抚谕,令其改过自新,将聚集之众,各遣回本业,所劫军民牛羊等物,如番人事例,追给还主。如彼冥顽不服,即斟酌事情,调军擒捕,务出万全。其叶青等体覆得实,执问如律"⑦。因此郑铭和文职镇守右副都御史陈镒请求派兵擒捕并治叶青之罪,朱祁镇的答复政策性很强,他命郑铭和陈镒首先"遣人抚谕,令其改过自新",如果冥顽

①　《明英宗实录》卷二五,正统元年十二月甲戌条、癸未条,台湾"中央研究院"历史语言研究所 1962 年校印本,第496~497、504 页。

②　《明英宗实录》卷三一,正统二年六月壬戌条,台湾"中央研究院"历史语言研究所 1962 年校印本,第 610 页。

③　张廷玉等:《明史》卷九一《兵志三》,中华书局 1974 年版,第 2249 页。

④　《明英宗实录》卷三七,正统二年十二月乙丑条,台湾"中央研究院"历史语言研究所 1962 年校印本,第 713~714 页。

⑤　《明英宗实录》卷四一,正统三年四月癸亥条,台湾"中央研究院"历史语言研究所 1962 年校印本,第 793~794 页。

⑥　《明英宗实录》卷四七,正统三年十月乙卯条,台湾"中央研究院"历史语言研究所 1962 年校印本,第 908 页。

⑦　《明英宗实录》卷六六,正统五年四月甲戌条,台湾"中央研究院"历史语言研究所 1962 年校印本,第 1264~1265 页。

不服,"即斟酌事情,调军擒捕",对叶青则要按实、按律惩治。明廷对周边少数民族事务的处理很是得体。正统六年(1441)三月,"镇守陕西都督同知郑铭言三事:'一关中旱涝相仍,前后发官廪七十余万济之,若责偿于一时,则民不堪命,请量岁之丰凶,以渐偿官。其累岁逋负盐钞,亦乞蠲免。一各边驿马,往者月给料豆九斗,近从人言,尽革之,甚不便,乞仍支给。一延安绥德逋租尤多,请量收布绢,庶几人易为力。'上悉从之"①。因为正统五年(1440)陕西关中地区灾害严重,郑铭的建议都是为民众着想。正统七年(1442)七月,"镇守陕西都督同知郑铭等言:'陕西岁凶,民不聊生。'上命户部遣人驰驿往报之曰:'贫民速发廪济之,逋负官租、官物悉暂停征,户口、盐钞尽行蠲免,鬻子女者官为赎之,僻驿积刍已泡阑者除其数,未泡烂而久役人典守者,令易他物入官,轮班匠役俟秋成赴京,老病者复之,盗贼不载连坐,所管官司不加意抚恤者,亦坐以法。'"②郑铭如实地向朝廷反映了陕西的灾荒情况,朱祁镇马上采取了一系列赈济的措施。明朝的实录中类似的材料还有很多,直到正统九年(1444)时,郑铭还在向朝廷反映情况,五月,"镇守陕西都督郑铭等奏:'陕西屯军选操在城者,先已准给粮赏,今户部以屯军户中有人丁代种田者,欲止不给,缘陕西连年亢旱,余丁子粒尚且负欠,正军供给复何所需,乞仍旧给赏为便。'上曰:'陕西天旱,军士艰难,应得粮赏仍与之。'"③这是为屯军争取应得的粮赏。七月,"镇守陕西都督同知郑铭等奏:'陕西频岁旱灾,人民艰窘,乞将该佥幼军六百余名暂行停止,待年丰佥补。'上命布政司酌量,有收州县于殷实丁多之家陆续佥点,无收处待明年秋成后补解。"同月,"镇守陕西都督同知郑铭奏:'今年收纳番马,该四川运茶八十四万三千六十斤至陕西界,陕西起倩军夫运至各茶马司,用军夫二万一千七十余名。即今岁旱人饥,乞暂停运以待丰年。'兵部言:'西宁茶马司见有茶二十五万四千余斤,请将该运茶减半,或从铭所奏暂停。'上曰:'茶马国家要用,既陕西军民艰难,令侍郎丁铉等与郑铭等议,除用各茶马司见在茶外,将今该运茶减半,令有力军民陆续运去辏用。如秋后不熟,再议以闻。'"④所奏报悉为边地要务。

正统九年(1444)九月,郑铭因年老而被召回京师,兴安伯徐亨接替了他的职位。徐亨在陕西镇守任上七年多,到景泰二年(1451)年底,景帝"召镇守兴安侯徐(享)[亨]还京,以巡按御史甘泽论其老眊无为,且供亿损民故也"⑤。看来徐亨在镇是极尽奢靡的,奢靡到什么程度呢?《明英宗实录》在徐亨去世时进行了描述,"兴安侯徐亨卒。亨,湖广大冶县人,祖祥,封兴安伯,亨嗣其爵,……正统甲子,以征迤北功升兴安侯,锡诰券。命镇守陕西,在镇侈用,有司所供,日费白金十二两,小民苦之。以老取回,至是卒。"⑥徐亨奢侈到"日费白金十二两",给陕西民众带来了极大的负担,以至于朝廷不得不召回他。但是徐亨履职期间也做了许多好事,如文职镇守右都御史陈镒受到秦王的多次诬陷,徐亨都能秉持公正,保护了陈镒。他刚履任不久的

①　《明英宗实录》卷七七,正统六年三月乙卯条,台湾"中央研究院"历史语言研究所 1962 年校印本,第 1524~1525 页。

②　《明英宗实录》卷九四,正统七年七月丙寅条,台湾"中央研究院"历史语言研究所 1962 年校印本,第 1893 页。

③　《明英宗实录》卷一一六,正统九年五月辛丑条,台湾"中央研究院"历史语言研究所 1962 年校印本,第 2340 页。

④　《明英宗实录》卷一一八,正统九年七月戊辰条、癸酉条,台湾"中央研究院"历史语言研究所 1962 年校印本,第 2389、2391~2392 页。

⑤　《明英宗实录》卷二一一《废帝郕戾王附录第二十九》,景泰二年十二月丙戌条,台湾"中央研究院"历史语言研究所 1962 年校印本,第 4545 页。

⑥　《明英宗实录》卷三一二,天顺四年二月己酉条,台湾"中央研究院"历史语言研究所 1962 年校印本,第 6541 页。

十一月，"镇守陕西兴安侯徐亨等体覆：秦王所奏右都御史陈镒巧取民财、创建神庙等事，多无验。上贷镒，命法司录状以示(秦王)，令其谨守礼法"①。秦王不死心，又奏报说："'镇守陕西右都御史陈镒潜通乐妓诸淫秽状，且言鞫所通妓俱验，并得其所尝与白金诸物。'上命镇守陕西兴安侯徐亨及巡按御史、按察司官体实。亨等言：'王所奏俱诬'。及逮所通妓至京，亦变初辞，如亨等体状。上置镒不问，敕秦王谨守礼度，毋轻听小人邪言。"②正统十年(1445)七月，"镇守陕西兴安侯徐亨等奏：'所属军民数千人诉保巡按监察御史张文昌廉能有为，乞更留按治一年，使军民有所依赖。'上从之"③。十月，"镇守陕西兴安侯徐亨等奏：'西安等府所属州县，五月以来，旱蝗灾伤。乞将今年秋粮、草束并屯军子粒，查勘无收及收一二分者，悉与蠲免；其收六七分者，每粮一石折钞五十贯，每草一束折钞五贯；四五分者，每粮一石折钞三十贯，每草一束折钞三贯；仍听纳布匹等物备用'；事下户部覆奏，从之"④。这都是对民众有利、为民众排忧解难的事情。除了向朝廷报忧，徐亨也向朝廷报喜。正统十一年(1446)六月，"镇守陕西兴安侯徐亨同都御史王文并陕西三司等官奏：'陕西今岁雨泽及时，远近沾足，西安等府麦豆俱十分丰收，其余禾黍亦皆茂盛，有年可望，流徙者多已复业，访之耆老，数十年来未之见也。'上喜谓侍臣曰：'丰年国家之祥，今陕西一方之民皆足食，可谓祥矣。'"⑤"足食、足兵"乃天下安定之本，所以朱祁镇对此十分高兴。作为镇守陕西的武将，对军情当然也要奏报，景泰元年(1450)闰正月，"镇守陕西兴安侯徐亨奏：'达贼入宁夏境抢掠人口及中护等卫军屯、驿递、王府苑马寺马牛羊不计其数，其宁夏总兵官都督同知张泰、协同守备都指挥使熊震、西路右参将都督佥事丁信、东路右参将都指挥使王荣，贼来既不敌，贼去又不追袭；守备庆阳都督佥事王斌等抛弃甲马，擅离信地，俱宜执问。'事下兵部议：'即今贼势未息，若使逮治，诚恐守备缺人，宜请敕切责各官，哨探贼人所在，相机剿灭。'从之。"⑥这是对宁夏失机官员的参劾。景泰二年(1451)七月，"镇守陕西兴安侯徐亨奏：'近年鞑贼入寇靖房卫及海纳都地方，俱到楚府马营内杀掠，恐鞑贼窥见本府羊马数多，复来侵犯。今本府马营牧放军余约有二千余名，乞敕本府遣官来选壮丁，或一千或数百，自备鞍马，靖房卫给与军器，委官率领屯操，遇警听调，一则协备边境，一则守护马营。'从之"⑦。对楚王府马营防御的安排看起来还是很有谋略的。同年年底，徐亨被召回京师。

徐亨被召回京师后，景泰年间陕西镇再没有派镇守。直到五年多以后，朱祁镇复位的天顺元年(1457)四月，才"命保定侯梁珤镇守陕西"⑧。梁珤任职半年后，朱祁镇又重新宣布"命保定侯梁珤充总兵官镇守陕西"⑨。这后一次的任命比前一次多了一个"充总兵官"，看来"镇

①　《明英宗实录》卷一二三，正统九年十一月己卯条，台湾"中央研究院"历史语言研究所1962年校印本，第2460页。

②　《明英宗实录》卷一二八，正统十年四月乙巳条，台湾"中央研究院"历史语言研究所1962年校印本，第2552页。

③　《明英宗实录》卷一三一，正统十年七月己卯条，台湾"中央研究院"历史语言研究所1962年校印本，第2603页。

④　《明英宗实录》卷一三四，正统十年十月己未条，台湾"中央研究院"历史语言研究所1962年校印本，第2671页。

⑤　《明英宗实录》卷一四二，正统十一年六月庚子条，台湾"中央研究院"历史语言研究所1962年校印本，第2807页。

⑥　《明英宗实录》卷一八八《废帝郕戾王附录第六》，景泰元年闰正月甲寅条，台湾"中央研究院"历史语言研究所1962年校印本，第3828~3829页。

⑦　《明英宗实录》卷二〇六《废帝郕戾王附录第二四》，景泰二年七月丁巳条，台湾"中央研究院"历史语言研究所1962年校印本，第4425~4426页。

⑧　《明英宗实录》卷二七七，天顺元年四月辛亥条，台湾"中央研究院"历史语言研究所1962年校印本，第5918页。

⑨　《明英宗实录》卷二八三，天顺元年十月己未条，台湾"中央研究院"历史语言研究所1962年校印本，第6082页。

守"和"总兵官镇守"之间应该没有什么差别,极有可能是修实录者造成的误差。

　　天顺二年(1458)二月,《明英宗实录》中载:"命保定侯梁珤仍镇守陕西。"①此后梁珤在陕西镇守总兵官任上直到朱见深即位。其履职情况如:天顺元年(1457)十一月,"镇守庄浪奉御进保、都指挥使魏荣奏:'达贼四千余骑入境,径趣速罕秃营剽掠',兵部请敕镇守陕西保定侯梁珤往兰县,征调秦州、巩昌、临洮等处兵,分讨要害,以遏贼冲。从之。"②这是兵部请求朱祁镇调梁珤到兰县防御蒙古军的袭扰。天顺四年(1460)正月,"敕镇守陕西保定侯梁珤:'得延绥奏报,达贼孛来犯井儿坪,四散抢掠,尔等严加堤备,遇警相机战守,毋忽!'"③这是朱祁镇命梁珤防御孛来的入掠。天顺五年(1461)六月,"陕西总兵官保定侯梁珤奏:'胡寇犯边,正急用兵器,而陕西州县铁料缺甚,虽尝以税粮折纳,然地无出产,官吏催征,民不堪困。臣闻山西阳城县铁冶甚多,每年课铁不下五六十万斤,乞不为例,运十万斤至陕西,给与各卫,速造兵器。仍令山西布政司,自后每年运五万斤于曲沃县,陕西布政司遣人关领贮库,以备急用。'从之。"④这是就打造军器所用的铁向朱见深递交的报告,从山西调运。天顺六年(1462)二月,"总兵官保定侯梁珤奏:'达贼入寇靖虏,都指挥汪礼率兵追剿,擒六人,复所掠牛马二千三百有奇,贼弃遁出境。'"⑤报告完蒙古军出境后,三月,"陕西总兵官保定侯梁珤奏:'黄河冰开,鞑贼远遁,请令原调策应官军、舍余、民壮各回原处屯守。'事下兵部奏:'欲行镇守、参赞等官会议施行。'内阁臣李贤等言:'兵出在外,可暂不可久。暂则壮,久则老。且不退兵,则陕西民无休息之时,再欲征运粮草,必皆逃窜。'上从贤等言,命副总兵右都督冯宗等放回官军,其马匹命参赞军务右侍郎白圭同宗等点过,带回一万,其余斟酌各边缺马多少,量分各总兵等官给军骑操。"⑥这是就善后事宜所作的报告,经过廷臣讨论后所作的一系列安排。天顺七年(1463)十月,"陕西总兵官保定侯梁珤等奏:'西番芆咂等簇二千余人,攻西固城千户所杀川寨,杀死官军。臣欲行文镇守河州卫署都指挥韩春,起调官军一千人往剿之。'兵部请如其奏,从之"⑦。这是就西部边情所作的奏报和建策,朱见深即位后,陕西镇守总兵官又有新的安排。

　　从以上论述中可以得出如下认识:洪武时期的七个军镇到永乐时期演变为八个,其间有升格,有迁调,有增设,但是总兵官的派遣则是由永乐初年确定的,它标志着军镇的正式形成。第九个军镇延绥镇则是形成于正统时期前十年间,九边军镇就此定型,只不过山西镇和陕西镇由于地势差缓,其总兵官的派遣要更晚些,它是随着明蒙关系的变化而逐步成为定设的。

第三节　明代宣德、正统时期北部边防的态势

　　宣宗时期,在相对稳定的明蒙关系下,明朝北部边防态势的一个最大的变化,就是从洪武时期的边防线向长城一线收缩。

---

① 《明英宗实录》卷二八八,天顺二年闰二月辛酉条,台湾"中央研究院"历史语言研究所 1962 年校印本,第 6183 页。
② 《明英宗实录》卷二八四,天顺元年十一月乙亥条,台湾"中央研究院"历史语言研究所 1962 年校印本,第 6091 页。
③ 《明英宗实录》卷三一一,天顺四年正月庚辰条,台湾"中央研究院"历史语言研究所 1962 年校印本,第 6525 页。
④ 《明英宗实录》卷三二九,天顺五年六月丁酉条,台湾"中央研究院"历史语言研究所 1962 年校印本,第 6774 页。
⑤ 《明英宗实录》卷三三七,天顺六年二月乙亥条,台湾"中央研究院"历史语言研究所 1962 年校印本,第 6881 页。
⑥ 《明英宗实录》卷三三八,天顺六年三月甲辰条,台湾"中央研究院"历史语言研究所 1962 年校印本,第 6890 页。
⑦ 《明英宗实录》卷三五八,天顺七年十月庚子条,台湾"中央研究院"历史语言研究所 1962 年校印本,第 7132 页。

一、开平卫的内撤

开平卫本是元上都之所在地，据今人研究，它的兴建是在元宪宗六年(1256)，当时"忽必烈命刘秉忠选择合适的地点兴筑新城。刘秉忠相中了桓州之东、滦水北岸的龙冈为建城地点。龙冈北依南屏山，南临金莲川，东、西都是广阔的草原，地势比较平坦，宜于建城。新城被命名为开平府。"①上都建成后，一直是元朝皇帝的避暑胜地，但在元末农民大起义中被红巾军焚毁。洪武二年(1369)常遇春和李文忠攻下开平，不过由于战事紧急，明军没有留兵驻守。洪武三年(1370)李文忠军再度攻克上都，"设开平卫守之，置八驿，东四驿曰凉亭、泥河、赛峰、黄崖，接大宁古北口；西四驿曰桓州、威房、明安、隰宁，接独石"②。开平卫就设在"元之上都城内"③，属于北平都指挥使司管辖，但由于诸事草创，再加戎马倥偬，开平城一直未能修复，直到洪武三十年(1397)才重新整修被毁坏的城墙。④ 朱棣即位后，一度将开平卫内迁，后又迁回原地，史称"永乐元年二月徙卫治京师，直隶后军都督府。四年二月还旧治"。⑤ 看来朱棣在废弃大宁的同时，曾将开平卫迁入北京，只是到永乐四年(1406)又迁回了开平，而大宁就彻底被放弃了。

永乐二十年(1422)三月，阿鲁台攻破明朝北边重镇兴和，都指挥王焕被杀，于是朱棣发动了第三次亲征。但是兴和城就再也没有恢复，只是将其"徙治宣府城，而所地遂虚"⑥。这样一来，开平东面的大宁都司内撤了，开平西面的兴和又因残破而内迁，开平就成了孤立地深入蒙古高原的一座孤岛，三面受敌，后方补给非常困难。从宣德元年(1426)到宣德五年(1430)的历史记载中，可以深切地感受到这一点。史载：宣德元年(1426)四月，阳武侯薛禄领兵巡边，因开平储豆不足，行在户部请求"于附近卫所发军及余丁一万人，于长安岭仓人支豆一石，运赴开平"⑦。宣德三年(1428)三月，"行在户部奏：开平粮料不足，请发在京军民于宣府运二万石接济"⑧。宣德四年(1429)正月，驻守开平的都指挥使唐铭奏称：所储粮少，仅足两月之用。行在户部赶紧奏请"命大同、宣府总兵官各整饬军士，郎中王良发仓储，令运赴开平，以二月初启行。仍请命北京军民运京仓粮赴宣府"⑨。年复一年的运饷赴开平，成为明朝北边的沉重负担，每次运饷都要调动大批人力、物力、畜力，还要有官军护送。

在宣德前期的北边防务中，阳武侯薛禄为朱瞻基所倚重，他屡次佩大将军印，"巡边护饷，

①　陈高华、史卫民：《元上都》，吉林教育出版社1988年版，第24页。上都遗址在今内蒙古自治区正蓝旗旗政府所在地黄旗大营子东北约20千米处。

②　夏燮：《明通鉴》卷二十，宣宗宣德五年六月，中华书局1959年版，第846页。

③　李贤主编：《大明一统志》卷五《万全都指挥使司》，明天顺中府刻本。

④　《明太祖实录》卷二四九，洪武三十年正月辛未条载："城开平卫。先是，上命中军都督同知盛熙调山海卫五所官军往开平立卫，发北平都司属卫军士城之。至是讫工，复命熙分调北平等都司军马屯守，于农隙讲武，以备不虞。"(台湾"中央研究院"历史语言研究所1962年校印本，第3608~3609页)

⑤　张廷玉等：《明史》卷四十《地理志一》，中华书局1974年版，第908页。

⑥　张廷玉等：《明史》卷四十《地理志一》，中华书局1974年版，第909页。

⑦　《明宣宗实录》卷十六，宣德元年四月丙戌条，台湾"中央研究院"历史语言研究所1962年校印本，第441页。

⑧　《明宣宗实录》卷四十，宣德三年三月戊申条，台湾"中央研究院"历史语言研究所1962年校印本，第991页。

⑨　《明宣宗实录》卷五十，宣德四年正月癸亥条，台湾"中央研究院"历史语言研究所1962年校印本，第1202页。

出开平、宣府间"①。正是由于开平卫后方补给的困难,所以在宣德元年(1426)时,就有人提出在开平实行"更番"的建议。最早提出此议的是行在户部主事王良,他在宣德元年(1426)上言:"开平极边之地,岁运粮给之,而军士戍守者皆有妻子,粮不足以赡其家。乞简精锐者更番守城,令其妻子入赤城、云州,立堡居之。"②朱瞻基命行在兵部尚书张本计议,不久薛禄巡边回京,在其所上"备边五事"中,第二条也说到更番之事。他建议:"环州、威虏诸堡正当冲要,而地远势孤,若仍修筑,工费浩繁。开平官军家属众多,月给为难。宜于独石筑城,毡帽山塞关,移置开平卫于此,俾其人自种自食,精选本卫及原调守备官军二千人,分为两番,每番千人,自带粮料,往开平戍守,既免馈送之劳,亦得备御之固。"③宣宗命大臣们议行,但没有结果。到了宣德二年(1427)六月,开平卫备御都指挥唐铭上奏:"孤城荒远,薪刍并难,猝遇寇至,别无应援,请添拨官军、神铳守备。"朱瞻基下廷臣议,"皆以为欲添官军,愈难馈给。宜准阳武侯薛禄初奏,于独石筑城,立开平卫,以开平备御家属移于新城,且耕且守。而以开平卫及所调他卫备御官军,选其精壮,分作二班,每班一千余人,更代于开平旧城哨备。新城守御官军不足者,暂于宣府及附近卫分酌量添拨,候发罪囚充军,代还原伍。仍敕阳武侯薛禄,防护粮饷之余,就彼相宜,区画筑城,安恤毕事而归奏。"④朱瞻基看了廷议的结果,没有马上批准,决定到秋后再说。大概从这一年起,明朝就开始在独石等地营建新的城堡,准备将开平卫的官军家属迁到这里。过了三年,当独石、云州、赤城、雕鹗诸城堡完工之后,朱瞻基特派兵部尚书张本到独石,与阳武侯薛禄一起处理迁卫之事。朱瞻基在给薛禄的敕书中说:"一切边事,卿与本共熟筹之,必有益于国,有便于人,可以经久。"张本和薛禄议定之后,奏请"以兵护送开平卫所印信及军士家属,置于独石等城堡,且屯且守。专以马步精兵二千,分为二班,令都督冯兴总之,都指挥唐铭、卞福各领一班,自带粮料,更番往来开平故城哨备。其各城堡守备军数,则独石二千,云州、赤城各五百,雕鹗三百,俱于隆庆左、右二卫调发,如不足则以保安卫足之。其山海、怀来各卫留守开平官军悉令还卫"⑤。这是明朝北边最后一个前沿阵地的后撤,它使明代的北部边防呈现全面内缩的态势。

二、明宣宗的三次巡边

宣德年间的北边防线,除开平卫撤至独石这一大事件外,就是朱瞻基三次巡边和北击兀良哈。

朱瞻基是明代历史上少数几位懂得军事并经受过战火洗礼的皇帝之一,特别是他亲身参加了永乐十二年(1414)对瓦剌的忽兰忽失温之战,这对刚刚步入青年时期的皇太孙肯定会有重大的影响。今人对此议论道:"这次战斗使瞻基亲身领略到了战争的险恶,他的头脑中对此留下了深刻的印象。他因此或许产生了这样的想法:两国之间最好相安无事,外敌扰边,只要坚守边塞不使敌人入侵就行了,而不必兴师动众地出兵敌国作战。后来瞻基做了皇帝,他的确

① 张廷玉等:《明史》卷一五五《薛禄传》,中华书局 1974 年版,第 4248 页。
② 《明宣宗实录》卷十七,宣德元年五月丙午条,台湾"中央研究院"历史语言研究所 1962 年校印本,第 459~460 页。
③ 《明宣宗实录》卷十八,宣德元年六月庚午条,台湾"中央研究院"历史语言研究所 1962 年校印本,第 477 页。
④ 《明宣宗实录》卷二八,宣德二年六月丁卯条,台湾"中央研究院"历史语言研究所 1962 年校印本,第 744 页。
⑤ 《明宣宗实录》卷六七,宣德五年六月癸酉条,台湾"中央研究院"历史语言研究所 1962 年校印本,第 1574~1575 页。

将国防政策的重点放在守卫上,经常巡猎边镇,但很少出塞作战。"①这一分析确有一定道理,整个明代的北部边防,自从宣宗以后,基本处于收缩防御的态势,再也没有出现过如太祖、成祖那样的远征塞外的壮举。但是,在朱瞻基第一次巡边过程中,发生过与入寇的兀良哈三卫的战斗,有趣的是,这次战斗就发生在成祖所放弃的原大宁都司的属地宽河。

宣德三年(1428)八月,朱瞻基决定在防秋之时率师巡边,整饬边备,他对扈从的英国公张辅等说:"朕此行岂为田猎,但以国家虽安,不可忘武,况边境之民每及秋,则忧虏患。若在我有备,虏何能为患?朕为民故,特因田猎阅武,遂饬边备耳。"②当车驾行至石门驿时,喜峰口守将派人报告说:"兀良哈之寇万众侵边,已入大宁,经会州,将及宽河。"这是成祖放弃大宁所造成的直接后果。朱瞻基接报之后,亲率铁骑三千,出喜峰口乘夜行,"军士皆衔枚、敛甲、韬戈,驰四十里,昧爽至宽河,距虏营二十里。虏望我军,以为戍边之兵,即悉众来战。上命分铁骑为两翼夹击之,上亲射其前锋三人殪之,两翼飞矢如雨射虏,虏不能胜。继而神机铳叠发,虏人马死者大半,余悉溃走。上以数百骑直前,虏望见黄龙旗,知上亲在也,悉下马罗拜请降,皆生缚之,遂获虏生口、驼马、牛羊、辎重。"③在明朝人的眼里,这是一次很值得吹嘘的胜利,朱瞻基在其《班师诏》里大肆张扬了一番,将万余人说成数万人,而其战果遂成了"斩馘虏首万余级,擒其酋长百余人",于是"腥膻荡涤,边境肃清"④,这种颂扬真是有些过分。其实,朱瞻基所战胜的不过是些武装的牧民,他们不是纯粹的军队,"瞻基率三千铁骑,凭借火器的优势袭击了边塞的武装牧民,在军事上实在没什么值得夸耀的"⑤。

朱瞻基的第二次巡边是在宣德五年(1430)十月,第三次巡边是在宣德九年(1434)九月,这两次巡边均属检阅边防、鼓舞士气,别无可纪。所不同的是,第一次巡边是往旧大宁地段,后两次则是往宣府方向,最远至宣府西路的洗马林和万全,这在明朝历代皇帝中也是难能可贵的。在朱瞻基以后的帝王中,除了武宗的西北之行,还没有皇帝这样认真视察过北部边防。

三、明英宗时期北部边防的形势与变化

英宗时期的十四年间,由于蒙古族内部形势的发展,特别是也先以武力实现了蒙古高原的短暂统一后,明朝的北部边防呈现重大的变化,其高峰之点,就是正统十四年(1449)发生的土木之变,这是明代北部边防的第一次严重危机。稍次要一点的变化,乃是明朝对兀良哈三卫的一次轻率的打击。

朱祁镇是明代历史上第一位以九岁冲龄践祚的小皇帝,以这样的年龄是根本无法处理政务的。好在明朝自永乐年间以来已经形成一套颇有效率的政府机构,其中内阁作为最高决策机关,在政治生活中发挥领导的作用,使明朝的政治机构始终能维持正常的运转,而不必在乎皇帝的有无或者年龄的大小。正统初年正处于这种状况,由于明代号称贤相的"三杨"辅政,因此一切都有条不紊地进行着,在边防方面也是如此。宣宗在其第三次巡边的时候,驻跸洗马

---

① 赵中男:《宣德皇帝大传》,辽宁教育出版社 1994 年版,第 31 页。

② 《明宣宗实录》卷四六,宣德三年八月丁酉条,台湾"中央研究院"历史语言研究所 1962 年校印本,第 1130 页。

③ 《明宣宗实录》卷四七,宣德三年九月乙卯条,台湾"中央研究院"历史语言研究所 1962 年校印本,第 1141 页。

④ 《明宣宗实录》卷四七,宣德三年九月甲子条,台湾"中央研究院"历史语言研究所 1962 年校印本,第 1145 页。

⑤ 赵中男:《宣德皇帝大传》,辽宁教育出版社 1994 年版,第 193 页。

林视察兵备、狩猎娱乐,有些边将乘机建议:"此外不百里,虏人常至围猎,可出兵掩击之。"这显然是边将们以宣宗第一次巡边时主动出击兀良哈为例,鼓动宣宗再次出塞,好借机邀功受赏。朱瞻基此时头脑还比较清楚,他说:"彼不为边患即已,可不听其围猎乎?"他拒绝了诸将惹是生非的请求,但是诸将还在劝说:"此辈豺狼野心,终不能保其不为边患,失今不图,后将悔之。"朱瞻基进一步向诸将解释说:"朕此来饬边备耳,非为捕虏。且尝遣人抚虏矣,今掩击之,是朕失信,岂可为乎? 尔等固是为国之心,但朕欲存大信耳。"当天夜间,朱瞻基心里还在想白天的事,就召少傅杨荣问道:"诸将皆言虏在近边,掩击之,可不劳而成功。何如?"杨荣在三杨内阁中以稔知边事而著名,永乐时期处置边事、扈从北征,深得成祖信任,担任皇太孙的老师。朱瞻基即位后,每次出巡边境,都由杨荣陪同,遇有军务大事,都要找杨荣拿主意。现在,他又在征求杨荣的意见,杨荣回答说:"黠虏谲诈,恒远哨瞭,今车驾至此,必先遁也,纵出兵,无所得,而自此失虏之心。"朱瞻基问:"何也?"杨荣说:"陛下屡遣人赏敕招之,令打围放牧,悉从所便。今感恩而来矣,若遂击之,则是前敕诱之来也。"一听此言,朱瞻基心里顿时开朗起来,他笑着说:"朕已拒诸将,必不出兵,但令饬边备耳。卿所言深合朕意,可谓君臣同德。"[1]从这一段对话中可以看出,朱瞻基自其三年击兀良哈后,在北部边境一般不再主动出击,只要蒙古人不来扰边,他也不再出边,这实际上就是太祖所制定的防边之策的具体表现,即"来则御之,去则勿追"。杨荣作为洪武、永乐、宣德三朝的内阁重臣,又是明朝处理边疆事务的能臣,对此自有其深刻的理解,从他回答宣宗的问话中即可看出。因此,宣宗君臣的这段对话,可以看作明朝北边防务方针的体现。朱瞻基去世后,朝廷马上敕谕边防将领:"比闻北虏阿鲁台部落来降者言:虏寇聚兵近塞,意在犯边。卿等宜严卒乘,谨斥堠,先为不可胜以待之,降者礼待,去勿穷追,毋启衅端,毋堕贼计,庶副朕委任之意。"[2]这是内阁的决定,是太祖防边方针的继续,只不过是以皇帝的口气将其变成了御旨。据笔者看来,杨荣历事四朝,其"于四裔及边徼事及边将勇怯、智愚靡不通知,故忖量事势率豫中"[3],在正统初年的北边防务方针制定中,他应该是起决定作用的。

"来则御之,去勿穷追","毋启衅端",这是太祖所制定的"固守封疆"的防边方针。虽然太祖、成祖时期曾多次出塞作战,但那是以攻为守、意在消灭蒙古军借以入掠塞内的军事主力,其最终目的还是为了固守疆圉。正是在这一方针指导下,太祖朝、成祖朝以及宣宗朝,都在大力加强北边防御体系,作为这一加强的具体表现,就是北边防御工事边墙、城堡、墩台的修筑。成祖时期由于北边防线的南撤及都城的北迁,已对沿北边的防御工事十分重视,在边防沿线有一系列城、堡、墩、台的修筑以及壕堑的挖掘,对此今人学者毛佩琦、晁中辰论之甚详。[4] 仁宣时期再也没有大规模出塞作战的壮举,因此,加强北边工事的整修成为北边防务的重要内容。如朱瞻基刚即位,"大同总兵官武安侯郑亨奏:修完大同缘边三山等处烟墩一十四座,浚壕堑九十四里有余"[5]。次年,"命都督山云、都御史王彰自山海、永平、蓟州抵居庸关,凡诸关隘有

---

① 《明宣宗实录》卷一一二,宣德九年九月己亥条,台湾"中央研究院"历史语言研究所1962年校印本,第2536页。
② 《明英宗实录》卷一,宣德十年正月壬午条,台湾"中央研究院"历史语言研究所1962年校印本,第18页。
③ 焦竑编:《献征录》卷十二《内阁一·杨荣传》,上海书店1987年版,第401页。
④ 毛佩琦:《永乐皇帝大传》,辽宁教育出版社1994年版;晁中辰:《明成祖传》,人民出版社2004年版。
⑤ 《明宣宗实录》卷九,洪熙元年九月丁巳条,台湾"中央研究院"历史语言研究所1962年校印本,第248页。

未完固者,督总兵官遂安伯陈英、都督陈景先及诸镇守官并在近军卫有司修理,务悉坚完,遇有军民利病,亦具实以闻"[1]。修边防守的政策作为一条基本的边防政策,为以后历朝所沿袭,英宗朝亦是如此。朱祁镇即位不久,"镇守大同参将都指挥使曹俭奏:大同分地东自烂柴沟,西至崖头墩,迤直险易几逾千里,垣墙沟堑,日益坍塌,万一虏骑冲突,无以蔽拒,乞加修筑"[2]。这一请求获得了批准。正统元年(1436),"镇守蓟州、永平、山海等处总兵官都督同知王彧言:先已奏准于所辖地方长城内每三里设一墩架炮,遇贼薄城,举火发炮传报,庶使不能潜越。今墩台二百余座已完,请给合用信炮"[3]。正统三年(1438),"镇守山西左都督李谦等奏:黄河西岸沟涧路多,达贼往来,虽有守备官军,俱在河东,瞭望不见。宜于河西高阜要地守瞭,庶不误事。上从之,命增黄河西岸烟墩五处"[4],等等。这些要求都得到了批准,明朝北边防线的墙、堡、墩、台等防御工事系统逐渐地完善起来。

在土木之变以前,明代的北部边防还有三件事情影响到北边的安危,即东胜的最后撤防及两次出塞:第一次是袭破阿鲁台余部阿台、朵儿只伯;第二次是袭击兀良哈三卫。

东胜卫自永乐时期内撤后,宣德年间一直没有恢复。直到朱祁镇即位后,正统三年(1438)九月,山西安东中屯卫百户周谅上奏:"故东胜州废城,西濒黄河,东接大同,南抵偏头关,北连太山、榆阳等口,其中有赤儿山,东西坦平二百余里,其外连亘官山等山,实胡虏出没往来必经之地。臣愚以为若屯军此城,则大同右卫净水坪、偏头关、水泉堡四处堡营皆在其内,可以不劳戍守,每遇冬月,就命将统领四处守备官军于此驻扎备御,待春乃回。既不重劳军马,又不虚废粮储,非惟借以捍蔽太原、大同,而延安、绥德亦得以保障矣。"[5]周谅的建议是否被采纳,史无详载,《明英宗实录》载:事下兵部,兵部则推给了大同总兵官陈怀等,让边将来商议。《明史》称:"正统三年九月复置,后仍废。"[6]从清人顾祖禹的研究来看,这一建议并未被采纳,其文曰:"明初改建东胜左右二卫,兵民皆耕牧河套中,外寇稀少。洪武二十六年,城东胜。永乐初,移入畿辅,其地遂墟。正统三年,边将周谅言:'东胜州废城西滨黄河,东接大同,南抵偏关,北连大山、榆杨等口,中有赤儿山,东西坦平,二百余里,其外连亘官山,实外寇出没必经之地。若屯军此城,则大同右卫、净水坪、偏头关、水泉堡四处营堡,皆在其内,可以不劳戍守,非惟可以捍蔽太原、大同,亦所以保障延安、绥德也。'时不能用。"[7]从顾祖禹的说法来看,周谅的建议显然没有被实行,其史料来源当是根据《明英宗实录》。可是检明人茅元仪《武备志》,则曰:"己巳之变,东胜失守"[8],以此则正统三年(1438)以后似乎也曾驻守过东胜。日本学者田村实造在其文章注释中谓:"东胜卫城在正统初年曾一度驻屯过守备兵,在也先入寇之后才完全为蒙古人所占领",其括注的史料根据为实录正统元年九月壬午朔,[9]然遍查《明英宗实录》

① 《明宣宗实录》卷十九,宣德元年七月癸丑条,台湾"中央研究院"历史语言研究所1962年校印本,第510页。

② 《明英宗实录》卷二,宣德十年二月庚申条,台湾"中央研究院"历史语言研究所1962年校印本,第56~57页。

③ 《明英宗实录》卷十六,正统元年四月甲寅条,台湾"中央研究院"历史语言研究所1962年校印本,第314页。

④ 《明英宗实录》卷四十,正统三年三月庚子条,台湾"中央研究院"历史语言研究所1962年校印本,第776页。

⑤ 《明英宗实录》卷四六,正统三年九月癸未条,台湾"中央研究院"历史语言研究所1962年校印本,第887页。

⑥ 张廷玉等:《明史》卷四一《地理志二》,中华书局1974年版,第973页。

⑦ 顾祖禹:《读史方舆纪要》卷四四,中华书局1955年版,第1840页。

⑧ 茅元仪:《武备志》卷二〇七《占度载·镇戍四》,明刊本。

⑨ [日]田村实造编:《明代满蒙史的研究》,京都大学文学部1963年版,第154页。

正统元年(1436)九月的记载,则既无壬午朔,亦无在东胜派驻守备兵的记载,看来田村实造所依据的史料有些问题了。

关于正统三年(1438)袭破阿台、朵儿只伯事,明廷最后获胜是在四月,《明史》载:"夏四月乙卯,王骥、任礼、蒋贵、赵安袭击阿台、朵儿只伯,大破之,追至黑泉还。"①此事迁延进行了几年。宣德九年(1434),鞑靼阿鲁台在与瓦剌的争雄中最终失败,"妻子死,孳畜略尽,独与其子失捏干等徙居母纳山、察罕脑剌等处"②。没过多久,阿鲁台父子被瓦剌脱欢所灭。史称"阿鲁台既死,其所立阿台王子及所部朵儿只伯等复为脱脱不花所窘,窜居亦集乃路。外为纳款,而数入寇甘、凉"③。明廷对此感到恼火,于是从正统元年(1436)开始,屡次派兵进行追剿。但是,由于挂平虏将军印的前敌统帅蒋贵听信了部下都指挥安敬之言,逗留不进,致使师出无功。④ 明廷最后派出名臣王骥督军,任命任礼为平羌将军、蒋贵、赵安为副,又将阻挠败事的安敬斩首示众,整顿了军纪,才在正统三年(1438)取胜。史载王骥"三年春,偕诸将出塞,以贵为前锋,而自与任礼帅大军后继,与贵约曰:'不捷,无相见也。'贵击敌石城,敌走兀鲁乃。贵率轻骑二千五百人出镇夷,间道兼行,三日夜及之。擒左丞脱罗,斩首三百余,获金银印各一,驼马兵甲千计。骥与礼自梧桐林至亦集乃,擒枢密、同知、金院十五人,万户二人,降其部落,穷追至黑泉。而赵安等出昌宁,至刁力沟,亦擒右丞、达鲁花赤三十人。分道夹击,转战千里,朵儿只伯远遁"⑤。这次战役可以算作明廷少有的几次胜利之一,它将阿台和朵儿只伯的残存力量彻底击溃,没过多久,他们就被脱脱不花捕杀了。从这次战役的结果来看,明朝实际上是帮了瓦剌的忙,将阿鲁台遗留的力量予以最后的打击,而瓦剌则坐享其成,最后竟完成了对蒙古高原的统一,尽管时间很短,但毕竟是明廷所始料不及的。

袭击兀良哈则是正统九年(1444)的事。关于这次出塞的情况,日本学者和田清撰有《关于正统九年征伐兀良哈》一文,他以明朝的实录为基本史料依据,结合明代的各种史料记载,进行了详细的考证,对《殊域周咨录》《三卫志》《四夷考》《明史纪事本末》等史籍的记述一一进行辨析,指出了这些记载中的问题,如出征的日期错误、出师的动机不对、分路出击各将的配备不同、更严重的问题是作战地区的不同等。他的结论是:"正统九年的战役,是血气方刚的英宗受宦官王振、曹吉祥等贪功野心的煽动,毫无准备发动的鲁莽出师。当然不会获得像说的那样的战果,自然也是滥受褒赏的。杨洪的远出应该说是偶然产生的意外的成功。实际成果既然是这样,因而绝不是'自是三卫寝衰'。三卫的中衰乃是后来遭到瓦剌也先太师蹂躏所致。不过,所谓'怨我刺骨,因通也先,导之入寇',似乎倒是实在的情形。"⑥

正统十四年(1449)八月发生的土木之变,是明朝北部边防危机的顶点,以此为转折点,明王朝的历史开始由前期步入中期。笔者在这里着重指出的是:土木之变是一次必然和偶然相

---

① 张廷玉等:《明史》卷十《英宗前纪》,中华书局 1974 年版,第 130 页。校点者将阿台和朵儿只伯两人的名字用一条人名线连起来,误,实际为两人,故中间应用隔点隔开。

② 此处的母纳山、察罕脑剌,即在河套一带,和田清对此有考证。(见[日]和田清:《明代蒙古史论集》上册,潘世宪译,商务印书馆 1984 年版,第 204~205 页)

③ 张廷玉等:《明史》卷三二七《鞑靼传》,中华书局 1974 年版,第 8469~8470 页。

④ 张廷玉等:《明史》卷一五五《蒋贵传》,中华书局 1974 年版,第 4258~4259 页。

⑤ 张廷玉等:《明史》卷一七一《王骥传》,中华书局 1974 年版,第 4556 页。

⑥ [日]和田清:《明代蒙古史论集》下册,潘世宪译,商务印书馆 1984 年版,第 690 页。

交织的历史事件。瓦剌势力的发展及其对蒙古高原的短暂统一,使其对明朝发动进攻成为必然,至于何时、何地进攻则出于机会,那是一种偶然。从明朝的角度来看,如果军政修明、任用得人、内部团结一致,将蒙古族的进攻阻遏在边境地区,不使其造成更大的祸害,也不是不可能。但是其内部是宦官专权,军政败坏,将骄兵惰,一片混乱,遂使其失败成为必然;然而,五十万大军一败涂地,"失败得如此惨痛,却有很大的偶然性,皇帝被捉更在始料之外。"[①]正是这种必然性与偶然性相交织,才酿成了这一重大的历史事变,它给北部边防所造成的最直接的后果,则是明朝北边防线的再度内撤。如大同在明初曾修筑过两道边墙,此后"俱失守,弃为虏地"[②]。山西"旧有东胜城,与大同大边、兴和、开平相联,通为一边,外狭内宽,复设偏头、宁武、雁门三关十八隘口于内,以为重险。往年东胜、开平能守,三关未为要害。正统以来,东胜、开平俱失,三关独当其冲"[③]。

就整个明朝与蒙古族的关系来看,土木之变是明蒙朝贡体制运行高潮时发生的一个偶然事件,它并未给明蒙关系带来多大的影响,这一点将在后文详述。

①　赵毅、罗东阳:《正统皇帝大传》,辽宁教育出版社 1993 年版,第 121~129 页。
②　魏焕:《皇明九边考》卷五《大同镇》,国立北平图书馆善本丛书第一集,1936 年。
③　魏焕:《皇明九边考》卷六《三关镇》,国立北平图书馆善本丛书第一集,1936 年。

第四章　明代中叶蒙古族入居河套对九边的影响

　　明初,蒙古族退回蒙古高原,朱元璋的北边防线深入草地。随着永乐以后明廷北边防线的内缩,蒙古族从宣德年间开始逐渐南下进入河套地区,由此而引起明代北边防线的重大变化,及至成化年间一些著名的蒙古族首领常驻河套,遂有明代中叶的"套寇"之患,影响到明代历史发展的方方面面。

第一节　明代蒙古族之入据河套

一、洪武永乐以来蒙古族的发展与变化

1. 蒙古各部的分裂

　　忽必烈所建立的元朝,由于其后代的腐败而丧失了对全国的统治。后人评论妥欢帖木儿说:"昵比群小,信奉淫僧,肆意荒嬉,万几怠废,宫廷亵狎,秽德章闻。遂令悍妻干外政之柄,骄子生内禅之心,奸相肆蠹国之谋,强藩成跋扈之势。九重孤立,威福下移,是非不明,赏罚不公,水旱频仍,盗贼滋起,人心既去,天命随之矣!"①妥欢帖木儿自己也感到他有不可推卸的历史责任,其在应昌作歌道:"失我大都兮,冬无宁处;失我上都兮,夏无以逭暑;惟予狂惑兮,招此大侮;堕坏先业兮,获罪二祖;死而加我恶谥兮,予妥欢帖木儿奚辞以拒?"②

　　洪武三年妥欢帖木儿死后,元人为其加谥号为惠宗,蒙古语称为"乌哈噶图"汗,明人为其加谥号为"顺帝"。其子爱猷识理达腊即位,改年号为"宣光",元人称其为"昭宗",蒙古语为"必力克图"汗。③爱猷识理达腊着实对元朝的败残局面进行了一番整顿,他重用扩廓帖木儿及其部将贺宗哲等,又任用蒙古贵族如太保哈刺章、太尉蛮子、太尉纳哈出、太师阔阔帖木儿等,一度于洪武五年(1372)大败徐达。但是,好景不长,洪武八年(1375),扩廓帖木儿随爱猷识理达腊迁徙至金山,"卒于哈剌那海之衙庭"④。洪武十一年(1378),爱猷识理达腊也"崩于

---

① 屠寄:《蒙兀儿史记》卷一七《妥欢帖木儿汗纪》,上海古籍出版社1989年版,第217页。
② 屠寄:《蒙兀儿史记》卷一七《妥欢帖木儿汗纪》,上海古籍出版社1989年版,第217页。
③ 道润梯步:《新译校注〈蒙古源流〉》卷五,内蒙古人民出版社1980年版,第227页。
④ 张廷玉等:《明史》卷一二四《扩廓帖木儿传》,中华书局1974年版,第3712页。

金山,群臣上庙号曰昭宗皇帝"①。继爱猷识理达腊即帝位的是脱古思帖木儿②,他继续任用哈刺章、蛮子、纳哈出等人,勉强维持着漠北的残元势力。在这期间,蒙古内部的各种矛盾逐渐发展起来:元室北迁后与原来居于漠北的宗王、部长们的矛盾,残元势力之间的矛盾,蒙古内部各派系之间的矛盾,等等。由此而使残元势力号令不一,再也无法积聚起足够的力量与明朝进行军事对抗,只能对明朝的北部边境进行小规模的掠夺和袭扰。与此同时,朱元璋自洪武五年(1372)战败之后,经过十几年的恢复和准备,终于在洪武二十年(1387)出动大军,首先平定了辽东纳哈出的势力,接着在洪武二十一年(1388)由蓝玉率领十五万大军长驱捕鱼儿海,"给脱古思帖木儿的北元政权以近于毁灭性的打击"③。

捕鱼儿海之役对于退居漠北的残元势力来说是个灾难。明朝经过二十多年的努力,"大破其军,斩太尉蛮子(以下)数千人。脱古思帖木儿以其太子天保奴、知院捏怯来、丞相失烈门等数十骑遁去,获其次子地保奴及妃主五十余人、渠率三千、男女七万余,马驼牛羊十万,聚铠仗焚之。又破其将哈刺章营,尽降其众。于是漠北削平。"④脱古思帖木儿在克鲁伦河中下游的根据地被明军一举荡平,他又于西逃途中在土刺河遭到阿里不哥系的也速迭儿的袭击,和其子天保奴一起遇害。⑤ 也速迭儿杀死了脱古思帖木儿父子,"夺走大印",接着就在西部瓦刺势力的支持下登上了蒙古大汗之位。从此,由中原退居漠北的残元朝廷宣告灭亡,蒙古族的历史"开始进入长期的分裂割据时期"⑥。

脱古思帖木儿的部下对也速迭儿的夺位不服,捏怯来、失烈门等"耻事之"⑦,于是纷纷南下投奔明朝,朱元璋为此设置全宁卫,"命捏怯来为指挥使,失烈门以下俱授以武职有差"⑧。事隔不久,"捏怯来为失烈门所袭杀,众溃,诏朵颜等卫招抚之,来降者益众"。洪武二十三年(1390),燕王朱棣统兵北征,兵不血刃就降服了乃儿不花和咬住,此后不久,"乃儿不花等以谋叛死,敌益衰"。至明朝总兵官周兴率军出塞,师至斡难河、兀古尔扎河一带,竟至不见敌人的影子。随着蒙古势力的衰落,汗位的传系也不明显,"自脱古思帖木儿后,部帅纷拿,五传至坤帖木儿,咸被弑,不复知帝号。有鬼力赤者篡立,称可汗,去国号,遂称鞑靼云。"⑨大致从这个时候起,蒙古族就开始以鞑靼、瓦刺、兀良哈三大部的名称活动于长城以北的蒙古高原上。

---

①　柯劭忞:《新元史》卷二六《惠宗昭宗纪》,上海古籍出版社 1989 年版,第 96 页。

②　关于脱古思帖木儿的出身有两种说法:一说是爱猷识理达腊之弟,《蒙古源流》主此说,王世贞《弇州史料》前集卷十八《北房始末志》亦然;一说是爱猷识理达腊之子,《明史·鞑靼传》主此说;今人为此也进行了许多探讨,日本学者和田清辩其为爱猷识理达腊之弟(见[日]和田清:《明代蒙古史论集》上册,潘世宪译,商务印书馆 1984 年版,第 174 页),本田实信赞同之(见[日]本田实信:《早期北元世系》,宝音夫译,《蒙古学资料与情报》1986 年第 2 期);国内学者对此持有不同见解,薄音湖辩其为爱猷识理达腊之子[见薄音湖:《关于北元汗系》,《内蒙古大学学报》(哲学社会科学版)1987 年第 3 期],曹永年于《蒙古民族通史》中采纳其说(见曹永年:《蒙古民族通史》,内蒙古大学出版社 1991 年版)。

③　曹永年:《蒙古民族通史》第三卷,内蒙古大学出版社 1991 年版,第 17 页。

④　张廷玉等:《明史》卷三二七《鞑靼传》,中华书局 1974 年版,第 8466 页。但该书点校者将太尉与蛮子之间加一顿号断开,是将官号与人名分而为二,不确,应该连在一起读。

⑤　《明太祖实录》卷一九四,洪武二十一年冬十月丙午条,台湾"中央研究院"历史语言研究所 1962 年校印本,第 2910页。又见:《华夷译语》,《涵汾楼秘笈》第四集。

⑥　达力扎布:《北元初期史实略述》,《内蒙古社会科学》(文史哲版)1990 年第 5 期。

⑦　《明太祖实录》卷一九四,洪武二十一年冬十月丙午条,台湾"中央研究院"历史语言研究所 1962 年校印本,第 2910 页。

⑧　《明太祖实录》卷一九六,洪武二十二年夏四月己亥条,台湾"中央研究院"历史语言研究所 1962 年校印本,第 2941 页。

⑨　张廷玉等:《明史》卷三二七《鞑靼传》,中华书局 1974 年版,第 8466~8467 页。

由于汉文史料对脱古思帖木儿死后的蒙古世系失载,因而当今学者纷纷对五传至坤帖木儿的蒙古汗系进行考证。日本学者本田实信在和田清利用蒙、汉两种文献史料的基础上,又补充利用了帖木儿帝国史学家的波斯文史料,判定也速迭儿是阿里不哥的后裔,他夺去了忽必烈系脱古思帖木儿的汗位,使忽必烈家族在北元汗系中一度中断。也速迭儿传位给自己的儿子恩克卓里克图,然后又由忽必烈系的额勒伯尼"从阿里不哥的后裔恩克手中恢复了汗位"①。国内学者薄音湖在日本学者研究的基础上,结合蒙古史料和波斯文史料进一步认为:恩克卓里克图实为二人,卓里克图就是也速迭儿,恩克是其子,"他们是阿里不哥的子孙。"他同意本田实信的看法,认为额勒伯克"确是忽必烈后裔"。据此,"脱古思帖木儿至坤帖木儿五传,爱猷识理达腊至坤帖木儿六传,中间所缺的三代恰好是卓里克图、恩克、额勒伯克"。②关于坤帖木儿,学者认为"是阿里不哥的后裔",而对鬼力赤则看法不一,吴其玉力辩"《明史·瓦剌传》里的猛可帖木儿就是萨囊彻辰鸿台吉的《蒙古源流》里的乌格齐哈什哈、《明史·鞑靼传》里的鬼力赤、张穆的《蒙古游牧记》和祁韵士的《皇朝藩部要略》及《藩部表》以及俄人帕拉斯(P.S. Pallas)所撰的《蒙古民族史料汇编》里的玛哈齐蒙克。"他强调说:"如果像明史和明实录,或源流那样,用绰号称呼他,他就成为乌格齐或鬼力赤。如果以正名称他,他就成为猛可帖木儿。如果如游牧记那样,既用绰号又用正名称他,他就成为玛哈齐蒙克。"③白翠琴赞同中外学者的观点,认为:"明初的瓦剌王猛可,即是乌格齐哈什哈或鬼力赤。……三者实系一人。"但对于将玛哈齐蒙克与猛可帖木儿、乌格齐哈什哈、鬼力赤同证为一人,她认为不妥,理由为"从土尔扈特世系推之,玛哈齐蒙克应是 16 世纪中期人。而猛可帖木儿系明初瓦剌首领,其所处年代相隔太远",这是极难逾越的障碍。她认为:"自从额勒伯克汗被杀后,瓦剌的势力分成两大部分。一部分是以乌格齐哈什哈(即鬼力赤或猛可帖木儿)为代表,联合阿鲁台、也孙台、马儿哈咱等东蒙古封建主;另一部分是以马哈木(即巴图拉)、太平、把秃孛罗为代表的瓦剌封建主。"这些都可以从《蒙古黄金史》中得到证实。④薄音湖赞同这一观点的前一部分,"即乌格齐哈什哈等于猛哥帖木儿,但不赞成结论的后一部分,即乌格齐哈什哈和猛哥帖木儿等于鬼力赤"。他赞同本田实信和冈田英弘对波斯文史料《突厥系谱》《传记之友》的解释,即其中的"乌鲁克特穆尔就相当于鬼力赤,如果鬼力赤(讨饭的)是他的绰号的话,乌鲁克特穆尔可能是他的本名。"他是窝阔台汗的后裔。鬼力赤之后的蒙古汗本雅失里就是《蒙古源流》中的额勒锥特穆尔、《黄金史》中的兀雷特穆尔,也是波斯文史料中的阿勒吉特穆尔、伊勒齐特穆尔,明人记录中又称完者秃,"他应属于正统的忽必烈家族。"永乐八年(1410)本雅失里被杀后,马哈木立答里巴为汗,答里巴在《蒙古源流》中作德勒伯克,额勒锥特穆尔(本雅失里)之子,应将其看作"阿里不哥的后裔"。永乐十三年(1415)答里巴死,额色库即位,在位十一年,洪熙元年(1425)逝世,"将额色库看作阿里不哥后裔而不是卫拉特人乌格齐哈什哈之子,显然较为合理。……额色库有着黄金家族的血统,他不过凭着优越的政治地位才被推举为汗的,而之所以为卫拉特

① [日]本田实信:《早期北元世系》,宝音夫译,《蒙古学资料与情报》1986 年第 2 期。

② 薄音湖:《关于北元汗系》,《内蒙古大学学报》(哲学社会科学版)1987 年第 3 期。

③ 吴其玉:《从猛可帖木儿说到玛哈齐蒙克——谈明初历史的一个问题》,《福建师大学报》(哲学社会科学版)1979 年第 4 期。

④ 白翠琴:《瓦剌王猛可帖木儿杂考——瓦剌兴衰史探究之一》,《民族研究》1985 年第 6 期。

人所推举,也正因为他是阿里不哥的子孙。"额色库之后即汗位的阿台在《蒙古源流》中译作阿岱,脱脱不花被称作岱总,他们曾在同一时期内各自称汗。阿台在 1425 年由阿鲁台太师拥立,正统三年(1438)在甘肃边外被卫拉特马哈木之子脱欢和脱脱不花袭杀;脱脱不花曾降明朝,居住在甘肃边外,宣德八年(1433)由脱欢拥立,景泰三年(1452)被脱欢之子也先杀害。阿台"应当是窝阔台后裔鬼力赤之子"。脱脱不花"是忽必烈的后裔","最初卫拉特脱欢本打算自己称汗,只是由于众人的反对,才勉强拥立了有高贵血统的脱脱不花;脱脱不花即位以后,一方面与脱欢联合袭杀窝阔台后裔阿台汗,另一方面与脱欢之子也先矛盾重重,他重用自己的兄弟阿噶巴尔济,封之为济农,一起与也先抗衡,最终被也先杀害"[①]。关于阿岱汗的出身,乌日娜依据手抄本《蒙古诸汗史》认为他属于作为成吉思汗诸子之叔父的哈撒尔的后裔,"阿里不哥系、窝阔台系、哈撒尔系与建立元朝统一大帝国的忽必烈系之间争夺汗位的斗争,在激烈、残酷、频繁程度上都大大超出以往皇族内部之争。"她经过分析后进一步指出:从脱古思帖木儿以后至岱总汗(即脱脱不花)以前的九位大汗中,在位年限最长者不到十三年,最短的仅有一年。而在这九位大汗中,阿里不哥系有五人:也速迭儿(即薄音湖判定之卓里克图)、恩克卓里克图(即薄音湖判定之恩克)、德勒伯克、额色库、坤帖木儿。窝阔台系一人:鬼力赤。哈撒尔系一人:阿岱。忽必烈系仅二人:额勒伯克、本雅失里。这场发生于 14 世纪末 15 世纪初蒙古内部争夺汗权的斗争。"以阿里不哥系的大部胜利和忽必烈系、窝阔台系和哈撒尔系的失败而告一段落。"[②]

通过以上学者的研究我们可以看到,自从脱古思帖木儿死后,蒙古草原便陷入分裂割据的局面,其中有蒙古上层统治者对汗权的争夺,有东西蒙古两大部即鞑靼、瓦剌之间的互争雄长,"蒙古历史的发展也由此进入了一个新阶段"[③]。

2. 蒙古三部的分合与斗争

根据《明史》的记载,明代蒙古分为鞑靼、瓦剌、兀良哈三部。其中鞑靼居于蒙古本部,乃故元之后;瓦剌在鞑靼之西;兀良哈在黑龙江南、鱼阳塞北,即元朝大宁路的北境。由于三部所居地域及在蒙古族历史发展中所起的作用不同,今人认为:"明代蒙古明显地分成蒙古本部和西部蒙古两大部分,它们内部照样分裂成不同集团,相互混战。然而最深的鸿沟,规模最大、最激烈的封建战争,都在两大部之间。"[④]兀良哈部则是三部中势力最弱者,它不能单独与明朝或蒙古的任何一方相抗衡,所以总是"依违于东西蒙古之间,它总是希求寻找一种强大势力壮大自己的力量,到头来又总是成为各强大势力笼络、打击的对象"[⑤]。

居于蒙古本部的东蒙古人是明代蒙古人的主体,明朝称东蒙古为鞑靼是从历史上延续下来的。至正二十七年(1367)朱元璋写信给元宗室神保大王及黑汉等九人,就称其祖先"以鞑靼部落起事沙漠"[⑥],其后见于《明太祖实录》的关于鞑靼的称呼达 43 次之多,可见这是元明以

① 薄音湖:《关于北元汗系》,《内蒙古大学学报》(哲学社会科学版)1987 年第 3 期。

② 乌日娜:《十四世纪末至十五世纪初蒙古上层的内部斗争及汗权的衰微》,《内蒙古社会科学》(文史哲版)1988 年第 3 期。

③ 蔡美彪:《明代蒙古与大元国号》,《南开学报》(哲学社会科学版)1992 年第 1 期。

④ 曹永年:《蒙古民族通史》第三卷,内蒙古大学出版社 1991 年版,第 70 页。

⑤ 周竞红:《论明代兀良哈三卫与东西蒙古、女真的关系》,《内蒙古社会科学》(文史哲版)1992 年第 4 期。

⑥ 《明太祖实录》卷二五,吴元年九月戊戌条,台湾"中央研究院"历史语言研究所 1962 年校印本,第 374 页。

来对蒙古本部的一种概称。但日本学者和田清则认为："鞑靼可汗这个称号是永乐朝明廷定的"，最初用来称坤帖木儿，接着又用来称他的下一代鬼力赤，但这"绝非鬼力赤的自称"。他认为明代蒙古人自称莽官儿（Mongghol）决不称鞑靼（Tatar），"它的君长，直到后来的也先（Esen）可汗、达延（Dayan）汗，都一定要称大元大可汗，绝不自称鞑靼可汗。称它为鞑靼可汗实际是明人的简便称呼。"①曹永年认为：这里"还有可以商讨的地方"，自从鬼力赤去国号、称鞑靼，成祖"索兴规定将'大蒙古国'译为'鞑靼'，将'蒙古皇帝'译为'鞑靼可汗'。明太祖时，元、故元、前元等等还不断见诸文献，永乐以后一律改称鞑靼，除了蒙古一方的变化而外，不能不说与明成祖的政策有关。……不过，倘若蒙古一直保持着'大元'的国号，那么达延汗就不会自称'大元汗'，明朝君臣也不会对也先、达延汗在汗号前加'大元'一词表示关注。因此也先、达延汗重新张起'大元'的旗帜，恰恰反证在多数情况下已经停用这一国号。"另外可以作为旁证的是"发明'北元'一词的朝鲜，后来也放弃了它，改称'鞑靼'或'蒙古'。"②贾敬颜则认为，历史上鞑靼一称有三个含义，因时间的差异而内容不同：第一，唐、五代、宋、辽、金各朝兴起于蒙古之前，后为蒙古所灭的塔塔儿（tatar）部；第二，元朝以来蒙古人的异称（元朝的蒙古人并不十分讳言"达达"一名）；第三，与瓦剌、兀良哈齐名，以元顺帝后裔为统治者的蒙古本部，这三种人构成了明代蒙古历史的全体。"须知，三种含义上的鞑靼乃是彼此联系的：没有塔塔儿部的强盛便没有蒙古人的兴起，蒙古人在相当一段时间内对外借用塔塔儿的名义；因为蒙古人借用了塔塔儿的名义或者因为人们对塔塔儿与蒙古的混同，所以蒙古或与蒙古近似、与蒙古有关的异族人，无不被概称为鞑靼；既然中原地区的人习惯地称蒙古人为鞑靼，所以明朝蒙古的历史便是鞑靼的历史。"③应该说，曹永年和贾敬颜的观点是符合历史实际的。

自从元朝帝室退居漠北以后，整个蒙古高原的统治秩序进入混乱状态，其政治局势表现为东西蒙古封建主互争雄长，内讧迭起，汗权衰微。明廷在"固守疆圉"的同时，对残元势力不断进行军事打击，太祖屡次派大军深入蒙古高原，致使妥欢帖木儿、爱猷识理达腊、脱古思帖木儿等相继败死，残元势力也随之覆灭。成祖虽将北边防线南撤，但又将国都北迁，以天子而自守边疆，并且亲自率军"五出漠北，三犁房庭"。由于"北征蒙古的主要对象是阿速特部阿鲁台所拥戴的蒙古大汗，即建立元朝统一大帝国的忽必烈汗后裔"，因此而使与之争夺汗权的阿里不哥系及瓦剌部坐收渔人之利，"他们借助明朝的军事力量，既削弱了对方，壮大了自己的力量，又遏制了忽必烈系和阿速特部的发展"。④由于内部纷争和明朝打击，鞑靼部的实力大大削弱，瓦剌部乘此机会向东扩展势力，插手鞑靼部的汗位之争，形成瓦剌独盛的局面，最后出现了也先称汗。也先死后，鞑靼部的内乱仍然不已，直到达延汗即位后，这种局势才有改观。

瓦剌是我国古代北方的一个古老的部落，"在鞑靼西"⑤。它在元代被称作斡亦剌，复数作斡亦剌惕，又有猥剌、外剌、外剌台、歪剌歹等异译，明人称之为瓦剌，入清以后通译为卫拉特。

① ［日］和田清：《明代蒙古史论集》上册，潘世宪译，商务印书馆 1984 年版，第 180 页。

② 曹永年：《蒙古民族通史》第三卷，内蒙古大学出版社 1991 年版，第 73 页。

③ 贾敬颜遗作：《鞑靼 瓦剌 兀良哈 明朝蒙古人的历史——兼说"都沁·都尔本"一词》，《内蒙古社会科学》（文史哲版）1993 年第 3 期。

④ 内蒙古社会科学院历史所：《蒙古族通史（修订版）》（中），民族出版社 2001 年版，第 448～449 页。

⑤ 张廷玉等：《明史》卷三二八《瓦剌传》，中华书局 1974 年版，第 8479 页。

瓦剌人原居住于叶尼塞河上游古称谦河及其八条支流的"八河地区"①，即今锡什锡德河一带，本是森林民族。当成吉思汗兴起以后，于1207年派其长子"拙赤将右手军，征森林百姓。……斡亦剌惕之忽都合别乞先于万斡亦剌惕来降，来而引拙赤，入其万斡亦剌惕之失黑失惕之地"②。斡亦剌部自此归入蒙古帝国，开始见于史册。他们"与蒙古贵族世代联姻，并结成'安答'即义兄弟关系。蒙哥汗（元宪宗）的正后斡兀立海迷失便出身于这个部落"③。成吉思汗将斡亦剌部众编为四个千户，全部由忽都合别乞统辖，并由他自行指定千夫长，"这就足以使斡亦剌自成一块相对独立的领地"④。随着历史的发展和部众的繁衍，到元朝末年，斡亦剌已从蒙古高原西北隅的叶尼塞河上游"南下进入今新疆北部的准噶尔盆地，由狩猎转营畜牧，也经营部分农业"⑤。及至残元势力退入漠北草原以后，他们跟随着阿里不哥的后裔也速迭儿，卷入了争夺蒙古大汗的激烈斗争中。

明廷在对鞑靼部实行军事打击的同时，对瓦剌主要采取了扶植的政策，使其与鞑靼部互相制衡。洪武时期的军事征讨使脱古思帖木儿败亡，故元强臣猛可帖木儿据瓦剌以兴起，到靖难之役时，他已经成为与鞑靼可汗坤帖木儿分别掌管东西蒙古的重要人物。⑥ 猛可帖木儿死后，瓦剌在永乐时期分成三部分，分别由马哈木、太平、把秃孛罗统领。为了利用西部蒙古以制约鞑靼，成祖朱棣于永乐七年（1409）五月封"马哈木为特进金紫光禄大夫顺宁王；太平为特进金紫光禄大夫贤义王；把秃孛罗为特进金紫光禄大夫安乐王"⑦，随后就发动了对鞑靼部的大规模征讨。瓦剌利用明廷扶持自己而打击鞑靼的机会，势力迅速壮大，马哈木又于永乐八年（1410）乘本雅失里（即《蒙古源流》所载之额勒锥特穆尔）被明军打败而去投奔他的机会杀死了他，另立答里巴为汗。⑧ 瓦剌势力的发展构成了对明廷的威胁，于是成祖又在永乐十一年（1413）七月"封鞑靼太师阿鲁台为和宁王，……封其母为和宁王太夫人，妻为和宁王夫人"⑨，用以制约瓦剌。接着成祖在永乐十二年（1414）发动了对瓦剌的征讨，在忽兰忽失温之战中给瓦剌以沉重的打击。瓦剌的发展势头受到明朝的遏制，在次年三王联袂遣使向明廷朝贡谢罪。不久马哈木死去，由其子脱欢袭位为顺宁王，向明廷朝贡不绝。鞑靼阿鲁台利用瓦剌势力中衰的机会，一度又强盛起来，于是又招来永乐二十年、二十一年、二十二年成祖的三次征讨，瓦剌乘机也对鞑靼发动攻击，鞑靼部的势力顿时衰落下去。鞑靼部的衰落又为瓦剌的发展带来了

① "这些斡亦剌惕部落的禹儿惕和驻地为八河地区。……诸河从这个地区流出，[然后]汇为一条名叫谦河的河。"（见［波斯］拉施特主编：《史集》第一卷第一分册，余大钧、周建奇译，商务印书馆1983年版，第192~193页）

② 道润梯步：《新译简注〈蒙古秘史〉》卷十，内蒙古人民出版社1978年版，第269页。

③ 贾敬颜遗作：《鞑靼　瓦剌　兀良哈　明朝蒙古人的历史——兼说"都沁·都尔本"一词》，《内蒙古社会科学》（文史哲版）1993年第3期。

④ 曹永年：《蒙古民族通史》第三卷，内蒙古大学出版社1991年版，第75页。

⑤ 王辅仁、陈庆英编著：《蒙藏民族关系史略（十三至十九世纪中叶）》，中国社会科学出版社1985年版，第84页。

⑥ 《明太宗实录》卷六建文二年二月癸丑条载："谍报胡寇将侵边，上（即成祖朱棣）遣书谕鞑靼可汗坤帖木儿并谕瓦剌王猛哥帖木儿等，晓以祸福。"足证坤帖木儿与猛可帖木儿并掌东西蒙古的情况。

⑦ 《明太宗实录》卷九二，永乐七年五月乙未条，台湾"中央研究院"历史语言研究所1962年校印本，第1224页。

⑧ 关于本雅失里之死，日本学者本田实信的《早期北元世系》和薄音湖的《关于北元汗系》均据《蒙古源流》定为1410年。立答里巴为汗见于《明太宗实录》卷一四〇，永乐十一年五月庚子条："鞑靼太师阿鲁台遣答失里等来奏：'马哈木等弑其主，收传国玺，又擅立答里巴为主，请发兵讨之。愿率所部为前锋。'"

⑨ 《明太宗实录》卷一四一，永乐十一年七月戊寅条，台湾"中央研究院"历史语言研究所1962年校印本，第1691页。

机会,顺宁王脱欢"利用明朝的攻势,出兵东蒙古,大败阿鲁台"①,随后他又吞并了瓦剌本部的贤义、安乐二王,再于宣德九年(1434)在母纳山、察罕脑剌之地"袭杀阿鲁台及失捏干"②,阿鲁台死后,他所扶立的阿台汗(即《蒙古源流》中之阿岱汗)也于1438年被脱欢羽翼下的脱脱不花汗(即《蒙古源流》中的岱总汗)杀死。至此,东西蒙古在瓦剌顺宁王脱欢的东征西讨下,实现了短暂的有限的统一。脱欢本打算自己称汗,但因其不是"黄金家族"的血统,遭到蒙古人众的反对,不得已而拥立了脱脱不花。正统四年(1439)脱欢死后,其子也先袭其位,成为东西蒙古的实际统治者。也先在脱欢的基础上继续发展,向西经营哈密、沙州、罕东、赤斤蒙古,向东经营兀良哈三卫和女真,势力盛极一时,于是他又向明朝发起进攻,遂有正统十四年(1449)的土木之变。在此形势下,也先更忘乎所以地攻杀脱脱不花,终于登上了全蒙古大汗的宝座。但是,仅仅过了一年,也先就在景泰五年(1454)被部下所杀。"他的'伟大'胜利不过如昙花一现,很快便枯萎了。"③瓦剌的强盛也随着也先之死而迅速衰落了。

　　兀良哈是明朝人对泰宁、朵颜、福余三卫的总称,一般也泛称为兀良哈三卫。据《明太祖实录》载:洪武二十二年(1389)五月"置泰宁、朵颜、福余三卫指挥使司于兀良哈之地,以居降胡"。两天后又宣布:以元辽王"阿札失里为泰宁卫指挥使,塔宾帖木儿为指挥同知;海撒男答奚为福余卫指挥同知;脱鲁忽察儿为朵颜卫指挥同知;各领所部,以安畜牧"。④关于三卫的具体位置,《明史》所载"自大宁前抵喜峰口,近宣府,曰朵颜;自锦、义历广宁至辽河,曰泰宁;自黄泥洼逾沈阳、铁岭至开原,曰福余。独朵颜地险而强。"⑤其中存在很多错误,今人多所纠正。⑥

　　最早对兀良哈三卫进行研究的是日本学者箭内亘,他的研究分为《兀良哈总称》和《泰宁、福余、朵颜三卫的名称》两部分。关于三卫的总称,他认为"实为乞儿吉思、兀速、憨哈纳思三部由唐努山以北东徙时带来的彼等及彼等以外许多部族的总称,后经元代而传至明代者。"箭内亘将兀良哈概括为居住在唐努山以北、今叶尼塞河中上游"林木中百姓"的总称。关于三卫各自的名称,他认为明代泰宁卫的名称出自元代泰宁路;福余就是汉代以来扶余或夫余的异译;朵颜就是乃颜,它可能是出于元初占据肇州即今珠家城子的太祖成吉思汗末弟帖木哥斡赤斤的玄孙、著名的叛王乃颜的名字。⑦

　　箭内亘的学生和田清已经指出他老师的错误,他认为:"三卫之中至少朵颜卫的兀良哈显然是来自斡难河源,绝不是从西北蒙古的唐努山北来的。"以兀良哈统称三卫实属明人的误会,"所谓兀良哈本来只是朵颜一卫的名称";关于三卫的位置,他认为:"洮儿河地方曾经是泰宁卫指挥使阿札失里的根据地";福余卫的根据地"必定是在今齐齐哈尔东方瑚裕尔河流域";

　　① 曹永年:《蒙古民族通史》第三卷,内蒙古大学出版社1991年版,第106页。
　　② 张廷玉等:《明史》卷三二七《鞑靼传》,中华书局1974年版,第8470页。
　　③ 贾敬颜遗作:《鞑靼　瓦剌　兀良哈　明朝蒙古人的历史——兼说"都沁·都尔本"一词》,《内蒙古社会科学》(文史哲版)1993年第3期。
　　④ 《明太祖实录》卷一九六,洪武二十二年五月辛卯条、癸巳条,台湾"中央研究院"历史语言研究所1962年校印本,第2946、2947页。
　　⑤ 张廷玉等:《明史》卷三二八《朵颜三卫传》,中华书局1974年版,第8504页。
　　⑥ 如《明代辽东边疆研究》第七章,对此多有论述。(见张士尊:《明代辽东边疆研究》,吉林人民出版社2002年版)
　　⑦ [日]箭内亘:《兀良哈三卫名称考》,转引自[日]和田清:《明代蒙古史论集》上册,潘世宪译,商务印书馆1984年版,第93~94页。

朵颜卫的根据地应该在泰宁卫以西洮儿河方面的黑岭即兴安岭里面,"是否就是上述乌兰灰河发源地索约儿鸡山的别名呢?"为了严谨起见,和田没有肯定。①

我国学者吴文衔认为:综合蒙古史研究的成果,元代兀良哈有广义和狭义两种,广义的兀良哈是指蒙古草原以北、从贝加尔地区至叶尼塞河以西这一广阔地区里的所有部落,包括许多说蒙古语和突厥语的部落,是一个庞大的不同语族的族群;狭义的兀良哈则是一个古老部落的名称,绝不是所有"森林部落"的泛称;"洪武二十二年以前,兀良哈这个部族名变成了地名,它同'泰宁等地'指的是同一个地方。随着三卫的设置,兀良哈这个名称的使用范围更扩大了,又成了三卫的共名和总称。但这只是明人的一种习惯用法。"他根据老一代学者韩儒林关于"三卫的汉文名称都是地名,三卫的蒙古名称都是部族名"的观点,从部族名和地名两方面进行了考察,确定"泰宁……在今洮儿河流域的城四家子古城(吉林省洮安县东 30 里)";福余与古代的夫余(扶余)毫不相干,应为瑚裕尔河的音转,其卫治"可能设在绰儿河的绰儿古城,即今黑龙江省泰来县西北的塔子城";朵颜来自境内的朵颜山,又名多延温都儿,即索岳尔济山,其"卫治可能设在今内蒙古科右前旗乌兰浩特东北 25 里的前公主岭古城"。②

贾敬颜进一步指出:兀良哈三卫参加靖难之役是事实,但说成祖因此功劳便将大宁卫之地赏给三卫不是事实,而且"三卫的南来,远远超越了传文所列的分布区划,其中势力最强的朵颜卫各部落,东自大碱场(即辽、金利州城,又名恶力),北至失剌木林(即西拉木伦河),西迄四海冶(属延庆州),南达宽城(今属河北),皆其所居之地。而福余、泰宁两卫的势力东自辽河中下游(最南端可散布在海城一带),西至小兴州(今属滦平县)而与朵颜卫某些部落杂居"。③

兀良哈三卫在明代蒙古三大部中力量比较弱小,因此它不得不在东西蒙古和明朝三方之间周旋,明朝和东西蒙古为了各自的利益,也极力笼络、利用三卫为自己服务。明初太祖封阿札失里等为指挥使,三卫由此和明廷建立了政治隶属关系。成祖即位后,又"命脱儿火察为左军都督府都督佥事,哈儿兀歹为都指挥同知,掌朵颜卫事;安出及土不申俱为都指挥佥事,掌福余卫事;忽剌班胡为都指挥佥事,掌泰宁卫事"④,其用意在于笼络三卫以作为抵御蒙古的"屏藩"。后来,由于三卫依违于东西蒙古之间,鞑靼强大就"阴附鞑靼掠边戍,复假市马来窥伺",瓦剌强大就依附瓦剌,"阴为之耳目",因而遭到明廷的打击。成祖"亲征阿鲁台还,击之,大败其众于屈烈河,斩馘无算"。此后正统年间明廷又派成国公朱永四路出兵,"捕其扰边者致阙下"⑤。自也先去世、瓦剌衰落之后,终明之世,兀良哈三卫始终处于明朝和鞑靼两大势力之间,在这夹缝之中艰难地发展。

二、蒙古族之入据河套

在明代正统以前,河套的战略地位尚不十分突出,这是由明蒙双方的战略形势决定的。明初洪武时期,将北部边防线向长城以外推进有数百里,并且对残元势力执行招抚与打击并行的

①　[日]和田清:《兀良哈三卫的根据地》,《明代蒙古史论集》上册,潘世宪译,商务印书馆 1984 年版。

②　吴文衔:《关于明初兀良哈三卫的几个问题》,《求是学刊》1988 年第 4 期。

③　贾敬颜遗作:《鞑靼　瓦剌　兀良哈　明朝蒙古人的历史——兼说"都沁·都尔本"一词》,《内蒙古社会科学》(文史哲版)1993 年第 3 期。

④　张廷玉等:《明史》卷三二八《朵颜三卫传》,中华书局 1974 年版,第 8504 页。

⑤　张廷玉等:《明史》卷三二八《朵颜三卫传》,中华书局 1974 年版,第 8505 页。

政策,蒙古族的力量处于分化瓦解与重新组合之中,因而一时无力大举南下。永乐时期瓦剌与明朝关系相对稳定,成祖重点打击鞑靼,蒙古族一时也难以南下。在此期间,河套地区相对宁静,史称"国初,敌遁河外,居漠北,延绥无事"①。正说明了这种情况。在正统以前的明朝人眼里,河套并未被看得十分重要,他们将河套视为人烟稀少的荒漠之地,虽然河套已归入明朝的统辖之下,却并没有想到从巩固边防的角度进行开发,因而史家论述道:"河套,古朔方郡,唐张仁愿筑三受降城处也。地在黄河南,自宁夏至偏头关,延袤二千里,饶水草,外为东胜卫。东胜而外,土平衍,敌来,一骑不能隐,明初守之,后以旷绝内徙。"②从"明初,阻河为守"③到永乐内徙东胜卫,正反映了这一情况。成化九年(1473),王越取得了袭击河套蒙古的红盐池之捷,《明宪宗实录》在记载这一事件时对河套的一段追述,更能证明这一点,其文曰:"河套在陕西黄河之南,自宁夏至山西偏头关凡二千里,古有城池屯堡,兵民耕牧其中,后以阔远难守,内徙而弃之。自是草木深茂,人迹罕到。"④这里的"古有城池屯堡,兵民耕牧其中",笔者以为可理解为自明初至永乐初年之事。如果从根本上说,明人在正统以前之所以没有重视河套,还是由于太祖没有重视的缘故。太祖在建设北边防线时,只是在河套的东北角建立了东胜卫,在宁夏建立了宁夏卫,假设从东胜到宁夏划一条对角线的话,这条对角线以外正是河套的纵深地区,特别是从东胜卫沿黄河上溯,直到西受降城一带,明朝没有采取任何设防的措施。朱元璋在洪武二十三年(1390)以前年年派功臣、武将到北方练兵防边,但在河套地区,练兵地点仅到延安而止,未见其再有进一步的规划。在一切都要遵守祖制的古代社会里,太祖没有在河套设防,成祖也没有进一步的规划,后世子孙一代不如一代,更无从在河套有所建设,遂使河套成为人迹罕至的"空虚之地"。⑤当正统年间蒙古族开始进入河套活动之时,明朝当局并未醒悟,因而没有采取积极进取的保护河套之措施,只是由"守将都督王祯始筑榆林城,创沿边一带营堡墩台,累增至二十四所,岁调延安、绥德、庆阳三卫官军分戍,而河南、陕西客兵助之,列营积粮,以遏要冲"⑥。这完全是一副消极防守的姿态,它注定了明朝的北部边防从此开始进入多事之秋。

关于鞑靼各部究竟何时进入河套,诸史记载颇多不同。《明史》谓:"始,鞑靼之来也,或在辽东、宣府、大同,或在宁夏、庄浪、甘肃,去来无常,为患不久。景泰初,始犯延庆,然部落少,不敢深入。天顺间,有阿罗出者,率属潜入河套居之,遂逼近西边。"成化元年(1465),"孛来与小王子、毛里孩等先后继至,掳中国人为向导,抄掠延绥无虚时,而边事以棘。"⑦《明史纪事本末》谓:"英宗天顺六年春正月,毛里孩等入河套。是时,孛来稍衰,其大部毛里孩、阿罗出、少师猛可与孛来相仇杀,而立脱思为可汗。脱思,故小王子从兄也。于是毛里孩、阿罗出、孛罗忽三部始入河套。然以争水草不相下,不能深入为寇。"⑧郑晓《今言》谓:天顺年间脱思立后,"诸酋

---

① 章潢:《图书编》卷四六《河套叙》,上海古籍出版社 1992 年版,第 16 页。

② 张廷玉等:《明史》卷三二七《鞑靼传》,中华书局 1974 年版,第 8473 页。

③ 张廷玉等:《明史》卷一七一《王越传》,中华书局 1974 年版,第 4571 页。

④ 《明宪宗实录》卷一二一,成化九年十月壬申条,台湾"中央研究院"历史语言研究所 1962 年校印本,第 2338 页。

⑤ 梁份:《秦边纪略》卷五《延绥卫》,青海人民出版社 1987 年版,第 339 页。

⑥ 谷应泰:《明史纪事本末》卷五八《议复河套》,上海古籍出版社 1994 年版,第 228 页。

⑦ 张廷玉等:《明史》卷三二七《鞑靼传》,中华书局 1974 年版,第 8472~8473 页。

⑧ 谷应泰:《明史纪事本末》卷五八《议复河套》,上海古籍出版社 1994 年版,第 228 页。

毛里孩、阿罗出、孛罗出（忽）始入套，争水草，不相能，以故不敢深入为寇，时遣人贡马。成化初，阿罗出结乩加思兰，孛罗出结毛里孩，各为党，出入河套。"①这几种文献均载在英宗天顺年间，蒙古族进入河套地区。至魏焕《皇明九边考》载："成化七年虏始入套，抢掠而去。弘治十三年，虏首火筛大举始入套住牧。"②当今学者将其概括分为三个阶段："第一阶段：明天顺、成化时期（1457—1487 年），蒙古族入居河套。""第二阶段：明弘治、正德时期（1488—1521 年），鄂尔多斯部在河套逐步取得了稳固的地位。""第三阶段：明嘉靖、隆庆时期（1522—1572 年），鄂尔多斯部占据河套后到与明通贡和好。"③

　　其实蒙古族之入据河套要比天顺年间更早。张雨《边政考》载："正统中，虏入河套扰边，特敕右府都督王镇（祯）镇守，始筑榆林城及沿边塞堡墩台以控制之。"④从明朝的实录记载中可以看出，蒙古族之进入河套绝非始于天顺年间，更不是成化年间，而是早在宣德年间和正统初年。据《明宣宗实录》载：宣德五年（1430）年底，镇守山西都督佥事李谦就向明宣宗奏报：偏头关戍守人少，"向因虏贼犯境，已增官军一千人"，"今境外屡报声息，请循大同边卫事例，添拨神铳手于灰沟村三堡防守，庶警急易于策应"⑤；到宣德七年（1432）九月，李谦奏报："偏头关沿边诸处有虏寇出没，防守不足"⑥，要求将支援大同的士兵调回；及至明宣宗去世、朱祁镇即位后的正统元年（1436）十一月，"敕大同宣府等处总兵等官都督方政等曰：'近得延安绥德守备官奏：达贼二千余人入寇神木县，我师奋勇追剿出境。朕以此贼迫于饥寒，虑必复来侵（忧）（扰），卿等其皆饬兵严备，相机行事，朕不中制'。"⑦从以上史料记载可以看到，自宣德中叶开始，河套地区已有蒙古族进行活动，为明军偏头关守军发现而奏报于朝廷，这是符合当时蒙古族的实际情况的。其时在蒙古族内部两大势力的角逐中，鞑靼部阿鲁台败于瓦剌部，部属离散，"父子兄弟不复相顾"⑧，正是在这一背景下，败散的鞑靼蒙古诸部有规模地进入河套地区，这些情况均为明朝边防守军发现并屡次奏报朝廷，因而到正统元年（1436）才有两千多蒙古人"入寇神木县"。神木地处陕西延安府，是河套地区汉族和蒙古族交汇的地带，从宣德中叶进入河套地区的蒙古族，一则对这一带的地理环境已经很熟悉，二则"迫于饥寒"，因而才敢于入掠明边。至于此时蒙古族的饥寒状况，据《明宣宗实录》载："大同总兵官武安侯郑亨言：'比年北虏穷困，咸慕德化，相率效顺，其所来者，衣裳坏敝，肌体不掩。及有边境男妇旧被虏掠逸归者，亦皆无衣，常令所司给与衣鞋，遣赴京师。今来者日众，应备不赡。'命以大同府杂造局所贮布袄裤鞋给之。"⑨到正统二年（1437）三月，"备御榆林庄陕西都指挥王永等奏：'累年黄河冻消，将西安等卫发来备冬官军放回。今闻达贼在河套，逼近府谷等处，恐探知无备，窃来犯

---

①　郑晓：《今言》卷二，中华书局 1984 年版，第 62～63 页。

②　魏焕：《皇明九边考》卷一《北虏始末》，国立北平图书馆善本丛书第一集，1936 年。

③　陈育宁：《明代蒙古之入居河套》，《史学月刊》1984 年第 2 期。

④　张雨：《边政考》卷七《北虏河套》，国立北平图书馆善本丛书第一集，1936 年。王镇在《明英宗实录》《明史》中作"王祯"。

⑤　《明宣宗实录》卷七三，宣德五年十二月甲午条，台湾"中央研究院"历史语言研究所 1962 年校印本，第 1716～1717 页。

⑥　《明宣宗实录》卷九五，宣德七年九月辛巳条，台湾"中央研究院"历史语言研究所 1962 年校印本，第 2159 页。

⑦　《明英宗实录》卷二四，正统元年十一月丙午条，台湾"中央研究院"历史语言研究所 1962 年校印本，第 478 页。

⑧　《明宣宗实录》卷一一○，宣德九年四月壬戌条，台湾"中央研究院"历史语言研究所 1962 年校印本，第 2467 页。

⑨　《明宣宗实录》卷一○八，宣德九年二月己未条，台湾"中央研究院"历史语言研究所 1962 年校印本，第 2423～2424 页。

边,乞暂留守哨。'从之。"①此后蒙古族在河套的活动逐渐频繁,明朝北部边防的压力开始加大。正统三年(1438)十月,"镇守延安等处都指挥使王祯奏:'达贼出没,我军与敌,惟弩弓能使之畏。今延安各寨堡皆缺,乞赐弩弓千张、箭万枝,以备应用。'命行在工部如数造给之。"②为了加强对边防将领的督察和控制,明朝经常派出御史巡边。正统九年(1444)二月,巡边右都御史王文奏报:"奉敕巡边,体得去岁达贼千余人从延安卫定边营入境,杀掳人畜。"面对蒙古族的扰掠,明朝边将却"畏缩不前",王文为此对他们进行参奏。③ 景泰年间蒙古族在河套地区更形活跃,因此到天顺元年(1457)三月,英宗不得不"命忠国公石亨充总兵官,佩征虏副将军印,调大同、偏头关及宁夏官军于延绥等处,搜剿达贼"。接着,"敕都督王祯曰:'初以尔处失机,已遣都督杨信、张钦代尔还京。今闻北贼尚在黄河套里潜住,故命忠国公石亨往调官军搜捕。以尔在边年久,稔知地利军情,特宥尔罪,仍留在彼,候亨至听其调度。尔其奋勇效忠,以图报称。'"④这里说"北贼尚在黄河套里潜住",正说明蒙古族二十多年来一直活动在河套地区,其对明朝北边的威胁越来越严重,迫使明朝必须得调动大军进行讨伐。其实,早在正统十一年(1446)的时候,兵部尚书邝埜就曾奉旨会官集议御虏方略,其所议定的"合行事宜"有五项:一为大同方面;二为密云方面;三为喜峰等口;四为宣府;五为陕西地方,亦即河套之所在。他的建议是"陕西地方延绥有定边、安边等营,宁夏有灵州千户所,二处实当虏冲,守备军少,乞将河南更番戍卒每岁益一千五百人,分遣备冬,岁以为常"。他还建议"选命素有智谋闻望大臣二员,领敕巡视西北二边"。⑤ 这说明早在正统十一年(1446),河套地区就已成为明朝北部边防的重点地区,与大同、宣府、密云及喜峰口同样重要。到了次年十月,"宁夏右参将都指挥同知王荣奏:'臣守花马池、兴武、清水等营,三面受敌,并无屏蔽,寇来侵犯,惟马力是赖。而原领官军骑少步多,乞将客商中盐马匹与各营步兵领去骑操,每营增骑兵三百,庶缓急得用。'从之。"⑥从以上史实中可以清楚地看到,蒙古骑兵对明朝河套地区的扰掠,自正统初年以来,呈现愈演愈烈的态势。总结以上历史演变可知,当宣德末年瓦剌部打败鞑靼部时,败散后不相统属的鞑靼部便开始进入河套地区藏身,随着正统年间东胜卫的最后被撤废,明朝在河套地区再无军事卫所设防,蒙古族便开始成规模地进入河套地区潜住,只不过这还都是互不统属的部落各自独立的活动,其内部情况还不为明人所知,更没有驰名于蒙古高原的大部落的首领。到了景泰年间,也先势力强盛之时,曾"逼徙朵颜所部于黄河母纳之地"⑦。《明英宗实录》景泰五年(1454)六月对此事也有记载,说明此时已有比较著名的部落在河套地区活动了。及至天顺年间几位著名的蒙古部族首领进入河套地区后,给明朝的北部边防造成了巨大的压力,因此才在史籍中留下了准确的记载。

蒙古族从宣德中至正统初年开始进入河套,到景泰、天顺年间一些著名的首领率部大规模

---

① 《明英宗实录》卷二八,正统二年三月癸巳条,台湾"中央研究院"历史语言研究所1962年校印本,第555页。

② 《明英宗实录》卷四七,正统三年十月癸丑条,台湾"中央研究院"历史语言研究所1962年校印本,第907页。

③ 《明英宗实录》卷一一三,正统九年二月壬辰条,台湾"中央研究院"历史语言研究所1962年校印本,第2272页。

④ 《明英宗实录》卷二七六,天顺元年三月庚辰条,台湾"中央研究院"历史语言研究所1962年校印本,第5883~5884页。

⑤ 《明英宗实录》卷一四六,正统十一年十月癸卯条,台湾"中央研究院"历史语言研究所1962年校印本,第2874页。

⑥ 《明英宗实录》卷一五九,正统十二年十月丙戌条,台湾"中央研究院"历史语言研究所1962年校印本,第3105页。

⑦ 张廷玉等:《明史》卷三二八《朵颜三卫传》,中华书局1974年版,第8506页。日本学者和田清考证母纳山为"包头西边的穆尼乌拉岭。"(见[日]和田清:《明代蒙古史论集》上册,潘世宪译,商务印书馆1984年版,第205页)

入套活动,再进一步到成化年间以河套为其久住之地。到达延汗即大汗位以后,河套地区已成为蒙古族生息繁衍的家乡,及至正德年间鄂尔多斯即成吉思汗的灵堂八白室的迁入,标志着河套地区已经被蒙古族当作其永久的根据地,由此河套地区便有了一个新的名字——鄂尔多斯。①

三、蒙古族入据河套对明朝的影响

河套地区由于其自然地理的特点,有丰美的水草,有天然的盐池,气候适宜,草场广阔,非常适合游牧业的发展。及至蒙古族重新进入河套之后,这里便成为游牧的蒙古人南下攻掠汉族农业地区的前沿阵地和入掠明朝北边的桥头堡,因此而给明朝北边地区造成了极大的破坏。明人称其为:"射猎以为生,水草以为居,无仇敌之忧,有寇窃之利。"②今人张显清将此描述为:"出套而东,或破偏头、宁武、雁门三关,转而南下,洗劫山西州县;或东出大同、宣府,直逼畿辅,京师戒严。出套而西,则侵略宁夏、兰州、凉州、甘州及西宁、临洮、洮州、岷州等府卫。由套而南,则寇掠榆林、延绥、延安、庆阳、平凉、巩昌、凤翔、西安等府卫,全陕涂毒。"③现仅据明朝的实录,将英宗朝及成化、弘治、正德、嘉靖四朝蒙古扰掠的损害情况作一略述,以窥一斑。

景泰元年(1450)五月,蒙古部落入据河套时间尚短,山西大同知府奏报明廷:"大同县并浑源州达贼四散潜伏,窥伺军民出城樵采,突至剿掠。其家有全家杀虏者,有夫妻间存者,有弟兄被虏而父母孤独者,有父母被虏而孤幼无倚者,有漫散不知所之者,有被虏逃回残其肢体者,老稚悲号,声彻原野。"④英宗复位后,天顺二年(1458)十月,甘肃总兵官宣城伯卫颖奏报说:"达贼自五月及今,屡寇凉州、永昌、古浪、庄浪、山丹、甘州诸处,杀官军男妇一千四百有奇,掠男妇五百余,马骡牛羊八万二千,仓粮七百余石,焚毁草二万束及驿站屯堡墩台数处。"⑤天顺六年(1462)正月,巡抚甘肃右副都御史芮钊奏报:"虏酋孛来纠集丑类潜入我边住牧,分寇庄浪、西宁、甘、凉等处,虽屡被官军剿杀,而虏所杀官军五百五十人,掠去三百五十人,马骡牛羊五万余匹,皆总兵等官宣城伯卫颖、都督毛忠、林宏等提督不严、守御无策所致。"⑥这是英宗朝前后的一些情况。

成化时期,蒙古族开始大规模地进入河套,相应地对明朝北边的袭扰增多。成化八年(1472)二月,镇守陕西太监刘祥奏报说:"去年十一月,虏入固原海剌都至黄嵩坪,杀仓官等五人;十二月入通渭县,杀民三百余人;至稠泥河,杀苑马寺围长、军余二十人,掠官私畜产七百余以去;今年正月又入固原,直抵平凉、白水诸处。"⑦这是镇守宦官在二月里的上奏,及至六月,蒙古军的入掠更甚于前。陕西巡按监察御史苏盛奏称:"今年六月,虏众入平凉、靖虏等境,前

①　鄂尔多斯(Ordos)在元代作"斡耳朵"(Ordo),即宫帐之意,此为其复数形式,意指护卫成吉思汗灵堂的那些人们,明人记载中称之为"袄儿都司""阿尔秃斯"。参见乌兰:《从亦思满被诛到兀鲁思字罗遇弑——〈蒙古源流〉选译并注》,《内蒙古大学学报》(哲学社会科学版)1983年第2期。

②　《明宪宗实录》卷八六,成化六年十二月癸酉条,台湾"中央研究院"历史语言研究所1962年校印本,第1680页。

③　张显清:《严嵩传》,黄山书社1992年版,第144页。

④　《明英宗实录》卷一九二《废帝郕戾王附录第十》,景泰元年五月壬戌条,台湾"中央研究院"历史语言研究所1962年校印本,第4012~4013页。

⑤　《明英宗实录》卷二九六,天顺二年十月丁丑条,台湾"中央研究院"历史语言研究所1962年校印本,第6308~6309页。

⑥　《明英宗实录》卷三三六,天顺六年正月丁巳条,台湾"中央研究院"历史语言研究所1962年校印本,第6872~6873页。

⑦　《明宪宗实录》卷一〇一,成化八年二月己巳条,台湾"中央研究院"历史语言研究所1962年校印本,第1956页。

后杀掠一千七百六十人,马骡牛羊十万五千七百余以去。"兵科给事中郭镗从陕西前线回京后奏称:"今年六月以后,房众取道花马池,深入平凉、巩昌、临洮等府州县境内,一月间劫四千余户,杀房人畜三十六万四千有奇。"①次年,蒙古军再度大举入掠,"秦州、安定、会宁、通渭、秦安、陇西、宁远、伏羌、清水九州县俱被寇,而通渭、秦安尤甚,通计杀掠男妇三千三百六十四人,房马牛等畜一十六万五千三百有奇,焚毁屋庐四千六百二十余间,食践烧毁收贮谷麦等物三十六万七千六百余束"②。从这几条资料看,蒙古军的入掠已使明朝的陕西三边一带遭受了巨大损失。

弘治时期,蒙古军的入掠不减于前,这从弘治七年(1494)孝宗所颁布的一份敕书亦可印证。据《明孝宗实录》记载:弘治七年(1494)十二月,"敕甘肃镇巡等官赈恤甘、凉等处边军之被寇掠者,敕曰:'甘州地方孤悬河外,四邻胡房,屏蔽关中,捍御西域,非他镇比,所在卫所军士止靠孳牧度日。近闻房酋小王子人马潜住贺兰山后,节入甘、凉、永昌、庄浪等处抢掠。去岁六、七月间,抢去头畜十万之上;今岁九月前后,又二次入境,抢掠头畜约十万有余,人口不知其数,有全家房去者,官军阵亡者亦多,以此军士之家十分艰难,不能存生,必须赈恤安养,方保无虞。敕至,尔等即从公计议,行令彼处分巡、收粮、布、按二司官员,将彼被贼抢掠之家尽数查出,逐一研审,中间若系十分艰难者,支给官库钱粮,量加赈济。果有无牛具种子者,亦量给与,务令得所,毋致逃移。处置毕日,通将赈济过贫军姓名并用过钱粮等项数目,造册奏缴,以凭查考,尔等其钦承之。故敕。"③从皇帝的诏书中反映的明朝北边遭受掳掠的情况,若和实际情况相比,它只能是大大缩小了的数字,事实肯定比这还要严重得多。

正德时期,蒙古族著名人物达延汗统一漠南蒙古,其间对明朝北边的袭扰仍很严重。以正德八年(1513)三月蒙古军的入掠来看,足以证明这一点。据《明武宗实录》载:正德八年(1513)三月十七日,蒙古军在大同一带"大举入寇,由灭胡等墩日渐南掠,遂攻朔州、围马邑、掠东君等村,杀房居民孳畜甚众。总兵官潘浩、守备刘敬、指挥徐缙、郑良、盛杰等,与战不利,百户姚钺、李宁等死焉。大同总兵官叶椿遣都指挥郑恭迎战于马石沟,参将谷琛、指挥任玺、王祥等战虎兕山,敬及游击将军白春以众二千余人败贼于天城卫,春复战于鲍家屯,守备陈恭战新城堡,琛及游击将军朱振复连与战,贼乃退。五月四日复以五千骑从八股泉入,三千骑从靖房墩入,六千骑从镇房墩入,五百骑从沙河堡入,三万骑从碌磲河墩入,又三千骑从灭胡墩入,一万骑从沙沟墩入,二千骑从怀远墩入,复以百骑从接火窑山墩入,来往石佛寺堡、滑石岭、安边堡至东山村诸处,四散大掠。越七日,贼探知大同兵马至,乃遁。盖杀房居民三千余人,所掠孳畜以数万计。"巡视居庸关的都御史丛兰将此事上奏明廷,武宗命巡按御史查勘核实之后,命兵部议复,兵部称这次失事十分严重,"大同三路地方,达贼蹂践连洽旬日,数百里烟火荡然,盖数十年来未有受祸如此之惨者"④,为此而对那些抵御不力的将领进行了处罚。

嘉靖时期是蒙古军对明朝北边袭扰最为严重的时期。其时吉囊和俺答强盛,由于明廷拒绝贡市,便大肆报复,直至演成庚戌之变。其中嘉靖十九年(1540)、二十年(1541)、二十一年

---

① 《明宪宗实录》卷一一〇,成化八年十一月丁未条、己酉条,台湾"中央研究院"历史语言研究所 1962 年校印本,第 2140、2142 页。

② 《明宪宗实录》卷一二九,成化十年六月辛巳条,台湾"中央研究院"历史语言研究所 1962 年校印本,第 2456 页。

③ 《明孝宗实录》卷九五,弘治七年十二月己卯条,台湾"中央研究院"历史语言研究所 1962 年校印本,第 1572~1573 页。

④ 《明武宗实录》卷一一七,正德九年十月辛亥条,台湾"中央研究院"历史语言研究所 1962 年校印本,第 2370~2372 页。

(1542)连续三年入边大掠,给明朝的北边造成了巨大的破坏。嘉靖十九年(1540)的入掠情况是:"虏酋吉囊拥众数万,由延绥西路定边营入寇。时诸镇兵悉分布守边,虏乘虚攻固原城,分兵四掠,杀戮甚惨。会大雨浃旬,道泞,虏骑不得骋,弓矢尽胶。陕西总兵魏时督兵分道邀之,虏始引旋。至黑水苑,延绥革任总兵周尚文尽锐攻之,自巳至申凡三战,胜负未决,吉囊子号小十王者,……为我军所歼,虏众遂夺气敛去。"①嘉靖二十年(1541),俺答遣使石天爵入塞请求贡市,遭到明廷拒绝,于八月大举攻掠山西,"大掠岢岚、石州、忻、平、寿阳、榆次、阳曲、太原等州县,宗室被卤者四人,仪宾一人,军民被杀卤者五万一千七百人,诸所焚掠无算,而我兵先后斩获仅三百九十三级。"②嘉靖二十一年(1542),俺答再次派遣石天爵入明边求贡,为大同巡抚龙大有捕杀,于是俺答便于六月大举攻入明边。"六月十八日进边,至七月二十二日始出,自来留连内境未有若是之久。其所残破卫所十余,州县三十有八,西至河篍,东掠平、定、沁、辽,南入潞安、平阳之境,纵横不啻千里,自来蹂躏地方未有若是之广,杀卤男女十余万人,抢劫马牛畜产财物器械至不可胜计,自来被害之惨未有若是之甚。且虏众虽称数万,其实不过万余,而我士马四集,其众亦且五万,乃诸将望风退缩,择便自藏,来避其锋,归蹑其后,绝无有敢向虏营发一矢者。以致丑虏深入内郡,延驻浃旬,汪洋自恣,若蹈无人之境。方虏饱载而归,北至忻口渡滹沱河,失道陷大泽中,牛羊辎重皆没,仓皇欲委弃。顾诸将匿迹百里外,无敢问者,虏得尽日力出诸泥沼,从容而去。"③嘉靖二十九年(1550)的庚戌之变,俺答在京郊一带任情掳掠,明朝十几万大军竟无一支军队敢于一战,而民间百姓的损失也就无法估量了。

综上所述可以看到,蒙古族之进入河套地区,乃是明朝与蒙古族之间关系的关节点。河套地区本就是明朝北部边防的一个巨大缺口,蒙古族进入河套之后,不断地向长城以内发动攻击和掠夺,给汉族农业地区造成了巨大的损害,使得明朝北部边患顿时加剧,明蒙之间为此而纷纷扰扰战争了一百三四十年。"套寇""套虏"之患成为明代中叶边防危机的集中表现,使北边成为明代边防的重中之重,为了防备蒙古族的袭扰,明朝在北边既部署有正兵,又有奇兵,还有游兵,分地设防,往来策应,消耗了相当大的财力和物力,明廷内部亦屡有"搜套""复套""筑墙"之争,其对明代历史发展所产生的影响,既波及政治、经济、军事、文化各个领域,又与整个明王朝相始终,确乎是明代历史上的重大现实问题,值得认真考察和研究。

第二节　明代中叶对"套虏"的防御

一、成化时期对"套虏"的防御措施

1. 关于"搜套"的建议

在英宗复位后以及成化年间,河套地区最活跃的蒙古族首领是孛来、毛里孩、阿罗出、孛罗

---

① 《明世宗实录》卷二四三,嘉靖十九年十一月甲寅条,台湾"中央研究院"历史语言研究所1962年校印本,第4901～4902页。

② 《明世宗实录》卷二五八,嘉靖二十一年二月庚午条,台湾"中央研究院"历史语言研究所1962年校印本,第5171页。

③ 《明世宗实录》卷二七一,嘉靖二十二年二月乙亥条,台湾"中央研究院"历史语言研究所1962年校印本,第5333～5334页。

忽、乩加思兰、满都鲁及火筛等。随着蒙古各部在河套地区的日渐活跃,明朝的北部边防逐渐陷入危机之中。为了解除"套虏"对北边防线越来越大的压力,明朝内部不断有人提出各种建议,试图通过采取相应的措施和办法来解决北部边防的危机。

最早提出的建议是"搜套",企图以武力将进入河套地区的蒙古族驱赶到黄河以北,借以解除北部边防的沉重压力。天顺八年(1464)十二月,分守延绥西路的左参将都指挥同知房能建议"请搜河套"①。他的建议包括三项内容:一为除潜寇以靖边疆,二为移营堡以固边方,三为制利器以破敌锋。在第一项内容中,他根据自己的防边经历建议:"臣所守地方,迩年胡寇潜入其内,夜则隐伏近边,旦则拥众突入,劫截道路,抢杀人畜,若不豫为区画,诚恐养成边患,亟难芟除。窃见宁夏总兵官都督同知张泰在边年久,练达老成;镇守宁夏太监王清曾搜河套,师行有纪;巡抚延绥右佥都御史徐廷章临机应变,刚果有为。请敕在廷文武大臣从长计议,专命张泰、王清总制三边号令,而以徐廷章赞理军务,臣愿受其节制,当春初河泮草枯之时,量调宁夏并偏头关军马,各从便路过河,及调延绥一带边堡头拨敢勇官军并知识道路夜不收,付臣等统领,量赍粮料,会合并进,声势相接。臣先起行,遍历河套,搜寻所在,并力擒捕,捣其巢穴,绝其种类。如此军威远振,边境获安矣。"②

从房能的奏疏中可以看出两点:其一,当时蒙古族在河套内的力量还不强大,只是干些拦路抢劫人畜的勾当,但若不早做驱除,恐怕就会"养成边患";其二,明朝镇守宁夏的边将进行过"搜套",而且"师行有纪"。从当时的形势看,房能的建议还是很有价值的,如果能够认真果断地实行,对于解除明朝北边的压力肯定会有益处,因此宪宗看了以后认为有理,"命兵部计议以闻"。但是,房能不为当政者所重视,史称"能守延绥,无将略"③,他的建议被兵部侍郎王复阻止了:"复以七百里趋战非宜,且恐以侥幸启衅,请敕戒谕,帝是之。"④这最初的"搜套"之议就此搁浅。

成化二年(1466)三月,延绥纪功兵部郎中杨琚鉴于"河套寇屡为边患"⑤,向宪宗提出了"移堡防边"的建议。他上奏说:"延绥、庆阳二境,东接偏头关,西至宁夏花马池,相去二千余里,营堡迁疏,兵备稀少,以致河套达贼屡为边患。"杨琚根据百户朱长"熟游河套"的经验,奏报了正统间宁夏副总兵黄鉴欲将"偏头关、东胜州黄河西岸地名一棵树起至榆沟、速迷都、六镇、沙河、海子山、大石脑儿、碱石海子、回回墓、红盐池、百眼井、甜水井、黄沙沟至宁夏黑山觜、马营等处共立十三城堡、七十三墩台,东西七百余里,实与偏头关、宁夏相接,惟隔一黄河耳。"这一建议被当政者以"地平漫难据,已之"。后来总兵官石亨又建议"将延绥一路营堡移从直道,以府谷堡移紫关故城等处,孤山、东村二堡移野芦州,神木堡移杨家城,柏林、高家二堡移石落涧,双山堡移真溪滩,榆林城移桦林白涧滩,响水、波罗二堡移白土窑,土门堡移白腊峰,大兔鹘堡移滥柴关,龙州城移北城,塞门堡移古窑,清边营移蒯河,宁塞营移察罕脑儿等处,直与安边、定边相对。"这一建议也被当政者以"徙置烦劳,已之。"他告诉宪宗说:"若如前移营展堡,

① 谈迁:《国榷》卷三四,天顺八年十二月丁亥条,中华书局1958年版,第2181页。
② 《明宪宗实录》卷十二,天顺八年十二月丁亥条,台湾"中央研究院"历史语言研究所1962年校印本,第256页。
③ 张廷玉等:《明史》卷一七四《许宁传》,中华书局1974年版,第4636页。
④ 张廷玉等:《明史》卷一七七《王复传》,中华书局1974年版,第4716页。
⑤ 谷应泰:《明史纪事本末》卷五八《议复河套》,上海古籍出版社1994年版,第228页。

则不惟可以御贼于外,亦使军民得田于内,积之数年,边储渐充,转馈可省也。"由于这两项建议均未被采纳,"达贼连年入寇,被掠人畜赀财不知几千万计;朝廷命将征讨,调兵四万一千有奇,计人马刍粟,日费银四百余两,若一月则一万三千余两,一岁则十有五万六千余两矣。重以赏劳转运之资,通计所费又不知其几千万也。与其每年调兵费用,孰若以一年之费给与宁夏、偏头军民,使其协力移展城堡,密置墩台,且守且耕,尤为愈也。"他认为,黄鉴和石亨二人的建议,实行哪一个都有好处:"是虽不免暂劳一时军民之力,实为万世防边之长策也。"成化帝认为所言"具有证据,其言有理,兵部即会官议处以闻"。[①]

杨琚提出的"移营展堡"的建议,对于明朝加强北部边防来说,也是很有价值的,它可以使明朝稳扎稳打,逐步将边防线向河套的纵深推进,以求最终将蒙古族逐出河套,解除北边的军事压力。

兵部就杨琚的建议还未议出结果,边防线上又传来了毛里孩"拥众屯聚河套"的消息。为了防备毛里孩,大学士李贤上奏:"胡虏……往往得利而去者,以我兵威之未振也。且河套与延绥接境,原非胡虏巢穴,往年虽有残虏数千,然不为大害。今虏酋毛里孩大势人马俱处其中,伺间乘隙,出没不常。固尝出兵剿之,然我兵方集而彼已退去,兵散未久而彼又复来,如此,不惟劳师费财,而边民亦不得安堵矣。古人有云:不一劳者不永逸。故今欲安边,必须大举而后可也。乞令兵部会官博议,预积粮草于陕西塞下,及令陕西、延绥、宁夏、甘、凉、大同、宣府等处守臣选练骑步精兵,整搠器械什物,预造战车拒马之类,期以明春或今秋进兵搜剿,务在尽绝。其总制将官与凡出兵事宜,俱预请处画。又秋禾方熟,虏骑必复入抄,而延绥、鄜、庆、环县一带须用兵驻扎,以保居民,亦宜推选武将一人,统步骑精兵万人往守诸处,庶几有备无患。"[②]

李贤重新提出了大举"搜套"的建议,力图从根本上解除北部边防的军事威胁,宪宗赞同,于是又命兵部尚书王复与会昌侯孙继宗等集议,结果决定调大同总兵官彰武伯杨信"佩平虏将军印,充总兵官,统京营兵往延绥讨虏"。[③]

在明朝的历史上,蒙古族活动的蒙古高原和汉族活动的中原地区呈现两幅不同的画面。汉族活动的中原有如一幅静态的风景画,它以农业为主的生产结构一成不变,统治者要保持社会的稳定,广大的民众在以农为本的前提下也都力求饱暖,安土重迁;相比较而言,蒙古族生息繁衍的蒙古高原则犹如一部活泼的动画片,蒙古族三大部东迁西走,各个部落之间分化组合,处于不断的变化之中,就是进入河套的蒙古各部也像走马灯一样,一个著名的首领刚刚消失,另一个著名的首领紧接着登台,显得十分活跃。当明朝搜剿河套的准备还没有就绪,蒙古族已经先向明朝发动攻击。成化二年(1466)七月,"戊戌,毛里孩犯固原。八月丁巳,犯宁夏,都指挥焦政战死"[④]。同年冬天,毛里孩再次入掠延绥,"参将汤胤绩败死"[⑤]。在向明朝发动攻击的同时,毛里孩又向明廷提出了"通贡"的要求,遭到拒绝后便转而兵进大同。明廷赶紧任命"抚宁侯朱永为平胡将军,充总兵官,会杨信讨毛里孩"[⑥]。成化三年(1467)二月,毛里孩再次

《明宪宗实录》卷二七,成化二年三月己未条,台湾"中央研究院"历史语言研究所1962年校印本,第538~540页。

② 《明宪宗实录》卷三十,成化二年五月辛卯条,台湾"中央研究院"历史语言研究所1962年校印本,第602~603页。

③ 《明宪宗实录》卷三一,成化二年六月壬子条,台湾"中央研究院"历史语言研究所1962年校印本,第618页。

④ 张廷玉等:《明史》卷一三《宪宗本纪》,中华书局1974年版,第163页。

⑤ 茅元仪:《武备志》卷二二五《占度载·四夷(三)·北虏考》,明刊本。

⑥ 张廷玉等:《明史》卷一三《宪宗本纪》,中华书局1974年版,第164页。

要求通贡,明廷准许,于是宪宗"命原调大同、宣府、偏头关等处搜剿河套官军仍留各城守御"①。次年,明朝内部发生了"满俊之乱",大举"搜套"之事又被搁置下来。此时蒙古内部也陷入内争,毛里孩已攻杀了孛来,又杀其所立的可汗,"并逐少师斡罗出,自称黄芩王;别酋孛鲁乃称齐王",再加上也先之子阿失帖木儿"与毛里孩诸酋拿兵争雄长,诸酋亦坐是不得并力于我"。② 北方边境稍显宁静。

成化五年(1469)冬,蒙古阿罗出部入居河套,北边危机再度加剧。延绥巡抚王锐请求增派部队,宪宗命右副都御史兼宣府巡抚王越率师往援。王越到榆林后,"遣游击将军许宁出西路龙州、镇靖诸堡,范瑾出东路神木、镇羌诸堡,而自与中官秦刚按榆林城为声援。"③经过几次小的交锋,明军略有所胜,王越便"以捷闻",率军回师。可是刚走到偏头关,延绥又重新告警。鉴于阿罗出等扰边不止,明廷又于成化六年(1470)三月任命"抚宁侯朱永为平虏将军总兵官,都督刘聚为左右副总兵,太监傅恭、顾恒监军,右副都御史王越参赞军务,往延绥备虏,以京兵万人、宣、大各五千人"④。经过这一番部署,明军"破敌于开荒川,诸将追奔至牛家寨,阿罗出中流矢走"。但是,此时蒙古族有军数万,而明军"堪战者仅万人,又分散防守,势不敌。永、越乃条上战守二策"。⑤ 其略曰:"今虏贼数万在边,我军堪战者只可一万,而又分散防守,何以御敌? 为今之计,宜于京营、大同、宣府、宁夏、陕西等处量调军马数万,期于三月内俱至榆林地方,听臣等调度,相机审势,捣其巢穴,此战之策也。若军马馈饷一时未办,宜慎固封守,严督沿边居民,无事则分哨耕牧,有警则举号避藏,仍令提备官军各守城堡,伺便会兵截杀,此守之策也。"宪宗命兵部就此战、守二策进行商议,兵部尚书白圭感觉时机不成熟,便"以马方瘦损,供饷不敷,势难进剿。请命诸将慎为守御,以图万全。上从之"。⑥

当明朝为调兵、供饷而大费踌躇时,河套蒙古则连续入掠,使明朝感到疲于应付,兵部尚书白圭不得已"乃议大举搜河套"⑦。他于成化八年(1472)二月上奏宪宗说:"虏势深入,顷已敕吏部右侍郎叶盛亲诣陕西、延绥、宁夏会议边务。然臣等切虑虏性桀黠,苟知我内地空虚,未免复肆剽掠。宜如臣等所会议,敕王越等俟盛至日,即调甘、凉、庄浪、兰县官军防守要害。又今河冰既开,虏无遁意,计其秋高马肥,必复入寇。在边并见调官军仅足捍御,未可穷追,若明春复然,则边患何时可息? 必须于明年二月大举搜剿河套,庶收一劳永逸之功。请先调军夫五万摆堡运粮,计可足半年之费,然后选集精兵十万,简命文武重臣各一员充总督,总兵二员充副、参将官,每兵一万,坐营、统领者各一人,所须出战驮马、鹿角、战车、军器之类,俱宜预备,期以十二月启行。"⑧宪宗批准了白圭的"搜套"之议,"发京兵及他镇兵十万屯延绥,而以输饷责河南、山西、陕西民,不给,则预征明年赋,于是内地骚然"⑨。此时抚宁侯朱永已被召回京城,都

　① 《明史纪事本末》卷五八《议复河套》,上海古籍出版社 1994 年版,第 228 页。

　② 茅元仪:《武备志》卷二二五《占度载·四夷(三)·北虏考》,明刊本。

　③ 张廷玉等:《明史》卷一七一《王越传》,中华书局 1974 年版,第 4571 页。

　④ 谈迁:《国榷》卷三六,宪宗成化六年三月壬寅条,中华书局 1958 年版,第 2283 页。

　⑤ 张廷玉等:《明史》卷一七一《王越传》,中华书局 1974 年版,第 4572 页。

　⑥ 《明宪宗实录》卷八八,成化七年二月壬申条,台湾"中央研究院"历史语言研究所 1962 年校印本,第 1720 页。

　⑦ 张廷玉等:《明史》卷一七二《白圭传》,中华书局 1974 年版,第 4596 页。

　⑧ 《明宪宗实录》卷一〇一,成化八年二月乙酉条,台湾"中央研究院"历史语言研究所 1962 年校印本,第 1967~1968 页。

　⑨ 张廷玉等:《明史》卷一七二《白圭传》,中华书局 1974 年版,第 4596 页。

御史王越就“议搜套，复东胜”之事上言：“欲得一爵位崇重、威望素著者统制诸军，往图大举。”①为了统一事权，宪宗“命武靖侯赵辅佩平虏将军印，充总兵官，总制诸路兵马，与总督军务右都御史王越赴延绥等处击虏寇”。宪宗下敕书：“近者虏寇侵犯延绥、宁夏地方，剽掠陕西境内。三处官军互相推避，不能并力截杀，以至进辄失利，为患不已。今特命尔充总兵官，与右都御史王越总制各路军马，调度杀贼。军中一应事情悉听便宜处置，务在大挫贼势，俾之渡河远遁，斯为上策。若深入河套穷追远讨，尤在量力审势，不可轻忽。且用兵以谋为先，主兵以和为贵，彼此协和，谋无不成，战胜守固，何往不利。尔等宜深体此意。”②

宪宗在敕书中对赵辅等人提出了两项要求：其一，要把蒙古族挫败，使之渡河远遁；其二，不可冒昧地穷追远讨。皇帝作为最高统治者，要求他所派出的前敌统帅老成持重，这是无可非议的，但是赵辅就此而逗留不进。赵辅于五月受命出征，到榆林时蒙古军已经深入大掠，“六月入平凉、巩昌、临洮，杀掠人畜。迨七月而纵横庆阳境内。辅与越至榆林不进”③，于是蒙古军饱掠一番，而明朝“军竟无功”④。由于赵辅畏缩不前，并且与王越上言：河套之内延袤二千余里，如欲穷搜河套，非得“精兵十五万分道并进，庶可成功”⑤。他们建议按明朝当前的情况，“馈饷烦劳，公私困竭，重加科敛，内衅可虞。宜姑事退守，散遣士马，量留精锐，就粮郦、延，沿边军民悉令内徙。其寇所出没之所，多置烽燧，凿堑筑墙，以为保障。”⑥宪宗将此下廷议，兵部尚书白圭言：“辅等统兵七八万众，未闻有一天之捷，乃称追奔出境，务为夸大。且既膺阃寄，或攻或守，宜有定计以行，何乃依违陈乞，首鼠两端。自揣事势不支，欲[为]推避之计，请令文武大臣会议可否。”⑦但是，赵辅因多有权幸作奥援，廷议不决。到了十一月，宪宗遂“命宁晋伯刘聚佩平虏将军印，充总兵官，赴延遂代武靖侯赵辅”⑧。刘聚乃是太监刘永诚的侄子，他到前方后多次报捷，结果却被纪功兵部员外郎张谨“劾聚及总兵官范瑾等六将，杀被掠者冒功。部科及御史交章劾。诏遣给事中韩文往勘，还奏如谨言。所报首功百五十，仅十九级”⑨。

从大学士李贤到兵部尚书白圭，为了彻底解除北部边防的军事压力，做了很多谋划，可是由于没有合格的前敌统帅，所用非人。“前后所遣三大将朱永、赵辅、刘聚，皆畏怯不任战，卒以无功。”⑩成化年间的“搜套”之议终于没有任何结果。

2. 关于修筑边墙防守的建议

针对河套蒙古对明朝北边的扰掠，明廷内部的另一种观点是加强防御，这种观点所能采取的最重要的措施就是筑墙、台、墩、堡以遏敌，也就是修长城。

成化元年（1465），宪宗看到延绥总兵官房能奏请“追袭河套部众”的建议而命兵部廷议，

---

① 严从简：《殊域周咨录》卷十八，中华书局 1993 年版，第 605 页。
② 《明宪宗实录》卷一〇四，成化八年五月癸丑条，台湾“中央研究院”历史语言研究所 1962 年校印本，第 2040~2041 页。
③ 张廷玉等：《明史》卷一五五《赵辅传》，中华书局 1974 年版，第 4264 页。
④ 张廷玉等：《明史》卷一七一《王越传》，中华书局 1974 年版，第 4572 页。
⑤ 《明宪宗实录》卷一〇八，成化八年九月癸亥条，台湾“中央研究院”历史语言研究所 1962 年校印本，第 2118 页。
⑥ 张廷玉等：《明史》卷一七一《王越传》，中华书局 1974 年版，第 4572 页。
⑦ 《明宪宗实录》卷一〇八，成化八年九月癸亥条，台湾“中央研究院”历史语言研究所 1962 年校印本，第 2119~2120 页。
⑧ 《明宪宗实录》卷一一〇，成化八年十一月己酉条，台湾“中央研究院”历史语言研究所 1962 年校印本，第 2141 页。
⑨ 张廷玉等：《明史》卷一五五《刘聚传》，中华书局 1974 年版，第 4265 页。
⑩ 张廷玉等：《明史》卷一七二《白圭传》，中华书局 1974 年版，第 4596 页。

为兵部侍郎王复阻止。及至毛里孩扰边，宪宗命王复"出视陕西边备"①，王复到河套地区，从延绥行抵甘肃，相度形势之后，就延绥、宁夏、甘肃的边防情况向宪宗提出了报告。他在报告中阐述对河套地区边防的建议：延绥边备"东自黄河岸府谷堡起，西至定边营，连接宁夏花马池边界，东西萦纡二千余里，险隘俱在腹里，而境外临边无有屏障，止凭墩、台、城、堡以为守备。缘有旧城堡二十五处，原设地方或出或入，参差不齐，道路不均。远至一百二十余里，近止五六十里，军马屯操反居其内，人民耕牧多在其外，遇贼入境，传报声息，仓卒相接，比及调兵策应，军民已被抢（房）[掳]，达贼俱已出境，虽称统领人马，不过虚声应援。及西南直抵庆阳等处，相离五六百里，烽火不接，人民不知防避。其北面沿边一带墩台，皆稀疏空阔，难以瞭望。臣与镇守延绥、庆阳等处总兵、巡抚等官计议：临边府谷等一十九堡俱系极边要地，必须增置（那）[挪]移，庶为易守。趁今声息稍宁，先行摘发军余，采办木植，候春暖土开，委官监督，并力兴工，将府谷堡移出芭州旧城、东村堡移出高汉岭、响水堡移出黑河山、土门堡移出十顷坪、大兔鹘堡移出响铃塔、白洛城堡移出砖营儿、塞门堡移出务柳庄，不惟东西对直捷径，而水草亦各利便。内高家堡至双山堡、双山堡至榆林城、宁塞营至安边营、安边营至定边营，相去隔远，合于各该交界地方崖寺子、三眼泉、柳树涧、瓦扎梁各添哨堡一座，就于邻近营堡量摘官军哨守。又于安边营起每二十里筑墩台一座，通共二十四座，连接庆阳；定边营起每二十里筑立墩台一座，共十座，接连环县；俱于附近军民内量拨守瞭。北面沿边一带墩台空远者，各添墩台一座，共三十四座。随其形势以为沟墙，必须高深，足以遮贼来路，因其旧堡，广其规制，必须宽大，足以积粮草、容人马。庶几墩台稠密而易于瞭望，烽火相接而人知防避，营堡相接而缓急易于策应，声势相倚而可以遥振军威"②。关于宁夏边防王复建议：宁夏"中路灵州以南，本无亭燧。东西二路，营堡辽绝，声闻不属，致敌每深入。亦请建置墩台如延绥，计为台五十有八"。关于甘肃边防王复建议："永昌、西宁、镇番、庄浪俱有险可守。惟凉州四际平旷，敌最易入。又水草便利，辄经年留宿。远调援军，兵疲锐挫，急何能济。请于甘州五卫内，各分一千户所，置凉州中卫，给之印信。其五所军伍，则于五卫内余丁选补。且耕且练，斯战守有资，兵威自振。"最后他又针对"搜套"之议阐述自己的总体看法说："洪武间建东胜卫，其西路直达宁夏，皆列烽堠。自永乐初，北寇远遁，因移军延绥，弃河不守。诚使兵强粮足，仍准祖制，据守黄河，万全计也。今河套未靖，岂能遽复，然亦宜因时损益。延绥将校视他镇为少，调遣不足，请增置参将二人，统军九千，使驻要地，互相援接，实今日急务。"③他没从正面否定搜套驱敌的建议，而是提出因时损益的观点，用以支持他的"移堡筑墙"之策。

实际上王复关于移堡筑墙的建议，在总兵官房能的上书中已露端倪。房能的奏疏第二条在谈到这一点时说："臣所守迤东地，原设塞门堡、白洛城二处，俱在偏南以里，去边墩相远，道路迂曲，声势不闻，遇有警急，缓不及事，况其军民反在堡外耕牧。看得白洛城北地名砖营，塞门堡北地名榆林，依据险阻，水草便利，又与大兔鹘、龙州边堡接径端直，营堡联络，易为应援。可将安定县守城官军一百员名，并入白洛城数内操守为宜。请敕兵部转行陕西都、布、按三司，委官亲诣其地，会同臣等勘视，期以来年春初，量起延、庆二府人夫及见操民壮，并工建筑完备，

① 张廷玉等：《明史》卷一七七《王复传》，中华书局 1974 年版，第 4717 页。

② 《明宪宗实录》卷三六，成化二年十一月己丑条，台湾"中央研究院"历史语言研究所 1962 年校印本，第 714~716 页。

③ 张廷玉等：《明史》卷一七七《王复传》，中华书局 1974 年版，第 4717 页。

移置屯戍。则藩篱永固,居民获安,虽劳一时之力,而实为经久之利。"①可能的情况是王复奉宪宗之命,到边防前线整饬延绥、宁夏、甘、凉一带边备,和房能一起就移堡、修墙、御敌等项又进行了深入的研究和探讨,形成了更具体的建议,由王复回京复命时上奏朝廷。从当时明朝的整个形势来看,移堡筑墙的措施要比动用大批军力搜套的措施容易实行,但从长远的效果来看,它是一种治标而非治本的措施,它是用人为设险的办法来加强防守,却无法遏制蒙古骑兵随时都可能发动的对长城以内的攻击。

史称王复"在边建置,多合机宜"②,他的建议得到宪宗批准。但回京后不久,王复就改任工部,兵部尚书由白圭接任,移堡修墙的事被暂时搁置下来。此后到成化六年(1470),延绥巡抚王锐建议"请沿边筑墙建堡,为久远计"③,他具体地提出三点:增兵以守地方;设险以备边患;团堡以卫民生。关于设险一条他说:"榆林一带营堡,其空隙之地宜筑为边墙以为拒守。其墙于墩外修筑,址广一丈,杀其上为七尺,上为垛口五尺,共高丈八尺,上积礌石;于墩下各筑小堡,可容官军护守。虽暂劳人力,而得以永为边备。"这是关于修筑边墙比较具体的规划。关于团堡一项王锐说:"乞敕有司,就于居民所聚之处,相度地宜,筑为砦堡,务为坚厚,量其所容,将附近居民聚为一处,无事之时听其耕牧,遇有声息各相护守,则寇盗无从剽掠,地方可保无虞。"④宪宗对王锐的建议大加赞赏,称其为"正系守边急务",下令各地方官参酌举行,务其成功。可是到了成化七年(1471)正月,王锐因御敌无功被调走了,修筑边墙之事也就"工未兴而罢"。⑤

当白圭倡搜套之议,"议以十万众大举逐之,沿河筑城抵东胜,徙民耕守",宪宗"壮其议",但为求万全,又于成化八年(1472)春派吏部侍郎叶盛"会总督王越,巡抚马文升、余子俊、徐廷璋详议"。叶盛在任谏官时喜好谈兵事,及至以三品侍郎的身份"往来三边,知时无良将,边备久虚,转运劳费,搜河套、复东胜未可轻议。乃会诸臣上疏,言守为长策"。⑥叶盛是经过实地考察之后,才从喜谈兵转而认为"惟增兵守险可为远图"的,他特别建议"宜令守臣铲削边墙,增筑城堡,收新军以实边,选土兵以助守,此不但可责近效,而亦足为长便也"⑦。叶盛的考察是认真的,他每到一处,都要和当地官员详细讨论,议定之后奏闻。关于陕西的情况,叶盛会同镇守陕西署都督白玉、巡抚都御史马文升会议之后上奏:"御寇以守备为本,攻战次之。"为今之计,应先筹足粮饷,"或战或守,随时处之。若虏拥众来侵,我则通调各路军马,相机防御。或彼众我寡,势难轻敌,我则坚壁清野,弗与浪战,俟彼剽掠而归,气盈心惰,则设伏以邀其前,纵兵以袭其后,使彼大遭挫衄,庶可遏其侵暴之志。其在边官军,俟虏深入我境,宜相机设策,分遣精兵捣其老营。若有所得,仍将军马分布要害,以邀其归,是亦取胜之道。若虏知我有备,仍如往年近边屯驻,我则号令军士,分为数路,各裹糇粮,乘夜而进,彼有妻子头畜,卒遇我军,势不敢敌,乘胜急击,势必成擒。万一虏寇惧我兵众,远遁套内,不肯渡河,我则挑选死士,重加

---

① 《明宪宗实录》卷十二,天顺八年十二月丁亥条,台湾"中央研究院"历史语言研究所1962年校印本,第257页。
② 张廷玉等:《明史》卷一七七《王复传》,中华书局1974年版,第4718页。
③ 张廷玉等:《明史》卷一七八《余子俊传》,中华书局1974年版,第4736页。
④ 《明宪宗实录》卷七七,成化六年三月辛卯条,台湾"中央研究院"历史语言研究所1962年校印本,第1492页。
⑤ 张廷玉等:《明史》卷一七八《余子俊传》,中华书局1974年版,第4736页。
⑥ 张廷玉等:《明史》卷一七七《叶盛传》,中华书局1974年版,第4724页。
⑦ 焦竑编:《献征录》卷二十六《吏部三·侍郎叶盛传》,上海书店1987年版,第1088页。

赏劳,使之迫近虏营,举火放炮,或阳为搜套之势,或诈为劫营之举,彼必心恐,渡河而去。剿贼方略,恐不出此。"①关于延绥的情况,叶盛会同总督军务右都御史王越、延绥巡抚右副都御史余子俊会议之后,以"增兵守险可责近效可保久安之事"上奏:"乞念修筑边墙之利,量起山西民一万,陕西民二万,于声息稍宁之时,听延绥会官移文二布政司,各选委堂上官,于每年三月、八月各一兴工修筑,二三年间必致就绪,此诚不战而屈人兵之计也。"②叶盛特别强调:"若调军选将,分路入套,固安边之计。但套中地境,动经数千百里,沙深水少,军行日不过四五十里,往返必逾月。计惟调集官军必至一二十万,所需粮料供运之人不下数十万,事体重大,未敢定拟。若以原调与兵部今拟并本境官军通为筹算,各就近分守要害,酌量虏情,来即拒杀,去不穷追,俾进无所得,退无所恃,势既困迫,必将图归。此虽为守之长策,亦战之权宜也。"③关于宁夏的情况,叶盛会同宁夏巡抚右金都御史徐廷章等议定之后上奏:"今日边警,尽在河东境内。盖河东虽名为一路,势亦三分。其接河套沿边,有兴武、花马池二营,实与延绥定边等营相接,其中高桥迤南一带直抵萌城与环、庆相接;其西韦州、鸣沙州等处则与靖虏、固原相接。地方散漫,绵亘千里,虏骑出没不常。为今之计,惟在慎选骁将,多调精兵,分屯要地,据险设伏,以逸待劳,庶能有济。"为了及早预报敌情,叶盛提出建议:"若边方保障,惟恃烽堠城堡,今花马池营墩台烽火必历兴武、高桥接举,转至萌城,不下六七百里,比及火至,虏已旋返。必须增筑墩台,直接花马池烽火,则人可提备。又高桥、大沙井、石沟、小盐池、萌城一带墩台卑小,扩野平漫,一遇有警,路皆梗塞。今于高捷之所改筑墩台十有一,于地名隰宁铺增筑堡一,以备秋冬之警。其余则俟警报稍宁之日,量路远近,添筑完备,庶居民有所保障,军马有所屯聚。"④叶盛力主防守的建议奏上之时,正值白圭力谋大举出兵"搜套",他的建议没有被采纳。

余子俊接替王锐任延绥巡抚,他莅任不久,上疏言:"三边惟延庆地平易,利驰突。寇屡入犯,获边人为导,径入河套屯牧。自是寇顾居内,我反屯外,急宜于沿边筑墙置堡。况今旧界石所在,多高山陡崖。依山形,随地势,或铲削,或垒筑,或挑堑,绵引相接,以成边墙,于计为便。"⑤他具体地提出:"役山西、陕西丁夫五万,量给口粮,依山铲凿,令壁立如城,高可二丈五尺,山坳、川口连筑高垣,相度地形,建立墩堠,添兵防守。八月兴工,九月终止,工役未毕,则待来年,庶几成功,一劳永逸。"奏上以后,兵部尚书白圭说道:以前王锐建议修筑高垣,已经取旨令会议举行;现在余子俊又欲"凿山设险",办法固然是好,但是陕西民众困蔽,难以重加劳役,"况延绥境土夷旷,川空居多,浮沙筑垣,恐非久计。凿山之事,宜伺寇警稍宁,督令边城军卒以渐图之,兵力不足,止可量调附近兵民为助"。⑥宪宗批准了白圭的建议,决定暂缓修墙,事情再度被搁置下来。

白圭奏请缓修边墙,是希望看到自己倡议的"搜套"之举能够奏效,但是由于时无良将,"岁发大军征讨,卒无功。"而蒙古各部对河套地区的扰掠依然如故。面对这种形势,成化八年(1472)秋,余子俊再次上疏,他重点指出成化五年(1469)以来为防御蒙古而耗费不赀的情况,

① 《明宪宗实录》卷一〇二,成化八年三月乙卯条,台湾"中央研究院"历史语言研究所 1962 年校印本,第 1990 页。
② 《明宪宗实录》卷一〇二,成化八年三月庚申条,台湾"中央研究院"历史语言研究所 1962 年校印本,第 1995 页。
③ 《明宪宗实录》卷一〇二,成化八年三月壬戌条,台湾"中央研究院"历史语言研究所 1962 年校印本,第 1998~1999 页。
④ 《明宪宗实录》卷一〇三,成化八年四月庚辰条,台湾"中央研究院"历史语言研究所 1962 年校印本,第 2014~2017 页。
⑤ 张廷玉等:《明史》卷一七八《余子俊传》,中华书局 1974 年版,第 4736 页。
⑥ 《明宪宗实录》卷九三,成化七年七月乙亥条,台湾"中央研究院"历史语言研究所 1962 年校印本,第 1782 页。

谈到如果明年蒙古人还不渡河北去,朝廷的耗费将无有终止,然后话锋一转,强调说:"自古安边之策,攻战为难,防守为易。向者奏乞铲削边山一事,已尝得旨,令于事宁之后举行。窃计工役之劳,差减输运战斗之苦。欲于明年摘取陕西运粮军民五万,免徭给粮,备加优恤,急乘春夏之交,虏马罢弱不能入寇之时,相度山界,铲削如墙,纵两月之间不能尽完,而通寇之路已为有限,彼既进不得利,必当北还,稍待军民息肩,兵食强富,则大举可图。"余子俊为宪宗描绘了一幅通过修边墙而加强防守,然后再谋大举的图景。奏上之后,兵部尚书白圭仍然不甚赞同,认为"虏已近边,难于兴作",此次宪宗感到余子俊的建议比较切合实际,稳妥可行,于是下令:"修筑边墙乃经久之策,可速令处治。"①得到宪宗的批准后,余子俊开始进行筹备,这期间少不了要有踏勘和规划,恰好成化九年(1473)十月明军有"红盐池捣巢"之胜,十一月有"韦州之捷",蒙古满都鲁、孛罗忽、癿加思兰等受到打击,相继率兵渡河北去,河套之中一时安定,这就为余子俊修边墙创造了有利条件,史称"内地患稍息,子俊得一意兴役"②。到成化十年(1474)闰六月,余子俊向宪宗奏上修筑边墙的结果:"东自清水营紫城砦,西至宁夏花马池营界牌止,铲削山崖及筑垣掘堑,定边营平地仍筑小墩,其余二三里之上,修筑对角敌台、崖砦,接连巡警,险如墩台。及于崖砦空内适中险处,筑墙三堵,横一斜二如箕状,以为瞭空避箭及有警击贼之所。及三山、石涝池、把都河,俱添筑一堡。凡事计能经久者始为之,役兵四万余人,不三月功成八九,而榆林、孤山、平夷、安远、新兴等营堡尤为壮丽。又移镇靖堡出白塔涧口,绝快滩河之流,环镇靖堡之城,阻塞要害。其界石迤北直抵新修边墙内,地俱已履亩起科,令军民屯种,计田税六万石有余。凡修城堡一十二座,榆林城南一截旧有,北一截创修,安边营及建安、常乐、把都河、永济、安边、新兴、石涝池、三山马跑泉八堡俱创置,响水、镇靖二堡俱移置。凡修边墙东西长一千七百七十里一百二十三步,守护壕墙崖砦八百一十九座,守护壕墙小墩七十八座,边墩一十五座。"③

经过从王锐到余子俊的不懈努力,明朝终于在河套地区修筑起一道防线,它在明朝以后的防御蒙古的斗争中发挥了重要作用,人称"两月之间,厥功告成,自是虏寇稀矣!"④明朝所修这道边墙的作用,在成化十八年(1482)有一次突出的体现。这年六月,蒙古军入掠延绥河西清水营等处,明朝在前方监督军务的太监汪直和前敌统帅总兵官王越调兵抵御,结果明军大获全胜,宣府游击将军都指挥使刘宁败敌于塔儿山,"生擒四人,斩首百六级";参将都指挥同知支玉、右副都御史何乔新等败敌于天㲿梁中靬,"斩首七十七级";千户白道山等败敌于木瓜园,"斩首十五级";延绥总兵官署都督同知许宁等败敌于三里塔等处,"生擒二人,斩首百一十九级";大同参将周玺、游击将军董升、镇守太监陈政、巡抚右佥都御史郭镗、总兵都督朱鉴等败敌于黑石崖等处,"斩首三十级"。这是多年来明军少有的一次大胜仗,斩获最多,推究获胜原因,"盖由尚书余子俊铲削边墙,虏入为官军所逐,漫散而不得出路故也"。长城的屏障作用在这里充分地显现,它将入掠之敌的退路阻断,因而明军得以重创蒙古军,使其在以后的相当长

---

① 《明宪宗实录》卷一〇八,成化八年九月癸丑条,台湾"中央研究院"历史语言研究所1962年校印本,第2109~2110页。

② 张廷玉等:《明史》卷一七八《余子俊传》,中华书局1974年版,第4737页。

③ 《明宪宗实录》卷一三〇,成化十年闰六月乙巳条,台湾"中央研究院"历史语言研究所1962年校印本,第2467~2468页。

④ 焦竑编:《献征录》卷三十八《兵部一·尚书余肃敏公子俊传》,上海书店1987年版,第1562页。

的时间里不敢轻易犯边,"延绥军民颇得息肩"。[①]

3. 成化年间关于"捣巢"的军事行动

所谓"捣巢",亦即明军轻兵出塞,袭击蒙古人的老营使其丧失辎重和根据地。它既非明朝和蒙古主力之间的军事决战,也不像明成祖那样的大规模的军事远征,它只是一种偷袭,其得手与否,全在于是否出敌不意,其后果如何亦在于对手的强弱。对手如果较弱,捣巢可以使其遭受重创而远徙,暂时解除边防线上的军事压力。对手如果强大,捣巢虽可一时获胜,却难免要招致大规模的报复,给北边防线造成更大的压力。成化年间的两次"捣巢",结果正如上述。

成化年间"捣巢"的建议,最早是由吏科给事中程万里提出的。成化四年(1468)六月,陕西发生了"土达"满俊之乱,明廷为此而任命巡抚陕西右副都御史项忠总督军务,调集两万多大军进行征讨。战事还在进行之时,程万里向宪宗上了一份奏疏。他在奏疏中提出要很好地安抚土达的问题,建议以满俊之乱为戒,"招土达中年高有识、众所信服者,宣上恩威,谕祸福,使之各率其属,守分安生,无自疑贰"。对于那些因贫困而不能为生的土达要给以救济,"且罢一切苛政,庶足歆动其心,潜消其患"。这是就明朝政府如何安置好已经在汉地定居的蒙古人所提出的极有价值的建议,它可以使明朝政府及时做出政策上的调整。接着,程万里对河套蒙古问题进行了分析,指出毛里孩有三可败:"近我边方,远才二三日程,是彼为客而我为之主,以客就主,以劳待逸,一也;自恃强众,并吞诸部,志满气盈,兵骄者败,驰驱不息,人马疲劳,二也;比来边报,见贼烟火有一二百里者,有三五十里者,散逐水草,兵力四分,三也。"针对蒙古毛里孩部在河套的这种形势,他建议"选京师骑兵一万,宣府、大同各一万,每三千人为一军,以骁将十人统之,严其赏罚,密使人探毛里孩所在,出其不意,昼伏夜行,径捣其垒,破之必矣!"他以唐代李靖三千骑兵大破突厥为例,强调"宜及其未发,早为之所,欲战则图方略,欲守则饬兵力",千万不要只凭文移往来,致误大计。宪宗将程万里的建议交给兵部讨论,兵部会集廷臣议论之后,接受了安抚土达的建议,对于河套蒙古则认为"毛里孩自前岁朝贡后不复犯边,今无故兴数万之师,远涉沙漠,前有胜负未必之形,后有首尾难救之患,殊非万全之计",因而没有接受程万里的建议,只是要求沿边一带守臣"戒严以备"。[②]

从当时蒙古族的整个发展情况及其在河套地区的势力和明朝当时的实力来看,程万里的建议是比较切实可行的。蒙古族虽然在河套地区已经活动一段时间,但毕竟立足未稳,而且内部矛盾和争夺也很严重,毛里孩、阿罗出、孛罗忽三部在河套"以争水草不相下,不能深入为寇,时遣人贡马,颇通朵颜诸卫扰塞下"[③]。明朝此时虽然已经腐败,但还不算严重,朝廷中内阁和边臣尚能协心共济,能臣和战将也为一时之冠,如果能够统一认识,整齐步调,乘河套蒙古尚未扎下根时并力一战,是有可能将蒙古族驱逐出河套地区的。可惜的是明朝最高统治者对此问题认识不清,兵部在河套之事上摇摆不定。虽然大学士李贤曾倡议"今欲安边,必须大举而后可",力主"进兵搜剿,务在尽绝"。[④] 但是没过多久,李贤就因病而逝,内阁失去了主战的

---

① 《明宪宗实录》卷二二八,成化十八年六月壬寅条,台湾"中央研究院"历史语言研究所 1962 年校印本,第 3902~3904 页。

② 《明宪宗实录》卷五八,成化四年九月甲戌条,台湾"中央研究院"历史语言研究所 1962 年校印本,第 1189~1191 页。

③ 谷应泰:《明史纪事本末》卷五八《议复河套》,上海古籍出版社 1994 年版,第 228 页。

④ 严从简:《殊域周咨录·鞑靼》卷十八,中华书局 1993 年版,第 598 页。

有力人物。当程万里上奏"捣巢"之策时，兵部尚书白圭对此犹豫，以为非万全之策而没有采纳。这种情况说明，在明朝最高统治集团中，尚无人就河套的归属与北部边疆的安危作通盘考虑，因而在是否进兵搜剿、进兵之后如何接济善后等问题上迄无定见，遂使最高层难以做出正确的决策。即如李贤和程万里的设计，对此也茫然无所建议。

将捣巢的建策付诸实施的人是成化年间的王越。王越，"字世昌，山西浚人，博览，为文章，走笔就。善骑射，好谈说经济大略，睥睨当世"①。王越是景泰二年（1451）进士，天顺初年起掌诸道章奏，超拜山东按察使，天顺七年（1463）以右副都御史巡抚大同，"越乃饬兵政，缮器甲，简士伍，修堡寨，为经久计"。成化三年（1467），抚宁侯朱永率军征毛里孩，王越赞理军务，当年秋天又兼任宣府巡抚。成化五年延绥告警，宪宗又命王越"以总督视师延绥，轻骑袭破虏于崖窑川"；又"破之于黄草梁"；以功进右都御史。在王越以前，"文臣视师者多从大军后，出号令、行赏罚而已。至越而始多选骁勇跳荡武骑为腹心，将而与虏搏，始有战矣。然尚不敢与虏军锋角，惟以间谍探虏累重所聚而劫之，或剪其零骑，用是得数成功名"。② 当兵部尚书白圭倡大举"搜套"之议时，王越知道蒙古军有数万，而明朝"官军堪战者仅万人，又分散防守，势不敌"。调到前线的八万多士兵也是"士卒衣装尽坏，马死过半"，因而对大举搜套的态度并不积极。但是，在当时明朝的文臣武将中，王越毕竟是个文武兼能的人才，且又久历边防，所以明廷搜套"三遣大将，皆以越总督军务"。③

若从才干上说，王越可算是难得的将才，但他并不具备政治家的眼光。他和抚宁侯朱永所上的战、守二策，其战之策只是调军马数万，"相机审势，捣其巢穴"；其守之策为慎固封守，严督沿边居民，"无事则分哨耕牧，有警则举号避藏"，远不如余子俊的筑墙建议更具防卫意义。王越的御敌之策是"捣巢"，因而他在北边防御战争中屡次实施"捣巢"。

成化九年（1473）九月十二日，河套蒙古满都鲁、孛罗忽、癿加思兰将妻子老弱留驻于红盐池，率精壮大举出套，分掠西路，直抵秦州、安定诸县。王越侦得敌军尽锐而西，不备东偏，于是决定"率轻兵捣其巢穴"。他与总兵官许宁、游击将军周玉各率兵四千六百人，出塞奔袭，"两昼夜行三百三十里，至其地，分兵千余为十伏……遂破之"④。《明史·王越传》谓其两昼夜行"八百里"，按照当时的行军速度来看是不可能的，黄云眉已经根据《明宪宗实录》的记载指出《明史》的错误。⑤《明宪宗实录》是根据王越在破敌之后向朝廷所作的报告而记载的，王越在报告中称，他率军"从榆林红儿山出境，昼夜兼行百八十里，夕营于白碱滩北；又行一百五十里，探知虏贼老弱俱在红盐池，连营五十余里，乃取弱马分布阵后，以张形势。精骑令许宁为左哨，周玉为右哨，又分兵千余伏于他所。进距虏营二十余里，虏集众来拒，臣督诸将方战，伏兵忽从后呼噪进击，虏见腹背受敌，遂惊溃。擒斩共三百五十五，获其驼马牛羊器械不可胜计，烧其庐帐而还。"这是明朝自土木之变以来，在北边防御作战中少有的一次胜利，王越一举扫荡了蒙古人在河套地区的根据地，在回军途中，又取得"韦州之捷"，使满都鲁、孛罗忽、癿加思兰

①　查继佐：《罪惟录·王越传》传卷十一中，浙江古籍出版社 1986 年版，第 1696 页。
②　焦竑编：《献征录》卷十《伯二·威宁伯王公越传》，上海书店 1987 年版，第 355~356 页。
③　张廷玉等：《明史》卷一七一《王越传》，中华书局 1974 年版，第 4572 页。
④　焦竑编：《献征录》卷十《伯二·威宁伯王公越传》，上海书店 1987 年版，第 356 页。
⑤　黄云眉：《明史考证》第五册，中华书局 1985 年版，第 1387 页。

受到重创,待其回至红盐池时,"见庐帐畜产皆已荡尽,而妻孥亦多丧亡,相顾悲泣以去,由是不敢复居河套,其势顿衰"。《明宪宗实录》载:"此捷自前所未尝有,越等虽频年玩寇,不得无罪,然能乘夜冒险,成此奇功,亦可嘉尚云。"①

读史至此,不禁使人感到,整个明朝的统治阶级,对于如何才能巩固其北部边防基本上处于懵然无所规划的状态,他们对于河套地区对其北部边防的重要意义可说是毫无所知,因而也就没有远大的政治目光。如果明朝最高统治者能够认识河套地区的重要性的话,就应该趁着蒙古族"不敢复居河套"的大好机会,对收复河套、巩固北部边防做出统筹安排,即如后人所说的复河套、城东胜,因河为塞以为固。可是王越第一次"捣巢"所创造的这个大好机会无人加以注意,一闪即逝。

王越的第二次"捣巢"作战是成化十六年(1480)所取得的"威宁海子之捷"。当时正值宦官汪直用事,这年初春,延绥守臣奏报有"虏警",王越"说直出师。诏拜保国公朱永为平虏将军,直监军,而越提督军务"②。从史实来看,这次出师纯粹是王越鼓动的。王越对前此朱永和汪直出征建州女真没有带他很不满,"恶保国公朱永先征建州不为己地,又闻河套有虏潜住,河开则移于威宁,乃以计绐直,奏令永率大军由南路,已与直将轻骑由宣府、大同往,会于榆林。"这说明王越早就知道威宁海子有蒙古族在那里驻牧,为了不使朱永攘功,设计把他支开。当他和汪直到达大同后,见敌情没有变化,便于二月十二日"选调京营、大同、宣府官军二万一千,出自孤店关,夜行昼伏,二十七日至猫儿庄,分为数道,值大风雨雪,天地昏暗,急趣前进。黎明去威宁海子不数里,虏犹不觉,因纵兵掩杀,生擒幼男妇女一百七十一,斩级四百三十七,获旗纛十二,马一千八十五,驼三十一,牛一百七十六,羊五千一百,盔甲、弓箭、皮袄之类一万有奇。"③这是王越组织的一次成功的偷袭,事后他以大捷上报,获封威宁伯,世袭,享岁禄一千二百石。在整个明朝的历史上,文臣以武功而受封为伯爵者,"虽前后十人,然以战功得者仅三人"④,王越即其中之一。但是,王越的胜利很不光彩,而且给明朝的北部边防造成了严重的后果。"时威宁虏自以不为寇,不虞官军之至,壮者仓卒或裸体得马而避,老弱者多被杀掠。"⑤蒙古族对此感到愤恨,"小王子欲大举复仇"⑥,连年向明朝发动进攻,成化"十七年马亦思因(当为亦思马因之误)寇大同";"十八年又入大同塞;十九年四月虏入阳和,六月入大同诸堡,杀掠人畜数万";同一年,"虏骤入宣府、大同,烽火至圻内"⑦。明朝的北边承受了更大的压力。

成化年间王越的两次"捣巢",第一次"捣巢"取胜后,蒙古满都鲁等部"相顾悲泣以去",说明蒙古族在河套地区还没有扎下根来,他们的力量还比较弱,所以在根据地受到袭击之后不得不北徙。第二次"捣巢"的情况就不同了,当时正值达延汗刚刚即位,蒙古族正处于从混乱

①　《明宪宗实录》卷一二一,成化九年十月壬申条,台湾"中央研究院"历史语言研究所1962年校印本,第2338~2340页。
②　张廷玉等:《明史》卷一七一《王越传》,中华书局1974年版,第4574页。
③　《明宪宗实录》卷二〇一,成化十六年三月丙戌条,台湾"中央研究院"历史语言研究所1962年校印本,第3524页。
④　王世贞:《弇山堂别集》卷十七,中华书局1985年版,第306页。
⑤　方孔炤:《全边略记》卷四,明崇祯刻本。
⑥　严从简:《殊域周咨录·鞑靼》卷十八,中华书局1993年版,第608页。
⑦　郑晓:《皇明北虏考》,《吾学编》第六九,明刊本。

走向统一和稳定的开始,因而必然要对明朝进行报复,造成北边更严重的边患。①

二、弘治时期对"套虏"的防御措施

1. 关于弘治年间复套的议论

弘治年间是否有人提出"复套"的建议,正史记载不详。据沈德符称:"弘治初,又议复套,时倪岳为礼部尚书,亦疏论边事。略曰:'建白纷纷,率谓复受降之故险,守东胜之旧城,则声援可接,非不善也。但二城废弃已久,今欲城河外以为守,出孤远之军,涉荒残之地,彼或仰为遁逃,潜肆邀伏;或抄掠其前、蹑袭其后,进不得城、退不得归,一败涂地,声威大损矣!'"②从这里看,似乎弘治初年明廷就对是否要收复河套地区进行过争论。但检《明孝宗实录》,仅见有弘治二年(1489)正月丙子条记载时任都察院左都御史的马文升的一份奏疏,其中谈到蒙古族在河套近边墙住牧射猎,马文升请孝宗"敕延绥镇巡等官操练军马,严加防御,令通事与彼讲说,既欲进贡,宜早出套,从大同赴京。若又以由榆林为词,必大张兵势,或设奇谋,务逐彼出套,不可容之久住,贻患边方"。孝宗将其下兵部复议,"从之"。但是究竟如何执行的,史无明文,也未见廷臣就逐虏出套问题进行争论的记载。不过《明史·倪岳传》载有倪岳论西北用兵的奏疏:"岳状貌魁岸,风采严峻,善断大事。每盈廷聚议,决以片言,闻者悦服。同列中,最推逊马文升,然论事未尝苟同。……论西北用兵害尤切";"时兵部方主用兵,不能尽用也。"其上疏的时间没有记载,夏燮作《明通鉴》时进行了一番考证,认为是在弘治十三年(1500)十二月,其《考异》曰:"倪岳论边患事,见《明史》本传,在任吏尚之后,而岳以明年十月卒,《通纪》(当为《皇明资治通纪》)系之是年之末,今据之。"③本传载倪岳卒年为弘治十四年(1501)十月,查《明史·七卿年表》,其任吏部尚书时间为弘治十三年(1500)六月至弘治十四年(1501)十月去世,而其任礼部尚书的时间则为弘治六年(1493)六月至弘治九年(1496)四月,如果按照沈德符的说法,其论西北用兵之事当为此间事,如果按照夏燮的说法,则应是弘治十三年(1500)六月以后之事。

从弘治朝的历史发展来看,当以夏燮的说法比较符合事实。考《明史·孝宗本纪》,弘治朝前十年明廷没有命将出师的记录,弘治十一年(1498)七月有"总制三边都御史王越袭小王子于贺兰山后"之事;弘治十三年(1500)四月有"平江伯陈锐为靖虏将军,充总兵官,太监金辅监军,户部左侍郎许进提督军务"的出师记录,同年六月又"召陈锐、金辅还,保国公朱晖、太监扶安往代,益兵御寇";弘治十四年(1501)四月又命"保国公朱晖、提督军务都御史史琳、监军太监苗逵分道进师延绥"。证之《明史·鞑靼传》载:"弘治元年夏,小王子奉书求贡,自称大元大可汗。朝廷方务优容,许之。自是,与伯颜猛可王等屡入贡,渐往来套中,出没为寇。"及至弘治"十一年秋,王越既节制诸边,乃率轻兵袭敌于贺兰山后,破之。明年,敌拥众入大同、宁夏境,游击王杲败绩,参将秦恭、副总兵马升逗留不进,皆论死。时平江伯陈锐为总兵,侍郎许

①　关于达延汗的年代,记载颇有不同,乌兰和奥登均认为他是在 1479 年七岁时即汗位,由满都海哈屯(夫人)辅政。本书赞同此说。[见乌兰:《关于达延汗史实方面几个有争论的问题》,《内蒙古社会科学》1983 年第 3 期;奥登:《达延汗即位前夕蒙古社会的政治形势》,《内蒙古社会科学》(文史哲版)1989 年第 5 期]

②　沈德符:《万历野获编》卷十七《兵部·河套》,中华书局 1989 年版,第 432 页。

③　夏燮:《明通鉴》卷三九,孝宗弘治十三年十二月,中华书局 1959 年版,第 1487 页。

进督师,久无功,被劾去,以保国公朱晖、侍郎史琳代之,太监苗逵监军。"此与明史本纪相合。再证之《武备志》载:"弘治元年夏,小王子奉书求贡,词稍(傲)慢,自称大元大可汗。下兵部廷议之,英国公张懋等言:'虏僭名号,自其故态,不足诛,即先朝亦尝宽假,宜令守臣纳其使。'从之。"从弘治二年(1489)起,明朝由马文升任兵部尚书,许进为大同巡抚,二人"皆习边事,进疏至,辄得请,戎备修。又数贻书小王子,言通贡之利,虏奉约谨,不敢大为寇。故当弘治初,诸边稍虏患,异成化时矣"。以此和沈德符之弘治初议复套之说相较,则知沈德符所说乃将时间断限弄错了,实际应为弘治中,此亦为明代野史之一个通病。到后来情况发生了变化,有"火筛者,脱罗干之子,小王子部落也。狡黠善用兵,劫诸部屡寇边,获财畜日强盛跋扈,与小王子争雄长,边患复炽。弘治十年(1497)冬,寇肃州,巡抚吴玭不能御,以王越镇陕,节制诸军",于是王越遂有弘治十一年(1498)贺兰山后之捷。"明年,虏寇榆林、宁夏、大同,皆杀掠多。明年春,寇威远,游击将军王杲败绩,右参将秦恭、副总兵马升逗留不进,皆论死。其夏,连寇大同,总兵王玺等失亡多,命平江伯陈锐及侍郎许进率师御虏。锐畏怯,遇虏不敢战,婴城自保,罢还,以保国公朱晖代之,进亦致仕去。虏猖獗甚,京师戒严。"[1]由上述可知,从弘治十三年(1500)开始,明廷正式命将出师,即对西北用兵,此时正值倪岳先任礼部尚书,到六月又转任吏部尚书,夏燮所说任吏书之后,当即指六月之后,而此时明廷的兵部尚书正是马文升。再证《献征录·倪岳传》载:倪岳卒年五十八,其临去世之前"疾革昏愦,口喃喃犹及御虏事,盖时边报方急也"[2]。以此可知夏燮之说为得实。而沈德符之所以说弘治初议复套,当是和成化年间的搜套之议牵连并记的缘故,其重点在于说明当时"大虏入套未久,尽可驱逐,而当时叶文庄、倪文毅、王襄敏,俱一时名臣,其议论已畏缩如此"[3]。所揭示的是明朝大臣怯懦畏敌的心态。

倪岳在弘治朝既然是个以片言而决大政的重要人物,则他的奏疏必定能反映当时的情况。《明史》本传所载之奏疏经后人删节,从其文集所载可以看出全貌。倪岳在《论西北备边事宜状》中首先列举了当时明朝边军的种种弊病,用以说明不宜大举出兵,然后说到时人关于要否收复河套地区的种种建策。其文曰:"及乎采之建白者之策,察之论议者之言,则又往往不同,纷纷不一。"这里反映了当时人们对于收复河套之事确有种种议论,他将这种种议论均做了分析。

其一,"据指掌之图,肆胸臆之见者,率谓复受降之故险,守东胜之旧城,则东西之声援可通,彼此之犄角易制。是非不善也,第二城之废弃既久,地形之险易不知,况欲复地于河北以为之守,必须称兵于塞外以为之助。然以孤远之军,涉于荒漠之地,辎重为累,馈饷为艰。彼或仰为遁逃,潜肆邀伏;或抄略于前,蹑袭于后;旷日持久,露行野宿,人心惊骇,军食乏绝,进不可得而城,退不可得而归,万无所成,一败涂地必矣!"倪岳描绘了一幅复套必败的悲惨画面。

其二,"怀敌忾之心,驰伊吾之志者,率谓统十万之众,裹半月之粮,奋扬威武,扫荡烽烟,使河套为之一空,边陲为之永靖。是非不善也,然帝王之兵以全取胜,孙吴之法以逸待劳。今欲鼓勇前行,穷搜远击,乘危而履险,侥幸于万一,运粮远随则重不及事;提兵深入则孤不可援。况其间地方千里,绵亘无际,既无城郭之居,亦无委积之守。彼或往来迁徙,以疲我于驰驱;或

---

① 茅元仪:《武备志》卷二二五《占度载·四夷(三)·北虏考》,明刊本。
② 焦竑编:《献征录》卷二十四《吏部一·尚书倪岳传》,上海书店1987年版,第1016页。
③ 沈德符:《万历野获编》卷十七《兵部·河套》,中华书局1989年版,第432页。

掩袭冲突,以挠我之困急;酋长安望于成擒,中国复至于大创,失坐胜之机,蹈覆没之辙必矣!"倪岳认为搜套击敌也只能导致全军覆没。

其三,"欲图大举以建奇功者,谓必东剪建州之众,北除朵颜之徒,乘胜而西,遂平河套。夫祖宗之于建州、朵颜诸卫,不过羁縻之以固吾圉耳。今若是,将使戎狄竟至生心,藩篱为之顿坏,遗孽既不可尽,边衅于是益多。是果何知,诚为无策。"倪岳对这一建策的批判还是很有道理的,可谓见解深刻。

其四,"甚者至谓昔以东胜不可守,既已弃东胜,今之延绥不易守,不若弃延绥,则兵、民可以息肩,关陕得以安枕。夫一民尺土,皆受之于天、于祖宗,不可忽也。今若是,将向之失东胜,故今日之害萃于延绥,而关陕为之骚动;今而弃延绥,则他日之害钟于关陕,而京师为之震惊。贼愈近而莫支,祸愈大而难救,此实寡谋,故而大谬也。"倪岳坚决反对这种弃地退却的主张。

从倪岳的奏疏中可以看出,就河套问题当时至少有四种观点:复套、搜套、横扫北边、退守关陕。而倪岳认为哪一种都不可行,在他看来:"及今日可行而未尽者,举而措之,其为力也少;比而论之,其致功也多。曰:重将权以一统制而责成功;曰:增城堡广斥堠以保众而疑贼;曰:募民壮去客兵以弭患而省费;曰:明赏罚严间谍以立兵纪而觇贼情;曰:实屯田复漕运以足兵食而纾民力。凡是数者,听其言若迂疏而不切,求其效或万全而可冀,惟在行之以诚,要之以久,何患酋长之不远遁,边境之不艾安也。"①他为孝宗开出的救世药方,也不外是加强防御,足食、足兵而已,并无超出同时代人的高明之处。相反,以倪岳这样有影响力的大臣,其议论都是如此,则整个弘治朝乃至于整个明代,消极防御、苟安现状的思想弥漫于朝野,是为其时代之特征,而沈德符所批判的,也正是这一点。

从弘治朝的整个情况来看,廷臣对河套及北边蒙古绝无积极进攻以御敌的议论,更不必说在实际行动上主动出兵。即如倪岳所议论那样,他们对于主动出击的复套、搜套之举忧心忡忡,认为是"必败"无疑;而那横扫北边少数民族又是不可能的,退守关陕又是绝对不行的,剩下的只有一条路,那就是维持现状,被动防御。这几乎是当时大臣的一致意见。弘治十七年(1504)七月,孝宗忽然心血来潮,对鞑靼蒙古小王子和火筛屡犯大同边境、杀掠守墩边军十分恼火,非要亲自率军大兴挞伐不可。"大同小警,帝用中官苗逵言,将出师。"②关于大同边警的情况,《明通鉴》叙述道:"先是鞑靼诸部上书请贡,许之,竟不至。时入大同杀掠墩军,都指挥郑禹御之。会游击将军卫勇、副总兵官黄镇与都指挥尉景、李敬等分护官军番上者事竣还,值和硕(即火筛)拥众数百,与禹战于焦山,卫勇等合兵援之。寇众五千余忽集,持长矛四面围击,迨暮,复益骑万余。官军殊死战,凡十数合,杀伤相当。禹战久力屈,犹手刃数人而死,敌就前支解之。"③事情报到朝廷,孝宗感到不能容忍,他把大学士刘健、谢迁和李东阳召至暖阁,拿出大同镇巡官奏报"虏贼掘墩杀军,延绥游、奇兵累调未至,乞增兵补马,情词甚急"的奏本说:"我边墩台,贼乃敢挖掘,墩军皆我赤子,乃敢杀伤,彼被杀者苦何可言。朕当与做主,京营已选听征二万,须再选一万,整理齐备,定委领军名目,即日启行。"看来孝宗真是想大动干戈,以彰天讨了。但是这几个内阁大学士不想出兵。刘健说:"皇上重念赤子一言,诚宗社之福。京

①　倪岳:《青溪漫稿》卷十三《论西北备边事宜状一》,上海古籍出版社1991年版,第285页。

②　张廷玉等:《明史》卷一八二《刘大夏传》,中华书局1974年版,第4846页。

③　夏燮:《明通鉴》卷四十,孝宗弘治十七年六月,中华书局1959年版,第1520页。

军亦须整点,但未宜轻动。"见孝宗屡次强调,刘健又说:"大同亦不曾请兵。"谢迁跟着说:"边事固急,京师尤重,居重驭轻,亦须内顾家当。"李东阳又说:"近日北虏与朵颜交通,潮河川、古北口地方甚为可虑。今闻贼在大同稍远,欲往东行,正不知何处侵犯。若彼声西击东,而我军出大同,未免顾彼失此。须少待其定,徐议所向耳。"孝宗见内阁三大臣反对的态度是一致的,而李东阳又如此说,也只好说道:"此说固是,今亦未便出军,但须预备停当,待报乃行,免致临期失误。"三个人见孝宗不再坚持出师,皆对曰:"圣虑甚当。"但是孝宗并未就此打消出师的念头,他又召见兵部尚书刘大夏,"面谕出师之意,大夏力言:京军不可轻动。与内阁议同,师乃不出"。① 如果再证之史传,事情就更清楚。孝宗将出师,"内阁刘健等力谏,帝犹疑之,召问大夏曰:'卿在广,知苗逵延绥捣巢功乎?'对曰:'臣闻之,所俘妇稚十数耳。赖朝廷威德,全师以归。不然,未可知也。'帝默然良久,问曰:'太宗频出塞,今何不可?'对曰:'陛下神武固不后太宗,而将领士马远不逮。且淇国公小违节制,举数十万众委沙漠,奈何易言之。度今上策惟守耳。'都御史戴珊亦从旁赞决,帝遽曰:'微卿曹,朕几误。'由是,师不果出。"② 从这里可以看出,孝宗确实是受到太监苗逵的蛊惑,所以才锐意出师。他所举苗逵捣巢之事在弘治十四年(1501),本书在后文中将要谈到,那是明朝军政腐败的一个突出事件,可孝宗把它当作苗逵的功劳而念念不忘,足以说明身居禁廷之内的孝宗受蒙蔽的程度。这次,他又差点上当。李贽记载说:"上遽曰:'微二人,吾几为所误。'"③

从上述内阁三大臣和兵部尚书一致反对孝宗出师御敌的事情中,可以看出明廷君臣上下,对于如何抵御蒙古族日益频繁的掠夺和袭扰,心中完全无数,全然是一副被动挨打的样子。这种消极防御状况形成的根源,诚如郭厚安所指出的那样,就在于弘治君臣的苟安思想。表面上看似乎还是盛世,但统治阶级日趋腐朽,"创业时期叱咤风云的锐气连影子也没有了,剩下的只是暮气以及安享太平之福的思想"④。在这种苟安思想指导之下的明朝君臣,在收回河套的问题上,是绝不会有什么积极主动的作为的。

2. 关于修筑边墙防守的建议

自从成化年间余子俊修筑边墙,并且在抗击蒙古族入掠的斗争中发挥作用以后,边墙成为明朝北边防御的重要依托,诚如后人所言:"边墙亦河套之保障也。……观其屈曲盘旋,故作一突一凹,设强敌近逼凹中,则三面环攻矣。至烽墩列于墙外,大墩驻兵犹多,彼此互援,非老于战场者何能及此? 廉、牧善守,此则庶乎近焉。"⑤正因为边墙成为明朝北部边防的重要保障,所以,弘治、正德两朝,继续修筑边墙亦是北边防务的重大举措之一。但是由于受到各种因素的干扰,这一时期修筑边墙的成果并不大。

弘治七年(1494)三月,山西镇守太监刘政、按察司兵备副使胡汉、守备署都指挥王儒、刘淮上报:"修筑偏头关边墙一百二十五里,补黄河边墙二千六百余丈,添筑宁武墩堡十座,挑浚横山壕堑长二里,添筑雁[门]关墙及铲削壕堑共五十八处。"这是对山西三关边墙的修补,规

---

① 《明孝宗实录》卷二一四,弘治十七年七月壬辰条,台湾"中央研究院"历史语言研究所 1962 年校印本,第 4021～4023 页。

② 张廷玉等:《明史》卷一八二《刘大夏传》,中华书局 1974 年版,第 4846 页。

③ 李贽:《续藏书》卷十七《太子太保刘公传》,中华书局 1959 年版,第 347 页。

④ 郭厚安:《弘治皇帝大传》,辽宁教育出版社 1994 年版,第 165 页。

⑤ 杨江:《河套图考·边墙说》,陕西通志馆铅字排印本 1933 年版,第 29 页。

模不大,奏上之后,孝宗"以政等修筑有功,赐彩缎有差。"①面对着蒙古族连续不断的入掠和袭扰,明朝实在是没有什么好办法,只能广筑墩台墙堡,加强防守。弘治七年(1494)十一月,兵部向孝宗所上的奏疏集中地反映了这一点。"比来各边,虏数入寇,每得厚利,皆由墩台疏阔、烽火不接及守墩军士困惫所致。乞谕各边镇巡等官,相视地形,修理墩堠。沿边每十里或七八里为一大墩,五里四里为一小台。大墩守军十人,小台五人。自边至城每十里或八里止,用大墩筑墙围之,环以壕堑,留一小门,拨夜不收五人戍守,遇警接递传报。凡遇寇近边,天晴则举炮;天阴,昼则举烟,夜则举火。总兵等官仍为预定烽炮之数,著为号令,使各城将官以此为验,领军截杀。其守墩军必简精壮者,分为二班,每月一更。若无水之处则修水窖一所,冬蓄冰,夏藏水,每墩预采半月柴薪于内给用,免致汲水采薪为贼所掠。本城将官每半月一次,行边点阅巡哨,提调墩台官仍不时往来巡视。若近边军士屯种之处,则修筑小堡一座,量贮粮刍,令按伏马军三五百于其中,庶有警可以防御。"②这完全是被动挨打,兵部将蒙古入掠每每得利的原因归结为"墩台疏阔、烽火不接及守墩军士困惫",而相应的对策也只有密筑墩台、加强报警、埋伏兵马,一旦有警再相机截杀。从兵部的防边设想可以看出,明朝统治集团绝无积极进取向外开拓的精神,他们所能实行的,仅仅是苟安现状的消极防御。

兵部的奏疏为孝宗批准实行,但边防实际修边的情况尚待深入考察。到弘治十年(1497)年底,经略边务兵部左侍郎李介上奏说:"大同屏蔽京师,逼临虏境,川原夷旷,戎马易于驰突,所赖以捍御者,惟在边墙。往时外有大边,内有小边,设险严密,易为保障,岁久颓圮,守臣不能修复。弘治三年止修小边,大边未及用力。"大同镇有两道边墙,外为大边,内为小边,"在二重边墙之内,镇朔将军驻宣府,征西将军驻大同。"③弘治初年只修葺了小边,大边没有整修。"大边东自宣府界,西至偏头关,其间旧墙坚固尚堪防御者,百五十余里,今欲补葺者半之,改筑者倍之;并欲斩崖、挑壕、增墩、益堡,大约不过五百余里。止用卒四万,本镇三路并山西、河南两班备御官军足以差拨,每岁春用工不过三四十日,二三年可完。其冬班备御官军下班时,借留两月应役,至上班时存恤两月,免其差遣。资粮则应役月日俱于本边支给。计兹役之费不当兴师万分之一,况频年屡稔,询谋佥同,乞敕守臣,候来年春和,边圉无警,即督所部兴工,事竣具奏,遣官阅视行赏。"④这是《明孝宗实录》所载明确提出要修筑大同大边的建议,但具体修筑的情况不详。

弘治一朝真正大规模修筑边墙的,是总制陕西三边军务的尚书秦纮。史载:弘治"十四年秋,寇大入花马池,败官军孔坝沟,直抵平凉。言者谓纮有威名,虽老可用。诏起户部尚书兼右副都御史,总制三边军务"。秦纮到任后,着力整顿军务,躬祭阵亡将士,抚恤死难家属,"劾治败将杨琳等四人罪,更易守将。练壮士,兴屯田,申明号令,军声大振"⑤。弘治末年,秦纮起衰救弊,他在固原拓治城郭,招徕商贾,开辟屯田,其最重要的举措是"于花马池迤西至小盐池二百里,每二十里增筑一小堡,周四十八丈,每堡用工五百人"。规划已定,准备来年兴工,可是巡抚宁夏都御史刘宪从中作梗,秦纮为此上疏孝宗说:"臣尝评三边之要害,延绥、甘、凉,地虽广而士马精强;宁夏士马虽怯弱而河山险阻。惟花马池至固原,士马怯弱,墩堡疏远,达贼一入,即至固原而入腹里。故花马池必当增筑城堡墩台,韦州、豫望城等处必当增筑住种屯堡。今固原迤南修筑将完,惟花马池迤北柳杨墩、红山墩迤西二百里该筑十堡,而宁夏官狃于偏党,危言阻碍。然工已垂成,势不可止,乞令宪总制三边,令臣巡抚宁夏,督军以成此边防为便。"① 孝宗将事情交给兵部讨论,兵部支持秦纮的意见,于是"帝下诏责宪,宪引罪,卒行纮策。修筑诸边城堡一万四千余所,垣堑六千四百余里,固原屹为重镇。"史家对秦纮十分赞赏,称他"在事三年,四镇晏然,前后经略西陲者莫及"。② 实际上秦纮所修筑的只是固原地段的边墙,"自徐斌水起,迤西至靖房营、花儿岔止六百余里,迤东至饶阳界止三百余里",明人称其为"固原以北内边墙"。③ 就此而说前后的人都不如他,未免有些言过。

3. 关于"捣巢"的军事行动

"捣巢"作战是明代北部边防防御战争中带有积极主动性的一种方式,它是一种"以攻为守"的策略。它的实施及其具体效果如何,要视明朝军事统帅的谋略、才干以及蒙古方面的情况而论定。弘治年间有两次"捣巢"的行动,由于统帅的不同而效果亦迥然相异。

弘治年间的第一次"捣巢"作战是在弘治十一年(1498)七月,军事统帅是王越。王越在成化年间由于和宦官汪直过从甚密,汪直败后受到牵连,史称"直得罪,言官并劾越。诏夺爵除名,谪居安陆,……其得罪,时议颇谓太过,而竟无白之者。孝宗立,赦还"。以王越的功绩和才干而论,宪宗将他和汪直一起罢黜,确属罚不当罪,因而王越"屡疏讼冤。诏复左都御史,致仕"。王越是个姿表魁伟、生性豪放的人。他"久历边陲,身经十余战,知敌情伪及将士勇怯,出奇制胜,动有成算。奖拔士类,笼罩豪俊,用财如流水,以故人乐为用",更兼能睦族敦旧,振穷恤贫,胆智过绝于人,是明朝中叶不可多得的将才,"边臣竟未有如越者"。正由于此,当弘治十年(1497)冬河套蒙古屡犯甘肃,廷议复设总制官时,"先后会举七人,不称旨。吏部尚书屠滽以越名上,乃诏起原官,加太子太保,总制甘、凉边务兼巡抚。越言甘镇兵弱,非籍延、宁两镇兵难以克敌,请兼制两镇,解巡抚事。从之"。④ 孝宗知人善任,廷推的七个人选他都不满意,直到吏部将王越之名上报,他才首肯,可见他对王越寄予厚望。此时王越以73岁的高龄,仍毅然担此重任,其为国鞠躬尽瘁、死而后已之精神着实令人钦佩。王越赴任时,孝宗敕谕:"贺兰山后乃虏贼巢穴,累次寇边皆自彼而入,使其住居年久,熟知地方,或诱引北虏大众,或招来野乜克力等夷,为患不小。尔须运谋追剿,毋令滋蔓。"王越果然不负孝宗委任,他侦察好敌情后,自宁夏调兵遣将,分路出击,命延绥副总兵都指挥同知朱谨领兵二千出南路;宁夏镇守太监张僴、总兵官都督同知李俊领兵二千出中路;副总兵都指挥使张安、监枪右监丞郝善领兵二千出北路;"越居中制之。张安、郝善分为二哨,北哨行五十余里至花果园,遇贼击之,斩十三级;南哨至蒲草沟,贼望见,畜产遍野弃不顾,急从沙窝遁去。七人不及走,斩之,其一人衣甲

① 《明孝宗实录》卷一九六,弘治十六年二月己亥条,台湾"中央研究院"历史语言研究所 1962 年校印本,第 3609~3611 页。

② 张廷玉等:《明史》卷一七八《秦纮传》,中华书局 1974 年版,第 4745 页。

③ 魏焕:《皇明九边考》卷一《镇戍通考·边墙》,国立北平图书馆善本丛书第一集,1936 年。

④ 张廷玉等:《明史》卷一七一《王越传》,中华书局 1974 年版,第 4575~4576 页。

居幕甚整,意其酋也。合兵追至大把都,贼集其众,分为三面,并力驰突。我军下马用枪铳御之,贼稍却,骑乘势急击之,斩十级。日晡,张安收兵回,伏兵道傍,贼来袭,遇伏走,郝善领兵截其去路,复追斩八级。又追至柳沟儿,斩三级。贼西遁,乃还宁夏城。凡得贼首四十二,骆驼十九,马百二十二,牛羊器仗千数。"①在弘治一朝,这是一次明军主动出击并打了胜仗的战斗,这和王越的出色指挥才能是分不开的。

弘治年间的第二次"捣巢"作战是在弘治十四年(1501)七月,由"朱晖、史琳袭小王子于河套"。② 这里的军事统帅还应该增加一个太监苗逵。此次作战和王越的"捣巢"完全是两副样子。弘治十三年(1500)冬,小王子和火筛住居河套,并且连兵大举,屡寇延绥,为延绥巡抚陈寿所拒,便又"自红盐池、花马池入,纵横数千里,延绥、宁夏皆告警"③。面对蒙古族的进攻,提督军务都御史史琳请求增兵,孝宗任命保国公朱晖为总兵官,挂帅出征。孝宗在给苗逵的敕书中说道:"近延绥等处守臣,节报达贼拥众近边,不时侵犯。今特命尔监督军务,保国公朱晖挂印充总兵官,都御史史琳提督军务,太监朱秀管领神机铳炮,都督同知李俊、都督金事杨玉、神英、李澄充左右参将,统领京营官军前去会合征剿。尔等至彼,从长计议,相机调度,分布要害,设伏出奇,或遏其冲突,或邀其归路,或掩其不备,直捣巢穴,务中机宜。大同、宣府、偏头关及陕西、宁夏、甘、凉等处游奇等兵,俱听随宜调用。如遇宁夏等处各路有警,即便挑选精兵,分投前去会合截杀。参将而下及所在各该镇巡等官,悉听节制。官军头目人等,敢有违犯号令者,重以军法处治。其有临阵退缩不用命者,指挥以下就便斩首示众,然后奏闻。其斩获首级,俱送纪功官处审验明白,从实开报,以凭升赏,不许冒滥。……尔等受兹简命,宜尽心竭力,设策运谋,申严纪律,明正赏罚,以振作军威,殄灭虏寇,绥靖地方,庶不负朕委托。"④这段史料清楚地记载了这次出兵的具体情况,从中亦可看到孝宗对监军宦官寄予的期望。但不论是苗逵,还是朱晖,以及史琳,全不以孝宗之重托为意,再加上本身绝无统兵作战的才干,于是便上演了一场"捣巢"的闹剧。弘治十四年(1501)七月,朱晖、史琳、苗逵等人"帅五路之师,从红城子墩出塞,乘夜捣虏巢于河套。虏已先觉,徙家北遁,军还。斩首三级,得所授故敕三道,骆驼五,马四百二十六,牛六十,羊千八十,器械二千五百有奇"⑤。朱晖等前敌统帅率领十万大军,发动战役,结果只斩首三级,尚且不敢保证就是蒙古人,明朝京军和边军的战斗力于此可见一斑。事后,这次捣巢"胜利"被当作很大的功勋,为此而被升赏者达一万多人,不禁令人啼笑皆非。从兵科都给事中屈伸上给孝宗的弹劾朱晖等人的奏文中可以看到这次"捣巢"战役的实况。屈伸在其奏文中说道:"保国公朱晖等徒膺专征之寄,竟无敌忾之功。在套达贼正月、二月于延绥各路犯边;三月在宁夏东路入境;四月以后势愈猖獗,俱从花马池、盐池、萌城直至固原、韦州等处分番入寇,甚至据为巢穴,道梗不通,至七月方出境。虏贼蹂躏腹里,盖已数月,人心望救,

① 《明孝宗实录》卷一三九,弘治十一年七月己酉条,台湾"中央研究院"历史语言研究所1962年校印本,第2408～2409页。
② 张廷玉等:《明史》卷十五《孝宗本纪》,中华书局1974年版,第193页。
③ 夏燮:《明通鉴》卷三九,弘治十四年四月,中华书局1959年版,第1492页。
④ 《明孝宗实录》卷一七三,弘治十四年四月戊子条,台湾"中央研究院"历史语言研究所1962年校印本,第3154～3155页。
⑤ 《明孝宗实录》卷一七六,弘治十四年七月丁卯条,台湾"中央研究院"历史语言研究所1962年校印本,第3232～3233页。

以日为年。"从这里可以了解到蒙古族入掠腹里地区的情况,从东边的延绥,到西边的宁夏,再到南边的花马池、盐池、萌城乃至固原、韦州,环绕河套的周边一带全遭掠夺。证之《明史·鞑靼传》:"小王子以十万骑从花马池、盐池入,散掠固原、宁夏境,三辅震动,戕杀惨酷。"①面对边境的危机形势,身为前敌统帅的朱晖理应迅速赶至前线,给予入境之敌以痛击,将其驱逐出境,以保证边地的安全。可是事实并非如此,屈伸奏道:"晖等师行在路,犹有可逐,六月以后既至榆林,便合兼程前进,奋力决战,以挫贼锋。顾乃拥兵一隅,日引月长,虚张东北捣巢之功,不顾西南深入之惨,其坐失机会一也。七月终又有贼众过鸣沙州,入韦州、固原等处,抢掠尤甚。晖等倘能奋勇一行,亦足以少挫贼势,犹且指空巢为畏威,陈前功以要赏,其坐失机会二也。闰四月(按:应为闰七月,一则叙述顺序应是从前往后,且十四年无闰四月而有闰七月;二则闰七月里有蒙古入掠的记载,见《明孝宗实录》卷一七七),贼又拥四万余骑从花马池入掠固原、平凉等处,杀死官军一千人,虏去人畜几有十万。当时沿边聚将各戍屯兵,若主将申严号令,必能用命一战,何至畏避如此,其坐失机会三也。事势已极,苗逵等始议朱晖前去,朱晖辄又逗留不前,及至花马池,曾未五日,又以粮草为辞,随即旋兵。贼又入灵州掠境杀人,晖仰若不知,径回宁塞。"如此畏敌如虎的前敌统帅,要使明军能和掠境之敌决一死战,以卫疆土,简直是不可能。朱晖在前方如此,可是一当"会议班师始奉成命,随征军士已在国门,又不知晖等何从预知宸衷之欲振旅,而先遣士卒还家也。又查户部前后解边应用银两已及八十余万,而各省调发并召中等项,料亦不下此数。其捣巢所获贼首止于三级,而奏报功次一万有余,是费银五十万两,易一胡人无名之首,假使斩一虏酋如火筛者,或俘馘千百,恐竭天下之财亦不足以供其费,而报功者又不知当至几万万也。"②朱晖、苗逵等人斩首三级的"捣巢"之战,经屈伸的揭发,其欺世盗名的行径大白于天下,但是事情最后让孝宗给压下了,谎报战功和军情者没有受到任何惩罚。

三、正德时期对"套虏"的防御措施

1. 关于"复套"的建议

孝宗锐意出师的念头为内阁和兵部所阻止,但是蒙古族的入掠不停止。弘治十七年(1504)冬天,"虏入花马池、清水营,攻陷清水营"。边防线仍是警报频传。次年孝宗去世,武宗即位,兵部尚书刘大夏举荐杨一清为巡抚,经略陕西。正德元年(1506),又改杨一清为总制陕西三边军务,郑晓称:"一清请复守东胜,据河套水草之利。"③瞿九思称:"制置使杨一清奏:复城东胜,守河套。不报。"④看起来正是在三边总制的任上,杨一清又提出了收复河套的问题。

关于杨一清所议收复河套之事的情况,《明史》本纪未载,明朝的实录编者将收复河套的那一段删掉了。清初谷应泰在其书中记载道:"武宗正德元年春正月,总制三边杨一清上言:

---

① 张廷玉等:《明史》卷三二七《鞑靼传》,中华书局1974年版,第8476页。

② 《明孝宗实录》卷一八三,弘治十五年正月癸巳条,台湾"中央研究院"历史语言研究所1962年校印本,第3378~3380页。

③ 樊维城:《郑端简公今言类编·经武门·驭夷》,《盐邑志林》三十四秩,上海涵芬楼1937年影印明刻本,第16页。

④ 瞿九思:《万历武功录》卷七《俺答列传上》,《四库禁毁书丛刊》史部第36册,北京出版社1998年版,第10页。

'受降据三面之险,当千里之蔽。正统以来,舍受降而卫东胜,已失一面之险,又辍东胜以就延绥,则以一面之地遮千余里之冲,遂使河套沃壤为寇瓯脱,巢穴其中,而尽失外险,反备南河,此陕西边患所以相寻而莫之解也。兹欲复守东胜,因河为固,东接大同,西接宁夏,使河套千里之地归我耕牧,开屯田数百里,用省内运,则陕西犹可息肩也。'"从这一叙述来看,杨一清确实提出了收复河套的建议。谷应泰总结道:"初,弘治末,朝廷清明,诸大臣协和,尽心体国,为经久计,以故议复河套。会孝宗崩,谨既专政,一清复得罪去,遂无敢言及河套者。边圉日减,敌日进矣。"①似乎在弘治末年,明廷中讨论过收复河套之事,只是由于孝宗去世,刘谨专政,才没有人再敢谈及河套的问题。但是,仔细考察一下当时的历史,情况并不是这样。内阁大臣和兵部尚书已经阻止孝宗想要出兵的打算,怎么可能又支持杨一清的复套之议呢?

　　查明史杨一清本传所节录的奏疏,知其建议之重点在于修边而并不是复套。《明史》载:"武宗初立,寇数万骑抵固原,……大夏请即命一清总制三边军务。寻进右都御史。一清建议修边,其略曰:'陕西各边,延绥据险,宁夏、甘肃扼河山,惟花马池至灵州地宽延,城堡复疏。寇毁墙入,则固原、庆阳、平凉、巩昌皆受患。成化初,宁夏巡抚徐廷璋筑边墙绵亘二百余里。在延绥者,余子俊修之甚固。由是,寇不入套二十余年。后边备疏,墙堑日夷。弘治末至今,寇连岁侵略。都御史史琳请于花马池、韦州设营卫,总制尚书秦纮仅修四五小堡及靖虏至环庆治堑七百里,谓可无患。不一二年,寇复深入。是纮所修不足捍敌。臣久官陕西,颇谙形势。寇动称数万,往来倏忽。未至征兵多扰费,既至召援辄后时。欲战则彼不来,持久则我师坐老。臣以为防边之策,大要有四:修浚墙堑,以固边防;增设卫所,以壮边兵;经理灵、夏,以安内附;整饬韦州,以遏外侵。今河套即周朔方,汉定襄,赫连勃勃统万城也。唐张仁愿筑三受降城,置烽堠千八百所,突厥不敢逾山牧马。古之举大事者,未尝不劳于先,逸于后。夫受降据三面险,当千里之蔽。国初舍受降而卫东胜,已失一面之险。其后又辍东胜以就延绥,则以一面而遮千余里之冲,遂使河套沃壤为寇巢穴。深山大河,势乃在彼,而宁夏外险反南备河。此边患所以相寻而不可解也。诚宜复守东胜,因河为固,东接大同,西属宁夏,使河套方千里之地,归我耕牧,屯田数百万亩,省内地转输,策之上也。如或不能,及今增筑防边,敌来有以待之,犹愈无策。'因条具便宜……帝可其议。大发帑金数十万,使一清筑墙。而刘谨憾一清不附己,一清遂引疾归。其成者,在要害间仅四十里。"②观是疏则知,杨一清在边报频仍的情况下,所提建议乃是要修筑边墙,并为此作了具体规划,已经开始实际修筑,若无刘谨坏事,则当如余子俊一样,在花马池至灵州一带筑起一道长城,用以防御河套蒙古的袭击。至于复套之议,作为"策之上",只是他所提出的一种设想,看不出要将其当作国家大计建议朝廷采纳实行的迹象。

　　为使问题更清楚,不妨将杨一清原疏做一分析,以见其复套之议的真实情况。《明经世文编》从《杨石淙文集》中将杨一清的奏疏录出,疏名《为经理要害边防保固疆场事》,我们重点摘录其防边之策看一看。杨一清在陈述了敌情之后,谈到他受命经理边防说:"臣虽暗劣,历官陕西有年,虏情边事,颇尝究心。但腹里频年荒旱,仓廪空虚,馈饷不继。虏贼动号数万,倏聚忽散,出没不常。未至而广征士马,则徒费刍粮;既至而调兵应援,则缓不及事。纵使大兵既集,务速则彼或不来,持久则我师先老,恐终无以伐其深入之谋,沮其方张之势。尝闻防边之

---

①　谷应泰:《明史纪事本末》卷五八《议复河套》,上海古籍出版社 1994 年版,第 229 页。
②　张廷玉等:《明史》卷一九八《杨一清传》,中华书局 1974 年版,第 5226～5227 页。

计，莫危于战，莫安于守，前人经画具在。已经选委各官，将勘处过应该帮筑边墙、添设卫所等事前来，臣恐坐谈不如亲见，本年五月间，自庆阳、环县历延绥、定边、宁夏、花马池、兴武、清水营，直抵灵州一带，边墙、城堡、墩台，逐一恭亲阅视。臣广集众思，兼收群策，参酌损益，始有定论。其大要有四：修浚墙堑以固边防；增设卫所以壮边兵；经理灵夏以安内附；整饬韦州以遏外侵；当务之急，莫先于此。但修边一节，陕西各该地方，财匮民劳，兴此大役，必多异议。然利害有重轻，关系有大小，土木之害，较之抢杀为小；动摇之患，比之劳费为大。大事可成，则小费不足计；远效可图，则近怨不足惜。且今河套即古朔方之地，唐张仁愿筑三受降城，置烽堠千八百所，自是突厥不敢逾山牧马，朔方无寇，岁省费亿计，减镇兵数万。受降远在河外，古之举大事者，未尝不一劳而后永佚类如此。受降据三面之险，当千里之蔽，国初舍受降而卫东胜，已失一面之险；其后又撤东胜以就延绥，则以一面之地遮千余里之冲，遂使河套沃壤弃为虏巢，深山大沙势顾在彼，而宁夏外险反南备河，此陕西北虏之患所以相寻而莫之能解也。兹欲复守东胜，因河为固，东接大同，西接宁夏，使河套方千里之地归我耕牧，开屯田数百万，用省内郡转输，斯为上策。顾今之力有未能，未敢议及。使虏人不恒入套，或如近年入而遣出，犹可支持。万一拥众在套，经年不出，则陕西用兵，殆无虚日，八郡之人，疲于奔命，民穷盗起，虽有智者，不能善其后矣。及今将延绥、宁夏一带边防，设法整饬，贼来有以待之，虽不得为上计，犹愈于无策。然边防既固，虽中人可守；丑虏闻知，或数十年未敢轻犯；馈饷可省。休养生息于十数年之后，东胜之议未必终不可复。天祚皇明，其将有待于他日乎！世之论边事者，或专主于战伐。臣亦非敢忘战者，方将搜选官军，策励将士，修车马、备器械、储糗粮、明斥堠，今冬虏贼若复侵犯，仰仗神武之威，谨当督率诸将，恭行天罚，雪耻除凶，臣之志也。今首以筑墙挑堑为言，宜必增兹多口。但受恩深重，自当为国远图。今年套内无贼，腹里有秋，人民稍安，正可以有为之日。失此不为，纵今目前无事，后患有所不免。臣何敢幸一时之安，而委患于他人哉。"①

从杨一清的原疏中可以清楚地看到，他并没有真正提出收复河套的建议。他在奏疏中只是将此作为一种设想谈及，"顾今之力有未能，未敢议及。"他所建议应该抓紧实行的，是趁"套内无贼，腹里有秋，人民稍安，正可以有为"的时机，赶紧修筑边墙，以为御敌之计，若舍此而不为，则后患将有所不免。既然杨一清并未真正提出收复河套的建议，何以后人将他认作"议复河套"的代表人物，并称自杨一清卸任之后，"由是朔方复套之议竟中止"②呢？这可能由于杨一清在奏疏中将之作为最理想的上策，曾经谈到收复河套、复守东胜、因河为固的设想，这较其同时代的其他人，在见识上要高出一筹，后人采其观点时，竟将力有未能、未敢议及的话忽略了，及至后来史家将其原文进行删节之后，难窥全豹，遂至以偏概全，杨一清也就成了正德年间议复河套的代表人物。

实际上在正德初年，边防将领中有人曾提出"搜套"之议，却为老成持重的杨一清阻止了。杨一清说："是时延绥镇巡奏：欲因烧荒，会诸镇兵搜索河套零贼。予上疏以为：汉中流贼未平，调去沿边官军数多，边城空虚，边储缺乏。而河西达贼日肆抢攘，又恐河冻之后，大贼踏冰入套，各镇兵马正当蓄养锋锐以俟。今乃无故出境穷搜，纵得数辈老弱残败余寇，何补于事？而往回动经旬月，糜费粮料，伤损马匹，所得不偿所失。且舍门庭侵犯之虏，而寻伏藏逃难之

①　杨一清：《杨石淙文集》（三），《明经世文编》卷一一六，中华书局 1962 年版，第 1091~1093 页。
②　李贽：《续藏书》卷十二《内阁辅臣杨文襄公》，中华书局 1959 年版，第 235 页。

贼，取笑外夷。又遗书当道，极论其事，竟寝不行。"①这是杨一清自述讨平安化王之乱时所说，从中可以看出：一则明朝廷中确实有人建议"搜套"，在边防上为延绥镇巡官，在朝廷尚不知为何人；二则杨一清并不支持"搜套"，正是他"遗书当道"，阻止了"搜套"的行动。如此看来，杨一清并不是积极主张收复河套的人，他所议论的"上策"，只是"指意甚远"②的一幅蓝图，一时还很难实行。作为三边统帅，他深知明朝当时并不具备收复河套的条件，即使"搜套"也不可行，因此他才"极论其事，竟寝不行"。至于当时明廷之中是否真有积极主张收复河套的人，则有待进一步深入研究。

2. 关于筑墙防守

正德时期在筑墙御边方面有成就的只有一人，那就是杨一清。杨一清出任陕西三边总制和秦纮前后相距不过一两年，但他已对秦纮所筑的边墙提出批评。在他上给武宗的《为经理要害边防保固疆场事》的奏疏中谈到：余子俊和徐廷璋两人修筑的边墙确实起了相当大的作用，使蒙古族"不复入套者二十余年"。但是随着时光的推移，"边备稍疏，墙既日薄，沟又日浅。弘治十四年，大虏由花马池拆墙入寇内郡，戕败我士卒，鱼肉我生民。虏人得志，始蔑我边墙为不足畏，连年拥众拆入，我军动辄失利。先该宁夏镇巡等官节经奏议，要将旧边墙增筑高厚，边堑挑浚深阔。又节该提督军务都御史史琳等建言，要于花马池、韦州设立营卫，摘拨腹里官军防守。兵部奏行总制尚书秦纮勘处，本官泥于所见，止添修四五小堡，及于靖虏至环庆地方挑挖边堑一道七百余里，自谓可以阻遏保障。工完回奏讫，弘治十七、十八二年冬间，虏复大举，仍自花马池、清水营拆墙深入抢掠，前项边堑营堡不能捍御阻遏。及又将清水营城堡攻陷，花马池官军残害，上厪宵旰之忧，特命愚臣整饬经理。"细品杨一清的奏疏，可以感到他对秦纮的批评是相当严厉的，认为秦纮所修的边墙壕堑根本没能阻挡蒙古族的入侵，因此而惊动武宗，派他再来经理。倘若秦纮当时还活在世上，不知将对杨一清的批评做何感想。杨一清在批评了秦纮之后，提出了他的防边计划："延绥安边营、石涝池至横城三百里，宜设墩台九百座，暖簷九百间，守军四千五百人；石涝池至定边营百六十三里，平衍宜墙者百三十一里，险崖峻阜可铲削者三十二里，宜为墩台，连接宁夏东路；花马池无险，敌至仰客兵，宜置卫，兴武营守御所兵不足，宜召募；自环庆以西至宁州，宜增兵备一人；横城以北，黄河南岸有墩三十六，宜修复。帝可其议。大发帑金数十万，使一清筑墙。"③杨一清的具体设计是：自延绥定边营迤东石涝池地界起至宁夏地方横城止，这三百里的沿边地带，旧有墩台七十一座，旧筑边墙高一丈，连垜墙三尺，共一丈三尺，底阔一丈，收顶三尺五寸，这样的边墙顶端再除去根砖自身所占的一尺五寸，只剩下二尺宽的地方，"官军难以摆列拒敌"。他计划"将旧墙内外帮筑高厚各二丈，收顶一丈二尺，两面俱筑垜墙高五尺，连墙共高二丈五尺，除垜墙根砖两面共四尺，尚余八尺之地。每墙一丈，开垜口一处，安置转关遮板。墙外每里添筑敌台三座，每座相离一百二十步，底阔周围四丈五尺，收顶周围二丈二尺，上盖暖铺一间，傍墙于空阔要害有水头去处，增添小堡，高厚丈尺，略与边墙相等。墩空去处仍酌量添筑墩台。"原来墙外的壕堑窄浅，只有深八尺，口阔一丈，底阔四尺，中间多有填塞平漫，止存形迹。他计划将"墙外壕堑挑浚深二丈，口阔二丈二

① 杨一清：《西征日录》，《纪录汇编》卷四十一，中华全国图书馆文献缩微复制中心1994年版，第388页。
② 杨一清：《杨石淙文集》（三），《明经世文编》卷一一六，中华书局1962年版，第1092页。
③ 张廷玉等：《明史》卷一九八《杨一清传》，中华书局1974年版，第5227页。

尺,底阔一丈五尺"。这样再配以九百座敌台,九百间暖铺,四千五百名守军,"每冬月河冻,不拘达贼曾否入套,即便调拨铺军上墙防护,仍添拨军人于新墩守哨,河开无事,疏放回营"。①

武宗批准了杨一清的修筑计划,整个工程从正德二年(1507)二月开始兴工,正在进行之中,明朝形势却发生了变化。正德元年(1506)十月,大学士刘健、谢迁以及户部尚书韩文等人谋逐宦官,结果失败了,这几个人纷纷被罢职归家,朝政由以刘瑾为首的"八虎"宦官集团所控制。刘瑾见杨一清奏事不先关白自己,便怀恨在心,"劾其破冒边费"②,杨一清鉴于政治形势险恶,便上书称疾乞休,武宗此时已对刘瑾言听计从了,于正德二年(1507)三月批准了杨一清的申请,"令驰驿归,病瘳之日,有司以闻,仍召用"③。其实杨一清并非真的患病,此举只是封建时代官场的常用手法,观其四月就修筑边墙之种种安排向朝廷上奏,六月离任后,还向明廷上奏:"花马池一带墙壕墩台,已于今年二月兴工修筑,但臣近以养病归,各镇巡抚官与其谋者,又以迁去,恐此后人务苟简,事难经久。又虑成功之后不能设法防守,欲责成新任各巡抚并镇守官,如初拟,乘时修理,务期成功,遇冬仍分兵慎守,以绝虏患。"由此可知,杨一清虽离开了三边,心却还在这里,如果明廷明白事理的话,就应该让杨一清继续留任,直到把他修筑边墙的计划全部完成。可惜明廷形势已变,"黑暗"时期已经到来,兵部虽然建议:"一清身任总制,特建前议,将为永逸之图。今已兴工,其籴买口粮已费官帑银十余万两,又助以户役银十六万两,以至犒劳药饵之需,拨木采运之劳,皆其计虑所及。一旦付之新任及别用未谙世务者,则人为异同,财用徒耗,边方保障之功,一隳再难就绪矣。以臣等愚见,须专以谙练大臣一人往,督各镇巡官乘时修举,务期经久,仍规划方略,部署官兵,慎固封守,庶垂成之功不至废弛,而防边之计可图久远",又推荐了兵部左侍郎文贵、右副都御史王臮、曹元三人,请武宗选用,结果却得旨:"官不必差,修边之役姑寝之,所余未用钱粮,令巡抚等官核实见数,输送于京。"④一项修筑边墙的防边大计,由于宦官干政,就这样儿戏般地结束了,已经兴工的三个多月,"仅筑四十余里,至今屹然巨障"⑤。三年之后,杨一清再任陕西三边总制平安化王之乱,巡视各边堡旧筑的边墙,不禁大发感慨,"惜成功之难,叹前志之未遂,感而赋诗,有'老去寸心犹不死,仗谁经略了余忠'之句"⑥。正德十一年(1516),又有关于修边的记载:"先是有旨修东西两路边关墩台壕堑。都御史臧凤东路,起山海至居庸;李瓒西路,起紫荆至龙泉;至是讫工,提督军务都御史彭泽请量加赏。"⑦这是在京师附近修筑东西两路边墙的情况。

3. 正德皇帝的应州之战

在明朝的历史上,皇帝带兵打仗,只有屈指可数的四人。其中成祖五出漠北,在中国历史上也很少见;宣宗率兵巡边,和兀良哈三部交锋;英宗受王振蛊惑而仓促亲征,结果兵败土木,身为俘虏;第四人就是武宗,他身为皇帝却自称威武大将军,领兵在应州和蒙古诸部作战,迫使蒙古军退却,这在明代中叶的北边防御战争中是极为罕见的。

① 杨一清:《杨石淙文集》(三),《明经世文编》卷一一六,中华书局1962年版,第1093~1094页。
② 夏燮:《明通鉴》卷四二,武宗正德二年六月,中华书局1959年版,第1577页。
③ 《明武宗实录》卷二四,正德二年三月庚申条,台湾"中央研究院"历史语言研究所1962年校印本,第657页。
④ 《明武宗实录》卷二七,正德二年六月戊寅条,台湾"中央研究院"历史语言研究所1962年校印本,第704~705页。
⑤ 焦竑编:《献征录》卷十五《内阁四·杨一清传》,上海书店1987年版,第522页。
⑥ 杨一清:《西征日录》,《纪录汇编》卷四十一,中华全国图书馆文献缩微复制中心1994年版,第390页。
⑦ 《明武宗实录》卷一四四,正德十一年十二月己未条,台湾"中央研究院"历史语言研究所1962年校印本,第2821页。

正德时期正值蒙古达延汗的壮年,孝宗去世时,他乘明朝国丧之机在北边发动攻击。正德五年(1510),达延汗击败敢于抗命的河套鄂尔多斯的亦不剌部,"亦不剌窜西海,阿尔秃厮与合,逼胁洮西属番,屡入寇。……自是,洮、岷、松潘无宁岁。"小王子达延汗在统一了蒙古诸部之后,更对明廷北边大加袭扰。史载:"小王子数入寇,杀掠尤惨。复以五万骑攻大同,趣朔州,掠马邑。帝命咸宁侯仇钺总兵御之,战于万全卫,斩三级,而所失亡十倍,以捷闻。明年秋,敌连营数十,寇宣、大塞,而别遣万骑掠怀安。总制丛兰告急,命太监张永督宣、大、延绥兵,都督白玉为大将,协兰守御,京师戒严。"①达延汗的进攻给明朝造成了严重的威胁。

正德十一年(1516)七月,明廷北边形势再度严峻。"小王子犯蓟州白羊口,太监张忠监督军务,左都督刘晖充总兵官,帅东西官厅军御之。丙午,工部侍郎赵璜、俞琳饬畿内武备。八月丁巳,左都御史彭泽、成国公朱辅帅京营兵防边。"②这是一次严重的北边危机,蒙古军已距京师不足百里,使京城一片混乱:"所在惊溃,……皆策马而走,老幼扶携,相属于道。"而当警报传至西直门外时,"居民奔入城者数千人"。③ 严重的边防危机使喜好武事的武宗不能容忍,李洵指出:"自此以后,朱厚照决意出居庸关实现他的西北远征目的。"④从对史实的考察来看,这是完全正确的论断。据《明武宗实录》正德十二年(1517)七月载,吏部等衙门、尚书等官、陆完等言:"数日以来闻诸道路,皆言陛下密装治行,将自领西官厅人马巡游关塞。"⑤陆完以英宗土木之变为鉴戒,极力劝阻武宗。但是武宗主意已定,在八月出关到达宣府,并在九月敕谕百官云:"朕以怀来等处切近虏境,特因巡幸,严督将领,振扬威武。"⑥此后武宗"自称总督军务威武大将军总兵官",十月亲自指挥了明蒙之间的"应州之战"。史载:"十二年冬,小王子以五万骑自榆林入寇,围总兵王勋等于应州。帝幸阳和,亲部署,督诸将往援,殊死战,敌稍却。明日复来攻,自辰至酉,战百余合,敌引而西,追至平虏、朔州,值大风黑雾,昼晦,帝乃还,命宣捷于朝。"⑦关于这次战役的详细经过,李洵有具体的描述,他对战役的结果与评价则更发人深省,令人耳目一新。李洵评论道:"应州战役一共进行了5天,其中绣女村与涧子村的战斗都很激烈。整个战役双方各有胜负,有时包围反包围,形成混战,阵线并不清楚。从战役全过程来看,蒙古势力是侵入者,但未能突破明方的口袋防线,既没有东去也未完成南下的战略目的,而最后仍退回西面的河套方面,也就是说蒙古势力此次的战略目的并未达到。明方是防御者,其战略目的是严防蒙古势力东进或南下,在口袋形防区内与其抗争,迫使其西退,而战争的结果,却是明方的战略目的已经实现。这次战役是公元十六世纪前后明蒙之间一次较大的战役,从明朝来讲,这次对蒙抗争是弘治以来取得战果较大的一次,这和青年皇帝朱厚照以他的专制权力调集四个边镇兵力,约5万到6万人,抗击蒙古兵约3万到5万人,最后迫使蒙古兵西退的指挥组织作用分不开。同时,在这次战役中明军的将帅与士卒都表现出空前的战斗力,从几方面

① 张廷玉等:《明史》卷三二七《鞑靼传》,中华书局 1974 年版,第 8477 页。

② 张廷玉等:《明史》卷十六《武宗本纪》,中华书局 1974 年版,第 208 页。

③ 《明武宗实录》卷一三九,正德十一年七月乙未条、辛丑条,台湾"中央研究院"历史语言研究所 1962 年校印本,第 2742、2747 页。

④ 李洵:《正德皇帝大传》,辽宁教育出版社 1993 年版,第 105 页。

⑤ 《明武宗实录》卷一五一,正德十二年七月壬辰条,台湾"中央研究院"历史语言研究所 1962 年校印本,第 2932 页。

⑥ 《明武宗实录》卷一五三,正德十二年九月壬寅条,台湾"中央研究院"历史语言研究所 1962 年校印本,第 2964 页。

⑦ 张廷玉等:《明史》卷三二七《鞑靼传》,中华书局 1974 年版,第 8477~8478 页。

评价这次战役的结果,明方获得战略方面的胜利,蒙方没有达到战略目的。在兵员损失方面,双方应是数量相当的,不应像有些记载中把双方的损失故意缩小或夸大。"①从明朝北边防御作战的实际情况来看,这个评论是颇中肯綮的,武宗虽然在其他方面不足为训,但应州之战则确属他一生之中的闪光点,这次战役阻遏了蒙古军的攻势,挫其实力,"是后岁犯边,然不敢大入"②。以此观之,年轻的武宗的功绩确实不应埋没。

第三节　山西镇与陕西镇的演变

一、山西镇

天顺末年,山西镇的两个关由两个都指挥同知镇守,这种情况到成化时期,随着蒙古族进入河套以后明朝边防压力的加大而发生了变化。

成化二年(1466)正月,由于蒙古军三万余屯安边营近境,明廷令大同、宁夏、陕西、延绥各边严兵备之,"升武功左卫带俸都指挥佥事王信为后军署都督佥事,镇守山西,提督雁门等关隘",同时"命都督同知赵胜等遣人往偏头关、大同觇虏贼形势缓急,然后率师击之"。③　山西镇又任命了一个新的镇守官。王信到任后,同年五月向朝廷奏报:"镇守山西署都督佥事王信等奏:'虏之犯边也,知偏头关及大同右卫有备,辄从地名暖会而入;知东边朔州有备,乃避朔州,径地名橐莲台、大川口而入;由是直抵太原所属岢岚州、兴岚、静乐等县剽掠,而以南大川则直抵阳武峪、庙岭进入崞县、忻州等处剽掠;又都指挥于瑢领兵二千于广武站堡戍守,然站在雁门关外十里,孤城无水,贼据城外水泉,将不攻而自破,谓宜于橐莲台筑立进城,增设守备都指挥一员,令统原守广武官军及岁调代州官军四百、平阳卫官军六百,与调拨民壮一千操守其地,则虏不敢深入而太原属县民庶无绎骚之害。'又言:'雁门、偏头二关各边城堡,旧有民壮一万有奇,分调戍守,其后往往贿赂里书,诈为年老残疾,以致逃亡者什三,乞令山西所属府州县查究其弊,仍名捕其人,令如旧轮班操守,庶边境有备。'事下兵部,请移文山西巡镇、巡按、三司诸官勘实,皆以为然。悉从之。"④王信为宪宗描绘了蒙古军进入山西的路径,并且提出了加强防御的办法和措施。

成化四年(1468)八月,宪宗"命镇守山西署都督佥事王信移镇代州,提督雁门、偏头、宁武三关"⑤。王信原来只是在太原城里驻守,并没有到前方驻扎,所以宪宗命他移镇到代州,有利于前敌指挥。王信到代州后,在成化五年(1469)二月上奏:"代州军马调遣故物之余,不及千人,不敷操守",宪宗为此"调山西太原等卫马军三百赴代州操守"⑥。成化五年(1469)十月,宪宗根据巡抚山西都御史李侃关于"信等可任"的推荐,"命镇守代州等处署都督佥事王信守

① 李洵:《正德皇帝大传》,辽宁教育出版社1993年版,第112~113页。

② 张廷玉等:《明史》卷三二七《鞑靼传》,中华书局1974年版,第8478页。

③ 《明宪宗实录》卷二五,成化二年正月辛亥条、丙辰条,台湾"中央研究院"历史语言研究所1962年校印本,第489、493页。

④ 《明宪宗实录》卷三〇,成化二年五月癸巳条,台湾"中央研究院"历史语言研究所1962年校印本,第605~606页。

⑤ 《明宪宗实录》卷五七,成化四年八月辛丑条,台湾"中央研究院"历史语言研究所1962年校印本,第1163页。

⑥ 《明宪宗实录》卷六三,成化五年二月戊子条,台湾"中央研究院"历史语言研究所1962年校印本,第1277页。

备偏头关,都指挥使冯庆守备宁武关,都指挥同知田春俱仍旧镇守、守备地方"①。

成化六年(1470)十月,朱见深开始任命文职官员提督边务,"命兵部侍郎陈宜提督山西偏头、宁武等关官军防御,候河开还京。"②成化七年(1471)二月,陈宜还京后,将巡视边关的结果和自己的建议向朱见深作了报告:"兵部右侍郎陈宜巡视边关还,陈便宜三事:'一、偏头关东北四堡乃通暖会贼路,内捌柳树堡原守官军止七十七人,老营、滑石二堡旗军各二十六人,西有黄河七堡,尤切近贼境,内得马营原守官军止二十二人,焦义城、唐家会、黄甫川三堡旗军各十人,防守力寡,何以御寇?宜于雁门、宁武关舍余内每处摘拨三百,赴偏头关添守;东西捌柳树、得马营等堡二关,各存七百人备御,庶几防守有人,边备不误。一、偏头等关堡,防守官军数余一万,代班之际多不依期,以是夏秋无事,墩墙不修;冬春有警,调用不足;间又逃故疾弱数多,军卫有司不与拨补。况关内保德等仓粮草六七十万,多被近仓豪猾包揽,官攒侵欺,积弊不可枚举,盖由布、按二司分巡官经年不到,故人皆玩法,边备废弛。宜令巡按御史严督分巡官,于夏秋无事之日,常轮一员在关,冬月有警之时,俱常在关莅事,庶几军政修举,奸弊可革。一、偏头、雁门、宁武三关俱通贼要路,正统间官军每月支马草三十束、料豆一石饲养。景泰间樽节边储,草既停关,豆亦减少,遇有征剿方许关草,或至旬月又即住支,军士到班未久,随即赴操,时值天寒,无草可采,是以军多弃而逃,马多瘦损而毙,傥遇有警,何以御贼?宜令巡抚都御史,于三关军马,每冬春之交俱支草束,庶几军不负累,马不瘦损。'疏奏,上从之。"③陈宜的奏疏反映了成化初年山西三关地区明廷的防御情况,从成守兵的人数、更代的情况、粮草的供给等方面,揭示了山西地区边防的问题,提出了解决的建议,获准实行。

成化十一年(1475)三月,朱见深"命刑部左侍郎杜铭往山西提督边备。赐之敕曰:'迩因山西偏头关等处累报房寇,而各关镇守、守备等官彼此不相统,今特命尔往山西地方,严督雁门、偏头、宁武等关镇守、守备等官,俾各操练军马,整搠器械,振作士气,遇贼侵犯,或据守要害,以逸待劳;或临机决策,以遏深入;或互相应援,以壮军势。其城垣、营堡或有倒塌,墩台、壕堑或有缺损,遇声息颇缓,设法修理,仍令沿边近贼境界、通贼要路、即将人畜迁移,免致仓卒惊扰。及督并三司官员,商确会议,调遣军马、支费钱粮足用与否,如有不足,(足)[早]为区画。此外别有御寇安边长策,悉听尔从宜处置。其官军人等,有能奋勇败贼及擒斩获功者,审实具奏升赏。其有不遵号令,畏缩怯懦及欺公玩法、隐匿贼情、扰害平人者,轻则量情责罚,重则奏闻区处。镇守、守备等官敢有违误军机者,指实参奏,一体究治。俟彼处贼情宁息,地方无虞,尔即具奏回京,其钦承毋怠'"④,这是明廷第二次派遣文职提督边务,朱见深对杜铭提出了十分具体的要求,而且赋予他"从宜处置"之权,这是对杜铭的极大信任。杜铭在巡边过程中,有所奏报,朱见深都予以批准,如同年十二月的"立山西偏头关守御千户所,以巡边刑部左侍郎杜铭言:其地孤悬朔漠,最为要害故也"⑤。一年以后,杜铭巡边回京,向朝廷奏报:"刑部左侍郎杜铭巡边还,籍其所阅兵马及所修城堡之数以闻:偏头关官军、民壮共九千三百八十四人,马

①　《明宪宗实录》卷七二,成化五年十月己卯条,台湾"中央研究院"历史语言研究所1962年校印本,第1406页。

②　《明宪宗实录》卷八四,成化六年十月辛未条,台湾"中央研究院"历史语言研究所1962年校印本,第1643页。

③　《明宪宗实录》卷八八,成化七年二月辛未条,台湾"中央研究院"历史语言研究所1962年校印本,第1718~1720页。

④　《明宪宗实录》卷一三九,成化十一年三月乙卯条,台湾"中央研究院"历史语言研究所1962年校印本,第2597~2598页。

⑤　《明宪宗实录》卷一四八,成化十一年十二月壬寅条,台湾"中央研究院"历史语言研究所1962年校印本,第2722页。

三千二百七十八匹,修筑城堡及增设墩台、墙垣、坑阱等共四十三处;代州官军、民壮共四千八百八十四人,马一千五匹;雁门关官军、民壮共一千五百三十八人,马三百九十匹,修增石墙等二十一处;宁武关官军、民壮一千四十三人,马七百四十七匹,修筑墩堡四处。"①

鉴于边备的废弛,成化十三年(1477)七月,朱见深命兵部廷议防边事宜,兵部左侍郎滕昭等会同总兵官英国公张懋等详议以后向朱见深做了汇报,其中关于山西镇的办法是"山西代州、雁门、宁武、偏头三关画地分守,遇有警急,互相推调。请敕镇守代州都督刘宠兼守三关,仍敕风宪重臣一员,整饬兵备兼巡抚山西内郡,专居代州,与宠同事,则事体归一,可责成效"。这里提出了集中事权、加强领导的问题,经朱见深批准后,明廷遂"升陕西右参政秦纮为都察院右佥都御史,提督雁门等三关兼巡抚山西"。② 武将镇守代州都督刘宠兼守三关,文臣秦纮为都察院右佥都御史,提督雁门等三关兼巡抚山西,这是明廷在蒙古军于山西地区边外活动导致边防压力加大的情况下,为加强统一领导而采取的措施,需要强调的一点是,秦纮是带都察院衔提督三关并兼任陕西巡抚,是地方军政的最高领导人。

成化十八年(1482)二月,明廷对山西三关的军事部署进行了调整:"调太原三卫原属代州轮班官军一千四百增戍偏头关,挈振武、雁门官军原守偏头者一千三百归雁门,从巡抚都御史何乔新等奏请也。"③成化十九年(1483)十一月,"巡抚山西右佥都御史边镛奏:'国家西北藩篱,先大同,而代州、雁门次之。今大同既宿重兵,而雁门兵独少,万一虏越大同而南,必不能守。雁门不守,山西地方皆不可得而守矣。山西不守,则河南何以为□哉!今年七月虏骑直抵雁门,臣等以死战仅退,然此特其轻骑耳,若其连营大举,一鼓而南,何以御之? 然则(虏)[虑]险防危,选练将卒,广(待)[积]刍粮,明赏罚,公黜陟,正今日之急务。可于代州立帅府,设总兵如大同之制,大同有警则可以策应,偏头、宁武有警则可以连兵,而雁门之险固。雁门既固,则山西之地可保无虞矣。'事下兵部尚书张鹏覆议:以为不必立。上曰:'将得其人,虽一旅足为万里之长城,非其人,虽重兵不足为北门之锁钥,其如兵部议,已之。'"④前任巡抚何乔新提出了调整兵力部署的建议,新任巡抚边镛提出了在代州立帅府、设总兵的建议,前者获准实行,后者则为兵部所否定,说明此时山西的边情还没有到很严重的程度。

成化二十年(1484)二月,在蒙古军袭扰过程中暴露了明朝边防的许多问题,为了解决这些问题,朱见深派出总督大臣:"命太子少保户部尚书余子俊兼都察院左副都御史,总督大同、宣府军务,兼督粮储。时廷臣奉旨举文职大臣,以子俊名上,上乃命之。赐之敕曰:'大同、宣府兵政钱粮,近多废弛虚耗,加以去秋虏寇大同,兵民疲敝,今特命尔总督两处军务,仍督粮储,各该总兵、巡抚并京营参将等官,悉听节制。尔须随宜驻劄,以时按行两处边方及延绥接界之处,凡军马、甲兵、关隘、粮草等,务听尔便宜施行;总兵以下官员不胜任者奏闻区处;都指挥而下不堪领军者罢黜、更代,应挐问者送巡按御史及问刑衙门理问;文职有犯,方面官参奏处治,余即挐问;如遇贼情紧急,尔即调度各路将官,或调取邻境延绥等处官军,相机战守;临阵之际,

① 《明宪宗实录》卷一五一,成化十二年三月甲寅条,台湾"中央研究院"历史语言研究所1962年校印本,第2761页。

② 《明宪宗实录》卷一六八,成化十三年七月癸酉条、癸巳条,台湾"中央研究院"历史语言研究所1962年校印本,第3038~3039、3054页。

③ 《明宪宗实录》卷二二四,成化十八年二月戊辰条,台湾"中央研究院"历史语言研究所1962年校印本,第3856页。

④ 《明宪宗实录》卷二四六,成化十九年十一月辛丑条,台湾"中央研究院"历史语言研究所1962年校印本,第4166~4167页。

但有畏缩不前、不听号令者,以军法从事,然后奏闻。'"①明廷为整顿大同、宣府边政派出钦差余子俊,既督察军务,又督理粮饷,更重要的是临阵之际有"军法从事"之权,宣示明廷整顿边备的决心。四月,朱见深又"以河南按察使叶淇为都察院左佥都御史,提督雁门等关兼巡抚山西"②。

余子俊到达前方后,很快采取了一系列措施加强边备。成化二十年(1484)七月,明廷"设山西井坪守御千户所。初,总督军务户部尚书余子俊奏:'偏头关东路地名井坪堡,北至平虏六十里,南至朔州五十里,于此设千户所,不惟与平虏、朔州声势连络,而乃阿老营等堡有急,亦可相援。'事下兵部议,从之"。这是增设守御千户所以完固边防。同月,明廷"命分守代州右参将支玉移屯偏头关,以时巡视代州并雁门、宁武诸处。从总督军务户部尚书余子俊奏请也"。③ 这是调参将驻守偏头关。为了统一事权,朱见深又发布敕谕:"敕监督军务太监张善、总督大同、宣府军务户部尚书兼左都御史余子俊、总兵官定西侯蒋琬兼护偏头关兵马,山西镇守、巡抚等官悉听节制。"④成化二十一年(1485)五月,余子俊又对山西的边防作出调整,"总督大同、宣府军务户部尚书余子俊奏:'偏头关介大同、延绥之间,与丰州、东胜等处接壤,虏常于此驻牧,而山西巡抚、分守等官恒驻太原、代州,距关辽远,加之兵备久缺官整饬,多致废弛。近已请调分守大同东路副将周玺恒居本关,兼督宁武、雁门,仍守代州。今会山西内外守臣叶淇等议:守备偏头、宁武二关都指挥郭瑄、王升咸久习边事,而按察佥事郝志义经理边疆具有成绩,请升志义为副使整饬兵备,调郭瑄守备代州,王升守备偏头关,俱受淇等节制,其宁武关亦宜别推举一人守备。'事下兵部言:子俊所言宜从。诏可。"⑤朱见深批准了余子俊的安排,但是在实行过程中,周玺又提出意见。"分守代州等处兼提督偏头等关都督佥事周玺奏:'偏头关距山西往还千里,猝有边警,俟听镇守、巡抚节制而行,恐致误事,请改分守为镇守。'事下兵部言:'代州分守之名相承已久,玺以官为都督,耻受节制,故有此奏。今边将分守受节制者亦多都督职名,玺所请宜勿许。'上以偏头等关虏贼要冲,与他处不同,特从之。"⑥周玺对自己以都督佥事的职衔而要受镇守、巡抚的调遣感到不满,因此提出改分守为镇守,有独立的指挥权,兵部不同意,朱见深鉴于偏头关的位置重要,特别批准了周玺的奏请。成化二十二年(1486)三月,朱见深"命镇守代州等处右副总兵都督佥事周玺充总兵官,仍居代州。先是玺言:'比奉敕镇守代州,已应预太监巡抚会议,但带右副之衔,仍听节制,兼专居偏头一关,去山西道远,遇事乖隔,难于协处,乞改除旧号,移居山西为便。'事下兵部言:'周玺已令镇守,不受巡抚等官节制,但右副之名犹仍旧。尔且山西守将,曩缘离边太远,移(致)[至]代州,比以偏头视代尤急,

① 《明宪宗实录》卷二四九,成化二十年二月壬申条,台湾"中央研究院"历史语言研究所1962年校印本,第4218~4219页。

② 《明宪宗实录》卷二五一,成化二十年四月戊午条,台湾"中央研究院"历史语言研究所1962年校印本,第4241页。

③ 《明宪宗实录》卷二五四,成化二十年七月己丑条、庚子条,台湾"中央研究院"历史语言研究所1962年校印本,第4288、4295页。

④ 《明宪宗实录》卷二五六,成化二十年九月壬寅条,台湾"中央研究院"历史语言研究所1962年校印本,第4332页。

⑤ 《明宪宗实录》卷二六六,成化二十一年五月己巳条,台湾"中央研究院"历史语言研究所1962年校印本,第4507~4508页。

⑥ 《明宪宗实录》卷二六八,成化二十一年七月壬子条,台湾"中央研究院"历史语言研究所1962年校印本,第4526~4527页。

奏移于此,取旨裁处.'故有是命".① 周玺以偏头关距离山西太远,不便协调为由,又要求移回代州,朱见深再次批准,看来朱见深对山西的边备问题了无定见,只凭边将的奏请办事.

朱祐樘即位后,"以即位赐各边官军银人二两,辽东、蓟州、宣府、大同、山西代州、陕西、延绥、宁夏、甘肃、偏头、紫荆、倒马、居庸等关共六十一万五千三百二十余两,分遣科道官往给之."②这里九边军镇均在其中,但山西是和代州连在一起的,偏头关则和紫荆、倒马、居庸等关并提,说明山西镇的统一指挥还没有完成.

弘治元年(1488)四月,朱祐樘对周玺作了调动,"命分守代州兼提督雁门等关都督佥事周玺镇守陕西",同时"命山西都司都指挥佥事王升充参将分守代州兼提督三关",周玺的职衔是都督佥事,王升的职衔是都指挥佥事,分守将官的职衔降低了,"潞州卫指挥佥事王儒守备山西偏头关".③ 直到弘治十三年(1500)十二月,朱祐樘才又"增设镇守山西副总兵一员,专驻代州,往来提督三关,原设参将改分守,住偏头关.从兵部请也",为此落实的具体人员是"命协守甘州都指挥使李玙充副总兵,镇守山西兼提督代州三关"④,从洪武初年任命谢德成为山西副总兵,其后山西以边情差缓,一直没有再任命副总兵,现在由于防御蒙古军的需要,又重新任命了副总兵.

从弘治十三年(1500)年底任命了山西副总兵后,直到嘉靖二十一年(1542)将副总兵再升格为总兵官,在这五十五年中,副总兵的接替进入有序化.为避免繁冗,以正德年间为例作一叙述.正德三年(1508),明廷"命分守延绥左参将都指挥佥事叶椿充副总兵,镇山西兼提督三关地方"⑤;正德五年(1510)二月,"命分守延绥东路右参将都指挥同知戴钦充副总兵,镇守山西兼提督代州三关"⑥;正德七年(1512)八月,"调山西副总兵戴钦协守延绥,参将神周充副总兵,镇守山西兼提督代州三关"⑦;正德九年(1514),在蒙古军入掠的压力下,明廷一度改为总兵官镇守山西,十月,"敕左都督刘晖充总兵官,镇守山西地方兼提督三关;兵部侍郎陈玉兼都察院左佥都御史提督东西两路;左佥都御史陈天祥提督山西三关."之所以有如此的变化,乃是因此前"兵部言达贼屡犯宣大三关,深入为患,今虽出境,其谋叵测,宜预为之处".朱厚照命都御史丛兰、王玙预为经略,恰好边臣上奏:"达贼复入忻州等处房掠,及朵颜等卫夷情变动,欲行整兵截杀.上命廷臣会议:'三关前此虽时有侵犯,然赖大同之威远、平房地方屏蔽于外,犹若腹里,自前岁神周失利之后,重以叶椿之畏怯,而反贼王良、李悦之党,多投入房中,诱以为寇,则今之三关非复如昔,宜特设总兵官一员,假以镇守山西兼总督三关之名,仍在偏头关驻劄,遇有警报,相机捍御.其三关军士每增千人,宁武迤西山势平坦,宜修筑墙堡;朵颜头目结亲北房,近颇桀骜,紫荆、倒马、龙泉等关山路潜通,亦所当虑.且边事重大,因革多端,非巡

　　① 《明宪宗实录》卷二七六,成化二十二年三月癸丑条,台湾"中央研究院"历史语言研究所1962年校印本,第4646页.

　　② 《明孝宗实录》卷五,成化二十三年十月癸巳条,台湾"中央研究院"历史语言研究所1962年校印本,第95页.

　　③ 《明孝宗实录》卷十三,弘治元年四月甲辰条、辛亥条、己未条,台湾"中央研究院"历史语言研究所1962年校印本,第301、315、318页.

　　④ 《明孝宗实录》卷一六九,弘治十三年十二月丙戌条、癸巳条,台湾"中央研究院"历史语言研究所1962年校印本,第3058、3063页.

　　⑤ 《明武宗实录》卷三六,正德三年三月辛丑条,台湾"中央研究院"历史语言研究所1962年校印本,第858页.

　　⑥ 《明武宗实录》卷六〇,正德五年二月庚戌条,台湾"中央研究院"历史语言研究所1962年校印本,第1331页.

　　⑦ 《明武宗实录》卷九一,正德七年八月戊午条,台湾"中央研究院"历史语言研究所1962年校印本,第1946页.

抚都御史一人所能干理,宜遣文职大臣二员,一提督三关,一提督紫荆等关,防守事宜,悉以委之,镇巡等官俱听节制。'上从之。"①这是廷臣分析了蒙古军入掠的形势后采取的权宜之计,只有两个人被任命为总兵官,前述的刘晖是在正德九年(1514)十月任命的,同年十二月又"命左都督时源充总兵官,镇守山西地方兼提督三关"。②随着蒙古军入掠压力的减轻,明廷很快又恢复了原来的部署,正德十年(1515)四月,"命都指挥同知戴钦仍充副总兵,镇守山西兼提督偏头等关"③。七月,"命都督佥事郭锦充副总兵,镇守山西兼提督雁门等关"④;正德十六年(1521)七月,朱厚熜即位后,以"分守大同参将麻循充副总兵,镇守山西兼提督雁门等关"⑤。

世宗前期,山西副总兵的接替也十分清楚。嘉靖二十年(1541)正月,朱厚熜"命分守万全右卫左参将丁璋充副总兵官,镇守山西地方兼提督代州三关"⑥,在同年八月俺答入掠时,丁璋战死,《明世宗实录》载:"虏众骤至宁武关石湖岭,山西总兵丁璋遇敌死之,守臣以闻。上嘉璋忠勇,令先给棺殓银五十两,候事宁优叙。阵亡官军各给银二两,命大同总兵戴廉代璋镇守山西,统(奇)(兵)协力战守"⑦。丁璋牺牲后,给事中王继宗、苏应旻、御史陶谟等先后上疏,议论边情,世宗命兵部组织廷议,最后议定十二事上奏,其中第一条就是"请会推知兵大臣一人,专督雁门、宁武、偏头三关,一切修筑、兵饷事宜,悉为经略。凡奏请马匹、钱谷之类,所司毋得阻格,军民诸司悉从委用。仍改原设副总兵为总兵官,其山西抚臣止令经理内地,毋得与三关军士,令设兵三千人镇城,而增一参将领之,听抚臣节制"⑧,此奏议要点一是要推举一名大臣专督三关,二是将副总兵改为总兵官。这些建议都为嘉靖帝批准实行,嘉靖二十一年(1542)正月,明廷"升山西副总兵戴廉为总兵官镇守山西地方"⑨,此时,山西镇和其他九边军镇一样,也任命了镇守总兵官。

二、陕西镇

朱见深即位后,成化元年(1465)十一月,"命宁远伯任寿充总兵官,镇守陕西地方"⑩,梁珤被召回京师,于成化三年(1467)年底去世。任寿在陕西镇守总兵官任上到成化四年(1468)八月,明廷又"命都督同知白(圭)[玉]镇守陕西地方"⑪,这里的白圭乃是白玉之误,因为白圭当时正任兵部尚书,是文官,后文记载的都是都督白玉,如成化六年(1470)二月"延绥总兵官署都督佥事房能等奏:'迩者河冰将解,虏寇未退,闻欲潜据河套度夏,扰我耕农。况延绥境土平衍,无险可据,堡多兵少,防御实难。请留都御史王越所统大同、宣府官军及征补西安等卫操成

①　《明武宗实录》卷一一七,正德九年十月戊午条,台湾"中央研究院"历史语言研究所1962年校印本,第2374~2376页。
②　《明武宗实录》卷一一九,正德九年十二月辛卯条,台湾"中央研究院"历史语言研究所1962年校印本,第2401页。
③　《明武宗实录》卷一二三,正德十年四月壬辰条,台湾"中央研究院"历史语言研究所1962年校印本,第2463页。
④　《明武宗实录》卷一二七,正德十年七月癸卯条,台湾"中央研究院"历史语言研究所1962年校印本,第2549页。
⑤　《明世宗实录》卷四,正德十六年七月庚午条,台湾"中央研究院"历史语言研究所1962年校印本,第192页。
⑥　《明世宗实录》卷二四五,嘉靖二十年正月丁未条,台湾"中央研究院"历史语言研究所1962年校印本,第4926页。
⑦　《明世宗实录》卷二五二,嘉靖二十年八月癸未条,台湾"中央研究院"历史语言研究所1962年校印本,第5065页。
⑧　《明世宗实录》卷二五三,嘉靖二十年九月丁未条,台湾"中央研究院"历史语言研究所1962年校印本,第5089~5090页。
⑨　《明世宗实录》卷二五七,嘉靖二十一年正月癸巳条,台湾"中央研究院"历史语言研究所1962年校印本,第5152页。
⑩　《明宪宗实录》卷二三,成化元年十一月辛酉条,台湾"中央研究院"历史语言研究所1962年校印本,第453页。
⑪　《明宪宗实录》卷五七,成化四年八月癸丑条,台湾"中央研究院"历史语言研究所1962年校印本,第1170页。

之逃亡者,更命镇守陕西都督白玉选精兵数千应援。'事下兵部言:'王越军已移文留之,西安等卫逃亡军士计有八万余人,摘守兰县、靖虏、(延庆)[延绥、环、庆]者(亦)[一]万五千余,况其地迩延绥,易于调遣,宜令巡抚都御史马文升等量于此数处选摘精兵万人,令都督白玉、参将周海统之,分布延绥要害之地,协助战守,待寇宁之日取回。'从之。"①这里明确说明镇守陕西的是都督白玉,是以知成化四年(1468)八月之记载有误,且《校勘记》也未校正。白玉在陕西总兵官任上到成化九年(1473)年底,其间在成化八年(1472)二月,"兵部尚书白圭等以虏寇深入陕西州县,恐镇守署右都督白玉不能独御,请简武职大臣之骁勇者一人往协之",朱见深采纳了白圭的建议,于是"命都督佥事杨铭协同镇守陕西地方"。②成化九年(1473)十二月,明廷又"命前将军都督佥事白玘镇守陕西"③。白玘在陕西镇守总兵官任上履职到弘治元年(1488),因受到六科十三道言官的弹劾,明廷在同年四月"命分守代州兼提督雁门等关都督佥事周玺镇守陕西"④。弘治三年(1490)七月,周玺受命挂征西将军印充总兵官镇守宁夏,朱祐樘又"命左军都督府都督同知陈英镇守陕西"⑤……。陕西镇守总兵官的接替是有序化进行的。

明代中叶,陕西边防的一个重要问题就是三边总制(亦称总督)的设立,这是明廷为协调三边总兵、统一指挥而设置的。它的设置是在蒙古族进入河套以后,明朝西北地区边防压力加大的形势下,经过了断断续续近二三十年的酝酿才完成,但经常有所调整。

朱见深即位之初,分守延绥西路的左参将、都指挥同知房能奏陈三事:一、除潜寇以靖边疆;二、移营堡以固边方;三、制利器以破敌锋。其中第一条说道:"臣所守地方,迩年胡寇潜入其内,夜则隐伏近边,旦则拥众突入,劫截道路,抢杀人畜,若不豫为区画,诚恐养成边患,亟难芟除。窃见宁夏总兵官都督同知张泰,在边年久,练达老成;镇守宁夏太监王清,曾搜河套,师行有纪;巡抚延绥右佥都御史徐廷章,临机应变,刚果有为。请敕在廷文武大臣从长计议,专命张泰、王清总制三边号令,而以徐廷章赞理军务,臣愿受其节制,当春初河泮草枯之时,量调宁夏并偏头关军马,各从便路过河,及调延绥一带边堡头拨敢勇官军并知识道路夜不收,付臣等统领,量赍粮料,会合并进,声势相接。臣先启行,遍历河套,搜寻所在,并力擒捕,捣其巢穴,绝其种类。如此军威远振,边境获安矣。"朱见深认为房能所言有理,"命兵部计议以闻"。⑥搜寻河套要调集各方兵力,要有统一指挥,房能推荐了张泰、王清总制三边号令,但是明廷没有采纳。

成化二年(1466)五月,巡抚陕西右副都御史项忠也提出了统一指挥的问题。他上奏说:"比有兵部以河套虏众谋欲犯边,拟调陕西诸卫官军并金点延绥诸处民兵,分守榆林、延绥、鄜、庆诸营堡;又敕协守凉州都督佥事赵英统领都指挥仇胜等骑兵五千,赴延绥诸边往来游击;命镇守陕西宁远伯任寿操练城守;而臣忠往来各处计议调度",项忠认为一则兵少,二则赵英

①　《明宪宗实录》卷七六,成化六年二月癸酉条,台湾"中央研究院"历史语言研究所1962年校印本,第1471页。
②　《明宪宗实录》卷一〇一,成化八年二月庚午条、壬申条,台湾"中央研究院"历史语言研究所1962年校印本,第1956~1957、1958页。
③　《明宪宗实录》卷一二三,成化九年十二月癸酉条,台湾"中央研究院"历史语言研究所1962年校印本,第2363页。
④　《明孝宗实录》卷一三,弘治元年四月甲辰条,台湾"中央研究院"历史语言研究所1962年校印本,第301页。
⑤　《明孝宗实录》卷四〇,弘治三年七月乙丑条,台湾"中央研究院"历史语言研究所1962年校印本,第834页。
⑥　《明宪宗实录》卷十二,天顺八年十二月丁亥条,台湾"中央研究院"历史语言研究所1962年校印本,第256~258页。

名位不够,难以统帅诸军,"请敕所司会廷臣,推举文武大臣中威望素著者一人为总督,往制延绥、宁夏总兵,巡抚诸官及延、庆、榆林、鄜、环、固原并英所领军马,遇警分授方略,相机战守。或兵力不支,则量于宁夏等处分调,庶号令专一,体统不紊",于是"兵部乃建请推举武职重臣一员,赴延绥总制诸军,调度剿贼"。① 朱见深批准。在人选的酝酿过程中,吏部尚书兼华盖殿大学士李贤提出了"搜套"的建议,兵部尚书王复及会昌侯孙继宗推荐了大同总兵官彰武伯杨信,于是朱见深下诏召回杨信,在六月命他"佩平虏将军印充总兵官,统京营兵往延绥讨虏寇",同时朱见深又"敕巡抚陕西右副都御史项忠提督军务,与太监裴当、总兵官杨信协谋剿贼。时征剿河套,忠累请命文臣为总督,遂以委之"。②

杨信和项忠的搜剿河套显然没有效果,到成化二年(1466)年底,陕西右参政朱英向朱见深上奏说:"陕西自近年以来,虏酋孛来西寇甘凉,毛里孩南侵延庆,军民被害,财畜一空。所在官军既以坚壁清野为能,邻近人马又以据守信地为重,宁夏不顾延绥,甘肃不恤宁夏,各拥重兵,傍观坐视。间有当先杀贼者,又因众寡不敌,因而失利,反以为戒,是致军威不振,虏志日骄,屡烦朝廷命将出师,征行千里,劳费钜万,军威既至,贼众又回,旋师未几,边报又急,岁复如是,何时得宁? 盖因责不归一,令莫适从之故。乞敕兵部会同廷臣从长计议,文武大臣内推选武臣一员充总制,文臣一员充总督,常镇陕西,节制三边并腹里军务,平居则听其往来提督操练,禁革奸毙;有警则听其调度官军,会合杀贼;则三边一令,诸将同心,以守必固,以战必胜,而边方可安,边储可省矣。"③朱英再次提出了统一指挥的问题,但兵部没有采纳他的意见。后来毛里孩与明廷实现了通贡,明廷边防压力有所减轻,此事就被搁置下来。

成化五年(1469)十一月,蒙古军再度袭扰延绥地区,副都御史王锐奏报:"延绥东接山西偏头关,西连宁夏花马池,沙漠二千余里,无险可守,所立营堡二十余处,地势隔绝,军力寡弱,欲乞济师。"兵部廷议后建议:"虏往年在河套深入腹里,沿边被其荼毒,今又入河套,其势可虑。若非大挫其锋,则边患何时可息,宜敕都御史王越总制两游击之兵,设策相机剿之。诏可。"④当河套问题再次严重起来后,王锐请求增兵,兵部提出了命"都御史王越总制两游击之兵"的建议,但是总制的是两游击之兵,恐怕不足以制敌。

成化六年(1470)三月,明廷接到河套地区的报告,"时谍报迤北虏酋将纠众寇边甚急,兵部会廷臣计议战守事宜。太傅会昌侯孙继宗、吏部尚书姚夔等议:'延绥地方阔漫,贼出没路多,各堡守备官军数少,近虽调拨陕西腹里官军协守,然多系舍余、民壮,而山西操候官军三千今亦未集,宜添调京营并甘凉等处军马,选委内臣一员为监督,文职大臣一员为总督,武职大臣一员佩印充总兵官,二员充副总兵,请给制敕,往彼酌量事情,调度官军,相机战守。然又必得军马精锐,庶可克敌成功。'"朱见深同意廷议的结果,于是明廷再一次调集大军于河套地区,"命抚宁侯朱永佩平虏将军印充总兵官,都督刘玉、刘聚充左、右副总兵;太监傅恭、顾恒监督军务;右副都御史王越参赞军务,往延绥备虏。"为此选调的官军是京营精锐骑步官军一万,大

①　《明宪宗实录》卷三〇,成化二年五月辛未条,台湾"中央研究院"历史语言研究所 1962 年校印本,第 585~587 页。

②　《明宪宗实录》卷三一,成化二年六月壬子条、丁卯条,台湾"中央研究院"历史语言研究所 1962 年校印本,第 618、628 页。

③　《明宪宗实录》卷三七,成化二年十二月庚戌条,台湾"中央研究院"历史语言研究所 1962 年校印本,第 731~732 页。

④　《明宪宗实录》卷七三,成化五年十一月乙未条,台湾"中央研究院"历史语言研究所 1962 年校印本,第 1415 页。

同、宣府各调官军五千,宪宗钦发敕谕:"自去冬以来,虏酋阿罗出纠率丑类,潜住河套,时出剽掠延、庆二府,人民被害为甚。今特命尔等至彼,同心计议,申严号令,振作军威,量度贼情事势,运谋设策,调度官军,相机而行。若贼人马疲敝,有可乘之势,即分布营阵,各路出境,刻期合剿。如贼势尚强,亦宜分兵据守要冲,毋令突入。凡一应军机事务,悉从尔等便宜处置,其陕西、延绥、宁夏镇守、总兵、巡抚等官并游击官军,悉听节制调度。尔等受兹简任,体朕安边保民之意,尽心所事,以图成功。仍戒约下人,毋或骚扰居民,重为患害。用兵之际,尤宜审密慎重,毋或轻忽,堕贼奸计。必使贼寇殄除,人民安妥,斯副委任之重。"①明廷这一次出兵采用了"三驾马车式"的指挥体制,有总兵官,有参赞军务,有监督军务,但最终还是没有取得积极的战果,这是明廷对三边地区统一指挥的尝试,是所谓"一应军机事务,悉从尔等便宜处置,其陕西、延绥、宁夏镇守、总兵、巡抚等官并游击官军,悉听节制调度"。

　　成化八年(1472)五月,河套地区再次受到蒙古军的袭扰,明廷吏部右侍郎叶盛、右都御史王越、兵部尚书白圭、会昌侯孙继宗、吏部尚书姚夔共同举行廷议,认为"虏酋乩加思兰等久居河套,频年寇边,荼毒生灵,罔有纪极,若不痛加剿珍,边患终无宁日。先后所调诸军已逾八万,各路总兵彼此颉颃,事无统一,兵虽多而成功少。今宜遣一大将佩印受敕,与越赴延绥等处调度,仍敕都御史马文升督陕西兵,余子俊督延绥兵,徐廷章督宁夏兵,及各边总兵、参将、游击将军等官悉听大将节制,则事权归一,可责其克敌成功,以息边患"。这里再次提出了统一指挥的问题。朱见深支持廷议的结果,"命武靖侯赵辅佩平虏将军印充总兵官,统制诸路兵马,与总督军务右都御史王越赴延绥等处击虏寇"。宪宗在所发的敕谕中说道:"近者虏寇侵犯延绥、宁夏地方,剽掠陕西境内,三处官军互相推避,不能并力截杀,以致进辄失利,为患不已。今特命尔充总兵官,与右都御史王越总制各路军马,调度杀贼。军中一应事情,悉听便宜处置,务在大挫贼势,俾之度河远遁,斯为上策。若深入河套穷追远讨,尤在量力审势,不可轻忽。"②这次出兵之后,在王越的谋划下,明军在成化九年(1473)九月袭击了河套蒙古满都鲁、孛罗忽、乩加思兰的老营红盐池,十月取得了"韦州之捷",明廷在河套地区取得了少有的一次胜利。

　　成化九年(1473)十二月,刑部主事张鼎在其奏疏中又一次说道:"陕西八府、三边、腹里,俱有镇抚、总兵、巡抚都御史等官,不相统一,遇事各为可否,有警不相援救。宜推文武兼济者一人总制三边,副将以下悉听调遣,则事体归一而成功不难。"③张鼎的奏疏报到朝廷后,"兵部尚书白圭会太傅会昌侯孙继宗等,议刑部主事张鼎陈言内一事,欲举都御史一员总制三边。今固原、平凉乃三边总会之所,虏寇侵犯,累由此入,宜置立总府。定西侯蒋琬谋勇素著,堪充总兵,总制各路军马;左都御史王越通达有奇,可提督军务兼理钱粮,仍乞假以便宜之权,使陕西、甘宁、延绥等处总兵、巡抚等官悉听节制。"朱见深看了廷议的结果后说:"总兵官且不用,只令王越驻劄固原,总督诸路军马。"在朱见深的指令下,明廷遂命"左都御史王越专居固原,总督诸路军马"。④ 成化十年(1474)正月,王越成为三边诸路军马的统一指挥官。笔者以为,从历史发展的延续性来看,这应该看作三边总制设置之始。但是到成化后期,王越受到汪直的牵

① 《明宪宗实录》卷七七,成化六年三月壬寅条,台湾"中央研究院"历史语言研究所1962年校印本,第1502~1504页。

② 《明宪宗实录》卷一〇四,成化八年五月癸丑条,台湾"中央研究院"历史语言研究所1962年校印本,第2040~2041页。

③ 《明宪宗实录》卷一二三,成化九年十二月壬午条,台湾"中央研究院"历史语言研究所1962年校印本,第2367页。

④ 《明宪宗实录》卷一二四,成化十年正月癸卯条,台湾"中央研究院"历史语言研究所1962年校印本,第2375页。

连,被罢官回籍,三边总制也中断设置。

　　弘治十年(1497)九月,蒙古军入甘肃肃州抢掠,都指挥刘忠御敌失利,兵部请"暂设总制大臣以便宜从事,令总制甘凉各路军马及经略土鲁番、哈密事情,镇巡官俱听节制,庶兵权归一而地方可宁"①,朱祐樘同意了。"敕加致仕左都御史王越太子太保、总制甘凉各路边务兼巡抚地方,命巡抚甘肃都御史吴珉回京别用。先是,虏寇肃州之沙窝堡,珉等不能御,兵部乃议设总制官,初拟上三人,再拟四人,皆不用,后乃拟越,遂用之。"②王越任总制甘凉各路边务兼巡抚地方,及至王越到京后,向朱祐樘奏明:"甘凉孤悬一隅,军士疲乏,难以克敌,有警欲调延绥、宁夏两镇,并请解巡抚之任。上命甘肃、宁夏、延绥三边军马俱听越总制调用,巡抚甘肃都御史命别推堪任者充之。"③王越成为明廷正式任命的第一任三边总制,他以耄耋之年,指挥明军取得了贺兰山之捷,西北边情有所缓和。此后,王越再次受到言官的弹劾,弘治十一年(1498)十二月去世。

　　王越是明代第一任三边总制,其后随着蒙古军的不断袭扰、入掠,三边总制逐渐从不常设之制变为常设,到嘉靖中叶,三边总制改称为总督,由是有"三边制府驻固原"之说,一直到明朝灭亡。在这一百七十年间,先后有数十人担任过这一职务,具体任职人数,今人说法不一。徐兴亚在《西海固史》中认为"近150年,先后有56人65次,出任三边总制(总督)。"④胡学祥等认为"从首任总制王越始,至末任总制(总督)孙传庭止,140余年间,时设时罢,或任或缺,先后有56人出任三边总制(总督)"⑤。吴忠礼认为"先后有56人、62任总制(督)官"⑥。马维仁认为:"从成化十年设置伊始至崇祯十七年明朝灭亡,明代陕西三边总制人数共计64人。成化年间2人,弘治年间3人,正德年间7人,嘉靖年间22人,隆庆年间3人,万历年间15人,天启年间4人,崇祯年间10人。其中,王越两次出任三边总制一职,在时间上涉及成化、弘治两朝;杨一清三次出任三边总制一职,在时间上涉及正德、嘉靖两朝。"⑦以上诸人的说法不一,看来要想有一个准确的说法,还需下一番考证的工夫。

　　另外,笔者想要说明的是:三边总制是明廷派出的协调陕西、甘肃、宁夏三镇统一指挥的最高指挥官,但这是文职,并没有取代陕西镇,陕西镇守总兵官同甘肃总兵官、宁夏总兵官一样,也要受三边总制的调遣,总制是因事、因时而设,无事时可以裁撤,而陕西总兵官乃至甘肃、宁夏总兵官则是常设,不可随便裁撤,这是需要加以区别的,至于二者的关系以及三边四镇的运作,就成为历史给我们留下的一个值得研究的课题。

　　①　《明孝宗实录》卷一二九,弘治十年九月丙寅条,台湾"中央研究院"历史语言研究所1962年校印本,第2292页。
　　②　《明孝宗实录》卷一三〇,弘治十年十月乙酉条,台湾"中央研究院"历史语言研究所1962年校印本,第2305页。
　　③　《明孝宗实录》卷一三二,弘治十年十二月丙子条,台湾"中央研究院"历史语言研究所1962年校印本,第2332页。
　　④　徐兴亚:《西海固史》,甘肃人民出版社2002年版,第292页。
　　⑤　胡学祥、门军华、胡志存编著:《宁夏五千年史话》,宁夏人民出版社2006年版,第218页。
　　⑥　吴忠礼、鲁人勇、吴晓红:《宁夏历史地理变迁》,宁夏人民出版社2008年版,第148页。
　　⑦　马维仁:《明代陕西三边总制人数考实》,《宁夏师范学院学报》2016年第4期。

第五章 明世宗时期对蒙"绝贡" 政策与北边危机

明代的朝贡体制是明廷为处理与藩属国及周边少数民族的关系而设计的一系列制度的总称,其中在北方最重要的就是与蒙古族的朝贡关系。明代的朝贡体形成于洪武年间,明廷与蒙古族的朝贡体制完成于永乐年间,其发展的高潮是在明英宗正统时期。在朝贡体制的运行过程中,"土木之变"只是一个偶然事件,"庚戌之变"却是明世宗对蒙古"绝贡"政策所造成的恶果。

第一节 明代与蒙古族朝贡体制的形成与发展

关于明代的朝贡问题,国内外学界已多有研究。美国学者费正清早在 20 世纪 40 年代就和邓嗣禹开始研究明清时期的朝贡问题;日本学者滨下武志在 20 世纪 80 年代提出了朝贡贸易体系理论;韩国学者全海宗对历史上中韩之间的朝贡关系有深入研究。中国学者黄枝连、张存武等对朝贡问题有独到见解;晁中辰、陈尚胜、李金明、万明等也都对朝贡问题有不同程度的研究,特别是李云泉的博士学位论文以《明清朝贡制度研究》为题,后于 2004 年出版时更名为《朝贡制度史论——中国古代对外关系体制研究》,其他对朝贡问题进行研究的论文为数亦多。同时,学界在谈论朝贡问题时,所用的术语也不尽相同,有朝贡制度、朝贡体系、朝贡关系、朝贡贸易、朝贡体制等。笔者认为用朝贡体制比较合适。从现状看,绝大多数研究者都是从中外关系的视角来看待朝贡问题的,所论多为朝贡贸易。

综观明代的朝贡体制,可以划分为两个层面:其一是明廷与周边藩属国以及海外诸国的朝贡体制;其二是明朝中央政府与周边少数民族之间的朝贡体制。由此观之,目前的研究状况是对第一个层面的研究比较深入,成果也很丰厚,对第二个层面的研究则相对薄弱,专著、论文都较少。如对于周边少数民族地区("四夷")的朝贡问题,论者所论的内容有藏族、回族以及西南土司等。近来吉林大学程妮娜对东北地区各民族在历史上与中原王朝的朝贡关系做了纵贯的研究,有《汉唐东北亚封贡体制》《古代东北民族朝贡制度史》等专著。对明朝与北部边疆最大的对手蒙古贵族而言,明蒙双方朝贡关系的状况如何? 它们是如何运行的? 目前的研究多从蒙古史的视角立论,所谈不离朝贡贸易,或者是从明朝对蒙古族的政策切入,而从明朝中央政府的视角考察其对蒙古族关系整体设计者尚少。

笔者以为,明王朝是从元朝手中夺取全国政权的,作为一代开国之君的太祖及成祖,肯定会对如何与自己的主要对手蒙古贵族打交道有一个总体设计,只是以往对这种总体设计缺少关注。本章就是要对这个总体设计加以探讨,焦点则集中到明朝中央政府与蒙古贵族之间的朝贡体制方面。本书之所以使用朝贡体制一词,是因为它包含一整套的组织制度,对于贡道、贡期、使团人数、来朝程序、朝贡内容各方面都做了细致规定,体制一词可以涵盖明朝政府相关的机构设置、隶属关系、权限划分、运作程式等方面的体系和制度。

另外,有必要在这里对本章的题目与主体思路作一阐释。本章的关键词有二:朝贡体制和农牧文化交流。朝贡体制属于制度文化的内容,而明廷与蒙古之间交流的物品,不能简单视为一般产品或经济交流,它包含丰富的物质文化和精神文化的内涵。人类所创造的一切有形的物质产品,都是人类各种知识体系的物化和结晶。所谓物质文化是和一个民族的生产方式相联系,由人类在物质生产活动中所创造的各种知识及其主要成果累积起来形成的有形的社会物质力量,对于明蒙之间物质产品的交流我们应作如是观。制度文化体现了人类对社会体系把握和控制的程度,反映了人类总体在处理人与人之间及族群与族群之间的关系、维护社会健康发展、提高管理水平方面的进步,明廷所创立的朝贡体制,就反映了明代在这方面的成就和进步。精神文化体现着人类理性思维、形象思维和艺术创造的发展历程,在人类各个时代的物质产品中无不凝聚了精神文化的内容。因此,我们将本章的关键词定为朝贡体制与农牧文化交流,但绝非将其简单视为一般性的经济贸易活动。

一、洪武时期朝贡体制的形成

明代的朝贡体制是对前代朝贡制度的继承与发展,是明廷在制度文化方面的一项创造。明朝廷与蒙古贵族之间的朝贡体制,是以明代整体朝贡体制为背景的,因此,首先要考察一下洪武时期朝贡体制的形成。

朝贡体制的根本点是朝贡者对明朝政治上的认同,接受明朝的册封,承认明朝皇帝的"天下共主"的地位。明朝建立后,朱元璋采取了允许接受封号的各少数民族首领定期入朝进贡、明廷给以丰厚的赏赐并可在会同馆进行一定程度的互市贸易的政策,由此而形成周边少数民族对明廷的朝贡体制。

明代的朝贡体制,是以明朝统治者的"天下观"为其理论背景的。这个天下观用朱元璋的话来描述,就是"自古帝王临御天下,中国居内以制夷狄,夷狄居外以奉中国",元以"北狄"入主中国实乃天授,元失其政,天"当降生圣人,驱逐胡虏,恢复中华,立纲陈纪,救济斯民"[1],朱元璋就是这天生圣人,代天行道,为新的"天下主"。是以洪武建元以后朱元璋不断遣使到周边各国及少数民族地区,宣告自己"奉天命已主中国,恐遐迩未闻,故专使报王知之"[2]。在洪武三年(1370)封买的里八剌为崇礼侯时一再宣称:"朕以武功削平群雄,混一区宇,为天下主。"在招降元朝宗室部落的诏书中,更是不厌其烦地说:朕为皇帝,"即位之初,遣使往谕交阯、占城、高丽诸国,咸来朝贡,奉表称臣。唯西北阻命遏师,朕未遣使降诏者,以庚申君尚拥众应昌故耳。"及至应昌之役顺帝崩殂,太子爱猷识理达腊望风遁逃,其孙买的里八剌受封为侯,再次"遣使遍谕朕意,朕既为天下主,华夷无间,姓氏虽异,抚字如一。"[3]

从以上史实中可以概括出三点:其一,中国居内、夷狄居外,居于中国的明朝统治者是天下之主;其二,居外的夷狄以及藩属国要"奉表称臣",前来朝贡;其三,"华夷无间,姓氏虽异,抚

---

[1] 《明太祖实录》卷二六,吴元年十月丙寅条,台湾"中央研究院"历史语言研究所 1962 年校印本,第 402 页。

[2] 《明太祖实录》卷三九,洪武二年二月辛未条,台湾"中央研究院"历史语言研究所 1962 年校印本,第 786 页。

[3] 《明太祖实录》卷五三,洪武三年六月丁丑条,台湾"中央研究院"历史语言研究所 1962 年校印本,第 1048 页。

字如一"。这是明朝统治者以其君临天下的姿态,要建立一种以我为中心、四夷外国均要称臣纳贡的天下秩序。所以,朝贡体制的建立是以政治上的臣服为前提的。

在这种天下观指导下,朱元璋在洪武二年(1369)遣使四出时,就命礼部制定"蕃王朝贡礼",礼部官员总结了历史上殷、周、汉、唐、宋、元历代蕃王朝贡的仪制,确定明代的蕃王朝贡仪制:蕃王来朝到达龙江驿,首先派应天府知府"至驿礼待",第二天进入会同馆,要由礼部尚书出面宴劳,第三天由中书省派官宴劳,然后在"天界寺习仪三日,择日朝见"。在天界寺所学习的礼仪包括朝见时如何跪拜、如何向皇帝致词、如何按照雅乐的节奏进退周旋等。在朝见皇帝之后,还有"见皇太子""见亲王""见丞相""见三公、大都督、御史大夫",然后皇帝"锡宴于谨身殿",接着"东宫择日宴蕃王""中书省取旨宴劳""都督府宴""御史台宴",不一而足。蕃王返回要有陛辞,"其陈设行礼如朝见仪,唯不设承制、传制、方物案、宣状等官,辞东宫亦如见仪,唯不跪致辞。礼毕,中书省率礼部官送至龙江驿,礼部设宴如初至,礼部官还,应天府官送起行。"如果蕃王不亲自来朝而是遣使朝贡,礼仪大体也如上述而略有减少。此外,还有蕃国的遇正旦、冬至、圣节"望阙行礼""进贺表笺"等。"其诸蕃国及四夷土官朝贡所进方物,遇正旦、冬至、圣节悉陈于殿庭,若附至蕃货欲与中国贸易者,官抽六分,给价以偿之,仍除其税。"①

到了洪武二十七年(1394),由于以前所定礼仪过于烦琐,朱元璋命重新修订,"凡蕃国王来朝,先遣礼部官劳于会同馆;明日,各服其国服,如赏赐朝服者则服朝服,于奉天殿朝见,行八拜礼毕,即诣文华殿朝皇太子,行四拜礼;见亲王亦如之,亲王立受后,答二拜;其从官随蕃王班后行礼。凡遇宴会,蕃王班次居侯伯之下,其蕃国使臣及土官朝贡皆如常朝仪。"②

从洪武时期的历史记载来看,当时朝贡的四夷分为蕃国和四夷两部分。所谓蕃国"东有朝鲜、日本;南有暹罗、琉球、占城、真腊、安南、爪哇、西洋琐里、三佛齐、渤泥、百花、览邦、彭亨、淡巴、须文达那,凡十七国";在四夷中,"其西南夷隶四川者,军民府凡六,乌蒙、乌撒、芒部、卭部、普安、东川;安抚司一,曰金筑;宣抚司一,曰酉阳;宣慰司三,曰贵州、播州、石柱;招讨司三,曰天全、六番、长河西;长官司凡三十,庐山、慕役、西堡、大华、宁谷、寨顶营、十二营、平茶、程番、康佐、木爪、方番、阿昔亦簇、占藏先结簇、巾各匝簇、北定簇、祁命簇、阿昔洞簇、勒都簇、班班簇、者多簇、麦匝簇、泥溪、雷坡、沐川、平夷、蛮夷、岳希、蓬陇、木头静州;府四,德昌、马湖、建昌、会川;州十九,安顺、龙、永宁、镇宁、建安、礼、柏、兴、黎里、阔、武安、永昌、隆、姜、黎溪、会理、威、龙昌、普济;卫一,曰建昌;县三,中碧、舍麻、龙其;隶广西者府三,田州、思明、镇安;州二十五,龙英江、龙养利、上下冻、思陵、万承、安平、太平、都结、思城、结伦、镇远、左茗盈、南丹、纪安、思同、东兰、那地、全茗、利泗、城奉、议县、四陀陵、罗阳、崇善、永康;隶云南者,军民府一,曰姚安;府八,元江、丽江、景东、楚雄、鹤庆、寻甸、大理、临安;宣慰使司三,平缅、车里、八百;州二,姚、邓;土官三,海东、宾居、小云南;县二,广通、习峨;隶湖广者,宣慰使司四,施南、思南、永顺、保靖;安抚司一,忠建;长官司三,臻部、六洞、黄坡等处;军民府一,曲靖;西域之部也,西天

① 《明太祖实录》卷四五,洪武二年九月壬子条,台湾"中央研究院"历史语言研究所1962年校印本,第884~903页。

② 《明太祖实录》卷二三二,洪武二十七年四月庚辰条,台湾"中央研究院"历史语言研究所1962年校印本,第3395~3396页。

泥八剌国,朵甘、沙州、乌思藏、撒立畏兀儿、撒来、撒马儿罕。"①

　　洪武时期,由于北元朝廷的存在,蒙古族未能建立与明廷的朝贡关系,但其时来朝、来降的蒙古各部已有很多。通过对明朝实录的统计,得到以下几点:

　　第一,《明太祖实录》记载与蒙古族发生关系的年份有洪武二年、三年、四年、五年、七年、八年、九年、十二年、十四年、十七年、二十年、二十一年、二十二年、二十三年、二十四年,计 15 个年份,有的年份只有一次记载,有的年份则有多次记载,如洪武四年有 9 次记载、二十年有 8 次记载、二十一年有 11 次记载,这显然与明廷对蒙古族所采取的招抚政策及军事打击有关。洪武三年太祖封买的里八剌为崇礼侯并发布诏书招降蒙古族,二十年有辽东之役后纳哈出降明,二十一年有捕鱼儿海之役,等等。

　　第二、明朝的实录中所记蒙古族对明朝的关系可分为来归、来朝、来降三种情况,人数、部落多寡不一,既有宗室、诸王,又有各级贵族和官吏,情况比较复杂。

　　第三、明廷对蒙古族的处置表现为两个方面:一是生活上的安顿、经济上的优待,包括赐予钞、冠带、衣物、布帛、白金、粮食、房屋、田宅;二是政治上的授官、设置羁縻卫所,其中如设立全宁卫以及对兀良哈三卫的处置最为典型。

　　明初洪武时期是朝贡体制的形成阶段,同时也是明蒙朝贡体制的酝酿阶段,朱元璋对来朝及来归、来降的蒙古人给以妥善的安置和优厚的赏赐,为其后继者提供了范例,因而成为明蒙朝贡关系的滥觞。

二、永乐时期明蒙朝贡体制的形成

　　永乐时期是明蒙朝贡体制的形成阶段,成祖在其 22 年的统治时间里使明蒙朝贡体制走向正常化和制度化,虽有"五出三犁",但并未对朝贡体制发生不良影响。为使问题明晰,本书用表格的形式展现明蒙之间的关系:

表 5.1　永乐时期明廷与蒙古族交往关系表

时间		部落首领名称	地点、缘由	明廷处置	《明太宗实录》所载出处
建文二年	二月丁未	鞑靼国公赵脱列干、司徒赵灰邻帖木儿、司徒刘哈剌帖木儿	自沙漠率众来归	赐赉有差	卷六
	癸丑		谍报胡寇将侵边	遣书谕鞑靼可汗坤帖木儿并谕瓦剌王猛哥帖木儿等,晓以祸福	
洪武三十五年	十月癸酉	鞑靼脱脱不花、驴驴	来归	赐衣钞彩币,居之京师	卷一三
	十一月己丑	鞑靼头目伍丑驴	自凉州来朝	命为锦衣卫佥事	卷一四

---

① 《明太祖实录》卷二三二,洪武二十七年四月庚辰条,台湾"中央研究院"历史语言研究所 1962 年校印本,第 3394～3395 页。

续表

时间		部落首领名称	地点、缘由	明廷处置	《明太宗实录》所载出处
洪武三十五年	十二月甲子	鞑官怯烈帖木儿、哈剌脱欢、李剌儿	来归	赐银钞、文绮、袭衣有差,仍授千百户之职。怯烈帖木儿言:鞑官阿卜都罕等五百余人居塔滩之地,俱欲内属。上敕宁夏总兵官左都督何福曰:可遣官一员与怯烈帖木儿往塔滩,护阿卜都罕等前来,来则择善地处之,若其欲朝,亦遣人送来	卷一五
永乐元年	二月己未			遣使赍书往迤北谕鞑靼可汗鬼力赤曰:比闻北地推奉可汗正位,特差指挥朵儿只恍惚等赍织金文绮四端往致朕意:今天下大定,薄海内外皆来朝贡,可汗能遣使往来通好,同为一家,使边城万里烽堠无警,彼此熙然共享太平之福,岂不美哉!并遣敕谕房太师右丞相马儿哈咱、太傅左丞相也孙台、太保枢密知院阿鲁台等以遣使往来之意。赐马儿哈咱等文绮各二,及赐朵儿只恍惚等白金钞币衣服有差。	卷一七
	乙丑	鞑官伯帖木儿等	率家属自塔滩来归	命伯帖木儿为指挥使,赐钞二百锭,彩币二表里,纱罗衣五袭,金带一,仍命居宁夏	
	十一月丙子	兀良哈头目哈儿兀歹	遣其部属脱忽思等二百三十人来朝贡马	赐钞币袭衣并偿其马值,上马每匹钞五十锭,中马四十锭,下马三十锭,仍与彩币表里一。	卷二五
	庚寅	兀良哈来归头目丹保奴等		赐宴于会同馆	
永乐二年	四月己丑	鞑靼头目脱儿火察、哈儿兀歹等	二百九十四人随指挥萧上都来朝	命脱儿火察为左军都督府都督佥事,哈儿兀歹为指挥同知,掌朵颜卫事;安出及土不申俱为都指挥佥事,掌福余卫事;忽剌班胡为都指挥佥事,掌泰宁卫事;余及所举未至者总三百五十七人各授指挥千百户等官,赐诰印、冠带及白金、钞币、袭衣,脱儿火察言有马八百余匹留北京,愿易衣服,命北京行后军都督府及太仆寺第其马之高下给值偿之	卷三十

续表

时间		部落首领名称	地点、缘由	明廷处置	《明太宗实录》所载出处
永乐二年	七月癸丑	鞑官王副把都不花等	自哈剌温等处来朝贡马	赐银钞、彩币、袭衣	卷三三
	十月辛未	故鞑靼丞相若木子、塔力尼等	率所部男妇五百余人自哈剌秃之地来归	设肃州赤斤蒙古千户所,以塔力尼为千户,赐诰印、袭衣、彩币。赤斤,甘肃邻境也	卷三五
永乐三年	正月辛丑乙巳	鞑靼头目察思吉、朵罗赤等	来归	赐银钞、文绮、袭衣	卷三八
		鞑靼扫胡儿与其弟答剌赤八速台迭儿必失等	来归	扫胡儿,阿鲁台部属也。言鬼力赤闻兀良哈、哈密内属朝廷,遂相猜防,数遣人南来窥伺,明廷遂遍敕边将令备之	
	二月甲申	鞑靼卜兰奚等	来归	各赐钞百锭	卷三九
	三月戊戌	鞑靼也里麻等	五十五人自哈剌温等处来归贡马	命礼部如例赏之	卷四十
	庚申	鞑靼头目朵儿只	来归	命为正千户,赐冠带、钞币、袭衣及金织纱罗衣	
	甲子	酋长也里麻等	哈剌温及兀良哈等处来归四十五人	命为都指挥、指挥、千百户,赐钞及文绮彩缯有差	
	七月壬寅癸卯	鞑靼平章把都帖木儿、伦都儿灰	自塔滩率部属五千余人归附	总兵官左都督宋晟留其家属于甘肃,遣人送把都帖木儿等至京。上宴劳之,赐袭衣等物 命把都帖木儿为右军都督金事,赐姓名吴允诚;伦都儿灰为后军都督金事,赐姓名柴秉诚;保住为陕西行都司都指挥金事,赐姓名杨效诚;余为指挥、千百户、镇抚,复赐冠带、袭衣、文绮、表里、白金、钞有差,赐赉甚厚	卷四四
	八月己巳己丑	鞑靼阔阔儿不花	二十五人自迤北来朝	赐钞及文绮、袭衣	卷四五
		鞑靼失儿哈达儿	来朝	命设赤不罕卫,以失儿哈达儿等为指挥、千百户,并赐诰印、冠带、袭衣及钞币有差	

续表

时间		部落首领名称	地点、缘由	明廷处置	《明太宗实录》所载出处
永乐三年	九月庚子	鞑靼纳哈剌等	自欻多伦地面来朝贡马	赐之银钞、彩币	卷四六
	十月乙丑			命来朝鞑靼头目阿散为泰宁卫掌卫事都指挥金事,朵儿朵卧等为卫镇抚、千户等官;八秃为福余卫指挥使,赛因台等为本卫指挥金事、镇抚等官;孟哥秃等为朵颜卫副千户;苦列为监河卫指挥同知;各赐冠带、袭衣并银钞、彩币有差	卷四七
	己卯	指挥章乞帖木儿等,鞑靼把秃、野麻哈等	泰宁朵颜福余建州兀者等卫五十二人;恺腊儿、九山等处四十五人来朝贡马	赐钞币有差	
永乐四年	正月己酉	鞑靼满束儿灰等	来朝	命为都指挥、指挥等职,赐冠带、诰敕及袭衣、钞币有差,俾居凉州、庄浪、宁夏三卫,仍各赐姓名:都指挥同知满束儿灰曰柴志诚,都指挥金事阿儿剌台曰杨汝诚,凉州卫指挥同知猛哥曰安汝敬,金事脱脱曰杨必敬,只兰曰吴克诚,朵列干曰吴存敬,庄浪卫指挥金事火失谷曰韩以谦,袓住不花曰柴永谦,宁夏卫指挥使伯帖木儿曰柴志敬,余千户、卫镇抚、百户等十一人皆赐之	卷五十
	八月甲辰	鞑靼头目安立提	自考儿仓等处来朝贡马	置竦和儿河千户所,命安立提等为千百户、镇抚,赐诰印、冠带及袭衣、钞币有差	卷五八
	九月甲子	鞑靼头目乃答儿	自迷密河等处来朝	置只陈千户所,命乃答儿、帖木儿二人为正千户,也先不花九人为百户,剌把、脱欢不花二人为所镇抚,赐诰印、冠带、袭衣及钞币有差	卷五九
	癸未	都指挥哈儿兀歹	朵颜卫来朝鞑官	言北房鬼力赤欲率众南来抄边,上曰:虏虽未必来,然有备无患,遂敕宁夏总兵官左都督何福、甘肃总兵官西宁侯宋晟及开平、兴和守将各严兵备	

续表

时间		部落首领名称	地点、缘由	明廷处置	《明太宗实录》所载出处
永乐四年	十一月辛未甲戌丙子	鞑靼头目答丹等	来归	命答丹为指挥,赐袭衣、钞币,余赐有差	卷六一
		福余卫都指挥安出弟八秃不花等	率妻子来朝,贡马七十匹	赐白金、彩币、袭衣	
		鞑靼头目脱温不花	来归	赐衣币牛羊等物如例	
	十二月癸巳	苦木帖木儿等	鞑靼头目,来归	命苦木帖木儿为陕西都指挥金事,赐姓名曰柴永正,达丹为庄浪卫指挥金事,赐姓名曰安汝坚,把的为正千户,赐姓名曰平以正,俱赐诰敕、冠带、文绮、袭衣、彩币	卷六二
永乐五年	正月戊午癸亥己巳	鞑靼答哈巴等	来归	赐白金、彩币	卷六三
		朵颜卫指挥都儿秃等	率所部头目奴温塔木等八十人来朝贡马	赐钞币有差	
		鞑靼头目朵儿只	五人来归	赐白金、文绮有差	
	二月己丑壬辰戊戌	哈安温都儿只青么连等处鞑靼头目阿里罕等	来朝贡马	赐赉有差	卷六四
		鞑靼雅卜哈等	七人来归	命为宁夏卫百户、镇抚,赐白金、钞币有差	
		朵颜卫头目把秃	率妻子来朝	把秃自陈其母久居北京,乞往省亲。命礼部赐之袭衣路费,令就居北京侍母,如欲俱还朵颜者听	
	三月己巳甲戌	鞑靼僧耳亦赤、也儿吉、你儿灰	来朝	各赐银钞、文绮、袭衣,命礼部宴劳之	卷六五
				耳亦赤等还,命赍彩币赐鞑靼太师右丞相马儿哈咱及头目脱火赤等	
		泰宁卫都指挥金事忽剌班胡	遣子阿剌哈率所部六十人来朝贡马	赐钞币、袭衣,遣还	
	四月壬辰庚子	鞑靼头目完者秃等	来朝贡马	赐钞币有差	卷六六
		鞑靼头目把罕等	二十五人来归	命为凉州卫指挥、千、百户,赐之钞币	

续表

时间		部落首领名称	地点、缘由	明廷处置	《明太宗实录》所载出处
永乐五年	五月乙亥	鞑靼头目把秃不花	自阔伦麽连来朝贡马	赐袭衣、彩币	卷六七
	六月癸卯	鞑靼头目苦烈	自考忒卜河等处来朝贡马	赐之钞币	卷六八
	七月丁巳乙亥	札木哈地面鞑靼头目他阿察儿 托堂奇山大乃若因河好兀等地鞑靼头目一里哈	来朝,贡马 来朝,贡马	赐钞币有差 赐钞币、袭衣	卷六九
	八月辛卯	鞑靼塔安不花等	来归	以塔安不花为宁夏卫指挥佥事,余授千户、镇抚,赐银、钞、文绮、彩缯有差	卷七十
	九月己巳丁丑	泰宁等卫头目乞列该等 鞑靼卜颜秃及苦木	率妻子来朝贡马 来归	命乞列该为千户,余为百户、镇抚,赐钞币有差 赐白金、彩币,命为凉州卫百户、镇抚	卷七一
	十月己酉	温突儿年麽连等处鞑靼头目苟史得	来朝贡马	赐赉有差	卷七二
	十一月辛酉戊寅	阿鲁兀纳么连地鞑靼头目脱完不花 哈剌可兰之地鞑靼头目安台等	来朝贡马 来朝贡马	赐钞币有差 赐之钞币	卷七三
	十二月丙申	北虏阿鲁台	遣回回哈费思来朝	奏求药,命太医院使如奏赐之	卷七四
永乐六年	正月壬戌	乃答儿、哈哈缠等	兀良哈野人头目,率男女八十余人来朝贡马	时福余卫指挥佥事安出等奏乃答儿有才识,哈哈缠等十四人善骑射,请授官职,命乃答儿等为指挥、千、百户,赐诰敕、冠带及袭衣、钞币有差	卷七四
	十月丙子	瓦剌马哈木等	遣暖答失等随亦剌思等来朝贡马	致诚恳、请印信封爵,命礼部宴劳暖答失等,赐之金织文绮、袭衣	卷八四
	十二月丁亥	福余、泰宁等卫指挥札木赤、曲列歹	贡马	赐之钞币	卷八六

续表

时间		部落首领名称	地点、缘由	明廷处置	《明太宗实录》所载出处
永乐七年	三月壬戌	鞑官百户可脱赤	五人自土剌河来朝贡马	赐之钞币	卷八九
	四月壬午	朵颜卫指挥哈剌哈孙、思伯罕	率一百六十一人来朝贡马	赐之钞币	卷九十
	五月乙未			封瓦剌马哈木为特进金紫光禄大夫顺宁王,太平为特进金紫光禄大夫贤义王,把秃孛罗为特进金紫光禄大夫安乐王,仍命所司给赐诰印	卷九二
	六月癸丑			赐瓦剌使臣暖答失等彩币并袭衣遣归,命亦剌思等赍印诰赐顺宁王马哈木、贤义王太平、安乐王把秃孛罗,与之偕行	卷九三
	戊辰	格里格思鞑靼阿蛮等	来朝贡马	厚赐遣之	
	七月乙未	鞑靼伪丞相昝卜、王亦儿忽秃、典住哥,平章都连脱儿赤,司徒秃鲁塔失,国公卜答失里,同知朵儿只、速可,同金阿束等	各率所部来归,至宁夏,众三万牛羊驼马十余万	遣使赍敕劳之,赐昝卜金织袭衣及金织文绮十表里,其亦儿忽秃等赐衣服金织文绮有差。敕宁阳伯陈懋厚宴劳之,仍给昝卜等牛羊米如赐阿滩卜花例,加赐酒五千瓶,羊三百羫,军民户给米千石,牛十只、羊二十五只,其家属给绵布、绵花有差	卷九四
	八月辛丑	兀良哈朵颜等卫都督佥事脱儿火察、指挥都忽秃	遣子弟者赤等二十六人贡马	赐钞币有差	卷九五
	壬子	鞑靼国公阿滩卜花等	至北京	命为右军都督府佥事,余为指挥、千、百户、镇抚,各赐冠带,俾还居宁夏	
	甲寅			丘福为本雅失里、阿鲁台所败,全军覆没	
	庚申	鞑靼太尉万户阿的大,司徒可可迭儿、满绰	各遣子同鞑靼国公平章阿卜泽等十一人来归	各赐金织文绮衣一袭、彩币四表里、钞百锭,仍命礼部遣使往劳阿的等,赐之金织文绮衣及彩币、表里	
	乙丑	鞑靼知院迭儿必失等	遣阿的帖木儿来纳款	命宁阳伯陈懋赐之袭衣、钞币,复敕懋率骑马往抚纳之,且戒其相机而行,不可贪功妄动	
	戊辰	鞑靼平章都连等	来归一百四十四人至北京	命都琏、卜答失里、迭里必失俱为都督佥事,余俱为都指挥、指挥、千、百户等官,赐白金文绮表里,命还居宁夏	

续表

时间		部落首领名称	地点、缘由	明廷处置	《明太宗实录》所载出处
永乐七年	九月壬申	鞑靼虎力罕等	率家属来归	奏愿居京师,赐钞币、衣服、布、绢、鞍马、牛羊、米薪,居第及日用什器皆给之。至是,有来归愿居京师者,赐赉准此例。若元之故官,则第高下授之职,食其禄而不任事	卷九六
	十月庚子	鞑靼头目失保赤等	十四人来归	命失保赤为都督佥事,余为指挥、千、百户,赐衣服、冠带、银币有差	卷九七
	十一月己卯	鞑靼哈剌那孩孙不花等	十四人来归	自陈愿居京师,授百户、镇抚之职,赐予如例	卷九八
	十二月戊申己未	鞑靼朵儿只等 鞑官指挥张广敬净修三藏国师耳亦赤等	三人来归 来朝贡马	命为指挥等官,赐白金、钞币并金织文绮衣各一袭 赐钞币有差	卷九九
永乐八年	三月甲戌丙子	瓦剌顺宁王马哈木遣完者不花答哈帖木儿等	贡马,谢恩	赐彩币、袭衣 遣瓦剌使者归,命指挥保保等护送,复赐敕劳顺宁王马哈木、贤义王太平、安乐王把秃孛罗,各赐彩币二十匹	卷一〇二
	三月至七月			朱棣第一次北征,五月己卯,败本雅失里于斡难河 六月甲辰,败阿鲁台于胪朐河	卷一〇三至一〇六
	十二月癸巳丁未	鞑靼太师阿鲁台遣平章脱忽歹等	来归,贡马	命宴劳之,赐袭衣、彩币 敕谕鞑靼太师阿鲁台:尔遣脱忽歹等来,言元氏子孙已绝,欲率部属来归。尔此心朕具悉之,朕奉天命为天下君,惟欲万方之人咸得其所,凡有来者皆厚抚之,初无远近彼此之间。脱忽歹又致尔言:谓瓦剌之人非有诚心归附,如诚心归附,当遂献传国之宝矣。彼诚否固不可必,而朕未尝重此宝也。自昔尧舜禹汤文武数圣人主天下,岂有此宝?盖帝王之宝在德不在此,如必以此为宝,则元氏得之当永保天位,福及子孙,何至衰败凋落如今哉!脱忽歹等回,特遣指挥岳山、镇抚丁全等偕行,谕朕之意,并赐尔彩币,至可领也	卷一一一

续表

时间		部落首领名称	地点、缘由	明廷处置	《明太宗实录》所载出处
	二月甲辰	瓦剌顺宁王马哈木等遣使马哈麻等	贡方物	且言本雅失里、阿鲁台败走,此天亡之也,然此寇桀骜,使复得志,则为害边境,而西北诸国之使不敢南面,愿早图之。命礼部宴其使者,赐之彩币	卷一一三
	六月庚寅辛丑	鞑靼太师阿鲁台遣国公忽鲁秃等 阿鲁台使者忽鲁秃等	随指挥岳山等来贡马 辞归	赐宴劳之 赐白金文绮,仍遣蓟州卫指挥使霍阿鲁秃等偕行,赐阿鲁台彩币二十表里,别赐其母彩币八表里	卷一一六
永乐九年	十二月己丑壬辰	鞑靼太师阿鲁台遣使彻里帖木儿等	贡马千匹	命礼部给马直,赐彻里帖木儿彩币有差 遣指挥木答哈、阿升哥赍敕谕福余、朵颜、泰宁三卫头目:昔兀良哈之众数为鞑靼抄掠,不能安处,乃相率归附,誓守臣节。我太祖高皇帝矜厥困穷,设福余、朵颜、泰宁三卫,而授尔等官职,俾各领其众,臣属既久,后竟叛去。及朕即位,复遣人来朝,朕略其旧过,加意抚绥,数年以来,生聚蕃息,朝廷于尔可为厚矣。比者尔等为本雅失里所胁,掠我边卒,又遣苦烈儿等给云市马,实窥伺,狡诈如此,罪奚可容!今特遣指挥木答哈等谕意,如能悔过,即还所掠戍卒,仍纳马三千匹赎前罪,不然发兵诛叛,悔将难追	卷一二二
	戊戌	鞑靼太师阿鲁台使臣彻里帖木儿等辞归		遣中官云祥、指挥岳山等赍敕,赐阿鲁台金织文绮、表里,并送其兄阿力台及其妹归。二人者阿鲁台同产兄妹,洪武中官军至捕鱼儿海,悉俘以来,后有闻于上者,召至,厚遇之,至是因其使至,皆重赐遣归	

续表

时间		部落首领名称	地点、缘由	明廷处置	《明太宗实录》所载出处
永乐九年	闰十二月己卯			遣指挥孙观保等送瓦剌使臣马哈麻等还,并赐顺宁王马哈木彩币、金织龙衣、马甲、弓矢,赐贤义王太平、安乐王把秃孛罗彩币遣给事中傅安等送别失八里使臣马黑麻等还,以瓦剌使者言别失八里王为马哈麻将袭其部落,就命安等赍敕谕马哈麻曰:近瓦剌遣使言王欲袭其部落,信有之乎?抑瓦剌使者之言非也?夫天于万物皆欲其生,王宜爱人,无分彼此。爱人者顺天,顺天必昌;伤人者逆天,逆天必殃。盖敦睦四邻,尤为保境之道,自昔好兵首祸,其毙必至自危,王其审之。仍赐马哈麻金织彩币四十表里	卷一二三
永乐十年	四月乙丑	福余等三卫指挥使喃不花等	如敕书遣人纳马赎虏掠边卒之罪		卷一二七
	五月乙酉	瓦剌顺宁王马哈木等遣其知院海答儿等	随指挥孙观保来朝贡马二百匹	且言既灭本雅失里,得其传国玺,欲遣使进献,虑为阿鲁台所要,请天兵除之。又言脱脱不花之子今在中国,请还之。又言其部属伯颜阿吉失里等从己,多效劳力,请加赏赉。又言瓦剌士马整肃,请军器。上曰:此虏骄矣!狐鼠辈不足与较。命礼部宴赉其使者而遣之,仍命遣使赍敕谕马哈木、太平、把秃孛罗	卷一二八
	十二月丁丑	鞑靼太师阿鲁台遣所部把秃、答兰不花等		赐把秃等钞币有差	卷一三五

时间		部落首领名称	地点、缘由	明廷处置	《明太宗实录》所载出处
永乐十一年	正月乙未	鞑靼太师阿鲁台使臣把秃等归		遣指挥徐晟等与俱,赐敕谕阿鲁台曰:把秃来贡马,礼意之勤可嘉,然察尔心尚未释然,岂非有慊于邱福之事乎!人各为其主,朕于尔何责?尔所处去京师甚远,迩如能自来、遣子来,庶见朕诚意。昔呼韩邪入朝,汉与之高官;突厥阿史那社尔归唐,亦授显爵。二人皆福及子孙,名光史册,尔聪明特达,岂下古人哉!朕待尔盖将有过于汉唐之君者,今遣使指挥徐晟等谕意,并赐尔及尔母彩币,至可领也。赐阿鲁台金织文绮二十五匹,其母文绮十二匹、彩绢三十匹	卷一三六
	丙午	瓦剌顺宁王马哈木等遣歹都字罗台等	贡马,且言甘肃、宁夏归附鞑靼多其所亲,请给为部属,又多所请索,而表词悖慢	时朝廷所遣使敕使舍黑撒答等在马哈木所,俱不还,上怒,遣其使者归,命中官海童等赍敕条责其罪,且曰:能悔过谢罪,待尔如初,不然必举兵讨罪	
	二月庚戌	鞑靼太师马儿哈咱等	遣使阿鲁帖木儿等贡马	优赐之遣回	卷一三七
	五月庚子	鞑靼太师阿鲁台遣撒答失里等	来奏马哈木等弑其主,收传国玺,又擅立答里巴为主,请发兵讨之,愿率所部为前锋。来朝,言瓦剌马	赐撒答失里等文绮、袭衣遣还	卷一四〇
	六月己酉	北虏卜颜不花等	哈木自弑立之后,骄傲无礼,欲与中国抗衡,其遣人来朝,皆非实意,盖所利金帛财物耳,比屡率兵往来塞下,邀遏贡使,致漠北道阻,宜以兵除之	于是文武群臣皆言马哈木等背恩负德,当举兵诛。上曰:人言夷狄豺狼,信不虚矣。伐之固宜,但勤兵于远,非可易言,姑待之,如今秋不遣使谢罪,来春以兵讨之未晚	卷一四〇
	庚午	鞑靼太师阿鲁台遣使捨驴等	百八十七人贡马并表纳元所授中书省印	赐其使钞币有差,仍命礼部宴劳之	

续表

时间		部落首领名称	地点、缘由	明廷处置	《明太宗实录》所载出处
永乐十一年	七月戊寅	鞑靼太师阿鲁台	封为和宁王	制曰:朕恭膺天命,奄有寰区,日照月临之地,罔不顺服。尔阿鲁台,元之遗臣,能顺天道,幡然来归,奉表纳印,愿同内属,爰加恩数,用锡褒扬,特封尔为特进光禄大夫、太师、和宁王,统为本处军民,世守厥土,其永钦承,用光宠命。是日,遣指挥徐晟等持节往封之,仍赐金印、金盔、鞍马、织金文绮二十端、绒锦二端。又封其母为和宁王太夫人,妻为和宁王夫人,俱赐诰命、冠服	卷一四一
	己丑			赐鞑靼太师阿鲁台使臣舍驴等宴	
	九月甲午	泰宁卫都督阿只罕、朵颜卫都督金事脱儿火察、福余卫都指挥金事安出	各遣人贡马	命礼部遣指挥朵儿只等赍绮帛往赐之	卷一四三
	十一月丁丑	和宁王阿鲁台遣使把帖木儿、乃剌不花等	贡马谢封爵恩	赐把帖木儿等钞及文绮、表里。阿鲁台奏举所部头目忽鲁秃等二千九百六十二人,列其弟,请授职事。命兵部如所弟,授以都督、都指挥、千百户、镇抚之职	卷一四五
	十二月甲寅	和宁王阿鲁台遣使阿剌帖木儿等	贡马贺明年正旦		卷一四六
永乐十二年	二月丁未	和宁王阿鲁台遣其子也先孛罗、都督把罕台等	贡马	命宴劳之,授也先孛罗右军都督,赐冠带、金织文绮、袭衣、文绮、彩绢各十匹。时阿鲁台列奏所部头目也速不花等百二十九人,请授官,命也速不花为都指挥使,余为指挥、千百户,赐赍有差	卷一四八
	壬子			遣和宁王阿鲁台子也先孛罗等还,赐金、白金、文绮、袭衣、鞍马,并赐和宁王及其母、妻文绮、表里	

续表

时间		部落首领名称	地点、缘由	明廷处置	《明太宗实录》所载出处
永乐十二年	三月甲申	兀良哈福余、泰宁、朵颜三卫	纳马至辽东	敕都指挥王真等,每马予绵布四匹。初,三卫窃掠边戍,敕令纳马三千匹赎罪。至是以马至,上曰:蛮夷之人,服则赦之。故命予布	卷一四九
	四月乙丑	和宁王阿鲁台	遣指挥曩加歹等来朝		卷一五○
	六月戊申			忽兰忽失温之战	卷一五二
	戊午	和宁王阿鲁台遣所部都督朵儿只昝卜等	来朝	命中官王安赉敕往劳阿鲁台	
	庚申	和宁王阿鲁台遣所部都督锁住	来言有疾不能朝	上遣使指挥徐晟同中官锁住赐之米百石、驴百匹、羊百羫,别赐其部属米五千石	
	丙寅	和宁王阿鲁台	遣人来朝谢恩及病不能朝之罪	赐敕慰谕之	
	九月庚寅	和宁王阿鲁台	遣使奉表,请其部属阿鲁秃等官职	命阿鲁秃、阿只力思为都督同知,曲列儿为都指挥使,马儿沙等三人为都指挥同知,思怜帖木儿等四人为都指挥佥事,纳陈等十一人为指挥使,若都兀等二人为指挥同知,沙不丁等二十四人为指挥佥事,不秃不花等一百一十七人为千户、镇抚,并赐阿鲁台米三千石	卷一五五
	十二月丁酉	和宁王阿鲁台遣都督锁住等	三百九十人贡马,且举所部头目卜颜帖木儿等二百七十五人,请授官	命卜颜帖木儿等为都指挥、指挥、千百户,赐锁住等钞币、绢布有差	卷一五九

续表

时间		部落首领名称	地点、缘由	明廷处置	《明太宗实录》所载出处
永乐十三年	正月丁未	瓦剌顺宁王马哈木、贤义王太平、安乐王把秃孛罗遣使观音奴、塔不哈等	贡马谢罪,请仍朝贡如初,并献良马五十匹	言:数年以来,仰戴皇上大恩,如天罔极。前者不能约束部属,致犯边境,且拘留使臣舍黑撒答儿等,实非本心,皆为左右所误,致负大恩,天兵远临,死罪万万。今惭惧无地,痛自追悔,伏望天地大德,曲赐赦除,俾得自新,仍朝贡如初。谨遣使护送舍黑撒答儿等来归,并献良马五十匹。上览奏曰:黠虏尚敢巧言文过。群臣以为夷狄禽兽,不足与较,惟天德广大,无物不包,请姑容之。上然其言,遂受献,命馆其使	卷一六〇
	二月壬申	和宁王阿鲁台遣使扯里帖木儿等	贡马	赐赉有差及还,赐和宁王金织文绮、表里	卷一六一
	四月癸未丙申	福余卫头目都赤并可牙秃、彻彻秃等和宁王阿鲁台遣臣脱火台等	来朝 三十二人贡马	奏愿居北京,俱命为镇抚,赐钞币、牛羊	卷一六三
	五月癸亥		和宁王阿鲁台使臣脱火台等陛辞	赐钞及文绮有差,仍遣指挥徐晟赍敕往劳和宁王,并赐金织文绮二十表里	卷一六四
	十二月己卯	和宁王阿鲁台遣使哈剌因火你赤等	贡马七十五匹其部都督佥事阿失里、指挥佥事伯颜帖木儿各遣子贡马	赐钞币有差	卷一七一
永乐十四年	三月壬寅	和宁王阿鲁台	以战败瓦剌之众遣使捨驴等奏献所俘获人马	特赐宴劳,及还,命锦衣卫指挥张晟偕往,赐阿鲁台及其母彩币五十表里,都督也先土干与瓦剌战有劳,赐彩币二十表里,阿鲁台部下头目战有劳者格檐等二百三十人升都指挥、指挥、千百户,赐赉有差,战殁者赐祭	卷一七四
	九月甲辰	瓦剌顺宁王马哈木、贤义王太平等使臣观音奴、塔不哈等	辞还	赐钞为道里费,命太监海童等赍敕同往,谕以逆顺祸福之道,并赐之彩币	卷一八〇

续表

时间		部落首领名称	地点、缘由	明廷处置	《明太宗实录》所载出处
永乐十五年	三月丁未			太监海童等使瓦剌还,贤义王太平、安乐王把秃孛罗遣使贡名马及方物谢罪	卷一八六
	五月丁酉 辛丑	和宁王阿鲁台遣使脱火赤等三百四十九人	来朝贡马	命和宁王阿鲁台使臣脱火赤为都督,脱欢、鬼里赤等二百三十四人为都指挥、指挥、千百户,赐钞币有差	卷一八八
	闰五月庚申	福余卫指挥使喃不花	来朝贡马	赐袭衣钞币	卷一八九
	六月丙戌 戊子	和宁王阿鲁台使臣脱火赤等 兀良哈泰宁朵颜等卫都督阿者失里	辞还 遣子赛因不花等贡马	遣指挥徐晟等赍敕及金织文绮六十表里赐和宁王,与之偕行 赐袭衣钞币	卷一九〇
	十一月甲戌 乙亥	鞑靼完者不花、速哥台、赛罕 朵颜卫头目干不儿等	来归 来朝贡马	自陈愿居京师,俱授所镇抚,赐予如例 赐钞币有差	卷一九四
	十二月庚戌	和宁王阿鲁台遣使苦出帖木儿等	八十三人贡马	赐钞四万八千锭,文绮、彩绢各二千匹,偿其马价,仍宴赉之遣还	卷一九五
永乐十六年	三月甲戌	贤义王太平、安乐王把秃孛罗及弟昂克并顺宁王马哈木子脱欢及头目阿怜帖木儿	各遣使奉表贡马,脱欢请袭父爵		卷一九八
	四月甲辰			遣太监海童、右军都督金事苏火耳灰、都指挥程忠等赍敕,赐太平、把秃孛罗及昂克、脱欢等彩币、表里有差,命脱欢袭父爵为顺宁王,别遣指挥毛哈剌赐祭故顺宁王马哈木,与瓦剌贡使偕行	卷一九九
	十二月癸巳	和宁王阿鲁台遣使都督阿只儿等	贡马七十匹	赐赉有加	卷二〇七

续表

时间		部落首领名称	地点、缘由	明廷处置	《明太宗实录》所载出处
永乐十七年	正月丙寅	瓦剌贤义王太平、安乐王把秃孛罗及其弟昂克 顺宁王脱欢	遣使贡马 遣使贡马,谢袭爵恩	俱赐宴	卷二〇八
	五月庚申 丙寅	和宁王阿鲁台及忽鲁秃王阿滩、赤王都督昝卜、也先土干 瓦剌贤义王太平、安乐王把秃孛罗、顺宁王脱欢	各遣使贡马 使臣辞归	赐钞币有差 敕赐太平等、把秃孛罗、顺宁王。先是,太监海童自瓦剌还,言贤义王遣其子乃列忽等护送,中途遇寇,乃列忽率同行答力麻奋力击之,寇退走。上闻而嘉之,至是复遣指挥毛哈剌与其使俱往,加赐太平父子及答力麻等彩币	卷二一二
	七月辛酉	泰宁等卫指挥把安台等	贡马千匹	赐赉有加	卷二一四
	十一月辛丑			中兵马指挥司言:和宁王所遣朝贡之人横恣无赖,于都市强夺,今禽至一人,请寘之法。上命械送和宁王自治,且赐敕谕之曰:自今遣人朝贡及于边境市易者,宜戒约之,能守朝廷之法,则两使往来,边境宴安。	卷二一八
	十二月辛巳	泰宁卫都督阿只罕	遣指挥阿剌哈等六十八人贡马	赐钞币有差	卷二一九
永乐十八年	正月己未	和宁王阿鲁台及也先土干	遣使臣都督恰木丁等贡马九百匹	各赐钞及文绮、袭衣,并给马直	卷二二〇
	闰正月癸酉			赐和宁王阿鲁台等使臣都督恰木丁、都指挥曲列歹、指挥脱可麻丁、哈密卫回回正使格失等宴	卷二二一
	五月辛巳	朵颜等卫头目干不儿等	贡方物	赐钞币有差	卷二二五
	七月庚午			遣指挥徐晟赍敕,赐阿鲁台等彩币,并送其使臣都督恰木丁等还	卷二二七

续表

时间		部落首领名称	地点、缘由	明廷处置	《明太宗实录》所载出处
永乐十九年	正月丁卯	鞑靼都督马儿哈咎弟也力帖木儿及东宁卫鞑靼头目唊哈等	来朝	各赐钞币及文绮袭衣	卷二三三
	己巳	和宁王阿鲁台遣都督脱脱木儿等	贡马	脱脱木儿等至边境要劫行旅,边将以闻,请禁止之。上遣使赍敕,谕阿鲁台戒戢之。盖虏自是骄蹇,朝贡不至	
	乙酉	泰宁卫都督阿只罕遣弟塔剌孩、子者赤等	贡马	命塔剌孩为都指挥佥事,者赤为指挥使,赐诰命、冠带、袭衣、钞币遣还	
	二月戊申	瓦剌贤义王太平、安乐王把秃孛罗及昂克、赛因孛罗等	各遣使随千户脱力秃古等贡马	命礼部赐宴	卷二三四
	三月丁亥	瓦剌贤义王太平、安乐王把秃孛罗等	使臣辞还	赐钞币有差。复遣太监海童等赍彩币、表里往赐之,仍降诏谕其部落,往年寇边之罪已在赦前,一切不问。自今其头目人等能摅诚来归,悉授以官。初,瓦剌为阿鲁台所败,其部众流散,有近我边境者,惧为边将所执,故下诏安之	卷二三五
永乐二十年	三月戊寅			第三次北征出发	卷二四七
	十二月己亥	瓦剌贤义王太平等哈密忠义王免力帖木儿等	遣使贡马,谢侵掠哈密之罪亦遣使献马	各赐彩币表里	卷二五四上
永乐二十一年	七月戊子 壬寅	迤北鞑靼王子也先土干	遣使察罕台等四人来朝	赐钞币有差 第四次北征出发	卷二六一
	九月癸巳	虏中伪知院阿失帖木儿、古讷台等	率其妻子来降	备言阿鲁台今夏为瓦剌顺宁王脱欢等所败,掠其人口、马驼牛羊殆尽,部落溃散无所。又曰:彼若闻天兵复出,疾走远避之不暇,岂复敢萌南向之意。命赐酒馔及衣服、靴袜,授阿失帖木儿、古纳台俱正千户	卷二六三

时间		部落首领名称	地点、缘由	明廷处置	《明太宗实录》所载出处
永乐二十一年	十月甲寅己巳	鞑靼王子也先土干 宁阳侯陈懋等以也先土干及其部属入见	来归		卷二六四
				也先土干遥望天颜,尚有惧色。上命稍前与语,遂备述诚悃,久愿来归,但为阿鲁台等牵萦,今幸见陛下,是天赐臣再生之日也。上曰:华夷本一家,朕奉天命为天子,天之所覆、地之所载,皆朕赤子,岂有彼此!天道恒与善人,为君体天而行,故为善者必赐之以福。尔今顺天道而来,君臣相与,共享富贵,勿忧。也先土干及其部属皆叩头呼万岁,命悉赐酒馔。也先土干退谓所亲曰:大明皇帝真吾主也,舍此何适哉!上谕文武群臣:远人来归,宜有以旌异之。其封也先土干为忠勇王,赐姓名曰金忠。也先土干之来归也,其甥把台罕实赞之,遂授把台罕都督,俱赐冠带及金织袭衣,遂赐宴,命金忠坐侯之下,伯之上,御前珍羞悉辍以赐之。宴罢,御用金杯等亦辍赐之	
永乐二十二年	二月壬子	瓦剌贤义王太平、安乐王把秃孛罗、顺宁王脱欢	遣使哈三等贡马	赐纻丝、袭衣、金织文绮、彩绢各有差	卷二六八
	四月己酉			第五次北征出发	卷二七十
	七月辛卯			朱棣病逝榆木川	卷二七三

分析表 5.1 可以得到如下认识:

第一,永乐年间蒙古族和明朝中央政府发生了密切接触,双方往来十分频繁,计建文二年 2 次、洪武三十五年(建文四年)3 次、永乐元年 4 次、永乐二年 3 次、三年 13 次、四年 8 次、五年 21 次、六年 3 次、七年 17 次(包括丘福北征兵败)、八年 4 次、九年 7 次、十年 3 次、十一年 11 次、十二年 10 次、十三年 6 次、十四年 2 次、十五年 9 次、十六年 3 次、十七年 6 次、十八年 4

次、十九年 5 次、二十年 2 次、二十一年 3 次、二十二年 1 次。仅据此尚不十分完全的统计达150 次,交往记载最多的年份竟达 21 次,这不能不使我们对明代前期与蒙古族的关系予以重新认识。

第二,蒙古三大部首领对明朝政治上的臣服及明廷的册封。成祖给兀良哈三卫的封爵、封瓦剌三王、封阿鲁台为王,就是蒙古各部对明朝廷在政治上的臣服,即各部要接受明廷的册封,由明廷颁发给诰、印、官服等。如永乐七年(1409),成祖封瓦剌部首领马哈木为顺宁王、太平为贤义王、把秃孛罗为安乐王,"给赐诰印"。永乐十一年(1413),封鞑靼部首领阿鲁台为和宁王,赐给金印,并封赠其母、妻,"俱赐诰命冠服"。其余兀良哈三部亦无不如此,只不过没有封王而已。

第三,从表中反映的蒙古三大部对明廷的关系大体可分为来归、来朝两种情况,这一时期来降者已很少,说明双方已不再是敌对势力。来归者即留在明朝境内生活,成为明朝的属民,明廷对其予以妥善的安置;来朝者则返回草原,此后每年定期朝贡。

第四,明廷对来归者的安置、赐予已成定例,如表 5.1 中永乐七年(1409)九月所记"鞑靼虎力罕等率家属来归,奏愿居京师,赐钞币、衣服、布、绢、鞍马、牛羊、米薪,居第及日用什器皆给之。至是,有来归愿居京师者,赐赉准此例。若元之故官,则第高下授之职,食其禄而不任事"。"至是,有来归愿居京师者,赐赉准此例",它说明了其制度化的情况,在以后的记载中我们经常会看到。对来朝并贡马者的处置分为授官、赐赉、宴饮、给值几种情况。关于授官,几乎每年来朝的使臣都被授予各级官职;关于赐赉,每次来朝贡的使臣都可以得到,只是数量上有些差别;关于宴饮,每个使团都要多次赐宴,这已是洪武以来的定制;关于给值,在永乐元年就已经确定:"上马每匹钞五十锭,中马四十锭,下马三十锭","第其马之高下给值偿之"。

除了表 5.1 反映的明蒙之间的关系,永乐时期朝贡体制的其他方面也有细化。如永乐元年(1403)四月,"礼部以万寿圣节宴百官,预定其位次进呈",成祖确定:"驸马、仪宾及随侍各王、来朝官宴于三公府,四品以上文武官、诸学士及在京僧道官、大龙兴寺住持侍宴奉天殿,在京各衙门堂上六品以上官、近侍官、修史官宴于中左门,在外进表官、四夷朝贡土官宴于中右门,余文武官宴于丹墀内"①,这里包括有四夷朝贡土官,而且是在明朝的百官系统之内。关于进贡马匹的给值,对于湖广、四川、云南、广西以及西北各少数民族的贡马,给值与给蒙古族有所不同。"上以其远至,且旧所定马直薄,命礼部第马之高下增给之,上马每匹钞千贯,中马(八)[每]匹钞八百贯,下马五百贯。"②对于河州、洮州地区的"番籤朝贡,命礼部定赏例。礼部议奏:河州卫必里千户所千户每员银六十两,彩币六表里,钞百锭;曾授金符头目亲来朝贡者银五十两,彩币五表里,钞七十锭,纻丝衣一袭;遣人朝贡者四十两,彩币四表里,钞五十锭;中途死者官归其丧,赏赐付抚安官给之;所遣使每人银十两,彩币二表里,钞三十锭;未授金符头目亲来朝贡者银四十两,彩币四表里,钞五十锭,纻丝衣一袭;附贡者银三十两,彩币三表里,钞四十锭,付抚安官给赏;其抚安千户每员赏钞七十锭,彩币四表里;旗军人等人赏钞五十锭,彩币二表里。"③永乐十九年(1421),朱棣命礼部尚书吕震制定"蛮夷来朝赏例",吕震根据明廷授予少数民族首领的官品确定:"三品、四品人钞百五十锭,锦一段,纻丝三表里;五品钞百二

①　《明太宗实录》卷十九,永乐元年四月庚申条,台湾"中央研究院"历史语言研究所 1962 年校印本,第 342 页。
②　《明太宗实录》卷十九,永乐元年四月壬戌条,台湾"中央研究院"历史语言研究所 1962 年校印本,第 343 页。
③　《明太宗实录》卷十九,永乐元年四月丁卯条,台湾"中央研究院"历史语言研究所 1962 年校印本,第 346~347 页。

十锭,纻丝三表里;六品、七品钞九十锭,纻丝二表里;八品、九品钞八十锭,纻丝一表里;未入流钞六十锭,纻丝一表里。上曰:'朝廷驭四夷,当怀之以恩。今后朝贡者悉依品给赐赍,虽加厚不为过也。'"[①]此后对来朝者的赏例很可能就是遵循这些事例。

以上是永乐年间明廷朝贡体制不断完善的情况,将周边各族与明廷的朝贡关系综合到一起,可以看到明朝中央政府朝贡体制的整体概貌。这其中蒙古贵族与明廷的朝贡关系已经顺利运行,明朝的实录中关于蒙古族来朝的次数及明廷的接待情况就是其反映。特别是成祖在永乐八年(1410)北击鞑靼后,阿鲁台在当年年底就遣平章脱忽歹等来朝马,以后双方的朝贡关系一直不断。永乐十二年(1414)成祖征讨瓦剌,忽兰忽失温大战刚过,瓦剌三王在次年正月派人贡马,双方又进入正常交往。其他兀良哈三卫也是这种情况,所以说,明廷与蒙古贵族之间的冲突并未影响明蒙朝贡体制的运行。

三、宣德时期明蒙朝贡体制的发展

宣德时期是明蒙朝贡体制的巩固与发展阶段。

永乐时期,兀良哈三部继洪武之后再次接受了明廷的都督等封号,与明廷建立了朝贡关系;瓦剌三部也接受了明廷所封的王号,与明廷建立了朝贡关系;最后是鞑靼部阿鲁台也接受了明廷的封王,建立起了与明廷的朝贡关系。虽然号称成吉思汗直系后裔的蒙古可汗没有向明廷臣服,但在宣德年间也同样加入了蒙古族与明廷的朝贡体制,并且受到了特殊的关照。同前文一样,用表5.2展现仁宣时期明蒙之间的关系:

表 5.2　仁宣时期明廷与蒙古族交往关系表

时间		部落首领名称	地点、缘由	明廷处置	《明仁宗实录》所载出处
永乐二十二年	九月己亥	和宁王阿鲁台使者阿卜都剌、把儿火者等	贡马及方物	赐其使钞币有差	卷二下
	十月辛亥			敕甘肃总兵官都督费瓛:近闻贤义王太平为瓦剌顺宁王脱欢所侵害,太平人马溃散,有逃至甘肃边境潜住者。尔等即整搠士马哨瞭,如果是实,则遣人诏谕同来,仍严约束差去人善加抚恤,毋盗其马匹牛羊等物,庶不失远人来归之心	卷三上
	乙卯			命瓦剌归附人赛因打力为所镇抚,赐银钞、彩币、表里、金织袭衣、鞍马等物	卷三下
	壬戌	虏人察罕帖木儿、保保	自瓦剌来归	命为所镇抚,赐冠带,仍命礼部如例赏赍	

---

① 《明太宗实录》卷二三三,永乐十九年正月丙子条,台湾"中央研究院"历史语言研究所 1962 年校印本,第 2249 页。

续表

时间		部落首领名称	地点、缘由	明廷处置	《明仁宗实录》所载出处
永乐二十二年	十一月癸酉甲戌 乙亥	和宁王阿鲁台使者阿卜都剌等	贡马	赐赍有差 遣中官别里哥、指挥赵回来的等赍敕,谕和宁王阿鲁台,宥其前过,令通使往来如故,并赐王及王母彩币表里 遣使赍敕谕兀良哈官民曰:皇考太宗皇帝宾天,朕已钦奉天命,继承大位,主宰天下,凡四方万国之人,罪无大小,悉已赦宥,若兀良哈官民,敬顺天道,许令改过自新,仍前朝贡,听往来生理	卷四上
	十二月己酉辛亥 乙丑	瓦剌贤义王太平遣使选谷歹等	贡马	 赐瓦剌贤义王太平彩币、表里,并赐其使选谷歹等钞币有差 命瓦剌来归人阿老丁为都指挥同知,兀鲁思不花、也里忽里为指挥同知,秃列干为卫镇抚,不颜火者为百户,赐白金、钞币、表里、绵布有差,金织文绮、袭衣、鞍马各一	卷五上 卷五下
洪熙元年	正月庚寅辛卯 壬辰 己亥	瓦剌贤义王太平遣使者桑古台等 福余卫鞑靼粗纳哈出等 瓦剌安乐王把秃孛罗子亦剌思及酋长乃剌忽、昂克、脱欢、哈剌八丁 福余卫镇抚伯颜帖木儿等 瓦剌使者桑哥失里	随都指挥毛哈剌来朝贡马 贡马 各贡马 贡马 奏愿留居京师	命礼部宴赍之 赐之钞币 赐彩币表里有差。以瓦剌平章猛哥帖木儿归诚朝廷,赐彩币表里有加。贤义王太平贡使桑古台辞归,就俾赍敕以即位谕太平,并赐太平彩币、表里 赐钞币、表里有差 许之,授指挥佥事,赐冠带、银钞、文绮、表里、鞍马等物	卷六下
	三月壬辰	和宁王阿鲁台遣使哈只剌等	贡马	赐钞币、表里有差	卷八下

时间		部落首领名称	地点、缘由	明廷处置	《明仁宗实录》所载出处
	六月癸亥	瓦剌部属亦速不花等	五十四人来归	行在礼部尚书吕震奏定赏例。上曰:远人慕义,举家来归,抚之当厚。本雅失里乃彼故主,今其妻亦远来,名分不同,恩亦当异,其别与好第宅。于是各赐金织袭衣、彩币、钞、银、鞍马有差。仍命有司给房屋、器(物)、牛羊,月支薪米	明宣宗实录卷二
	七月丁亥	福余卫千户把秃儿、泰宁卫都督阿者罕妻歪剌失里、千户把秃不花等	来朝贡马		卷四
	庚寅	瓦剌只儿瓦歹等	六人来归	奏愿居京自效,命为百户,赐冠带、金织袭衣、彩币、银、钞、绵布、鞍马,仍命有司给房屋器物如例	
洪熙元年	闰七月戊戌	福余卫都指挥安出等	遣人纳马赎罪,且奏卫印为寇所夺,乞再降。又言暖答失之子帖格歹为大军所擒,乞赦罪放还来归	上谕侍臣曰:安出尝纵所部扰边,可罪。今云印为寇所夺,夷虏狡诈未可信。但朕初即位,彼遣使乞矜悯,姑曲恕之,遂命礼部铸印给之,释格帖歹遣归,仍遣使赍敕谕以祸福,令改过自新	卷五
	壬寅	瓦剌部属脱脱		奏愿居京自效,命为百户,赐冠带、金织袭衣、彩币、银钞、绵布、鞍马,仍命有司给房屋器用等物如例	
	癸卯			赐福余卫千户把秃儿、泰宁卫都督阿者罕妻歪剌失里、千户把秃不花等钞彩币、表里有差	
	十一月癸卯	兀良哈头目阿者秃	来归	奏愿居京自效,命为千户,赐冠带、金织袭衣、彩币、银钞、鞍马,仍命有司给房屋器物如例	卷一一
	癸丑	鞑靼字罗脱者、可脱干	来归	都督谭广遣送至京,两人具言虏中密事。上谓侍臣曰:虏中狡诈,二人之来,或窥伺亦未可知。所言不必尽信,但既来,则当抚	

续表

时间		部落首领名称	地点、缘由	明廷处置	《明仁宗实录》所载出处
洪熙元年	丁巳	瓦剌使臣撒法儿	来朝贡马	绥。遂命礼部赐钞及袭衣。又谕尚书吕震:去留任其所欲也 奏愿居京自效,命为指挥佥事,赐冠带、金织袭衣、彩币、银钞、绵布、鞍马,仍命有司给房屋器物如例	卷一一
	十二月癸未	迤北鞑靼察麻罕	来归	奏愿居京自效,命为所镇抚,赐冠带、金织袭衣、彩币、银钞、绵布、鞍马,仍命有司给房屋器物如例	卷一二
宣德元年	正月乙巳	迤北鞑靼完者帖木儿等三人	来归	奏愿居京自效命,为副千户等官,赐冠带、金织袭衣、彩币、银钞、绵布、鞍马有差,仍命有司给房屋器皿等物如例	卷一三
	丙午			遣使赍敕命瓦剌贤义王子捏烈忽袭王爵。敕曰:昔我皇祖太宗皇帝临御之日,尔父贤义王太平能恭事朝廷,遣使往来有如一家。朕祗奉天命,嗣承宝位,恪遵皇祖成宪,惟欲天下生灵咸得其所。比闻尔父已殁,今特遣指挥孙观、千户岳谦等赍敕,命尔袭封贤义王,并赐彩币表里,尔其恪遵朕命,笃绍尔父之志,抚绥部属,俾咸乐其生,以永享升平之福	
	己未	福余卫指挥使忽剌赤等	来朝贡马		
	辛酉	迤北鞑靼彻彻秃等四人	来归	奏愿居京自效,命为千、百户等官,赐冠带、金织袭衣、彩币、银钞、绵布、鞍马有差,仍命有司给房屋器皿等物如例	
	二月丙寅庚午	泰宁等卫伯颜着儿等	三人来归	赐福余卫指挥使忽剌赤等九十四人钞、彩币、表里有差 皆奏愿居京自效,命为千户等官,皆赐冠带、金织袭衣、彩币、银钞、绵布、鞍马有差,仍各给房屋器皿等物如例	卷一四
	丙子	福余卫都指挥喃卜花子卜剌歹等	来朝贡马		

续表

时间		部落首领名称	地点、缘由	明廷处置	《明仁宗实录》所载出处
宣德元年	三月丁酉丁未	迤北和宁王阿鲁台部属把的	来归	赐福余卫都指挥舍人卜剌歹等钞币 奏愿居京自效,命为百户所镇抚,赐冠带、金织袭衣、彩币、银钞、绵布、鞍马有差,给房屋器皿等物如例	卷一五
	四月甲子己卯	福余卫副千户阿帖木儿	贡马	赐福余卫副千户阿帖木儿等钞币、表里、袭衣有差	卷一六
	十月庚辰 甲申己丑	朵颜卫指挥佥事者赤、泰宁卫指挥佥事阿儿苦里等 福余卫千户脱脱木儿等	来朝贡马 来朝贡马及方物	赐朵颜卫指挥佥事者赤、泰宁等卫指挥佥事阿儿苦里等二百五十二人钞、彩币、表里、袭衣、靴袜有差	卷二二
	十一月壬辰 乙未 戊戌	福余卫火你赤 福余等卫故鞑官都指挥佥事喃不花子卜兰乞等	来朝 各奏袭职	奏愿居京自效,命为试所镇抚,赐冠带、金织袭衣、彩币、银钞、绵布、鞍马,仍命有司给房屋器皿等物如例 行在兵部言:喃不花由指挥使以升,今其子例得袭原职。上曰:鞑官远人以官爵縻之,为中国藩篱耳,令仍为都指挥佥事。且命福余卫故指挥同知亦剌哈子纽林、朵颜卫故指挥同知伯思罕子纽林、泰宁卫故指挥佥事兀台子完者秃、失秃儿子朵儿不花、秃干子火儿、失保罕之孙乃颜帖木儿、故千户扎忽鲁台子古里等十六人俱袭职 赐福余卫千户脱脱木儿等钞币、袭衣、靴袜各有差	卷二二

时间		部落首领名称	地点、缘由	明廷处置	《明仁宗实录》所载出处
宣德元年	十二月壬戌	泰宁卫指挥佥事八里颜	来朝	奏愿居京自效,赐金织袭衣、彩币、银钞、绵布、鞍马,仍命有司给房屋器皿等物如例	卷二三
	癸酉	福余卫不兰乞弟乞札阿歹	来朝	奏愿居京自效,命为试百户,赐冠带、金织袭衣、彩币、银钞、绵布、鞍马,仍命有司给房屋器皿等物如例	
宣德二年	二月乙酉	迤北鞑靼纳木罕、忽剌赤	来归	皆奏愿居京自效,命为副千户等官,赐冠带、金织袭衣、彩币、银钞、绢布、鞍马有差,仍命有司给房屋器皿等物如例	卷二五
		瓦剌部属阿力迭力迷失	来朝		
	三月癸丑	福余等卫千户阿帖木儿等	来朝进马		卷二六
	四月丁丑			赐福余等卫千户阿帖木儿等钞、彩币、表里有差	卷二七
	五月乙巳	迤北指挥佥事纳哈出等,泰宁卫把秃不花等	来归	皆奏愿居京自效,命为都指挥同知等官,赐冠带、金织袭衣、彩币、银钞、绵布、鞍马有差,仍命有司给房屋器皿牛羊,月支薪米	卷二八
	六月丁卯	福余卫鞑靼小厮等	来归	奏愿居京自效,命为试百户,赐冠带、金织袭衣、彩币、银钞、绢布、鞍马有差,仍命有司给房屋器皿等物如例	
	七月乙巳乙卯	福余卫鞑官指挥佥事脱欢	来朝贡马	赐福余卫鞑官指挥佥事脱欢等钞、彩币、表里有差	卷二九
	八月戊午戊寅	福余卫故千户帖木儿子勤克等	来朝贡马	赐福余卫舍人勤克等钞、彩币、表里有差	卷三十
	九月丙申	福余卫舍人勒克木等	来朝	皆奏愿居京自效,赐纻丝、袭衣、钞布,仍命有司给房屋器皿等物如例	卷三一
	乙巳	泰宁等卫指挥同知安忽里、指挥佥事把秃不花、千户轻孩等	来朝贡马		

续表

时间		部落首领名称	地点、缘由	明廷处置	《明仁宗实录》所载出处
宣德二年	庚戌	迤北鞑靼孛罗赤	来归	奏愿居京自效,命为所镇抚,赐冠带、金织袭衣、彩币、银钞、鞍马,仍命有司给房屋器皿等物如例	卷三一
	癸丑			赐泰宁卫指挥同知安忽里、指挥佥事把秃不花、千户轻孩等七十七人钞、彩币、表里、金织袭衣	
	十月己未	泰宁卫指挥佥事脱火赤、朵颜卫头目完者帖木儿子打不乃、所镇抚答剌哈出等	来朝贡马		卷三二
	庚午	朵颜卫百户把孙等	来朝贡马		
	甲戌	福余等卫指挥佥事俺失塔木儿等	来朝贡马		
	己卯			赐泰宁等卫指挥佥事脱火赤等二百一十九人、朵颜卫头目完者帖木儿子打不乃、所镇抚答剌哈出、百户把孙等钞、彩币、表里、金织袭衣有差,仍赐完者帖木儿钞币	
	癸未	瓦剌部属月鲁火者	来朝	奏愿居京自效,命为试所镇抚,赐冠带、金织袭衣、银钞、彩币、绵布、鞍马,仍命有司给房屋器皿等物如例	
	十一月丙戌	朵颜卫头目把孙、伯颜,泰宁卫头目也先不花	来朝	皆奏愿居京自效,命把孙为百户,也先不花、伯颜为试所镇抚,赐冠带、银钞、金织袭衣、彩币、鞍马,仍命有司给房屋器皿等物如例	卷三三
	辛卯			命故泰宁卫都指挥佥事忽剌班胡子火儿赤台袭职 赐福余卫指挥佥事俺失塔木儿等钞、彩币、表里、纻丝、绢有差	
	戊戌	和宁王阿鲁台遣使臣都指挥佥事把秃等	来朝贡马		
	壬寅	瓦剌顺宁王脱欢遣使臣把把的等	来朝贡马及方物		

续表

时间		部落首领名称	地点、缘由	明廷处置	《明仁宗实录》所载出处
宣德二年	癸丑			赐和宁王阿鲁台使臣都指挥金事把秃等八十九人钞、彩币、表里、绢、靴袜有差	卷三三
	十二月丁巳	朵颜等卫指挥金事阿失帖木儿等	来朝贡马		卷三四
	庚申			赐瓦剌使臣把把的等陆拾柒人钞、彩币、表里、绢、靴袜有差	
	癸酉			赐朵颜卫指挥金事阿失帖木儿等钞、彩币、袭衣、靴袜有差	
	甲戌	福余卫鞑靼速升哈	来归	奏愿居京自效,命为所镇抚,赐金织袭衣、彩币、银钞、绵布、鞍马,仍命有司给房屋器皿等物如例	
宣德三年	正月庚寅	迤北和宁王阿鲁台所遣都指挥把秃、兀思答里等	陛辞	遣指挥曹者赤帖木儿与之偕行,赍玺书谕阿鲁台曰:朕恭膺天命,承祖宗大位,主宰生灵,改元宣德,大赦天下,咸与维新,一切往事悉寘不问,念四海万邦之人皆天所生,故上体天心,一视同仁,皆欲使之安生乐业。王今遣人朝贡,陈词诚恳,深用嘉之。夫上天之心惟在爱人,人能顺天,天必佑之。王宜益坚至诚,以共享太平之福于无穷。今遣指挥曹者赤帖木儿等赐王彩币、表里各五十匹,至可领也	卷三五
	戊戌	瓦剌		命瓦剌使臣把把的为都指挥金事,哈只儿火郎吉为指挥金事,其下授官有差,悉赐冠带	
	甲辰	福余卫		赐福余等卫都指挥安出弟字斋等及原差招谕官军千户黄照化等一百一十人钞、绢、彩币、表里、纻丝、衣服等物有差,以字斋等招谕初至也	
	三月癸巳	迤北和宁王阿鲁台遣使臣脱脱赤等	四百六十人来朝贡马及方物		卷四十

时间		部落首领名称	地点、缘由	明廷处置	《明仁宗实录》所载出处
宣德三年	戊戌 辛丑	瓦剌部属忽打罕等	来归	皆奏愿居京自效,命为指挥佥事、所镇抚等官,赐冠带、金织袭衣、彩币、银钞、绢布、鞍马有差,仍命有司给与房屋器皿牛羊等物如例 赐和宁王使臣脱脱赤等四百六十人钞、彩币及绢有差	卷四十
	四月 己未 乙亥	瓦剌 迤北鞑靼脱火脱	 来归	以瓦剌顺宁王脱欢等各遣人朝贡,遣行在羽林前等卫都指挥毛哈剌、指挥使孙观、指挥佥事岳谦等使瓦剌,赍敕褒谕其王及赐金织文绮、彩绢有差 奏愿居京自效,命为副千户,赐冠带、金织袭衣、彩币、银钞、绵布、鞍马,仍命有司给房屋器皿等物如例	卷四一
	五月 丁巳 丁卯	朵颜卫 福余卫		赐朵颜等卫指挥佥事猛哥秃等并原差招抚指挥佥事黄照化等九十人钞、彩币、表里、纱罗、金织袭衣等物有差 升福余卫都指挥佥事安出为都指挥同知,头目古木乃、歹都、字斋、弗剌歹四人为都指挥佥事,各赐文绮、袭衣,以皆遣人朝贡也	卷四三
	六月 庚子	福余卫指挥同知把秃遣千户那该等	贡马及方物		卷四四
	七月 壬子 壬戌	 瓦剌部属猛可不剌	 来归	赐福余卫千户那该等钞、彩币、表里有差 奏愿居京自效,命为所镇抚,赐冠带、金织袭衣、彩币、银钞、绵布、鞍马,仍命有司给房屋器皿等物如例	卷四五
	八月			宣宗巡边	卷四六

时间		部落首领名称	地点、缘由	明廷处置	《明仁宗实录》所载出处
	九月辛酉	和宁王阿鲁台	遣使来朝贡马，已至宣府	命中官王贵驰往宣府劳之	卷四七
	十月丁亥	迤北和宁王阿鲁台遣使臣那塔失等	四百四十五人来朝贡马四百六十匹		
	甲午戊戌	迤北和宁王阿鲁台遣使臣多赤等	贡马且归清平伯吴成家属	赐和宁王阿鲁台等处贡使宴初，成等守兴和，日事田猎而忽守备，虏伺其出，乘虚入城，掠其妻孥以去，至是因朝贡之使并遣来归	
	丙午	迤北鞑靼阿鲁不的	来朝贡马	奏愿居京自效，命为所镇抚，赐冠带、金织袭衣、彩币、银钞、绵布、鞍马，仍命有司给房屋器皿如例	
宣德三年	十一月辛亥			赐迤北和宁王阿鲁台使臣那塔失等四百四十五人钞二万六千三百锭、彩币一千三百三十五、表里、绢六十三匹	卷四八
	戊午	迤北鞑靼罕平	来归	奏愿居京自效，命为总旗，赐纻丝、袭衣、钞币，仍命有司给房屋器皿如例	
	乙丑	迤北和宁王阿鲁台部下都督同知失捏干子孛罗帖木	遣使臣把儿台等来朝贡马	赐迤北和宁王阿鲁台使臣多赤等钞、彩币、表里、靴袜有差	
	丁卯庚午	迤北和宁王阿鲁台	使臣多赤等陛辞	赐和宁王阿鲁台使臣宴上以阿鲁台据诚归化，遣曹者赤帖木儿等与多赤偕行，赍敕抚谕，仍赐锦绮器物，视昔加厚。曹者赤帖木儿初为锦衣卫带俸指挥佥事，至是升指挥同知以行	
	十二月辛巳	朵颜卫镇抚脱欢等	来朝贡马		卷四九
	乙酉	和宁王所部都督失捏干子孛罗帖木	所遣使臣把儿台等	赐钞、彩币、表里、金织纻丝、袭衣等物，仍命把儿台赍敕及彩币、表里赐孛罗帖木	
	乙未			赐朵颜卫镇抚脱欢等钞、彩币、表里有差	

续表

时间		部落首领名称	地点、缘由	明廷处置	《明仁宗实录》所载出处
宣德四年	二月戊寅	朵颜卫都指挥佥事脱鲁火绰儿子完者帖木儿等	来朝贡马		卷五一
	甲午			赐朵颜卫指挥佥事脱鲁火绰儿子完者帖木儿等六十三人钞、彩币、表里、毡帽、纻丝、袭衣有差	
	丙申	迤北鞑靼捏克来等三人	来归	奏愿居京自效,命为所镇抚,赐冠带、金织袭衣、彩币、银钞、鞍马,仍命有司给房屋器皿等物如例	
	壬寅	瓦剌等处鞑靼小古台等	率妻子十四人来归	奏愿居京自效,命小古台五人为副千户等官,赐冠带、金织袭衣、彩币、银钞、布花、鞍马,仍命有司给房屋器皿等物如例	
	三月戊申	朵颜等卫头目完者帖木儿等	来朝贡马	上嘉其诚,宥其前过,凡家属被获者悉还之,升完者帖木儿为都指挥同知,余升秩有差。且赐敕戒之曰:自今宜严束部曲,毋为寇盗,庶几大军不出,尔得永享太平。苟或不遵,仍蹈前过,不有人祸,必有天殃,其敬慎之	卷五二
	九月戊辰	迤北鞑靼沼秃孛完、八歹等	来归	奏愿居京自效,命沼秃孛完为百户,八歹为所镇抚,赐冠带、金织袭衣、彩币、银钞、鞍马,仍命有司给房屋器皿等物如例	卷五八
	十一月庚戌	迤北鞑靼那合赤	来归	奏愿居京自效,命为副千户,赐冠带、金织袭衣、彩币、银钞、绵布、鞍马,仍命有司给房屋器皿等物如例	卷五九
	丙寅	迤北和宁王阿鲁台遣使臣阿都赤等	贡马,仍以马求市	上谕行在礼部臣曰:彼既归心朝廷,听其市易,毋纵下人侵扰,违者执而罪之	
	十二月甲戌			赐和宁王阿鲁台贡使阿都赤等宴	卷六十
	辛巳	迤北和宁王阿鲁台使臣乃颜答儿		奏愿居京自效,命为试百户,赐冠带、金织袭衣、彩币、银钞、鞍马,仍命有司给房屋器皿等物如例	
	丙戌			赐迤北和宁王贡使宴	

续表

时间		部落首领名称	地点、缘由	明廷处置	《明仁宗实录》所载出处
宣德五年	正月戊午癸亥	和宁王阿鲁台遣使臣脱火歹等	来朝贡马一千二百八十匹，驼五十头	赐和宁王阿鲁台使臣阿都赤等三百三十人钞币有差	卷六一
	二月戊寅甲申丙戌	迤北和宁王阿鲁台使臣阿都赤等	陛辞	赐迤北和宁使臣脱火歹等六十二人钞、彩币、表里有差 赐迤北和宁王等处贡使宴 上嘉阿鲁台勤诚，遣都指挥曹者赤帖木儿赍敕同往，赐之金织文绮七十四匹，皆有副，并所奏求药物悉与之，仍赐其下有差。因谓尚书胡溁等曰：阿鲁台归心朝廷，实由皇祖威德所致，今以病求药，亦悉与之。朕以至仁待人，人亦当识朕意	卷六三
	戊子			赐屯河卫指挥佥事都伦帖木并福余卫鞑靼指挥佥事那米纳等五人钞、彩币、表里等物。盖都伦帖木赍敕招谕那米纳等来朝，故并赐之	
	癸巳	瓦剌顺宁王脱欢等遣脱火歹等 迤北和宁王阿鲁台使臣从人李罗察儿	来朝贡驼马	奏愿居京自效，命为所镇抚，赐金织袭衣、彩币、银钞、绵布、鞍马，仍命有司给房屋器皿等物如例	
	三月戊午壬戌			赐瓦剌使臣脱火歹等二十二人彩币、表里有差 赐瓦剌等处贡使宴	卷六四
	四月己卯丙申	瓦剌顺宁王脱欢	奏求弓刀等物	赐瓦剌坤城等处贡使脱火歹等宴 命悉与之	卷六五
	五月丁未			命瓦剌顺宁王脱欢所遣使臣脱火歹为都指挥佥事，余授官有差。上嘉脱欢之诚，故授脱火歹等以官，命羽林前卫指挥使孙观等赍敕偕往，赐脱欢盔甲、彩币等物，乃赐其属演克、阿剌等彩币有差	卷六六

时间		部落首领名称	地点、缘由	明廷处置	《明仁宗实录》所载出处
宣德五年	乙卯	瓦剌乞儿吉思之地万户别别儿的	差副千户巴巴力等奏事至京	赐彩币表里	卷六六
	六月壬申庚寅	福余等卫都指挥佥事安出	遣指挥佥事咬纳等来朝贡马	赐福余卫指挥佥事咬纳等钞币及金织袭衣有差	卷六七
	七月丙午	瓦剌顺宁王脱欢使臣从人沙班等二人		奏愿居京自效,命为百户等官,赐冠带、金织袭衣、彩币、银钞、棉布、鞍马,仍命有司给房屋等物如例	卷六八
	十月丙子乙未	瓦剌等处头目猛哥不花等遣使臣卜颜帖木儿、沙州、赤斤蒙古二卫都督困即来等遣舍人阿鲁火者等	来朝贡驼马	宣宗巡边	卷七一
	十一月辛丑丁未			赐瓦剌女直贡使宴 赐瓦剌等处使臣卜颜帖木儿、沙州、赤斤蒙古等卫舍人阿鲁火者、屯河卫指挥同知土罕、忽鲁爱卫指挥翰黑等钞、彩币、表里有差	卷七二
	十二月壬申戊寅庚辰	瓦剌顺宁王脱欢遣千户演克等	来朝贡马	赐瓦剌等处贡使宴 命瓦剌顺宁王脱欢使臣演克为都指挥同知,卜颜帖木儿为指挥同知,赐冠带及彩币、表里、纻丝等物有差,仍命指挥使孙观赍敕同往,赐脱欢等彩币、表里	卷七三
	甲午	福余等卫鞑官都指挥佥事安出、指挥同知扯里忒、泰宁卫指挥佥事把秃不花等	贡马		

续表

时间		部落首领名称	地点、缘由	明廷处置	《明仁宗实录》所载出处
宣德五年	闰十二月甲辰	迤北和宁王阿鲁台遣使臣脱火歹、火者阿力等	来朝贡驼马		卷七四
	乙巳			有言和宁王阿鲁台遣人朝贡,其部属多依缘边近地者,遂敕边将严为之备	
	丁未	迤北鞑靼土混台、脱台土来	来归	奏愿居京自效,皆命为所镇抚,赐冠带、金织袭衣、彩币、银钞、绵布、鞍马,仍命有司给房屋器皿等物	
	庚申			赐迤北和宁王贡使宴	
宣德六年	正月庚午	迤北鞑靼把台、不老实	来归	奏愿居京自效,命为副千户、所镇抚,赐冠带、金织袭衣、彩币、银钞、绵布、鞍马有差,仍命有司给房屋器物如例	卷七五
	丙戌			赐和宁王使臣脱火歹、火者阿力等六百六十人彩币、表里、金织袭衣有差	
	己丑			宥泰宁、福余、朵颜三卫剽窃之罪,敕谕其大小头目曰:朕恭膺天命,主宰天下四方,万国之人皆欲使之安乐得所。尔等受朝廷爵赏,不能约束下人,致其近年常入边境剽掠,边将屡请加兵,朕体上天好生之心,不允所言。盖虑大军一出,累及良善,兹特宥尔等罪,凡前者作过之人,听尔自行处治,其所掠之物悉追究送还,仍令纳马赎罪,改过自新。若怙恶不悛,大军之来,不独尔等父母妻子受害,昆虫草木亦不得宁,勉思良图,毋贻后悔	
	二月癸卯	迤北脱脱等 剌竹地面阿都剌等	来归	皆奏愿居京自效,命为指挥佥事、百户等官,赐冠带、金织袭衣、彩币、银钞、鞍马有差,仍命有司给房屋器物如例	卷七六
	癸丑	土鲁番城胡马儿舍等 迤北字来等	率妻子二十一人来归	奏愿居京自效,命字来等三人为指挥同知等官,赐冠带、金织袭衣、彩币、银钞、绢布、绵花、鞍马有差,仍命有司给房屋器物如例	

续表

时间		部落首领名称	地点、缘由	明廷处置	《明仁宗实录》所载出处
	三月 壬申	迤北鞑靼阿鲁里等及和宁王阿鲁台使臣五色等	来归	皆奏愿居京自效,命为指挥佥事等官,赐冠带、金织袭衣、彩币、银钞有差,仍命有司给房屋器物如例	卷七七
	癸未	迤北来归鞑靼察罕卜花等,曲先卫使臣脱巴		皆奏愿居京自效,俱命为所镇抚,赐冠带、金织袭衣、彩币、银钞、绵布、鞍马,仍命有司给房屋器物如例	
	癸巳	瓦剌顺宁王脱欢遣使臣脱哈答者原、哈密忠义王脱欢帖木儿遣副千户阿木力丁等	来朝贡马及方物		
宣德六年	四月 丙申	迤北鞑靼哈喇等 沙州卫头目伯兰沙等	来归 来归	奏愿居京师,命为所镇抚 奏愿居陕西甘州,命为指挥佥事等官,赐冠带、金织袭衣、彩币、银钞、绵布、鞍马有差,仍命顺天府及陕西行都司给房屋器物如例	卷七八
	甲寅	瓦剌使臣		赐瓦剌使臣脱哈答者原等八十五人及哈密忠义王使臣阿木力丁等彩币、绢布有差,仍遣千户高斌赍敕及彩币、表里往赐脱欢等	
	己未	迤北鞑官失都等四十九人	携家属三百余口来归	皆奏愿居京自效,行在兵部、礼部第为五等以闻。上命一等失都、哈答、阿匝丁、使臣失儿哈俱为都指挥佥事;二等恼黑赤、阿答帖木儿、太平、完者忽秃、沙剌八、海里丁、猛古俱为指挥同知;三等脱罗赤、喇马丹帖木儿、哈昝、赤速克、脱欢使臣撒迭儿迷失、脱欢帖木儿俱为正千户;四等火济、哈昝赤、伯颜、秃卜、哈台、苦鲁、兀儿俺、者儿灰、朵儿只、迭儿必失、马孩、脱欢、沙兀南卜、哈剌张、也先帖木儿、哈剌帖木儿、孛罗帖木儿、法虎儿丁、奄克台俱为百户;五等失兀剌、脱	

续表

时间	部落首领名称	地点、缘由	明廷处置	《明仁宗实录》所载出处
宣德六年			欢、字台、可列帖木儿、苦提、只兰帖木儿、兀连帖木儿、克失帖木儿、哑蛮、月鲁帖木儿、马木纱俱为所镇抚；赐冠带、金织袭衣、彩币、银钞、绢布、鞍马有差，海里丁、猛古先来通款，增赏半倍，其年幼者悉与优给。上谕行在工部尚书吴中曰：房人慕义来归，可择隙地造居室处之，仍如例赐器物	卷七八
			遣都指挥曹者赤帖木儿等往迤北，赐和宁王阿鲁台盔甲、袭衣。时迤北鞑靼及阿鲁台部下头目脱脱哈、益失都等来归，言阿鲁台为瓦剌所逼，率家属南奔。廷臣有请出兵掩击之者，上曰：此房自永乐中归附，贡献不绝，未有大过，今势穷蹙，义当矜悯。但彼未尝自言，朕亦不欲劳中国之力以事远夷，若又迫之于险，岂仁者所为哉！于是遣都指挥曹者赤帖木儿等赍敕抚谕，且赐盔甲、金织文绮、袭衣，并赐其子火儿忽答孙及头目那骇等文绮、袭衣	
五月庚午　丙子壬辰	迤北鞑靼脱哈卜花　和宁王阿鲁台使臣	来归	奏愿居京自效，命为所镇抚，赐冠带、金织袭衣、彩币、银钞、绵布、鞍马，仍命有司如例给房屋器物　赐瓦剌等处贡使宴　命和宁王阿鲁台使臣卜儿罕、虎力为都督佥事，卯哈喇、失列门为都指挥佥事，扯扯弩答帖木儿、把儿捌为正千户，仍赐之宴	卷七九
六月乙未	福余等卫	来朝	赐福余等卫来朝镇抚土木得儿等、吐罕河卫招谕回还头目秃赤克等彩币、表里等物有差	卷八十

续表

时间		部落首领名称	地点、缘由	明廷处置	《明仁宗实录》所载出处
宣德六年	辛丑	迤北鞑靼哥鲁赤	来归	奏愿居京自效,命为所镇抚,赐冠带、金织袭衣、彩币、银钞、绵布、鞍马,仍命有司如例给房屋器物	卷八十
		瓦剌顺宁王		命瓦剌顺宁王使臣脱哈答者原为都指挥金事,亦剌思答因为指挥金事,团永索失为正千户,迭力迷失、古木力大者为百户,各赐冠带	
	丙辰	迤北和宁王使臣察罕等八人	来朝	奏愿居京自效,命为副千户等官,赐冠带、金织袭衣、彩币、银钞、绵布、鞍马,仍命有司如例给房屋器物	
	七月庚午	迤北和宁王阿鲁台使臣俺克秃剌等	来朝	奏愿居京自效,命为百户等官,赐冠带、金织袭衣、彩币、银钞、绵布、鞍马有差,仍命有司如例给房屋器物	卷八一
	甲戌	迤北和宁王阿鲁台遣使臣福受及答剌罕赛亦的等	来朝贡马		
	己卯	迤北和宁王使臣阿力打剌罕等	四人来朝	奏愿居京自效,命为副千户等官,赐冠带、金织袭衣、彩币、银钞、绵布、鞍马有差,仍命有司如例给房屋器物	
	壬午	福余、朵颜、泰宁三卫		遣锦衣卫指挥王息等赍敕,谕福余、朵颜、泰宁三卫都指挥使安出、歹都、猛古乃等,听其来朝及往来市易,但严饬部属,恪遵法度,毋辄侵犯边境。仍赐安出等彩币、表里	
	丁亥	和宁王阿鲁台		赐迤北和宁王贡使宴 赐迤北和宁王阿鲁台使臣答剌罕赛亦的等彩币绢布有差,仍遣都指挥金事曹者赤帖木儿等赍敕及彩币往赐阿鲁台等,与之偕行	
	壬辰	福余卫头目咬纳等	贡驼马		

续表

时间		部落首领名称	地点、缘由	明廷处置	《明仁宗实录》所载出处
宣德六年	八月乙未	泰宁等卫都督脱火赤遣指挥同知安忽等	来朝贡驼马	迤北来归鞑靼言:和宁王阿鲁台为瓦剌脱欢迫逐,又闻中国将发兵征之,仓惶无措。上谓侍臣曰:乘人之危而击之,岂仁义之师!遂遣敕谕阿鲁台曰:"闻王困于瓦剌,避之南来,朕深矜恻。而诸将有奏请发兵巡边者,朕虑王部属惊疑,已却不听。乃闻有人为王言,朝廷将发兵乘王之毙,此谗邪之言,决勿信之。朕体天心以御天下,岂忍利人之灾,困人于厄,矧王自朕嗣位以来,一心归顺,遣使朝贡,接踵于途,今当危难之际,宜相救援,岂有相害之理!特遣都指挥昌英等再往谕意,王其宁心静志,安居边塞,无听间言,自生疑贰。朕之此心皎如天日,王其亮之	卷八二
	癸丑	泰宁卫		赐泰宁等卫指挥同知安忽等六十七人彩币绢布有差	
		福余卫头目吱纳等五人	自兀良哈招谕还	赐之彩币、表里	
	乙卯			以招谕功,命福余卫头目吱纳、扯里台为指挥同知,歹住、乞里加哈、乃剌哈为指挥佥事,泰宁卫头目克里台为指挥佥事	
	丙辰			赐兀良哈等处贡使宴	
	九月戊辰	迤北鞑靼操者等九十九人,和宁王阿鲁台使臣捏帖干等五人	来归,来朝	皆奏愿居京自效,命为百户、所镇抚等官,赐金织袭衣、彩币、银钞、鞍马有差,仍命有司给房屋器物如例	卷八三
	丁丑	迤北和宁王阿鲁台使臣福受	来朝	奏愿居京师,命为都指挥使,赐冠带、金织袭衣、彩币、银钞、绵布、鞍马,仍命有司给房屋器物如例。先是福受有子毛荣留京任指挥使,至是福受愿留,乞一职自效,兵部奏宜罢其子之职而升赏福受,故命为都指挥使	

时间		部落首领名称	地点、缘由	明廷处置	《明仁宗实录》所载出处
宣德六年	庚辰	迤北鞑靼锁锁等	率家属男女一百四人来归	奏愿居京自效,命锁锁等二十四人为指挥金事等官,赐冠带、金织袭衣、彩币、银钞、绢布、绵花、鞍马有差,仍命有司给房屋器物如例	卷八三
	十月甲午甲辰	哈密忠顺王及瓦剌牙纳失力王 福余卫鞑官指挥同知阿克即呕等	所遣使臣百户桑哥失里等 来朝贡马	赐彩币及绢、袭衣等物	卷八四
	己未	迤北鞑靼拜住猛克卜罗等 迤北鞑靼济咬丁	来归 率妻子来归	奏愿居京自效,命为副千户等官,赐冠带、金织袭衣、彩币、银钞、绢布、鞍马有差,仍命有司给房屋器物如例 赐福余卫指挥同知阿克即呕等钞、彩币、绢布、金织纻丝、袭衣等物有差 皆愿居京自效,以济咬丁为副千户,赐冠带、金织袭衣、彩币、银钞、绵布、鞍马有差。仍命有司如例给房屋器物	
	十一月乙酉	福余卫鞑官所镇抚土木得儿等	来朝贡马		
	十二月癸巳 辛丑 甲辰	迤北鞑靼兀南帖木儿等 福余卫 泰宁等卫	来归	奏愿居京自效,命为百户等官,赐冠带、金织袭衣、彩币、银钞、鞍马有差,仍命有司如例给房屋器物 赐福余卫鞑官所镇抚土木得儿等白金、彩币、纱、罗、绸、绢、金织袭衣等物有差 赐泰宁等卫都督金事脱火赤差来指挥同知字罗等及奉使泰宁等卫指挥同知失令等九十七人钞及彩币、表里等物有差	卷八五

续表

时间		部落首领名称	地点、缘由	明廷处置	《明仁宗实录》所载出处
宣德七年	正月壬戌	迤北和宁王阿鲁台遣使臣也先帖木儿等	来朝贡马		卷八六
	戊辰	泰宁卫掌卫事都督佥事脱火赤		奏旧印为胡虏本雅失里掠去，请再给授，从之	
	戊寅	福余卫都指挥安出等		奏保本卫故指挥使晃火儿子孛罗帖木儿袭父职及头目都鲁秃、脱欢义儿、歹里罕、兀失、哈剌帖木儿、脱脱木儿、忙哥、脱脱不花俱为本卫指挥佥事，孛罗答不歹、脱脱俱为泰宁卫指挥佥事，悉从之	
	庚辰			赐迤北和宁王贡使宴	
	癸未			赐迤北和宁王使臣也先帖木儿等彩币、表里、绢帛有差，仍遣都指挥佥事曹者赤帖木儿等赍敕及彩币、表里赐和宁王阿鲁台	
	丁亥	迤北鞑靼买来的、小泄等	来归	奏愿居京自效，命买来的为指挥同知，小泄为副千户，纳哈赤、脱脱卜花等七人为百户、所镇抚，赐冠带、金织袭衣、彩币、银钞、绢布、鞍马有差，仍命有司给房屋器皿等物如例	
	二月乙巳			赐瓦剌阿端等处贡使宴	卷八七
	四月丙午	迤北和宁王阿鲁台部属弩温帖木儿、口克卯合剌等	来归	奏愿居京自效，俱命为所镇抚，赐金织袭衣、彩币、银钞、绵布、鞍马，仍命有司给房屋器物	卷八九
	癸丑	瓦剌顺宁王脱欢遣使臣福家奴等	来朝贡马		
	五月庚申			赐瓦剌等处朝使宴	卷九十
	癸亥	泰宁卫鞑官都督佥事脱火赤等遣指挥佥事哈剌罕等	来朝贡马		
	甲子	朵颜卫指挥使司差指挥都儿帖木儿		奏永乐二年所降印信为胡虏本雅失里掠去，请再给赐，从之	

时间		部落首领名称	地点、缘由	明廷处置	《明仁宗实录》所载出处
宣德七年	丁丑 癸未	福余卫鞑官指挥佥事阿失笞木儿等	来朝贡马	赐瓦剌使臣福家奴等九十七人、泰宁卫指挥佥事哈剌罕等钞、彩币、表里、纻丝、绢布、袭衣有差阿失笞木儿盖初归附也	卷九十
	六月乙巳			赐福余卫指挥佥事阿失笞木儿等银、钞、纻丝、纱罗、绢布及金织袭衣有差	卷九一
	八月乙卯	迤北鞑靼脱脱、咬儿紧纳等	来归	奏愿居京自效,命为千户等官,赐冠带、金织袭衣、彩币、银钞、绵布、鞍马有差,仍命有司给房屋器物	卷九四
	十一月丙子	泰宁等卫都督佥事脱火赤遣指挥佥事猛可帖木儿、朵颜等卫指挥佥事逞吉儿等 迤北鞑靼倘彻儿	来朝贡马 挈妻子来归	 奏愿居京自效,赐纻丝、袭衣、钞币,仍命有司给房屋器物如例	卷九六
	十二月戊子 癸卯	朵颜卫都指挥佥事完者帖木儿 迤北鞑靼安哥帖木儿等	屡遣人朝贡 来归	赐泰宁卫指挥佥事猛可帖木儿、朵颜卫指挥佥事逞吉儿等钞、彩币、绢布有差 赐敕嘉奖,并赐之金织文绮、彩绢 奏愿居京自效,俱命为所镇抚,赐冠带、金织袭衣、银钞、绵布、鞍马,仍命有司给房屋器物如例	卷九七
宣德八年	正月丁丑 戊寅	迤北鞑靼撒剌苦 迤北鞑靼白颜帖木儿等	来归 来归	奏愿居京自效,命为头目,赐纻丝、袭衣、钞布有差,仍命顺天府给房屋器物如例 奏愿居京自效,命为千户等官,赐冠带、金织袭衣、彩币、银钞、绵布、鞍马有差,仍命有司给房屋器物如例	卷九八

续表

时间		部落首领名称	地点、缘由	明廷处置	《明仁宗实录》所载出处
宣德八年	二月庚寅	迤北和宁王阿鲁台遣使	自辽东入贡	报至,上敕辽东总兵官都督巫凯等曰:往年虏使皆自大同宣府入境,今迁路从辽东入,或欲窥觇作过,不可不虑,宜谨备之	卷九九
	辛卯	朵颜等卫指挥不答儿花干遣千户把剌等	贡马及方物		
	壬辰	泰宁等卫鞑官都督金事脱火赤遣指挥金事可赤哈等	来朝贡马		
	癸卯			赐朵颜等卫千户把剌等钞、彩币、绢布及金织纻丝、袭衣、绢衣有差	
	乙巳			赐泰宁等卫达官指挥金事可赤哈等五十七人钞、彩币、绢布及金织袭衣	
	戊申	迤北和宁王阿鲁台遣使臣孛罗台等	来朝贡马		
	己酉	迤北和宁王阿鲁台部属哈把儿秃等及泰宁卫鞑靼拾剌把都	来归	皆奏愿居京自效,命为指挥同知等官,赐金织袭衣、彩币、银钞、绵布、鞍马有差,仍命有司给房屋器物如例	
	三月乙丑	和宁王阿鲁台		赐迤北和宁王阿鲁台使臣孛罗台等彩币及绢有差	卷一百
	己巳			遣锦衣卫指挥同知赵灰来的等赍敕往抚泰宁、朵颜、福余三卫官军,并赐都督、都指挥、指挥脱火赤等彩币有差	
	庚辰	福余卫等处鞑靼锁的革等	来归	奏愿居京自效,命为试所镇抚,赐冠带、金织袭衣、彩币、银钞、鞍马,仍命有司给房屋器物如例	
	五月甲寅	福余卫鞑靼把恩台	来归	奏愿居京自效,命为副千户,赐冠带、金织袭衣、彩币、银钞、绢布、绵花、鞍马,仍命有司给房屋器物如例	卷一〇二
	丙辰	泰宁卫都督金事脱火赤遣指挥金事板不来等	来朝贡马及方物		

时间		部落首领名称	地点、缘由	明廷处置	《明仁宗实录》所载出处
宣德八年	庚申辛酉			赐迤北和宁王等处贡使宴 赐泰宁卫指挥佥事板不来等彩币、绢布有差 哈把儿秃等及家属三十八人至京，赐纻丝、袭衣、钞、绢布、花有差，幼稚亦各有赐	卷一〇二
		迤北来归指挥同知哈把儿秃等			
	壬戌	泰宁卫掌卫事都督佥事脱火赤卒	事闻	命其弟指挥同知拙赤为都督佥事，仍掌卫事，抚辑民人，且赐之袭衣、彩币	
	辛未	福余卫镇抚暖朵儿	率家属来归	奏愿居京自效，命为千户，赐金织袭衣、彩币、银钞、绢布、绵花、鞍马有差，仍命有司给房屋器物如例	
	六月壬寅	迤北鞑靼把里卜花	来归	奏愿居京自效，命为百户，赐金织袭衣、彩币、银钞、绵布、鞍马，仍命有司给房屋器物如例	卷一〇三
	甲辰	泰宁等卫指挥佥事把都儿	来朝贡马		
	七月甲子	泰宁卫		赐泰宁卫指挥佥事把都儿等钞、丝、币、绵布及纻丝、袭衣有差	卷一〇三
	丁卯	福余卫都指挥佥事安出	奏岁饥民贫无食，欲于边城贸易以给，乞免一年买马课程	上曰：为君恤人，何间远迩，命所司从之	
	乙亥	朵颜卫都督佥事脱儿火察卒	其子朵罗干遣人进马，且请袭职	遂命朵罗干为都指挥同知，升都指挥佥事哈剌哈孙亦为都指挥同知	
	丁丑	泰宁卫		遣使赏敕赐泰宁卫都督佥事拙赤等十五人彩币四十五表里，时拙赤等遣人贡驼马，故答之	
		福余卫		赐福余卫指挥佥事把孙等金织纻丝纱罗绢帛袭衣等物有差	
		迤北鞑靼锁住驴等	来归	奏愿居京自效，命为副千户等官，赐金织袭衣、彩币银纱、绢布、鞍马有差，仍命有司给房屋器物如例	

续表

时间		部落首领名称	地点、缘由	明廷处置	《明仁宗实录》所载出处
	八月己酉	迤北鞑靼阿知八	来归	皆奏愿居京自效,命为副千户、镇抚等官,赐金织袭衣、彩币、银钞、绵布、鞍马,仍命有司给房屋器物如例	卷一〇四
	闰八月乙亥	瓦剌顺宁王脱欢遣使臣陕西丁等 脱欢又遣锁鲁檀答剌罕等六人	来朝 来奏房中事	廷臣言:朝廷前三遣使入瓦剌,皆未返,宜拘留陕西丁等。上曰:尤而效之非礼,且彼使未返之故为道路所阻,姑善待之遣归皆宴赍而遣之,敕脱欢曰:我国家抚待远人甚厚,王于朝廷亦效勤诚,使者之来,具见王意。但前三遣使诣王所,皆未返,意者道路有阻乎?故今未遣使报,俟道路通,前使来归,即遣报也	卷一〇五
宣德八年	九月己亥	迤北和宁王阿鲁台使臣柳失等 福余卫指挥金事完者秃等十一人	来朝 来归	皆奏愿居京自效,命柳失为百户,完者秃为试所镇抚,各赐冠带、金织袭衣、彩币、银钞、绢布、鞍马有差,仍命有司给房屋器物如例	卷一〇六
	十月丙寅 戊辰 丁丑	迤北头目伯颜帖木耳阿的迷失等 泰宁卫都指挥使火脱赤等 泰宁卫都督金事拙赤遣指挥金事杻林等	来归 来朝贡马 来朝贡马	奏愿居京自效,赐纻丝、袭衣、钞布,仍令有司给房屋器物如例	卷一〇六
	十一月癸未 丙戌 乙巳	泰宁等卫 泰宁等卫 瓦剌鞑靼苦出,迤北和宁王部属把秃不花、者颜帖木儿等	 来归	赐泰宁等卫都指挥使火脱赤等一百二十人钞、彩币、绢布及纻丝、袭衣等物有差 赐泰宁卫都督金事拙赤所遣指挥金事杻林等彩币及纻丝、袭衣有差,仍遣杻林赍敕及彩币表里归赐拙赤 皆奏愿居京自效,命为所镇抚等官,赐冠带、金织袭衣、彩币、银钞、绵布、鞍马有差,仍命有司给房屋器物	卷一〇七

续表

时间		部落首领名称	地点、缘由	明廷处置	《明仁宗实录》所载出处
宣德八年	丙午			升泰宁卫头目火脱赤、朵颜卫都指挥同知完者帖木儿、福余卫指挥同知火儿赤俱为都指挥使	卷一〇七
	戊申	迤北和宁王阿鲁台遣使臣赛的卜颜不花等	来朝贡马		
	十二月辛酉	迤北鞑靼俺克等	来归	奏愿居京自效,命为千户等官,赐冠带、金织袭衣、彩币、银钞、绢布、鞍马有差,仍命有司给房屋器物如例	卷一〇七
	庚午	迤北和宁王阿鲁台使臣赛的卜颜不花等	陛辞	初,朝臣皆言比虏寇沓卜等犯凉州,为边将所杀,皆阿鲁台部属,请拘其使而后发兵问罪。上曰:阿鲁台归心已久,祖宗抚之亦厚,未可遽以细故废前恩。且彼以好来而此以罪执之,非所以怀远人,又其部下今散乱不相统属,远在凉州作过,阿鲁台亦不能制也,其来使宜善待之。于是遣百户脱孙送赛的卜颜不花等归,并敕阿鲁台曰:朕统御天下,绥辑之仁,无间遐迩。今士马甲兵之富,足以征伐,然备之而不用者,虑伤物也。王久输诚款,朝廷恩待亦厚,比者凉州之寇,于国家无大损而凶徒自取屠戮,则亦天道之祸淫也。今使者之来,群臣皆请执而罪之,朕念彼为寇者违王之令,或离王远,王未必知,王虽或知,未必能制,故力拒群言,礼待使者,不改故常。然自今王更宜申严约束,令部下之人安分循礼,庶几永远相好也。今赐王袭衣、彩币,至可领之	
	丙子	迤北头目脱欢及福余卫鞑靼脱脱等	来归	皆奏愿居京自效,命脱欢为都指挥金事,脱脱等为试所镇抚,赐冠带、金织袭衣、彩币、银钞、绢布、绵花、鞍马有差,仍命有司给房屋器物如例	

续表

时间		部落首领名称	地点、缘由	明廷处置	《明仁宗实录》所载出处
宣德九年	二月壬戌	福余卫头目把秃不花、泰宁卫头目可可帖木儿等	来朝贡驼马		卷一〇八
		迤北和宁王阿鲁台部属者完台、影克、不花童帖木儿等	率妻子四十六人来归	奏愿居京自效,命者完台等三人为百户,余皆为试百户、所镇抚,赐冠带、金织袭衣、彩币、银钞、绢布、绵花、鞍马有差,仍命有司给房屋器物如例	
	戊辰			升泰宁卫头目隔干帖木儿为都指挥同知,福余卫头目把秃不花、把塔罕为指挥佥事	
	丙子	迤北和宁王阿鲁台部属威林帖木儿等	率妻子四十六人来归	奏愿居京自效,命为副千户等官,赐冠带、金织袭衣、彩币、银钞、绢布、绵花、鞍马有差,仍命有司给房屋器物如例	
	三月戊子			赐福余卫指挥佥事把秃不花、兀者卫指挥佥事纳哈出、泰宁卫头目可可帖木儿等彩币及纻丝袭衣有差	卷一〇九
	四月丁巳	和宁王阿鲁台		赐和宁王阿鲁台奏事使臣朵栾台等四人彩币绢布有差赐迤北和宁王贡使宴	卷一一〇
	庚申壬戌	泰宁卫指挥佥事赛因帖木儿	来朝贡马		
		迤北和宁王阿鲁台遣头目土鲁台、薛别孙	来奏言:为瓦剌所败,今脱身走,父子兄弟不复相顾	上闻之恻然,遣锦衣卫百户马亮赍敕驰往抚慰,并赐阿鲁台及部属失捏干等彩币、表里	
	丙子	迤北和宁王阿鲁台所部孛罗卜花等	率妻子来归	皆奏愿居京自效,命为千百户等官,赐冠带、金织袭衣、彩币、银纱、绢布、绵花、鞍马,仍命有司给房屋器物	
		泰宁卫头目脱脱不花	来朝		
	五月庚子			赐泰宁卫指挥佥事赛因帖木儿等钞币、绢布及纻丝袭衣有差	卷一一〇

续表

时间		部落首领名称	地点、缘由	明廷处置	《明仁宗实录》所载出处
宣德九年	六月壬子	迤北鞑靼朵鲁秃、伯胡等	来归	奏愿居京自效,命为副千户等官,赐冠带、金织袭衣、彩币、银钞、布花、鞍马有差,仍命有司给房屋器物	卷一一一
	甲寅	朵颜卫指挥哈马歹等七人	来朝且奏边事	赐钞、彩币、表里、金织袭衣等物	
	丁卯	福余卫指挥佥事脱脱不花等	来朝贡马		
	甲戌			迤北归附人言虏欲寇边,敕缘边诸将谨巡逻严守备	
	七月甲申	福余卫		赐福余卫指挥佥事脱脱不花等钞、金织纻丝、罗、绢有差	卷一一一
	丙申	福余等卫千户勒克等	来朝贡马		
				虏中归附者言阿台、朵儿只伯、失捏干等欲率众掠凉州、甘肃,敕总兵官都督佥事刘广等严饬兵备	
	癸卯	迤北鞑靼亦儿歹	率其子来归	奏愿居京自效,命为百户所镇抚等官,赐冠带、金织袭衣、彩币、银钞、绢布、鞍马有差,仍命有司给房屋器物	
	八月乙巳	福余卫副千户阿林台等	来朝贡马及方物		卷一一二
	己酉			赐福余卫千户勒克等彩币、绢布及纻丝袭衣有差	
	丙辰			赐福余卫千户阿林台等钞币、绢布及纻丝袭衣有差	
	庚申	泰宁卫指挥同知忽秃不花等二人	奏事至京	赐钞、彩币、表里、金织纻丝、袭衣	
	戊辰			北虏降者言,阿鲁台已死,其子及部属皆离散,有东南来者。上命行在兵部出榜于塞外谕之,凡来归附者悉与官职俸赐,处之善地。因谕尚书王骥等曰:朕实悯其失所,亦虑困苦无依,或为鼠窃,虽边备严固,敢忘徼饬?仍敕缘边总兵官都督佥事史昭等曰:今降虏皆言阿鲁台已为瓦剌所杀,部属分散,有渡河而来依我	

续表

时间	部落首领名称	地点、缘由	明廷处置	《明仁宗实录》所载出处
宣德九年 己巳	瓦剌顺宁王脱欢遣使臣昂克等	来朝贡马且告已杀阿鲁台，前元玉玺欲献	边境者，宜整兵巡逻，果其归附，善加抚侍，瓦剌脱欢既杀阿鲁台，必自得志，或来窥边，不可不备。慎之慎之	卷一一二
九月 丁丑 壬午 癸未 乙未	瓦剌使臣打剌罕、哈里等 故和宁王阿鲁台之子阿卜只俺等	来朝贡驼马 丧败无依，遣头目伯木儿等来朝请归附	赐瓦剌等处贡使宴 宣宗巡边 上怜之，遣太监王贵、都指挥昌英等往抚纳之，且厚赐赉	卷一一二
十月 丁巳	瓦剌		赐瓦剌使臣打剌罕等钞、彩币、绢及金织袭衣等物有差	卷一一三
十一月 丙子 甲申 乙未	迤北故和宁王阿鲁台部属把塔等 瓦剌	率家属八十九人来归	奏愿居京自效，命把塔为正千户，余为副千户、所镇抚等官，悉赐冠带、金织袭衣、彩币、银钞、绢布、绵花、鞍马有差，仍命有司给房屋器物如例 赐瓦剌使臣昂克等彩币、表里、绢布有差 命瓦剌使臣昂克为都指挥同知，猛哥帖木儿为指挥佥事，阿老丁等二人为副千户，哈赤阿里等四人为百户，阿里等六人为所镇抚，皆赐冠带	卷一一四
十二月 丙午 丙辰	瓦剌顺宁王脱欢使臣昂克等 故和宁王	陛辞	命指挥康能等送之还，并赍敕谕脱欢曰：王克绍尔先王之志，遣人来朝进马，具见勤诚。闻杀阿鲁台，尤见王之克复世雠，所云已得玉玺欲献，亦悉王意。然观前代传世之久，历年之多，皆不系此，王既得之，可自留用也。仍赐脱欢纻丝五十表里，以答其贡献云 命故和宁王阿鲁台子阿卜只俺为中军都督府左都督，赐第宅什器	卷一一五

分析上表可以得到如下认识：

第一，永乐二十二年（1424）九月和十一月阿鲁台两次遣使朝贡，而且在此后的仁宣时期，阿鲁台几乎每年都要遣使入朝，多者一年数次，须知永乐北征的后三次出兵，打击的主要对象就是阿鲁台，可是成祖驾崩之后，阿鲁台立刻抓住了转折的机遇，与明廷建立了密切的朝贡关系，直到宣德九年在与瓦剌的争斗中被杀

第二，要注意明朝实录中记载的明蒙之间的交往愈益频繁。如永乐二十二年（1424）九月到年底计有 10 次，洪熙元年（1425）有 15 次，宣德元年（1426）有 19 次，宣德二年（1427）有 27 次，宣德三年（1428）有 26 次，宣德四年（1429）有 11 次，宣德五年（1430）有 28 次，宣德六年（1431）有 37 次，宣德七年（1432）有 19 次，宣德八年（1433）有 38 次，宣德九年（1434）有 32 次，这一时期的交往频率大大超过了永乐时期。永乐年间双方交往记载超过 10 次的年份只有 4 年，而仁宣时期双方交往记载最少的年份仍达 11 次，所以说宣德时期是明蒙朝贡体制的发展时期，到明英宗时期朝贡体制运行则进入了鼎盛时期。①

第三，明朝政府对蒙古族是敞开了博大的胸怀，凡是来归者均受到妥善的安置，"赐予如例"，没有一个被拒绝者。这里要特别提出的是，在归附明朝的蒙古贵族中有两个特殊的人物，一个是本雅失里的妻子，她在洪熙元年六月投奔明廷，宣宗特意嘱咐礼部尚书吕震："本雅失里乃彼故主，今其妻亦远来，名分不同，恩亦当异，其别与好第宅。"这是一种特殊的优待；另一个是阿鲁台的儿子阿卜只俺，他在阿鲁台死后于宣德九年十月投奔明廷，宣宗在十二月命授"阿卜只俺为中军都督府左都督，赐第宅什器"。② 这也是一种特殊的优待，真正显示了明朝统治者"天下共主"的胸襟

第四，蒙古三大部最高统治者的袭替均要报请明廷批准，其典型者如顺宁王马哈木死、其子脱欢请求袭爵，永乐十六年得到朝廷批准；瓦剌贤义王太平之子捏烈忽的袭爵以及兀良哈三卫也是报请明廷批准的。明廷给来朝贡者授予官爵，已然常态化、制度化。笔者以为，蒙古统治者之接受明朝中央政府的册封和在朝贡时明廷所授予的官职，实际上就是接受了明朝廷作为天下共主的地位，确立了中国—四夷—藩属国这样一种天下秩序，而明朝廷也真正兑现了"华夷无间，抚字如一"，共享天下太平的承诺。这是在当时条件下明朝中央政府的主权在边疆少数民族地区实现的特殊形式，是蒙古族各级领主对明廷统治地位的认可和认同，这对中华民族的民族融合在明代得以完成有重要的意义

其他与朝贡相关的如贡期、贡道、赐物、赐宴等接待方面在这一时期也都制度化了，如贡期，经过永乐宣德两朝三十余年朝贡体制的运行，逐渐形成了鞑靼部"岁或一贡，或再贡，以为常"③、瓦剌部"岁一入贡"④（在实际运作过程中经常超过清人记载的规定）的常态化运转，两部"贡道皆由大同入居庸"，这是由其地理位置决定的。兀良哈三部的贡期则为一年两贡，贡道"由喜峰口入"⑤。这是明廷考虑到边境安全、蒙古各部方位、交通情况等所制定的固定的入关

---

① 胡凡：《论明英宗时期的明蒙朝贡体制与农牧文化交流》，《故宫学刊》2008 年总第 4 辑。

② 《明宣宗实录》卷一一五，宣德九年十二月丙辰条，台湾"中央研究院"历史语言研究所 1962 年版，第 2578 页。

③ 张廷玉等：《明史》卷三二七《鞑靼传》，中华书局 1974 年版，第 8468 页。

④ 张廷玉等：《明史》卷三二八《瓦剌传》，中华书局 1974 年版，第 8497 页。

⑤ 《明会典》卷一〇七《礼部》六五《朝贡三·北狄》，中华书局 1989 年版，第 579 页。

地点和朝贡路线。贡物则主要是马、驼等以及畜牧业产品、貂鼠皮等狩猎产品和海青。明朝廷方面对蒙古族的朝贡极为重视,使臣一入明境,其衣食住行几乎全由明廷包管了,礼部要差专官前往大同接待;所带物品和人员要造册送部,以凭给赏;沿途一应食宿全由朝廷负责;对入京的蒙古族有丰厚的赏赐、给赐、回赐物品,均按人按等级各有不同,多为丝织品、布匹等;朝贡结束返程时先要由礼部奏准,路上所需(下程)由光禄寺支付。尤其是明廷允许在会同馆开市交易的政策,蒙古使团朝贡期间在会同馆内进行贸易,马匹、皮毛等畜牧业产品以及进贡所换得的物品在这里均可"两平交易",但兵器、铜铁等物严禁买卖。朝贡使臣在这里可以换取中原地区的产品,补充其所需,也可换得一些奢侈品,这对于蒙古使者有很大的吸引力。此外,明廷还为双方朝贡设立"通事,在馆钤束夷人,入朝引领,回还伴送,皆通事专职"[①]。并设四夷馆学习、翻译蒙古语

四、明英宗时期明蒙朝贡体制的高潮

明代英宗时期包括正统、景泰、天顺三朝,如果从宣德十年(1435)英宗即位算起,则正好是 30 年(1435—1464)。在这一时期,明蒙之间的朝贡体制在永乐、宣德时期的基础上,有了进一步的发展,正处于鼎盛时期,朝贡体制下的农牧文化交流更在明代历史发展中独具特色。

蒙古族各部自从接受明廷封号后,开始每年定期向明廷朝贡,接受明廷的赏赐和馈赠,并要求明廷给予封爵和官职。正因如此,今人称:"东西蒙古的实际最高掌权者先后向明朝朝贡,并接受敕封,标志蒙古与明朝的朝贡贸易全面展开。"[②]朝贡体制开始良好的运行。

在永乐、宣德时期,明廷虽与东西蒙古各有战争,但朝贡体制并未受到影响。朱祁镇即位以后,瓦剌部打败鞑靼部而成为蒙古高原的霸主,从脱欢到也先无不重视与明廷的朝贡关系,每年向明廷派出大批使者,且人数逐年增加,及至达三千多人,由此而促成明英宗时期农牧经济文化交流的繁盛。为了能更好地观察这一时期朝贡体制运行的情况,用表 5.3 展现:

表 5.3　明英宗时期瓦剌对明廷朝贡关系一览表

时间		贡使及人数	贡物	赏赐	《明英宗实录》所载出处
宣德十年	正月甲午	迤北使臣脱合赤等	贡马及方物	赐宴并彩币等物有差	卷一
	八月辛酉	顺宁王使臣阿老丁、奴温帖木儿、昂克		敕瓦剌顺宁王脱欢使臣阿老丁、奴温帖木儿等曰:得边将奏,具知尔等为番达贼寇剽掠,勒回肃州,不能前进。今顺宁王复差使臣知院昂克等从宁夏来京,尔等宜即往宁夏,候昂克等归途,一同发遣为便。其原虏诸物,已敕总兵等官追获给还,尔其钦承,益坚诚款	卷八

① 《明会典》卷一〇九《礼部》六七《宾客·会同馆各国通事》,中华书局 1989 年版,第 1179 页。

② 曹永年:《蒙古民族通史》第三卷,内蒙古大学出版社 1991 年版,第 164 页。

续表

时间		贡使及人数	贡物	赏赐	《明英宗实录》所载出处
宣德十年	九月己丑	顺宁王脱欢等遣使臣月鲁卜花	贡马及貂鼠、青鼠皮	赐宴于礼部及赐彩币等物有差	卷九
正统元年	八月乙亥	顺宁王脱欢遣使臣阿都赤等	贡驼马及方物	赐宴并赐彩币等物有差	卷二一
	十月戊子	瓦剌顺宁王脱欢遣使臣速檀等	奉表贡马及方物,贺万寿圣节	赐宴并彩段等物有差	卷二三
正统二年	正月乙未			赐瓦剌顺宁王脱欢使臣阿都赤等宴于礼部,命英国公张辅、尚书胡濙待之	卷二六
	三月丁未	瓦剌顺宁王脱欢等各遣使臣	贡马驼方物	赐宴并彩币等物	卷二八
	八月辛未	瓦剌顺宁王脱欢等遣都指挥金事阿都赤等267人来朝	贡驼马	赐宴并彩币、钞、绢有差	卷三三
	九月戊申	瓦剌等处使臣皮儿马黑麻等来朝	贡马	赐宴及彩币、绢、布等物有差	卷三四
	十月庚申丁卯	瓦剌脱脱不花王所遣使臣倘灰等 命瓦剌平章卯失剌等所遣使臣薛朵罗台等13人留大同		奏愿授朝廷官,命倘灰等为都指挥同知,余授官有差,俱赐冠带遣都指挥康能赉彩段、表里、绢匹、纻丝、袭衣、靴袜、红毡帽往赐之,从脱脱卜花王使臣阿都赤奏请也	卷三五
	十二月乙亥	瓦剌使臣		阿都赤等陛辞,上命都指挥康能、指挥陈友、李全同阿都赤赍书及诸色金织、彩绣蟒龙袭衣、彩币、表里、金银宝石首饰、器皿、书籍等物往赐鞑靼可汗及其妃并顺宁王脱欢等,仍以彩段酬其所贡马直各有差	卷三七

续表

时间		贡使及人数	贡物	赏赐	《明英宗实录》所载出处
正统三年	正月戊子	瓦剌脱欢又遣人来朝	贡马驼	谕令正使三五人赴京,所贡马驼令人代送,其余使臣从人俱留止大同,并脚力马给与刍粮,听其与民交易	卷三八
	庚寅	使臣兀思塔阿里等		遣中官赍敕及彩段八百匹往大同,赐瓦剌使臣人等,并酬其所贡物直	
	辛卯	瓦剌脱欢遣使臣速丹等	赴京朝贡,请合兵夹击阿台、朵儿只伯	回赐彩币、表里	
	十月丙寅	瓦剌顺宁王脱欢遣使臣阿都赤等	贡马一千五百八十三匹,驼三只,貂鼠等皮二千九百三十二张	赐宴并赐织金文绮、毡帽、彩币等物有差	卷四七
	十一月庚寅		阿都赤等以万寿圣节,献马二百匹	赐赏钞币偿其直	卷四八
	十二月戊寅	瓦剌顺宁王脱欢遣使臣克来忽赤,和宁王子妇速满答儿遣指挥猛哥帖木儿等	来朝贡马	赐宴并赐彩币等物有差	卷四九
正统四年	正月癸卯			瓦剌使回,遣使赍敕,赐可汗脱脱不花王、可汗妃、丞相把把的、右丞相脱欢、左丞相昂克、知院字的打力麻、海答孙、大夫阿都剌、忽秃不花、平章撒都剌、伯颜帖木儿、卯失剌、阿剌别力的王、奄不剌王、亦勤帖木儿王、小失的王、脱谷思太子、淮王也先、太尉帖木儿撒哈台、头目猛哥帖木儿王、阿鲁秃同知,其余院判、院使、金院、左丞、右丞、断事官、打拉罕事官、打拉罕都事、国公、参议、千户、掌判人等俱赏赐有差	卷五十

续表

时间		贡使及人数	贡物	赏赐	《明英宗实录》所载出处
正统四年	十月丁亥	瓦剌等处脱脱不花王等遣都督阿都赤等千余人来朝	贡马三千七百二十五匹,驼十三只,貂鼠皮三千四百张,银鼠皮三百张	赐宴并衣帽、靴袜、钞币有差	卷六十
	十二月壬午		阿都赤等万寿圣节进马	赐阿都赤及存留大同养马把秃等彩段、表里、裹绢、匹红、毡帽、袭衣、靴袜有差	卷六二
正统五年	十一月癸卯甲子	瓦剌脱脱不花王遣使臣卯失剌等男妇六百四十四人来朝 瓦剌使臣卯失剌等	贡马一千六百七十四匹,银鼠等皮三百二十张 续贡马九十匹	赐宴并赐彩币、衣帽等物有差 给赏如例	卷七三
正统六年	正月甲子			瓦剌使臣卯失剌、郁鲁忽等陛辞,赐可汗、太师淮王也先及丞相、平章、都督、知院、内使等物	卷七五
	五月戊戌	瓦剌太师也先等遣使臣扯列把失等来朝	贡马、驼、玉石等物	赐宴并彩币等物有差	卷七九
	十月甲申	瓦剌等处脱脱不花王遣使臣都督阿都赤等	贡马二千五百三十七匹,貂鼠银鼠皮两万张	赐宴并金织袭衣等物	卷八四
	十一月己亥乙卯	瓦剌脱脱不花王使臣都督阿都赤等	贡马及方物	赐宴并彩币等物有差 赐都督阿都赤等彩段、表里、绢匹、衣服、靴袜有差	卷八五
	闰十一月丙子戊寅		阿都赤等续进马及青鼠皮	赐纻丝、绢匹 阿都赤卒于会同馆,命礼部比汉官都督例行丧礼,赐文祭之,命有司具棺敛葬,其先世有墓在崇文门外,遂附葬焉	卷八六
	十二月戊戌甲辰	瓦剌使臣脱木思哈等		赐钞绢、彩段、表里、靴袜有差 赐阿都赤等二千一百九十人彩段、表里、纻丝、袭衣、靴袜有差	卷八七

时间		贡使及人数	贡物	赏赐	《明英宗实录》 所载出处
正统七年	正月癸未			命都指挥佥事陈友、王政为正使，指挥同知李全、季铎为副使，同瓦剌使臣脱木思哈等赍书赐达达可汗曰：使臣阿都赤将可汗书及良马来进，已悉厚意，兹遣使赍书及酬答礼物，偕可汗使臣回，盖朕自临御以来，凡百华靡玩好之具，斥罢不造，可汗所需，止即见有者并令陈友等赍去，来使阿都赤颇纯谨，可任用，不意一疾遽至不起，已令有司具礼葬于其祖茔之侧。此后可汗及太师所遣使不宜过多，仅可一二百人，庶彼此两便，若来者过多，只照定数入关，余驻猫儿庄，或欲先回，或候使臣同回，听其自便。书至，可汗亮之。敕谕也先曰：近遣使臣脱木思哈等赍奏来贡方物，是能敬顺天道，以继尔祖父之志，朕甚嘉悦。今遣使赍敕，往谕朕意并赐以服用之物。来使有于大同驿伤残服役军人陆弘得肢体者，又四人于驿前迫狎妇女，遂伤百户晏昱之母，有司俱请治罪，朕以太师所遣人，曲贷之，令脱思木哈等率去，听太师自治。后此遣人，必须严切戒饬，毋因小衅以伤和好。赐可汗及妃蟒龙兽锦衣五件，金相碗、银相碗各二，花梨、紫檀木琵琶、方三弦等乐器，茜红缨花毯，罟袍、纻丝等物；赐也先纻丝夹衣蟒龙比甲、金钑螭虎台盘手盏、金壶瓶盂子，并妃罟袍、纻丝衣服等物，其头目五百一十三人俱赏有差	卷八八

续表

时间		贡使及人数	贡物	赏赐	《明英宗实录》所载出处
正统七年	十一月癸亥	瓦剌脱脱不花王及也先太师使臣卯失剌等二千三百二人来朝	贡马二千五百三十七匹	宴赐如例	卷八九
正统八年	正月壬午			使臣陛辞,致书赐物,并称可汗遣使臣知院卯失剌、李端等,特遣使指挥使章官保、副使指挥金事梁贵等赍书及彩币表里同去,又赐丞相把把只、平章伯颜帖木儿、小的失王、丞相也里不花、王子也先、猛哥、同知把答木儿、金院哈儿蛮、阿秃儿、打剌罕、尚书鬼林帖木、金院喃剌儿、尚书八里等,皆赏彩段有差。又救谕太师淮王中书右丞相也先,称其遣使臣国公察占、太尉哈三火者等,特遣正使指挥使火吉、副使指挥金事鲁珍等赍彩币同去颁赐太师	卷一百
	二月己亥甲寅	瓦剌使臣卜儿罕 瓦剌太师也先遣使	贡马驼	辞归,命赍救及彩币赐瓦剌太师也先 赐宴并彩币等物有差	卷一〇一
	九月丙寅	瓦剌使臣朵脱儿知院、太尉托火罕、都指挥平章皮儿马黑麻		遣内官林寿接待,救大同等处总兵、镇守等官应付车辆,遣人护送	卷一〇八
	十一月乙丑	瓦剌脱脱不花王遣使臣把失罕等二百八十三人	贡马及方物	赐宴并赐彩段、绢有差	卷一一〇
正统九年	正月戊午	也先所遣使臣为奄特亥		瓦剌正使都指挥金事把失罕卒于会同馆,命所司营葬	卷一一二
	三月甲寅	瓦剌太师也先并哈密忠顺王倒瓦答失里遣使臣察力把失等来朝	贡驼马玉石	赐宴并纻丝、袭衣、彩段等物有差	卷一一四

续表

时间		贡使及人数	贡物	赏赐	《明英宗实录》所载出处
正统九年	己卯	察力把失等陛辞		命赍敕并金织、纻丝、表里归赐其太师也先并忠顺王倒瓦答失里等	卷一一四
	十月癸丑	瓦剌脱脱不花王及太师也先使臣卯失剌等一千八百六十七人	贡马三千九十二匹,并赍也先母敏答失力阿哈所进狐白皮以献	皇太后赐宴有差礼部请于乙丑宴瓦剌卯失剌等,丙寅宴回回锁鲁檀等	卷一二二
	十一月甲申	瓦剌太师也先遣使臣失连帖木儿及回回平章锁鲁等	贡驼马等物	赐宴及彩币表里等物有差	卷一二三
正统十年	正月己亥			瓦剌使臣陛辞,复赐书赐物,并遣正使指挥同知马云、副使指挥金事周洪等赍书并彩币表里、织金袭衣随脱脱不花使臣卯失剌回,往答厚意。又遣正使指挥同知马青、副使指挥金事詹升赍敕并赐彩币、表里、织金袭衣给也先;其余可汗所属王子也先、丞相把把只、平章伯颜帖木儿、小失的王、别里哥秃王、知院字的打里麻、忽都不花、兀答帖木儿、忽秃不花、右丞脱忽脱、院判把秃儿、太尉弩儿答、参政那哈出,也先所属为头知院阿剌、大夫撒都剌、平章那哈台、太尉帖木思哈、知院沙的海答孙等,先是俱附马与使臣来进,至是亦各附彩段等物,酬之有差	卷一二五
	九月壬辰	瓦剌来朝正使皮儿马黑麻,副使完者帖木儿等至大同,一千九百人		遣官并敕大同等处如例管待	卷一三三
	十一月辛未	瓦剌脱脱不花王并太师也先等遣使臣皮儿马黑麻等来朝	贡驼马及方物	赐宴并彩币表里纻丝袭衣等物有差	卷一三五

续表

时间		贡使及人数	贡物	赏赐	《明英宗实录》所载出处
正统十年	癸酉	和宁王阿鲁台次子火儿忽答孙		敕火儿忽答孙曰:近得边将遣人送尔木牌并檄文到京,备知尔等艰苦,愿来归顺。已敕边将遣人赍敕并牌,安放于尔等原放牌处所,仍令官军俟尔,接待前来。尔等即赍此牌,安心顺路入境,毋得疑惑。朝廷重加升赏,与尔亲福寿、脱脱、孛罗等共享富贵于长久,故谕	卷一三五
	十二月丁未			升瓦剌使臣都指挥佥事皮儿马黑麻为都指挥同知,指挥使秃秃儿为都指挥佥事,头目兀鲁思为都指挥佥事,完者帖木儿为指挥佥事	卷一三六
	己酉	瓦剌使臣桑加失里等		奏其太师也先求人参、木香诸药,阴阳占候、算卜诸书。以其贪得无厌且词涉不逊,俱勿予	
	丙辰	瓦剌使臣皮儿马黑麻	贡马八百匹,青鼠皮十三万张,银鼠皮一万六千张,貂鼠皮二百张	上以其过多,命马收其良者,青、银鼠皮各收一万,惟貂鼠皮全收之,余悉令其使臣自鬻	
正统十一年	正月戊子己丑			赐瓦剌等处使臣皮儿马黑麻等一千九百人宴 赐随迤北使臣来朝回回锁鲁檀并必儿洗必儿等处使臣倒剌火者等一千八百九人宴	卷一三七
	庚寅	瓦剌也先续遣正使海塔孙,副使把秃火者等		命正使海塔孙为指挥佥事,副使把秃火者为正千户,带牌人哈撒为副千户	
	辛卯	瓦剌续遣使臣		赐瓦剌续遣使臣桑哥失失并亦力把里使臣赛失剌等宴	
	癸巳	瓦剌使臣皮儿马黑麻等陛辞		命马云、马青为正使,周洪、詹升为副使,赍敕书、彩币等物与之同往,赐可汗及也先等	
	冬十月戊戌	瓦剌正使孛端、副使失兰火者,一千一百六十五人	来朝至大同	遣太监刘增前去接待,敕大同等处总兵镇守等官应付车辆马匹,差人护送,从容来京	卷一四六

续表

时间		贡使及人数	贡物	赏赐	《明英宗实录》所载出处
正统十一年	十一月癸酉			赐瓦剌正使孛端等,买卖回回阿里锁鲁檀等彩币、表里、钞绢有差	卷一四七
	正月己卯			赐瓦剌等处脱脱不花朝贡使臣孛端、也先使臣把伯、回回阿里锁鲁檀等男妇一千一百六十五人宴于礼部	卷一四九
正统十二年	十一月壬辰	瓦剌使臣		使臣至宣府,致脱脱不花王及也先之书于杨洪,并遗之马,洪以闻。上敕洪曰:人臣无私交,但夷虏以礼相敬,不可固拒,宜量以礼币答之。虏情虽多虚少实,料其意亦不过以岁时人使往还,烦尔馆待故耳。凡接见之际,虽以礼貌相接,犹必内加关防,动以朝廷恩威为言,务有以阴折其心,使无所窥测,则善矣。时洪在边,颇为虏所惮,故往来辄有贶遗,意其可啖云	卷一六〇
	甲辰	瓦剌使臣皮儿马黑麻等二千四百七十二人来朝	贡马四千一百七十二匹,貂鼠、银鼠、青鼠皮一万二千三百张	大同总兵官武进伯朱冕等奏:脱脱不花王并也先来朝贡使臣皮儿马黑麻等,各带马驼,请如例支给草料。从之	
	丁未	迤北鞑靼阿儿脱台来归		自言:居也先帐下,与平章克来苦出有衔,恐见害,故来归。因言:也先谋南侵,强其主脱脱不花王,王止之曰:吾侪服用多资大明,彼何负于汝,而忍为此?天道不可逆,逆之必受其殃。也先不听,言:王不为,我将自为,纵不得其大城池,使其田不得耕,民不得息,多所剽掠,亦足以逞。又,也先尝放其所获夜不收二人归京师,非美意,实欲窥朝廷所为何如。上命阿儿脱台为南京锦衣卫带俸所镇抚,给冠带房舍	
	丙辰			宴瓦剌使臣皮儿马黑麻等二千余人	

时间		贡使及人数	贡物	赏赐	《明英宗实录》所载出处
正统十二年	十二月乙丑庚辰	皮儿马黑麻	续献马二百匹,驼七只	赐宴并彩币 升瓦剌正使都指挥同知皮儿马黑麻为都指挥使,都指挥佥事哈只阿力为都指挥同知,副使指挥佥事完者帖木儿为指挥同知,授猛可为指挥佥事,俱赐冠带、袭衣	卷一六一
正统十三年	正月庚子 壬子			升迤北瓦剌使臣都指挥同知皮儿马黑麻为都督佥事,指挥使纳哈歹、舍黑咱、赛夫剌俱为指挥佥事,指挥同知阿老丁、阿撒、阿黑麻、舍黑麻黑麻俱为指挥使,指挥佥事约里把、亦不剌金俱为指挥同知,正千户孛罗、伯蓝火只七人为指挥佥事 皮儿马黑麻等陛辞,上赐之敕,仍遣指挥马政等赍彩币等物赐其脱脱不花王并太师也先等	卷一六二
	十月辛酉	瓦剌遣正使太尉完者帖木儿、副使平章乌马儿等	来朝	上命太监刘增迎劳之	卷一七一
	十一月壬寅	完者帖木儿等	贡马驼及方物	赐宴并袭衣钞币等物有差	卷一七二
	十二月庚申壬申	完者帖木儿等	续进马一百二十四匹,驼三只	给赏有差 赐完者帖木儿等一千七百一人,并回回阿里锁鲁檀等七百四十二人宴	卷一七三

续表

时间		贡使及人数	贡物	赏赐	《明英宗实录》所载出处
正统十四年	正月辛卯			升瓦剌使臣都指挥使昂克为都督金事,都指挥金事木撒法儿为都指挥同知,指挥使阿黑麻、舍黑马黑麻、阿老丁俱为都指挥金事,指挥同知昂克孛罗、亦不剌金、约里把俱为指挥使,指挥金事亦不剌金、哈知、田玉、阿不都、克林、伯蓝火者、苦出帖木儿、陕西丁俱为指挥同知,千户章迭力必失等六人俱为指挥金事	卷一七四
	庚子			赐迤北瓦剌脱脱不花王使臣完者帖木儿等一千七百九十九员名宴于礼部	
	壬寅			赐瓦剌买卖回回阿里锁鲁檀等六百七十六员名宴于礼部	
	己酉	迤北瓦剌使臣陛辞		致书达达可汗	
	八月	土木之变			卷一八一
	九月庚辰壬午	瓦剌也先遣使臣纳哈出等	来奏事	赐宴并彩币表里等物	卷一八二
				纳哈出回,王致书达达可汗曰:往者朝廷遣使通好可汗,以保太平之福于悠久,近者因下人之言,彼此动兵。大抵天道人心,莫不好生恶杀,好逸恶劳,好治恶乱,我与可汗当顺天道、合人心,和好如旧。今因使臣到京,加恩款待,赏赐升官遣回,特致金百两、银二百两、托珠十托、珍珠百颗、织金九龙纻丝五匹、织金蟒龙纻丝五匹、织金胸背纻丝十匹、浑织金花纻丝五匹、素花纻丝二十匹,并琵琶、筝器等物,令使臣赍领给付,可汗亮之。复令谕瓦剌太师也先,词意与前略同,并赍金一百两、银二百两、托珠十托、珍珠百颗、织金九龙纻丝五匹、织金蟒龙纻丝五匹、织金胸背纻丝十匹、浑金花纻丝五匹、素花纻丝二十匹,并琵琶、筝等物以答其意。复遣都指挥使岳谦使瓦剌	

续表

时间		贡使及人数	贡物	赏赐	《明英宗实录》所载出处
正统十四年	九月壬寅丁未	瓦剌也先遣使臣纳哈出等	来朝奏事	赐宴并彩币、表里有差 使臣辞归,命赏金帛归赐也先并其弟大同王、赛罕王、迭知院、伯颜帖木儿平章、阿剌知院等	卷一八三
	十月丁卯	脱脱不花王遣使臣兀灵哈等	来朝贡马	赐兀灵哈等宴并彩币表里等物	卷一八四至一八五
景泰元年	五月辛未	阿剌知院遣参政完者脱欢	贡马请和	加恩赏赍,并颁赐阿剌礼物	卷一九二
	六月乙未	完者脱欢参政等五人至怀来	言欲赴京进贡	以兵送赴京,并遣李实、罗绮、马显随其使瓦剌	卷一九三
	七月戊申庚申	瓦剌脱脱不花王遣使臣皮儿马黑麻、哈丹	贡马来议和	赐宴并彩币等物有差 命杨善、赵荣、王息、汤胤绩等偕皮儿马黑麻使瓦剌	卷一九四
	八月	英宗回銮			卷一九五
	九月壬子己未甲子	瓦剌脱脱不花王遣使臣皮儿马黑麻等来朝	贡马 皮儿马黑麻以马三匹贡太上皇帝	诏如也先使臣例赏之 赐宴皮儿马黑麻等一百二十五人于奉天门 命给价如例,仍加赏彩币六表里	卷一九六
	十月庚寅	瓦剌太师也先遣人来朝(二千五百人)	贡马驼四千四百貂银鼠皮五百	赐宴及彩币等物有差	卷一九七
	十一月甲寅庚午	瓦剌脱脱不花王遣使臣苦秃不花等来朝(二百五人)	贡马三百二十九匹	瓦剌使臣还,命赍敕及彩段、绢匹归赐也先并妻及头目人等 赐宴并彩段、织金、袭衣、靴袜、毡帽等物有差	卷一九八
	十二月己卯		脱脱不花王寄马二匹进太上皇帝	赐瓦剌脱脱不花王使臣苦秃不花等二百五人宴于礼部,赏珍珠金银器皿等物	卷一九九

续表

时间		贡使及人数	贡物	赏赐	《明英宗实录》所载出处
景泰二年	正月壬子	瓦剌头目睹兰伯帖木儿、桑三等遣把台者儿火赤等十七人	来朝贡马	赐宴并彩币表里纻丝袭衣等物有差,加赏为首者各银十两,纻丝二匹,绢三匹,为从者各银五两,纻丝二匹,绢二匹	卷二〇〇
	二月丙戌	瓦剌太师也先遣使臣苏克帖木儿	来朝贡马	赐宴并织金、纻丝、彩段、表里有差	卷二〇一
	四月丁酉	瓦剌脱脱不花王遣使臣完者帖木儿等九十一人来朝	贡马及方物	赐宴并彩币、表里、绢布等物有差,仍命完者帖木儿赍敕并彩段表里归赐其王	卷二〇三
	十月丙戌	瓦剌使臣皮儿马黑麻等一千六百五十二人来朝	贡马三千三百六十三匹		卷二〇九
	十二月乙酉	瓦剌太师也先遣使臣察赤轻等	贡马及方物	赐宴并彩币表里等物有差	卷二一一
景泰三年	正月辛丑			察赤轻等辞归,赐宴及彩币表里钞绢等物有差,仍令赍敕及彩币等物归赐也先及诸头目	卷二一二
	二月甲戌	瓦剌同牟撒来王子遣使播端等来朝	贡驼马	赐宴及彩币等物有差	卷二一三
	闰九月甲申	迤北差来使臣纳哈赤等三千余名	所带马驼等畜四万余匹		卷二二一
	十月甲寅	瓦剌太师也先遣使臣察占等来朝	贡马且求中国遣使往来和好		卷二二二
	十一月甲子 己巳 丁丑 癸未	也先使臣察占等 也先遣使一百五十人	续进马匹,貂鼠皮、玉石等物 贡马二百匹	赐瓦剌也先使臣太尉察占、平章哈只阿力等二千九百四十五人宴于礼部 命辨其等第给赏 命瓦剌也先使臣察占等进贡马,每匹给赏纻丝一匹、绢七匹、折钞绢一匹	卷二二三

续表

时间		贡使及人数	贡物	赏赐	《明英宗实录》所载出处
景泰三年	十二月辛卯 乙卯	瓦剌太师也先、知院阿剌等各遣头目察占等 瓦剌也先遣使臣阿老丁等	贡马及方物 来朝贡马驼	赐宴并彩币表里有差,仍命察占等赍敕并彩币表里归赐也先及阿剌	卷二二四
景泰四年	正月丙子			赐瓦剌使臣察占二千八百七十六人宴于礼部	卷二二五
	十月戊戌	瓦剌也先遣使臣哈只等一千一百四十三人	赍书来朝,贡马及貂鼠银鼠皮	帝命赐使臣宴及彩币表里有差	卷二三四
	十一月乙卯 丙辰	瓦剌使臣火只你阿麻回回 瓦剌也先弟赛因孛罗鲁王等遣使臣卜花奴等	进玉石五千九百余斤 来朝贡马	诏免进,令其自卖 赐宴及彩币表里有差	卷二三五
景泰五年	三月庚申			瓦剌使臣陛辞,赐宴,命赍彩币归赐也先等	卷二三九
景泰六年	四月戊戌	迤北王子麻儿可儿遣正副使皮儿马黑麻、锁鲁檀、平章昂克、卯那孩、孛罗遣使臣可可宛者、赤板达阿里等	贡马驼至京	礼部议减赏例,帝曰:胡虏艰难,姑从旧例赏之,以慰其心,升赏、赐宴并彩币表里有差	卷二五二 卷二五三
景泰七年	十二月丙午	迤北孛来遣使臣朝贡将至		命内官陈善、兵部右侍郎王伟往大同管接,并验表马匹	卷二七三
天顺元年	二月己酉 庚申	迤北阿哈剌忽知院、孛来等差来使臣皮儿马黑麻等(五百余人)		并数内使臣恰恰等男妇十四人,愿留京自效,从之 命都督同知马政、指挥哈铭偕皮儿马黑麻等使迤北,赍敕并彩段表里等物赐孛来、阿哈剌忽知院等	卷二七五

续表

时间		贡使及人数	贡物	赏赐	《明英宗实录》所载出处
天顺元年	五月丙寅	迤北太师孛来并阿哈刺忽知院复遣皮儿马黑麻来奏	以英宗复位,欲将宝玺来献		卷二七八
	七月甲子			后军左都督皮儿马黑麻往迤北孛来处公干,因率其族属七十余人来归,命送锦衣卫安插,给房屋、器物,赐皮儿马黑麻名马克顺,伯颜达里名于忠	卷二八〇
天顺二年至天顺四年空,乃蒙古内部互相仇杀					
天顺五年	七月	孛来三上书求贡			卷三三〇
	八月己巳			特遣正使都指挥詹升、副使都指挥同知窦显赍敕谕孛来,赐织金彩段表里,又赐孛来下大头目阿罗出等十余人织金彩段五十表里,皆命遣去使臣赍与之	卷三三一
	十二月丁亥	迤北孛来遣使臣那哈赤等	贡马	赐宴于礼部,并赐彩币等物	卷三三五
天顺六年	正月戊申	迤北孛来等遣使臣那哈出等	来朝贡马	赐宴及彩币表里等物	卷三三六
	三月甲辰	孛来使臣阿义虎		辞归,赐宴及彩币,仍命赍敕及彩币回赐孛来等有差	卷三三八
	五月丁巳	孛来所遣使臣察占已入大同馆			卷三四〇
	六月癸未	孛来遣使察占等四百五人来朝	贡马一百二十九匹	赐宴于礼部,并赐衣帽彩币等物	卷三四一
天顺七年	四月戊寅	迤北小王子遣使臣阿哈刺忽、把秃来、孛来等五百余人赴京进贡			卷三五一
	五月癸丑	迤北马可古儿吉思王子遣头目阿哈刺忽、平章伯忽等来朝	贡马	赐宴并彩币表里金织纻丝袭衣等物	卷三五二

续表

时间		贡使及人数	贡物	赏赐	《明英宗实录》所载出处
天顺七年	六月戊寅 丁亥	迤北马可古儿吉思王、满剌楚王、孛罗力西王、右都督兀研帖木儿等，头目哈答不花等，各遣头目阿老出等二百人	来朝贡马	赐迤北可汗并太师孛来、毛里孩王洙翠金织冠服，琵琶拍板，药味等物，因其遣使奏求故也 赐宴并彩币、表里、纻丝、袭衣有差，仍命阿老出等赍敕并彩币、表里各归赐马可古儿吉思王等。赐乩加思兰王织金纻丝十八匹，红白氆氇十段并红缨獭皮等物。因其遣使诣京奏乞诸物故也	卷三五三
	十一月乙亥	迤北使臣平章朵罗秃等来朝，其使臣留大同者八百有余，馆于乌蛮驿者凡千人		将及关，朝廷恶其数为边患，欲却之，以内阁李贤言乃止	卷三五九
	十二月戊申		贡马三千有奇		卷三六〇

通过对表 5.3 进行分析，可以得到如下几点认识：

第一，整个明英宗时期，蒙古瓦剌部和明廷的朝贡体制保持了一种良好的、繁荣的运行态势。从时间上看，基本是冬来春去；从人数上看，从正统初年的 267 人、到京 5 人，到正统十二年（1447）的 2 472 人、正统十三年（1448）的虚报 3 000 多人；从次数上看，近 30 年里朝贡达 50 余次，其间既有一年之中数次遣使朝贡的情况（最多达 5 次），也有一年 1 次入贡的情况，而这一年 1 次入贡大多是在也先势力正处于最强盛的时候。至天顺年间，脱脱不花和也先、阿剌先后在蒙古族内乱中死去，朝贡体制的运行也进入不稳定时期。

第二，明廷给予来朝贡的蒙古各部以非常优厚的待遇和赏赐，这对蒙古族有着强烈的吸引力，尤其是赐品中丝、绢等纺织品，从表 5.3 中"赏赐"一栏中不难看出这一点。如正统二年（1437）十二月，瓦剌使臣阿都赤等陛辞，英宗遣使"赍书及诸色金织、彩绣蟒龙袭衣、彩币、表里、金银宝石首饰、器皿、书籍等物往赐鞑靼可汗及其妃并顺宁王脱欢等"。正统四年（1439）正月，瓦剌使臣返回，英宗"遣使赍敕，赐可汗脱脱不花王、可汗妃、丞相把把的、右丞相脱欢、左丞相昂克、知院字的打力麻、海答孙、大夫阿都剌、忽秃不花、平章撒都剌、伯颜帖木儿、卯失剌、阿剌别力的王、奄不剌王、亦勤帖木儿王、小失的王、脱谷思太子、淮王也先、太尉帖木儿撒哈台、头目猛哥帖木儿王、阿鲁秃同知，其余院判、院使、金院、左丞、右丞、断事官、打拉罕都事官、打拉罕都事、国公、参议、千户、掌判人等，俱赏赐有差"。正统八年正月，英宗在瓦剌使臣返回时仍旧"致书赐物"，除了赐予脱脱不花，还"赐丞相把把只、平章伯颜帖木儿、小的失王、丞相也里不花、王子也先、猛哥、同知把答木儿、金院哈儿蛮、阿秃儿、打剌罕、尚书鬼林帖木、金院喃剌儿、尚书八里等，皆赏段彩"，对也先更是遣专使颁赐彩币。正统十年正月"复赐书赐物"给脱脱不花,"又遣正使指挥同知马青、副使指挥佥事詹升赍勒并赐彩币、表里、织金袭衣给也先;其余可汗所属王子也先、丞相把把只、平章伯颜帖木儿、小失的王、别里哥秃王、知院孛的打里麻、忽都不花、兀答帖木儿、忽秃不花、右丞脱忽脱、院判把秃儿、太尉弩儿答、参政那哈出、也先所属为头知院阿剌、大夫撒都剌、平章那哈台、太尉帖木思哈、知院沙的海答孙等,……各附彩段等物,酬之有差"。① 这种交往本质上是农业区域和游牧区域之间的双边经济文化交流,体现了相互依存、农牧互补的特点。蒙古族给明朝进贡的物品主要是马匹、皮革,其次才是驼、玉石、方物等,这是游牧经济之所长。他们从明廷得到的物品则是彩段、绢布、纻丝、袭衣、织金文绮、靴袜、毡帽等,而这正是农业经济之所长,游牧经济之所短。

第三,蒙古各部与明廷这种朝贡体制,有着极其重要的向心力和凝聚力,对于稳固明朝廷与蒙古各部这种特殊的中央与地方的关系有重大作用。尤其是明廷给予蒙古族各级大小头目的赏赐物品,深受他们喜爱,以至朱祁镇被俘后,也先会集大小头目商议如何处置朱祁镇时,乃公欲杀朱祁镇,伯颜帖木儿愤怒地在乃公脸上打了两拳,然后说到朱祁镇对待蒙古族的诸多好处,特别强调"我每(们)也曾受他的好赏赐,好九龙蟒龙",他建议善待朱祁镇,然后和明廷协商将其送回,"复在宝位上坐着,却不是万年的好名!"②在朱祁镇历次赏赐的名单中,不难看到伯颜帖木儿的名字,而此后的一年里,也先将朱祁镇安顿在了伯颜帖木儿的营中,甚至有也先将其妹嫁给朱祁镇之说,到最后也才有朱祁镇的回銮。

正因为朝贡体制能使游牧民族和农业民族之间互通有无、互相补充,明廷又可以利用这一手段以安抚北方民族,消弭边患,所以整个英宗时期,尤其是脱脱不花王和也先在蒙古执政时期,朝贡体制运行得十分顺利,即使发生了土木之变这样的重大流血事件,也没有使朝贡体制中断。与此相反,蒙古族内部的互相仇杀使朝贡体制受到了严重影响。如表5.3中,在土木之变刚刚发生后的正统十四年(1449)九月,瓦剌也先即两次派遣使臣纳哈出入明廷奏事,沟通情况,明廷照样给以赏赐。同年十月,蒙古脱脱不花王亦遣使兀灵哈入明朝贡,朱祁钰为此致书脱脱不花说:"今得可汗致书与马,足见能顺天心以全和好之意。兹特加意款待使臣,授以职事遣回,并致礼物回答"。③ 此后阿剌知院也遣其参政完者脱欢等贡马请和,景泰元年也先、脱脱不花、阿剌的使臣先后赴明廷朝贡,朝贡体制继续有效运行,到景泰三年(1452)使团人数又超过三千人。可是到天顺二年(1458)至天顺四年(1460),由于蒙古族内部的互相仇杀,朝贡体制出现断层。这充分说明,土木之变仅仅是一个偶然事件,它既未影响明蒙双边交流的顺利进行,也未破坏朝贡体制的正常运转。

在英宗时期明蒙朝贡体制的运行中,明朝统治者对蒙古族各部首领政治上的吸引和笼络,是我们必须注意的重要问题。

在蒙古各部对明廷的朝贡体制中,蒙古族从上到下无不对朝贡表现了极大的热情。从农牧文化交流的大视角考察蒙古族对朝贡积极态度之根源,可见除了经济利益的驱使,明廷对朝贡使臣在政治地位上的优待也起了极为重要的作用。根据《明英宗实录》的记载,每次朝贡使团到京后,正使、副使及各级头目,均可获得明廷授予的官职,由此而使蒙古族的朝贡使臣获得

①　《明英宗实录》卷一八五,正统十四年十一月丁丑条,台湾"中央研究院"历史语言研究所1962年校印本,第3665页。

②　《正统临戎录》,《纪录汇编》卷十九,中华全国图书馆文献缩微复制中心1994年版,第168页。

③　《明英宗实录》卷一八五,正统十四年十一月丁丑条,台湾"中央研究院"历史语言研究所1962年校印本,第3665页。

双重身份和角色。在蒙古方面，他们是统治阶级的上层人物，官居太尉、知院、平章、参政、国公、侍郎之职，应该也是各个部落的首领。如丞相把把的（别别的）曾多次派使臣入明，"他是乞儿吉思人的领主"①。到明廷朝贡后，每次朝贡的使臣都得到官爵的赐授，成为明廷的职官，虽然只是荣誉职衔，没有实际价值，但其政治作用不可低估，它对笼络人心、增强蒙古族对明朝廷的向心力有重要意义。为使问题明晰起见，列表展现（见表5.4）：

表 5.4　明廷授予瓦剌使臣官职表

时间		所属系统	蒙古官职	明廷授予官职	《明英宗实录》所载出处
正统元年	九月丙申	顺宁王脱欢所遣		命瓦剌使臣阿鲁赤等十一人为都指挥佥事等官，赐冠带	卷二二
	乙巳			阿都赤、皮儿马黑麻等奏：愿受朝廷官职。上命阿都赤为都督佥事，皮儿马黑麻为指挥佥事，余授官有差，俱赐冠带	
正统二年	九月壬寅		太尉阿都赤	升瓦剌朝贡正使都督佥事阿都赤为都督同知，副使察占为都指挥同知	卷三四至三八
	十月庚申	瓦剌脱脱不花王使臣		倘灰等奏：愿受朝廷官，命倘灰等为都指挥同知，余授官有差，俱赐冠带	
	十二月甲子	瓦剌顺宁王脱欢使臣		哈马剌失力为慈善弘化国师，大藏为僧录司右觉义，答兰帖木儿等为指挥、千户、镇抚等官。仍赐哈马剌失力僧衣一袭及答兰帖木儿等冠带	
正统三年	正月丙午		国公兀思答阿里	命瓦剌使臣兀思答阿里为都指挥佥事，僧人也克出脱里也为都纲，赐冠带僧衣等物	卷三八
	十二月癸酉己卯			升瓦剌使臣阿都赤为右都督，把伯、察占、昂克三人俱为都指挥使，皮儿马黑麻为指挥使授瓦剌使臣奄者土干等二十人为指挥佥事，把里白等三人为正千户，亦不剌欣等三十二人为副千户，奴温帖木儿等八人为百户	卷四九

---

① 《蒙古族通史》中卷，民族出版社 2001 年版，第 36 页。

续表

时间		所属系统	蒙古官职	明廷授予官职	《明英宗实录》所载出处
四年	十一月己酉			授瓦剌使臣脱木思哈为都指挥佥事,脱忽思为指挥使	卷六一
五年	十二月	脱脱不花王	知院卯失剌	升瓦剌使臣卯失剌、郁鲁忽为都指挥佥事	卷七三
六年	十二月庚子			升瓦剌使臣都指挥佥事脱木思哈、脱哈答俱为都指挥同知,指挥使皮儿马黑麻为都指挥佥事,指挥同知速檀为指挥使,指挥佥事孛端秃秃儿俱为指挥同知,授完者土干正千户、木撒法儿副千户	卷八七
正统九年	十二月庚戌	脱脱不花	知院卯失剌 孛端	升瓦剌使臣都指挥佥事卯失剌为都指挥同知,指挥同知孛端秃秃儿俱为指挥使,授头目恍合为都指挥佥事	卷一二四至一二五
	甲子	太师也先	知院恍合	升瓦剌使臣指挥佥事昂克孛罗为指挥同知,授锁鲁檀为都指挥佥事,哈只阿力等二人为指挥同知,兀马儿等十四人为指挥佥事,卯哈剌等五人为正千户,脱脱章等十人为副千户,给冠带	
十年	十二月丁未	脱脱不花王及太师也先		升瓦剌使臣都指挥佥事皮儿马黑麻为都指挥同知,指挥使秃秃儿为都指挥佥事,头目兀鲁思为都指挥佥事,完者帖木儿为指挥佥事	卷一三六
十一年	正月丁丑	也先	断事、同知、参政、司徒	升瓦剌使臣指挥佥事纽邻等为指挥同知,断事落幹歹为指挥佥事,同知田玉朵罗歹、大使汤孛罗、司徒约里把、参政脱脱木儿等为正千户,同知格干帖木儿、参政迷儿火者等为副千户	卷一三七
	庚寅			续遣正使海塔孙为指挥佥事,副使把秃火者为正千户,带牌人哈撒为副千户	

时间		所属系统	蒙古官职	明廷授予官职	《明英宗实录》所载出处
十一年	十二月癸丑癸亥	也先 脱脱不花		命故瓦剌使臣都指挥同知速檀子哈力锁鲁檀袭为指挥使 升瓦剌使臣都指挥使把伯为都督佥事,指挥使孛端、哈只阿力二人俱为都指挥佥事,指挥同知捨黑咱答等三人为指挥使,指挥佥事捨黑马黑麻等二人为指挥同知,正千户援失兰火者、纳门约者把等六人为指挥佥事,副千户陕西丁等三人为正千户,授阿不者等七人为正千户,亦马剌丹等二十六人为副千户,俱给冠带	卷一四八
十二年	十二月庚辰			升瓦剌正使都指挥同知皮儿马黑麻为都指挥使,都指挥佥事哈只阿力为都指挥同知,副使指挥佥事完者帖木儿为指挥同知,授猛可为指挥佥事,俱赐冠带袭衣	卷一六一
十三年	正月庚子			升瓦剌使臣都指挥同知皮儿马黑麻为都督佥事,指挥使纳哈歹、捨黑咱、赛夫剌俱为指挥佥事,指挥同知阿老丁、阿撒阿黑麻、舍黑麻黑麻俱为指挥使,指挥佥事约里把、亦不剌金俱为指挥同知,正千户孛罗、伯蓝火只七人为指挥佥事	卷一六二
	十二月甲戌		太尉完者帖木儿	升瓦剌使臣都指挥使察占为都督佥事,都指挥同知哈只阿力为都指挥使,指挥同知完者帖木儿为指挥使,指挥佥事兀马儿为指挥同知	卷一七三
十四年	正月辛卯			升瓦剌使臣都指挥使昂克为都督佥事,都指挥佥事木撒法儿为都指挥同知,指挥使阿黑麻、捨黑马黑麻、阿老丁俱为都指挥佥事,指挥同知昂克孛罗、亦不剌金、约里把俱为指挥使,指挥佥事亦不剌金、哈只田玉、阿不都克林、伯蓝火者、苦出帖木儿、陕西丁俱为指挥同知,千户章迭力必失等六人俱为指挥佥事	卷一七四

续表

时间		所属系统	蒙古官职	明廷授予官职	《明英宗实录》所载出处
景泰元年	八月乙未	也先	参政、侍郎	太师也先正使奴塔台、参政刺来为都督佥事，给纱帽金厢犀带；副使兀思塔阿里等八员俱为都指挥佥事，给纱帽钑花金带；知院阿刺使臣土土儿等二人为都指挥同知，给纱帽金厢犀带，其也先弟男所差使臣札儿房、赤兔夫乃等四十三名俱为指挥同知，俱给纱帽钑花金带，彩币表里视常有加（送英宗还）	卷一九五
	九月甲寅	脱脱不花，也先		升使臣都督佥事皮儿马黑麻为都督同知，给赐金厢犀带；指挥同知奄可卜刺为指挥使，副千户马黑麻阿力为指挥同知；也先使臣同知哈丹并纳察罕俱为指挥同知，俱赐钑花金带	卷一九六
	甲子	也先，阿刺		命也先使臣把秃为指挥使，脱脱及绰班俱为指挥同知，阿刺使臣失该为指挥同知，把速台为指挥使，俱给赐纱帽钑花金带	
	庚午			升瓦刺使臣参政完者土干为指挥使，侍郎哈赤孩为指挥同知，各赐冠带	
	十一月丙午	也先		升瓦刺使臣昂克为都督同知，哈只阿力、者刺、阿老丁三人俱为都督佥事	卷一九八
景泰二年	正月乙卯	脱脱不花		升瓦刺脱脱不花王正使忽秃不花为都督同知，副使都指挥佥事孛端、指挥使兀马儿、指挥佥事伯颜帖木儿俱为都督佥事	卷二百
	三月丙午	也先		升瓦刺使臣苏克帖木儿等四人俱为指挥同知，忽秃不花等五人为百户，并赐冠带	卷二〇二
景泰三年	二月辛卯			升瓦刺正使都督佥事孛端为都督同知，都指挥佥事阿黑麻为都指挥同知，副使卜儿罕忽力等四人俱为指挥佥事，并赐冠带	卷二一三

续表

时间		所属系统	蒙古官职	明廷授予官职	《明英宗实录》所载出处
四年	正月庚辰	也先	太尉察占 平章哈只阿力	升瓦剌使臣都督同知察占、哈只阿力俱为右都督,都督佥事兀马儿、阿老丁俱为都督同知,都督佥事锁鲁丹、赛伏剌、兀马儿、铁古迭儿、木撒法儿、虎剌哈赤俱为都指挥同知,指挥使捨黑阿黑麻、不剌金、哈三可可、完者土干、捨黑马黑麻、阿黑麻俱为都指挥佥事,指挥同知沙班为指挥使,正千户哈儿失、失剌力、虎秃不丁俱为指挥佥事	卷二二五
五年	正月丙子	也先		命瓦剌正使哈只、副使恰如斯俱为都督佥事,使臣都督同知纳哈出为右都督,都指挥同知秃秃儿为都指挥使,都指挥佥事可可土干俱为都指挥同知,副千户可哭可可、哑儿阿必俱为正千户	卷二三七
六年	五月己未			升北使指挥佥事锁鲁檀为指挥同知,都指挥同知可为都指挥使,授宛者、赤板达阿里俱副千户,其孛罗平章续遣使臣都指挥佥事哈丹升为都指挥同知,并正使左都督皮儿马黑麻俱给赐冠带	卷二五三
	七月甲辰	孛来		命孛来使臣右都督察占为左都督,都督同知兀马儿、指挥同知把速剌、毋鲁土罕、指挥佥事克马力丁等俱升一级,其余未有职者授官有差	卷三四二
七年	正月甲寅			升遣北使臣右都督纳哈出为左都督,指挥同知虎义为指挥使,指挥佥事忽歹答为指挥同知,正千户努得为指挥佥事,授哈把里等十二人为百户,阿把赤等二十四人为所镇抚	卷三四八
	五月乙未			命遣北使臣正使阿哈剌忽把秃来、副使孛来俱为指挥佥事	卷三五二

从表 5.4 中可见,明廷授予蒙古族朝贡使臣的官职,从正一品的左、右都督到五品、六品的正、副千户、百户、镇抚,授官职的面很广,几乎每次朝贡使团的使臣都受到升赏并赐冠带,这固然可以看作明廷的一种政治手段,然其收效亦是巨大的。以皮儿马黑麻为例,他在正统元年(1436)即随朝贡使团入明,被授为指挥佥事(正四品),以后历年作为使臣或正使入明廷朝贡,到景泰年间升为左都督,官居一品,在明蒙双方关系中扮演了重要角色。土木之变后皮儿马黑麻数次往返于明廷与瓦剌之间沟通信息,及至天顺年间率其族属七十余人投归明廷,英宗"赐皮儿马黑麻曰马克顺"①。在脱脱不花和脱欢、也先兴盛时期,皮儿马黑麻是瓦剌的重要使臣,又接受明廷的官爵,是一个具有双重身份的人,当脱脱不花、也先相继死于内乱、蒙古族内部纷争迭起之际,他率族属投奔了明廷,实现了一种角色的转换。皮儿马黑麻的一生行实,是明廷与蒙古族之间朝贡关系的最好见证,对我们认识明蒙朝贡体制有重要意义。

从蒙古朝贡使臣的身份角色来看,他们既是官方的代表,又是商人的代表,一身而二任。在与明朝廷打交道时,他们代表蒙古族的统治者,亦或其本身就是蒙古族统治者,与明廷进行官方的交往,交验敕书、参加朝仪、接受赐物等。在来往的途中及在明都居住期间,他们又是私商的代表,为商人争取利益。如正统元年八月,瓦剌朝贡使团到京后,"顺宁王脱欢使臣阿都赤以私马求市,从之"②。正统十年皮儿马黑麻率使团到京,"以瓦剌使臣贡物过多,命马收其良者,青鼠、银鼠皮各收一万,惟貂鼠皮全收之,余悉令其使臣自鬻"③。这就典型地说明蒙古朝贡使臣的亦官亦商的身份,这种双重身份正是朝贡体制下蒙古使臣的突出特点。需要注意的是,当这些朝贡使臣接受了明廷赐赠的官职以后,他们又成为明朝官僚中的一员,在其本部族代表明朝廷实现对其所辖的本族、本部的统治,成为明朝廷实现其在边疆地区羁縻统治的独特形式,实际上这也是明廷的主权在边疆地区的实现,久而久之,也就铸造了蒙古族各部对明朝中央政府的政治认同及其对明廷的向心力和凝聚力。

通过以上对英宗时期明蒙之间朝贡体制状况及使臣身份的分析,我们可以对明廷与蒙古各部的朝贡体制与农牧文化交流作出如下结论:明蒙之间的朝贡体制是对双方都有利的一种政治、经济和文化活动,是农业经济与游牧经济两大体系之间互补型的交流关系。在这一体制中,明廷更注重的是政治利益,蒙古族更重视的是经济利益,这是由当时的社会特点所决定的。

明廷从太祖起就确定了一条对周边民族和番国"厚往而薄来"④的政策,成祖时期进一步发展了给值、免税、赐赉等具体的方面,这些在英宗时期的朝贡关系中都有具体的实行,这成为明蒙朝贡体制的第一个特点。如正统二年(1437)阿都赤使团返回时,"上命都指挥康能、指挥陈友、李全同阿都赤赍书及诸色金织、彩绣蟒龙袭衣、彩币、表里、金银宝石首饰、器皿、书籍等物往赐鞑靼可汗及其妃并顺宁王脱欢等,仍以彩段酬其所贡马直各有差"⑤。次年正月,脱欢又遣人来朝,"遣中官赍敕及彩段八百匹往大同,赐瓦剌使臣人等,并酬其所贡物直"⑥。除了上述的给值,明廷对蒙古每年的朝贡皆有厚赐,正统四年正月"赐可汗脱脱不花王织金四爪蟒

①　《明英宗实录》卷二八〇,天顺元年七月丙子条,台湾"中央研究院"历史语言研究所 1962 年校印本,第 6011 页。
②　《明英宗实录》卷二一,正统元年八月庚辰条,台湾"中央研究院"历史语言研究所 1962 年校印本,第 415 页。
③　《明英宗实录》卷一三六,正统十年十二月丙辰条,台湾"中央研究院"历史语言研究所 1962 年校印本,第 2704 页。
④　《明太祖实录》卷七一,洪武五年正月壬子条,台湾"中央研究院"历史语言研究所 1962 年校印本,第 1314 页。
⑤　《明英宗实录》卷三七,正统二年十二月乙亥条,台湾"中央研究院"历史语言研究所 1962 年校印本,第 720 页。
⑥　《明英宗实录》卷三八,正统三年正月庚寅条,台湾"中央研究院"历史语言研究所 1962 年校印本,第 732 页。

龙膝襕八宝衣一袭、织金胸背麒麟青红段六、五色段八、绢二十五、金嵌宝石绒毡帽一、顶金钹大鹏压缨等事件、全伽蓝香间珊瑚帽珠一串、宝金彩绣纻丝衣六、金绣缠身蟒龙直领一、青暗花井口对襟曳撒一、织金胸背麒麟并四宝四季褡鞰花比甲各一,织金虎并圈金宝相花云肩通袖膝襕各一、金相犀角麒麟系腰一、红甸皮描金荷包二、减银摺铁刀并鞘一、铜线虎尾三尖云头套靴一双、秋木面乌木里琵琶一、花黎木火拨思一、鞭鼓喇叭号笛各一、黄身勇字鱼肚旗一、鱼尾号带飞虎招旗二,赐可汗妃二人纻丝织金狮子虎豹朵云细花每人八匹、各色绒线、蜡、胭脂等物。赐丞相把把的、右丞相脱欢、左丞相昂克、知院宇的打力麻、海答孙、大夫阿都剌、忽秃不花、平章撒都剌、伯颜帖木儿、卯失剌、阿剌别力的王、奄不剌王、亦勤帖木儿王、小失的王、脱谷思太子、淮王也先、太尉帖木儿撒哈台、头目猛哥帖木儿王、阿鲁秃同知,其余院判、院使、佥院、左丞、右丞、断事官、打剌罕都事官、打剌罕都事、国公、参议、千户、掌判人等俱赏赐有差。"①从这段史料中至少可以看出三点:一是赏赐物品之丰厚,涉及日常生活的各个方面;二是赏赐面之广泛,从丞相、平章、太尉到断事官、掌判人,涉及蒙古政权内部各级官吏人等;三是文化内涵之丰富,从丝织品、手工艺品到乐器、化妆品等。同类记载见于正统六年(1441)、八年(1443)、十年(1445)、十三年(1448)等,从中可以感受到明廷对蒙古各部的重视和厚往薄来的一贯政策,其目的一则是为了显示中央王朝的泱泱大国之风,二则是通过厚赐以结其心,进而达到相安无事、消弭边患的目的。而且明廷在致书脱脱不花汗时,均用敌国之体,表示对蒙古最高统治者的相当尊重,这在封建统治者来讲确是难能可贵的。

　　从蒙古族方面来看,英宗乃至整个明朝时期的朝贡体制顺利运行,主要取决于蒙古族内部的形势(嘉靖朝除外),这成为明蒙朝贡体制的第二个特点。当蒙古族出现了一个强大的势力或几大势力处于均衡状态时,朝贡体制多能正常开展,宣德、正统、景泰年间的情况就是这样,只不过有时是各部组成联合的使团,或是各部单独遣使入明。当蒙古族内部出现争夺、内乱时,则朝贡体制就难以正常运行,如天顺二年(1458)到天顺四年(1460)的情况即是。此后明蒙之间的朝贡体制能否正常运行,多依蒙古族内部的形势而变化。

　　由于明蒙之间朝贡体制的正常运行沟通了草原与内地的政治、经济、文化联系,明廷丰厚的赏赐、给直确实弥补了游牧经济的不足和缺陷,而明廷的封、赠职官,尤对蒙古各部有强大的吸引作用,这就增强了蒙古族对中原王朝的向心力,对中华民族的融合与发展有深远的意义,这成为明蒙朝贡体制的第三个特点。如当也先意欲发动对明廷的攻掠时,即遭到脱脱不花王的反对,脱脱不花王阻止也先说:"吾侪服用多资大明,何负于汝而忍为此,天道不可逆,逆之必受其殃。"②英宗被俘后之所以还能返回明廷,与朝贡体制深得蒙古民心有关,如当乃公议杀英宗时,伯颜帖木儿怒打其人并对也先说:"他不曾做歹,我每(们)也曾受他的好赏赐,好九龙蟒龙,天地怪怒上,今日到我每(们)的手里,上天不曾着他死,我每怎么害他性命",他的观点得到了包括也先在内的各级头领的赞同。"众头目听说了齐说到:'那颜特却院说的是!'"③当李实、杨善使团在蒙古地区与阿剌的脱欢使团、脱脱不花的皮儿马黑麻使团相遇时,皮儿马

　　①　《明英宗实录》卷五〇,正统四年正月癸卯条,台湾"中央研究院"历史语言研究所 1962 年校印本,第 969~970 页。

　　②　《明英宗实录》卷一六〇,正统十二年十一月丁未条,台湾"中央研究院"历史语言研究所 1962 年校印本,第 3118 页。

　　③　《正统临戎录》,《纪录汇编》卷十九,中华全国图书馆文献缩微复制中心 1994 年版,第 168 页。

黑麻特邀杨善出谈,"惟虑和之不早成也"[1]。这充分说明和平的朝贡体制在蒙古民族中有着深厚的基础,而不义的战争是人民所不愿的。

五、土木之变与明蒙关系

明蒙朝贡体制在英宗时期已经达到了鼎盛。而在明蒙朝贡体制逐步繁荣、明蒙关系日趋密切的大背景下,土木之变爆发了。

正统初年,瓦剌太师顺宁王脱欢死,其子也先继其位。也先势力强悍,在与明廷朝贡时常常态度骄横。正统十四年(1449)二月,也先遣两千余使者进马,谎称三千人,被明廷发现,"王振怒其诈,减去马价,使回报,遂失和好"[2]。同年七月,瓦剌部首领也先纠集兀良哈、鞑靼等部举兵南下。在王振的劝说下,朱祁镇不顾重臣反对,仓促集军,御驾亲征。大军于居庸关外土木堡遭蒙古包围,队列大乱,蒙军四面进攻,明军大败,朱祁镇被俘,史称"土木之变"。这一事件的突发性值得关注。

1. 关于土木之变的分析

土木之变发生之时正值明蒙朝贡往来的高潮期,而正是由于这种高潮带来的朝贡体制内部运行不当导致了事变的发生。明廷一方面严格限制明蒙之间的互市,另一方面在朝贡中以"薄来厚往"的原则招揽蒙古朝贡,以便换取边境和平。明廷给予蒙古各部丰厚的赏赐:彩币、表里、袭衣、金银宝石首饰、器皿、书籍等物,还对其头领封官加爵:从都督府一级到都指挥使司一级到指挥使司一级再到千户、百户等职,不一而足。这些都刺激了蒙古贵族强烈的欲望。

但常年回赐诸多藩国、少数民族地区的财政压力已经对明朝造成一定的负担。正统七年(1442)英宗敕谕也先说:"此后可汗及太师所遣使不宜过多,仅可一二百人,庶彼此两便,若来者过多,只照定数入关,余住猫儿庄,或欲先回,或候使臣同回,听其自便。"[3]明廷为减轻财政承担的压力想要适当减少对使臣的封赏,但此时正值也先势力膨胀时期,蒙古使团非但没有减少使团人数,反而较之前更多。朝贡无法满足的蒙古的物质需求和明廷打算减少对蒙古的赏赐物品之间存在着矛盾,一旦朝贡的平衡被打破,双方矛盾就会激化。

直到正统十二年(1447)九月,瓦剌使臣皮儿马黑麻入贡,明廷仍然"赏赉金帛无算,凡所请乞,亦无不予"[4]。次年,也先遣使入贡时,虚报了人数,被明廷发现。王振命令礼部计口给赏,结果蒙古所得仅为奏请的五分之一。这种减免赏赐的突然性激发了蒙古方的失望和不满,双方由此产生了矛盾。朱祁镇被俘后,也先对赴蒙使者说,"我每(们)奏讨物件也不肯与,我每(们)去的使臣故买卖的锅、鞍子等物都不肯着买了……赏赐也减了,因这等上,我告天,会同脱脱不花王众头目每(们),将你每(们)使臣存留,分散各爱马养活着,我领人马到边上看一看。"[5]这虽然是也先与明使之间的外交辞令,但明廷一反常态的减少马价确为事实。朝贡过程中的赏赐物品的减少激发了也先的怨恨,因此他仅领两万人马到边界炫耀武力[6],威慑明

①　刘定之:《否泰录》,《纪录汇编》卷十六,中华全国图书馆文献缩微复制中心 1994 年版,第 148 页。

②　谷应泰:《明史纪事本末》卷三二《土木之变》,中华书局 1977 年版,第 471 页。

③　《明英宗实录》卷八八,正统七年正月癸未条,台湾"中央研究院"历史语言研究所 1962 年校印本,第 1769~1770 页。

④　孟森:《明史讲义》,中华书局 2006 年版,第 145 页。

⑤　《正统临戎录》,《纪录汇编》卷十九,中华全国图书馆文献缩微复制中心 1994 年版,第 167 页。

⑥　刘定之:《否泰录》,《纪录汇编》卷十六,中华全国图书馆文献缩微复制中心 1994 年版,第 144 页。

廷,以期得到更多的赏赐和好处,而并不是蓄谋夺权等政治性的战争。

贡使沟通不利是激发明蒙双方矛盾的又一因素。贡使是明蒙双方沟通的传话者,作为使臣应了解明廷的相关政策并在促进明蒙关系和平发展中起到积极作用。而这一时期任使职的明朝官员多为太监和鞑官,他们的文化水平相对较低,对于国家政策不能很好把握,以致在出使期间非但不能起到协调双方的作用,反而妄自许诺,给双方造成隔阂。如奉使迤北的通事鞑官千户马云、马青等曾许也先细乐妓女,又私自许诺也先"与中国结亲"。待到也先送达聘礼之时,明廷由于根本不知此事,断然拒绝,激起也先对朝廷的不满。在削减马价事件之后,又有通使对也先进言"节减赏赐皆出自指挥吴良"[①],这才使也先举兵南下,致开边衅。也先说:"这事只因陈友、马青、马云小人上是非,所以动了军马,小事儿做成大事。"[②]这里所说的陈友、马青、马云都是明廷奉使迤北的通事达官千户,在土木之变后,明廷不再主动往蒙古派遣使臣,可见其在土木之变中的影响。

蒙古"扰边"事件在明朝屡见不鲜,而土木之变之所以能够演变为皇帝被俘、明蒙关系史上的大事件,很大程度上与王振挟英宗亲征有关。虽然太祖对宦官干政十分警惕,留有"内臣不得干政"的祖训,但永乐时期以后,宦官集团作为皇帝的家奴,在政治上逐渐受到明统治者的重视。正统年间,王振擅权,他除去太祖所立"内臣不得干政"的铁牌,干预朝政,排除异己,无所忌惮。英宗称其为"先生",对其言听计从。

从正统六年(1441)开始,在王振的主导下,明廷发兵大举远征云南麓川思氏土司,战争长达十年之久,虽然赢得了胜利,但也消耗了大量的人力物力。也就在此时,明朝从太祖时期制定的以防御北方民族为主的政策重心出现了转移,致使明军对蒙古的防御能力大大降低。正统十四年(1449)六月,瓦剌扣留明使臣,明廷方才意识到瓦剌有可能入侵。明军的部署还未完成,瓦剌已经兵分四路入犯中原。王振由于有了平定麓川的胜果,希望以与蒙古开战的机会继续增大自己的权势,以显其功,便力主英宗亲征。吏部尚书王直等人力谏:朝廷应以守为主,"边鄙之事,自古有之,惟在守备严固而已。……陛下慎固封守……按兵蓄锐以待之。彼前不得战,退无所掠,人困马乏,神怒众怨;陛下得天之助,将士用命,可图必胜。不必亲御六师,以临塞下。"[③]英宗全然不顾,迅速集结军队,在不知道瓦剌主力方向的情况下,"命下二日即行"[④],仓促就道,为明军失败埋下了伏笔。

英宗虽为亲征,但事事由王振决定。明军前敌将领处处受到监军太监的节制,根本无法按照自己的意志指挥作战,致使一开始明军就节节败退。而王振根本不通军事,指挥接连失当。大军自北京西行,从居庸关到宣府、大同,一直没有遇到蒙古主力。遇天降暴雨,粮草供给出现困难,明军进退两难,军心大乱。由于王振担心返程路上军队会损坏其家乡的庄稼,又"改道宣府"。路中遇到瓦剌突袭,本应入保怀来,却为了等王振的千余辆辎重车,耽误了准备应战的时间。结果瓦剌军队率先攻占要道,使明军受困于土木堡。明廷相信了也先的议和下令移营,使得行列大乱,其实际情况就是炸营了,也先率兵四面涌入,明军大败。可以说,土木之变明朝失利和王振专权脱不了干系,而正是由于皇帝被俘,才使得土木之变成为明史上的大事件。

2. 蒙古族对待英宗的态度

土木之变并非是明蒙民族矛盾激化的结果。土木之变爆发前,明蒙朝贡体制一直顺利运转,双方关系较为稳定。由于明廷突然降低马价,减少赏赐,加上通事滋事,也先恚怒之下举兵南下,引发了土木之变。从成祖时期明廷建立明蒙朝贡关系以来,通过一系列的军事征服和政治招抚,蒙古贵族的地方政权逐渐归顺中央政府管辖。虽然此时正值蒙古实力大增,但他们已无力亦无志恢复元朝统治。也先举兵南下并非要一统天下,俘虏英宗也只是意料之外的战果,这些从土木之变后,蒙古对英宗的态度和明蒙双方的往来即可看出。

英宗被俘后,一名蒙古士兵欲剥其盔甲,见其不服,觉得"这个人不是等闲的人,动静不像个小人儿",未敢造次,把英宗带到也先的弟弟赛刊王处。英宗之前见过蒙古贵族的画像,便问他道"你是也先么? 你是伯颜帖木儿么? 你是赛刊王么? 你是大同王么?"赛刊王忙令使臣哈巴、哈者阿里来辨认,两人见到英宗后忙下跪磕头,他这才知道是明朝皇帝被俘。蒙古各部对于英宗被俘感到十分意外。"甲子,也先闻车驾来,惊愕未信,及见,致礼甚恭。"①对于如何处理皇帝,各部首领也着实讨论了一番。在部族首领集体会议上,也先向其他首领询问计策:"我每(们)问上天求讨大元皇帝一统天下来,今得了大明皇帝到我每(们)手里,你每(们)头目怎么计较?"这时有人建议杀掉英宗,为元旧主报仇,伯颜帖木儿当时就槌了那人两拳,气愤地说:"那颜要这等歹狗似的人在跟前开口说话!"伯颜帖木儿反对加害英宗:"他不曾做歹,我每(们)也曾受他的好赏赐,好九龙蟒龙……今日到我每(们)的手里……怎么害他性命"②。其他首领听了都赞同。可见蒙古各首领并无推翻明的统治、占据中原的意图,并且通过双方的长期朝贡往来,对明廷形成了基本的认同。

也先听取了伯颜帖木儿的建议,把英宗安置在他的帐下,距也先营十余里。伯颜帖木儿进熟肉、铺盖、皮袄,也先"每二日进羊一只,七日进牛一只。五日、七日、十日做宴席一次。逐日进牛乳、马乳",英宗"在行营或暖车或乘马途中,达子达妇遇见皆于马上叩头,随路进野味并奶子。也先每宰马、设宴,(仙)[先]奉上"③。英宗回京前,也先送其出帐,甚为恭敬,他对使者说:"我人臣也,可与天子抗礼哉?"可以说,在蒙古滞留期间,英宗一直受到了蒙古各首领给予的上等待遇。

3. 北京之战和土木之变的解决

蒙古本想借英宗最大限度地要挟明廷,而此时投降蒙古的太监喜宁为了讨好也先,向其透露明廷虚实。在喜宁的建议下,正统十四年(1449)九月底,也先再度挟英宗南下。

蒙古军挟英宗抵达大同,诡称"奉皇帝还"。此时明廷已奉朱祁钰登基继位,大同守将郭登遣人告之:"赖天地宗社之灵,国有君矣,"④也先要挟不成,又料到郭登必有准备,不敢进攻,

---

① 《正统临戎录》,《纪录汇编》卷十九,中华全国图书馆文献缩微复制中心 1994 年版,第 168 页。

② 《正统临戎录》,《纪录汇编》卷十九,中华全国图书馆文献缩微复制中心 1994 年版,第 168 页。

③ 尹直:《北征事迹》,《纪录汇编》卷十八,中华全国图书馆文献缩微复制中心 1994 年版,第 161 页。

④ 夏燮:《明通鉴》卷二十四,中华书局 1980 年版,第 995 页。

便绕过大同,破白羊口、紫荆关入境,直抵北京城下。

明兵部尚书于谦等人坚持主张迎击蒙军,下令"有盔甲军士但今日不出城者斩"①,分遣诸将帅兵二十万列阵于京师九门之外,归总兵官石亨节制,于谦"率先士卒,躬擐甲胄"②,亲自参加前线战斗。军队出城后又下令"悉闭城门","临阵,将不顾军先退者,斩其将。军不顾将先退者,后队斩前队"③,以示背水一战的决心。也先看到明军阵容严整,不敢进攻,便要求谈判,并索要大量金银。于谦等人认定了也先以帝要挟的心理,坚决反对妥协:"今日止知有军旅,它非所敢闻。"④事实上,这时也先已无必争中原掌控权的决心,战争的主动权也更多掌握在明廷的手中。于谦等人坚决主战,其主要目的一是免受也先要挟,转为主动;二是希望这一战恢复朝廷的士气。

同年十月十三日,瓦剌派散骑窥探明军阵势。明军则预先派兵埋伏于两侧,只由少股骑兵迎战蒙军,佯败,引瓦剌大军来追,结果陷入明军包围,蒙军大败,也先的弟弟孛罗卯那孩也被明军火炮击毙。接下来几日的战斗,蒙古军皆被击败。也先原以为明军不堪一击,没想到不仅和谈未成,瓦剌军也遭到重创,又听说明廷还有援军将至,便于十五日连夜北遁。

北京之战瓦剌军失利,蒙古内部反战呼声不断。也先与明廷作战并未取得其他蒙古首领的绝对支持。也先专兵最多,与其他蒙古部落同犯中原,往往把利益据为己有。北京之战中,脱脱不花还未入关,听闻也先兵败,便立刻返回。其次,明廷另立新君后,英宗被要挟的价值便逐渐降低,蒙古各部首领依赖于朝贡之利,害怕失去通贡互市的好处,希望尽快与明廷谈判,把英宗"差好人送去,复在宝位上坐着"⑤,以免破坏此前的朝贡关系,和明廷继续保持良好的关系。蒙古百姓十分依赖中原农业经济所产,一直得益于良好的贸易关系,听说议和使臣前来,"皆举手加额,欣幸其来"⑥,希望能尽快恢复往日的贸易往来,"夹道讴歌,沿途乳酪"⑦,称"咸愿和好"⑧,恢复与明廷的友好关系成为民心所向。在种种压力下,进攻北京失败后,蒙古各部立即派使臣与明议和。

北京之战后,蒙古立刻同明廷讲和。从北京之战也先失利到英宗归京,大约十个月内,也先向明廷共派出使臣六次,意在请和,其中两次是以朝贡的方式。景泰元年(1450)五月,阿剌知院派遣参政完者脱欢贡马请和,明廷才派遣李实等回使。李实至蒙古,也先宰马备酒相待,"令十余人弹琵琶,吹笛儿,按拍歌唱",希望明廷派太监、老臣来迎回英宗,并威胁:"八月初五日……若无人来,军民扰边。"景泰帝担心自己皇位不稳,迟迟不派人前来接迎。同年七月,也先派哈铭赴京,催促明廷遣使完成议和之事。明廷遣杨善回使,也先再次表示南下只因降低马价、减少岁赐,现议和之心恳切,希望早日把英宗送还,但明廷依旧没有迎回的消息。之后又派丞相把秃儿随李实进京贡马议和,希望明廷派遣使臣迎回英宗,仍是未果。

① 《明英宗实录》卷一八四,正统十四年十月丙辰条,台湾"中央研究院"历史语言研究所 1962 年校印本,第 3627 页。
② 谷应泰:《明史纪事本末》卷三十三《景帝登极守御》,中华书局 1977 年版,第 486 页。
③ 张廷玉等:《明史》卷一七〇《于谦传》,中华书局 1974 年版,第 4546 页。
④ 夏燮:《明通鉴》卷二十四,中华书局 1980 年版,第 992 页。
⑤ 尹直:《北征事迹》,《纪录汇编》卷十八,中华全国图书馆文献缩微复制中心 1994 年版,第 163 页。
⑥ 《明英宗实录》卷一九四,景泰元年七月癸亥条,台湾"中央研究院"历史语言研究所 1962 年校印本,第 4091 页。
⑦ 李实:《北使录》,《纪录汇编》卷十七,中华全国图书馆文献缩微复制中心 1994 年版,第 156 页。
⑧ 李实:《北使录》,《纪录汇编》卷十七,中华全国图书馆文献缩微复制中心 1994 年版,第 156 页。

由于景帝故意拖延,往来谈判又只字不提迎英宗回朝,使得英宗迟迟回京不得。最后在于谦上言"天位已定,孰敢他议"①后,代宗方才同意派使团去蒙古接迎英宗回京。

英宗回京时,也先送英宗上马,蒙古大小头目,杀牛马设宴席,伯颜帖木儿、赛刊王等头目及妻行礼、进酒、进鞍马、貂鼠皮袄、弓箭。英宗在蒙古受到如此待遇,蒙古与明廷的密切关系是直接的原因。英宗被俘时,各蒙古首领要以其为人质,从明廷得到更多的好处,决定与明讲和后,一直差人报于明廷,"着人来取,那颜这里差好人送去,复在宝位上坐着"②,希望英宗回京重登帝位,以便与之修好。对于蒙古各部首领来说,最要紧的是和明廷保持有利而紧密的关系。

由于农耕民族和游牧民族之间的地域差异,使得汉蒙两族的经济、文化产生很大不同,两种文明交界地区发生交流和融合实属必然。而在不同时期下,不同文明的交流和融合方式又各有区别。自成祖时期,蒙古被纳入朝贡体制以来,尤其是英宗即位以后,以朝贡方式进行的和平往来一直在明蒙双方关系中占据主导地位。土木之变即在明蒙朝贡体制发展到高潮时,明蒙双方发生的一次大规模的冲突。北京之战也是正值强势的也先所逞的一时之勇,当看到明廷严阵以待后,马上北通。无论是土木之变还是北京之战,都不是两族民族矛盾激化的结果,更不是蒙古想要夺取中原统治权而进行的蓄意战争,而是双方关系密切时产生的摩擦。

综上所述,可以得出以下结论:土木之变是发生在明蒙朝贡体制高潮时期的一次偶然事件,如果英宗没有亲征,就不会演变为明史上的一次重大事件。同时,土木之变并未影响明蒙朝贡体制的运行,也未对明蒙关系产生明显影响。土木之变后,朝贡往来更加频繁,双方关系更加密切。

第二节 明世宗时期的"绝贡"政策与北边危机

如果对整个明代的朝贡体制作一鸟瞰的话,可以发现:从成祖时期开始的朝贡体制到英宗时期形成一个高峰阶段,至成化、弘治时期呈现不稳定状态,武宗正德年间至世宗嘉靖初年开始中断,自嘉靖二十年(1541)以后由于明世宗采取了"绝贡"政策而处于断裂地带,到穆宗隆庆五年(1571)实现"俺答封贡",明蒙之间的朝贡体制又恢复正常运行。自隆庆和议以后,明廷和蒙古族之间一直处于和平交往,没有发生战争,这说明中原王朝与草原民族之间的民族融合最终完成,相应地周边各族与汉族也基本融为一体。

一、成化、弘治年间的明蒙朝贡情况

成化、弘治年间,明蒙双方的朝贡往来继续进行,但这一时期的朝贡次数大不如前朝。究其原因,一是瓦剌势衰后,鞑靼部重新崛起,蒙古各部再次陷入激烈的斗争之中,蒙古各部忙于争夺领地,无暇向明朝贡。二是这一时期明政府派兵搜套,还时常伴有赶马烧荒,对处于纷争时期的蒙古各部有一定的打击作用。一些部落北迁,往来渐疏。但在这种内外双重压力之下,明蒙朝贡往来也并未中断。在这段时期内,但凡蒙古部落的局势较为稳定,都会有当时较强部

---

① 谷应泰:《明史纪事本末》卷三十三《景帝登极守御》,中华书局1977年版,第495页。

② 《正统临戎录》,《纪录汇编》卷十九,中华全国图书馆文献缩微复制中心1994年版,第168页。

落首领组织使团统一向明廷朝贡。随着蒙古局势的变化,在达延汗时期,双方再次出现小的朝贡高潮。

在蒙古各部落展开激烈斗争之时,常来明廷朝贡的是当时较大部落的贡使。成化时期,鞑靼部总计遣使来贡 10 次,而瓦剌部来贡仅有 2 次①。弘治年间,鞑靼部来贡 9 次,瓦剌部来贡 5 次②。这与先前瓦剌部使臣频繁来朝的情况大有不同。鞑靼部还是瓦剌部,无论哪一个蒙古首领上台,都十分重视与明廷的朝贡关系。如天顺八年到成化元年,鞑靼部的实际掌权者为太师孛来,此时的鞑靼贡使都由其所派。③ 后毛里孩上台,即三次上书明廷求贡。④ 在得到明廷的允许后,于成化三年(1467)四月遣使贡马。明廷赐宴款待,并赐衣服彩段等物⑤。成化八年(1472)九月王越捣巢获胜后,孛罗忽、乜加思兰、满都鲁等"远徙北去,不敢复居河套"⑥,未曾来朝。直至成化十一年(1475)八月,满都鲁、乜加思兰势起,再次遣使入贡。使臣桶哈阿剌忽平章等贡马,明赐宴并袭衣彩段等物,仍旧以彩段表里酬答,给赏有差。成化十三年(1477)三月,继续遣使入贡。各蒙古首领在取得一定地位后都会主动地与明廷保持朝贡关系,这充分反映中原皇朝的经济文化对蒙古各部的强烈吸引力。

弘治年间,达延汗崛起,结束了蒙古自也先后的纷争局面,再次统一了蒙古各部,继续与明廷的朝贡往来。达延汗每次遣使人数都在千人以上,其中弘治十一年(1498)二月己巳,派遣使臣等六千人至边求入贡,明廷许其二千人入关,五百人入京⑦。弘治十七年(1504)三月壬午,请准弘治十一年例令二千人入贡,明亦允之⑧。达延汗时期是继英宗朝之后,朝贡的又一次高潮时期。

宪宗、孝宗时期,由于蒙古各部争夺领地,斗争激烈,形势瞬息万变,其与明廷的朝贡往来必然不如前朝规律、频繁,一直处于随机状态。但是明统治者依然能够权其利害,认识到通贡对于双方的重要意义。在处理朝贡事宜的同时整修北部边防,加强边疆管理,较好地处理了朝贡事宜。

成化三年(1467)春正月,迤北毛里孩遣使求入贡,宪宗认为毛里孩一贯骄悖,屡寇边疆,突然通好,夷情险谲未可轻信,所谓"无约而请和者,谋也"⑨,便令边疆严密镇守,以待入寇则御之。同年二月,毛里孩再次上书遣通事求入贡,明廷看到其求贡诚意,便命其戒令部下,遵依边将约束。夏四月,毛里孩等遣使臣咩勒平章等来朝贡马,明廷赐宴,并赐衣服彩段等物有差,顺利完成了朝贡交往。弘治十七年(1504),小王子派遣使臣请贡,但其赍书"番文年月称号不类",在明廷当时的朝贡体制下,这是不符合制度规定的。因此明廷坚持按朝贡规定办事,要

① 《明宪宗实录》卷一至卷一七五,天顺八年至成化十四年,台湾"中央研究院"历史语言研究所 1962 年校印本,第 1~3164 页。

② 《明孝宗实录》卷一至卷一三八,成化二十八年至弘治十一年,台湾"中央研究院"历史语言研究所 1962 年校印本,第 1~2403 页。

③ 《明宪宗实录》卷一,天顺八年正月丁丑条,台湾"中央研究院"历史语言研究所 1962 年校印本,第 24 页。

④ 《明宪宗实录》卷三九,成化三年二月丁酉条,台湾"中央研究院"历史语言研究所 1962 年校印本,第 772 页。

⑤ 《明宪宗实录》卷四一,成化三年四月丙午条,台湾"中央研究院"历史语言研究所 1962 年校印本,第 838 页。

⑥ 张廷玉等:《明史》卷一七一《王越传》,中华书局 1974 年版,第 4574 页。

⑦ 《明孝宗实录》卷一三四,弘治十一年二月己巳条,台湾"中央研究院"历史语言研究所 1962 年校印本,第 2353 页。

⑧ 《明孝宗实录》卷二〇九,弘治十七年三月壬午条,台湾"中央研究院"历史语言研究所 1962 年校印本,第 3893 页。

⑨ 《明宪宗实录》卷三十八,成化三年正月丙子条,台湾"中央研究院"历史语言研究所 1962 年校印本,第 755 页。

求使臣重新拟写文书。蒙古使臣阿黑麻解释说："往年谋入贡,书已成,以事不果,番地纸难得,故仍旧书,无他意。"兵部反复商议后,认为怀柔为驭夷上策,并认识到允许蒙古通贡是缓解边疆压力的好办法,孝宗特批蒙古入贡,当年即有两千人入关,五百人来京。

这一期间使团来朝仍然以贡献马匹为主,有时也请求明廷授官。明廷在与蒙古保持朝贡关系的同时,始终保持高度警惕,严守边境。对于蒙古来朝目的依然要经过仔细的核查,但对于正常的朝贡都给予批准,并给予相应赏赐,对于请官的使臣授予相应官职。如弘治三年(1490)二月,迤北及瓦剌进贡使臣人等一千一百名入关四百名入朝;三月,迤北小王子使臣奄克卜花,及瓦剌太师使臣恰恰等四十八人来贡并奏乞官职,明廷授予一等使臣原无职事者正使授指挥使,副使指挥同知,二等授副千户,三等俱百户,其原有职事者升一级,赐宴并给冠带、敕书等,赐小王子和太师蟒龙、红缨、琵琶、帐房等物。

可以说,成化、弘治两朝都较好地处理了蒙古的入贡请求,使得明蒙双方的朝贡关系顺利进行。这样的结果缘于这一时期明统治者的正确决策,其所谓的驭夷之道,即以怀柔为上,施以军事防范,免除了军士征战之苦和百姓流离之痛,对蒙古各部的经济生活也确有很大的辅助作用。但从弘治十七年(1504)到嘉靖十一年(1532),明蒙双方的朝贡出现长达近三十年的断层是前所未有的。虽然出现断层的原因仍是蒙古内部争斗问题,但由于朝贡往来的缺失,蒙古族长期得不到生产生活所需用品,经常南下抢夺,使得这一时期双方经常兵戎相见。

二、明世宗的对蒙"绝贡"政策

嘉靖十一年(1532)初,"北虏自延绥求通贡市"。关于这次要求通贡的人物,明史认为是小王子[1],谈迁认为是吉囊[2]。根据今人对明代蒙古历史的研究,应该是小王子博迪阿拉克汗在河套内通过延绥镇向明廷提出了通贡的请求。[3]

小王子的通贡请求一如既往,上报的途径也符合明朝的要求,如果明廷能够认识到朝贡体制的价值,应对小王子的要求作出积极的反应。但是兵部廷议后认为:"小王子进贡虽有成化、弘治年间事例,但其情多诈,难以轻信,宜命总制镇巡官察其真伪",将责任轻飘飘地推给了边防官将。通贡之事没有结果,小王子"以不得请为憾,遂拥众十余万入寇"。[4] 世宗为此大怒,命兵部议征剿,兵部遂议上"平戎十一事"报请嘉靖帝批准。其实前方官将对应否通贡心里是最清楚的,他们虑事也很周全,总制陕西三边军务兵部尚书唐龙建议:"彼夷欲假贡市以缓我之兵,我力既未可与战,不若因其欲而姑与之,亦以缓彼之兵。彼得所欲,引众而退,则实我仓廪,训我士卒,修我战具,徐观其变而图之。顺则全柔来之道,逆则兴挞伐之师,是亦用奇之法。若以为彼侵暴边障,义当致讨,则宜大集兵粮,恭行天罚,惟圣明裁断。"唐龙的意见是非常正确的,他所说的"不若因其欲而姑与之",其实是建议准许蒙古族入贡,同时为了预防万一,又提出:既要与蒙古族进行通贡互市,加强经济交流;又不忘加强边防,勤修战备以防敌变。

①　张廷玉等:《明史》卷三二七《鞑靼传》,中华书局 1974 年版,第 8478 页。

②　谈迁:《国榷》卷五五,世宗嘉靖十一年三月癸亥条,中华书局 1958 年版,第 3462 页。

③　乌兰:《关于达延汗史实方面几个有争论的问题》,《内蒙古社会科学》1983 年第 3 期;道润梯步:《新译校注〈蒙古源流〉》卷六,内蒙古人民出版社 1981 年版,第 315 页;朱风、贾敬颜译:《汉译蒙古黄金史纲》,内蒙古人民出版社 1985 年版,第 99~100 页。

④　《明世宗实录》卷一三六,嘉靖十一年三月癸亥条,台湾"中央研究院"历史语言研究所 1962 年校印本,第 3209 页。

世宗如能采纳,用人得当,一定会使北边防线出现好的局面。可惜的是,嘉靖皇帝给唐龙的批示是:“虏情已议征讨,尔为总制大臣,务要激发忠义,振扬国威,相机战守,以靖边陲,勿因循为目前计。”①

小王子通贡的要求被拒绝后不久,他就率领部众出套向东迁徙。史载:“时小王子最富强,控弦十余万,多畜货贝,稍厌兵,乃徙幕东方,称土蛮,分诸部落在西北边者甚众。曰吉囊、曰俺答者,于小王子为从父行,据河套,雄黠喜兵,为诸部长,相率躏诸边。”②这里的吉囊,名字叫作“衮必里克”,是巴尔斯博罗特的长子,在其父死后继为蒙古右翼三万户济农,驻鄂尔多斯万户;俺答是衮必里克之弟,明代汉籍又称为“俺探”“安滩”“俺答哈”“安滩阿不孩”等,是为著名的阿勒坦汗。③ 嘉靖年间蒙古族的通贡请求,主要是由俺答汗提出的。

早在嘉靖十三年(1534),俺答就已开始和明廷接洽通贡事宜。④ 嘉靖二十年(1541)秋,俺答派使者石天爵“款大同塞”,第一次正式向明廷提出通贡请求。“巡抚史道以闻,诏却之。”⑤《明世宗实录》详载其情:“北虏俺答阿不孩遣夷使石天爵、肯切款大同阳和塞求贡,言其父諰阿郎在先朝常入贡,蒙赏赉,且许市易,汉达两利。近以贡道不通,每岁入掠。因人畜多灾疾,卜之神官,谓入贡吉。天爵原中国人,掠居虏中者,肯切系真夷,遣之同来。果许贡,当趣令一人归报,伊即约束其下,令边民垦田塞中,夷众牧马塞外,永不相犯,当饮血为盟誓。否,即徙帐北鄙,而纵精骑南掠去。”⑥俺答的这番请求入贡的话,非常真实。首先,描述了先朝在朝贡体制下“汉达两利”的好处;其次,申诉了近来每岁入掠的缘故是由于贡道不通;再次,展现了允许通贡以后塞内种田、塞外牧马、永不相犯的和平图景。当然,最后的纵精骑南掠之语也确实具有威胁性。但是若从当时的实际情况来看,俺答所表达的是蒙古族大众的真实想法,也是当时历史发展的两种必然的前景,而此时此地历史具体向哪个方向发展,则全要看明朝最高统治者的决策如何了。

巡抚大同都御史史道深明其间的利害关系,他提醒朝廷说:“虏自弘治后不入贡且四十年,而我边岁苦侵暴。今果诚心归款,其为中国利殆不可言。第虏势方炽,戎心叵测,防御机宜,臣等未敢少懈。乞亟下廷臣议所以待之者。”在廷议期间,俺答待命塞外,颇有一番和好的表示,邀请守墩百户李宝到蒙古军营“欢宴”,部下有抢掠哨卒衣粮者严加惩处,并将衣粮送还哨卒,明廷的北边确实出现了和平的契机。巡按御史谭学看到这种情况,赶紧敦促朝廷速定大计,谓:“虏虽诡秘之情难信,而恭顺之迹有征。准贡则后虞当防,不准则近害立至。”为此谭学请朝廷多发兵粮,派遣知兵大臣前来主持防务。兵部得疏后认为事体重大,议定由边臣史道再查蒙古求贡的真实企图,并“须索小王子真正番文,保无后艰”,同时建议采纳谭学的意见,派谙练边事的两名大臣前往宣大主持军务及通贡事宜。事情上报世宗,世宗对俺答的通贡真心十分怀疑,责令兵部会官再议,并推选一名总督宣大军务兼理粮饷的大臣。经过这一反复,兵部及廷臣看清了世宗并不赞同通贡的心态,于是上议说:“虏多诈,其请贡不可信。或示和以

① 《明世宗实录》卷一三七,嘉靖十一年四月丙戌条,台湾“中央研究院”历史语言研究所 1962 年校印本,第 3225 页。
② 张廷玉等:《明史》卷三二七《鞑靼传》,中华书局 1974 年版,第 8478 页。
③ 珠荣嘎译注:《阿勒坦汗传》,内蒙古人民出版社 1990 年版,第 18~19 页。
④ 瞿九思:《万历武功录》卷七《俺答列传上》,《四库禁毁书丛刊》史部第 36 册,北京出版社 1998 年版,第 12 页。
⑤ 茅元仪:《武备志》卷二二五《占度载·四夷(三)·北虏考》,明刊本。
⑥ 《明世宗实录》卷二五一,嘉靖二十年七月丁酉条,台湾“中央研究院”历史语言研究所 1962 年校印本,第 5030 页。

缓我师,或乘隙以扰我疆,诡秘难凭,声击靡定,惟以大义拒绝之,则彼之奸谋自沮。今日之计惟在内修,选帅将、足兵足食乃第一义。"并提请尽快派总督大臣赴镇。这次世宗满意了,批示说:"丑虏猝骚,迄无宁岁,各边总兵巡抚官殊负委任。宣大近畿重镇,尤宜谨备,乃往往失事,大启戎心。今却假词求贡,虏情叵测,差去大臣不许循习常格,虚文塞责,务选将练兵,出边追剿,数其侵犯大罪,绝彼通贡。果能擒斩俺答阿不孩者,总兵总督官俱加异擢,部下获功将士升五级,赏银五百两。户部即发帑银四十万两,兵部发马价银二十万两,各选廉勤郎中随军调度,仍推选科道官各一员前往纪功。如无破虏奇绩,大臣不许回京,并镇巡官一体坐罪。"[①]世宗将此时出现的和平契机轻易地放过,他拒绝了俺答汗通贡的请求,使俺答恼羞成怒,"遂大举内犯,边患始棘"。[②] 在这次大举内犯中,"俺答下石岭关,趣太原。吉囊由平虏卫入掠平定、寿阳诸处。总兵丁璋、游击周宇战死,诸将多获罪"[③],蒙古军纵掠而去。

嘉靖二十一年(1542)闰五月,俺答再次派石天爵到大同请求通贡,结果却被新任大同巡抚龙大有诱捕,"上之朝,诡言用计擒获"。世宗不察,竟将龙大有升为兵部侍郎,"边臣升赏者数十人,磔天爵于市"。[④]《明世宗实录》载其详情:"虏酋俺答阿不孩复遣夷使石天爵、满受秃、满客汉自大同镇边堡款塞求贡。去岁虏遣天爵与肯切至,约以十日返报。比朝议久不决,虏索天爵等急,都御史史道乃留肯切,遣天爵先返,并遗以布帛,虏亦以马报之。既而贡议不允,虏乃大掠三关而去。于时议者谓:天爵为虏间,咎道媚虏嫁祸,道遂得罪。今岁三月间,虏送所掳中国人李山至,请易肯切还,部议以为诈,不许,至是虏复遣天爵及二夷同至。满客汉,肯切子也,边人不敢纳,以告巡抚都御史龙大有,大有遂掩以为功,令墩军诱三人者上墩,缚天爵而杀受秃等,以首虏报,猥言以计擒之。"从这段记载中可知,明廷采取的"绝彼通贡"之策,已是极大的失误,它黯于农业生产与牧业生产的客观规律,无视蒙汉之间通贡互市、进行正常经济交往的必要性和必然性,因而错过了寻求边境和平安宁的机会。可是当权者无人对此进行总结,身为最高统治者的世宗更是昧于大势,因而在错误的道路上越走越远。石天爵被处决前,详细介绍了蒙古族要求通贡的情况:"虏酋小王子等九部咸住牧青山,艳中国纱缎,计所以得之者,唯抢掠与贡市二端。抢虽获有人畜,而纱缎绝少,且亦自有损失,计不如贡市完。因遣天爵等持令箭二枝、牌一面为信,誓请贡市。一请不得则再请,再请不得则三请,三请不得则纠众三十万,一循黄河东堧南下,一自太原向东南大城无堡寨地方,而以劲兵屯大同三关待战。"石天爵的这段叙述能够载入《明世宗实录》,应是其被押入京城后审讯的记录,体现出蒙古要求通贡的真情和决心,明廷的当权者应该十分清楚,如能采取正确决策,边防问题马上就会出现转机。可是结果大谬不然,兵部主持廷议的决策是:"天爵本华民,而甘心为虏驱使。去岁守臣失计放还,遂至涂炭山西,震惊畿辅,究其祸本,实天爵一人致之。兹者凭借故智,敢复叩关,而边臣能应机擒斩之,真足以剪虏羽翼,寒旃裘之胆,厥功甚大。请优录之,以作诸镇之气。"这全然是个本末倒置的决定,它把明蒙之间战争的根源都归结到石天爵的身上,似乎杀

---

① 《明世宗实录》卷二五一,嘉靖二十年七月丁酉条,台湾"中央研究院"历史语言研究所1962年校印本,第5030~5033页。

② 谈迁:《国榷》卷五七,世宗嘉靖二十年七月丁酉条,中华书局1958年版,第3615页。

③ 张廷玉等:《明史》卷三二七《鞑靼传》,中华书局1974年版,第8479页。

④ 张廷玉等:《明史》卷三二七《鞑靼传》,中华书局1974年版,第8479页。

了石天爵就可以阻止蒙古军的进攻,而世宗也批准了这一决定,将石天爵和肯切二人处以磔刑并传首九边枭示。《明世宗实录》对此评论道:"于时当事者即欲勿许,亦宜有以待之,乃不为长虑却顾,遽杀其信使,夸张功伐,苟快目前。虏闻则大愤怨,遂不待秋期,即以六月悉众入寇,大掠山西,南及平阳,东及潞沁,悉如天爵语。每攻克村堡,屠戮极惨,辄以执杀天爵等为辞云。"①

嘉靖二十五年(1546)五月,在石天爵事件四年之后,俺答第三次向明朝提出了通贡的请求。《明世宗实录》谓:"虏酋俺答阿不孩遣夷使堡儿塞等三人款大同左卫塞求贡。虏自二十年石天爵诛后,信使遂绝。是岁玉林卫百户杨威为零骑所掠,驱之种艺,虏乃为威言:节年入抢,为中国害虽大,在虏亦鲜利,且言求贡市不可得。威自诡能集事,虏乃归威及同掠者数人,令先传意中国,然后令堡儿塞等款双庙山墩投番文,言俺答选有白骆驼九头、白马九匹、白牛九只,及金银锅各一,求进贡讲和,自后民种田塞内,虏牧马塞外,各守信誓,不许出入行窃,大段如曩时石天爵所称者。墩卒纳之,会总兵官巡边家丁董宝等狃石天爵前事,遂杀三人者,以首功报。"②这是又一次杀使绝贡的事件。前次是政府官员因杀使绝贡而受升赏,遂开了一个恶劣的先例,这次只是个总兵官的家丁,竟有如此胆量敢于杀使冒功,这定将引发蒙古军新的一番大规模入掠,明朝边事之坏于此可见一斑。

使臣被杀后,俺答又发动了一番入边抢掠。但是到了嘉靖二十五年(1546)七月,他又通过宣大总督翁万达递上"有印番文一纸,且言欲自到边陈款",第四次提出了通贡的请求。这充分表明俺答汗打开通贡之门的决心。翁万达作为一名边防官吏和统治阶级中的有识之士,为此向世宗建议说:"秋期已届,草茂马壮,正彼狂逞之时,乃遣使求通,虽已被杀,犹屡请不已。或谓虏性贪利,入寇则利在部落,通贡则利在酋长,即其所请之急,意在利吾赏赐耳。使处之当而不拂其情,虏众虽狂,或可抚定;不为之处,则旦夕之变,不无可虞;处之少迟,则机会毫发之间,恐又难待。万一词涉不逊,亦当姑示羁縻,以观其动而随机应之,不宜遽尔竣拒也。"这位嘉靖年间最为干练的边臣分析得非常有道理,提出的办法也切实可行,但是它又被明廷否决了。兵科给事中徐自得"极言虏不可信,所请未可允。部复亦以科臣之言为然",事情几经周折,嘉靖帝再次否决了俺答的通贡之请。"上曰:'虏氛甚恶,其令万达申令所辖诸将,整兵严备,相机出塞剿杀。辽东、陕西俱令严兵待战,京营人马俟蓟镇再有警报启行。'"虽然再次遭到拒绝,但俺答仍一意求贡。"自冬涉春,虏使益复络绎款塞,边臣聊以好言答之,而已不敢闻也。"③

到嘉靖二十六年(1547)二月,俺答又派出"夷使李天爵赍番文至",第五次提出通贡之请,并且恳切地对明廷边臣转述俺答的话说:"其先祖父俱进贡,今虏中大神言:羊年利于取和。俺答会集保只王子、吉囊台吉、把都台吉四大头目商议:求贡若准,彼进黑头白马一匹、白骆驼

---

① 《明世宗实录》卷二六二,嘉靖二十一年闰五月戊辰条,台湾"中央研究院"历史语言研究所 1962 年校印本,第 5209~5210 页。

《明世宗实录》卷二六二,嘉靖二十一年闰五月戊辰条,台湾"中央研究院"历史语言研究所 1962 年校印本,第 5208~5209 页。

② 《明世宗实录》卷三一一,嘉靖二十五年五月戊辰条,台湾"中央研究院"历史语言研究所 1962 年校印本,第 5836 页。

③ 《明世宗实录》卷三一三,嘉靖二十五年七月戊辰条,台湾"中央研究院"历史语言研究所 1962 年校印本,第 5862~5865 页。

七只、骟马三千匹,求朝廷白段一匹与大神裰袍麒麟蟒段等件,各头目穿用。边内种田,边外牧马,夷汉不相害,东起辽东,西至甘凉,俱不入犯。今与中国约:若达子入边墙作贼,中国执以付彼,彼尽夺其人所蓄马,以偿中国,不服则杀之;若汉人出草地作贼,彼执以付中国治罪,不服亦杀之;永远为好,递年一二次入贡。若太师每许代奏,即传谕部落,禁其生事云。"平心而论,俺答在这里就通贡之事表示了极为诚恳的态度,如果明廷君臣能够从边防安定、民族友好的角度考虑问题的话,理应对此做出积极的反应。倒是身为明朝边臣的总督翁万达、巡抚詹荣、总兵周尚文为之感动,因而上疏世宗说:"虏自冬春来,游骑信使款塞求贡不下数十余次,词颇恭顺。"他们告诉世宗,已经责令蒙古使臣回营"责取印信封诰,期以今秋西不犯延、宁、甘、固,东不犯蓟、辽以取信中国",现在的问题在于:如果蒙古履约而明廷再拒绝其通贡的话,"则彼之构怨可待,而其鼓众也有词,其报我也必专而力。"他们提请世宗,不必汲汲于蒙古是否变诈,"彼之诈而中变焉,则虏负不义之名。而举无名之寇,其为患亦终弱。"如果顾虑蒙古借入贡之机窥伺中国,"则当伏机而审待之。或限之以地,受方物于边城之外;或限之以人,质其亲族头目百十人于镇城;或限之以时,俟逾秋及冬然后颁赏。如是,则虏诚也固在吾羁縻之中,诈也亦得免冲决之害矣。夫不揆理之曲直,事之利害,以虏求贡为决不可许者,非虞祸者也。以虏之纳贡为足恃,而懈其防闲,一任所请者,非量敌者也。臣等夙夜兢兢,敢不熟思审处,幸惟庙谟速决,俾边臣得从事焉"。从翁万达等人的建议来看,他们的思虑与设计是很严密的,考虑了各种可能的情况,预计了防备的措施,当权者如果从实际出发,应该认真考虑并采纳。可是结果十分令人遗憾,嘉靖帝的旨意是:"黠虏节年寇边,罪逆深重。边臣未能除凶报国,乃敢听信求贡诡言,辄骋浮词,代为闻奏,殊为渎罔。其令总督官申饬镇巡诸臣,协心殚力,通事人役违法启衅者,处以重典。"①明世宗再次堵死了通向边疆民族和平之路。

明廷之所以出此下策,有史家认为:"盖是时陕西有复套之议,将督兵出塞,当事者主之,故力绌贡议尔。"②谈迁更明确地说:"盖夏言主复套,故力诎其说。"③如此看来,拒绝贡市似乎是当时内阁首辅夏言的责任,但从历史实际来看绝非如此。嘉靖二十七年(1548)三月,夏言已经被罢官,曾铣也被杀了头,明廷中无人再敢提起复套之事。于是翁万达再次提出俺答的通贡之请:"俺答诸酋以求贡不遂,既耻且愤,声将纠众聚兵,待时一举。即今扑捉墩军,狂谋渐逞。而归人供报,诸酋犹以祈贡为言,令之转达。边臣职在封疆,奉有严旨,计惟战守,岂敢仍复轻听。但兵家之事,必揆彼己、度利害。虏虽强盛,我兵据险,即数万之众,支持亦易。第恐黠虏匪茹,连犬羊数十万,肆其暴悍,则非墙堑兵力所可抵耳。伏乞庙谟从长速断,俾边臣得以便宜从事。"翁万达重提俺答求贡之事,意在敦促世宗在通贡方面做出决策。但是他得到的回答是:"朕以边圉重寄付万达等,自宜并力防御,胡乃屡以求贡为言?其令遵守前旨,一意拒绝,严加提备,违误者重治不贷。"④

嘉靖二十八年(1549),俺答仍不放弃通贡的要求,但他不再派遣使者,而是拥众到明廷军

① 《明世宗实录》卷三二二,嘉靖二十六年四月己酉条,台湾"中央研究院"历史语言研究所 1962 年校印本,第 5982~5985 页。

② 徐日久:《五边典则》卷八,嘉靖二十六年四月,旧钞本。

③ 谈迁:《国榷》卷五九,世宗嘉靖二十六年四月己酉条,中华书局 1958 年版,第 3701 页。

④ 《明世宗实录》卷三三四,嘉靖二十七年三月辛丑条,台湾"中央研究院"历史语言研究所 1962 年校印本,第 6126 页。

营外,"束书矢端,射入军营中",同时又利用被掠放回的人传言:"以求贡不得,故屡抢。许贡,当约束部落不犯边。否则秋且复入,过关抢京辅。"翁万达在边防前线得到消息,立即上奏世宗,世宗则回答说:"求贡诡言,屡诏阻隔,边臣不能遵奉,辄为奏渎,故不问。万达等务慎防守,毋致疏虞。其有家丁通事人等私通启衅者,廉实以闻,重治之。"①从这里可以看到,正是嘉靖皇帝偏狭刚愎的性格,顽固地拒绝和蒙古的通贡互市,以至从嘉靖十一年(1532)以后,整个北边防线上一直是刀光剑影,战争不断,百姓为此付出了沉重的代价,最后终于酿成明代北部边防危机的第二次高潮,导致京城被围的"庚戌之变"。

三、庚戌之变与北边危机

由于世宗一味绝贡,最终导致庚戌之变的爆发。蒙古达到了用武力打开贡市大门的目的,但是好景不长,马市不到一年就被关闭。明蒙双方再度进入拉锯战之中。

俺答在屡次求贡不得的情况下,欲以武力威慑明廷,叩开贡市之门。嘉靖二十九年(1550)六月,俺答率铁骑十万掠大同,由于大同总兵官仇鸾以"重贿赂俺答,令移寇他塞,勿犯大同"②,俺答绕过大同,向东进军。由蓟镇攻古北口,大败明军,"大掠怀柔,围顺义,抵通州,分兵四掠,焚湖渠马房,畿甸大震"③,至北京,"大掠村落居民,焚烧庐舍"④。明廷急忙集集诸军军队守城,但发现禁军之中"少壮者悉出边堠败丧,仅余四五万人,而老弱半之。又半役总兵、提督、太监家,不令出伍。"⑤明廷只好紧闭城门,临时征募居民驻守北京,等待援兵。世宗调仇鸾入援,但援军只是跟在蒙古军后面,"恇怯不敢战",加上国库缺少粮草,军队缺衣少食,大量援军"入村落,返辫发,诈称虏,劫掠民财",使北京内外更加混乱。⑥俺答到北京后并未攻城,而是驻扎在城下,遣人给世宗传信,发出求贡的最后通牒。

蒙古军大兵压阵,明臣纷纷上策。先是礼部尚书徐阶向嘉靖帝提出建议,先令俺答退出边外,另遣使送番文书写的书款,拖延一些时间,"往返间四方援兵计皆可至,我之战守有备矣"。而以赵贞吉为代表的主战派坚决反对和谈,认为一旦许贡,俺答必定杀入城内,到时京城难保,建议世宗御奉天门下诏罪己,追奖已故将士,开言路,征军士,赏罚严明,鼓舞士气,与俺答作战。此外还有检讨毛起等建议暂且答应俺答恢复贡市,待其出塞,再拒绝其要求。⑦在这种情形下,徐阶再次上言:"王者之于夷狄,禽兽畜之,来者不拒,去者不追。俺答前此屡曾求贡,边臣上请,未蒙准行。今又有此所据,来归之情,似难峻据,合无请敕一道,选差通事二员,赍捧往谕俺答,若果悔罪求贡,宜即日敛兵出境,另具番字表文差当地头目于大同提督总兵官处投进,听候朝廷处分"⑧。最终世宗听取了徐阶的建议,提出蒙古方先退兵,再和谈的要求。于是,俺答引兵西退。

① 《明世宗实录》卷三四七,嘉靖二十八年四月丁巳条,台湾"中央研究院"历史语言研究所1962年校印本,第6292页。
② 谷应泰:《明史纪事本末》卷五十九《庚戌之变》,中华书局1977年版,第899页。
③ 张廷玉等:《明史》卷三二七《鞑靼传》,中华书局1974年版,第8480页。
④ 谷应泰:《明史纪事本末》卷五十九《庚戌之变》,中华书局1977年版,第902页。
⑤ 谷应泰:《明史纪事本末》卷五十九《庚戌之变》,中华书局1977年版,第900页。
⑥ 谷应泰:《明史纪事本末》卷五十九《庚戌之变》,中华书局1977年版,第905页。
⑦ 谷应泰:《明史纪事本末》卷五十九《庚戌之变》,中华书局1977年版,第903页。
⑧ 徐阶:《请还大内并召见大臣计议边事》,《世经堂集》卷二,齐鲁书社1997年版,第21页。

专制主义中央集权制度到明代得到了空前的强化,而在这种政体之下的统治阶层,尤其是君主所做的决策,对于国家大事的发展方向起到举足轻重的作用。从嘉靖帝推行绝贡政策到庚戌之变这一系列结果当然与明蒙双方都有很大关系,但在朝贡体制中明廷是处于较为主动的地位的,即蒙古是否能来朝贡要经过明廷的允许。朝贡体制是否能够正常运行,更重要的是取决于明廷能否处置得当。

第一,庚戌之变与明最高统治者始终抱有大汉族主义思想有关。世宗刚愎自用,轻视少数民族,在其诏书中多次称蒙古为"黠虏""丑虏",认为蒙古人天性贪婪、狡诈,难以信任。在蒙古使臣屡次求贡之中,世宗始终抱着严加防范、绝其贡市的想法,企图通过绝贡断绝蒙古的物资来源,杀其贡使以禁绝双方来往。

与世宗的大汉族主义相配合的是朝臣中反对通贡互市的舆论。如兵科给事中徐自得,在俺答汗求贡过程中曾言"虏不可信,所请未可允"[1]。这种狭隘的民族观与蒙古通贡急切的需求是截然相反的,违背了两族之间相互交往、融合的现实与历史发展的必然趋势,这种思想意识也使明必定再度遭受战乱灾祸。

第二,庚戌之变与明中期中央决策机构有关。在处理明蒙关系这一重大问题时,明廷朝臣往往没有发挥有效作用,延误国家大事。如俺答南下之时,兵部尚书丁汝夔向内阁首辅严嵩求对策,严嵩言"寇饱自扬去耳"[2]。这说明严嵩早已摸清俺答的心理,他知道俺答所求的是经济目的。但在蒙古使臣多次求贡之中,严嵩从未提出任何关于复贡的建议,而是抱着不予理会、听之任之的态度,使明廷屡次丧失复贡的时机。俺答率兵南下,直到蒙古军攻至北京城下,嘉靖帝问其对策时,又对"此礼部事"[3],把问题推给礼部尚书徐阶。如此误国误民的朝臣却两次出任内阁首辅,这样的上层决策机构使明廷在面临国家大事时很难做出正确的决断。

兵部诸臣亦没有发挥谏言辅君的作用。在俺答第一次请贡时,兵部十分重视,也听取了巡抚大同都御史史道的意见,令史道等大臣再次悉心协议,如果蒙古乞贡真的是出自诚心,别无黠诈,应当羁留肯切。当世宗下旨说"虏侵扰各边猖狂已甚,突来求贡夫岂其情"[4],对其表示不信任时,兵部马上改变态度,认为石天爵是蒙古派来的间谍,与五府九卿举行会议,表示"虏多诈,其请贡不可信,或示和以缓我师,或乘隙以扰我疆,诡秘难凭,声击靡定。惟以大义拒绝之,则彼之奸谋自沮。"[5]并向世宗上奏道,"今日之计,惟在内修,选将帅、足兵足食乃第一义"[6],以顺应皇帝的心意。如此,使得明蒙通贡互市难上加难。

庚戌之变发生在明蒙双方朝贡停滞了近半个世纪的低谷时期。从蒙古方来看,发动庚戌之变的目的是要恢复过去与明廷正常的朝贡往来。从嘉靖十一年(1532)到庚戌之变前,蒙古屡次求贡,或以礼相求,或以武力威胁,其结果不是被明廷明确拒绝,就是杳无音讯。最终蒙古只得通过大兵压境,用武力来逼迫明廷屈服。正如俺答给明廷的书信中所说:"予我币,通我

① 《明世宗实录》卷三一三,嘉靖二十五年七月戊辰条,台湾"中央研究院"历史语言研究所 1962 年校印本,第 5864 页。

② 张廷玉等:《明史》卷二〇四《丁汝夔传》,中华书局 1974 年版,第 5392 页。

③ 《明世宗实录》卷三六四,嘉靖二十九年八月壬午条,台湾"中央研究院"历史语言研究所 1962 年校印本,第 6495 页。

④ 《明世宗实录》卷二五一,嘉靖二十年七月丁酉条,台湾"中央研究院"历史语言研究所 1962 年校印本,第 5031 页。

⑤ 《明世宗实录》卷二五一,嘉靖二十年七月丁酉条,台湾"中央研究院"历史语言研究所 1962 年校印本,第 5032 页。

⑥ 《明世宗实录》卷二五一,嘉靖二十年七月丁酉条,台湾"中央研究院"历史语言研究所 1962 年校印本,第 5032 页。

贡,即解围。不者,我岁一虔而郭"。①从事变发生的过程也可看出,庚戌之变并非两族的民族矛盾,俺答也并未要取缔明廷对中原的统治。蒙古军在往返过程中,都是以掳掠为主,据当时"诸州县报,所残掠人畜两百万"②,所以蒙古军一直未采取大的军事进攻,先是接受仇鸾的贿赂放弃大同,后又在北京城外驻扎,威逼明廷允其朝贡。在世宗同意恢复贡市后,立即携带"前后所掠男女羸畜金帛财物"③西去。

从明廷的角度来看,事变过程中混乱的局面多是由其自身造成的。守边将领不但不能恪尽职守,反而贿赂来敌。明廷阁臣不能以国事为重,只求安逸度日。面临俺答兵临城下,援军在城外汇集了五六万人,始终没敢与蒙古军交锋。反而因为缺少粮草,纵使士兵烧杀抢掠。成国公朱希忠害怕因兵少而获罪,随意调掣士兵往来城中,以充人数。可以说,在这样的情形下,如果俺答强行攻城,取胜的机会很大。但俺答只是驻扎于城外,威逼明廷,目的旨在恢复贡市。这样看来,世宗最终选择徐阶的建议是符合当时客观情况的。

庚戌之变后,嘉靖三十年(1551),明蒙签订了开设马市的协议,随后在大同、镇羌堡、宣府、新开口堡、延绥和宁夏等地开放马市。每年开市两次,蒙古以马、牛、羊等牲畜换明人的缎布、粟米等物品。只许互市,不许朝贡。同年五月与蒙古交易的马匹共计一万多匹,俺答告诫各部与明交易的马匹均得是身腰长大、毛齿相应的优良品种。在交易过程中,俺答也"约束部落,终始无敢有一人喧哗者"④。六月,蒙古执破坏互市的白莲教头目萧芹、乔源予边将,以示对恢复贡市的诚信。对蒙古而言,马市的开放便于蒙古获取必要的生活物资,而对于明朝而言,最直接的利益在于用通贡互市换取边境的和平。双方的关系得到了一定的缓和和发展。

然而由于明廷为了应付蒙古开市,准备十分仓促。嘉靖三十年(1551)七月,蒙古使臣向明廷提出一些没有马匹的牧民想用牛羊换取菽粟时,本来对被迫开市心存余悸的世宗对蒙古更加不满,称"虏变诈,要求不可准",但马市尚未完全关闭。嘉靖三十一年(1552),俺答再次遣使以求复市,明允其互市,并且做出了一定限制,规定其易换马匹数量不能超过五千,明支出银两不能超过五万,这是世宗时期马市开放后双方最后一次互市交往。不久,俺答又遣丫头智求市,结果被明通事官林丛蓝擒拿,总督侍郎苏佑斩于大同。

由于仓促间开设的马市未能达到蒙古的需求,蒙古物资依然不足,"无从得食",使得蒙古军再次南下扰边,"禁不能止"⑤,双方再度发生摩擦。嘉靖三十一年(1552)九月,世宗以蒙古再次南下扰边为借口,彻底关闭马市,下诏"罢各边马市",并警告说"复言开马市者斩"⑥,单方面撕毁协议。此后蒙古虽多次遣使求贡开市,却再未收到明廷的答复。由此明蒙交流再次受阻,双方关系破裂,造成后来明蒙交界地区二十年的战火不断。

分析明蒙关系破裂的过程可知:

第一,马市关闭的原因很大程度上来自明廷内部。世宗同意开放马市本不情愿,加上朝中

①　瞿九思:《万历武功录》卷七《俺答列传上》,《四库禁毁书丛刊》史部第36册,北京出版社1998年版,第25页。
②　冯时可:《俺答前志》,《明经世文编》第六册卷四三四,中华书局1962年版,第4745页。
③　谷应泰:《明史纪事本末》卷五十九《庚戌之变》,中华书局1977年版,第906页。
④　《明世宗实录》卷三七三,嘉靖三十年五月乙巳条,台湾"中央研究院"历史语言研究所1962年校印本,第6660页。
⑤　《明世宗实录》卷三八一,嘉靖三十一年正月丁亥条,台湾"中央研究院"历史语言研究所1962年校印本,第6741页。
⑥　张廷玉等:《明史》卷二二二《王崇古传》,中华书局1974年版,第5846页。

大臣的反对,逐渐加重了闭市的决心。以兵部员外郎杨继盛为代表的朝臣坚决反对开市,杨继盛多次上书要求罢马市,言马市开放"十不可":"开马市者等同于议和,不能声讨反与之和,愧对列祖,难舒百姓,一不可也;朝廷屡下北伐之命,天下共闻,一旦和议,失天下之大信,二不可也;堂堂天朝与蒙古通马市,冠履倒置,损国家之威,三不可也;天下豪杰莫不思与蒙古决一死战,闻马市既开,则义气散不可复,四不可也;和市溃将士修武之心,五不可也;互市若成,宣大吏民定私与蒙古通市,勾引不测之祸,六不可也;百姓听闻国家兵威不足以制虏,群起为盗,启不靖之渐,七不可也;和市长蒙古轻朝廷之心,八不可也;蒙古人变诈无常,或违约不来,或以互市斩关而入掠,或以羸马索重价,或别有分外不堪之求,未可知也,使朝廷被其愚弄,九不可也;互市耗费巨大,长此以往,朝廷财乏,十不可也。"①

杨继盛的"十不可"充分反映了当时明廷之中反对开放马市的原因。首先,朝臣多抱有大汉族主义的思想倾向,把蒙古各部称为"胡虏""犬羊",把与蒙古开市比为宋金和议,难以接受。其次,中央官员对边疆战事及蒙古族的情况多不了解,仅凭自己的认识加以曲解,很难提出客观现实的提议。再次,明朝廷对明蒙朝贡、互市缺乏正确的认识,不能看到明蒙互市是此时双方的客观需要。反对马市开放的呼声使得原本被迫开市的世宗更加颜面大失,闭市之心亦重。

第二,马市开放不久即被再次关闭与蒙古南下扰边有直接关系。马市已开,但蒙古各部依然频繁扰边,对明北部沿边造成危害,仅嘉靖三十年(1551)十一月份蒙古就三次南下入掠,抢掠众多的人畜财物。而这为原本就被迫开市的世宗找到了闭市理由。他称蒙古为"乞请无厌"之徒,借此机会关闭了马市,导致而后的几十年双方兵戎相见。

第三,马市的关闭也与明蒙交界处的白莲教徒在其间的活动有关。萧芹、乔源为白莲教头目,"持白莲教邪术,出入虏地为奸"。其党羽百十人,散居明蒙之界。"恐虏与中国通,为己不利。乃赂俺答左右,言芹等有术。咒人人死,喝城城颓,俺答为所恐动"②,几次南下均为两人诱使。后几经试验,发现此为骗局,将其缚之献于明。嘉靖三十年(1551)六月,俺答子脱脱执白莲教头目萧芹、乔源送予边臣史道,并解释之前南下均为两人所诱。虽然萧芹、乔源等人最终被械送京师正法,但明廷一些大臣借机反对马市,世宗很快决定关闭大同马市,随后又关闭了宣府马市。肖芹等白莲教徒对明蒙关系,尤其是在明蒙马市刚刚恢复之初的敏感时期,造成了很大的消极影响。

虽说马市作为明蒙双方政治、军事平衡的产物,开设仅一年,但它仍然起到了一定的积极作用。在这期间蒙古南下的次数大为减少,其中发生的一些抢掠行为,都是马市的交易额和品种不足以满足其需要所致。虽然明廷很快关闭了马市,但其对于半个世纪没有和平交往的明蒙双方而言,可以说是一种过渡,这也为之后的俺答封贡铺垫了基础。

经由以上对庚戌之变前后明蒙交往的分析,可以得知,嘉靖时期,尤其是俺答汗时期,蒙古对于朝贡的需要与日俱增。在多次的求贡过程中,虽有一些有识之士认识到了恢复贡市的好处,但由于世宗"贵中华,贱夷狄"的一意孤行和朝中大臣的附和,导致了绝贡政策的实行。但

---

① 《明世宗实录》卷三七一,嘉靖三十年三月癸卯条,台湾"中央研究院"历史语言研究所 1962 年校印本,第 6629 ~ 6631 页。

② 《明世宗实录》卷三七四,嘉靖三十六年六月壬戌条,台湾"中央研究院"历史语言研究所 1962 年校印本,第 6667 页。

绝贡并不能解决北部的边防问题,强行封闭只能使得交流的趋势表现为双方剧烈的冲突。俺答在屡次求贡不得的情况下,最终南下袭明,以求用武力打开朝贡之门。明廷在无奈之下恢复双方互市,但由于准备仓促,再次导致马市的关闭,双方再度陷入战争。这一系列问题的根本原因是明廷没有正确认识到朝贡对于双方的意义,没有处理好朝贡事宜,最终导致战争的发生。

第六章 "俺答封贡"、北边和平与 九边的历史影响

明穆宗时期能实现"俺答封贡",是穆宗君臣总结嘉靖时期历史教训的结果,其中最重要的是明廷内部的变化。这一时期边防督抚敢于担当,隆庆帝和高拱、张居正互相配合,终于实现了有重要历史意义的"俺答封贡"。"俺答封贡"实现了明蒙之间的持久和平,是中华民族融合完成的界标。

第一节 明穆宗时期"俺答封贡"的实现

明穆宗在位只有短短的五年半,因其"临朝无所事事"而受后人的批评。但正是在穆宗时期,明朝的北部边防发生了根本性的转变,明蒙之间实现了具有深远历史意义的"俺答封贡",北边进入了"无一矢之警"的相对和平时期。仔细分析明朝方面得以实现"俺答封贡"的历史条件,无疑有助于我们对这一时期历史认识的深化。

一、"俺答封贡"实现的根本原因

"俺答封贡"能够实现有其深刻的历史和经济根源。

自从元顺帝退居漠北以后,蒙古族就回到单一的游牧、狩猎经济生活之中,元朝以来蒙古地区已和中原融为一体的社会状况被人为地割断,明廷和蒙古之间陷入一种经常的战争状态。单一的、粗放的游牧经济本身有其与生俱来的缺陷,因此它必须和农业民族进行交换,即北方的游牧民族需要以中原地区为其市场,销售其畜牧业产品、马匹及狩猎所得的兽皮等,从中原换回其生产和生活所必需的各种农产品及手工业产品。中原王朝的统治者为了保证北方边境的安全,往往通过朝贡体制对北方游牧民族进行羁縻和笼络:游牧民族通过朝贡对中原王朝表示一种政治上的臣服,中原王朝则通过对朝贡者给予优惠的"赏赐"而使其获得经济上的利益,由此而形成历史上游牧民族和农业民族之间相互依存的关系。从明初开始,明廷就不断对蒙古族进行招徕,对来朝贡的蒙古人给予优厚的待遇,既授给官爵,又赏以物品,其意就在换取北方边境的安宁。但由于游牧经济"对农业经济的依赖,除和平的互市贸易外,更多的是依仗其武力进行掠夺,所以骑马民族不断从北方南侵和进攻中原王朝"[1]。这是明廷和蒙古之间不断进行战争的深刻动因,也是蒙古和明廷经济交往的一种特殊方式,即通过战争掠夺来补充游牧经济的不足。不过,根据蒙古族的习惯,掳掠所得一般都要平均分配,"群夷上所卤获于群

---

① 葛志毅、胡凡:《中国古代文化史》,黑龙江人民出版社 1994 年版,第 72 页。

酋而莫之敢匿,群酋上所卤获于虏王而莫之敢匿,虏王得若干,余以颁群酋,群酋得若干,余以颁群夷"①。这种情况使得酋长获利并不多,而通过朝贡贸易的方式,酋长则可获得厚利。在俺答封贡以前,明廷和蒙古族之间的贸易关系主要表现为朝贡和马市两种形式,其中马市的开设又相对地少一些,因而朝贡贸易乃是明廷和蒙古间经济交往的主要方式。正因如此,游牧经济和农业经济之间正常交流的要求,就成为"俺答封贡"得以实现的历史和经济条件。

嘉靖以至隆庆初年明蒙之间的战争,主要根源就在于世宗一意拒绝蒙古族通贡互市的正当要求,这种"绝贡"政策是有悖于农牧经济之间互通有无、互相交流大势的。尽管嘉靖时期政治腐败,但战争使明廷和蒙古族都受到极大伤害,结束战争、实现和平就成为历史要求,因而双方统治阶级中的有识之士无不在企盼转折契机的出现。

二、"俺答封贡"实现的决定性条件

穆宗即位以后,明朝的政治形势发生了重大的变化,这是俺答汗封贡得以实现的决定性条件。

第一,作为最高统治者的明穆宗较少民族偏见,在思想上能够认识到"华夷为一家",因而在历史机遇出现时能够做出正确的决策。这一点可以从穆宗封俺答汗为顺义王的敕书中感受到,其敕曰:"朕惟天地以好生为德,自古圣帝明王代天理物,莫不上体天心,下从民欲,包含遍复,视华夷为一家,恒欲其并生并存于宇内也……迨朕缵承丕绪,于兹五年,钦天宪祖,爱养生灵,胡越一体,并包兼育……朕代天覆帱万国,无分彼此,照临所及,悉我黎元,仁恩惟均,无或尔遗。"②这种"华夷一家""胡越一体"的思想,在封建时代的帝王中是非常难能可贵的,与其父相比,穆宗在政治上是成熟的。在对待蒙古族的态度和政策上,他对世宗时期拒绝贡市而导致边患频仍的错误政策有深刻的反思,因而在加强边防的同时,执行了一条对蒙和好的政策。当有人坚决反对通贡、互市的决策时,穆宗能用行政手段将其从朝廷中排除出去,更充分地说明了这一点。如《明穆宗实录》载:"山西道御史叶梦熊言:'把汉那吉之降,边臣不宜遽纳,朝廷不宜授以官爵,将致结仇激祸。'至引宋郭药师、张毅事为喻。上览疏,怒其妄言摇乱,命降一级调外任。"③吏部侍郎张四维在给其舅王崇古写信时谈道:"今日贡议之成,虽诸相赞翊斡旋,其实宸断居多。"④《明穆宗实录》对此事的记述更能说明问题:"上御文华殿日讲毕,大学士李春芳等面奏北虏封贡事宜,俱言外示羁縻、内修守备之意,上曰:'卿等既议允当,其即行之。'于是廷臣知事由宸断,异议稍息矣。"⑤如果把世宗时期一意"绝贡"的错误政策与此做一对比,则穆宗在处理民族问题上的正确态度,实乃是"俺答封贡"能够实现的首要条件。

第二,穆宗和阁臣之间相互信任,内阁重臣颇有才干并勇于任事,正处于明代历史上君臣相协的最好时期。当时在内阁主持政务的高拱和张居正,都是穆宗的潜邸旧臣,一度关系甚好,"相期以相业",穆宗即位后,两人均成为内阁的实力人物。高拱因和首辅徐阶不和一度去

① 萧大亨:《北虏风俗·战阵》,明刊本。

② 《明穆宗实录》卷五五,隆庆五年三月己丑条,台湾"中央研究院"历史语言研究所 1962 年校印本,第 1172～1173 页。

③ 《明穆宗实录》卷五〇,隆庆四年十月丙辰条,台湾"中央研究院"历史语言研究所 1962 年校印本,第 1261 页。

④ 张四维:《与王鉴川论贡市第九书》,《明经世文编》卷三七三,中华书局 1962 年版,第 4039 页。

⑤ 《明穆宗实录》卷五五,隆庆五年三月己巳条,台湾"中央研究院"历史语言研究所 1962 年校印本,第 1358 页。

职,但穆宗始终眷念高拱,终于在隆庆三年(1569)徐阶致仕后又将高拱召回,委以大学士兼掌吏部,虽居首辅李春芳之后,却是内阁中的实权派。张居正在隆庆元年(1567)为吏部左侍郎兼东阁大学士入内阁,及至高拱复入阁后,"两人益相密"。从整个明朝最高层的形势来看,隆庆三年(1569)冬高拱回到内阁至穆宗去世、高拱被逐这两年多的时间,穆宗对高拱倾心委任,"拱练习政体,负经济才,所建白皆可行"。而张居正与高拱相友善,"拱亟称居正才。及是李春芳、陈以勤皆去,拱为首辅,居正肩随之……独退然下之"①。正是在这种形势下,高拱才能有所展布,请增设兵部侍郎以备总督之选;请慎选兵部司属以储他日边方兵备督抚之选等。"拱主封俺答汗,居正亦赞之,授王崇古等以方略。"②内阁两位重臣在"俺答封贡"问题上能取得一致,又是同吸取世宗时期错误之教训直接相关的。如高拱在《伏戎纪事》中谈道:对把汉那吉之事"处之须要得策,若遂与之,则示弱损威,不成中国,桃松寨之事可鉴,必不可也。若遂杀之,则绝彼系念而徒重其恨,石天爵之事可鉴,必不可也"。至于封王、通贡之事,高拱又总结道:"虏自三十年前遣使求贡,则求封之心已久,但彼时当事者无人,处之不善,致有三十余年之患。"③张居正在《答鉴川策俺答汗之始》中也谈道:把汉那吉来降之事"关系至重,制虏之机实在于此。往年桃松寨事,庙堂处置失宜,人笑之,至今齿冷。今日之事又非昔比,不宜草草"④。从这些史料中可以看到,穆宗君臣对嘉靖年间明蒙战争的原因有清楚的认识,对前朝弊政有深刻的总结,因而能够理智地把握历史的航向,使其最终驶向和平的彼岸。

第三,明朝的边吏识大体、顾大局,为边防的安危敢于承担责任。当时的大同巡抚是方逢时,宣大、山西总督是王崇古。方逢时是湖北嘉鱼人,字行之,嘉靖二十年(1541)进士,隆庆四年(1570)正月以右佥都御史巡抚大同,为人"才略明练。处置边事,皆协机宜"⑤。正是由于他练达事务,政治敏锐性强,所以才抓住了这一契机,促成了历史性的转变。当时明朝正处于防秋期间,总督王崇古驻扎阳和,当方逢时将把汉那吉来降之事向他报告之后,他和方逢时有着相同的认识,知道此事"虽若甚微,其关系华夷之分,实当慎重,始之不谨,将贻后艰"⑥。王崇古是山西蒲州人,字学甫,也是嘉靖二十年(1541)的进士,因在御倭战争中屡立战功,嘉靖四十三年(1564)时就已升任右佥都御史,巡抚宁夏。隆庆初年,他受任总督陕西、延、宁、甘肃军务,加右都御史衔,隆庆四年(1570)年正月调任宣大、山西总督。他为人"慷慨有奇气",在处理把汉那吉事件时"划然决计,不惜婴天下之口"⑦,终于实现了"俺答封贡"。后人谈到此事时说:"非王少保崇古在外担之,新相在内主之,中外安得享数十年太平?"特别对王崇古在塞上舍家舍命承担重任之事非常感叹,因其有两个前车之鉴:一为嘉靖三十年(1551)马市之失败,世宗有令:"复言开马市者论死",如果王崇古倡言互市时,"内台执此令,少保之肉有几耶?"二为嘉靖三十六年(1557)的桃松寨之事,明廷边方总督处置失宜,造成大同右卫被围几至失守的局面,"把汉之事与松寨何异?使当时把汉去而赵全不归,少保又何以自解?犯此两

① 张廷玉等:《明史》卷二一三《高拱传》,中华书局 1974 年版,第 5641 页。
② 张廷玉等:《明史》卷二一三《张居正传》,中华书局 1974 年版,第 5644 页。
③ 高拱:《伏戎纪事》,《纪录汇编》卷五十三,中华全国图书馆文献缩微复制中心 1994 年版,第 505 页。
④ 《张太岳集》卷二二,上海古籍出版社 1984 年影印本。
⑤ 张廷玉等:《明史》卷二二二《方逢时传》,中华书局 1974 年版,第 5848 页。
⑥ 王崇古:《为夷酋款塞酌议事宜疏》,《明经世文编》卷三一六,中华书局 1962 年版,第 3352 页。
⑦ 焦竑编:《献徵录》卷三十九《兵部二·尚书·王崇古》,上海书店 1987 年版,第 1608 页。

鉴而慨然不以身家为念,真侠烈丈夫也。少保尝自言:'我视一家百口皆鬼,而以此颈自悬空中,方敢把担上肩,今台省少年谈何容易!'良然。"[1]

第四,穆宗对北部边防的安危非常重视,因而对北边防务有切实的整顿。隆庆元年(1567),蒙古军对明朝北边频繁进行扰掠,山西、陕西屡有警报,同年九月土蛮对蓟镇的袭扰使穆宗最感震惊。这时明廷是东西同时告警,俺答汗深入山西石州(今离石),黄台吉拥兵窥伺陵寝,三卫勾引土蛮入蓟州塞,大掠昌黎、抚宁、乐亭、卢龙等县,明廷穷于应付,京师为之戒严。同年十月,在对防御不力及失职官员进行一番惩处之后,穆宗敕谕内阁首辅徐阶等人:"朕闻东西二边寇虏荼毒,防虏之策,图之宜豫,卿等宜会文武群臣,务实详议以闻。"[2]徐阶等人大会文武群臣商议之后,在十一月上奏了他们议定的防"虏"之策,一共开列了十三条:责实效、定责任、明战守、申军令、重将帅、练军兵、缮城堡、团民兵、处久任、广招纳、储人才、理盐法、择边吏。这十三条措施几乎都是针对北边防务的弊病而提出的,明廷由此而开始了对北部边防的整顿。其中的第六条"练军兵",对北边防务有着切实的作用。穆宗将这些措施批准实行,于是有隆庆年间的练兵之举。在练兵活动中,穆宗特别重视蓟镇和宣府两处。隆庆二年(1568)二月,穆宗出巡天寿山时,纵览了京郊的山川形势,深感京城防卫的重要,因而对北部边防更加重视,对促进练兵活动的切实开展起了积极的推动作用。接着,穆宗又对蓟镇的总督人选进行了调整:三月,谭纶受命为兵部左侍郎兼右佥都御史总督蓟、辽、保定军务;五月,戚继光以都督同知总理蓟州、昌平、保定三镇练兵事。正是由于穆宗重用和信任谭纶、戚继光等人,终于将蓟镇之兵练成劲旅,在北边防务中屡败强敌。穆宗对北部边防整顿的成功,对于促成明蒙关系的转变有重要意义,当俺答汗在把汉那吉降明后率兵对明朝进行威胁时,明朝严整的军容和强大的军队也使他不敢轻易发动进攻,最后才有封贡的实现。[3]

三、"俺答封贡"实现的直接条件

隆庆四年(1570)九月,由于对把汉那吉降明事件处理得当,明廷和塞外蒙古族的关系及其北部边防发生了根本性的变化,这是"俺答封贡"得以实现的直接条件。

把汉那吉是俺答汗的孙子,其父铁背台吉是俺答汗的第三子。关于他降明之事《明穆宗实录》在隆庆四年(1570)十月记其事谓:"幼孤,育于俺答汗妻所。既长,娶妇比吉。久之,会我儿都司有女,那吉欲娶之,为俺答汗所夺,其女即俺答汗外孙女也。那吉怒,欲治兵相攻,俺答汗以他女畀之,终不悦,遂弃所部来归,独阿力哥等十人从。已而,降者相踵。巡抚方逢时受之,以告总督王崇古,处之镇城,所以拊循慰藉之甚至。"[4]比较诸史之所载,这段史料所记并不准确。

关于把汉那吉降明的时间,《明穆宗实录》所记的日期并不是把汉来降的时间,而是事情上报到明廷后将其记载下来的时间。其他诸史多谓其事在九月。高拱《伏戎纪事》载:"隆庆

---

① 王士性:《广志绎》卷三《并北四省》,中华书局1981年版,第64页。

② 《明穆宗实录》卷十三,隆庆元年十月甲辰条,台湾"中央研究院"历史语言研究所1962年校印本,第364~365页。

③ 胡凡:《论明穆宗对北部边防的整顿》,《中国边疆史地研究》1998年第2期。

④ 《明穆宗实录》卷五○,隆庆四年十月癸卯条,台湾"中央研究院"历史语言研究所1962年校印本,第1251页。

庚午秋九月十九日,北虏把汉那吉来降,惟时宣大总督臣为王鉴川,大同抚臣为方金湖。"①这里的九月十九日,应该是高拱接到边防督抚向他报告的时间,而把汉那吉来到明朝边外败胡堡的准确时间,按方逢时《云中处降录》的记载则是九月十三日。当时由于明朝和蒙古之间长期的战争,对于应否接纳把汉那吉,边关将领和督抚的看法是不一致的。史载:"诸帅畏虏,皆以为不可,方逢时独许之。戊子,至镇城,逢时盛其供帐,把汉大喜。"②戊子为九月二十三日,证之方逢时给总督王崇古的报告所说:"降夷把汉那吉二十三日之暮到镇,当即译审,别无异情,止为俺酋夺其所聘之女与袄儿都司,因此相忿,脱身来降"③,两者相合。如此,把汉那吉由边关败胡堡到被接入大同镇城,中间经过的十天,乃是明朝边吏沟通情报、权衡利弊、考虑对策的时间,最后是大同巡抚方逢时"遣中军康纶率骑五百往受之"。当王崇古刚接到方逢时的报告时,他对这一事件的处理是相当谨慎的。当今学者研究认为:"当时身在阳和、大同两地的总督、巡抚,不是立即奏报这一事,而是对把汉那吉及其他来降者一审再审,辨明他的身份、出走原因及来降意图……他们反复核对真情实况,一直未上报,以至通过其他途径知道此事的内阁大学士张居正很不放心,写信质问王崇古'何不以闻'。"④据史载:王崇古和方逢时正在审核事实期间,"未及闻,今少师张公所使卒侦报,张公闻俺答汗事,即贻王公书曰:'昨有人自云中来,言俺答汗有孙率十余骑来降,未审的否。俺答汗子存者独黄台吉,岂即其子耶?何故率尔来降?公何不以闻?若果有此,于边事大有关系,宜审处之。'"⑤于是王崇古、方逢时将事情上奏。实际上应该是当张居正来信催问时,他们已经弄清真实情况,所以才上报给明廷,时间是在九月底,而明廷收到报告记录下来则已是十月初九。另外,前述高拱的《伏戎纪事》显示高拱接到前方情报的时间是九月十九日,而后面张居正接到前方密报的时间不会早于高拱。从二人的情报来源来看,高拱是由王崇古和方逢时派人"具揭帖飞报",张居正则是自己在前方派有"所使卒侦报",情报来源的不同反映的是两个人在当时朝廷中所处的地位不同,高拱应该是实际的首辅,所以边防督抚要飞报给他,张居正则是在前方派有谍报人员,能够及时掌握边防的情报。

关于把汉那吉投奔明朝的原因,这是王崇古和方逢时一再审问所要弄清的重要问题。王崇古在九月底所上之奏疏中详述其原委:"译审得把汉那吉口称:系俺答汗第三子铁背台吉亲男,自幼四岁丧父,祖母奶奶一刻哈屯抚养长大,替伊定下歹慎的女儿名号比吉,系俺答汗女婿的女,过门已经六年。那吉复寻下兀慎家达子取兔扯金的女,要娶间,俺答汗将我儿都司定下不知达名家女强娶为妾,彼都司家生气构怨,俺答汗却将那吉原寻下取兔扯金的女与了我儿都司,那吉因此恼怒,背了祖父祖母逃向南来等情。本职唯恐不的,又经行令山西行都司掌印王应臣、大同府知府程鸣伊等复审相同。"⑥这显然是王崇古和方逢时一审再审所得到的第一手材料,其与《明穆宗实录》相比则出现了问题,至其他明人所修之史书则问题更多,由此而引起后人关于三娘子出身问题的种种说法。不过所有这些史著都认为把汉那吉是因为其祖父夺其

① 高拱:《伏戎纪事》,《纪录汇编》卷五十三,中华全国图书馆文献缩微复制中心 1994 年版,第 503 页。
② 冯时可:《冯元成文集·俺答汗后志》,《明经世文编》卷四三四,中华书局 1962 年版,第 4873 页。
③ 方逢时:《大隐楼集·与王军门论降夷书》卷十一,北京大学图书馆藏崇雅堂丛书本。
④ 李漪云:《三娘子史事证误》,《内蒙古师大学报》(哲学社会科学版)1983 年第 3 期。
⑤ 《献征录》卷一二〇;《张太岳集》卷二二《与抚院王鉴川访俺答汗为后来入贡之始》。
⑥ 王崇古:《酌议夷酋款塞》,《登坛必究》卷三七《奏疏一》,明刊本。

所聘之女而忿恚,所以才投奔明朝的。但是,日本学者森川哲雄指出了更深一层的原因,即"把汉那吉降明是对其祖父俺答汗所作所为的种种不满爆发的结果,不是单纯地由于未婚妻被夺。把汉那吉自未婚妻被夺至少经过二年的时间才降明,是因为对……俺答汗爱情转移的担心和对财产分配的危机造成的。把汉那吉在降明后两个月,于隆庆四年十一月二十一日返回了俺答汗大营,俺答汗在赵全等引渡到明朝后,将无主的板升——俺答汗的最大财产,给了把汉那吉作为抵偿"①。此一论述深有见地,指出了表面现象背后更深刻的经济动因。

王崇古向明廷奏报把汉那吉来降一事,同时上奏了他们对处理这一问题的建议,这是督抚二人经过深思熟虑而后所作的报告。据史料记载:"臣熟计之,有三策焉。把汉脱身来归,非拥众内附之比,宜给宅授官,厚赐衣食,以悦其心;禁绝交通,以防其诈;多方试之,以察其志;岁月既久,果无异心,徐为录用。使俺答汗勒兵临境,则当谕以恩信,许其生还,因与为市,令生缚板升诸逆赵全等致之麾下,仍归我被掳士女,然后优赏把汉而善遣之,此一策也。如其怙顽强索,不可理谕,则严兵固守,随机拒战,且示以必杀,制其死命,其气易阻,必不敢大肆狂逞,而吾计可行,又一策也。其或弃把汉不顾,吾厚以恩义结之,其部下有相继来降者,辄收牧各边,令把汉统领,略如汉人置属国、居乌桓之制。候俺答汗既死,黄台吉兼有其众,则令把汉还本土,收其余众,自为一部,以与黄台吉抗,而我按兵助之,使把汉怀德,黄台吉畏威,边人因得体息,又一策也。臣日夜度虏之状,不出此三端,而吾应之之术,宜亦无逾此者,惟陛下集诸臣裁定可否。"②穆宗将事情交由兵部廷议,在朝廷引起一场轩然大波,从对把汉那吉的处置到对俺答汗的封贡互市,众口哓哓,发言盈庭,大多对王崇古和方逢时的做法持否定态度。

在处置把汉来降这一偶然事件的问题上,明朝最高统治集团的头脑是清醒的,敏锐地觉察到这一历史性的机遇。当王崇古还没有上报到明廷时,高拱和张居正均已得到情报。据高拱所言:方逢时、王崇古二人在把汉那吉来降后,即遣官使"具揭帖飞报予曰:'今有虏酋俺答汗亲孙把汉那吉率妻奴八人来降,称是伊祖夺其新妇,以此抱愤而逃,投向中国。议审是的,议当如何处者。'且即言易赵全事。予问老酋动静若何?待孙意若何?曰:'老酋爱其孙甚,而其妻爱之也更甚。老酋畏其妻,昨那吉之来以老酋故,其妻以柴木击之曰:即中国要汝头,吾当与之,吾只要吾孙也。'予喜曰:可得策矣!乃复之书。"为了明廷的利益和体面,为了把事情处理好,高拱在回信中告诉王崇古要厚待把汉那吉,并建议给鼓动把汗那吉南投的奶公阿力哥授以官衔,其目的在于通过厚待把汗那吉以控制俺答汗,进一步制造俺答汗与其子黄台吉之间的矛盾,如果俺答汗不同意执献赵全等人,则再制造俺答汗和赵全等人之间的矛盾,以观事态的发展。有些通过书信一时难以传达之事,或"每计事不及书者,必托诸凤磐(王崇古的外甥、吏部侍郎张四维)"转达;"乃鉴川得虏情的,遂以其事闻,并陈处置之策,谓宜假那吉以冠服、示优厚,以系老酋之心。"由此可见,明廷的内阁成员和督抚之间,在事情尚未正式上报之前,已经进行过数次磋商并取得了共识,此后事情的进展基本上就是按照他们所预计的那样发展的。高拱对此叙述道:"时众论汹汹,本兵暗懦,惴栗不敢出语。又有少司马者,从旁尼之,恐之以祸,稗勿从,议迄不定。予乃力主总督议在必行。不得已,遂以题复。得旨:这虏酋慕义来降,宜加优恤,把汉那吉且与做指挥使,阿力哥正千户,还各照品赏大红纻丝衣一袭,该镇官加意绥

① [日]森川哲雄:《关于把汉那吉降明事件》,王雄译,《蒙古学资料与情报》1987年第1期。

② 《明穆宗实录》卷五〇,隆庆四年十月癸卯条,台湾"中央研究院"历史语言研究所1962年校印本,第1251~1252页。

养,候旨另用。其制房机宜,着王崇古等照依原奏,用心处置,务要停当。"①《明穆宗实录》将授把汉那吉官职一事记在十月十三日,距王崇古报至之日只过了四天,距把汉那吉降明也仅一个月。

当明廷方面就如何处置把汉那吉事件筹谋策划之时,俺答汗已经听信赵全的计策,率领大军于十月初一来到明朝边外,意图用武力索回那吉。其实这些都已在明朝督抚和内阁大臣的意料之中,他们为此早已做出谋划。如张居正在王崇古上疏之前已经给王崇古写过信,其内容大略和高拱所言相仿。王崇古建策上奏之后,张居正再给王崇古写信,就前方军情指授方略说:"降房事一如公所议,旨云:且与做,云:候旨另用,皆含蓄未尽,后来操纵自有余地,在相机行之。但闻老酋临边不抢,又不明言索取其孙,此必赵全等教之,诱吾边将而(挑)[捕]之以为质,伺吾间隙而掩其所不备。愿公戒励诸将,便并堡坚守,勿轻与战,即彼示弱见短,亦勿乘之。多行间谍以疑其心,或遣精骑出他道捣其巢穴,使之野无所掠,不出十日,势将自遁,固不必以斩获为功也。"王崇古想要通过把汉那吉之事达成互市,张居正回信说:"承教谓宜乘老酋欲孙之急,因与为市,诚然。但朝廷纳降和戎,须自有体,今既与之以官,即为吾人,若谩然而纳之,率然而与之,事属挟取,迹同儿戏,损威伤重,取轻外夷,非计之得者也。据巡抚差人鲍崇德亲见老酋云云,回时又令自拣好马,其言虽未必皆实,然老酋舔犊之情,似亦近真。其不以诸逆易其孙者,盖耻以轻博重,非不忍于诸逆也……今宜遣人先布朝廷厚待其孙之意,以安老酋之心,却令那吉衣其赐服,绯袍金带以夸示房使,彼见吾之宠异之也,则欲得之心愈急,而左券在我,然后重与为市,而求吾所欲,必可得也……或虑房久住不退,兵连财费者,此不揣于利害者也。今日之事幸而成,即可以纾数年边患,其所省岂直数十百万而已哉,而又何惜于日前之少费哉!恐公为众议所格,措画少失,遂弃前功,故敢陈其愚。"②从以上两封信中可以看到,边关总督和朝中的内阁大臣始终保持密切的联系,他们就把汗那吉事件的处理、封贡互市的达成随时进行磋商,取得协调一致以后,便由边关总督明文上奏朝廷,通过廷议再报请皇帝最后批准。可以说事情的每一步进展都凝结了王崇古、高拱、张居正等人的心血,从中亦可见他们为国为民的耿耿忠心。直到最后完成封贡互市,督抚主持于外,阁臣运筹于内,穆宗则自始至终给以坚定的支持,终于实现了在历史上有深远意义的"俺答封贡"。

隆庆五年(1571)三月,穆宗下旨,允许封贡互市,封俺答为顺义王,另外各头目共六十五人也被封为都督、指挥等官职。至此右翼蒙古和明廷在之后的几十年中双方始终保持和平互市的局面。而双方的互市之所以能够长久地进行下去,一个很重要的原因便是明蒙双方针对封贡互市制定了一套较为完备的法规体系。

其中在明廷方面就对通贡互市的相关方面做了比较详细的规定。如进贡之贡额,明廷是有严格规定的,针对官职、部落之大小,其入贡之数额也是不一样的。史载:"须令俺答每次进马十匹,夷使十名;老把都、吉能、黄台吉各八匹,夷使各四名。各酋首听俺答各以部落之大小,分定马匹之数目,大者不过四匹者,小止许二匹,夷使各二名。连那吉四十七枝,每年进马不得过三百匹,夷使不过百人。"③此外对进贡之马匹也做了详细规定,不准以不堪老瘦之马充贡。

①　高拱:《伏戎纪事》,《纪录汇编》卷五三,中华全国图书馆文献缩微复制中心 1994 年版,第 506 页。
②　《张太岳集》卷二二,上海古籍出版社 1984 年影印本,第 262~272 页。
③　郭乾、潘晟等编:《兵部奏疏》,全国图书馆缩微文献复制中心 2007 年版,第 309 页。

由此可见,明廷在对进贡之数额上所作规定之详细,这从侧面反映了明朝对于通贡的认真态度,正是在这一详细的规定之下才使得明蒙之间通贡得以很好地维持下去。

关于贡期、贡道之规定:明廷规定俺答等入贡当于每年之春即正月初旬;入关之通道,则由俺答率领各枝头目由大同左卫扣关而入。对于贡道之选择,明廷做了非常谨慎的安排,不免有对蒙古的防范之意,但更多还是出于维护明蒙之间这来之不易的和平局面,所以明廷官员在这方面便显得十分谨慎小心。

对于互市,明廷也有相关的规定,如"令各枝酋首各差一的当首领,统夷兵三百驻扎边外,各镇各令本路副、参等官,各统本枝精锐官军五百驻扎市场,仍令各酋划定各枝夷种交易日期,大率以一月为期,听挨次分日而至。庑执畜物,先赴夷酋验明,送赴市场估值定易,即时遣出,一起完又送一起,一枝完方许别枝"①。明廷为了维护市场秩序,保证交易顺利进行,故而制定了如此详细的规定。同时对于交易之物,明廷也做了相应的规定:首先,蒙古之交易之物不得以次充好,否则发回各营,不准入市;其次,明人在与蒙古交易时,不得携带违禁品,并对相关的违禁物品做了规定,如钢铁、硝黄等,若有违反者则依法从重问拟。

此外,明廷对于归降之人、边疆将士不应做之事也都做了相应的规定,明廷所做的这些规定从总体上来说是有利于维护明蒙之间的通贡互市的,对于保障互市的秩序,以及维护明蒙之间这期盼已久的和平局面都是非常有利。

当然仅靠明廷一方来维系明蒙之间的通贡互市是不够的,其中少不了蒙古方面所做的努力。隆庆五年(1571)五月,当俺答在得胜市边外晾马台封王时,同东西各台吉头目昆都力哈、老把都、永邵卜、大成切尽黄台吉等各大部落夷人,并各衙门原差通事官在彼讲定,有俺答等随令头目打儿汉首领等四名对天叫誓说:"中国人马八十万,北房夷人四十万,你们都听着,听我传说法度。我房地新生孩子长成大汉,马驹长成大马,永不犯中国。若有那家台吉进边作歹者,将他兵马革去,不着他管事。散夷作歹者,将老婆孩子牛羊马匹尽数给赏别夷。"②叫誓毕,焚纸抛天,立定后开条款。

通贡互市条款具体规定有如下几点,关于蒙古人和明人偷盗之事的相关规定:"偷了中国马骡驴牛羊者,每匹只罚头畜三九;筵宴处所,偷盗家活等件者,罚羊一只。"③这里规定若蒙古人有偷盗行为的,一旦发现就会对其进行处罚,至于明朝人的偷盗行为,蒙古方面的规定为,"中国汉人出边偷盗夷人马匹牛羊衣物者,拿住送还,照依中国法度处治"④,这对于减少矛盾,维护双方的关系是有利的,也体现了蒙古对于封贡互市的重视。

蒙古还对投降之人口做了相关规定:"投降人口若是款贡以前走来,各不相论。以后若有房地走入人口是我真夷,连人马送还;若是中国汉人走入,家下有父母兄弟者,每一人给恩养钱

① 郭乾、潘晟等编:《兵部奏疏》,全国图书馆缩微文献复制中心 2007 年版,第 315~316 页。
② 王士琦:《三云筹俎考》,薄音湖、王雄编辑点校:《明代蒙古汉籍史料汇编》(第 2 辑),内蒙古大学出版社 2006 年版,第 408 页。
③ 王士琦:《三云筹俎考》,薄音湖、王雄编辑点校:《明代蒙古汉籍史料汇编》(第 2 辑),内蒙古大学出版社 2006 年版,第 413 页。
④ 王士琦:《三云筹俎考》,薄音湖、王雄编辑点校:《明代蒙古汉籍史料汇编》(第 2 辑),内蒙古大学出版社 2006 年版,第 412 页。

分,段四匹,梭布四十匹;如家下无人者,照旧将人口送还。"①这里讲到对于通贡以前投降之人,今概不论,今后若明廷仍有投降之人,则明廷应将所入之蒙古人连人带马一起送回蒙古,在蒙古则将所投之汉人送回到明廷。这也就是说以后明蒙各方不得再收留各自的降人,笔者认为这样规定是一件好事,明蒙之间若要真想长期和平地相处下去就必须真诚相待,而互相遣送所降之人便是一个好的开始。

除了以上的相关规定,俺答还对蒙古人来边抢杀汉人财物做了相关的规定。其后,随着通贡互市的深入发展,蒙古又相应制定了一些规定,来维护这一和平互市的局面。

正是在明蒙双方的共同努力下,通贡互市顺利进行,边疆和平才得以实现,民族融合进一步发展。

四、"俺答封贡"的历史意义

在"俺答封贡"后,明蒙恢复原有的朝贡关系和友好往来,双方都从中获得了巨大的好处。高拱和张居正在给穆宗的上疏中说:"今封贡互市皆已竣事,三陲晏然,曾无一矢之警。境土免于蹂践,生民免于虔刘,客兵不调,帑藏不发,即边费之省,不下百余万,即胡利之入,不下数万,纵使虏酋明岁渝盟,而我中国今岁之利亦已多矣。"②封贡互市使明廷边境安宁,百姓安居乐业,同时也与蒙古互通有无,换取所需物资、马匹等。蒙古一方面在经济上获得了必要的生产生活物资,免于过去那种"欲衣无帛""无茶则病""以皮贮水,煮火以为食"的生活状况;另一方面,明廷给予俺答的封号有助于其在蒙古高原上政治势力的增强。俺答可以利用明廷的声望和力量控制蒙古其他部落,在蒙古各部中称雄。故此,俺答上表说:"乞勒各边守臣,各立市场,听番汉人等。""华夷各遂安生,使臣弟侄子孙,世世感戴恩德,不敢背叛,如有违犯,必遭天诛。"③俺答封贡使得"华夷兼利",从此双方进入了相对长久的和平时期。

社会历史的发展总是受其客观规律支配的,可是由于人们的愿望和目的不同,行为方式各异,人们所期望的东西在大多数场合都彼此冲突、互相矛盾,又使历史事件似乎总的来说同样是由偶然性支配着的。"但是,在表面上是偶然性在起作用的地方,这种偶然性始终是受内部的隐蔽着的规律支配的,而问题只是在于发现这些规律。"④以此看来,牧业经济和农业经济之间的互相交流、互通有无,乃是历史发展的大势,此前世宗的绝贡政策是与此相悖的。但是,这种经济交往应该是在和平的条件下平等互利地进行,而以往蒙古族多通过战争、抢掠的方式进行,也是有悖于此一大势的。现在通过把汉那吉降明这一偶然事件,明廷一些有见识的官员,将事情的发展一步一步地引向封贡互市的和平交往途径,虽然他们主观上只是为羁縻蒙古族,求得边境的暂时安宁,乘此机会"积我钱粮,修我险隘,练我兵马,整我器械,开我屯田,理我盐法"⑤,整顿边备,以使"常胜之机在我",但是在客观上他们是顺应了农牧经济交往的历史大

---

① 王士琦:《三云筹俎考》,薄音湖、王雄编辑点校:《明代蒙古汉籍史料汇编》(第 2 辑),内蒙古大学出版社 2006 年版,第 412 页。

② 《明穆宗实录》卷六十一,隆庆五年九月乙酉条,台湾"中央研究院"历史语言研究所 1962 年校印本,第 1495 页。

③ 张鏊:《北狄顺义王俺答谢表》隆庆刊本,商务印书馆 1941 年版,第 2 页。

④ 恩格斯:《路德维希·费尔巴哈和德国古典哲学的终结》,中共中央马克思恩格斯列宁斯大林著作编译局编:《马克思恩格斯选集》第四卷,人民出版社 1995 年版,第 247 页。

⑤ 高拱:《伏戎纪事》,《纪录汇编》卷五三,中华全国图书馆文献缩微复制中心 1994 年版,第 512 页。

势,自觉不自觉地做了历史发展所要求的事情,这也是从偶然性到必然性的一种转变。在明廷君臣的正确处理之下,俺答将明叛人赵全等人执送明廷,明廷将把汉那吉礼送回蒙古,俺答感谢明朝不杀其孙,请求封他为王、实行通贡互市,王崇古为之积极谋划,高拱、张居正为之极力主持,终于在隆庆五年(1571)三月实现了"封",同年五月实现了"贡"和"市"。

自从"俺答封贡"之后,明廷的北部边防压力基本解除,明廷和蒙古之间进入了"无一矢之警"的相对和平时期。进一步从中国历史发展的大势来看,"俺答封贡"的实现,实际上是延续两千多年的农业民族与游牧民族融合完成的标志。

第二节　九边对明代历史的影响

明廷是将蒙古贵族建立的元王朝赶回漠北后建立起对全国的统治的,所以防备蒙古贵族的卷土重来成为明廷的首要任务,遂有北部九边军镇的形成。宣德以后蒙古族进入河套,使明廷的北部边防始终承担沉重的压力,这种压力直到俺答封贡的实现才告缓解。在长达一百三四十年里,明廷每年都要调集大批军队抵御蒙古对塞内的入掠,倾尽其大部财力、物力,这一沉重的边防压力对明代的历史产生了巨大的影响。

一、九边对明代军事的影响

1. 九边对军事制度的影响

朱元璋建立明朝后,实行的是卫所制,"划出一部分人为军,分配在各卫所,专负保卫边疆和镇压地方的责任。军和民完全分开"[①]。这种卫所制度是"度要害地,系一郡者设所,连郡者设卫。大率五千六百人为卫,千一百二十人为千户所,百十有二人为百户所。所设总旗二,小旗十,大小联比以成军。其取兵,有从征,有归附,有谪发。从征者,诸将所部兵,既定其地,因以留戍。归附,则胜国及僭伪诸降卒。谪发,以罪迁隶为兵者。其军皆世籍"[②]。这是一种世兵制,军人另立户籍,世代为军。其军户来源除了从征、归附、谪发外,还有一种垛集法,实为强制征兵,太祖时,"垛集令行,民出一丁为军,卫所无缺伍,且有羡丁"。后来由于军士多所逃亡,"成祖即位,遣给事等官分阅天下军,重定垛集军更代法。初,三丁已上,垛正军一,别有贴户,正军死,贴户丁补。至是,令正军、贴户更代,贴户单丁者免;当军家蠲其一丁徭"。[③] 这是明廷给予正军的优惠政策。为了防止将领专兵,又行兵将分离之策,卫所统于五军都督府,五军都督府有统兵权,但不能调兵;兵部能调兵却手中无兵,一切军政大权皆由皇帝掌握,"征伐则命将充总兵官,调卫所军领之;既旋则将上所配印,官军各回卫所。盖得唐府兵遗意"[④]。为了保证兵源不乏及军士的生活,正军在赴卫所上岗时要携带妻子同行,要有子弟跟随,这种子弟就称为余丁或军余,将校之子弟则称为舍人。

卫所军制在明初确实发挥了极大的作用,为明初的强盛做出了贡献。但是,"由于卫所制

---

① 吴晗:《读史札记》,生活·读书·新知三联书店 1956 年版,第 92 页。

② 张廷玉等:《明史》卷九十《兵志二》,中华书局 1974 年版,第 2193 页。

③ 张廷玉等:《明史》卷九二《兵志四》,中华书局 1974 年版,第 2255～2256 页。

④ 张廷玉等:《明史》卷八九《兵志一》,中华书局 1974 年版,第 2175 页。

度内在矛盾的发展和社会历史条件的变化,卫所军很快就衰落了。卫所制度崩溃的原因是多方面的,但世军兵役制度的破坏无疑是最主要的原因"①。世军制是一种落后的兵役制度,卫所军士的地位十分低下,生活困苦,因而迫使军士大量逃亡。在卫所军士的困苦生活中,尤以边军更甚。② 明人陆粲有诗专咏边军困苦之状:"边军苦,边军苦,自恨生身向行伍。月支几斗仓底粟,一半泥沙不堪煮。尽将易卖办科差,颗粒哪曾入锅釜。官通私债还未足,又见散银来籴谷。去年籴谷揭瓦偿,今年瓦尽兼拆屋。官司积谷为备荒,岂知剜肉先成疮?近闻防守婺川贼,尽遣丁男行运粮。老弱伶俜已不保,何况临阵对刀枪。宛宛娇儿未离母,街头抱卖供军装。闾阎哭声日振地,天远无路闻君王!君不见京师养军三十万,有手何曾捻弓箭!太仓有米百不愁,饱食且傍勾栏游。"③正是这样一种生活状况,遂使卫所军士纷纷逃亡,明廷虽有清军、勾补之举措,仍远不能补足军伍之原额,于是不得不改弦更张,遂有募兵制。

关于明代的募兵制度,按《续文献通考》所载,最早出现于宣德九年(1434)。这年十月,"榜谕边境,有愿奋勇效力、剿贼立功者,许赴官自陈"。其作者在按语中说道:"以边境言之,自属郡国事。然有明一代,召募之令始此,故载入兵制。时以阿台等扰边故,然亦以见兵力之渐顿矣。盖兵政易敝而难修,永乐、宣德之间不过十余年,而振刷已难,古人所以致谨于诘戎也。"④到正统二年(1437),"始募所在军余、民壮愿自效者,分隶操练。"作者按语说:"此为召募民壮之始。《兵志》言:时陕西得四千二百人,择其最多者志之也。王圻本言:民壮始于正统十四年景帝立之初,误矣。"⑤但是,吴晗是赞同王圻看法的,他认为:"募兵之制,大约开端于正统末年。募兵与民壮不同,民壮是由地方按里数多少或每户壮丁多少佥发,平时定期训练,余时归农,调发则官给行粮,事定还家。完全为警卫地方之用。募兵则由中央派人召募,入伍后按月发饷,东西征戍,一惟政府之命。战时和平时一样,除退役外不能离开行伍。"⑥今人李渡认为:募兵制从开始出现到成为一种制度,其间经历了一个较长的过渡阶段。"嘉靖以前,募兵只是卫所军的一个补充;嘉靖中,募兵制始确立,并逐渐在明朝军制中居于主导地位。"⑦他主要依据的是清人傅维鳞的一段描述:"召募之兵,明初无有也。正统中,始募天下军余、民壮为兵。景泰初,复令广召募,即以所在官司统领,遇警调用,然犹之民也。弘治中以房警抽编,无警许罢役,遂有常饷。沿至正德,遂令分成番操,无复休息。兵尚书王琼请量罢之,不听。肃宗深知其弊而未遑清理,及后为真兵矣。"⑧总之,不管对募兵制作何种解说,边防卫所军士的逃亡使北边防卫受到了影响,因而促使募兵制的出现,确是其重要原因之一。至于募兵制形成后给明代历史所造成的深远影响,大量冗兵的军费造成政府财政的超负荷运转,则是促使明廷走向灭亡的一个因素,这是明朝统治者所始料不及的。

① 李渡:《明代募兵制简论》,《文史哲》1986 年第 2 期。

② 《明史》卷一八五《黄绂传》载,黄绂于成化"二十二年擢右副都御史,巡抚延绥。……申军令,增置墩堡,边政一新。出见士卒妻衣不蔽体,叹曰:'健儿家贫至是,何面目临其上。'亟预给三月饷,亲为拊循"(中华书局 1974 年版,第 4897~4898 页)。

③ 陈田辑:《明诗纪事·戊签》卷十六《边军谣》,上海古籍出版社 1993 年版,第 1701 页。

④ 嵇璜等撰:《钦定续文献通考》卷一二二《兵考》,《四库全书》本,第 30 页。

⑤ 嵇璜等撰:《钦定续文献通考》卷一二八《兵考》,《四库全书》本,第 39 页。

⑥ 吴晗:《读史札记》,生活·读书·新知三联书店 1956 年版,第 127 页。

⑦ 李渡:《明代募兵制简论》,《文史哲》1986 年第 2 期。

⑧ 傅维鳞:《明书》卷七二《戎马志》,商务印书馆 1936 年版,第 1453 页。

　　明代中叶以后军事家丁制度的形成与发展,是北部边防压力导致军制变化的又一个方面。"军事家丁是将帅用于御敌卫身的私兵,大都是经过严格挑选的'膂力骁健、弓马娴熟'、技艺过人的精锐士卒,战斗力强,待遇高,与主帅有较强的私人隶属关系和依附关系。"①这样的家丁构成了将帅的私人小集团,结以恩信,在战场上成为冲锋破敌的核心力量。清人赵翼称:"两军相接,全恃将勇,将勇则兵亦作气随之。然将亦非恃一人之勇也,必有左右心膂之骁悍者,协心并力,始气壮而敢进。将既进,则兵亦鼓勇争先,此将帅所贵有家丁亲兵也。"②他所列举的明朝北边将领如杨洪、王越、马永、马芳、梁震等,皆因有得力家丁而在战场上屡破强敌,明代后期辽东的李成梁更是如此,其所蓄养之健儿李平胡、李宁等人,后皆升为将帅。明代中叶军事家丁制度的形成,是和作为国家正式军制的卫所制度崩溃、募兵制度逐渐实行相伴随的,"隶属于私人的将帅家丁迅速崛起,逐渐成为明代北部边防力量的中坚。这是明代军制中一个不应忽视的变化,它对于当时的政治、经济、军事都曾发生过一定的影响"③。根据今人赵中男的研究,军事家丁制度的发展可以分为三个阶段:第一阶段大约从弘治前后到嘉靖中期,为军事家丁兴起时期;第二阶段大约从嘉靖中期到万历中期,为军事家丁制度形成、发展并走向全盛时期;第三阶段从万历中期至明末,为军事家丁制度由全盛走向衰败的时期。赵中男认为:"军事家丁制度的弊端和消极影响是明末统治危机的一个组成部分,它与其他危机因素交织在一起,相互作用,成为明朝灭亡的一个重要因素。"④这一见解是颇中肯綮的。

　　总之,在沉重的北部边防压力下,卫所制度的崩溃是必然的,而为了有效地抵御蒙古族的攻掠,募兵制和军事家丁制度的兴起,也是历史发展所做的必然选择。

　　2. 九边对边防领导体制与军队风气的影响

　　明廷为了抵御蒙古族的袭扰和掠夺,在北方九边沿线部署重兵,严加防守。九边兵力太祖、成祖时期为"带甲六十万",成祖北征后约四十万,穆宗、神宗时期约六十万,超过当时全国总兵力的一半以上。与此同时,在北部边防的军事领导体制方面形成了镇戍制,其具体系统是总兵官、副总兵、参将、游击将军、守备、把总。按《明史》所载:"总镇一方者为镇守,独镇一路者为分守,各守一城一堡者为守备,与主将同守一城者为协守。"⑤这是一套武职系统,"其总镇,或挂将印,或不挂印,皆曰总兵;次曰副总兵;又次曰参将;又次曰游击将军;旧于公、侯、伯、都督、指挥等官内推充任。"⑥在北边各军镇,挂印总兵官称将军者有:辽东曰征虏前将军,宣府曰镇朔将军,大同曰征西前将军,延绥曰镇西将军,宁夏曰征西将军,甘肃曰平羌将军,在蓟镇者不得称将军;"宣宗宣德间,又设山西、陕西二总兵;世宗嘉靖间……改设福建、保定副总兵为总兵;……神宗万历间,又增设临洮、山海;熹宗天启间,增设登莱;至庄烈帝崇祯间,益纷不可纪,而位权亦非复当日。"⑦下面将九边镇戍系统的武职列为表6.1,以见其概貌:

---

　　①　赵中男:《论明代军事家丁制度的历史地位》,《中国史研究》1991年第4期。

　　②　赵翼:《廿二史札记》卷三四,中华书局1984年版,第777页。

　　③　肖许:《明代将帅家丁的兴衰及其影响》,《南开史学》1984年第1期。

　　④　赵中男:《论明代军事家丁制度的历史地位》,《中国史研究》1991年第4期。

　　⑤　张廷玉等:《明史》卷七六《职官志五》,中华书局1974年版,第1866页。

　　⑥　申时行等修:《明会典》卷一二六《兵部九·镇戍一·将领上》,上海古籍出版社2002年版,第270页。

　　⑦　王圻:《续文献通考》卷六一《职官十一》,明刊本。

表 6.1　九边镇戍系统武职员额表①

军镇	镇守	协守	分守	守备	其他
蓟镇	1 员	3 员	11 员	8 员	游击将军 6 员,统领南兵游击将军 3 员,领班游击将军 7 员,坐营官 8 员,把总 1 员,提调官 26 员
辽东	1 员		3 员	10 员	游击将军 8 员,坐营中军官 1 员,备御 19 员
宣府	1 员	1 员	7 员	31 员	游击将军 3 员,坐营中军官 2 员
大同	1 员	1 员	9 员	39 员	游击将军 2 员
山西	1 员	1 员	6 员	13 员	游击将军 1 员,坐营中军官 1 员,操守 2 员
延绥	1 员	1 员	6 员	11 员	游击将军 2 员,入卫游击 4 员,坐营中军官 1 员
宁夏	1 员	1 员	4 员	3 员	游击将军 3 员,坐营中军官 2 员,管理镇城都司 1 员,管理水利屯田都司 1 员
甘肃	1 员	1 员	5 员	11 员	游击将军 4 员,坐营中军官 1 员,领班备御都司 4 员
陕西	1 员		6 员	8 员	游击将军 4 员,中军官 1 员,坐营中军官 1 员

除了这套武职系统,明廷为了控制边防将领,还设有一套文职系统和一套宦官系统,以防边将拥兵自重,形成尾大不掉之势。文职系统主要有总督、巡抚及其属官,史称"文臣统兵者,或为经略,或为总督、巡抚及兵备道、清军同知之属"②。宦官系统称为镇守内臣,"自永乐初,出镇辽东开原及山西等处,自后各边以次添设,而镇守之下,又有分守、(守)备、监枪诸内臣"③。这是一套三驾马车的领导体系,文臣、武臣、内臣互相监督,互相制衡,共同负责,这从成化七年(1471)的一件事情中可以得到具体说明,史载:"上以延绥边备废弛,下镇守太监秦刚、巡抚都御史王锐于狱。时总兵官都督房能以病获免,于是兵科给事中章镒等劾之曰:'国家之制边方,以文臣巡抚,以武臣总兵,而内臣纲维之,事体相须,职位相等,胜则同其功,败则同其罪。今延绥总兵官房能在边方多事,称疾求归,其罪甚于王锐、秦刚。'"④这个例子生动地说明了明代边防三套系统互相制约的情况。这种互相制衡的边防领导体制虽然可以防止边将专兵,但也造成了事权分散,各行其是的问题,严重影响了明军的防御作战。成化年间给事中秦崇上奏宪宗说:"师克在和,今镇守者有善谋,而巡抚者或言其否,巡抚者有奇策,而总戎者或指为非,进止殊途,战守异见,何以成功?"宪宗回答说:"人各有长,朝廷所以参用文武内外之臣,以任边计,正欲其彼此相资,可以相济,以共成王事耳。苟或各怀私妒,护己之短,沮人之长,几何不遗边患?大抵天下之事同则成、异则败者,皆然也。戒其异而勉于同,岂特边臣为然哉!"⑤这段君臣对话,将制衡的好处与缺点揭示得很准确,大抵明代后期边防作战的失利,与这种制衡的消极作用确有一定的关系,在此就不作细述了。

---

①　此表据《明会典》制。

②　《古今图书集成》戎政典三四,兵制部,清雍正刊本。

③　申时行等修:《明会典》卷一二六《兵部九·镇戍一·将领上》,上海古籍出版社 2002 年版,第 270 页。

④　《明宪宗实录》卷九十,成化七年四月甲辰条,台湾"中央研究院"历史语言研究所 1962 年校印本,第 1745 页。

⑤　余继登:《典故纪闻》卷十四,中华书局 1981 年版,第 249 页。

在明廷北部边防作战中,文职系统和宦官系统都不能直接冲锋陷阵,总督、巡抚虽能出任统帅,但打仗还得靠武将和士兵,久而久之,便形成明廷边军将骄兵惰的局面。将骄的主要根源就在于明廷的优容,犯有过失或者失误军机,每每薄加惩罚,令其戴罪杀贼。前面所说的总兵官房能,虽然受到给事中和御史的弹劾,宪宗"诏下能于狱",刑部拟定了罪名,但到最后,宪宗还是"念能等在边年久,准纳赎,俱与冠带闲住"①。类似的例子在明代历史上俯拾皆是,因而造成武将临阵无不观望退缩,拥兵自保,至庚戌之变而极。兵惰则集中表现为兵变的连续发生,据今人林延清统计:"从一五〇九年到一六四四年(明崇祯十七年)的一百三十余年内,规模较大的兵变就达六十余次,平均为每两年爆发一次。"②至嘉靖年间大同的两次兵变,给明廷北部边防以极大的震动,明人谷应泰称之为:"下多犷悍,叛服不常;上鲜方略,剿抚均失。"③诚然,明代的兵变主要带有士兵反抗封建剥削和压迫的内容,军卒的日益贫困是导致兵变的直接原因,对兵变的作用也应作多方面的分析,但我们这里只是要指出兵变与北部边防的联系及其对北部边防的影响。至于其他的方面,本书就不做过多的涉及了。

二、九边对明代政治的影响

1. 对明代政治制度的影响

北部边防对明代政治制度的影响,首要的表现就是督抚制度由因事临时派遣到定设,成为一种国家制度而确定下来。《明会典》在叙述督抚建置时载:"国初遣尚书、侍郎、都御史、少卿等官,巡抚各处地方,事毕复命,或即停遣。初名巡抚,或名镇守,后以镇守侍郎与巡按御史不相统属,又文移往来,亦多窒碍,定为都御史巡抚兼军务者加提督,有总兵地方加赞理,管粮饷者加总督兼理。他如整饬边备、提督边关及抚治流民、总理河道等项,皆因事特设。……其边境以尚书、侍郎任总督军务者,皆兼都御史以便行事。"④总督、巡抚之成为定制,是明廷为解决中央与地方的关系而行的一种创设,在其创设的过程中,保证中央对九边拥有重兵的武将的控制是至关重要的。明初实行三司分权制,虽然加强了中央对地方的控制,但它也造成了事权分散、互相掣肘的弊端,一旦地方有事,势必惊动中央。因此,如何既能加强中央对地方的控制,又不至于造成与中央相抗衡的地方势力,是明人必须解决的问题,总督与巡抚之制,正是适应这一需要而产生的。最早出现的是巡抚之名,起于懿文太子朱标巡抚陕西,到永乐年间开始形成制度,明人载:"天下巡抚都御史,洪武未有也,太祖不欲以重臣令典钱粮兵马。永乐十九年,敕尚书、侍郎、都御史、少卿等官十三员,各同给事中巡行天下,是谓巡抚。宣德间,令巡抚官每岁八月一赴京议事,盖不欲疏逖以悬机重。"⑤今人魏连科在《明督抚年表》的"点校说明"中对巡抚制度也是这样看的:"宣德以前并非定制,一地的巡抚也不常设,有需要则派,不需要则不派,派出办事,事毕即归,巡抚的地区也没有一定的范围。宣德以后,逐渐定设,巡抚的地区也逐渐固定下来。"⑥后来,由于内地边疆逐渐多事,巡抚制度不能满足明廷中央政府控制地

①　《明宪宗实录》卷九十,成化七年四月甲辰条,台湾"中央研究院"历史语言研究所 1962 年校印本,第 1746 页。

②　林延清:《论明代兵变的经济原因和历史作用》,《明史研究论丛》第四辑,江苏古籍出版社 1991 年版,第 368 页。

③　谷应泰:《明史纪事本末》卷五七《大同叛卒》,上海古籍出版社 1994 年版,第 227 页。

④　申时行等修:《明会典》卷二〇九《都察院一·都抚建置》,上海古籍出版社 2002 年版,第 469~470 页。

⑤　章潢:《图书编》卷八五《巡抚》,上海古籍出版社 1992 年版,第 55~56 页。

⑥　吴廷燮:《明督抚年表》,中华书局 1982 年版,"点校说明"第 1 页。

方的需要,于是又有总督之设。明人称:"正统而后,或变生于腹里,或衅起于边陲,而诸边、诸省一时辅臣多不能振联属之策,兴讨罪之师,保境以自全,撄城以自守,直为懔懔耳。若北之也先、河北之赵贼、西蜀之廖冠(寇)、江西之华林及藩豪(濠)、八闽之邓茂、楚之麻阳、广之岑猛、滇之麓川,猖獗震荡,而各省抚臣皆相视而莫之能救,必设总督而后能平之。彼其时非尽抚臣之怯也,亡算也,爵并权均。夫两大不能以相使,而况十数大乎? 势分故也。列圣振长策而议联属,边方腹里多设总督,以联属而节制之,若连环然。且颁之敕:如一省难作,则总督调近省之食与兵,或击其首,或邀其尾,或掎其左,或角其右,有同心合制之权;已则散而归之,无借兵之苦,无萃食之扰。"①章潢在这里把设置总督的优点总结得十分透彻,由是看出,督抚制度的出现,确实在解决中央与地方的关系方面起到了很好的作用,因而才能从临时派遣逐步变成固定的建制。在督抚制度定型的过程中,为加强北边防务而设置的蓟辽总督、宣大总督和陕西三边总督无疑起了重要的作用,因此《明会典》也好,《明史》也好,在叙述督抚制度时,解决京师粮食供应的漕运总督居第一位,接着就是总督蓟辽、保定等处军务兼理粮饷一员,总督宣大、山西等处军务兼理粮饷一员,总督陕西三边军务一员。这就足以证明,为加强北边防务而设置的北边三总督及各军镇的巡抚,在督抚制度定型过程中占有重要的地位。

北边防务对明代政治制度影响的第二个方面,就是北边督抚与兵部尚书与侍郎之间的互相迁转,这是由于北部边防督抚"知兵"的缘故。如成化年间的余子俊,以在延绥修筑边墙而著名,后来于成化十三年(1477)应召回京,十月任兵部尚书。② 又如马文升,历仕五朝,曾任陕西巡抚、三边总制、三巡辽东,孝宗即位后,"明年,代余子俊为兵部尚书,督团营如故。承平既久,兵政废弛,西北部落时伺塞下。文升严核诸将校,黜贪懦者三十余人。……小王子以数万骑牧大同塞下,势汹汹。文升以疾在告,帝使中官挟医视,因就问计。文升谓彼方败于他部,无能为。请密为备,而扬声逼之,必徙去。已而果然"③。再如隆庆年间的兵部尚书霍冀,即由边防总督内调,处理把汉那吉事件的王崇古、方逢时两人,在万历年间均出任过兵部尚书。而由兵部尚书、侍郎出为边防总督者,亦大有人在,嘉靖年间的兵部尚书王以旂即一例。孙承泽谓:"兵部,所以将将者也。先朝慎重其选,无事之时,宜拣大臣知兵者列于本兵,以备总督、巡抚之用。"④正足以说明兵部与边防督抚相为为用的情况,这一办法对明廷处理好边防事务,使朝廷决策能符合边防的实际,无疑是有利的。

2. 对明代政治风气的影响

明代的北部边防影响到当时政治风气的变化,当时的政治风气也影响到北部边防,这是一个双向的过程。

第一,宦官专权对北部边防的影响。明代宦官专权首起于英宗时期的王振。王振在正统十四年(1449)挟帝亲征,致生土木之变。"套寇"问题产生之后,首先影响北部边防的就是宦官汪直。汪直在宪宗时期权倾一时,他单领西厂,侦臣民隐事,屡兴大狱,"权焰出东厂上"。成化十五年(1479)秋,"诏直巡边,率飞骑日驰数百里,御史、主事等官迎拜马首,棰挞守令。

①　章潢:《图书编》卷八五《总督》,上海古籍出版社 1992 年版,第 52 页。
②　张廷玉等:《明史》卷一一一《七卿年表一》,中华书局 1974 年版,第 3430 页。
③　张廷玉等:《明史》卷一八三《马文升传》,中华书局 1974 年版,第 4840 页。
④　孙承泽:《春明梦余录》卷四二《兵部一》,北京古籍出版社 1992 年版,第 810~811 页。

各边都御史畏直,服櫜鞬迎谒,供张百里外。至辽东,陈钺郊迎蒲伏,厨传尤盛,左右皆有贿。直大悦。惟河南巡抚秦纮与直抗礼,而密奏直巡边扰民。帝弗省。兵部侍郎马文升抚谕辽东,直至,不为礼,又轻钺,被陷坐戍"。从这里可以看到汪直到辽东去时这一路的骚扰,陈钺当时以右副都御史巡抚辽东,跪倒在御马监太监的脚下,显然是一个无耻之小人,却因此得到升迁;相反那些正直的官员如秦、马二人,则受到了严厉的处罚。接着汪直在辽东听信了陈钺,发动对女真首领伏当加的征讨,"师还,(朱)永封保国公,钺晋右都御史,直加禄米。"成化十六年(1480)春,延绥有警,汪直又在王越的怂恿下,奏请宪宗下诏,拜保国公朱永为平虏将军,汪直监军,王越提督军务,发京军二路俱会榆林。汪直和王越等领兵走大同,结果在王越的谋划下取得了威宁海子之捷,"越封威宁伯,直再加禄米"。这是汪直的两次出边,他给明代的边防带来消极影响。事过不久,"伏当加寇辽东,亦思马因寇大同,杀掠甚众。"①在汪直之后,孝宗时期影响北部边防的宦官是苗逵。当火筛和小王子大肆入侵延绥、宁夏时,右都御史史琳请求增派部队,于是孝宗派出京军,由朱晖"佩大将军印,统都督李俊、李澄、杨玉、马仪、刘宁五将往,而以中官苗逵监其军"。这些京军赶到前线时,蒙古军早已饱掠而去,于是朱晖、史琳、苗逵乃有五路捣巢于河套之举,可是事机不密,"寇已徙帐,仅斩首三级。"②这件事在明廷被大肆宣扬,为此而受升赏的达一万多人,尚书马文升、大学士刘健坚持不能这样滥赏,但孝宗还是听信了苗逵之汇报,升级者二百多人,其余皆得到赏赐。苗逵在弘治朝屡次监军北边,孝宗对其十分信任,以至晚年竟要依靠苗逵而出兵与蒙古军作战,幸而被大学士刘健、谢迁、李东阳及兵部尚书刘大夏所阻止,如果真的出师,以当时明廷的腐败衰弱,真不知会有怎样的结果。武宗时期刘瑾专权,"颛擅威福,悉遣阉党分镇各边。叙大同功,迁擢官校至一千五百六十余人,又传旨授锦衣官数百员。"③一时间因边功而冒滥升赏者比比皆是。正德初年,杨一清总制陕西三边军务,建议修边,"帝可其奏,大发帑金数十万,使一清筑墙。而刘瑾憾一清不附己,一清遂引疾归。其成者,在要害间仅四十里。瑾诬一清冒破边费,逮下锦衣狱。大学士李东阳、王鏊力救得解,仍致仕归,先后罚米六百石"④。杨一清是明代中叶的著名人物,其于边防更是多所留心,所议多切合实际,却被刘瑾排挤走了,继任总制才宽不才,遂在正德四年(1509)出战败死。⑤而刘瑾所派出的各边镇守太监,对边防督抚将帅更是多方制约,使明廷的北部边防受到严重影响,只是由于当时蒙古小王子达延汗忙于内部统一,一时顾不上袭扰明边,北边防线才没有出现大的纰漏。

第二,边军入卫给明代社会造成骚扰,主要表现在武宗时期。明代中叶规模最大的农民起义正发生于此时,而明朝的京军已经腐朽不堪,明廷不得已而调边军入内地征剿。正德六年(1511)七月,"贼犯文安,京师戒严。癸酉,调宣府、延绥兵入援。八月己卯,兵部侍郎陆完将边军讨贼。……九月丙寅,再调宣府及辽东兵益陆完军。"⑥明代著名的佞幸江彬就是在这个时候被调入内地,于镇压了农民起义后受到武宗赏识,因而被留在京师。江彬是通过钱宁而得

①　张廷玉等:《明史》卷三〇四《汪直传》,中华书局 1974 年版,第 7780 页。
②　张廷玉等:《明史》卷三〇四《朱晖传》,中华书局 1974 年版,第 4624~4625 页。
③　张廷玉等:《明史》卷三〇四《刘瑾传》,中华书局 1974 年版,第 7787 页。
④　张廷玉等:《明史》卷一九八《杨一清传》,中华书局 1974 年版,第 5226~5227 页。
⑤　张廷玉等:《明史》卷十六《武宗本纪》,中华书局 1974 年版,第 202 页。
⑥　张廷玉等:《明史》卷十六《武宗本纪》,中华书局 1974 年版,第 204 页。

近武宗的,后来两人争宠,江彬为了扩大自己的势力,奏请武宗"调辽东、宣府、大同、延绥四镇军入京师,号外四家,纵横都市。……四镇军,彬兼统之。帝自领群阉善射者为一营,号中军。晨夕驰逐,甲光照宫苑,呼噪声达九门"。其后江彬又引导武宗出关巡视宣府、大同,于是有正德皇帝的应州之战,而江彬本人及其下属的边将,也都因功受封,"封彬平虏伯;子三人,锦衣卫指挥;(许)泰,安边伯;(李)琮、(神)周俱都督。升赏内外官九千五百五十余人,赏赐亿万计。"后来江彬又鼓动武宗西行延绥,宸濠之乱发生后,又鼓动武宗南下江南,群臣谏阻,"彬故激帝怒,悉下狱,多杖死者。"但是群臣终究没能阻止武宗南巡,江彬引领武宗到了南京,"当是时,彬率边兵数万,跋扈甚。成国公朱辅为长跪,魏国公徐鹏举及公卿大臣皆侧足事之。惟参赞尚书乔宇、应天府丞寇天叙挺身与抗,彬气稍折。"①正是因为有乔宇和寇天叙这两个人物,才使江彬的嚣张气焰有所收敛,明人记载:"武宗在南京,江提督所领边卒,躯干颀硕,膂力拳勇,皆西北劲兵也。(乔)白岩命于南方教师中,取其最矮小而精悍者百人,每日与江提督相期至校场中比试。南人轻捷跳趫,行走如飞,而北人粗坌(笨),方欲交手,被南人短小者或撞其胁肋,或触其腰胯,北人皆翻身倒地,僵仆移时。江提督大为之沮丧,而所畜之异谋,亦已潜折其二三矣。"又载:"寇亦山西人,与白岩同乡,躯体颀硕,搭眼微近视。每日带小帽、穿一撒坐堂,自供应朝廷之外,一毫不妄用。若江彬有所需索,每差人来,寇佯为不见,直至堂上,方起坐立语,呼为钦差,语之曰:'南京百姓穷,仓库又没钱粮,无可措办,府丞所以只穿小衣坐衙,专待拿耳。'差人无可奈何,迳去回话。每次如此,江彬知不可动,后亦不复来索矣。"②这些记载表彰乔宇和寇天叙在武宗南巡、江彬跋扈时敢于和他斗争的勇气和斗争艺术,但从侧面可以看到江彬乱政、佞幸用事、边军入卫给明朝廷造成的祸害。

第三,将领克扣军饷、吃空饷、杀良冒功、谎报战功对明朝边政的败坏。此类的记载在明朝的实录里俯拾皆是,特别是克扣军饷、吃空饷,历代尽皆如此。明朝政府规定:"天下卫所军士月粮,洪武中,令京外卫马军月支米二石,步军总旗一石五斗,小旗一石二斗,军一石。城守者如数给,屯田者半之。"③其他民丁、恩军等各有口粮,其外还有布帛、棉絮等供给。后来卫所士兵的大量逃亡,其原因就在于"中外都司卫所官罔体圣心,惟欲肥己,征差则卖富差贫,征办则以一科十,或占纳月钱,或私役买卖,或以科需扣其月粮,或指操备减其布絮,衣食既窘,遂致逃亡。所管上司知而不理,亲临风宪亦不纠劾"④。这是当时任兵部侍郎的明代名臣王骥所上奏的情况,反映了卫所军官克减军饷所导致军政败坏的严重程度。宣德末年的情况已是如此,以后的军政败坏程度就可想而知,逃军现象只会越来越严重。明人载:"彼处戍长,以入伍脱逃,罪当及己,不敢声言,且利其遗下口粮潜入囊橐。"⑤以此观之,克减军饷、吃空饷最终导致边防的毁坏,其于明代北部边防的影响可谓大矣,如此边政之不修,欲其抵御外敌之入侵,实在是难乎其难。

至于明代滥冒功赏的事,更是司空见惯,正史且不说,仅野史记载就足见问题之严重。明

---

①　张廷玉等:《明史》卷三〇七《江彬传》,中华书局 1974 年版,第 7886~7889 页。

②　何良俊:《四友斋丛说》卷六,中华书局 1959 年版,第 53~54 页。

③　张廷玉等:《明史》卷八三《食货志六》,中华书局 1974 年版,第 2004 页。

④　《明宣宗实录》卷一〇八,宣德九年二月壬申条,台湾"中央研究院"历史语言研究所 1962 年校印本,第 2431 页。

⑤　沈德符:《万历野获编·补遗》卷三《兵部·解军》,中华书局 1959 年版,第 872 页。

人余继登载："正统时,山西太原左卫卒张敬言:'顷者,山西获贼官校之升多非实功,有所司受赂阴与擒获者,有私赂狱贼诬平民于官后乃擒获者,有市他人所获为己擒获者。夫赏当功,则臣下劝,罚当罪,则奸邪息。此属虽给朝廷得官,然众耳目不可涂也,臣恐天下皆然。宜令公廉御史究之,削其冒升之职,重置于法,则奔竞之路塞,公正之门开,人人务立实功矣。'都察院议:宜行敬言于天下,从之。按:此疏最中今日之弊。"[1]余继登所记乃是正统年间贿买首功的情形,其后问题更大,朱国祯记载报功之弊说:"边将杀平民报功,不必言矣。更有一弊,时有降房,至健,而审译无他,留为家丁,束以帽服。其老弱言语可疑者,另置一处,高墙垣,严扃之,食以房法,不改椎结,俟有失事,取斩之,或三五、或十余颗,报上,验之,真房首也,因而免罪,且加赏,人皆不疑。盖一参将曾守边者,为余言如此。此最可恨,惜无有发之严禁者。"[2]这种冒功方法,实在是令人发指。究其滥冒之根源,则与明廷对损军有严格的律禁有关,因此当庚戌之变时,赵贞吉为抵抗俺答的进攻而上疏陈三事:"其一,开损军之令。盖祖宗之制,但边将有损折军士者,即谓之失机,百姓虽尽为掳去亦所不论。故房人一入内地,则兵将皆入保城堡,纵其剽掠,而百姓遂为鱼肉。此最为失策者。开损军之令,庶边将始敢提兵出战,稍为百姓之卫。"[3]从这一点上看,明朝边军之所以怯懦而不敢战,实在是与其制度有关,这一制度既使明军完全得不到民众的支持而陷于孤军作战,又使统兵将领遇敌避而不战,免得承担失机的罪名。是以明代边政之不修,由来有尚矣。而其冒滥升赏,则任情所为,明人陆容指陈道:"古之君子,以军功受赏,犹以为耻。而近时各边巡抚文臣,一有克捷,则以其子弟女婿冒滥升赏,无耻甚矣。予所见大臣,不以军功私其子弟者,白恭敏(圭)、余肃敏(子俊)二公而已。"[4]从这些时人的指斥中,完全可以了解到明代冒滥军功的严重情况。而庚戌之变时在仇鸾率领下边军的所作所为,则更是明廷边政败坏、杀良冒功的一次集中表现。

第四,内阁以边防事务互相倾轧,边将行贿、权相受赂,造成腐败污浊的政治氛围,影响到北边防务的方方面面。这一点以嘉靖朝最为典型,曾铣和夏言以力主"复套"而被严嵩僭杀即其实例。关于曾铣倡议复套之事已于前文叙述,严嵩倾害夏言和曾铣之事诸史记载甚详,这里仅取明人于慎行的一段记载,以见其概貌。"贵溪夏公言以大礼得幸,从都给事中迁御史中丞、翰林学士,遂至大用,世庙眷礼宠遇,无所不至。其后,上于宫中祈祷,禁直大臣皆赐星冠,夏不受,上大恨之,即赐策免。已而复思之,一日,于几上书'公谨'二字,公谨者,夏字也。左右窥知上意,因留其字不除,上复过之而笑,左右密语分宜。分宜固恨夏,不得已,欲自为功,因白上:'故辅臣言可诏用也。'有诏征诣阙下,比至,数使迎问于道,宠眷倍昔。分宜心害之,未有间也,而事之甚谨,至不敢与分席。夏公性颇伉直,见上委任,无所顾忌,视分宜如无也。分宜益恨,日夜求以中之。会督府曾公铣建议请复河、隍,夏公喜事,从中主之。然上意颇惮,不欲,为分宜窥知之,因以此中夏。先赂左右为计,伺上祷祠时,即日以曾公请兵疏上,上固不快,令夏公拟旨,力赞其议。又以上有事时奏之,上因问曰:'此事竟可成否?'左右皆曰:'万岁不问,奴不敢言。曾见铣疏来,举朝大臣相顾骇愕,以为召衅生事,危可立待。'上色动,以札密问

---

[1]　余继登:《典故纪闻》卷十一,中华书局1981年版,第198~199页。

[2]　朱国祯:《涌幢小品》卷三十,中华书局1959年版,第704页。

[3]　何良俊:《四友斋丛说》卷六,中华书局1959年版,第56页。

[4]　陆容:《菽园杂记》卷十二,中华书局1985年版,第153页。

分宜,分宜密疏:'此事决不可成,独言力主之,臣等实不与闻。'上怒,遂逮铣下吏于死,夏公亦以其故死西市也。"①于慎行将严嵩倾害夏言的事件经过概括得非常精练,使严嵩窥伺世宗的心理、收买世宗身边近幸以进谗言、及至世宗询问时乘机陷害的形象跃然纸上,抛开世宗的个性及政策不谈,单就严嵩来讲,以边防大事而不顾,借机倾害同列以谋取最高职位,实在是太卑鄙,其对整个国家的损害是极大的,边防不修、复套无人、御"虏"无策,终至酿成庚戌之变。而曾铣在当时是少有的文武兼能的边防统帅,其于复套之议完全是为国谋而不为身谋,据明人记载:曾铣在三边总督任上筹备复套甚悉,制造了很多火器战车,用以打击进犯之敌,以至于蒙古军称呼他为"曾爷爷","曾与首相夏公桂洲最契,先一岁密订,至次年除夜,暗调精勇,直捣套虏,因据冲要,修筑三受降城,复元昊故地而属。夏相亦于是密启上前,君相元戎,相为一体,意事无不成者。而曾果以除夕率众数万,深入于套,虏不觉也。乃粮馈不继,顿军不敢进,遂至虏惊报各帐部落,顷刻聚数十万。漕官以户部无凭,不敢擅发,曾遣人督来,已违数日限,一晚斩饷职十三员,曾竟以全师而出。夏公方以小忤于上,而分宜拟其后,且夏亦以忿愤忘其夙约,除夕之前,未尝密启,正旦大朝贺,次日千秋节,连数日不能以此情达之于上。时边报沓至,上震怒,令缇骑逮曾,犹候于辕门者凡三日,始克入。曾即就槛车,而三军大恸,声闻百里。部下亲兵五千,萃天下之精勇也,日夜磨刀称反,边官抚慰,徐徐散遣。"②李诩的这段记载,虽然可靠程度尚值得考证,但他所反映的曾铣为收复河套所做出的大量努力,则塑造了一个忠心为国的边防统帅的高大形象,而这样一个边防统帅,竟然不是死于御敌的战场,而是死于奸相之倾轧的权术,令人扼腕愤叹!庙堂有臣如此,明廷的边防、政治必然陷入无法收拾的混乱之中。

至于行贿、受贿之事,亦以严嵩专权之时最为典型,仅据嘉靖朝诸臣之弹劾文,以见其一斑。嘉靖二十九年(1550)庚戌之变后,世宗诏群臣各陈制敌之策,诸臣不敢深言,"多掇拾细事以应。"刑部郎中徐学诗上疏:弹劾严嵩"位极人臣,职司政本,阴险莫测,贪黩无厌。内为勋贵之结纳,外为群小之趋承,苞苴盈门,舟车载道,辅政十年,日甚一日,酿成虏患,其来有渐"。徐学诗揭露严嵩的贪污行为说:"纵子世蕃受夺职总兵官李凤鸣二千金,起补蓟州镇;受老废总兵官郭琮三千金,使督漕运;索史馆吏胥陈世良等千余金,王府科吏盛克相三百金,网利之密,不遗巨细,前此所未有之贪也。自九月初旬以来,私徙财贿南还,辎车数十乘,骑车四十乘,潞河楼船十有二艘,捆载而归,悉假别署封识,以迋道路。"③徐学诗本是一腔忠愤,意欲为国除奸,结果却被下狱,削籍。④在徐学诗上疏后不久,锦衣卫经历沈炼也上疏弹劾严嵩十大罪,其第一条就是"纳将官之贿以开边隙之衅"。⑤此后又有御史王宗沐弹劾严嵩八大罪;明代第一谏臣杨继盛弹劾严嵩十大罪。而刑部主事张翀之揭发则更深刻,其文曰:"臣试以边防、财赋、人才三大政言之:国家所恃为屏翰者,边镇也。自嵩辅政,文武将吏率由贿进。其始不核名实,但通关节,即与除授。其后不论功次,但勤问遗,即被超迁。托名修边建堡,覆军者得荫子,滥

①　于慎行:《谷山笔麈》卷四,中华书局1984年版,第35~36页。
②　李诩:《戒庵老人漫笔》卷五《曾石塘武略》,中华书局1982年版,第178页。
③　沈越:《皇明嘉隆两朝闻见纪》卷八,明刊本。
④　张廷玉等:《明史》卷二一〇《徐学诗传》,中华书局1974年版,第5553~5554页。
⑤　沈炼:《早正奸臣误国以决征虏大策疏》,《明经世文编》卷二九六,中华书局1962年版,第3115页。

杀者得转官。公私诋欺,交相贩鬻。而祖宗二百年防边之计尽废坏矣;户部岁发边饷,本以赡军。自嵩辅政,朝出度支之门,暮入奸臣之府。输边者四,馈嵩者六。臣每过长安街,见嵩门下无非边镇使人。未见其父,先馈其子。未见其子,先馈家人。家人严年富已逾数十万,嵩家可知。私藏充盈,半属军储。边卒冻馁,不保朝夕。而祖宗二百年豢养之军尽耗弱矣;边防既隳,边储既虚,使人才足供陛下用犹不足忧也。自嵩辅政,蔑菱名器,私营囊橐。世蕃以狙狯资,倚父虎狼之势,招权罔利,兽攫乌钞。无耻之徒,络绎奔走,靡然成风,有如狂易。而祖宗二百年培养之人才尽败坏矣。"①张翀所言之边防、财赋、人才,无一不关系国家的安危,理应引起世宗的重视。但是所有这些揭露严嵩的人都被下狱、贬官、流放,世宗反倒对严嵩倍加信任了。这真是边防与朝政互相影响,而严嵩在其中大逞其奸谋,遂使嘉靖后期的政治愈益腐败,边防也就毫无起色了。

　　3. 统治者个人素质对九边防务的影响

　　在中国古代的封建社会里,统治者的个人素质对于封建政治的影响极大,是以古人称:"天下治乱,系于用人。"就明代来说,统治者的素质影响到北边防务的情况,约分以下两个方面:

　　第一,最高统治者皇帝的个人素质。明代的皇权专制超过了此前的各朝,它开启清代皇权绝对专制的先河,因而皇帝的个性心理特征及政策水平对于皇朝内外政务的实施成效有决定性的影响。同时,明代从太祖时期到宪宗时期,又逐步形成了一种今人称之为"全面制衡"的君主制。"这种全面制衡的政治体制,又使明朝成为中国历史上最保守而无所作为、不求进取的朝代之一。"②这种看法确是有一定的道理,但若以其概括整个成化以后的政局,也不尽然。以明代"套寇"之患最严重的成化、弘治、正德、嘉靖、隆庆五朝来说,五个皇帝的个性心理特征各不相同,政策水平也各不一样,因而对北部边防事务的决策也颇多差异。宪宗和孝宗父子基本上属于深居简出的类型,一生当中难得有几次走出紫禁城,对国家大政及边防事务的处理主要依靠内阁和司礼监宦官,但也不能说绝对就是不求进取。如成化朝李贤、白圭等人之倡导复套、搜套,宪宗也是支持的,只不过李贤、白圭二人均事业未成而身已病故,继任者多为保守类型的人,因而才无法收复河套。孝宗时期这种保守的特点就比较突出,其表现就是孝宗想要出兵与蒙古军作战,为内阁和兵部所阻止,今人将之称为苟安。

　　武宗的个性表现比较特出,他是明代历史上最不守封建礼法的皇帝,最能任性胡来,此时的内阁也好,司礼监也好,对他基本起不了制衡的作用,因而也只有他才能带领明朝大军与蒙古军在应州大战一场。武宗千里巡边,是明代诸帝中绝无仅有的,虽然诸史中多记载的是他一路抢掠妇女、尽情玩乐的事情,但其千里巡边,当是对明朝的北部边防亦有所部署,可能为史家所淹没。

　　世宗在明代诸帝中可以说是性格很有问题的一人,他刚愎自用、喜怒无常、宠信道教,而对北边防务是既一意绝贡,又无能御边。在处理曾铣问题上他出尔反尔,自毁长城,将仇鸾以戴罪之身擢为统兵大将,使嘉靖朝的北部边防陷入了一片混乱之中。虽然这是由于严嵩招权纳贿直接造成的,但是身为最高统治者的嘉靖皇帝是难辞其咎的,严嵩正是利用了他性格上的弱

---

　　① 张廷玉等:《明史》卷二一〇《张翀传》,中华书局 1974 年版,第 5566 页。
　　② 方志远:《成化皇帝大传》,辽宁教育出版社 1994 年版,第 15 页。

点,翻手为云,覆手为雨,占据相位二十年,明代的北边防线也承受了深重的灾难。

穆宗与其父世宗恰好相反,他的性格比较柔和,对辅臣信任甚专,对嘉靖朝北边的弊病看得较准,因此即位后整顿边备很有成效。正是由于穆宗在用人上放手信任内阁,而内阁的主要人物又均为他的潜邸旧臣,很有才干,因此才能抓住把汉那吉事件的机会,促成俺答封贡的实现。倘若穆宗也如世宗那样的出尔反尔,不要说是俺答封贡,恐怕把汉那吉的性命也难以保住。笔者以是认为,穆宗的个性心理特征在实现俺答封贡这一历史转变上,确实起了不可忽视的作用。

第二,边防督抚的个人素质在明代北边防务中有不容忽视的重要作用。以与河套关系最直接的陕西三边总督来说,其个人的素质,既关系到边防的巩固,又关系到其个人的安危及百姓的生命财产。吴廷燮载:"总督陕西三边军务,节制陕西、延绥、宁夏、甘肃四抚,固原、榆林、宁夏、甘肃、临洮五镇,专统固原兵备、洮岷兵备、鄜州兵备、临巩兵备、巩昌兵备、靖虏兵粮六道,陕西布政司之巩昌、临洮二府,平凉府之平凉、固原、静宁等州县,延安府之鄜州,陕西都司之固原、洮州、临洮、巩昌、兰州、秦州、岷州等卫,文县、礼店、归德、阶州等所。"①《明会典·都察院》谓其设于弘治十年(1497),实际其始设于成化十年(1474),史载成化"十年春,廷议设总制府于固原,举定西侯蒋琬为总兵官,越提督军务,控制延绥、宁夏、甘肃三边。总兵、巡抚而下,并听节制。诏罢琬,即以越任之,三边设总制自此始"。王越在成化、弘治两朝是个无人能匹敌的将才,"姿表奇伟,议论飙举……动有成算。奖拔士类,笼罩豪俊……胆智过绝于人。"王越在成化年间两次捣巢成功,给蒙古军以重大打击,在弘治朝亦无人可以替代,弘治十年(1497)再度出任陕西三边总制,又取得袭击贺兰山后之捷。与王越相比,朱永、朱晖、苗逵均不值一提,而同时代的其他边将亦皆相形见绌,是以史传载:"越在时,人多咎其贪功。及死,而将馁卒惰,冒功糜饷滋甚,边臣竟未有如越者。"②弘治末年,杨一清任陕西三边总制,杨一清为人"博学善权变,尤晓畅边事。羽书旁午,一夕占十疏,悉中机宜。人或訾己,反荐扬之"。他是个性情警敏、博学而豁达的人,因此才三次被起用为三边总制,"时帅诸将肄习行阵,尝曰:'无事时当如有事提防,有事时当如无事镇静'"③,对陕西边防多有贡献。杨一清因不附刘瑾而去职之后,由工部尚书才宽兼右都御史总制三边,才宽"为人跌宕不羁,……颇任权智",对待将士刻薄寡恩,自己又无统兵御敌的本领,于是在正德四年(1509)于花马池一战而死。④又如许论任蓟辽总督,"奏密云、昌平二镇防秋,须饷银三十余万"。⑤结果修墙、练兵一样事也没有干成,却将饷银尽入私囊,因而被劾罢。隆庆年间谭纶和戚继光互相配合,才将蓟镇练兵、修墙筑敌台等事完成。从以上几例即可看出,在地方督抚大员中,任官者的素质好坏对于能否履行其职责有直接的关系,进而对边防军政事务产生直接、重要的影响,得人则边防巩固,失人则边防隳坏,这已为史实所证明。其中对历史发展影响巨大者,如杨顺任宣大总督,纳桃松寨

---

① 吴廷燮:《明督抚年表》卷三《陕西三边》,中华书局1982年版,第199页。
② 张廷玉等:《明史》卷一七一《王越传》,中华书局1974年版,第4573页。
③ 张廷玉等:《明史》卷一九八《杨一清传》,中华书局1974年版,第5239页。
④ 《明武宗实录》卷五八,正德四年十二月丁酉条,台湾"中央研究院"历史语言研究所1962年校印本,第1287页。
⑤ 张廷玉等:《明史》卷一八六《许论传》,中华书局1974年版,第4930页。

之降却没有处置的才干,造成蒙古军围攻大同右卫的重大边患,明朝北部边防深受其害。[①] 隆庆四年(1570)把汉那吉降明,在巡抚方逢时、总督王崇古及内阁高拱、张居正的倾心配合下,明廷抓住这一难得的机会,一步一步地促成了历史性的转变,设若事件发生于世宗、严嵩和杨顺等人之时,难有俺答封贡这一重大历史事件的出现的。治国平天下,得人则兴,失人则亡,岂不信然!

三、九边对明代经济的影响

1. 巨额军费给财政造成的压力

明代九边部署数十万大军,军饷供应成为政府的沉重负担。《明史》载:"凡各镇兵饷,有屯粮,有民运,有盐引,有京运,有主兵年例,有客兵年例。屯粮者,明初,各镇皆有屯田,一军之田,足赡一军之用,卫所官吏俸粮皆取给焉。民运者,屯粮不足,加以民粮。麦、米、豆、草、布、钞、花绒运给戍卒,故谓之民运,后多议折银。盐引者,召商人粟开中,商屯出粮,与军屯相表里。其后纳银运司,名存而实亡。京运,始自正统中。后屯粮、盐粮多废,而京运日益矣。主兵有常数,客兵无常数。初,各镇主兵足守其地,后渐不足,增以募兵,募兵不足,增以客兵。兵愈多,坐食愈众,而年例亦日增云。"[②]这里说的是明代北边部队军饷的总体情况,其实概括起来就是两大类:第一大类有屯粮、民运、盐引等,均属于粮食物品等实物;第二大类是京运、主兵年例、客兵年例,主要是由太仓调拨给各边的银两,用作购置粮食、物品的军费。

明初太祖在建设北部边防时,为了保证边防部队的给养,实行屯田以养兵的办法,不足者用开中法以补充。随着成祖以后北边防线的南撤,九边屯田开始遭到破坏。其破坏的原因,明代后期给事中管怀理总结为:"其弊有四:疆场戒严,一也;牛种不给,二也;丁壮亡徙,三也;田在敌外,四也。"[③]今人对屯田问题多所研究,王毓铨著有《明代的军屯》,足以说明屯田的破坏对明代的经济与边防所带来的影响,其最根本的一点就是使边军的粮食供应无法得到保证。和九边屯田的破坏相伴随的,是开中法的破坏以及弘治年间叶淇变法给北部边防所造成的影响。开中法实际是一种边方纳粮制,是盐政与边防相结合的产物,它对于保证边防部队的粮食供应起了重要的补充作用。后来由于多种原因,开中法遭到破坏,到弘治年间户部尚书叶淇改"输粟于边而与之盐"的办法为"纳银于户部而与之盐",由是而使边军的粮食供应受到影响。《明史》称:"明初,募盐商于各边开中,谓之商屯。迨弘治中,叶淇变法,而开中始坏。诸淮商悉撤业归,西北商亦多徙家于淮,边地为墟,米石值银五两,而边储枵然矣。"[④]今人对此评论道:"原先'输粟于边,利归边民',变法后'输银于户部,利归户部',这是财政体制上的变化,是把盐利集中于中央的一个措施。……明政府不再着眼于巩固国防开发边疆,而是致力于充实国库,增加帑银。……军屯的破坏,再加商屯的废弃,使'边塞空虚',沿边许多垦地日益荒芜,

① 《明世宗实录》卷四五七,嘉靖三十七年三月丙辰条,台湾"中央研究院"历史语言研究所 1962 年校印本,第7724 页。

② 张廷玉等:《明史》卷八二《食货志六》,中华书局 1974 年版,第 2005 页。

③ 张廷玉等:《明史》卷七七《食货志一》,中华书局 1974 年版,第 1886 页。

④ 张廷玉等:《明史》卷七七《食货志一》,中华书局 1974 年版,第 1885 页。

'千里沃壤,莽然荆榛'。明代的边政就此大坏。"①正是由于保证边防部队粮食供应的军屯与商屯遭到破坏,"商屯撤业,菽粟翔贵,边储日虚"②,使明廷不得不从国家财政中每年拨出大笔款项,作为九边军队的军饷,由此给明朝中央政府带来了巨大的财政负担,并且随着边患的愈演愈烈,政府的财政负担也日益沉重,及至最后一发而不可收拾。

明代为九边所拨出的军费,最具代表性的就是年例银。从正统年间开始,明廷每年从户部太仓库中拨出一部分银两,解往九边,用来籴买粮食,补充屯田、民运及盐引不足的部分。据《明会典》载:"凡京运年例,永乐十七年,以口外粮料数少,令于京仓支拨",这是往边地运送京仓的粮食以补充军饷,可以看作京运年例的先声。"正统十二年,令每岁运银十万两于辽东,籴买粮料。又令每岁运银十五万两于宣府,籴买粮料。"③这当是正式拨往九边的年例银。不过实际上拨银饷边的时间可能比这更早,《明英宗实录》载:正统七年(1442)正月,英宗"命给官银一万七千四百三十两有奇于甘肃、宁夏等处,乘岁丰籴粮以备边用。从右金都御史曹翼奏请也"。④ 今人肖立军谓:"九边年例始自正统八年(1443),这一年'令广东、福建折银解发各边籴备'。"⑤其所依据史料为明人潘潢之奏疏,但笔者以为还是以《明英宗实录》为准较佳。明人王德完在给万历皇帝的奏疏中说道:"国朝自洪、永以来,原无年例,年例自正统始。蓟、保、密、昌原不称边,称边自嘉靖始。臣请缕析言之:宣府岁额不过五万两,今主、客饷银不下二十九万有奇;大同原额亦止五万两,今不下四十五万有奇;山西原额不过二万两,今不下二十万六千有奇;辽(东)初不过一万两,嘉靖时增至二十万三千,今不下六十万有奇;蓟镇初不过一万五千两,嘉靖时增至七十三万,今不下一百二十四万有奇;延绥初不过一十万两,嘉靖时增至二十一万,今不下三十六万有奇;其在甘、固等镇,或增八九万、四五万,此眇少者也。总计弘、正间,各边年例大约四十三万而止,在嘉靖则二百七十余万,业已七倍,至今日则三百八十余万,且十倍之。竭九州之财力而不足以供,括百年之蓄藏而难乎其继,抚今追昔,能不寒心?"⑥王德完所说的四十三万两、二百七十余万两、三百八十余万两,反映了九边年例银不断增长的情况,他为此惊呼:"军国之务称重大者惟边饷,而军国之需称浩繁者亦惟边饷,方今边饷匮诎极矣! 在镇臣按额而呼,尤有额外之呼;在计臣按时而应,尤有不时之应。呼者至急,应者至艰;呼者愈频,应者愈窘;何内外相违若是?"王德完身为户科都给事中,他所说的九边年例银之情况,应该是准确反映当时政府财政的实况的,史载:"世宗时,太仓所入二百万两有奇。至神宗万历六年,太仓岁入凡四百五十余万两,而内库岁供金花银外,又增买办银二十万两以为

---

① 吴慧:《明代食盐专卖制度的演变》,《文史》1986年总第26辑;又,关于叶淇变法的评价,学者看法颇不相同。黎邦正认为:"叶淇改革盐法,是明代社会经济发展的产物,……即使叶淇不实行开中折色,商屯制度及开中纳粟的办法也不适应经济发展的需要而无法维持下去了。"她认为叶淇的变法是顺应了社会的发展,有进步意义。(黎邦正:《试评明代叶淇的盐法改革》,《盐业史研究》1989年第4期)刘淼也认为:边方纳粮制的解体,是"由于势要占窝及商人的买窝卖窝愈演愈烈,……报中与纳粮的脱节,最终导致了边方纳粮制的解体。"(刘淼:《明代势要占窝与边方纳粮制的解体》,《学术研究》1993年第3期)

② 张廷玉等:《明史》卷八十《食货志四》,中华书局1974年版,第1939页。

③ 申时行等修:《明会典》卷二八《户部十五·会计四·边粮》,上海古籍出版社2002年版,第511页。

④ 《明英宗实录》卷八八,正统七年正月辛巳条,台湾"中央研究院"历史语言研究所1962年校印本,第1768页。

⑤ 肖立军:《明代财政制度中的起运与存留》,《南开学报》(哲学社会科学版)1997年第2期。

⑥ 王德完:《王都谏奏疏》,《明经世文编》卷四四四,中华书局1962年版,第4880页。

常,后又加内操马刍料银七万余两。"①据此,则世宗时期九边军费常常造成明廷的财政赤字,而神宗时期的九边军费仍占太仓岁入的绝大部分,从中我们可见九边军费给政府财政所造成的巨大压力。

2. 由边防甚重所造成的北方重役

有明一代边防甚重,主要体现在两个方面:一是九边常年驻守数十万大军用以抵御蒙古;二是迁都北京后由皇帝亲自担负守边的重任,国都密迩边境,因而必须加强边防。正是由于这一缘故,形成明代民众赋役负担的突出特点,即南方赋重,北方役重。

第一,由边防甚重而导致的北方重役,表现为北方兵役负担的沉重。据今人田培栋研究,洪武、永乐年间,军户与民户的比例约在1:3至1:5之间,而在明代北方五省中,军户比例非常高,他根据部分地方志的记载作表显示出:"在山西、陕西、北直隶往往是两三户中就一家军户。更大者是军民户各占一半,或者是军多于民。"②不过,在当时卫所制是一种落后的世兵制,军士逃亡者多,于是在北边防线又有募兵制出现,此后又有募民壮之法。"景帝景泰初,遣使分募直隶、山东、山西、河南民壮。"这些民壮平时均在各自居住地所在的卫所训练,无事为民,有警征调。到弘治二年(1489),确定了金民壮法:"州、县七八百里以上,里金五人;五百里,里金四人;三百里,里金三人;百里以上,里金二人。有司训练,遇警调发,给以行粮,而禁役占买放之弊。"③这些民壮又称民兵、土兵,均为沿边各省的土著居民,以其长于北边,习于战斗,故而募为民兵以卫边境。嘉靖年间,陕西三边总督张珩奏称:"沿边各县金选民兵,实今日保障地方急务,宜令大县率选五百人,中县三百人,小县二百人,择委佐贰一官时加训练,有警即令统领防护本处城池,不必调遣截杀。"④这一建议为世宗批准,沿边征集的民兵就更多了。到了嘉靖后期,又行民兵纳银之制,而原有的卫所军与民兵并未废止,由是造成北边沿线的民众受到双重兵役的压迫,"既要出军丁,又要征调民兵"。特别是那些交通冲要之地,"可以说推行的是三重兵役制,既出军丁,又要征派民兵,还要负担民兵银两"。这种由边防甚重所造成的兵役负担的沉重,"不仅使农业遭受了很大的损失,又给农民造成了无穷的苦难"。⑤

第二,北方重役表现为起运粮料的沉重负担。所谓起运,按《明会典》所载:"军马所在,转运供给,具载职掌。见今各处钱粮,除存留外,其起运京、边,各有定数。"⑥就是说起运乃是府州县按照政府的规定,将应纳的粮料运至京师或者九边及各边有军马之所在。明廷建都北京,政府机关再加上几十万京军,耗粮数额巨大;九边兵力常在六十万左右,也需要大量粮食。"初,运粮京师,未有定额。成化八年始定四百万石,自后以为常。"⑦专供京师的四百万石粮食主要是南方所产,经运河运至北京,是为漕运。而九边地区一则道路遥远,二则多为旱路,且又

① 张廷玉等:《明史》卷七九《食货志三》,中华书局 1974 年版,第 1928 页。

② 田培栋:《论明代北方五省的赋役负担》,《首都师范大学学报》(社会科学版)1995 年第 4 期。

③ 王圻:《续文献通考》卷一二八《兵考·郡国兵》,明刊本。

④ 《明世宗实录》卷三一〇,嘉靖二十五年四月壬子条,台湾"中央研究院"历史语言研究所 1962 年校印本,第 5828 页。

⑤ 田培栋:《论明代北方五省的赋役负担》,《首都师范大学学报》(社会科学版)1995 年第 4 期。

⑥ 申时行等修:《明会典》卷二六《户部十三·会计二·起运》,上海古籍出版社 2002 年版,第 441 页。

⑦ 张廷玉等:《明史》卷七九《食货志三》,中华书局 1974 年版,第 1918 页。

多山,所以"输粮大率以车,宣德时,饷开平亦然,而兰、甘、松潘,往往使民背负"①。在当时的交通条件下,用车拉人扛将粮食运至边境,其艰难状况可想而知,其耗费也是很大的。如正统朝于谦巡抚山西,提及"山西岁运大同、宣府、偏头关三边税粮共一百五十五万二千七百石有奇,道途之费率六七石而至一石"②。这一运输的耗费比例是十分惊人的,由此可见,起运边粮给北方沿边各省民众带来沉重的劳役。明代北方五省(山东、北直隶、河南、山西、陕西)起运粮料任务最艰巨者尤属陕西,其所承担的起运粮料要运往延绥、宁夏、固原、甘肃四镇,路途既远,山路又多,特别是甘肃一线数千里,运粮至目的地动辄经年累月,困难重重,由是使得民众难以承受,所以山西和陕西的劳役特重。

第三,北方重役表现为杂役特别多,人民不堪忍受。《明史》载:"凡役民,自里甲正办外,如粮长、解户、马船头、馆夫、祗候、弓兵、皂隶、门禁、厨斗为常役。后又有斫薪、抬柴、修河、修仓、运料、接递、站铺、锸浅夫之类,因事编佥,岁有增益。"这些杂役已经够多,可是到了"正统、天顺之际,三殿、两宫、南内、离宫,次第兴建"。弘治时,大学士刘吉、礼部尚书倪岳等都曾奏请停止杂役。吏部尚书林瀚上奏说:"两畿频年凶灾,困于百役,穷愁怨叹。山、陕供亿军兴,云南、广东西征发剿叛。山东、河南、湖广、四川、江西兴造王邸,财力不赡。浙江、福建办物料,视旧日增多。"③这就把当时杂役繁多的情况一一揭示,而到了武宗、世宗时期,兴建更多,杂役更繁。除了京师兴建征调大量北方民工,北部边防为了防御蒙古,从成化年间就开始的修筑边墙更是一项沉重的徭役。从宪宗时期的余子俊、徐廷璋开始,经秦纮、杨一清、王琼、翁万达一直到万历年间,北边的修墙活动成为加强边防的主要内容,每次都役使大批民工,这些民工当然都是边防沿线的百姓。此外尚有河工、养马、宗藩等诸役,无不压在百姓头上,使百姓不堪忍受。明人当时已经指出北方重役的问题,霍韬说道:"天下农民之病,自江而南,由粮役轻重不得适均;自淮而北,税粮虽轻,杂役则重。"④这些沉重的杂役,"浪费了大量的劳动力,使生产力遭受了致命的摧残,直接导致社会经济发展缓慢,人民生活长期陷于贫穷的境地"⑤。

四、九边对明代社会与中华文化发展的影响

1. 对明代社会的影响

九边对明代社会的影响,主要表现是流传于民间的白莲教在北边防线上的活动。白莲教是一种什么样的社会组织,其内部情况怎样,几乎没有详细的资料记载,因此只能从官私记载的一些断简残编中窥其一斑。

日本学者野口铁郎对明代北边白莲教的活动有深入的研究,他认为:由于蒙古族频繁的入掠,使明朝的北方边境受到极大的破坏,造成"塞上村落萧条,有千里无复人烟者"⑥这样的凄凉景象,而伴随着边民生活的困难、民众生活的痛苦,则是明朝北边的衰落。"在这种贫穷化状态下生活的民众和军卒,很容易发展成为结成有组织的反政府团体,这就构成白莲教这种结

---

①　张廷玉等:《明史》卷七九《食货志三》,中华书局 1974 年版,第 1923 页。

②　《明英宗实录》卷五五,正统四年五月丁巳条,台湾"中央研究院"历史语言研究所 1962 年校印本,第 1053 页。

③　张廷玉等:《明史》卷七八《食货志二》,中华书局 1974 年版,第 1905~1907 页。

④　霍韬:《自陈不职疏》,《明经世文编》卷一八七,中华书局 1962 年版,第 1929 页。

⑤　田培栋:《论明代北方五省的赋役负担》,《首都师范大学学报》(社会科学版)1995 年第 4 期。

⑥　谢肇淛撰:《五杂俎》卷四《地部二》,中华书局 1959 年版,第 115 页。

社存在和发展的基础。"①明代北边白莲教活动的兴盛,是和俺答屡求贡市而不得,因而频繁入掠明边直接相关的,其著名人物如萧芹、丘富、赵全、李自馨等人,均是在嘉靖三十年(1551)前后的一段时期里,出关投奔到俺答的手下的。史载:"芹故左卫人,而富亦卫舍余也,夙习白莲教,党与几百,并亡抵于虏。""静乐人吕鹤约赵全、王廷辅、杨通等亡归虏。"②《明史纪事本末》亦载:"初,华人萧芹、张攀隆、王得道、乔源、丘富等六十余人,潜出塞降俺答,俺答任用之。丘富每教以火食屋居,俺答竟不敢屋居也,为筑版升处之。"③这些白莲教徒成为明朝的叛人,他们在明朝与蒙古之间对立的夹缝中求生存,在世宗对蒙古采取一意绝贡的政策下,白莲教徒在明朝和蒙古之间从事走私贸易,出入于北方边境沿线。

由于白莲教是利用明廷和蒙古的对立状态而活动于北边,一旦这种对立状态趋于缓和,白莲教徒的生存环境马上受到威胁,因此他们千方百计要保持和制造北边防线的紧张局势。史载:萧芹等人"皆以白莲教术幻祸远近,出入虏地为奸。会马市成,恐于其党不利,乃为逆表进俺答,谋以左卫献之。虏之镇羌市完犯左卫也,实芹等诱之。"④关于萧芹等引诱俺答之事,《万历武功录》记述其对俺答说:"云中帅毒水上流,阴伏甲市旁,若几不免虎口。今彼中岁不稔,城虚,可咄嗟破也。且吾有术神,咒人人死,喝城城崩,城中子女玉帛万计,是之不利,而利朽币为?"⑤俺答在萧芹等白莲教徒的鼓动下,又萌生入塞抢掠的野心,于是有互市刚完就对大同左卫发动的攻击。但严格说来这并非攻击,蒙古族内部对这些白莲教徒勾引俺答入塞抢掠也很不满,俺答义子脱脱就派丫头智将萧芹之谋及明廷内部有内应的情况告诉了大同的明廷官吏,因而使明廷有了准备,清除了内奸,使萧芹要喝塌城墙之诡计未能得逞,终于被俺答缚献明廷。

嘉靖三十年(1551)八月,萧芹和其党羽张攀隆、吕明镇、王得道等十二人被明廷处死,但是"首恶乔源、丘皁(富)、刘景阳竟匿虏所不出,后数岁皁等乃大为边患云"⑥。实际上,此后明廷边患的加剧,乃是由于明廷政策上的失误所致,而白莲教徒的活动只是起了推波助澜的作用。原来,同年五月的互市完成后,由于明蒙双方交易仅限于马匹和缎布,而蒙古族中只有富人才有马,贫穷者只有牛和羊,所以马市得利者仅限于蒙古族中占十分之二的富人,而占十分之八的贫苦牧民没有得到实际的好处,因此俺答向明廷建议:让蒙古族中的贫穷者以牛羊与明朝交换菽粟等粮食物品。明廷主管马市的侍郎史道上奏朝廷请求批准,世宗命廷臣商议了一番,拒绝了俺答的请求和史道的上奏,再加上明廷内部严嵩与仇鸾之争、世宗之对明蒙互市疑虑重重,遂使马市刚开放了一年就关闭了。俺答对明廷关闭马市大为恼火,又重新开始大规模地入塞抢掠,这种更加严重的对立状况,遂给白莲教徒的活动提供了广阔的空间,而白莲教徒的活动则使明廷的北部边防遭受了更大的破坏。史载:"时富等在敌,招集亡命,居丰州,筑城自卫,构宫殿,垦水田,号曰板升。板升,华言屋也。赵全教敌,益习攻战事。俺答爱之甚,每入

　　①　[日]野口铁郎:《明代北边的白莲教及其活动》,《清水泰次博士追悼纪念·明代史论丛》,大安株式会社 1962 年版,第 287 页。

　　②　瞿九思:《万历武功录》卷七《俺答列传中》,《四库禁毁书丛刊》史部第 36 册,北京出版社 1998 年版,第 30 页。

　　③　谷应泰:《明史纪事本末》卷六〇《俺答封贡》,上海古籍出版社 1994 年版,第 235 页。

　　④　《明世宗实录》卷三七六,嘉靖三十年八月壬申条,台湾"中央研究院"历史语言研究所 1962 年校印本,第 6695 页。

　　⑤　瞿九思:《万历武功录》卷七《俺答列传中》,《四库禁毁书丛刊》史部第 36 册,北京出版社 1998 年版,第 30 页。

　　⑥　《明世宗实录》卷三七六,嘉靖三十年八月壬申条,台湾"中央研究院"历史语言研究所 1962 年校印本,第 6695 页。

寇必置酒全所,问计。"①明人瞿九思载:"是时丘富说俺答,收奇伟倜傥士,悬书穹庐外,孝廉诸生幸辱临胡中者,胡中善遇之,与富垺。于是,边民黠知书者,诈称孝廉诸生,诣房帐,趾相错,俺答令富试之,能者统众骑,不则给瓯脱地,令事锄耰。"其后丘富在攻榆林时战死,赵全成为在蒙古的白莲教徒的首领,"其四十二年十月,全与李自馨、赵龙、王廷辅、张彦文、刘天麒引俺答、黄台吉十万余骑,从墙子岭入通州、顺义、平谷诸郡,杀掠马牛羊亡算,京师震惊,已谋攻天寿诸山陵,见宿卫严,转所卤略,得快其欲而去。"②穆宗刚继位不久,赵全再度引领蒙古军大举入塞,实际是给新皇帝一个下马威,同年秋天,"赵全说俺答寇山西,曰:'晋兵弱,石陉间多肥羊,良铁可致也。彼藉宣云为救,远来罢,安能抗我?'俺答乃分六万骑,四道并入,入井坪、入朔州、入老营、入偏头关,卒皆悍勇,边军遇之披靡。"③从这些记载中看到,嘉靖后期至隆庆年间边患之日益严重,世宗决策失误固然是起决定性的作用,但是白莲教徒的引导,则使得蒙古军频频入掠成功,这些人熟知内地虚实,其引领蒙古军避实击虚,使明廷防不胜防,造成明廷北边的严重危机。正由于白莲教的活动给明廷的北部边防造成如此严重的祸患,所以当把汉那吉事件发生之后,明廷的边防督抚无不想以此为诱饵,使俺答执送板升诸叛人,其目的即在于剪除俺答的耳目。当明廷那些有远见的政治家将明蒙关系引入正轨之后,白莲教徒在蒙古也就丧失了立足之地。

2. 战争这一特殊交往方式对长城文化带的影响

所谓长城文化带,广而言之,乃是指中国历史上农业民族为了抵御游牧民族的袭扰和掠夺,不断地修筑长城,并以长城为依托部署重兵,集中国家的力量进行防御;而游牧民族为满足其经济、文化的需要,不断越过长城的阻隔,和农业民族发生各种不同方式的交往,或以战争的掠夺方式,或以和平的贸易方式。由此,长城两侧变成农业文化和游牧文化集中交往的地带,成为农业民族和游牧民族之间的天然分界线,也成为两种文化斗争、渗透、融合的主要地带。有今人学者已经指出:明代构筑了中国历史上最后一道长城,沿长城而形成的九边地区是明代长城文化带的大致范围,其演变过程大体分为三个阶段:"第一,洪武开国至土木之变(1368~1449年)以发展战争经济为基本内容的生产型文化带形成和发展阶段。第二,土木之变到隆庆和议(1449~1517年),以经济战争消耗为主的消费型文化带兴起和发展阶段。第三,隆庆和议到崇祯失国(1517~1644年),以民族贸易为主要内容的交换型文化带形成和发展阶段。"④从明代总的历史发展过程来看,这三个发展阶段的概括还是颇为准确的。不过从明代北部边防的角度来看,进攻与防御的战争构成了"俺答封贡"以前明蒙关系的主旋律,因此其对长城文化带的影响主要应从以下两个方面来考察。

第一,明代为抵御蒙古入掠而沿北边防线部署重兵,由是促进了长城沿线人口的集中和居民聚落的分布与发展,进而促进了城镇的形成。这一点可以从明朝和蒙古双方形势的发展得到证明。明朝卫所军制规定,军士赴卫所必须携带妻子和军余,九边常驻军队在六十万左右,

① 张廷玉等:《明史》卷三二七《鞑靼传》,中华书局1974年版,第8482页。
② 瞿九思:《万历武功录》卷七《俺答列传中》,《四库禁毁书丛刊》史部第36册,北京出版社1998年版,第39、41页。
③ 叶向高:《四夷考》卷七《北虏考》,丛书集成初编本,1991年。
④ 余同元:《明代长城文化带的形成与演变》,《烟台大学学报》(哲学社会科学版)1990年第3期。隆庆和议时间应为1571年,特此更正。

今人经研究后认为:"仅从明初到天顺间八、九十年内,'陕西、辽东、大同边城官舍军民之家,或十数丁,或五七丁'。甘州在城五卫'设置年久,生齿日繁,各家户下正军之一,余六七丁,或一二十丁有之'。如计上女口,一军之家,平均以15人计,按明朝北边军60万名推算,北边卫籍军户约有人口1 000万,约占天顺间全国人口7 000余万的1/7。"①这里仅仅是估计了明代九边沿线军户的人口,若再加上原住居民的人口及其发展,为供应军需而集中到九边的其他人口,则九边防线的人口数字肯定会比1 000万要多。这样众多的人口分布在九边防线,因军事需要而修筑城堡居住,久而久之,必然促进北边防线居民聚落的分布与形成,这就构成后代地方城镇兴起的基础。同时,明代由于九边布防而引起的军事的、经济的、文化的种种需要,对于北边沿线的交通地理的发展也起了重要的作用,这是需要治史者认真加以研究的。从蒙古方面看,明初大量迁徙山后之民,蒙古族被迫远遁漠北,直到宣德、正统乃至天顺年间,才大批地进入漠南一带长城脚下活动。由于频繁地入掠塞内以及蒙古族自身人口与经济的发展,特别是达延汗实行了新的分封之后,塞外的蒙古族各自有了固定的游牧区域,这就形成了大体上相对稳定的地理分布,因而促进了蒙古族自身的发展。如俺答辖境内板升城的修筑,对于促进内蒙古经济文化的发展无疑有重要作用,这又与明蒙沿北边的对立与白莲教的活动有直接的关系。

第二,以长城为依托的九边特殊消费地带对于北边商业与文化的发展起了促进的作用。明朝的北边防线驻守60万大军,生活着1 000万以上的人口,为了保证这些军队和人口的生存需要,粮食的供应、生活必需品的供应、文化生活的需要等,势必促成北边防线地带商业与文化的发展,这是不以人的意志为转移的客观现象。史载:山西朔平府在"明初设卫,为云西要路,兵道协镇,驻防于斯,粮饷商旅,多所经过,城关相接,室庐相望,颇称富庶"②。山西偏头关由于在防御蒙古的战争中地位越来越重要,"迨有明中叶,益兵增将络绎于道,营帐星罗棋布,饷用既饶,市易繁盛,商贾因赀致富者甚多,起居服物竞尚华靡,习尚为之一变"③。正是由于明朝在九边沿线部署了大量军队,"驻军的供应需要本身就刺激了商业的发展"④。加上众多人口的集中,对大量消费品的需求也促进了商业的发展。以上是从驻军和人口的消费需求来分析的商业发展,还可以从明朝政府对九边军饷供应的变化上来看其北边商业的发展。按照洪武时期太祖的设计,北部边防驻军的军粮供应主要取给于军屯,而以盐法开中作为其补充,需要民运粮补充的部分很少,这从正德年间户部奉命集议边饷问题的报告中即可看出。户部在奏报中说道:"各边初皆取给屯粮,后以屯田渐弛,屯军亦多掣回守城,边储始唯民运是赖矣。而其派运之数,又多逋负,故岁用往往不敷,乃以银盐济之,舍此似无长策。"⑤嘉靖、隆庆年间屡任户部并曾督饷宣府、大同的葛守礼也说:"国家边储,其初多资屯田、盐法,不足之数,补以民运。后来边务不修,屯盐日坏,岁用钱粮,率皆仰给内帑。"⑥这两条资料说明,明代北边军饷经历了从以军屯屯粮为主到仰给内帑(即主要依靠京运年例银)的巨大转变,其间各地的

① 梁淼泰:《明代"九边"的军数》,《中国史研究》1997年第1期。
② 刘士铭修,王霭纂:《朔平府志》卷三《方舆志·风俗》,清雍正刊本。
③ 卢承业原编,马振文等增修,王有宗校订:《偏关志》卷上,成文出版社1968年版,第76~77页。
④ 谢元鲁:《明清北方边境对外贸易与晋商的兴衰》,《四川师范大学学报》1994年第2期。
⑤ 《明武宗实录》卷三七,正德三年四月甲戌条,台湾"中央研究院"历史语言研究所1962年校印本,第876页。
⑥ 葛守礼:《葛端肃公集》卷二《勘议屯盐事宜疏》,明刊本。

民运亦有从征本色到折色的变化,亦即主要以银两来支付边饷。这里重要的问题在于,大量的白银以边饷的形式运到北边防线,它所市易的主要对象是粮食和其他生活用品,用以保证边军及其家属的基本生活。需要说明的是,明廷并没有直接组织商人和各业人等专门往九边运送粮食、货物,明廷只是将国库的白银运送到边防前线,发放到边军手中,其余边军所需的粮食及生活物品,则完全是由商人自由贩运。这就充分说明,北部边防沿线必定存在活跃的商品交换活动,国家所发放的大量钱财才有流动的去向,边军的生活才能有可靠的保障。正是由于国家每年都要调拨大量钱财到北边,因而形成北边的军事消费地带,日本学者寺田隆信因此而以"在北边军事的消费经济中使用白银普遍化的问题,特别是使用白银所购买的谷物的生产和价格的变动、围绕谷物交易市场的商人的活跃"①等问题作为其最感兴趣的问题,因而进行了深入的研究和探讨。对此,国内学者尚需加快研究步伐。至于隆庆和议以后明朝和蒙古族之间马市贸易的发展,今人李漪云通过对马市上棉布、烟草、瓷器以及马鬃、马尾等几类商品交换的考察,认为:"马市贸易是当时整个中国商品经济的一环,马市是中国棉织、丝织品等手工业产品销售市场的一个重要组成部分,亦是南北经济贸易联系的重要渠道,其作用是很大的。"②因这是属于俺答封贡以后的事情,其时明蒙之间大规模的战争已经基本结束,明朝的北部边防也相对安定,本书在此不再细加论述。

3. 明代北部边防研究的兴盛

自从"套寇"出现之后,明朝的北部边防就成为多事之区,特别是嘉靖年间,由于世宗政策的错误及明朝政治的腐败,北边防线遭到俺答和吉囊的频繁袭扰,处于风雨飘摇之中。面对蒙古族对北边防线的不断袭扰和掠夺,明朝内部除了调兵遣将、组织抵抗,一些有识之士开始对北边防务问题进行研究,呈现了一股边防研究热,为后人留下了一批相关的著作。从总体情况看来,这些边防研究的著作主要可以分为两大类:一类是对明代北部边防进行总体或局部的记述与研究,二类是对明朝长城以外的蒙古族进行记述和研究。

关于第一类,据《明史·艺文志》所载,其归入地理类的研究北部边防之著作有:许论《九边图论》三卷;魏焕《九边通考》十卷;霍冀《九边图说》一卷;范守己《筹边图记》三卷;刘效祖《四镇三关志》十二卷;苏佑《三关纪要》三卷;刘昌《两镇边关图说》二卷;翁万达《宣大山西诸边图》一卷;杨守谦《大宁考》一卷,《紫荆考》一卷,《花马池考》一卷;杨一葵《云中边略》四卷;杨时宁《大同镇图说》三卷,《大同分营地方图》一卷;张雨《全陕边政考》十二卷;刘敏宽《延镇图说》二卷;杨锦《朔方边纪》五卷;詹荣《山海关志》八卷;方孔炤《全边略记》十二卷;严从简《殊域周咨录》二十四卷;尹耕《译语》一卷。涉及北部边防的舆地图和地方志有:桂萼《历代地理指掌》四卷,《明舆地指掌图》一卷;陈祖绶《职方地图》三卷;刘崧《北平八府志》三十卷,《北平事迹》一卷;郭造卿《燕史》一二〇卷;汪浦《蓟州志》九卷;张廷纲《永平府志》十一卷;马中锡《宣府志》十卷;毕恭《辽东志》九卷;周斯盛《山西通志》三十三卷;张钦《大同府志》十八卷;伍福《陕西通志》三十五卷(成化中修);马理《陕西通志》四十卷(嘉靖中修);胡汝砺《宁夏新

---

① 寺田隆信:《明代边饷问题的一个侧面——关于京运年例银》,《清水博士追悼纪念·明代史论丛》,大安株式会社1962年版,第58页。

② 李漪云:《从马市中几类商品看明中后期江南与塞北的经济联系及其作用》,《内蒙古师大学报》(哲学社会科学版)1984年第4期。

志》;郑汝璧《延绥镇志》八卷;杨宁《固原州志》二卷;李泰《兰州志》十二卷;张最《岷州卫志》一卷;李玑《洮州卫志》五卷;郭伸《甘州卫志》十卷;朱捷《河州志》四卷;包节《陕西行都司志》十二卷;王崇古《庄浪漫记》八卷。归入故事类的有:王士琦《三云筹俎考》四卷;蔡鼎《边务要略》十卷;周文郁《边事小纪》六卷。归入杂史类的有:杨荣《北征记》一卷;金幼孜《北征前录》一卷、《北征后录》一卷;袁彬《北征事迹》一卷;杨铭《正统临戎录》一卷、《北征事迹》一卷;李实《使北录》一卷;刘定之《否泰录》一卷;刘济《革书》一卷;马文升《西征石城记》一卷、《兴复哈密记》一卷;杨一清《西征日录》一卷;韩邦奇《大同纪事》一卷;孙允中《云中纪变》一卷;苏佑《云中事记》一卷;高拱《边略》五卷;刘应箕《款塞始末》一卷;瞿九思《万历武功录》十四卷;曾伟芳《宁夏纪事》一卷。以上所述各类史籍,合计将近七十种。又,《千顷堂书目》尚记载有"田汝成《九边志》三十卷;陈锜《九边图说》《三关四镇志》;……丛兰《三边遏截论》一卷;戴时宗《三镇事略》;刘应节《边关通志》;童轩《筹边录》;宋沧《筹边图说》;范守己《筹边图记》三卷;庞尚鹏《行边漫纪》;赵彦《筹边略》;徐日久《五边典则》;陈仁锡《筹边图说》;《边隅录》一卷(不知撰人);刘昌《两镇边关图说》二卷;刘兑《靖边说》二卷,《新安考》二卷";①等等。如果再加上正史、野史及各类官私史籍中对河套与明代北部边防的记载,数量则更多,足见明人对北部边防研究的重视与兴盛。

关于第二类,如萧大亨的《北虏风俗》《夷俗记》;郑晓的《皇明北虏考》;王世贞的《北虏始末志》;冯时可的《俺答前志》《俺答后志》;管葛山人的《西人志》;叶向高的《四夷考·北虏考》;王鸣鹤的《登坛必究》;茅元仪的《武备志》;等等。这些史籍对明朝的北部边防及塞外的蒙古族均有很多记载,值得认真研究与探讨。另外,明人所编辑的类书、文集中也包含有丰富的史料,需要仔细地加以发掘,和正史记载相互印证,当会使我们对明代的北部边防及明代蒙古史的研究有更深刻的认识,并可以将我们的研究建立在更加坚实的基础之上。

总括上述可知,明人所留下的北边著述是当时历史实况的记录,从中可以看到明蒙关系的发展与演变,更可以看到明代民族融合的深度发展。自先秦以来的草原民族与农业民族的冲突与碰撞,在明代已经达到了转折的节点,两种生产方式的深度交融,互相依赖、互相斗争,在这些著述中有着充分的体现。及至明穆宗时期,明蒙之间以把汉那吉事件为契机,实现了俺答封贡,深刻地影响了以后中国社会的发展。这是我们通过对明人北边著述的研究所得到的历史结论。

---

①　黄虞稷:《千顷堂书目》卷八,上海古籍出版社 1990 年版,第 208 页。

结语　九边、明蒙关系与明代民族融合的完成

　　朱元璋从创建明王朝起,就确定了一条基本的防边方针:"固守封疆",于是有明代九边的形成。九边军镇的形成是从洪武年间到正统十年(1445)的一个历史过程,具体在洪武时期是辽东、大宁、北平、大同、太原、西安、甘肃七个军镇;到永乐时期发生了很大的变化,其中被继承下来的有五个军镇:辽东、大同、山西、陕西、甘肃,新增设的有三个军镇:宁夏、永平山海[蓟镇]、宣府,继承的五个加上成祖新设的三个,永乐时期北边军镇实为八镇;第九个军镇延绥镇的形成,是与蒙古族进入河套相适应,形成于正统初叶,即正统元年至正统十年(1436—1445),至此明代的九边军镇全部建立完成。

　　明代洪武、永乐年间虽不断出击漠北元朝残余势力和蒙古鞑靼部,但那只是要打击和消灭蒙古族借以袭击明朝的军事主力,使其无力组织对内地农业区域的进攻,并没有吞并漠北、据有其地的企图。此后宣德、正统年间不断派遣大将统兵巡边,修筑沿边墩、台、城、堡,正是"固守封疆"这一方针的具体实践,而其每到冬深草枯之际派军出塞烧荒,更是一种预防蒙古族袭击的战略措施。此时明朝的防边与对蒙政策是无可指责的,不主动出击塞外,对蒙古族来降者妥善安置,给以出路;而对来进攻者则坚决予以回击,严防其对塞内的袭扰和掠夺,这是正确的。至于宣宗出击兀良哈,自属个别情况;英宗打击阿台、朵儿只伯,又北击兀良哈,则是带有惩罚性质的行动。从正统以前明朝北部边防的整个态势来讲,成祖负有不可推卸的责任,正是他将大宁都司和东胜卫的内撤,导致了明朝的北部边防从太祖时期的北边防线的全面内缩,诚如明人所言:"太祖高皇帝驱逐胡元,乃即古会州地设大宁都司、营屯等卫,外山连络,与辽东、宣府东西并列,为外边;命魏国公徐达于内,西自古北口、东至山海关,增修关隘一道,为内边;神谋远矣。永乐初因兀良哈三卫部落内附,乃徙大宁都司于保定,置营屯等卫于顺天,以大宁全地与之。今止守内边,边人谓:外边山势连亘千里,山外撒江环绕,诚自然之险也,北房不敢内侵三卫者以此。今弃此而守内边,失地险。"[①]又说:"国初扫除夷房,恢复中原,申命致讨以靖边宇,一时房酋远遁穷荒,仅存喘息。于是设东胜城于三降城之东,与三降城并,东联开平、独石、大宁、开元,西联贺兰山、甘肃北山,通为一边,地势则近而易守。后多失利,退而守河,又退而守边墙。"[②]这就把成祖撤大宁、东胜的影响说得非常清楚。

　　自从蒙古族进入河套以后,"套寇"之患成为明代中叶北边危机的集中表现,于是"复套""搜套""筑墙"之议纷然而起。实际上明代之所以有"套寇"之患,乃是由于从太祖至成祖时期的战略失误造成的,也是由于河套地区的沙漠化已不再适宜于农耕的一个必然结果。太祖

---

①　魏焕:《巡边总论一·蓟州镇》,《明经世文编》卷二四八,中华书局1962年版,第2604页。
②　魏焕:《巡边总论三·论边墙》,《明经世文编》卷二五〇,中华书局1962年版,第2629页。

在略定北方之后,屡遣大将到山西、陕西、北平备边,其陕西备边所到达之地仅为宁夏、延安、绥德地区,山西为大同、东胜一带,《明太祖实录》对此多有记载。如洪武九年(1376)正月,"命中山侯汤和、颍川侯傅友德、金都督蓝玉、王弼、中书右丞丁玉帅师往延安防边,上谕和等曰:'自古重于边防,边境安则中国无事,四夷可以坐制。今延安地控西北,与胡虏接境,虏人聚散无常,若边防不严,即人为寇,待其入寇而后逐之,则塞上之民必然受害。朕尝敕边将严为之备,复恐久而懈惰,为彼所乘,今特命卿等率众以往,众至边上,常存戒心,虽不见敌,常若临敌,则不至有失矣。"①从太祖的敕谕中可以看出,他所设计的边防前线,到延安而止,再往外就是"虏"境。这说明从太祖开始,就未将河套纳入明朝的版图之内,其时至多也不过是经常派兵到河套地区进行一番巡逻,也就是所谓的"巡套",但这完全要凭驻守延安、绥德及东胜地区之边防将领的责任感。太祖时未将河套纳入内边的防御体系之中,到成祖时,其防边方针出现明显的矛盾:一方面五出漠北、三犁虏庭,以攻为守;另一方面则是大宁与东胜的内撤,形成北部边防形势的内缩。明人之所以屡提弃大宁使辽东与宣府声势断绝,实际就是对成祖防边政策的一种深刻批评,只不过因为朱棣身为皇帝,人们不敢明言罢了。虽然明人和今人屡提成祖在永乐八年(1410)第一次北征时所说的一段话:"今灭此残虏,惟守开平、兴和、宁夏、甘肃、大宁、辽东,则边境可永无事矣。"②但从成祖的实际行动来看,他并未将大宁都司和东胜卫恢复,这说明在他头脑中,对北边防务缺乏通盘的考虑,更少扎扎实实的建设性措施,而其劳民伤财的北征,效果实在不值得称赞,其最终结果乃是明朝国力的消耗及北边防线重大缺口的出现,而河套地区则更未纳入他的考虑之内。

综观明中叶"复套""搜套""筑墙"防守几项建议,其对于明朝北部边防的稳定之作用是各不相同的,今人伊志将其分为上、中、下三策,颇中肯綮。其论曰:"成化以来,搜套复套之议,发言盈庭,惟夏言曾铣之主复套为上策。……白圭倡议搜套,曾具决心,功虽未竟,亦不失为中策。余子俊马文升王锐王琼等之修墙浚堑,杨琚移堡防边之议,均策之下也。其他遥度坐谈,皆不足道。"③从明朝北边防务的角度来看,"复套"之所以是上策,因为这是一种积极的防边措施,它可以使明朝的北部边防连成一气,收复河套,恢复唐朝筑三受降城的做法,可以使明朝以阴山为屏障,漠南地区均可在明朝控制之下,这对于明朝国力的强大、边防的安危,确实有巨大的作用,是以为上策。但是其实行起来的难度相当大,没有有魄力的君主和敢于任事的谋臣、长于征战的将领,是无法完成这一艰巨任务的,所以明朝虽有人倡议复套,最终仍不免受到政治局势的限制而夭折。"搜套"之所以为中策,是因为它毕竟可以将盘踞套内的敌人驱逐出境,并且使其在军事打击的压力之下不敢轻易进入河套,以此来减轻北边防线所承受的压力,求得边防的巩固。观王越成化九年(1473)捣巢成功后蒙古诸部"相对而泣,渡河远遁",则"搜套"对于巩固边防自亦有很大积极意义。这一做法实行起来的难度比上策要小得多,其要在于一要出奇,二要诸路配合,三要发挥明朝火器的优势。可是明朝确实无良将,无人能够承担起"搜套"的巨大组织工作,所以只能是三遣大将而无尺寸之功,终至空劳一场。"筑墙"之所以为下策,是因为它是一种被动消极的办法,"筑墙"要耗费大量的人力物力,筑好墙后的防守

---

① 《明太祖实录》卷一〇三,洪武九年正月是月条,台湾"中央研究院"历史语言研究所 1962 年校印本,第 1739 页。

② 金幼孜:《北征录》,邓士龙辑:《国朝典故》卷十六,北京大学出版社 1993 年版,第 297 页。

③ 伊志:《明代"弃套"始末》,《禹贡》1934 年第 7 期。

亦是难事,分散摆边则力弱难敌,集中御敌则墙又无用,它只能对小规模的入掠之敌发挥一些作用,根本无法阻止蒙古骑兵对塞内的大规模进攻,筑好墙后每每见有蒙古军"溃墙而入"的记载,正足以说明这一点。但是因为筑墙最简单,而且实行起来易出成效,所以它成为明朝抵御蒙古军进攻的一种主要方法,断断续续修筑了二百多年,蒙古族的进攻没有被挡住,倒是留下了长城这一人文景观而供后人瞻仰。

本书叙述至此,可以明代的九边作一整体的鸟瞰和综合的评价。

有明一代边防甚重,而九边所涵盖的北部边防又是整个边防中最重要的环节。对此,我们可以从纵向与横向两个方面来考察。

从纵向的方面来看,北边蒙古是明朝最大的威胁,因此明朝在北边部署了大量的兵力,并且常年保持固定的数额,从明初迄于明末,绝无丝毫松懈。这一方面和明朝是从元朝手中夺取的最高统治权相关,另一方面和游牧经济对农业经济的依赖与掠夺相关。中国的自然地理特点,使得从东北到西北有一条农业和牧业的分界线,它大体是以长城为界,而居于蒙古高原的游牧民族往来于漠北草原游牧,对长城以内的农业区经常构成一种实在的威胁,所以部署重兵、严加防御就成为历代封建统治者都必须采取的措施,明王朝也不例外。纵观明朝每年都调兵遣将,加强秋防,即可知北部边防军事压力之重,其所消耗的明朝财政收入之大,也表明九边对明朝廷安危的重要意义。相比较而言,西方、西南、南方以及东南海防,均没有这样常年承受的沉重军事压力,是以北部边防独重。

从横向的方面来看,九边防线之地域,较之其他任何一边都广阔,它东西绵亘万余里,横跨东北、华北、西北。其他各边均无此广阔的地域,西南云贵高原,山川阻隔,将那里的少数民族划分得很细,两广、安南亦是如此。东南海防线虽也广阔,但受时代的局限,敌人之来也有限。唯此万里长城之外的广阔地区,是蒙古族骑兵纵横驰骋之地,其对塞内的攻击飙发电举、倏忽即至,令明朝防不胜防。即以河套蒙古而论,其向西则攻掠宁夏,向南则直入固原、陕西,向东则直扑山西、京畿,因此而使明军难测虚实,疲于奔命。为了防止蒙古军的袭扰,明朝在北边既部署有正兵,又有奇兵,再有游兵,分地设防,往来策应,这种种军事部署,亦为其他诸边所不及。因此,九边是明代边防的重中之重,其对明代历史发展所产生的影响,既波及政治、经济、军事、文化等各个领域,又与整个明朝相始终。

笔者以为,河套在明代北部边防中占有举足轻重的地位,河套的放弃,使明朝的九边防线出现一个巨大的缺口,这是无法弥补的缺口。蒙古族进入河套,使得明朝的北部边患顿时加剧,明蒙之间为此而纷纷扰扰战争了一百三四十年,直到俺答封贡实现之后才安定下来。因此,"套寇"使明朝北边承受了巨大的压力,对明代的历史产生了深远的影响。

从自然地理条件来讲,现今的河套地区是适宜于游牧经济发展的地区。从历史的角度来看,秦汉时期中原农业民族向北扩展,将河套地区纳入中原王朝的版图,秦在此地设置44县,并修筑长城,迁徙内地人口到这里。秦末大乱,河套丢失,到汉武帝时北伐匈奴,复取河南地,迁内地居民近百万安置在河套地区。此后东汉末年大乱,继而五胡十六国迭兴,河套成为游牧民族活动的场所。但是应该注意的是,由于秦汉时代在河套地区的过度开垦,造成了森林植被不可恢复地严重破坏,使河套地区开始沙漠化,其后历经两千年的演变而成今天的库布齐沙漠、毛乌素沙地,因而自秦汉以后,河套地区已不再适宜于大规模的农业耕作。正因如此,历隋、唐、辽、宋、夏、金、元,河套地区至多是半农半牧区域,而更多的则是游牧民族的往来之地。

　　明初太祖乘其方兴之势,将蒙古族建立的元王朝推翻后,一部分蒙古族退居漠北草原地区,与原来仍游牧于草原地带的蒙古族一起重新过起了游牧生活,河套成为空虚无人之地。明朝为抵御元朝残余势力的恢复企图,在北边沿线设置军镇,部署重兵,广兴屯田,建设起北边防线。到成祖时期,由于大宁都司和东胜卫的内撤,导致了明朝北边防线的全面内缩,宣宗时期开平卫的内撤,使明朝最后只能以长城作为其防御蒙古族南下的依托,这就是明人所说的弃大边而只守内边。这里,明人之所以将北边防线南撤,除了政治(报答兀良哈三卫)、经济(粮饷、物资补充困难)因素,屯田对自然生态环境的破坏导致粮食产量的下降,使其不足以供应军队之所需,可能也是一个重要的因素,当然这需要进一步的研究和论证。

　　随着明朝北边防线的南撤,蒙古族逐渐开始南下,牧马于长城塞外,其内部势力亦迭经分合消长,而河套这块空虚无人之地就成为蒙古族游牧的良好牧场,从一开始的零星部落、牧民到后来的有组织的大部落往来游牧。由于游牧经济的单一性,决定了蒙古族必然要和中原农业地区发生经济交往及商品交换,今人所说:“游牧经济生产越是成为单一化的部门,游牧民族越是迫切需要用自己的多余产品去交换农耕民族的农产品和手工业产品,从而形成了游牧民族对农耕民族在经济上的依存”①,正是这个道理。而游牧经济的流动性和军事性,决定了它对农业地区的经常性的袭扰和掠夺,这是由游牧经济本身的特点所造成,“在这些民族那里,获取财富已成为最重要的生活目的之一。……掠夺在他们看来是比用劳动获得更容易甚至更光荣。”②正是这种经济需求和军事抢掠的特征,造成了明代北边的“套寇”之患,所以从明代中叶以后,北部边防的危机日益严重起来。

　　由于上述游牧经济的单一性和军事性及其对农业经济的需求,决定了蒙古族和汉族结下了不解之缘。同时,长城以外漠南地区的自然条件,决定了这里比蒙古高原春草萌生早,秋草枯黄晚,因而游牧的蒙古族在这两个季节势必要集结于长城脚下。此时一旦汉族统治者疏于防范,往往给蒙古族留下入塞抢掠的机会,由是而造成对明朝的威胁,形成明朝北部边防最重春秋二防的特点。这一特点到蒙古达延汗重新进行分封、划分了蒙古六万户的分地之后又有变化,蒙古族在塞外各有了固定的游牧区域,不再像过去那样退回高原深处,因而明朝九边防线的压力就越来越大,不只是春秋二防,而是春夏秋冬一年四季都要防。

　　处于明朝与蒙古关系制约之下的明代九边防线,其所承受的压力总的趋势是逐渐加大,但亦要视明蒙双方的军事实力、政治状况以及统治者的政策水平而定。从蒙古方面来说,对明朝是通过战争抢掠来进行交往,还是通过通贡互市进行交往,与其内部政治形势有直接关系。成化年间,孛来、毛里孩、孛罗忽、满都鲁、癿加思兰等人相继称雄,各部都既争取和明朝通贡,亦不时抢掠明边,令明朝政府颇感头疼。弘治年间,小王子达延汗成人执政后,既有三年三贡的和平贸易时期,也有嫌赏薄而入掠的时候,并在火筛入套以后对明朝大举入掠,靠抢掠来满足其经济需求。正德年间,达延汗消灭了内部的割据、敌对势力后,为蒙古族相对稳定的发展奠定了基础,于是有俺答汗在嘉靖年间的屡屡求贡,乃至因世宗不准通贡而生怨,大规模抢掠明朝北边地区,直到隆庆年间明廷抓住了把汉那吉事件的契机,促成了通贡互市的实现,才使明

　　① 王叔凯:《古代北方民族何以经常南下和西迁》,《西北史地》1985 年第 1 期。

　　② 恩格斯:《家庭、私有制和国家的起源》,中共中央马克思恩格斯列宁斯大林著作编译局编:《马克思恩格斯选集》第四卷,人民出版社 1995 年版,第 164 页。

蒙关系进入了正常交往的和平时期。这里,俺答汗的锐意求贡,正代表了游牧经济对农耕经济的依赖与需求,也表明了游牧民族与农业民族和平贸易、正常交往的愿望。但是,不准通贡就抢,就用战争这种特殊的交往方式来满足其物质需求,则是不可取的,对此俺答汗难辞其咎。

从明朝方面来说,自从"套寇"之患出现以后,明朝内部屡次就"复套""搜套""筑墙"防守等对策发生争论和分歧。宪宗时期,李贤、白圭力主"复套""搜套",但二人均过早去世,明朝虽曾三遣大将、调兵八万,终于没有任何结果。而王复、叶盛、余子俊深感时无良将,遂倡"筑墙"防守之说,此议为宪宗采纳,于是开始了明代大规模修筑边墙活动,一直迄于明末。武宗时期正值达延汗忙于统一内部,故明朝边政虽不修,但尚无大患。世宗时期由于明廷一意绝贡而导致俺答汗的大举入掠,遂有曾铣奋然思为国除边患,置毁身家于不顾而力主复套,并且进行了切实的准备,结果却被昏庸的皇帝和腐败的政治枉送了性命。曾铣之死是明廷腐败政治造成的,而嘉靖三十年(1551)马市之废黜,也是腐败政治的一个结果,世宗和严嵩君臣是造成这种形势的主要责任者,此后终嘉靖之世,九边防线愈发大坏。穆宗即位后,对边防着力整顿,练兵、大阅、筑敌台等方面均有成效,才使明朝的九边防线重新巩固起来,及至正确处理了把汉那吉事件之后,明代的北部边防终于进入和平时期。

这里要强调的是:"俺答封贡"需要我们给以高度重视,它实际上是中国历史上延续两千多年来的农业民族与游牧民族长期斗争的终结,是中国古代民族融合完成的标志。自隆庆年间实现俺答封贡,历万历以迄明末,双方和平相处,民族融合完成推动了明代社会的发展,南北交流改善了人民的生活,使后来的清朝也享受了它的成果,对中国历史影响巨大。

所以,加强对明代九边的研究,对于深入探讨明代的历史演变有不容忽视的重要意义,值得学人认真努力。

附录　明代九边镇守总兵官接续表

军镇／时间	辽东	蓟镇	宣府	大同	山西	陕西	延绥	宁夏	甘肃
太祖时期	仇成（洪武四年九月） 唐胜宗（洪武十五年二月） 叶昇（洪武十五年二月） 郭英（洪武十八年） （洪武二十六年） （洪武三十一年） 杨文（建文时期）			徐达 晋王	康茂才（洪武二年八月） 谢成（洪武三年二月） 徐达 晋王	耿炳文（洪武二年三月） 冯胜（洪武五年正月） 李文忠（洪武十二年二月） 冰英（洪武十三年二月）			邓愈（洪武十年） 冰英（洪武十一年） 宋晟（洪武二十五年二月） 李景隆（洪武二十七年正月） 肃王

续表

军镇／时间	辽东	蓟镇	宣府	大同	山西	陕西	延绥	宁夏	甘肃
太宗时期	刘贞（洪武三十五年八月）	郭亮（洪武三十五年十二月）				吴高（洪武三十五年七月）		何福（洪武三十五年八月）	
	孟善（永乐元年正月）		郑亨（永乐元年六月）	吴高（永乐元年三月）	吴高	何福			宋晟（永乐元年正月）
									宋瑛（永乐五年七月）
									何福（永乐五年八月）
	刘荣（永乐八年八月）		张辅（永乐八年二月）		朱荣			陈懋（永乐六年三月）	宋瑛（永乐七年七月）
			郑亨（永乐八年十一月）		刘鉴			柳升（永乐九年正月）	李彬（永乐十一年正月）
								陈懋（永乐十二年九月）	费瓛（永乐十二年六月）
	朱荣（永乐十八年五月）		王玉（永乐十一年八月）	朱荣（永乐十二年闰九月）					
				刘鉴（永乐十六年三月）					

续表

时间＼军镇	辽东	蓟镇	宣府	大同	山西	陕西	延绥	宁夏	甘肃
仁宣时期	朱荣（永乐二十二年八月） 巫凯（洪熙元年闰七月）	李隆（永乐二十二年八月） 陈英（永乐二十二年九月） 薛禄（宣德元年十月） 陈英（宣德三年十二月） 陈敬（宣德五年五月）	王礼 谭广（永乐二十二年八月）	郑亨（永乐二十二年八月） 曹俭（宣德九年五月）	李谦（宣德元年十月）			梁铭（永乐二十二年九月） 陈怀（宣德元年七月） 陈懋（宣德元年十月） 史昭（宣德七年三月）	刘广（宣德元年六月）
英宗（含景泰）时期	曹义（正统三年十二月）	王彧（宣德十年七月）		方政（宣德十年四月） 李贤（正统二年二月） 陈怀（正统二年七月） 朱冕（正统四年二月）	马贵	郑铭（宣德十年三月）	王祯（正统二年）	黄真（正统八年九月）	陈懋（宣德十年六月） 任礼（正统元年正月） 蒋贵（正统四年正月） 任礼（正统五年十二月）

续表

军镇／时间	辽东	蓟镇	宣府	大同	山西	陕西	延绥	宁夏	甘肃
英宗（含景泰）时期	董兴（天顺元年二月） 王琮（天顺五年七月）	孙杰（正统九年八月） 宗胜（正统十四年九月） 胡镛（天顺三年二月） 马荣（天顺五年三月）	郭玹（正统九年八月） 杨洪（正统十二年八月） 朱谦（正统十四年十一月） 纪广（景泰二年三月） 过兴（景泰四年正月） 杨能（天顺元年二月） 陈友（天顺四年闰十一月） 董兴（天顺六年十月）	刘安（正统十四年八月） 郭登（正统十四年九月） 郭震（景泰四年八月） 李文（天顺元年二月） 杨信（天顺四年闰十一月）	杜忠 孙安（正统十四年九月） 翁信（正统十四年十二月） 王良（景泰元年五月）	徐亨（正统九年九月） 梁珤（天顺元年四月）	杨信（天顺元年三月） 张钦（天顺四年十一月）	张泰（正统十三年九月） 张义（天顺二年九月） 翁信（天顺四年五月） 张泰（天顺五年十一月）	王敬（正统十四年十一月） 雷通（景泰四年八月） 宋诚（天顺元年二月） 卫颖（天顺元年十二月）

续表

军镇\时间	辽东	蓟镇	宣府	大同	山西	陕西	延绥	宁夏	甘肃
宪宗时期	赵胜（成化四年五月） 欧信（成化七年二月）	沈煜（天顺八年三月） 吴得（成化二年正月） 焦寿（成化二年八月） 冯宗（成化八年正月）	颜彪（天顺八年三月） 赵胜（成化八年月） 刘清（成化九年八月）	杨信 沈煜（成化二年五月）	王信（成化二年正月） 刘宠（成化十年十一月）	任寿（成化元年十一月） 白玉（成化四年八月） 白玘（成化九年十二月）	张杰（天顺八年三月） 李杲（天顺八年十二月） 房能（成化元年六月） 许宁（成化六年八月）	李杲（成化元年六月） 吴琮（成化二年七月） 沈煜（成化四年十一月） 范瑾（成化八年四月）	郭登（天顺八年三月） 蒋琬（天顺八年七月） 焦寿（成化八年正月） 鲍政（成化八年十一月）

续表

军镇＼时间	辽东	蓟镇	宣府	大同	山西	陕西	延绥	宁夏	甘肃
宪宗时期	缑谦（成化十四年十一月）	刘清（成化十三年七月） 李铭（成化十五年五月）	周玉（成化十三年七月） 神英（成化十年七月）	范瑾（成化十三年十一月） 许宁（成化八年闰八月） 王玺（成化十年二月）	周玺（成化十一年五月）		王越（成化八年闰八月） 神英（成化九年八月） 岳嵩（应该在二十年七月调任，但实录失载，至成化二十年十一月方有记述） 鲁鉴（成化十二年二月）	神英（成化十三年十二月） 岳嵩（成化九年八月） 周玉（成化十年七月） 焦俊（成化十二年十一月）	王玺（成化十二年四月） 范瑾（成化十年二月） 焦俊（成化十一年十一月） 周玉（成化十二年十一月）

续表

军镇　时间	辽东	蓟镇	宣府	大同	山西	陕西	延绥	宁夏	甘肃
孝宗时期	李杲（弘治二年十二月） 蒋骥（弘治十三年四月）	刘福（弘治五年三月） 蒋骥（弘治九年二月） 阮兴（弘治十三年四月）	侯谦（弘治二年十二月） 马仪（弘治三年七月） 阮兴（弘治十二年二月） 庄鉴（弘治十一年十一月）	神英（弘治元年八月） 王玺（弘治十一年闰十一月） 张俊（弘治十三年七月） 庄鉴（弘治十四年二月）	王昇（弘治元年四月） 李玙（弘治十三年十二月）	周玺（弘治元年四月） 陈英［瑛］（弘治三年七月） 张伟（弘治十二年四月） 吴鉴（弘治十三年五月） 郑英（弘治十四年五月）	陈辉（成化二十三年十月） 房骥（弘治十一年十一月） 陈瑛（弘治十二年三月） 张安（弘治十三年五月）	傅泰（弘治元年正月） 陈桓（弘治元年八月） 周玺（弘治三年七月） 李俊（周玺于弘治四年七月病逝，五年十一月有李俊为总兵的记载） 郭镛（弘治十一年十一月）	刘宁（弘治七年七月） 彭清（弘治七年三月） 刘胜（弘治十五年七月）

续表

时间＼军镇	辽东	蓟镇	宣府	大同	山西	陕西	延绥	宁夏	甘肃
孝宗时期	杨玉（弘治十五年正月） 韩辅（弘治十七年七月）	王铭（弘治十七年四月）	张俊（弘治十四年二月）	吴江（弘治十六年六月）				李祥（弘治十七年四月）	
武宗时期	毛伦（正德二年十月） 李玙（正德四年七月） 韩玺（正德五年五月）	温和（正德元年十二月） 刘祥（正德二年十月） 吴玉（正德二年十二月） 马溶（正德四年闰九月）	李杲（弘治十八年十二月） 白玉（正德二年二月） 刘淮（正德五年十月）	温恭（正德二年十二月） 张安（正德三年，月份不详） 叶椿（正德五年二月）	叶椿（正德三年三月） 戴钦（正德五年二月）	曹雄（弘治十八年十月） 韩玉（正德五年八月） 杨英（正德六年九月）	马昂（正德四年闰九月） 侯勋（正德五年四月）	姜汉（正德四年十月） 杨英（正德五年四月） 仇钺（正德五年九月） 保勋（正德六年十二月）	卫勇（正德二年十二月）

续表

军镇／时间	辽东	蓟镇	宣府	大同	山西	陕西	延绥	宁夏	甘肃
武宗时期		陈镶（正德八年十月）			神周（正德七年八月）				王勋（正德六年三月）
							王勋（正德八年正月）	魏镇（正德八年二月）	金辅（正德八年正月）
								潘浩（正德八年九月）	
			刘晖（正德九年十一月）	郤永（正德九年十月）	刘晖（正德九年十月，以左都督任总兵官）	侯勋（正德九年八月）			徐谦（正德九年六月）
					时源（正德九年十二月，以左都督任总兵官）	赵文（正德十年九月）			
		戴钦（正德十年六月）	郤永（正德十年三月）	时源（正德十年三月）	戴钦（正德十年四月）			郤永（正德十年六月）	
			潘浩（正德十年六月）		郭锡（正德十年六月）				
			朱振（正德十一年八月）	王勋（正德十一年九月）			柳涌（正德十一年九月）		史镛（正德十一年五月）
								安国（正德十二年二月）	
				杭雄（正德十三年二月）	纪世镕（正德十三年正月）		戴钦（正德十三年正月）		

续表

军镇＼时间	辽东	蓟镇	宣府	大同	山西	陕西	延绥	宁夏	甘肃
武宗 时期		柳涌（正德十三年正月） 马永（正德十三年三月）							柳涌（正德十三年三月）
世宗 时期	郤永（正德十六年七月） 杨镇（嘉靖二年二月） 麻循（嘉靖六年十一月）	刘晖（嘉靖五年十月） 张钺（嘉靖六年正月）	傅铎（正德十六年七月） 郤永（嘉靖六年三月）	江桓（嘉靖二年五月） 桂勇（嘉靖三年八月） 朱振（嘉靖三年十二月） 彭瑛（嘉靖六年四月）	麻循（正德十六年七月） 杨贤（嘉靖二年十二月）	刘淮（正德十六年五月） 郑卿（嘉靖元年八月） 张凤（嘉靖六年五月） 鲁经（嘉靖六年十一月）	武振（正德十六年七月） 杭雄（嘉靖二年五月） 彭楧（嘉靖二年十二月） 陈珣（嘉靖六年五月） 鲁经（嘉靖六年十一月） 张凤（嘉靖六年十一月）	路瑛（正德十六年五月） 张钺（正德十六年十月） 种勋（嘉靖元年十月） 杭雄（嘉靖四年六月）	李隆（正德十六年五月） 徐谦（嘉靖元年四月） 武振（嘉靖二年五月） 姜奭（嘉靖三年八月）

续表

军镇 时间	辽东	蓟镇	宣府	大同	山西	陕西	延绥	宁夏	甘肃
世宗时期	杨锐（嘉靖七年十二月） 刘宽（嘉靖九年五月） 马永（嘉靖十四年八月）	杨镇（嘉靖九年六月） 李瑾（嘉靖十一年七月） 卜云（嘉靖十一年八月） 张鲵（嘉靖十一年十二月） 萧升（嘉靖十三年九月）	赵瑛（嘉靖七年六月） 刘渊（嘉靖八年三月） 张镇（嘉靖十五年十一月）	李瑾（嘉靖十一年八月） 鲁纲（嘉靖十二年十月） 梁镇［震］（嘉靖十五年十月）	潘浩（嘉靖七年四月） 李瑾（嘉靖七年十二月） 郝通（嘉靖十年九月） 萧泽（嘉靖十一年十月） 傅铎（嘉靖十三年四月）	刘文（嘉靖八年五月） 梁震（嘉靖十四年十一月）		赵瑛（嘉靖八年三月） 周尚文（嘉靖九年九月） 王效（嘉靖十一年十一月）	

续表

军镇\时间	辽东	蓟镇	宣府	大同	山西	陕西	延绥	宁夏	甘肃
世宗时期	李凤鸣（嘉靖十九年三月） 赵国忠（嘉靖二十二年三月）	刘渊（嘉靖十八年二月） 祝雄（嘉靖十一年二月）	王效（嘉靖十七年二月卒） 郝镆（嘉靖十七年三月） 江桓（嘉靖十七月） 白爵（嘉靖十八年十月） 云昌（嘉靖十一年十二月）	祝雄（嘉靖八年十月） 王升（嘉靖九年十月） 李蓁（嘉靖十一年二月） 周尚文（嘉靖二十一年八月）	周尚文（嘉靖十六年正月） 祝雄（嘉靖十七年正月） 魏庆（嘉靖八年十一月） 丁璋（嘉靖十年正月） 戴廉（嘉靖十一年十二月，十一年正月为总兵官） 张达（嘉靖十一年二月） 彭廉（嘉靖十一年十二月） 王继祖（嘉靖二十二年十二月）	任杰（嘉靖六年八月有载） 张镇（嘉靖七年四月） 魏时（嘉靖七年四月） 王缙（嘉靖十二年六月）	刘文（嘉靖六年三月） 周尚文（嘉靖七年正月） 任杰（嘉靖九年七月） 吴瑛（嘉靖十一年九月） 王辅（嘉靖十五年五月）	仇鸾（嘉靖六年九月） 任杰（嘉靖七年四月） 李义（嘉靖九年七月）	刘文（嘉靖七年正月） 杨信（嘉靖九年二月） 仇鸾（嘉靖十三年正月）

续表

军镇＼时间	辽东	蓟镇	宣府	大同	山西	陕西	延绥	宁夏	甘肃
世宗时期	张凤（嘉靖二十四年十一月）　戴廉（嘉靖二十六年正月）　李瑛（嘉靖二十七年二月）	戴廉（嘉靖二十三年二月）　周彻（嘉靖二十四年四月）　罗希韩（嘉靖二十七年二月）　李凤鸣（嘉靖二十九年八月）　成勋（嘉靖二十九年十二月）	郤永（嘉靖二十二年二月）　赵卿（嘉靖二十四年五月）　张达（嘉靖二十五年八月）　赵卿（嘉靖二十六年四月）　赵国忠（嘉靖二十八年二月）	陈凤（嘉靖二十八年四月）　张达（嘉靖二十八年十二月）　仇鸾（嘉靖二十九年闰六月）　徐珏（嘉靖二十九年九月）　徐仁（嘉靖二十一年十二月）　孙时雍（嘉靖二十一年二月）　张坚（嘉靖二十二年十月）　岳懋（嘉靖二十二年十二月）	李涞（嘉靖二十九年十一月）　韩承庆（嘉靖二十二年九月）	张达（嘉靖二十六年七月）　成勋（嘉靖二十七年五月）　孙胺（嘉靖二十九年九月）	韩承庆　张达（嘉靖二十七年五月）　吴瑛（嘉靖二十八年十二月）　韩钦（嘉靖二十一年正月）　李辅（嘉靖二十二年十一月）	王缙（嘉靖二十六年七月）　黄振（嘉靖二十八年正月）　吉囊（嘉靖二十八年四月）	王继祖（嘉靖二十六年十二月）

续表

军镇＼时间	辽东	蓟镇	宣府	大同	山西	陕西	延绥	宁夏	甘肃
世宗时期	赵国忠（嘉靖三十一年正月） 殷尚质（嘉靖三十四年二月赵国忠罢，当于此时任） 罗文豸（嘉靖三十五年十一月） 杨照（嘉靖三十七年六月）	周益昌（嘉靖三十二年十二月） 欧阳安（嘉靖三十五年七月） 李广（嘉靖三十八年三月）	吴鼎（嘉靖三十一年正月） 刘大章（嘉靖三十二年四月） 欧阳安（嘉靖三十四年正月） 李贤（嘉靖三十五年五月）	焦泽（嘉靖三十三年六月） 韩承庆（嘉靖三十四年五月） 赵卿（嘉靖三十四年九月） 龚业（嘉靖三十六年五月） 张承勋（嘉靖三十七年三月） 刘汉（嘉靖三十八年九月） 姜应熊（嘉靖四十年十一月）	何淮（嘉靖三十四年十月） 张承勋（嘉靖三十六年十月） 王怀邦（嘉靖三十七年三月） 吴征（嘉靖三十九年十月）	袁正（嘉靖三十五年四月） 曹世忠（嘉靖四十年六月，至四十一年十一月被逮） 许经（嘉靖四十一年十一月）	孙勇（嘉靖四十三月） 赵岢（嘉靖四十一年十二月）	姜应熊（嘉靖三十二年四月） 赵应（嘉靖三十八年七月）	孙朝（嘉靖三十六年九月） 徐仁（嘉靖三十七年十二月） 吕经（嘉靖四十年三月）

续表

军镇 时间	辽东	蓟镇	宣府	大同	山西	陕西	延绥	宁夏	甘肃
世宗 时期	云昌（嘉靖四十年四月） 吴瑛（嘉靖四十年十二月） 杨照（嘉靖四十二年五月） 佟登（嘉靖四十二年九月） 王治道（嘉靖四十五年六月）	张承勋（嘉靖三十八年九月） 孙胧（嘉靖四十年九月） 胡镇（嘉靖四十二年十月） 王孟夏（嘉靖四十五年九月）	马芳（嘉靖四十年十月）	孙吴（嘉靖四十四年十一月）	佟登（嘉靖四十二年正月） 胡镇（嘉靖四十二年九月） 董一奎（嘉靖四十二年十一月）	袁正（嘉靖四十二年四月）被降职一级镇守狭西如故 徐仁（嘉靖四十三年四月） 郭江（嘉靖四十三年九月） 郭震（嘉靖四十五年十月）	郭琥（嘉靖四十四年十一月）	李埼（嘉靖四十年九月） 吴鼎（嘉靖四十一年二月） 雷龙（嘉靖四十五年九月）	傅津（嘉靖四十四年二月）副总兵

续表

军镇＼时间	辽东	蓟镇	宣府	大同	山西	陕西	延绥	宁夏	甘肃
穆宗时期	李成梁（隆庆四年十月）	李世忠（隆庆元年四月）郭琥（隆庆元年十月）戚继光（隆庆三年正月）	赵岢（隆庆四年正月）	赵岢（隆庆二年四月）马芳（隆庆四年正月）	申维岳（隆庆元年二月）谢朝恩（隆庆元年十月）郭琥（隆庆三年十月）	吕经（隆庆二年十二月）	赵岢（隆庆元年二月）董一奎（隆庆二年五月）雷龙（隆庆四年正月）	牛秉忠（隆庆四年二月）谢朝恩（隆庆五年六月）	刘承业（隆庆元年五月）杨真（隆庆二年四月）郜印（隆庆四年十一月）佟登（隆庆五年十二月）

主要参考文献

一、古籍文献

《明穆宗实录》,台北:台湾"中央研究院"历史语言研究所校印本,1962年。
《明仁宗实录》,台北:台湾"中央研究院"历史语言研究所校印本,1962年。
《明神宗实录》,台北:台湾"中央研究院"历史语言研究所校印本,1962年。
《明世宗实录》,台北:台湾"中央研究院"历史语言研究所校印本,1962年。
《明太宗实录》,台北:台湾"中央研究院"历史语言研究所校印本,1962年。
《明太祖实录》,台北:台湾"中央研究院"历史语言研究所校印本,1962年。
《明武宗实录》,台北:台湾"中央研究院"历史语言研究所校印本,1962年。
《明宪宗实录》,台北:台湾"中央研究院"历史语言研究所校印本,1962年。
《明孝宗实录》,台北:台湾"中央研究院"历史语言研究所校印本,1962年。
《明宣宗实录》,台北:台湾"中央研究院"历史语言研究所校印本,1962年。
《明英宗实录》,台北:台湾"中央研究院"历史语言研究所校印本,1962年。
《偏关志》,民国四年铅印本。
毕恭:《辽东志》,明嘉靖刊本。
陈鹤:《明纪》,上海:世界书局,1935年。
陈梦雷:《古今图书集成》,清武英殿本。
陈田辑:《明诗纪事》,上海:上海古籍出版社,1993年。
陈子龙等:《明经世文编》,北京:中华书局,1962年。
陈祖绶:《皇明职方地图》,上海:商务印书馆,1941年。
道润梯步:《新译简注〈蒙古秘史〉》,呼和浩特:内蒙古人民出版社,1978年。
道润梯步:《新译校注〈蒙古源流〉》,呼和浩特:内蒙古人民出版社,1980年。
樊维城:《郑端简公今言类编》,《盐邑志林》三十四秩。
方逢时:《大隐楼集》,北京大学图书馆藏崇雅堂丛书本。
方孔炤:《全边略记》,明崇祯刻本。
傅维鳞:《明书》,上海:商务印书馆,1936年。
高岱:《鸿猷录》,明嘉靖刻本。
葛守礼:《葛端肃公集》,清刻本。
谷应泰:《明史纪事本末》,上海:上海古籍出版社,1994年。
顾炎武:《天下郡国利病书》,《四部丛刊》三编本,1933年。
顾祖禹:《读史方舆纪要》,北京:中华书局,1955年。

郭乾:《兵部奏疏》,明抄本,北京:全国图书馆文献缩微复制中心,2007 年。

过庭训:《本朝分省人物考》,明天启刻本。

何良俊:《四友斋丛说》,北京:中华书局,1959 年。

何乔远:《名山藏》,明万历刊本。

黄光升:《昭代典则》,明万历二十八年周日校万卷楼刻本。

黄虞稷:《千顷堂书目》,上海:上海古籍出版社,1990 年。

焦竑:《献征录》,上海:上海书店,1987 年。

金幼孜:《北征录》,北京:北京大学出版社,1993 年。

柯绍忞:《新元史》,上海:上海古籍出版社,1989 年。

李贤:《大明一统志》,明天顺内府刻本。

李诩:《戒庵老人漫笔》,北京:中华书局,1982 年。

李贽:《续藏书》,北京:中华书局,1959 年。

梁份:《秦边纪略》,西宁:青海人民出版社,1987 年。

凌迪知:《万姓统谱》,清文渊阁四库全书本。

陆容:《菽园杂记》,北京:中华书局,1985 年。

吕毖:《明朝小史》,旧抄本。

茅元仪:《武备志》,明天启刊本。

倪岳:《青溪漫稿》,上海:上海古籍出版社,1991 年。

瞿九思:《万历武功录》,北京:中华书局,1962 年。

申时行等修:《明会典》,上海:上海古籍出版社,2002 年。

沈德符:《万历野获编》,北京:中华书局,1989 年。

沈节甫编:《纪录汇编》,北京:中华全国图书馆文献缩微复制中心,1994 年。

沈越:《皇明嘉隆两朝闻见纪》,明万历刻本。

孙承泽:《春明梦余录》,北京:北京古籍出版社,1992 年。

谈迁:《国榷》,北京:中华书局,1958 年。

屠寄:《蒙兀儿史记》,上海:上海古籍出版社,1989 年。

王崇古:《酌议夷酋款塞》,《登坛必究》,明万历刊本。

王圻:《续文献通考》,明万历刊本。

王士性:《广志绎》,北京:中华书局,1981 年。

王世贞:《弇山堂别集》,北京:中华书局,1985 年。

王世贞:《弇州史料》,明刊本。

王直:《襄城伯李公隆墓志铭》,《四库全书存目丛书》,济南:齐鲁书社,1997 年。

魏焕:《皇明九边考》,北平:国立北平图书馆善本丛书第一集,1936 年。

夏燮:《明通鉴》,北京:中华书局,1959 年。

萧大亨:《北虏风俗》,明刊本。

徐阶:《请还大内并召见大臣计议边事》,济南:齐鲁书社,1997 年。

许论:《九边图论》,明嘉靖刊本。

严从简:《殊域周咨录》,北京:中华书局,1993 年。

杨江:《河套图考》,西安:陕西通志馆铅字排印本,1933年。

叶向高:《四夷考》,明万历刻本。

佚名:《秘阁元龟政要》,山东:齐鲁书社,1996年。

佚名:《诸司职掌》,明刻本。

雍正《朔平府志》,清雍正刊本。

于慎行:《谷山笔麈》,北京:中华书局,1984年。

余继登:《典故纪闻》,北京:中华书局,1981年。

俞汝楫:《礼部志稿》,清文渊阁四库全书本。

查继佐:《罪惟录》,杭州:浙江古籍出版社,1986年。

张鏊:《北狄顺义王俺答谢表》,《玄览堂丛书》本,1941年。

张居正:《张太岳集》,上海:上海古籍出版社,1984年。

张廷玉等:《明史》,北京:中华书局,1974年。

张雨:《边政考》,北平:国立北平图书馆善本丛书第一集,1936年。

章潢:《图书编》,上海:上海古籍出版社,1992年。

赵翼:《廿二史札记》,北京:中华书局,1984年。

郑晓:《今言》,北京:中华书局,1984年。

朱国祯:《涌幢小品》,北京:中华书局,1959年。

朱元璋:《大诰武臣》,明洪武内府抄本。

朱元璋:《明太祖文集》,清文渊阁四库全书本。

二、时人著作

薄音湖、王雄:《明代蒙古汉籍史料汇编》,呼和浩特:内蒙古大学出版社,2006年。

曹永年:《蒙古民族通史》,呼和浩特:内蒙古大学出版社,1991年。

陈高华、史卫民:《元上都》,长春:吉林教育出版社,1988年。

陈梧桐:《朱元璋研究》,天津:天津人民出版社,1993年。

邓之诚:《中华二千年史》,北京:中华书局,1983年。

方志远:《成化皇帝大传》,沈阳:辽宁教育出版社,1994年。

葛志毅、胡凡:《中国古代文化史》,哈尔滨:黑龙江人民出版社,1994年。

郭厚安:《弘治皇帝大传》,沈阳:辽宁教育出版社,1994年。

黄云眉:《明史考证》,北京:中华书局,1985年。

李洵:《明史食货志校注》,北京:中华书局,1982年。

李洵:《正德皇帝大传》,沈阳:辽宁教育出版社,1993年。

林延清:《嘉靖皇帝大传》,沈阳:辽宁教育出版社,1993年。

留金锁:《蒙古族通史》,北京:民族出版社,2001年。

罗哲文:《长城》,北京:北京出版社,1982年。

吕景琳:《洪武皇帝大传》,沈阳:辽宁教育出版社,1994年。

毛佩琦:《永乐皇帝大传》,沈阳:辽宁教育出版社,1994年。

孟森:《明史讲义》,北京:中华书局,2006年。

王辅仁、陈庆英:《蒙藏民族关系史略(十三至十九世纪中叶)》,北京:中国社会科学出版社,1985年。

王毓铨:《明代的军屯》,北京:中华书局,2009年。

韦庆远:《隆庆皇帝大传》,沈阳:辽宁教育出版社,1997年。

吴晗:《读史札记》,北京:生活·读书·新知三联书店,1956年。

吴廷燮:《明督抚年表》,北京:中华书局,1982年。

俞本撰,李新峰笺证:《纪事录笺证》,北京:中华书局,2015年。

张士尊:《明代辽东边疆研究》,长春:吉林人民出版社,2002年。

张显清:《严嵩传》,合肥:黄山书社,1992年。

赵现海:《明代九边长城军镇史》,北京:社会科学文献出版社,2012年。

赵毅、罗东阳:《正统皇帝大传》,沈阳:辽宁教育出版社,1993年。

赵中男:《宣德皇帝大传》,沈阳:辽宁教育出版社,1994年。

朱风、贾敬颜译:《汉译蒙古黄金史纲》,呼和浩特:内蒙古人民出版社,1985年。

珠荣嘎译注:《阿勒坦汗传》,呼和浩特:内蒙古人民出版社,1990年。

三、国外著作

[波斯]拉施特主编:《史集》,余大钧、周建奇译,北京:商务印书馆,1983年。

[美]陈学霖:《史林漫识》,北京:中国友谊出版公司,2001年。

[日]和田清:《明代蒙古史论集》,潘世宪译,北京:商务印书馆,1984年。

[日]寺田隆信:《明代边饷问题的一个侧面——关于京运年例银》,《清水博士追悼纪念·明代史论丛》,东京:大安株式会社,1962年。

[日]松本隆晴:《明代北边防卫体制的研究》,东京:汲古书院,2001年。

[日]田村实造:《明代满蒙史研究》,京都:京都大学文学部,1963年。

[日]野口铁郎:《明代北边的白莲教及其活动》,《清水博士追悼纪念·明代史论丛》,东京:大安株式会社,1962年。

四、学术论文

奥登:《达延汗即位前夕蒙古社会的政治形势》,《内蒙古社会科学》(文史哲版)1989年第5期。

白翠琴:《瓦剌王猛可帖木儿杂考》,《民族研究》1985年第6期。

薄音湖:《关于北元汗系》,《内蒙古大学学报》(哲学社会科学版)1987年第3期。

蔡美彪:《明代蒙古与大元国号》,《南开学报》(哲学社会科学版)1992年第1期。

陈梧桐:《论朱元璋的民族政策》,《中南民族学院学报》(哲学社会科学版)1982年第1期。

陈育宁:《明代蒙古之入居河套》,《史学月刊》1984年第2期。

达力扎布:《北元初期史实略述》,《内蒙古社会科学》(文史哲版)1990年第5期。

范中义:《明代九边形成的时间》,《大同高等专科学校学报》1995年第4期。

胡凡:《论明穆宗对北部边防的整顿》,《中国边疆史地研究》1998年第2期胡凡：《论明世宗对蒙"绝贡"政策与嘉靖年间的农牧文化冲突》，《中国边疆史地研究》2005年第4期。

胡凡：《论明英宗时期的明蒙朝贡体制与农牧文化交流》，《故宫学刊》2008年总第4辑。

贾敬颜遗作：《鞑靼　瓦剌　兀良哈　明朝蒙古人的历史——兼说"都沁·都尔本"一词》，《内蒙古社会科学》（文史哲版）1993年第3期。

李渡：《明代募兵制简论》，《文史哲》1986年第2期。

李漪云：《从马市中几类商品看明中后期江南与塞北的经济联系及其作用》，《内蒙古师大学报》（哲学社会科学版）1984年第4期。

李漪云：《三娘子史事证误》，《内蒙古师大学报》（哲学社会科学版）1983年第3期。

梁淼泰：《明代"九边"的军数》，《中国史研究》1997年第1期。

林金树：《台湾学者徐泓论明初的人口移徙》，《中国史研究动态》1987年第6期。

林延清：《论明代兵变的经济原因和历史作用》，《明史研究论丛》第四辑，江苏古籍出版社1991年版。

刘淼：《明代势要占窝与边方纳粮制的解体》，《学术研究》1993年第3期。

田培栋：《论明代北方五省的赋役负担》，《首都师范大学学报》（社会科学版）1995年第4期。

王叔凯：《古代北方民族何以经常南下和西迁》，《西北史地》1985年第1期。

王雄：《明洪武时期对蒙古人众的招抚和安置》，《内蒙古大学学报》（哲学社会科学版）1987年第4期。

韦占彬：《明代"九边"设置时间辨析》，《石家庄师范专科学校学报》2002年第3期。

乌兰：《从亦思满被诛到兀鲁思字罗遇弑——〈蒙古源流〉选译并注》，《内蒙古大学学报》（哲学社会科学版）1983年第2期。

乌兰：《关于达延汗史实方面几个有争论的问题》，《内蒙古社会科学》1983年第3期。

乌日娜：《十四世纪末至十五世纪初蒙古上层的内部斗争及汗权的衰微》，《内蒙古社会科学》（文史哲版）1988年第3期。

吴慧：《明代食盐专卖制度的演变》，《文史》1986年总第26辑。

吴慧：《试评明代叶淇的盐法改革》，《盐业史研究》1989年第4期。

吴其玉：《从猛可帖木儿说到玛哈齐蒙克——谈明初历史的一个问题》，《福建师大学报》（哲学社会科学版）1979年第4期。

吴文衔：《关于明初兀良哈三卫的几个问题》，《求是学刊》1988年第4期。

肖立军：《九边重镇与明之国运——兼析明末大起义首发于陕的原因》，《天津师大学报》1994年第2期。

肖立军：《明代财政制度中的起运与存留》，《南开学报》（哲学社会科学版）1997年第2期。

肖许：《明代将帅家丁的兴衰及其影响》，《南开史学》1984年第1期。

谢元鲁：《明清北方边境对外贸易与晋商的兴衰》，《四川师范大学学报》1994年第2期。

雪岩：《朱元璋对北元政策管窥》，《内蒙古社会科学》（文史哲版）1994年第2期。

伊志：《明代"弃套"始末》，《禹贡》半月刊1937年第二卷第7期。

余同元:《明代九边述论》,《安徽师大学报》1989 年第 2 期。

余同元:《明代长城文化带的形成与演变》,《烟台大学学报》1990 年第 3 期。

张士尊:《明代总兵制度研究》上、下,《鞍山师范学院学报》(综合版)1997 年 9 月,1998 年 9 月。

张显清:《评〈朱元璋研究〉》,《中国史研究动态》1994 年第 6 期。

赵立人:《洪武时期北部边防政策的形成与演变》,《史学集刊》1994 年第 4 期。

赵中男:《论明代军事家丁制度的历史地位》,《中国史研究》1991 年第 4 期。

周竞红:《论明代兀良哈三卫与东西蒙古、女真的关系》,《内蒙古社会科学》(文史哲版) 1992 年第 4 期。

于默颖:《明蒙关系研究——以明蒙双边政策及明朝对蒙古的防御为中心》,内蒙古大学 博士学位论文 2004 年。

赵现海:《明代九边军镇体制研究》,东北师范大学博士学位论文 2005 年。

[日]本田实信:《早期北元世系》,宝音夫译,《蒙古学资料与情报》1986 年第 2 期。

[日]森川哲雄:《关于把汉那吉降明事件》,王雄译,《蒙古学资料与情报》1987 年第 1 期。

索　引

后　记

我对明代九边的关注,萌芽于20世纪90年代初。当时老友谢景芳正在组织编写一部书,名为《血鉴奇谋——中外著名军事战役实录》,邀我写几个明代的战役,我写了六个战役,其中的三个战役"四面围攻,天子仍席地端坐——明与蒙古土木堡之战""受任危难,力挽狂澜——明与蒙古北京之战""贿敌之将,纵敌之相——明嘉靖庚戌之变"即与九边和蒙古族有关,这本书后来由哈尔滨出版社于1993年出版。我在这本书中虽然只写了三个战役,却引起了我对明代北部边防、明代中央与蒙古族关系的注意。

1994年9月,我到东北师范大学攻读博士学位,一开始想做"明代的世风与仕风"的研究,这是一个文化史和社会史的题目,也得到了先师李洵先生的认可,但苦于范围太大,时间太紧,手头任务又多,一时无法入手。后来读张显清先生的《严嵩传》时,看到他对河套蒙古族以及"套寇"对明代北边防线威胁的一段描述:"出套而东,或破偏头、宁武、雁门三关,转而南下,洗劫山西州县;或东出大同、宣府,直逼京辅,京师戒严。出套而西,则侵掠宁夏、兰州、凉州、甘州及西宁、临洮、洮州、岷州等府卫。由套而南,则寇掠榆林、延绥、延安、庆阳、平凉、巩昌、凤翔、西安等府卫,全陕茶毒。"联想到我对上述三个战役的写作,心中豁然开朗,选题油然而生:河套与明代北部边防研究。1996年5月,李先生病逝,此时已由赵毅老师接任博导,他同意了我的选题,于是我就此切入明代九边的研究,于1997年4月完成了30万字的博士学位论文《河套与明代北部边防研究》。按照现在通常的做法,博士研究生毕业以后,博士学位论文都会尽早出版。但是我在整理论文时发现了很多问题,比如九边的形成,如果按照明史的记载就错了,其他如明代九边的粮饷供应、九边的年例银、九边的防御体系、九边长城的修筑等,都须深入研究。于是我暂时放弃了论文的出版,继续从九边的形成探索下去。直到2012年申请到了教育部哲学社会科学研究后期资助重点项目,我最终得以完成此项研究。2014年结项,又经数年修订,现在终于可以出版了。将此书拿出来与学界共勉,还望专家学者不吝赐教。

谨此。

胡　凡

2020年4月22日于勉成堂